猶太教四千年

A HISTORY OF JUDAISM

從聖經起源、耶穌時代聖殿崇拜到現代分布全球的猶太信仰

馬汀·古德曼
MARTIN GOODMAN

目錄

附錄

地圖表

1 西元前二千紀的近東地區 38
2 西元前三〇〇年的猶太世界 40
3 聖經中的以色列地 42
4 西元一世紀的猶太世界 128
5 西元一世紀的以色列地 130
6 西元六世紀的猶太世界 282
7 西元一二〇〇年的猶太世界 284
8 西元一五〇〇年的猶太世界 426
9 西元一八〇〇年的猶太世界 428
10 西元一八八〇年的猶太世界 506
11 西元一九三〇年的猶太世界 508
12 西元二〇〇〇年的猶太世界 510

地圖2、4、6～11仿自尼古拉斯・德・朗伊（N. de Lange）的《猶太世界地圖集》（Atlas of the Jewish World，牛津和紐約，1984年）中的圖片。

插圖表

1 頭部經匣盒的內部構造，年代為西元一世紀，可能來自昆蘭。（BibleLandPictures.com／Alamy）
2 耶路撒冷欣嫩山肩的一處墓室找到的銀卷軸，年代約為西元前六〇〇年。（耶路撒冷以色列博物館／Bridgeman Images）
3 《以賽亞書》卷軸，年代約為西元前一二五年，於昆蘭出土。（BibleLandPictures.com／Alamy）
4 聖殿欄杆上的警告文字。（伊斯坦堡考古博物館／Holy Land Photos）
5 耶路撒冷的西牆。（Lucas Vallecillos／Alamy）
6 耶路撒冷的聖殿山。（Robert Harding／Alamy）
7 猶地亞的猶太叛軍在西元一三二年所鑄造的四德拉克馬錢幣，上面刻有耶路撒冷聖殿的門面。（Eddie Gerald／Alamy）
8 加利利米格達爾出土的石塊，上面刻有七枝燈檯的圖樣。（BibleLandPictures.com／Alamy）
9 馬薩達。（Nathan Benn／Alamy）
10 馬薩達出土的《便西拉智訓》殘篇。（©感謝以色列文物局籌畫的利昂・利維死海古卷數位圖書館）
11 昆蘭。（Novarc Images／Alamy）
12 大詩篇卷，年代為西元一世紀前半葉，於昆蘭出土。（耶路撒冷以色列博物館／Bridgeman Images）

13　第二聖殿時期晚期的石製器皿，出土於耶路撒冷。（Zev Radovan／Bridgeman Images）

14　西元一世紀位於昆蘭的浸禮池。（Pascal Deloche／Getty Images）

15　描繪了妥拉約櫃和七枝燈檯的玻璃器皿，來自西元四世紀的羅馬。（耶路撒冷以色列博物館／Bridgeman Images）

16　描繪摩西帶領以色列之子離開埃及的壁畫，年代為西元三世紀中葉，於敘利亞的杜拉—歐羅普斯出土。（ART Collections／Alamy）

17　加利利提比利亞溫泉的會堂馬賽克地磚，年代為西元四世紀。（BibleLandPictures.com／Alamy）

18　來自巴比倫的魔法銅碗，年代為西元五到六世紀。（Zev Radovan／Bridgeman Images）

19　加薩猶太會堂裡一片繪有大衛王的馬賽克地磚，年代為西元六世紀。（BibleLandPictures.com／Alamy）

20　雷霍夫猶太會堂的哈拉卡馬賽克地磚，年代為西元六世紀。（Amirki／Wikimedia Commons）

21　薩第斯猶太會堂的大理石桌，年代為西元四世紀。（BibleLandPictures.com／Alamy）

22　一名猶太女子芙絲蒂娜的石棺的蓋子，她大約在西元三世紀晚期葬於羅馬。（Ryan Baumann）

23　邁蒙尼德《密西那妥拉》的親筆稿片段，在開羅貯藏室出土，年代約為一一八〇年。（©牛津大學博德利圖書館）

24　一份用希伯來文、亞蘭語和猶太阿拉伯語寫成的婚姻契約，締結婚姻的兩方分別是一名卡拉派女子和一名拉比派男子，書寫年代是西元一〇八二年，地點應為開羅。劍橋大學圖書館的泰勒—舍赫特收藏品，編號T-S 24.1 fol 1r。（感謝劍橋大學圖書館的理事會准予重製）

25　托雷多的埃爾特蘭西托猶太會堂，年代為十四世紀。（Frédéric Reglain／Getty Images）

26　托雷多埃爾特蘭西托猶太會堂內部的灰泥藝術。（age fotostock／Alamy）

27　布拉格的老新猶太會堂，年代為一二七〇年（Oyvind Holmstad／維基共享資源）

28　柏林奧拉寧堡大街的新猶太會堂，年代約為一八六六年。此畫為埃米利・皮耶・喬瑟夫・德・寇威爾所繪。（Art Collection4／Alamy）

29　阿姆斯特丹的葡萄牙猶太會堂，畫作年份不明。（Zev Radovan／Bridgeman Images）

30　倫敦的貝維斯馬克斯猶太會堂，年代為一七〇一年。（Grant Smith／Alamy）

31　塞拉耶佛哈加達裡的逾越節晚宴插圖，年代為十四世紀中葉。（Zev Radovan／Bridgeman Images）

32　丹尼爾・邦伯格一五一九年在威尼斯印刷的《巴比倫塔木德》內頁。（紐約蘇富比）

33　尤瑟夫・本・亞伯拉罕・吉卡提拉的卡巴拉作品《光之大門》中的質點系統圖，年代為一五一六年。（Leemage／Bridgeman Images）

34 薩瓦塔伊・塞維登基成王，年代為一六六六年。（Lebrecht Collection／Alamy）

35 巴塞隆納哈加達裡的袖珍圖，描繪了分開儀式所需的酒和蠟燭，年代為十四世紀。倫敦大英圖書館，Add. 14761, fol.26。（©大英圖書館理事會。版權所有／Bridgeman Images）

36 使用白鑞和銀製成的香料盒，用於分開儀式，年代為十八、十九世紀的德國和東歐。（耶路撒冷以色列博物館／The Stieglitz Collection／Bridgeman Images）

37 《割禮》，馬可・茂古拉繪，一七八〇年。（巴黎猶太藝術與歷史博物館）

38 巴魯赫・史賓諾沙，荷蘭畫派，十六世紀。（沃爾芬標特的奧斯特公爵圖書館／Bridgeman Images）

39 《荷蘭猶太人》，十七世紀。（©巴黎的Photo R.M.N，代表巴黎猶太藝術與歷史博物館）

40 普珥節所使用的《以斯帖記》卷軸，年代為十八世紀的荷蘭。（耶路撒冷以色列博物館／Bridgeman Images）

41 摩西・孟德爾頌，安東・格拉夫繪，一七七一年。（萊比錫，Sammlungen der Universität／Getty Images）

42 孟德爾頌《耶路撒冷》第一版的書名頁，年代為一七八三年。（私人收藏）

43 慶祝拿破崙「在一八〇六年五月三十日恢復猶太教」的版畫，路易・弗朗索瓦・辜薛繪。（巴黎國家圖書館／akg-images）

44 位於德國菲沙的木棚，年代為十九世紀後半葉。（耶路撒冷以色列博物館／Bridgeman Images）

45 《猶太人小鎮的安息日》，以薩迦・貝爾・萊銀克繪，約一九一四年。（拜內克古籍善本圖書館的耶魯意第緒語藏書，索書號：2007 Folio 18）

46 一對亭臺樓閣造型的銀製妥拉頂飾，年代為十九世紀晚期。（巴黎猶太藝術與歷史博物館）

47 葉門的妥拉盒，年代為十九世紀。（BibleLandPictures.com／Alamy）

48 掛在妥拉約櫃前方的布幕，年代為二十世紀的北非。（巴黎猶太藝術與歷史博物館）

49 二〇一五年在布魯克林舉辦的撒塔瑪哈西迪大會。（Darren Ornitz／路透社）

50 布魯克林的一位盧巴維奇學生在盧巴維奇拉比的肖像下看書，二〇〇四年。（Mark Boster／Getty Images）

51 慶祝猶太教成年禮的女孩，年代為一九九八年的曼哈頓。（Mark Peterson／Getty Images）

52 德國波次坦在二〇一〇年為阿麗娜・特萊格拉比舉行的任命典禮。（©Camera Press／倫敦）

53 在一九九三年英國平納的遊行隊伍中被人拿著的妥拉卷軸。（Geoffrey Shalet／Ark Religion.com／Art Directors & Trip Photo Library）

54 耶路撒冷二〇一三年的妥拉節慶典。（© Camera Press／倫敦）

第八十四頁的第二聖殿平面圖參考來源：Th. A. Busink, Der Tempel von Jerusalem, 2 vols. (Leiden, 1980), vol. 2, p. 1179。

謝辭

本書的構想最初是由企鵝出版的史都華・普羅菲特（Stuart Proffitt）所提出。當時，我向史都華提起，我有意將自己多年來在牛津講授第二聖殿時期晚期猶太教的各支派與拉比猶太教的形成歷史所浮現的新想法，濃縮成一本著作。但他勸我應擴充這部作品，將我所專精的這些時期前後的歷史也都囊括在內。我相當享受這項挑戰，以及它帶給我的更寬廣的視野。

試圖在書中涵蓋整個猶太教歷史，是件令人望而生畏的事情，唯有旁人大量的協助方能完成。剛開始規劃本書架構時，我的同事喬安娜・魏堡（Joanna Weinberg）和米利・弗洛依德—坎德爾（Miri Freud-Kandel）提供了許多專業建議，我由衷感謝。書中的許多想法是在二〇〇九到二〇一〇年由萊弗爾梅信託（Leverhulme Trust）所贊助的「猶太教的內部寬容」計畫舉辦的各場研討會萌生的，我非常感謝那年和我一起進行這項計畫的三位研究同僚：約瑟夫・大衛（Joseph David）、柯利娜・R・凱澤（Corinna R. Kaiser）和西門・列維斯・蘇拉姆（Simon Levis Sullam）。過去八年來，優秀的研究助理們也為本書貢獻良多：夏洛特・古德曼（Charlotte Goodman）、丹尼爾・赫爾斯科維茨（Daniel Herskowitz）、猶達・李維（Judah Levine）、米迦・佩瑞（Micha Perry）、黛博拉・路可（Deborah Rooke）、約書亞・捷普利茨基（Joshua Teplitsky）、班傑明・威廉斯（Benjamin Williams）與米蓮娜・薛德勒（Milena Zeidler）。莎拉・斯特魯姆沙（Sarah Stroumsa）與休・威廉森（Hugh Williamson）替早期書稿的大量篇幅提供寶貴的建議。

馬汀・古德曼　二〇一七年五月於牛津

菲利普・亞歷山大（Philip Alexander）、諾曼・所羅門（Norman Solomon）和亞當・費齊格（Adam Ferziger）讀完並評論了整本書，使我改正許多錯誤。書中若尚有錯誤之處，一概是我本人的問題：我很清楚地意識到，要在這麼小的篇幅裡涵蓋如此多的內容，本來就存在很高的過度簡化風險。

我要謝謝萊弗爾梅信託為「猶太教的內部寬容」計畫提供豐厚的資金，以及牛津大學東方研究所（Faculty of Oriental Studies in Oxford）與牛津大學希伯來及猶太研究中心（Oxford Centre for Hebrew and Jewish Studies）為協助本書出版所提供的慷慨資金。自從我二〇一三年擔任中心主任後，出版相關事務無疑受到職責影響而有所耽擱，有一陣子必須完全放下寫書的進度，但最終的定稿也確實因為此機會改進不少，因為我得以重新思考和修訂早先撰寫的稿件。我很感謝研究中心與利奧波德・穆勒紀念圖書館（Leopold Muller Memorial Library）的同僚，特別是蘇・弗提斯（Sue Forteath）、馬汀・史密斯－休佛斯（Martine Smith-Huvers）與凱薩・梅爾軒－亞曼（César Merchán-Hamann），為撰寫這麼大規模的歷史書籍提供最有助益、最為友善且最能啟發靈感的環境。

這不是我第一次感謝妮魯姆・阿里（Neelum Ali）了，她秉持著極大的耐心和奉獻精神將我的手寫稿打成電子稿。過去這幾年並不輕鬆，我的感恩之情愈加深厚。我也要感謝班・辛耶爾（Ben Sinyor）、李察・杜古德（Richard Duguid），以及所有在這本書的最後階段付出的人。在為本書篩選圖片方面，瑟西莉亞・馬楷（Cecilia Mackay）給了我很大的幫助。彼得・詹姆斯（Peter James）完成非常優秀的文字審訂工作。索引則是由專業的戴維・克拉達克（Dave Cradduck）所製。

從一開始的紙上談兵到最終出版的這十年間，我們家從伯明罕遷到了牛津。關於應該在書裡寫些什麼，我和莎拉進行多次的討論，因此這最終版應該看作我們共同生活逾四十年的一份成果。本書要獻給她和我們的孩子約書亞、亞歷山大、黛西和夏洛特，以及他們的下一代——目前暫時就由以斯拉做代表吧。

導讀——一座美麗的花園，邀請讀者駐足欣賞、沈思與對話

台灣神學研究學院 助理教授 曾宗盛

1. 本書的特色

長久以來撰寫猶太教歷史一直是艱鉅的挑戰，因為猶太教歷史涉及複雜而龐大的主題。猶太人歷史橫跨四千年，由於多種交錯的因素（例如遭受迫害與驅逐）導致猶太人分散到世界各地，足跡遍佈古代近東、中亞、非洲、歐洲、美洲，還有東方亞洲一些城市。於是猶太人進入不同文化圈裡，包括基督教世界、伊斯蘭世界，甚至在亞洲多元宗教文化裡也有她／他們的蹤跡。她／他們所到之處，在那裡定居生根、開枝散葉、開花與結果，經歷繁榮與衰微。曲折的遭遇讓她／他們在某些地方黯然消失，卻又在它處絕地重生。因此，書寫猶太歷史從來不是容易的工作，它需要豐富知識與廣博見識的累積。

在此脈絡下，馬汀·古德曼的《猶太教四千年》一書展現了二十一世紀書寫猶太教歷史的典範，他描

寫了從古至今的猶太歷史長河，論及二十一世紀新近的發展。作者從豐富而複雜的史料中（古代與不同時代文獻、考古出土資料）旁徵博引，以生動而流暢的文字，細膩描寫從西元前一千年到現今的猶太族群故事，完成一部源遠流長與分支廣闊的發展史。尤其作者從錯綜複雜、穿越漫長時空、橫跨不同文化與時代的資料，整理成清晰的論述，勾勒出猶太族群在世界不同地區興衰的歷史。

古德曼全面性描寫猶太人從西亞地區（透過被征服、流亡、離散）向外擴展，帶著他們的宗教經典、文化傳統、哲學思想以及生活習俗，遷徙到世界各地，在那裡落腳並開枝散葉。尤其她／他們和各地族群與文化互動與對話，創造出猶太文化的多樣面貌，同時也豐富了世界的文明。宗教文化的交流與對話、彼此豐富深化內涵，見證猶太文化對世界的貢獻。

古德曼在本書「前言」說明，本書目標是以二十一章的篇幅來呈現「猶太教的客觀歷史」。它收錄了豐富的第一手資料，橫跨三千年歷史，呈現氣勢滂礴、海納百川、延伸開闊的歷史發展畫面。然而，本書探討的主題只是猶太教多樣內容中一部分代表性主題而已，除了敘述代表性人物、團體及其貢獻以外，也包括女性、非菁英階層的人物、以及孩童等。其他尚未處理的第一手資料仍然汗牛充棟。因此，要撰寫這類猶太歷史的作品，需設定範圍、篩選資料以及適度選擇內容主題。作者說明本書的目標：撰寫一部猶太教歷史（a history of Judaism）並非述說猶太人的歷史而已，它還包含猶太宗教的歷史。因此本書追溯了猶太人的政治和文化歷史，說明這些因素如何衝擊他們的宗教觀念和文化實踐。如此，作者對猶太教的定義也設定了他研究的範圍，這些都說明他如何定義「猶太教」（Judaism）以及說明其豐富的內涵。

2. 簡介本書內容大要

本書的內容分成六部，包含二十一章篇幅。**第一部分「起源」**和**第二部「解讀妥拉」**將焦點設定在西元前二〇〇〇年到西元七〇年的猶太歷史。**第一部分「起源」（西元前約二〇〇〇年到西元七〇年）**分別在第一章到第四章展開，探討猶太教的起源、希伯來聖經的形成、第二聖殿和猶太會堂，以及聖經裡的猶太教。作者古德曼透過約瑟夫斯（Flavius Josephus，西元37～100 CE）紀錄的聖經敘述、考古發現的資料、還有米示拿記載的第二聖殿時期和早期拉比的運動等三方面資料的分析與整合，來說明聖經歷史和第二聖殿時期的猶太教歷史。這包括共同的歷史記憶、將某些經文尊崇為神聖經典以及耶路撒冷聖殿。作者一再強調，第二聖殿時期的猶太教是一個包容不同神學思潮和理念的社會，各種不同觀念彼此辯論，卻也相互容忍。作者處理第二聖殿時期的歷史，包含深度和廣度，讓讀者想像那時期的猶太教歷史豐富的面貌。

第二部分「解讀妥拉」（西元前二〇〇到西元七〇年）包括第五章到第八章，說明猶太智者如何解釋妥拉。第五章敘述在希臘羅馬世界生活的多樣猶太社群。**第六章**介紹猶太教的三個重要派別：法利賽人（摩西律法的詮釋者、民間宗教領袖，強調如何正確研讀妥拉）、撒督該人（祭司階級）和愛色尼人（離群索居的修道士）。作者深入描寫西元第一世紀法利賽人、撒督該人和愛色尼人在思想觀念與生活習慣上的差異。其他還有抱持不同主張的猶太人，例如被稱為「第四哲學」的團體、奮鋭黨、以武力反抗羅馬帝國統治的「短刀黨」、以及生活在死海附近的昆蘭團體。**第七章「變化的限度」**說明猶太教裡的多樣性，猶太人對解釋妥拉各有不同方法，包括字面意思以及隱喻象徵等。除了法利賽人、撒督該人、愛色尼人以外，在猶太教團體中還有一些基於宗教信仰的緣故，而暫時遵守特別的生活習慣，例如拿細耳人禁戒飲酒、不剪頭髮，而哈維林人則遵守將收成的穀物農作做什一奉獻。在此脈絡下，耶穌和保羅也成為廣義猶太宗教文化流派的一部分。**第八章「關注的焦點和預期的未來」**廣泛討論猶太生活與宗教習俗與觀念，包括潔淨禮儀、安息日和猶太曆法，發誓與禁慾、巫術、魔鬼與天使。還有先知信息、終末觀念、彌賽亞、生與死，以及殉道精神。

這些內容顯示此時期猶太團體的特色相當多樣性：不同理念的團體生活在社會的不同角落，不論在猶地亞或是其他離散地區。耶路撒冷聖殿仍扮演重要角色，但是各團體對於聖殿的態度則親疏不一。

第三部分「拉比猶太教的形成」探討西元七〇年到一五〇〇年的猶太教歷史（第九章到十三章）。**第九章**說明猶太人的遷徙模式，時間涵蓋異教時期的羅馬帝國，經伊斯蘭興起直到中世紀的基督教。**第十章「少了聖殿的猶太教」**說明這時期的猶太教如何在沒有聖殿的情況下發展出不同猶太群體特色。眾多的帝國統治者在猶太人居住的各地起起落落，他們對猶太人的態度時而寬容，時而壓縮。而環繞在猶太人團體外圍的主流宗教文化勢力，會隨著猶太人的對應態度（抵抗、緩和或接受）而採取不同措施。**第十一章「東方拉比」**敘述在東方世界的拉比猶太教（西元七〇年到一〇〇〇年），時間涵蓋薩珊王朝時期和伊斯蘭時期的猶太教發展。**第十二章「拉比圈以外的猶太教」**說明除了主流的拉比猶太教派以外，也發展出說希臘語的猶太教派以及只接受妥拉為正典、卻不承認《塔木德》權威的卡拉猶太教派（Karaite Judaism），這些教派不同於傳統的拉比猶太教。這些都顯示出猶太教派與其社群的多樣性。**第十三章「西方拉比」**介紹西元一〇〇〇到一五〇〇年間，中世紀猶太教在西方世界的發展。其中出現幾位偉大的學者拉比，包括辣什、邁蒙尼德和其他學者等。他們寫作了重要的作品，例如《答文》、《密西那妥拉》、《迷途指津》等著作。此外，還有猶太神祕教派卡巴拉與其重要著作《光明篇》（Zohar）也出現在這時期。

第四部分「權威與回應」說明文藝復興和歐洲「發現」新大陸以後的猶太教發展史，時間涵蓋西元一五〇〇到一八〇〇年。**第十四章「歐洲文藝復興和新世界」**介紹生活在波蘭、義大利、荷蘭、巴西等地的猶太社群，並簡介這時期的重要猶太作品，包括猶太律法（halakic）和神祕主義文本。其中十六世紀歐洲基督教的宗教改革運動也影響了基督教和猶太教的互動關係。值得注意的還有，十六世紀末出版的《妳們要出去觀看》（Ts'enah uReenah）靈修作品成為往後幾個世紀受到猶太女性歡迎的書。**第十五章「新的事實與新的神祕主義」**敘述前述時期的猶太日常生活與思想精神。例如十六世紀中葉尤瑟夫・卡洛的《擺好的餐桌》（Shulhan Arukh）一書成為猶太人重要的生活手冊，從禮拜、節日到飲食等日常生活的每個層面都提出指引建議。本章也回顧以薩瓦塔伊・塞維（Sabbetai Zevi, 1626-1676）為中心的彌賽亞運動如何興起與發展，還有後續的猶太靈恩運動和哈西迪猶太教發展，這些對後代猶太教靈修運動都產生深遠的影響。

本書第三部和第四部提供豐富的資料與內容，說明當時各種猶太運動興起的時代背景、發展過程，以及後續影響。值得讀者深入閱讀與比較。

第五部分「現代世界帶來的挑戰」探討從十八世紀中葉啟蒙運動以後發展至今的猶太族群史。**第十六章「從啓蒙運動到以色列國」**回顧猶太人在西元一七五〇年以後歷經兩個半世紀變動歷史的猶太教發展史，在快速變化的環境中各自發展出不同型態的猶太團體。在這部分，作者簡要說明猶太人在二戰時期遭遇大災難和以色列建國的歷史，不過，猶太人對這些歷史事件的神學反省，則做了深入討論。作者分析猶太人口在歐美與其他地區的變遷、文化實踐的演變、改革運動興起、以及反改革的回應。**第十七章到十九章**分別說明，政經和社會變遷等因素促成不同立場的猶太教團體如雨後春筍誕生：改革派、正統派、保守派、重建派以及極端正統派（haredi）的社群陸續形成及發展。**第二十章「復興」**介紹近年來多樣猶太團體對社會議題抱持不同的態度與立場，包括如何面對女性擔任拉比、性別平權、非異性戀性小眾（LGBT）的權益，甚至一九八〇年代出現不信上帝的人文猶太團體，為多元的猶太族群添增新色彩。這些在在顯示猶太團體面對時代新挑戰，激發不同層面的回應，呈現出寬廣而絢麗的光譜。作者特別投入相當的篇幅描寫不同猶太教派在美國和英國的發展。這清楚顯示，本書不只探討猶太人歷史，也是猶太教歷史。

在最後一部分（**第六部分）後記第二十一章「等待彌賽亞？」**一文中，作者清楚定義「猶太教」的意義，就是以「宗教觀念和文化實踐」來說明分布在不同光譜的猶太團體，包括無神論者和世俗猶太人。如此，阿緒肯納吉的猶太人認為那些在二戰期間遭受滅絕的猶太人是「殉道者／烈士」，那些犧牲者當中有不少是持守宗教信仰的猶太人，而有些則是世俗猶太人。「猶太教」（Judaism）包含豐富而多樣的含義，值得讀者們細細品味。

3. 這本書是一座美麗花園，邀請讀者進入欣賞、沈思與對話

在浩瀚的猶太歷史著作裡，古德曼的這本書可屬最新力作，尤其他用了相當的篇幅介紹世界不同地區的重要猶太團體與人物，呈現猶太教歷史的豐富與多樣面貌。本書有部分篇幅介紹猶太女性，事實上，在漫長的猶太歷史裡，女性的貢獻扮演重要角色，有待更多探討。在本書結語，作者提到本書並未詳細介紹摩洛哥猶太人和葉門猶太人。可見猶太教的歷史像是萬花筒般，多采多姿，千變萬化，而我們透過本書所看到的只是其中部分的剪影而已。猶太歷史的全觀仍有待其他作者與作品來補充。

總之，古德曼這本猶太教歷史著作像是一座美麗的花園，其中百花盛開、群鳥爭鳴、蜜蜂與彩蝶飛舞在花叢間，構成繽紛多彩的小宇宙。它邀請讀者進來這可愛的地方漫步，欣賞鳥語花香和百花爭豔的精彩畫面，並且駐足片刻與這花園裡的生命輕聲對話。我相信，任何人讀了這本書，都可以從裡面的人物與故事得到收穫和啟發，感受猶太文化的豐富與偉大的包容特色。

推薦序——

以色列經濟文化辦事處代表
游亞旭（Asher Yarden）

能有這個機會為出版不到一年半即備受讚譽的《猶太教四千年》作序，敝人感到萬分榮幸。我也非常欽佩台北城邦集團的麥浩斯出版社，能在相對短的時間內，將此書從英文翻譯成繁體中文，使這本書出現在台灣市場。

《猶太教四千年》有潛力推翻世界各地的非猶太人看待猶太教的方式。至於對猶太人而言（嚴格遵守猶太教規的人也好、沒那麼嚴格遵守的人也罷），此書絕對會是個可靠、清楚、詳盡的參考資源，可以幫助他們認識猶太教與猶太人的根源及其歷史演變，成為這個主題有史以來最卓越的著作。

有些人或許會好奇，信奉猶太教的人數這麼少（全世界的猶太人口估計不及一千五百萬），台灣從未有為數眾多的猶太人存在，而台灣人也鮮少接觸猶太信仰、猶太習俗與猶太人，這本書怎能吸引台灣讀者的目光？畢竟，台灣人的生活方式和宗教禮俗都跟猶太教很不一樣。猶太教對東亞的日常生活幾乎沒有任何影響，也與東亞地區的居民無關。對大多數的東亞人來說，「猶太教」是個陌生抽象的名詞，根本不存在任何具體的基準點。猶太教、猶太人以及他們的歷史肯定具有某些獨特之處，才會讓跟猶太教無任何私人連結的東亞人想要了解之、探索之，把心力投注在對他們無任何實用意義的知識上。

我必須坦言，自從數年前來台後，我也一直在問自己這些問題。這裡有那麼多人對猶太教及其原則、這個宗教本身、猶太人自古遭受過的各種悲劇，以及被台灣和東亞其他地區的居民視為成功經驗、並可引以為鑑的故事，都具有濃厚的興趣與好奇心，讓我蠻吃驚的。我的答案是以個人經驗出發，沒有學術或科學方面的基礎。我甚至有點擔心這本傑出著作的作者會對我這些很不學術的評論做出什麼反應。話雖如此，我還是希望盡我所能以最謙卑的心來分享我的一些拙見。

首先，我們必須先釐清「猶太教」一詞。何謂猶太教？猶太教一詞是否具備某一意涵，不知者便無法理解此書？這些相關問題非常不好回答。猶太人常常被說有「很多意見」，俗話也說問兩個猶太人一個問題，永遠都會得到至少三個答案。因此，問了這些問題，得到的答案可能會比我們問的人還多！猶太教是一種宗教嗎？是一種神學觀嗎？一門哲學？我們可以說猶太教具有種族及／或國族特性嗎？我們可以說，自認是猶太人的那群人是一個「民族」嗎？猶太教是一種文化或文明嗎？我們可以說猶太教就是「一套規範」或「一個法系」嗎？在我看來，縱使沒有提供完整的解答，提出問題本身就是探究的開端，而《猶太教四千年》將有助推展此一探究過程。另外，這項探究很適合用猶太和中國傳統都有的一句格言來表達：「途徑即目標。」即使最後可能有所困惑，讀這本書仍可獲益良多。

談到猶太教，就不能不談到它對亞伯拉罕諸教最大的兩個分支—基督教和伊斯蘭教—所具備的深遠影響。這兩個宗教都比猶太教還要「成功」，無論是在教義的傳播或影響力的擴張上。然而，猶太教其實從來都沒有以擴大皈依者的數量、在偏遠地區擴展勢力或是得到政治力量為目標。尤其最後一點正是猶太教的基本原則之一，雖然反猶分子常常譴責猶太教試圖要獲取政治力量。

讀過《猶太教四千年》後可能獲得的另一項啟發是：猶太教其實是從所謂的「古代近東」地區發源的

「實體」——（我之所以使用這個非常籠統的敘述詞，是希望不要陷入精準定義的陷阱中）當中，唯一存續了將近四千年的一個。這並不是偶然，而是一件相當驚人的事實，有些人甚至認為是奇蹟：猶太教不僅保存者的人數少、兩度被驅離自己的故土—即巴比倫囚虜和大約八百年後遭到古羅馬人流放的事件，又使用一種沒有其他族群會使用的語言，卻還是能繼續存在著，並維持自我認同。除此之外，經歷了無數個世代、無數個世紀的猶太人，時時遭遇無情的迫害與打壓。猶太人的存在總與死亡脫不了關係，人類作惡的能力也越來越提升，這一切的最高點就是猶太人大屠殺，目的是要將猶太人、乃至於其曾經存在過的任何痕跡完全從人類史上消滅殆盡。

猶太教與猶太人顯然不是同義詞，但是少了猶太人，猶太教不會存在。這是以色列最根本的建國理據之一：為全世界的猶太人提供一個永久的安全庇護所，讓這群人抑或是他們的宗教與文化便再也不會面臨消亡的危機。從時間上來說，以色列國僅存在了七十一年，在將近四千年的猶太史中根本連個「嗝」也不算，但我們萬不可低估以色列在一九四八年建國所帶來的巨大深遠、撼動世界的影響。這不只是一次政治變遷，還帶有更深的宗教性靈意涵。

儘管如此，我們也可以把猶太教視為一種很有意思的現象。我可以毫不遲疑地說，接觸過《猶太教四千年》的人將能更清楚地體認到這點，也會有能力區分迷思與事實、正確與錯誤。

我敬邀台灣讀者與這本鉅著的作者一同出發，探索猶太教歷史這片寬闊深沉的汪洋。藉由此書認識猶太教，會讓許多人明白猶太教對世界遺產做出的貢獻，明白猶太教和其他世界宗教之間雖存在不少差異，但彼此的相似點其實也比原先想像的要多。甚至，即使沒有任何實用的理由，這部作品至少也能滿足一個人的好奇心。最後，祝您旅途愉快，好好享受這趟閱讀之旅。

詞彙表

縮寫

A 亞蘭語（Aramaic）
G 希臘文（Greek）
H 希伯來文（Hebrew）
Y 意第緒語（Yiddish）

阿米達【H】 原意為「站立」。日常禮拜的主要禱文。

阿摩拉【A】 原意為「詮釋者」。《塔木德》引述的一群拉比智者，活躍時期為西元二〇〇年左右《米示拿》完成的時候到西元五世紀末。

香櫞【H】 一種長得像檸檬的水果，在住棚節禮儀中會使用到。

果昂【H】 原意為「閣下」。六到十一世紀伊拉克主要學院的領袖頭銜。

貯藏室【H】 神聖文獻破損不堪之後存放的地方。

果昂時期 西元六到十一世紀（參見「果昂」）。

魔像【H】 卡巴拉傳統中靠巫術而有了生命的黏土人。

哈拔德【H】 盧巴維奇哈西迪猶太人信奉的一種神祕主義類型的縮寫。

哈夫塔拉【H】 會堂禮儀中，接在妥拉誦讀之後的先知書誦讀段落。

哈加達【H】 在逾越節晚宴上講述出埃及的故事。

派別【G】 原意為「選擇」。哲學的一個學派。

哈罕姆【H】 原意為「智者」。拉比頭銜。

哈拉卡【H】 原意為「走路」。拉比教誨的律法元素。

辮子麵包【H】 安息日和節日製作的辮子造型麵包。

光明節【H】 原文的意思是「奉獻」。紀念馬加比叛變後聖殿重新獻祭的節慶。

哈雷迪【H】 原意為「畏懼的」。對現代奉行傳統正統猶太教的人的稱呼。

哈西迪【H】 原意為「虔敬的」。十八世紀之後信奉哈西迪猶太教的人的自稱。

阿什肯納茲虔敬派【H】 西元十二、十三世紀萊茵蘭和法國北部的虔敬主義者。

分開儀式【H】 安息日結束時舉行的儀式。

哈維林【H】 原意為「夥伴」。1. 在坦拿文獻中指的是一絲不苟遵守什一奉獻和儀式性潔淨的人；2. 阿摩拉時期以降用來指稱拉比智者。

哈吾拉【H】 為宗教目的聚在一起的猶太人團體。

天殿【H】 原意為「殿堂」。梅爾卡巴神祕主義的概念，指的是升到上帝寶座時通過的天界地帶。

絕罰【H】 原意為「禁令」。將一個人正式排除在團體之外的命令。

新評【H】 從《塔木德》或聖經評述中衍生而出的新法條。

卡巴拉【H】 原意為「傳統」。在中世紀的西班牙和普羅旺斯開始興起的神祕主義運動。

神聖禱文【H】 聖化和讚美上帝的禱文，在會堂禮儀的休息時間誦讀，也做為亡者的悼念禱文。

聖潔禱文【H】 原意為「聖化」。會堂禮儀的一部分，喚起天使對上帝的崇敬。

聖化【H】 安息日和節日時一邊敬酒、一邊誦讀的賜福禱文。

晚禱【H】 在贖罪日剛開始時誦讀的禱文，象徵將所有的誓言一筆勾銷。

潔食【H】 原文的意思是「合適」。最常用來指飲食。

講道者【H】 1. 受歡迎的講道者；2. 藉神祕主義者的口說話的天之音。

馬斯基爾【H】 原意為「聰慧的」。十九世紀猶太啟蒙運動（哈斯卡拉運動）的追隨者。

馬所拉【H】 原意為「傳統」。希伯來聖經文本中表示變體、發音和儀式誦唸的記號和符號。

逾越節薄餅【H】 逾越節吃的一種無酵餅。

《米基爾塔》【A】《出埃及記》的評述。
米大示【H】聖經的解經。
浸禮池【H】原意為「聚會」。儀式用的浴池。
《米示拿》【H】西元三世紀初期彙整而成的拉比律法觀點。
反對者【H】十八、十九世紀反對哈西迪猶太教者。
戒律【H】宗教規定要遵守的義務。
慕沙【H】原意為「倫理」。十九世紀在東歐興起的倫理復興運動。
拿西【H】原意為「君主」。賦予權威人物的頭銜，特別是指西元三到四世紀巴勒斯坦的猶太族長。
俄梅珥【H】原意為「綑」。1. 祭司在聖殿裡搖動的一綑麥穗；2. 從逾越節到五旬節的時期。
分離主義者【H】拉比文獻中用來指稱法利賽人的詞。
逾越節【H】1. 紀念以色列人逃出埃及的春季節日；2. 聖殿時期在逾越節前夕用來獻祭的羔羊。
辛辣辯論【H】研究《塔木德》時使用的詭辯辯論法。
普珥節【H】慶祝波斯猶太人被拯救（《以斯帖記》的故事）的早春節慶。
逾越節晚宴【H】原意為「秩序」。紀念以色列人逃出埃及的逾越節節期在第一個晚上舉行的禮儀和餐宴。
質點【H】原意為「計數」。卡巴拉思想中表示上帝發散的用語。
舍金納【H】上帝的常在。
示瑪【H】原意為「聽見」。誦讀三個宣告上帝一體性的聖經段落，每日誦讀兩遍。
十八禱文【H】一系列習慣在靜默禱告時誦讀的十九篇祝禱。
猶太人小鎮【Y】用來指稱東歐猶太聚落的詞。
住棚節【H】會幕或棚子的節日。
《塔木德》【H】西元三到六世紀彙編而成的《米示拿》評述。

《塔納赫》【H】 聖經（妥拉、先知書和智慧書）的縮寫。

坦拿【H】 原意為「複述者」。約西元二〇〇年之前的拉比老師。

他爾根【H】 聖經的亞蘭語譯本。

經匣【H】 放有摩西五經經文的方形皮盒，禱告時戴在頭上和手上。

妥拉【H】 原意為「教誨」。1. 摩西五經（即希伯來聖經的前五部經書）；2. 拉比律法和習俗的統稱。

補述【H】 針對辣什的《塔木德》評述所做的評述。

《陀瑟他》【A】 原意為「補充」。和《米示拿》的格式類似的拉比意見彙編，通常做為《米示拿》的補充材料。

義者【H】 在哈西迪猶太教裡，這個詞特別是指靈性領袖或拉比。

繸子【H】 在小條祈禱巾（穿在衣服底下）或大條祈禱巾（用來做為披巾）的四角縫上的流蘇。

雅哈達【H】 原意為「社群」。產出死海古卷團體守則的猶太團體對自己的稱呼。

猶太學院【H】 研究妥拉（也會特別重視《巴比倫塔木德》）的學院。

願祂記得禱文【H】 會堂禮儀中紀念亡者的禱文。

《光明篇》【H】 十四世紀開始受到卡巴拉學者尊崇的神祕主義作品。

導論
猶太教歷史研究的蹊徑

> 以色列人出埃及地以後，第三個月的初一，就在那一天他們來到了西奈的曠野。……摩西到上帝那裡，主從山上呼喚他說：「你要這樣告訴雅各家，對以色列人說：『我向埃及人所行的事，你們都看見了，我如鷹將你們背在翅膀上，帶你們來歸我。如今你們若真的聽從我的話，遵守我的約，就要在萬民中作屬我的子民，因為全地都是我的。你們要歸我作祭司的國度，為神聖的國民。』這些話你要告訴以色列人。」……到了第三天早晨，山上有雷轟、閃電和密雲，並且角聲非常響亮，營中的百姓盡都戰抖顫抖。摩西率領百姓出營迎見上帝，都站在山下。西奈山全山冒煙，因為主在火中降臨山上。山的煙霧上騰，彷彿燒窯，整座山劇烈震動。角聲越來越響，摩西說話，上帝以聲音回答他。……

這段描寫摩西在西奈山接受天啟的戲劇化敘事，被保存在《出埃及記》裡。三千多年以來，人們對於上帝與「神聖的國民」締結的這個約持續做出各種不同的解讀，而猶太教的歷史實際上就是這些詮釋的演變史。[01]

傳說摩西被賜予天啟的一千年之後，耶路撒冷的祭司兼歷史學家約瑟夫斯（Josephus）將現存最早的針對非猶太讀者所寫的猶太神學思想放進他的著作《駁斥阿比安》（Against Apion），以維護猶太傳統，反駁外邦作家的毀謗。約瑟夫斯筆下的摩西創造了一種非常適合人類的新體制，和當時所知的君主制、民主制和寡頭制等其他體制都相當不同，唯有發明一個新詞「神權制」（希臘文為theokratia）方能貼切表達此概念，因為摩西堅稱上帝應掌管一切：「他不把虔誠視為德行的一部分，而是看出並規定其他的德行皆屬虔誠的一部分。……所有的行為和職業，所有的言語，都和我們對上帝的虔誠有關聯。」[02]

待到約瑟夫斯的時代，也就是西元一世紀晚期，摩西已成為一位英雄人物，籠罩在神話之中。約瑟夫斯推測，摩西生存年代其實早了他兩千年左右，堅持宣稱：「我認為我們的立法者生存年代超越了他處提及的立法者。」約瑟夫斯是為了非猶太人撰寫神學，但這些非猶太人對摩西的看法很明顯沒有這麼滿腔熱情。希臘人和羅馬人普遍知道猶太人把摩西視為他們的立法者，而在西元前四世紀晚期，阿布德拉的赫卡塔埃烏斯（Hecataeus of Abdera）也認為他「智慧與勇氣非凡」。然而，很多人也說他是江湖術士或騙子。和約瑟夫斯同年代的羅馬雄辯家昆體良（Quintilian）甚至還拿摩西為例，在闡述「城市的創建者受憎惡，因他們專注在一個對他人而言是詛咒的民族」時，連他指稱的那位「猶太迷信的創建者」不需明講都知道說的是誰。外人越是抨擊猶太教，像約瑟夫斯這樣的虔誠猶太人就越是擁護自身的優良傳統，宣稱這項傳統「讓上帝成為宇宙主宰」。正如約瑟夫斯提出的這句激問：「還有什麼政體比這更加神聖？當整個團體都為虔誠信神做好萬全準備：整個體制的組織就像某種祝聖儀式，還有什麼榮耀比這更適合上帝？」[03]

與其他民族之間的反差，也是讓約瑟夫斯堅稱猶太人在面對與宗教有關的一切時，彼此從不產生歧見的原因。那是由於，每一位猶太人都被教導決定了他們生活方式的律法，因此「這些律法就彷彿是刻在我們的靈魂上」：

> 這是我們如此和睦的主要原因。因為對上帝抱持著相同的概念，生活方式和習慣完全沒有差異，使人的性格出現非常美麗的和諧。在我們這民族之間，絕對聽不到關於上帝的矛盾說法，而這在其他民族中十分常見，不只尋常百姓在情緒突然激動時會說的那些言詞，就連某些哲人也大膽地說出一些言論，有些企圖藉由辯論的方式消弭上帝的存在，有些則試圖代表人類消抹天命。我們的生活習慣也絕對看不出有任何差異：我們全都實踐相同的做法，全都與律法和諧共處，認同上帝看顧一切。[04]

在本書後面的敘述中將清楚看見，把猶太人與希臘人和古代世界其他多神教民族的眾多神祇、教派、神話和習俗區別開來的，這種行為和信仰的「一致」與「統一」，在猶太教內部其實仍保留不少多元變化的空間，且不僅當時如此，而是整個猶太教歷史皆然。

猶太教的歷史並不是猶太人的歷史，但猶太教是猶太人的宗教，因此，只要猶太人的政治文化歷史與他們的宗教概念和實踐有所衝撞，本書必定也得追本溯源。此外，猶太教是個世界宗教，特別是因為猶太人遭現實所迫，數千年來廣泛分散各地，因此他們的宗教思想時常藉由吸收或排斥的方式，反映出自己生活的那個廣大的非猶太世界。雖然猶太教與民族性之間的關聯不像基督教、伊斯蘭教或佛教等其他世界宗教那樣薄弱（雖然，在這些宗教裡，宗教認同有時也是辨識某一民族或文化的標誌），早在約瑟夫斯寫下摩西所創造的特殊體制是多麼卓越以前，猶太人的身分認同就不是只以宗教定義，也由血統定義。最遲在西元前二世紀，幾乎所有的猶太人都已接納了那些希望遵循猶太習俗、將自己定義為猶太人的改宗者。在本書所探討的大部分歷史中，猶太教一直都有潛力成為一個普世宗教，而猶太人也一向相信他們的宗教具有普世的重要意義，雖然他們（不像某些基督徒）從不進行世界性的傳教活動，以改變他人信仰、皈依自己的宗教。05

抽出三千年來猶太文化中的宗教元素，並加以描述和解釋，是一件令人卻步的任務，那是因為材料的分量和學術的重擔都是如此龐大。過去兩千年以來，猶太教出現非常多樣的表現形式。觀察今日各猶太教分支所著重的特點，進而定義猶太教的本質，並回溯這些特點在數世紀以來的發展歷程，是很直截了當的研究方式，而這種史書在過去幾世紀以來確實也有人寫過。然而，若假定現今被視為本質的東西從古至今一直都如此被看重，顯然是無法令人滿意的。無論如何，我們切勿理所當然地以為猶太教內部一直都有主流教派，或這個宗教的其他變化在過去都被當成支流看待，而現在也應該這麼看待。將傳統喻為一條大江或是一棵擁有許多樹枝的大樹，是很吸引人卻非常危險的做法。因為，現今猶太教最重要的那些層面，和古代的猶太教可能根本沒什麼關聯。例如，在耶路撒冷聖殿舉行獻祭儀式，是兩千年前禮拜儀式的核心，但今天猶太教大多數的教派顯然不會這麼做。[06]

要避免把杜撰的敘事強加在猶太教的歷史中，以合理化現今所關注的層面，其中一個方式便是盡可能客觀描述在特定時期興起的各種猶太教形式，展現出不同表現形式之間的相似處，方能使欲在單部史書中探討所有猶太教派的做法顯得合情合理。這種多元主義的研究途徑固然有它的優點，但就其本身來說可能不太令人滿意，因為無論從內部看來多麼多元，外人向來把猶太教視為單一宗教，且自聖經問世以來，猶太族群內部和諧一致的說法便是猶太宗教文獻裡的常客。倘若史家能做的，就只是描述猶太教數世紀以來出現的一大堆奇異的表現形式，而未能闡述這些不同形式之間的關聯，那麼成果會是個陳列珍奇事物的展示櫃，能做的只是消遣、困惑讀者，但卻少了故事解釋猶太教為什麼演變成現在的樣貌，至今仍是影響數百萬人生命的宗教。

因此，本書的研究途徑結合了前幾代的線性歷史敘事，以及那些對各種傳統保持開放心胸的當代學者所偏好的「多元」敘事。本書將回溯目前已知在某個時間點同時發展興盛的各種猶太教表現形式，接著在證據許可的情況下，檢視這些變化形式之間的關係。本書力圖確立猶太教的不同分支在何時何地互相競爭合法地位或擁護者，又在何時何地寬容忍受彼此，無論秉持開放接納的精神，或懷有敵意勉強接受。[07]

猶太教內部的紛爭史相當豐富，有時爭執的事物在外人眼中看起來可能只是雞毛蒜皮的小事。然而，在猶太人之間，宗教狂熱份子雖會以言語駁斥對手，卻不常出現宗教動機的暴力行為。聖經中講述非尼哈（Pinchas）的故事，說他自行執法，當場殺死淫亂的以色列男子和該男子帶回家族的偶像崇拜女子。然而，這雖然是對上帝狂熱的模範，但卻極少發生。猶太教完全沒有出現過如歐洲近世的基督教聖戰那樣的東西，也沒有如伊斯蘭教遜尼派和什葉派之間存在的那種不時撕裂彼此關係的深沉敵意。猶太教內部的寬容程度是本書探討的主題之一。08

同時，史書也一定要追溯猶太教內部從一個時期到另一個時期的發展變遷，因此只要情況許可，我都盡力展現猶太教的各分支與前面幾代的關聯，並且點出這些分支選擇強調前幾代傳統中的哪些特定元素。猶太教大多數的教派都聲稱自己忠於過去的傳統，那麼，會出現如此多元的變化似乎又顯得奇怪了。原來，保守的說詞背後往往藏有改變和革新。這部史書將會指出，有哪一些革新會影響後世猶太人的宗教生活，又有哪一些最後將銷聲匿跡。

無論在哪一個時期，要給猶太人下一個明確的定義都是很不容易的。若以為在複雜的現代世界來臨前，猶太人的身分認同都是安全穩當、沒有問題的，那可就錯了。在任何時期，那些認為自己是猶太人的人，其自我認知與他人的認知可能並不一致：雙親之中只有一位是猶太人，這樣的人身分地位難以確定，這個問題早在約瑟夫斯寫書的年代就已受到關注，因為猶太人是在西元一世紀左右才開始把母親的身分視為決定性的因素，而非父親的身分；當時和現在一樣，對於外幫人改信猶太教可能只有一部分的猶太人認可，另一部分則不承認。本書採取的實際解決辦法就是，只要任何個人或團體準備好要跟猶太人一樣，使用從古至今指涉自我的三個主要名稱來稱呼自己，便都當成猶太人看待。「以色列人」、「希伯來人」和「猶太人」一起初都有各自的特定指涉對象，但後來猶太人對於這三個詞的用法幾乎沒有區分。某些和猶太教分離的團體（如撒馬利亞人和部分的早期基督徒）決定稱自己為「以色列人」，而非「猶太人」，以示明確的區隔。

就連那些仍留在猶太教團體裡的猶太人，對於這些名稱的意涵可能也各自有不同的看法。在英文裡，「希伯來人」這個詞在十九世紀時用來指涉猶太人，是蠻有禮貌的用語，但是現今卻帶有些許的冒犯意味；在法國，十九世紀的猶太人叫自己「以色列人」，而「猶太人」這個詞直到最近才喪失了貶低的意涵。西元一世紀遭逢政治壓力時，猶太人在希伯來語和希臘語當中轉換指稱自己的用詞，顯示上述現象不是近代才出現的。這一切都與歷史背景有關，而歷史背景又能說明猶太教內部的發展，因此本書會觸及許多近東和歐洲以及（到更晚近的時期）美洲和其他地區的歷史，以便解釋本書主要關注的宗教變遷課題。

因此，發生在廣大世界的事件及其對猶太人所造成的影響，形成了本書劃分猶太教歷史各時期的依據，從近東地區的帝國、希臘羅馬文明到基督化的歐洲，再到伊斯蘭教的巨大影響，以及從文藝復興到啟蒙運動所形塑出來的現代，一直到今天複雜的猶太世界（許多外地猶太人的命運和以色列這個國家密不可分）。劃分這些時期的歷史事件當中，只有一件是與猶太人的歷史有關，那就是西元七〇年耶路撒冷第二聖殿被毀。這起事件讓猶太教的發展進入全新時期，對於現存的各種猶太教表現形式都具有深遠的影響。當時的猶太人不太可能體認到失去聖殿後他們的宗教會出現多大的改變，但將西元七〇年當作猶太教歷史的一個轉捩點之所以很合理，其中一個特別重要的原因是，這麼做能糾正基督教對於猶太教神學觀念的謬誤，認為猶太教是舊約的宗教，在基督教出現之後就被取代，並被視為是多餘的。在現代世界形塑了所有猶太人宗教信仰的拉比猶太教，其實是在西元第一個千年之間演變出來的，和基督教會並行發展。拉比猶太教的基礎建立在一套文本集成上，基督徒稱這些文本為舊約聖經，猶太人則稱之為希伯來聖經。拉比特別將希伯來聖經的前五本書「摩西五經」指定為妥拉（原意為「教導」），他們也用這個詞來指涉更通泛的典籍，凡是透過天啟傳授給猶太人的指導教誨，都可稱作妥拉。但，拉比不是只有逐字逐句研讀聖經。他們發展米大示（midrash，原意為「教誨的闡述」）的技巧，將對聖經文本的詮釋納入《哈拉卡》（halakhah，原意為「律法」）中，與經由習俗和口述傳統傳遞的律法規則相符。在拉比猶太教裡，《哈拉卡》（尤其是保存在《巴比倫塔木德》〔Babylonian Talmud〕）裡的版本，實際上就和聖經一樣重要。

數世紀以來，猶太教以許多不同的語言表達，反映了這些周遭的文化。猶太人的官方語言是希伯來語，但聖經裡也找得到亞蘭語，亦即西元前一千年近東地區使用的方言。西元一世紀保存下來的猶太著作大部分是以希臘文寫成，而中世紀的猶太哲學重要著作則是以阿拉伯文寫成。在一本用英文寫成的書裡，很難確切傳達這些著作所處的多樣語言和文化世界中，必然會存在的細微差異，也很難傳達字源相當不同的詞語，在猶太人的認知裡為何可能指涉的是同一件事。例如，聖經裡說到位於地中海東岸的那片應許給猶太人的土地，在聖經最前面的敘述稱為迦南，但在聖經他處卻稱為以色列地；波斯帝國的耶胡德省（Yehud）以及希臘統治下的猶地亞（Judaea），在西元一三五年被羅馬政府命名為敘利亞－巴勒斯坦省（Syria Palaestina）。這樣的結果可能會讓現今的讀者十分困惑，但是措辭的選用常常具有其重要性，因此我會盡量讓參考來源本身表達出這點。

有些讀者可能會覺得，想客觀呈現猶太教歷史是相當天真的。十九世紀的歐洲出現了「猶太學研究」（Wissenschaft des Judentums），開啟猶太歷史的科學研究，當中有許多偉大的學者寫書，目的是要在沒有傳統拉比詮釋的包袱下，以批判的眼光評估古代猶太文獻，藉此強化當時猶太教內部某些趨勢的真實性。猶太研究確定成為西方大學所認可的學術領域後，特別是從一九六〇年代起，這種與時下宗教爭議產生關聯的現象已十分少見。在歐洲，許多猶太研究的教授並不是猶太人，因此他們聲稱能不受感情左右地鑽研自己的學科，是具有一定的可信度的，雖說基督教或無神論的預設立場當然也必會導致偏見。這不是我的立場。我生在一個英國猶太人的家庭，我們對自己的猶太認同非常認真看待。家父的圖書室擺滿了從祖父那兒繼承下來的猶太教書籍；我的祖父在倫敦的西葡猶太會堂擔任幹事多年，自己也寫過書，包括一本猶太人歷史。我們家實踐猶太教禮儀的方式通常只有週五晚上、安息日Ⓐ前夕的晚餐和每年的逾越節晚宴，並偶爾參加貝維斯馬克斯猶太會堂（Bevis Marks synagogue）的禮拜。青年時期的我有點叛逆，決定依循一種比較嚴守猶太教規範的生活方式（我的家人對此展現了令人欽佩的耐性）。我在牛津猶太會堂（Oxford Jewish Congregation）找到了歸屬，這意義應該十分重大，因為這是英國十分特別的一個會堂，在單一團體中同時包容了進步派、保守派與正統派的禮拜儀式。這樣的背景讓我對於猶太教發展史當中有關核心與邊緣的認知產生多大的影響，就由讀者來評斷吧。

猶太教歷史和更廣泛的猶太人歷史這兩者之間的界線，未必總能清楚劃分。把「宗教」視為生活中的一個獨立面向看待，是啟蒙時期西方基督教文化的產物，在古代世界並無相對應的概念，因為人與上帝的關係在當時是完全融入生活各層面的。古希伯來語中最接近「宗教」這概念的詞是妥拉（「教導」之意），指的是天啟賜予以色列人的指導，包含生活的各層面，其中一些在其他社會看來可能十分世俗，如有關人民和婚姻的律法。因此，本書除了神學之外，也會討論許多有關宗教實行與習俗的問題。有系統的神學僅偶爾出現在猶太教，通常是受外部刺激的影響，如希臘哲學、伊斯蘭教或歐洲啟蒙運動。然而，這並不表示可以用正確實行、而非正確信仰來定義猶太教，因此本書的其中一個宗旨，便是要強調在猶太人和猶太教歷史的許多時刻，「思想」也是非常重要的。基本上，某些宗教思想滲入猶太教歷史，使得當代的某些觀念變得很有問題，如摒棄任何對上帝的信仰的「世俗猶太教」。而最重要的觀念之一，就是讓上帝和猶太民族產生緊密連結，並因此規定猶太人背負特殊職責的「約」的觀念。綜觀整個猶太教歷史，猶太教一直聲明普世的重要性就在於上帝與這被揀選的民族之間的關係。

因此，本書將會探討習俗、制度、共有組織，也會討論信仰和思想。我會盡可能描述一般猶太人在數

Ⓐ譯注：安息日是慶祝與禱告的日子。傳統上，猶太人會有三頓慶祝安息日的正餐：安息日前夕的晚餐、安息日當天的午餐以及當天傍晚的一餐。

世紀以來所實踐的這個宗教，同時也會提及最常在歷史紀錄中碰到的革新故事以及持異議者的奇異生涯。我也盡力展現這樣的可能性：在現存紀錄中只能隱約窺見的某些運動和思想，在後人的眼中可能看似不重要，但在當時或許非常重大。一九四七年在昆蘭（Qumran）附近的洞穴裡意外發現的死海古卷，便揭露了兩千年來沒有人知道的猶太教類型。當生活在西元起初兩百年的拉比和他們的後繼者回頭看聖經時期的猶太教發展時，讓他們最感訝異的教誨就已和他們的先人所關注的焦點大相逕庭；這些拉比的律法教導於西元三世紀保存在《米示拿》（Mishnah）和《陀瑟他》（Tosefta）裡，而其後繼者的評註在西元六〇〇年左右納入《巴比倫塔木德》。

猶太教的歷史要從何時開始說起？從聖祖亞伯拉罕開始，因為他是體認到世界上只有一神的第一人？從摩西開始，因為他在西奈山從這位上帝手中接受律法？還是要推到幾世紀之後，由以斯拉創建的猶太國家開始說起，因為這個國家認真地在耶路撒冷的聖殿裡敬拜這同一位上帝？或者要從西元前二世紀聖經大部分書卷都已完成的時候開始？上述的每個選項各有優點，但我選擇從更晚的時候開始講起：西元一世紀，因為這時候的猶太教被描寫成一個特色鮮明的宗教生活型態，約瑟夫斯在此時回溯探索他所謂的上古迷霧，解釋這發展趨向成熟宗教的神學、聖典、禮俗與制度，並引以為傲地宣稱這是他的宗教。我們將會看到，數世紀以來形成這宗教的漫長過程是斷斷續續的，而我們對這過程的認識仍然相當片段。聖經的核心是一個述說特色鮮明的猶太教如何誕生的故事，但由於無法確認聖經重要文本的撰寫年代、過程與來自聖經時期的考古證據的重要性，因此關於這些敘事包含多少史實便引發相當分歧的詮釋。拉比繼承了聖經傳統，但大都以非歷史的觀點來處理。因此，我們很幸運能有西元一世紀流傳下來的龐大文獻。在聖經開始被視為神聖文本不久後，一位富有學識的猶太人寫下了猶太人和猶太教發展演進的歷史，他不但熟悉猶太人的傳統，也精通當時研究歷史的先進科學技巧。這份紀錄的作者就是約瑟夫斯，而我們就從他的《猶太古史》（Jewish Antiquities）開始說起。

Part I

Origins
起源

(約 2000 BCE–70 CE)

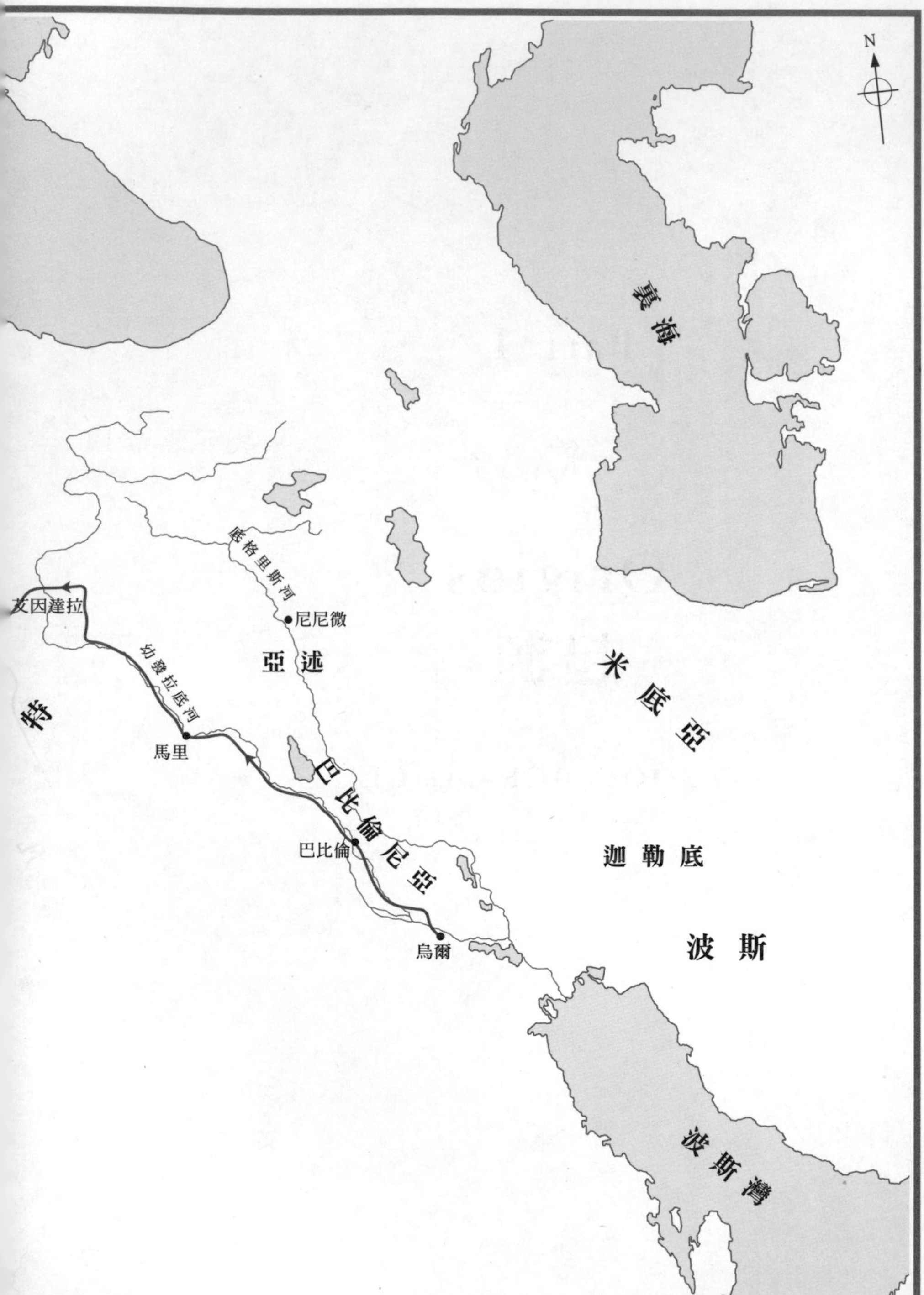
N
裏海
底格里斯河
尼尼微
友因達拉
幼發拉底河
亞述
米底亞
特
馬里
巴比倫尼亞
巴比倫
迦勒底
烏爾
波斯
波斯灣

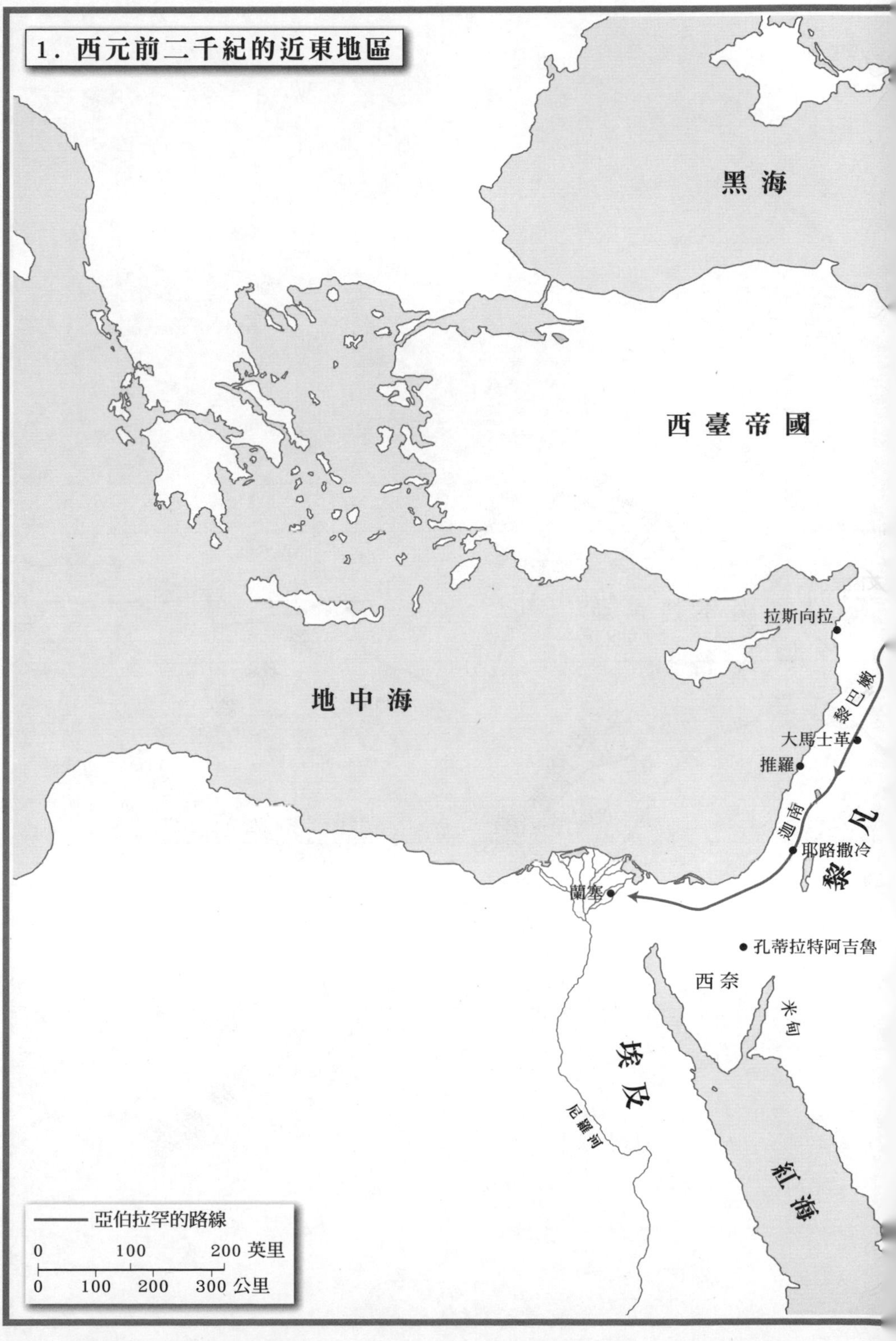
1. 西元前二千紀的近東地區
黑海
西臺帝國
地中海
拉斯向拉
黎巴嫩
大馬士革
推羅
迦南
耶路撒冷
蘭塞
孔蒂拉特阿吉魯
西奈
米甸
埃及
尼羅河
紅海
亞伯拉罕的路線
0 100 200 英里
0 100 200 300 公里

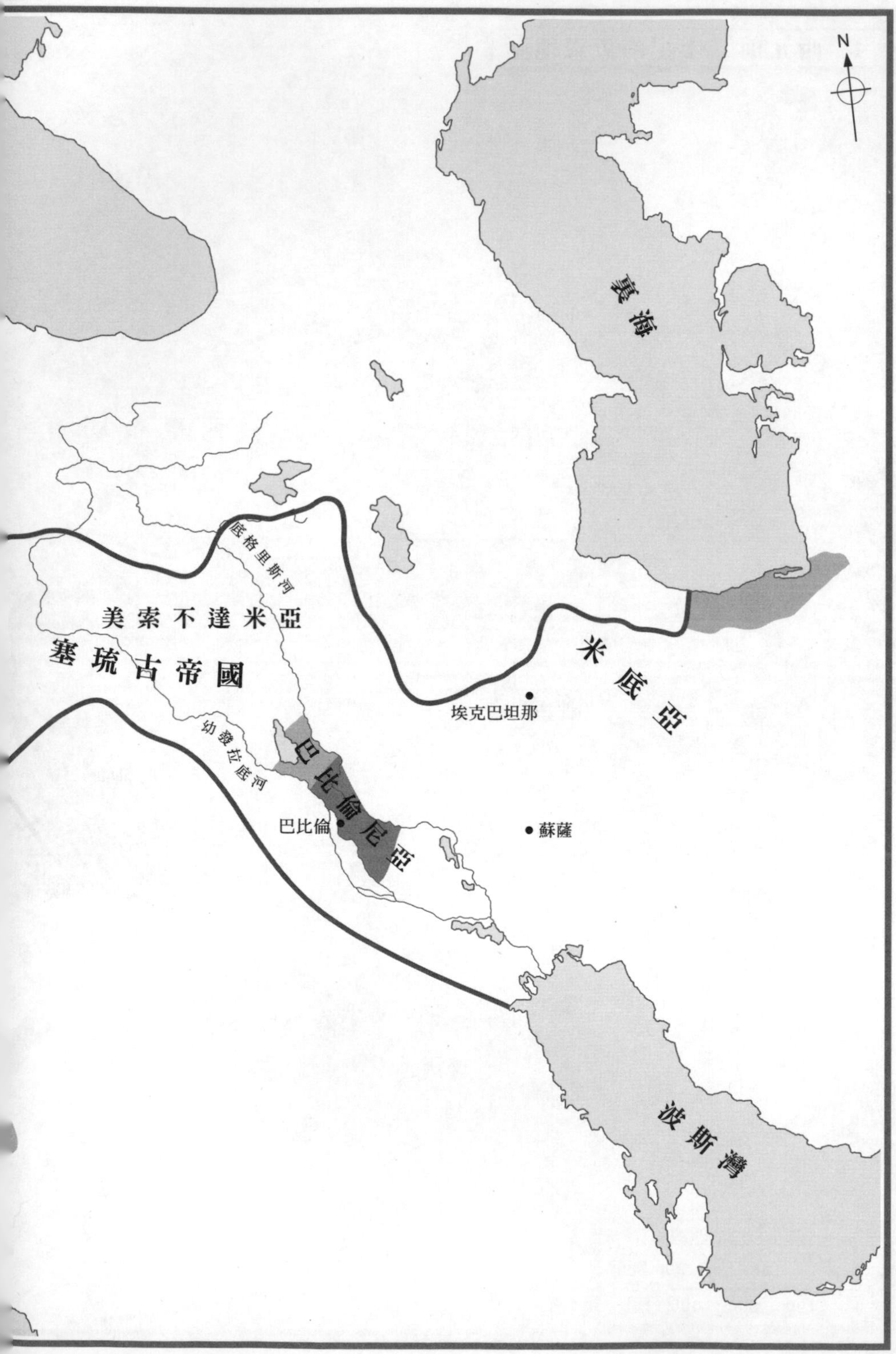
N
裏海
底格里斯河
美索不達米亞
塞琉古帝國
米底亞
埃克巴坦那
幼發拉底河
巴比倫尼亞
巴比倫
蘇薩
波斯灣

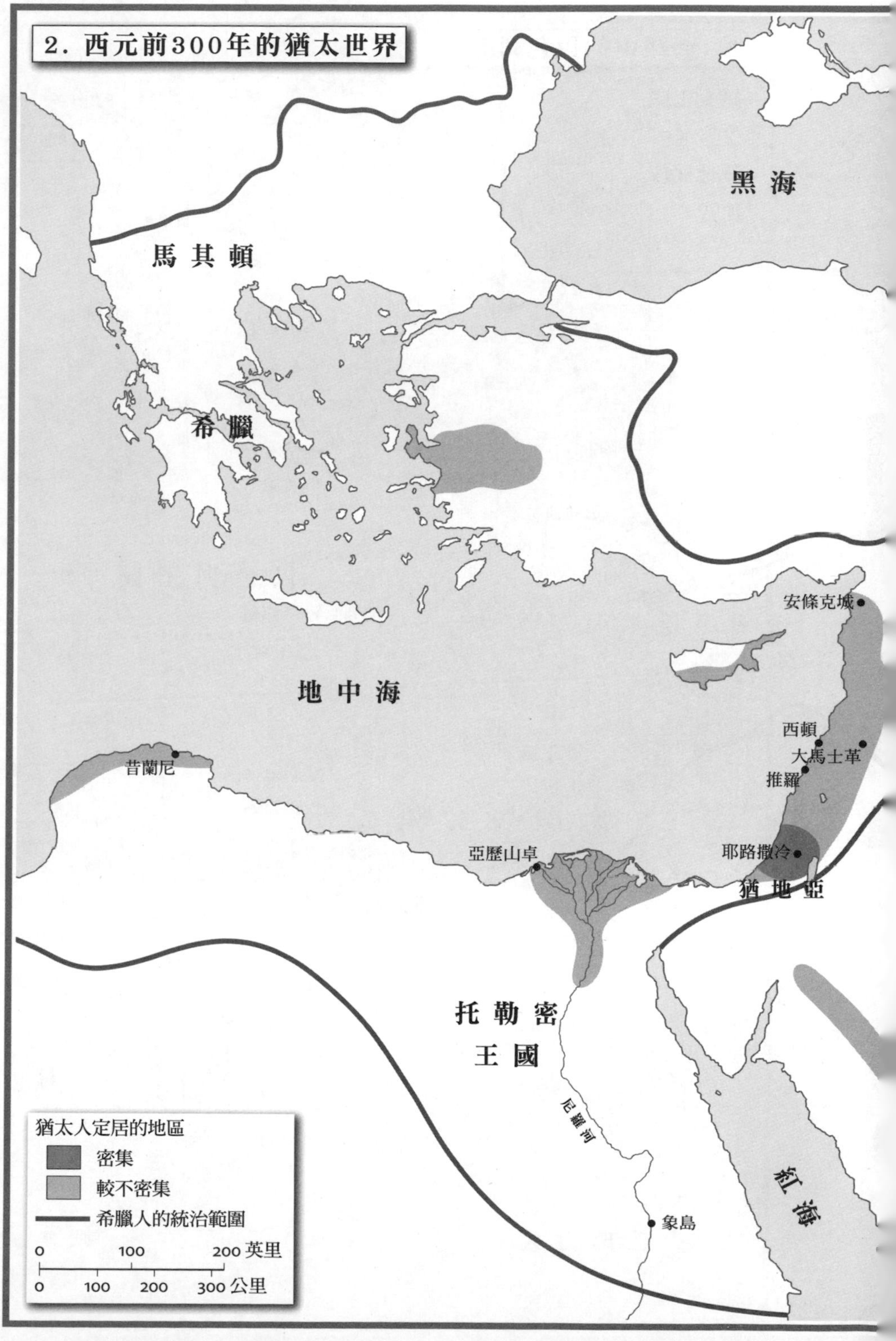
2. 西元前300年的猶太世界
黑海
馬其頓
希臘
地中海
安條克城
西頓
大馬士革
推羅
昔蘭尼
亞歷山卓
耶路撒冷
猶地亞
托勒密
王國
尼羅河
象島
紅海
猶太人定居的地區
密集
較不密集
希臘人的統治範圍
0 100 200 英里
0 100 200 300 公里

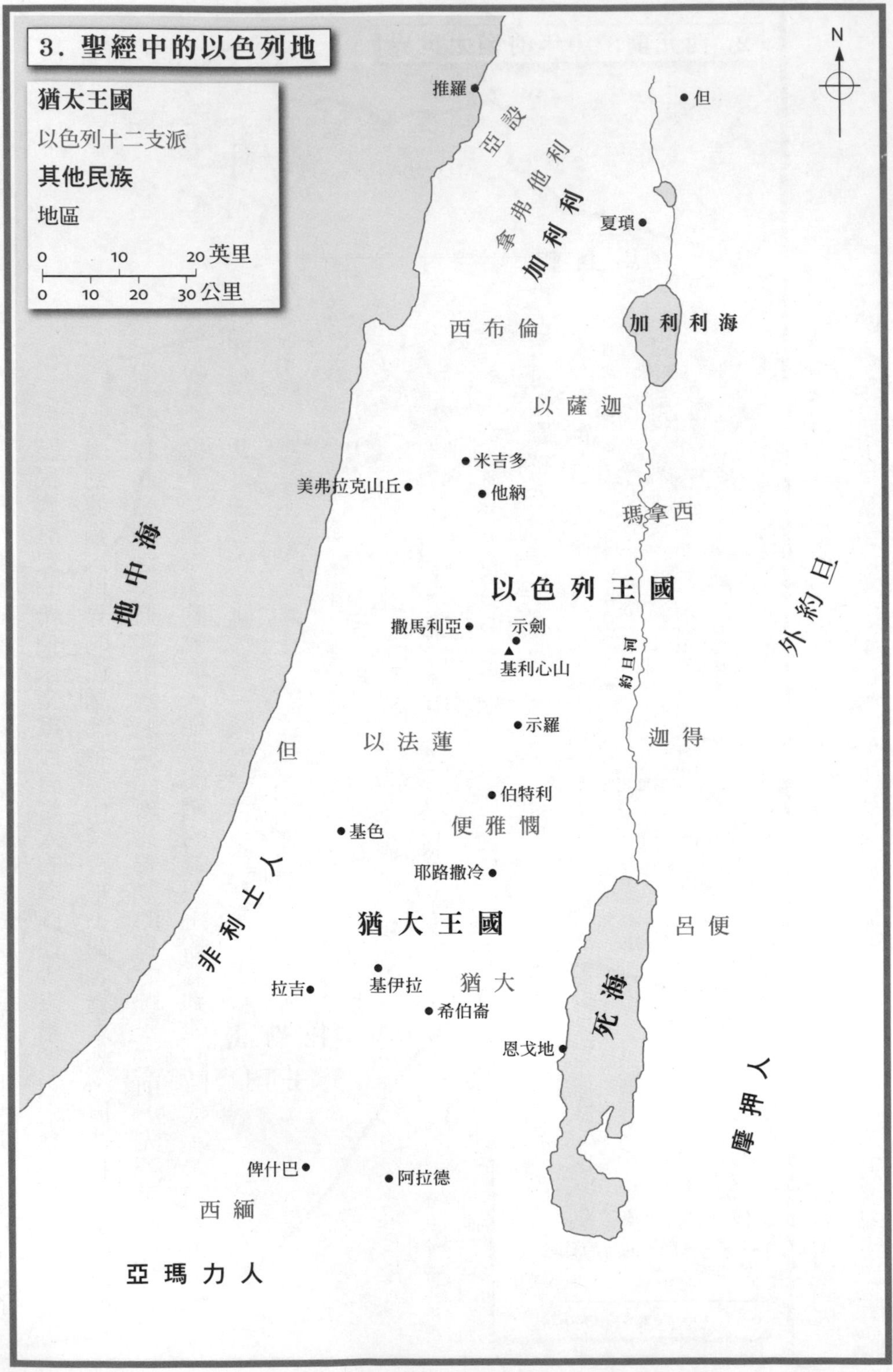
3. 聖經中的以色列地
猶太王國
以色列十二支派
其他民族
地區
0 10 20 英里
0 10 20 30 公里
N
推羅
但
亞設
拿弗他利
加利利
夏瑣
加利利海
西布倫
以薩迦
米吉多
美弗拉克山丘
他納
瑪拿西
地中海
以色列王國
外約旦
撒馬利亞
示劍
基利心山
約旦河
示羅
但
以法蓮
迦得
伯特利
基色
便雅憫
耶路撒冷
非利士人
猶大王國
呂便
拉吉
基伊拉
猶大
希伯崙
恩戈地
死海
摩押人
俾什巴
阿拉德
西緬
亞瑪力人

1

沙漠、部族與帝國

西元一世紀末，約瑟夫斯自豪地回顧自己民族的上古史，讚許保存了該民族歷史的希伯來文獻擁有驚人的準確性。沒錯，猶太歷史有很多都沒受到非猶太世界的注意，希臘作家幾乎不關心猶太人，但這狀況是可以補救的。約瑟夫斯在撰寫《駁斥阿比安》的猶太神學之前，先著手為外邦人寫下了猶太人的歷史，從最開始的起源持續寫到他的時代。《猶太古史》共二十卷，可能是有史以來的第一部這種作品。01

約瑟夫斯寫書時，背負著國殤的負擔。他生於西元三七年，生長在一個位於耶路撒冷的貴族家庭，年輕時在聖殿擔任祭司，後於西元六六年陷入對抗羅馬帝權的政治鬥爭中，擔任叛軍領袖，而這場鬥爭後來導致聖殿在西元七〇年被毀。他在西元六七年被羅馬人俘虜，但聽說因為他對羅馬將領維斯帕先（Vespasian）預言他將當上皇帝，預言成真時便獲得自由。他在羅馬的朝廷邊緣寫下所有的著作，似乎將說服抱持懷疑態度的羅馬人民當成了畢生志業，希望使羅馬人明白，剛屈服在羅馬帝威之下的猶太人事實上是支偉大的民族，擁有悠久的歷史，非常值得其征服者和更廣大的非猶太世界好好注意。02

本書讀者若熟悉希伯來聖經，也就是基督徒所說的舊約聖經，將會發現約瑟夫斯《猶太古史》的前半部很眼熟，有時也會讓人感到不太自在。聖經處處可見有關猶太人過去的故事，但這些故事未必能輕易與非聖經的史實互相印證。在西元一世紀時，要重構聖經時期的以色列史就跟現今一樣困難。約瑟夫斯在史書的前十卷依循聖經的敘事，但有所增刪，反映了聖經在他的時代是如何被閱讀的。他的敘述相當連貫，時常生動活潑，我就讓文本自己表現出這一點吧。他對自身歷史的真實性非常自豪，但對我們而言，他所撰寫的歷史之所以重要，不是因為準確度很高（書中其實有許多值得商榷的地方），而是因為他堅稱自己很準確的這點。我們將會看見，猶太人對自身國族歷史的理解方式，在他們思想和實踐的發展上扮演十分重要的角色。約瑟夫斯給了我們這種史觀的最早完整證明。關於他所傳下來的某些傳統，我們可以找到解釋去質疑其可信度，我在本章結尾也會提出一些可能的想法，說明實際上可能發生了什麼事，而這些事又是在何時發生。然而，所有的宗教都有創始故事，因此有關形成猶太教根基的歷史神話，猶太人自己相信發生了什麼事情，遠比實際所發生的還要重要許多。因此，以這一點來說，最佳的見證人就是約瑟夫斯，因為他是在聖經完成不久之後開始寫作的。

約瑟夫斯一開始告訴讀者有關「立法者摩西」的故事，因為他說，這段歷史的一切幾乎都仰賴摩西的智慧，而摩西的智慧也在聖經中被神聖化。因此，對約瑟夫斯而言，猶太人的歷史從聖經開始敘述的地方展開，也就是摩西描述世界和人類被創造出來之時，以及諾亞時代大洪水過後發生的國家分裂。約瑟夫斯已經在《猶太古史》第一卷的前半段先行講述世界史，接著才開始提到「希伯來人」一詞和亞伯拉罕的宗譜，但是讀者完全明白亞伯拉罕的重要性，因他是「第一個大膽宣稱宇宙的創物主上帝是唯一神的人」，而讀者也完全清楚亞伯拉罕對後面說到的猶太人歷史意義有多麼重大。約瑟夫斯寫到，亞伯拉罕原先是迦勒底的烏爾這座城市的居民，但由於他的宗教理念引發迦勒底人和美索不達米亞其他民族的敵意，於是他遷徙到迦南。除了為躲避迦南飢荒而短暫居住在埃及的時期以外，他一直住在迦南，並在一百七十五歲去世。他被葬在妻子撒拉的墓旁，位於希伯侖（Hebron），其子以撒之後也被葬在這處祖墳。[03] 約瑟夫斯接以撒的孫子約瑟被帶到埃及當奴隸，後來因其解夢的能力，承蒙法老提拔到極高的權位。

下來的歷史敘事便是從這之後開始述說，用了很長的篇幅描寫亞伯拉罕的部分後裔在埃及的命運。當約瑟的父親雅各與眾兄弟因飢荒而被迫與牲畜一起遷離迦南、到南方尋找食物的時候，約瑟在埃及為他們提供庇護所。一家人快樂地定居在埃及，但約瑟夫斯非常盡力說明，雅各在臨終時預言，他的後代最終都會在迦南找到棲所，並且雅各和他所有兒子的骨骸，包括約瑟的，最終都會回到希伯崙，葬在家族的祖墳。04

約瑟夫斯《猶太古史》第二卷的後半段描述了由於埃及人對興旺的希伯來人心生忌妒，因此雅各的後代最終集體出走埃及的故事。這是約瑟夫斯在著作中第一次使用希伯來人這名稱指涉猶太人的祖先，並在下一句話將同一個民族指稱為「以色列人的種族」。關於猶太人分成十二支派（以雅各的兒子們命名，至於以法蓮〔Ephraim〕和瑪拿西〔Manasseh〕這兩個半支派則是以其孫子命名）的緣由，約瑟夫斯解釋，這是雅各臨終前的遺願，他「吩咐自己的兒子將約瑟之子以法蓮和瑪拿西算在其中，讓他們分享迦南的土地分割」，報答約瑟對兄弟極其慷慨大方的行為。

約瑟夫斯寫到，希伯來人歷經四百年的艱辛之後，在摩西的領導下獲得拯救。摩西為暗蘭（Amram）之子，「一位出身尊貴的希伯來人」，與兄長亞倫（Aaron）一同帶領希伯來人離開埃及，穿越曠野，前往迦南。然而，摩西雖在沙漠中跋涉四十年，期間還發生戲劇化的天啟事件，在西奈山接收上帝的律法，交給人民，但最後自己卻沒有抵達目的地。他生命終結的時刻充滿了謎團：「一團雲霧忽然降臨在他頭上，然後他便消失在深谷。但他自己曾在聖書中寫到他是會死亡的，因為他唯恐他們膽敢說，由於他過人的德性，因此他變得和神一樣。」這部史書的外邦讀者此時已讀到這部長篇鉅作的第四卷尾聲（整部作品的五分之一），對於目前為止所述說的某些層面可能感到些許困惑，尤其是因為約瑟夫斯雖然在前言聲稱他要從一開始就展示「猶太人是什麼民族」，但卻尚未稱呼任何一位人物為猶太人。第一卷記述了雅各被天使命名為「以色列」，但就連在這故事中，約瑟夫斯也沒解釋為何他將同樣的名稱「以色列」用來指稱所有的猶太人。05

這部國族史接下來開始將敘事轉向戰爭與政治，是約瑟夫斯的讀者在史籍中比較常會看到的模式。他說，希伯來人在約書亞的指揮下，和迦南人打了許多戰役，有些迦南人是非常可怕的巨人，「長得完全不像其他人類」，他們的「骨骸至今仍見得到，完全不像人類所能理解的東西」。征服所得的土地在希伯來民族裡平均分配，但興盛的農業帶來財富，而財富又帶來縱慾，使人們忽視摩西傳下來的律法。對於這樣不虔誠的行為，天譴降下了災難性的內戰，然後又使希伯來人受到外族統治（亞述人、摩押人、亞瑪力人和非利士人），接著是士師們英雄般的奮鬥。士師是一種領袖的職稱，由人民賦予統治權，並在戰時領導人民對抗敵人。後來，人民要求由國王來擔任軍事領袖，於是出生時便由上帝選來領導國家、十一歲時便成為先知並接受上帝直接引導的士師撒母耳在年邁時，只好不情願地任命掃羅（Saul）為猶太人的第一個國王，交代他征戰鄰族，而掃羅也確實好好地完成了這項任務。06

在這階段，約瑟夫斯回溯了該民族在大大小小戰役中的際遇，並顯然是隨意地替換猶太人、以色列人和希伯來人這三個詞來稱呼。根據天意注定會滅絕的世仇亞瑪力人不斷騷擾以色列，因為掃羅不夠鐵石心腸，希望放過亞瑪力王亞甲（Agag），「因為他很喜歡亞甲高大俊美的外表」。非利士人的騷擾更延續了危險，新王大衛也在對抗他們的多場戰役中獲得戰士名號。他由上帝所選，收下王國這份禮物，不是「為肉體的舒適，而是為靈魂的美德……虔誠、公義、堅忍與順服。」他在還是牧羊童時，就已偷偷由撒母耳膏立Ⓐ。07

掃羅在與亞瑪力人戰鬥時死亡，大衛首先為死去的國王及其子約拿單（Jonathan）寫了悼詞；約瑟夫斯說，這些哀歌「流傳到我的時代」。上帝藉一位先知告訴大衛他應該在哪座城市統治「稱為猶大的支派」，要他定居在希伯崙，而這國家的其他地方則由掃羅尚存的一個兒子統治。但，這做法導致了延續多年的內戰，直到掃羅之子被自己手下的兒子所殺為止，「希伯來民族中所有的重要人物、千人的統帥和他們的領袖」都來到希伯崙效忠大衛，作為被上帝選派來拯救希伯來國家的王，征服非利士人。大衛和全部的支派與半支派（猶大、西緬、利未、便雅憫、以法蓮、瑪拿西、以薩迦、西布倫、拿弗他利、但和亞設，以及來自約旦的呂便和迦得）組成的龐大聯合軍隊一起在希伯崙舉辦盛筵，慶祝自己確立為王，接著行軍到耶路撒冷。此時，耶路撒冷住著「迦南人的一族」耶布斯人。約瑟夫斯沒有解釋攻擊的原因，但大衛攻下堡壘、重建耶路撒冷後，旋即將它命名為「大衛之城」，擇定此地作為都城。自從約書亞最初征服迦南到大衛攻下耶路撒冷，中間過了五百一十五年。[08]

約瑟夫斯花了很長的篇幅描寫大衛多次擊敗非利士人的勝利事蹟，敘述周遭國家如何臣服於他的統治。他們被迫向大衛進貢，因此他積累了「許多錢財，無論是希伯來人或其他國家的國王，都不曾擁有如此龐大的財富」。在他死時，和他一起下葬在耶路撒冷的錢財是如此之多，以致一千三百年後，有位猶太大祭司為收買圍攻耶路撒冷的軍隊，甚至還劫掠了大衛陵寢裡的一個墓室。又過了許多年，在約瑟夫斯寫書的一百年前，希律王（Herod）打開另一個墓室，取出又一大筆的金錢[09]。雖然先前聲稱大衛的財富無人可敵，約瑟夫斯後來又毫無邏輯地堅稱，大衛之子、繼任者所羅門擁有的財富超越了他，並說所羅門的智慧甚至遠遠超越了埃及人。所羅門未受到盤據父親心思的長久戰事分心，在耶路撒冷為上帝建了一座宏偉的聖殿，這是大衛計畫要做卻未開始動工的。約瑟夫斯說，若徵詢相關單位人員，任何人都還可以在推羅（Tyre）的公共典藏中找到所羅門寫給推羅王希蘭（Hiram）的信件副本，請他協助取得黎巴嫩的杉木來

A 譯注：在古代的以色列，受到他人受膏或傳油等同於加冕為國王的意思。祭司、先知和聖器也都必須受膏。「撒母耳就用角裡的膏油，在他的兄長中膏了他。從這日起，主的靈就大大感動大衛。」

建造聖殿，並會以穀物交換之。所羅門統治了八十年，因為他十四歲便即位。然而，在他死後，他在位期間帶來的榮耀並未延續，因為他的王國分裂為二了。所羅門之子羅波安（Rehoboam）只統治南邊耶路撒冷地區的猶大和便雅憫支派，而北邊的以色列人則將首都設在示劍（Shechem），並在伯特利（Bethel）和但（Dan）建立自己的獻祭禮拜中心，實行不同的宗教儀式，如此一來就不必前往「敵人的城市」耶路撒冷禮拜。約瑟夫斯認為這種革新做法開啟「希伯來人不幸命運的序幕，使他們在戰爭中被其他種族打敗，並淪為俘虜」，雖然他也承認是因為羅波安和他在耶路撒冷當地的人民墮落了，因而才招致天譴。[10]

天譴最初化身為埃及王示撒（Shishak）Ⓑ的侵略。接著，約瑟夫斯記錄希伯來王後幾代飽受強大帝國（埃及、亞述和巴比倫）的侵擾，而該地區勢力較小的國家也頻頻騷擾，特別是敘利亞和大馬士革。此外，耶路撒冷諸王以及將新首都定在北邊撒馬利亞的以色列國諸王之間，也發生了內戰。當亞述王得知以色列王企圖與埃及聯手對抗亞述帝國的擴張時，以色列國的命運就此定讞。經過三年圍城，撒馬利亞遭到猛攻，定居於此的十個支派全數被帶到米底亞（Media）和波斯。外族被引進來，佔據以色列人被逐出的這塊土地。身為耶路撒冷祭司的約瑟夫斯毫不同情：這是對他們違背律法、反叛大衛王朝的公正懲罰。這支被引入的外族「在希伯來語中稱作『古他人』（Cuthim），希臘人則稱之為『撒馬利亞人』」，他們跟著猶太人崇拜他們所尊敬的至高上帝。[11]

相較之下，耶路撒冷此時雖也遭受亞述攻擊，卻因為希西家王（Hezekiah）的虔誠而得以倖存。然而，耶路撒冷最終也將在某個強大帝國驚人的軍事力量下屈服。亞述帝國滅亡後，巴比倫王國出現。夾在巴比倫王國的擴張野心和南邊的埃及勢力之間，耶路撒冷有多位國王努力想靠攏其中一邊，以對抗另外一邊，但最終仍無法成功保全王國。歷經可怕的耶路撒冷圍城後，撒其亞斯王（Sacchias，聖經裡所稱的西底家〔Zedekiah〕）被巴比倫王尼布甲尼撒俘虜，弄瞎雙眼後帶到巴比倫。耶路撒冷聖殿和王宮被夷為平地，人民被遷至巴比倫，使得整個猶地亞和耶路撒冷地區荒蕪了七十年。[12]

關於巴比倫猶太人的命運，約瑟夫斯除了描述但以理準確的預言之外，沒有另多加著墨。但以理先是在尼布甲尼撒的朝廷做出預言，接著又於多年後巴比倫遭波斯王居魯士和米底亞王大流士圍城時，在伯沙撒（Belshazzar）的朝廷做出預言。在一場筵席之中，但以理正確地解讀出在宮廷宴會廳牆上出現的含糊字句。這些文字表明，上帝要將巴比倫王國瓜分給米底亞人和波斯人。但以理成為大流士朝廷裡的重要人物，並在米底亞的埃克巴坦那（Ecbatana）建了一座堡壘，「那是非常美麗的建築，建得極好，保存至今。……即使到了今日，他們仍將米底亞、波斯和安息國王葬在這座堡壘中。猶太祭司受到信任，負責維護堡壘；直到今日這慣例仍存在。」[13]

約瑟夫斯告訴讀者，居魯士在統治的第一年，受到《以賽亞書》的一則古老預言（在兩百一十年以前寫成）所啟發，要讓被流放的猶太人回到自己的土地：

居魯士王如此說道。既然至高上帝指定我為人類居住世界的王，我受到說服，相信他是以色列國崇拜的神，因他藉先知的口預示我的名，我應在猶地亞的耶路撒冷建造他的聖殿。

居魯士召來巴比倫最傑出的猶太人，讓他們回耶路撒冷重建聖殿，承諾猶地亞地區的總督會給予經濟支持。許多猶太人寧可留在巴比倫，以免失去自己的財產，但仍有一些回到猶地亞，卻發現重建的過程備

Ⓑ譯注：根據《列王紀上》，「羅波安王第五年，埃及王示撒上來攻打耶路撒冷，奪了主的殿和王宮裡的寶物，盡都帶走，又奪走所羅門製造的一切金盾牌。」在這裡，主的殿指的便是耶路撒冷聖殿。

受鄰近國家的阻撓，尤其是亞述人在許多年前趕走十個支派後，引到撒馬利亞居住的那些古他人。古他人賄賂當地的波斯總督，妨礙猶太人重建城市與聖殿。阻礙進行得相當成功，連居魯士「生性邪惡」的兒子岡比西斯（Cambyses）也下了明確的指令，禁止猶太人重建城市。但是後來，波斯發生叛變，出現了新王朝，而這王朝的第一位統治者大流士是所羅巴伯（Zerubbabel）的好友；所羅巴伯是流亡的猶太人在波斯的總督，並為大流士的侍衛之一。所羅巴伯運用自己的影響力提醒大流士，在當上國王前他曾發誓，如果自己取得王位，就會重建耶路撒冷的上帝之殿，並歸還被尼布甲尼撒當作戰利品帶去巴比倫的聖殿器皿。[14]

因此，聖殿的確成功重建了，成為返回耶路撒冷的猶太人的政府中心。尼布甲尼撒去世後，猶太人遭流放前的最後一任耶路撒冷國王在巴比倫宮廷受到善待，但並未取回王室的統治權。反之，猶太人擁有「一種結合了貴族和寡頭的政府形式」，以大祭司為領導人。他們獲得波斯帝國的強力支持，唯一的例外是阿爾塔薛西斯（Artaxerxes）在位的期間。當時國王最寵愛的大臣哈曼（Haman）因對猶太人發怒，在波斯宮廷裡策畫陰謀，使帝國境內所有的猶太人陷入滅族危機。所幸國王美麗的猶太妻子以斯帖英勇介入，才拯救了他們。[15]

馬其頓的亞歷山大以軍事征服波斯，使得帝國走向終結，這件事對猶太人具有重大的意涵。猶太人起初繼續效忠波斯國王大流士，但當亞歷山大本人造訪耶路撒冷時，他沒有如部下預期的那般劫掠這座城市，而是俯伏在大祭司跟前，在聖殿裡獻上祭品。根據約瑟夫斯所言，這位偉大的征服者明白猶太人的上帝的力量。撒馬利亞人決定假冒成猶太人，替他們的城市示劍獲取相同的恩澤，但卻失敗了：當亞歷山大逼問他們的身分，「他們說自己是希伯來人，但被稱為示劍的西頓人」，而當他又問一次他們是不是猶太人，他們說不是，結果他們要求的特權遭到否決。據約瑟夫斯所言，自此凡被控違反宗教律法的耶路撒冷猶太人，都跑去投靠撒馬利亞人和他們的神廟。[16]

這部猶太史其餘的部分就從這裡，一直講到約瑟夫斯的時代，當中提及的各時期和主題在許多方面，同時代的外邦讀者就比較熟悉了（關於本書的讀者，第五章會有更完整的敘述）。約瑟夫斯的讀者必定知道，在亞歷山大英年早逝後，他的將領是如何在漫長的紛爭過後，瓜分他留下來的近東帝國，最後是由塞琉古（Seleucus）統治巴比倫和鄰近地區，托勒密（Ptolemy）則控制埃及。約瑟夫斯說，托勒密是用詐術獲得耶路撒冷的，因為他在安息日進城，彷彿是要來獻祭，因此未遭到抵抗。托勒密統治嚴苛，將許多猶地亞山區地帶的猶太人抓去埃及，但是在他和後繼者的統治之下，耶路撒冷漸漸繁榮興盛。許多猶太人受到卓越的埃及所吸引，尤其是變成托勒密首都的新城市亞歷山卓，因此自願在埃及定居。約瑟夫斯表示，托勒密君王十分尊敬猶太人，這從托勒密二世決定授命將猶太律法翻成希臘文的這一點就可得知。若說猶太人在托勒密的統治下受苦，那也只是因為塞琉古君王在從托勒密君王手中爭奪猶太人的地域時，蹂躪了他們的土地和周遭地區。最後，安條克大帝（Antiochus the Great）戰勝，結束了這些鬥爭，並將猶地亞併入塞琉古王國。[17]

安條克一開始統治耶路撒冷，便宣布猶太人有權不受干擾地繼續在耶路撒冷實行古老的敬神儀式，並在王國各地發布詔書：

任何外邦人不得違法進入聖殿圍起的範圍內，這是被猶太人禁止的，但那些進聖殿前習於依循該國律法潔淨自身者除外。任何人不得將馬、騾、野生或馴養的驢、豹、狐、兔或任何被猶太人禁止的動物的肉帶入城。帶來這些動物的毛皮或甚至在城裡繁殖這些動物，也都是違法的。但，只有他們祖先所知道或取悅上帝必要的動物祭品可允許使用。凡違反任一法條者，將處以罰金三千德拉克馬銀幣，繳交給祭司。[18]

對猶太人特殊禁忌的寬容並未持久。針對塞琉古王准予的耶路撒冷大祭司掌控權，猶太人之間產生了派系衝突，以致部分的猶太領袖告知安條克大帝的兒子安條克四世，他們希望「拋棄他們國家的律法」，「依循希臘人的生活方式」。安條克四世行軍到耶路撒冷，攻下這座城市，劫掠了聖殿。他的動機其實就是貪圖聖殿的財產，但他光是洗劫還不夠。國王「在聖殿的祭壇之上建了個異教祭壇，並在上面殺豬」，下令猶太人放棄崇拜自己的神，不要再替兒子行割禮，並折磨那些不願從命的人。迫害挑起了叛亂。這場反叛的領導者是年邁的祭司瑪他提亞（Mattathias）與他的兒子。其子中最出名者為猶大・馬加比（Judah Maccabee）。起義成功，聖殿經過淨化，這家族因而建立了新的統治王朝，以瑪他提亞曾祖之名命名為「哈斯蒙尼王朝」（Hasmonaean）。他們以大祭司的身分統治，後來成為國王，但有一位是女王（亞歷山大・雅納斯〔Alexander Jannaeus〕的遺孀亞歷珊卓）。[19]

不意外地，約瑟夫斯的敘述在越靠近他的年代時變得越詳盡。好一段時間，哈斯蒙尼政權沉湎在脫離塞琉古掌控的獨立狀態以及後來征服耶路撒冷外圍地區的喜悅中，北方的加利利（Galilee）和南方位於希伯崙周遭的以土買（Idumaea）都被納入猶太人的地域。然而，哈斯蒙尼王朝內部的不合讓偉大的羅馬軍官龐培（Pompey）有機可乘。他趁猶太人遵守安息日時建築防禦工事，包圍耶路撒冷，最後攻下這座城市。於是，就如約瑟夫斯憤恨地說，「我們失去了自由，成為羅馬的臣民。」[20]約瑟夫斯用同樣的悲痛語氣繼續說，正因哈斯蒙尼君王鑄下的錯，「原本授予生來即為大祭司者的王權，現在成了平民百姓的特權。」以土買人希律大帝在猶地亞獲得王權，被他說成是羅馬元老院現實政治（realpolitik）的直接產物。元老院投票完畢後，政務官馬上進行異教獻祭，以正式批准寄在元老院的投票結果；而希律之所以能贏得耶路撒冷的掌控權，完全是靠羅馬軍隊的幫助。縱使有這些不吉利的開端，縱使希律龐大的家族裡總有各種陰謀算計，造成了他政治上的不安全感，他的統治在某些方面仍相當輝煌，而猶太聖殿也被改建得非常壯觀，馳名於猶太世界以外的地方。[21]

希律的政權主要建立在猶太臣民對他和他的祕密警察心懷的畏懼，因此等他死後，其政權的脆弱本質立刻顯現，馬上就有一連串的叛變爆發出來。羅馬力圖將權力賦予他的後代，而他的領土確實也有一小部分繼續維持在他們的統治下，直到約瑟夫斯寫作的年代。然而，在他死後十年，羅馬人把猶地亞交給一位總督來治理，並對他下了實行直接統治的指示，其中包括為收取土地稅而進行的人口普查。人口普查立即引發起義。

過了幾十年後，約瑟夫斯帶著事後諸葛的眼光分析自己親眼目睹的情況，寫到猶太人如何反抗羅馬人的統治，最後導致格外激烈的一次耶路撒冷圍城，結果希律聖殿完全被毀。有時，約瑟夫斯描寫這場災難的口吻好似在說這是無法避免的，但在這部偉大作品最後一部分的詳盡敘述中，他有時又指向相反的看法。希律的孫子亞基帕一世（Agrippa I）在約瑟夫斯四到七歲之間當了猶地亞王，享受了短暫卻輝煌的統治。亞基帕曲折的政治生涯佔據了約瑟夫斯《猶太古史》第十九卷的全部篇幅，不太可能是巧合。約瑟夫斯撰寫史書的目的，旨在顯示猶太人的歷史有多麼輝煌，並間接暗示，猶太人一旦把戰爭的災難拋諸腦後、讓耶路撒冷和聖殿恢復昔日的光榮，猶太人就能夠再次興盛。

約瑟夫斯關於猶太人起源和歷史的紀述，有多少真實性？他時時重申自己的真實可靠，只要可以便會引用文獻，展現歷史證據的強度。但，當然仍有很多事情是他不可能知曉的。將希伯來聖經的資料組織成一個連貫的故事，以此做為史書前半部的敘事基礎，本身就是一件很了不起的成就。從中世紀和近代基督徒對他的《猶太古史》表達的敬意，就可看出他們比今日的學者更加認同這一點。在整個過程中，他需要不動聲色地更改部分的來源內容，像是在描述以斯帖的英雄行為時，將聖經裡一個波斯王的名字換成另一個Ⓒ，好讓他的猶太故事年表與非猶太的希臘羅馬讀者所熟悉並被官方接受的古代帝國年表相符一致。聖經中前後不一致的敘事也被圓滑帶過，例如《列王紀》和《歷代志》的矛盾內容。偶爾，他會略過一些在文獻中必定找得到的材料，像是《出埃及記》裡說到摩西正在西奈山接受上帝的指示時，其兄亞倫製造金牛犢給以色列人膜拜的這則故事。可能約瑟夫斯不希望講述會破壞自己民族名聲的故事。[22]

約瑟夫斯的敘事不僅涵蓋許多世紀，他非常努力運用手邊的文字來源為基礎，幫讀者一一列出年代，而且還涵蓋了廣大的地理範圍，從美索不達米亞到羅馬，他納入了十分多元的地貌，包括美索不達米亞和埃及與肥沃的灌溉農業經濟、西奈半島遼闊可怕的荒野，以及地中海的沿岸地帶和造成該地區飢荒與豐收差別分明的降雨型態。因此，他顯然相信猶太歷史的真正焦點是猶地亞這丘陵國，這點也就更引人注意了。確實，在完成《猶太古史》的幾年後所寫成的《駁斥阿比安》一書當中，約瑟夫斯說到，由於他的家鄉處於內陸的孤立位置，前幾代的希臘歷史學家大多不曾提及猶太人的輝煌歷史，而約瑟夫斯的希臘羅馬讀者最信任的歷史知識來源，偏偏就是這些歷史學家：「我們不是住在有海岸的地區，也不熱衷貿易或貿易帶來的與外人混雜的結果……。」[23]

希臘文獻不提猶太人歷史、致使約瑟夫斯做出回應的狀況，是真實存在的。他在《駁斥阿比安》中奮力把希臘文獻裡隱約模糊提及猶太人的小角落挖掘出來（例如，科利勒斯〔Choerilus〕說到荷馬提及索利密〔Solymi〕這地方，約瑟夫斯認為這是指耶路撒冷，因為耶路撒冷的希臘文是「Hierosolyma」），不過這偉大的努力更顯示了，能找到與猶太人相關的敘述真的非常少[24]。即便現今的歷史學家可以運用約瑟夫斯無法使用的其他文獻來補足猶太和希臘文獻，例如當時的埃及象形文字檔案和美索不達米亞的楔形文字泥版，這問題至今依然存在。今日的歷史學家之所以對約瑟夫斯所描述的猶太人遠古歷史存疑，並非因為發現了新文本的緣故，而是因為過去兩百年來批判性研究聖經書寫的本質與編寫史，以及近年來對近東地區的考古研究。最極端的說法是，西元前三世紀以前的猶太人歷史全都是當時編纂聖經的人所杜撰的。在這時期，當然可以證實這種為了那些不認識自己民族起源的人所發明的歷史。例如，羅馬人大約在這時期開始吸收特洛伊戰爭神話裡的元素，將羅馬的創立和希臘的民族起源理論連在一起。[25]

如此極端的懷疑可能沒有根據。批判性研究再多也無法證明亞伯拉罕及其後裔的跋涉故事是否為真，但是在西元前三千年和兩千年的近東地區，有許多證據顯示這些故事裡的游牧民族生活型態是真實的，部族與部族之間，以及部族與沙漠地帶邊緣的定居都市型態之間，確實存在脆弱的關係。此外，顯然在西元前二千紀末時有些游牧部族與嚴格控制的埃及帝國出現緊密的接觸，雖然若將埃及的紀錄直接對上《出埃及記》的故事，會令人無法信服。以色列鐵器時代初期的考古證據無法證實聖經裡有關以色列部族迅速滲入並征服外約旦地區（Transjordan）的故事，但的確能證明這時期有外族融入當地，不過或許以較為漸進的方式。[26]

在米吉多（Megiddo）等地出土、來自西元前十世紀早期的壯觀石造要塞，顯示了在約瑟夫斯筆下的掃羅、大衛和所羅門統一時期，這地區的都市化程度相當高。不過，這些要塞或近幾十年在耶路撒冷聖殿山（Temple Mount）南邊發掘的宏偉遺跡（西元前約一千年）是否能證實聖經裡的王國歷史，仍有許多爭論。宏偉的建築本身並無法證實約瑟夫斯敘述筆下的猶太人民族意識。希伯來文的銘刻（在學者一致承認的例子裡，最早的可回溯到西元前八世紀）只是證實了此時期的以色列存在某個民族，它使用了閃語族迦南語系裡這特別的語言；但以色列境內出土西元前十到七世紀的許多考古證據可能是非猶太人種族所遺留

Ⓒ譯注：在希伯來聖經裡，以斯帖的丈夫被稱作「波斯國王亞哈隨魯」，真實的身分沒有定論。約瑟夫斯在《猶太古史》中則說，以斯帖為波斯國王阿爾塔薛西斯的妻子。

下的。特定考古遺址與特定聖經故事之間，很少有直接關聯。可是另一方面，如此的關聯也並非完全不存在。西元前十世紀前半葉現存的非聖經來源裡，如亞蘭、摩押、亞述和巴比倫的文獻之中，提及以色列王（也就是首都原先在示劍、後遷到撒馬利亞的北國）或猶大王（南國的名稱，首都在耶路撒冷）的名字都和聖經故事裡的一模一樣，年代也和聖經裡所說的差不多。關於西元前八世紀末在耶路撒冷進行統治的希西家，約瑟夫斯是從《列王紀》和《歷代志》蒐集到材料的，裡面提及亞述軍隊攻擊希西家領土的事件，而現存於大英博物館的辛那赫里布（Sennacherib）浮雕，就有可能可以證實聖經裡的這段描述。浮雕描繪了這位亞述王在猶大的勝利，其中包含耶路撒冷的圍城事件。這些發生在西元前七〇一年的戰役在亞述紀錄和在猶太文獻的描述雖不全然相符，但顯然說的是同一件事。[27]

關於以色列和猶大兩國的歷史傳統以及流放到亞述和巴比倫的故事，確實有可能是由後代加油添醋，好讓當時的人獲得道德教誨，但這些情節不可能全部都是杜撰的。到了西元前五世紀，部分猶太人從巴比倫回到耶路撒冷，刻有「耶胡德」一詞的硬幣顯示猶太人的名稱被用來稱呼一個波斯統治下的政治實體。有關波斯時期位於耶路撒冷的聖殿省府，剩下的聖經敘事很難藉由考古學來澄清真假。不過，在西元前六世紀晚期到四世紀初期，埃及有個猶太團體屯駐在尼羅河第一瀑布上的象島（Elephantine），他們留下的文件顯示這些外地的猶太人曾寫信給耶路撒冷的聖殿當局尋求建議，希望知道要如何在當地的祭壇實踐猶太祭典（見第三章）。[28]

唯有考量更廣大的中東地區之政治與文化條件，才能理解這段漫長的歷史。美索不達米亞土壤肥沃，並發展了灌溉系統，因而得以都市化，而這過程早在亞伯拉罕出生於烏爾（不論這事被設定什麼年代）許久以前就已展開（聖經把他的出生定在西元前二千紀的前半葉，但這說法很可能沒有任何堅實的基礎）。

西元前二千紀的肥沃月彎有著非常廣大的貿易路線網絡，這為亞伯拉罕遷徙迦南的故事提供了適切的背景。埃及王國在第十八、十九王朝，也就是同一千紀的後半葉，國勢相當安定，對外採取向北擴張的政策，這說明了埃及在以色列祖先和出走埃及的敘事中為何扮演核心的角色。西元前九世紀中葉開始，亞述國王雄心勃勃，影響力延伸到黎凡特（Levant）南部。如此局勢加上為了舒緩亞述和南邊埃及之野心的迫切需要，便解釋了這時期到西元前七世紀末之間以色列王與猶大王採取的對外政策。巴比倫王也有類似的野心，於西元前六一二年征服了亞述帝國，後來導致西元前五八六年耶路撒冷陷落。猶太人從巴比倫返回耶路撒冷，是西元前五三九年波斯王居魯士佔領巴比倫的直接後果；西元前三三二年希臘人開始統治耶路撒冷，則是亞歷山大大帝迅速征服波斯帝國的產物。亞歷山大繼承馬其頓王的傳統，也就是統治者必須藉由征服外邦來證實其合法地位。托勒密和塞琉古王朝也保留了這些價值觀，因此西元前三世紀時打了無數戰役，希望控制猶地亞，但這並非因為猶地亞本身有值得爭取之處，而是為了替帝國贏得獎賞。[29]

猶地亞位處敘利亞和埃及兩帝國之間的戰略交叉口，因此自然資源雖稀少，使得這地區本身並不重要，卻仍頻頻受到外部的干擾。沿地中海的南北向肥沃平原只能透過少數幾個港口來進行海上貿易，因為海岸地帶不適人居。加利利到內蓋夫沙漠（Negev desert）之間的地帶呈平行的丘陵，只能在谷地和梯田地區生產地中海農業的基本作物（穀類、葡萄酒和油）。更往東則有約旦的裂谷，地勢朝死海方向直降到海平面以下，在加利利海周遭出現非常肥沃的土壤。其中，位於死海附近的恩戈地綠洲（Ein Gedi）因香脂林而聞名。再更往東，外約旦大草原的放牧地漸漸與沙漠融為一體，根據聖經的記述，在約書亞帶領下的以色列人便是從這裡出現，征服這片土地。自此侵略和戰爭就一直是這地區歷史的一部分。

在約瑟夫斯西元一世紀末撰寫史書時，每個入侵的文化都已對猶太文化產生了影響。美索不達米亞的創世故事有許多層面和《創世記》的故事相仿；各式各樣的埃及製品在西元前二千紀和一千紀早期的以色列考古遺址中十分常見；波斯的官方語言亞蘭語和希臘語一樣，成了肥沃月彎所有居民的通用語，後者是在亞歷山大之後，成為近東地區馬其頓王國的官方語言；希律大帝重建耶路撒冷時，融入了許多當時最新的羅馬建築樣式；西元四一到四四年在位的猶地亞末任國王亞基帕，甚至有個羅馬名字。30

其他文化對猶太人和猶太教的影響，在外地比在故土更深遠。早在西元前兩百年，巴比倫和埃及就有猶太人社區，接下來的兩個世紀，小亞細亞（現今的土耳其）、希臘和馬其頓、昔蘭尼（Cyrene，位於現今的利比亞）也都出現許多猶太人，而從西元前一世紀中葉，羅馬城也有猶太人居住。這些群體有些是由從猶地亞被驅逐出來的戰俘所形成，例如巴比倫和羅馬的猶太人，但經濟移民和傭兵也使這些群體激增，而猶太人遷入的社會亦有數目未知的當地人改信，成為猶太人。對於這些散居外地的猶太族群，約瑟夫斯只講了零星的故事，像是猶太俠盜亞西流（Asinaeus）和亞利流（Anilaeus）在西元一世紀初的美索不達米亞北部所進行的冒險故事，以及住在埃及亞歷山卓的大批猶太人所歷經的艱辛（羅馬統治時期，猶太人和希臘人的政治關係很緊張）。約瑟夫斯說，哈斯蒙尼與希律王朝的統治者有時會為外地的猶太族群之政治權益干涉羅馬政府。到了西元前二世紀，外地的猶太人全都十分關心耶路撒冷聖殿及其禮拜儀式的福祉，縱使各族群都能自由發展自己當地的特色，不必受猶地亞當局控制。31

現代學者和約瑟夫斯一樣，盡力從其他的證據來理解聖經敘事，雖然他肯定會非常驚懼，竟然有人認為有些傳統是被捏造的。大部分的學者會將亞伯拉罕及其子孫的故事定年在青銅時代中期，大約在西元前二〇〇〇到一八〇〇年之間，因為從馬里（Mari）出土的文件中可知，他們半游牧的生活型態與敘利亞北部的人口移動具有相似之處。根據聖經，從亞伯拉罕抵達迦南到雅各和家人遷到埃及之間，共經過兩百一十五年，而到出走埃及之前，又過了四百三十年，但是這些數據可能來自附加的族譜，即使在聖經敘事的脈絡之下也不可靠。

因為《列王紀上》聲稱西元前十世紀在位的所羅門在「以色列人出埃及地後四百八十年」開始建造耶路撒冷聖殿，故而將出走埃及定年在西元前十五世紀的中葉，也是很有問題的算法，因為四百八十這個數字幾乎肯定是為了方便著述而發明的計算方式，是將摩西和所羅門之間的十二個世代乘以四十年得出的結果。《出埃及記》提到比東（Pithom）和蘭塞（Raamses）兩個屯駐城，進而將法老王拉美西斯二世（Rameses II）統治埃及的年代定在西元前十三世紀，恐怕是出埃及敘述中真實性最高的部份。

聖經描述以色列人在約書亞領導下進入應許之地以前，曾在埃及和迦南之間的沙漠流浪四十年，聖經故事關注的不再是族長時期的家族團體，而是一個遷移的民族。這民族分成十二支派，以雅各的兒子們（以法蓮和瑪拿西則是孫子）命名，並聲稱他們是雅各的後裔。我們不可能知道在沙漠裡分成十二支派這事有多少被回溯插入在敘事中，用來解釋這些支派後來定居在迦南和外約旦的歷史。征服迦南地的故事本身也無法證實是否為真實。約在西元前一二〇〇年後逐漸與定居當地的居民同化是比較符合考古證據的說法，但我們也沒有理由質疑《士師記》和《撒母耳記》裡所敘述的故事大綱，裡面提到小部族團體彼此鬆散結盟，經常與壓迫他們的鄰國打仗，例如米甸人、亞捫人與非利士人。

西元前十一世紀晚期，掃羅被任命為王後出現了統一，所有以色列人一起行動，對抗這些敵人。隨著王國時期來臨以及《列王紀》和《歷代志》大量的年代資料，其中有些可與聖經外文獻互相參照，聖經歷史因而顯得更為清晰。掃羅、大衛和所羅門統治下的統一王國從西元前一〇二五年左右延續到西元前約九二八年。分裂成兩個王國後，北方的以色列國共經歷了二十位國王（有些是共同攝政），直到最後被亞述征服，西元前七二二年撒馬利亞完全陷落。依照亞述帝國一貫的做法，戰敗者要被遷到距離故鄉很遙遠的地區，因此以色列國的十個支派被迫遷至美索不達米亞北部和更東邊的地方，自此便消失在歷史中。

南國猶大在亞述帝國的陰影下安然度過了西元前七世紀，並且在該世紀末，西元前六三九年即位的約西亞王（Josiah）趁亞述帝國被米底亞和巴比倫攻擊衰退之時，將領土擴張到北邊原屬以色列國的地區。西元前六〇九年約西亞戰死於米吉多之役，猶大王國最後一段盛世告終。夾在巴比倫與埃及的帝國野心之間，又被內部紛爭撕裂，猶大王國以及耶路撒冷和聖殿都在西元前五八六年被巴比倫人摧毀。

有別於那些近一個半世紀以前從北國被擄的以色列人，流亡的猶大人並未喪失國族意識。無論是逃到埃及的，或是被迫遷到巴比倫的大批猶大人，都仍維繫著對故土的情感。巴比倫人和埃及人都沒有干預猶太族群的宗教和社會生活，對這份情感的維繫也有助益。所以，當波斯王居魯士在西元前五三九年征服巴比倫，准許流亡的猶太人從巴比倫返回猶大時，很多人拒絕搬離。

因此，一開始回到耶路撒冷的人數很少，到了西元前約五一五年才完成聖殿重建。即使到了那時，重建的社區與七十年前的那個國家首都依然相去甚遠。直到西元前五世紀中葉，才又出現一個非常明顯的猶太政體。根據《以斯拉記》和《尼希米記》，西元前四五八年，波斯王阿爾塔薛西斯一世派以斯拉和一群猶太人到耶路撒冷，下令當地社群實施妥拉律法。阿爾塔薛西斯的酒政尼希米被指派為猶大總督，西元前四四四年到四三二年在任，讓耶路撒冷重新住滿了猶太人。波斯政府放心讓他們所稱的「耶胡德」猶太省享受不少自治。

西元前三三一年，馬其頓的亞歷山大征服波斯，使這帝國嘎然終止。耶胡德的猶太人地位並沒有什麼改變，但該地被希臘人稱為「猶地亞」。亞歷山大在西元前三二三年死亡，繼承的將領們爭奪他的領土，使得猶地亞到了西元前三〇一年時已是托勒密王國的一部分；這王國的首都建在埃及。托勒密和對手塞琉古（其快速擴展的領土包含敘利亞和美索不達米亞）經過一世紀的衝突，包括在猶地亞地區打了六次「敘利亞戰爭」之後，猶地亞在西元前一九八年落入塞琉古的控制。

政權更迭對猶地亞的猶太人並沒有什麼差別，唯一的例外就是約瑟夫斯生動描述的塞琉古王安條克四世（西元前一七五～一六四年）進行的干預。事件的確切順序和起因並不清楚（見第五章），但是等到西元前一六七年，安條克已批准非猶太人定居耶路撒冷，並允許異教儀式在聖殿裡舉行。猶大・馬加比領導的反抗於西元前一六四年成功恢復聖殿的猶太祭祀；後來猶大的家族在猶地亞建立了新的統治王朝。西元前一二九年，猶地亞政府已完全脫離塞琉古的控制。

西元前一世紀初，哈斯蒙尼王朝（以猶大・馬加比的祖先命名）已將猶太人的統治範圍延伸到可與大衛王的領土相比的程度。然而，獨立只是暫時的。西元前六三年，龐培攻下耶路撒冷，猶地亞開始受到羅馬支配。起初，羅馬獲得哈斯蒙尼家族從屬王的支持，後來又在西元前三七年將希律立為猶地亞王。希律的政權完全仰賴羅馬政府的支持，他在西元前四年死後，羅馬人將王國分給他的三個兒子。亞基老（Archelaus）原被封為猶地亞的藩王，但在西元六年因臣民向皇帝奧古斯都訴願而遭到革職。於是，接下來六十年，猶地亞和其他行省一樣受到一位羅馬總督掌控，僅希律之孫亞基帕一世短暫在位的期間（西元四一到四四年）例外，其統治的疆域和祖父希律一樣廣大。羅馬的直接統治證實是場災難。西元六六年，猶地亞的猶太人叛變。西元七〇年，歷經殘酷的圍城後，聖殿和耶路撒冷城都被摧毀。

約瑟夫斯在《猶太古史》的尾聲提到這場災難，為這部史書作結，前面已經完整敘述導致這場毀滅的戰爭。顯然，史書的架構和明確宗旨預設猶太人的歷史從亞伯拉罕到約瑟夫斯的時代是不曾中斷的，但他視為理所當然的鮮明國族意識有可能是經歷數世紀才慢慢浮現出來，受到許多不同文化的影響。我們已知道，到了約瑟夫斯的時代，猶太人用來指稱自己的名字有很多種。約瑟夫斯說自己是希伯來人或猶太人，而西元六六到七〇年的耶路撒冷叛變猶太人則在自己的硬幣上宣告「以色列和錫安的自由」。錫安（Zion）這名稱最初指的是耶路撒冷的一座山，但在聖經文本和後來的猶太用法上，與耶路撒冷或整體猶太人同義。記憶的過往如此複雜，又時常充滿羞辱，使得約瑟夫斯有時候會把自己年代的猶太史寫得猶如反覆訴說苦難的禱念：「縱觀整個漫長的歷史，我會說，猶太人的苦難比任何一個國家的苦難都要沈重。」

然而，無論猶太人的起源是否為真實，我們將會看到，猶太教就是根植於歷史記憶的宗教，不管這些記憶是真實的或是想像出來的。希伯來聖經的歷史書是這宗教的核心，塑造了猶太人的禮拜形式（其中有許多是特別為了要喚起這段救贖歷史的某些事件）以及猶太人對人神關係的認識。32

2

聖經的形成

前一章探討的猶太歷史，大部分是從希伯來聖經獲悉得來。猶太人相信，聖經是由天啟寫成。聖經大部分的篇幅描寫的是連貫的歷史敘事，講述以色列的起源，從亞伯拉罕及其後代的艱苦經歷，一直到流亡巴比倫的部分猶太人返回錫安，試圖重新將耶路撒冷建立為宗教和民族中心，被收錄在摩西五經、《約書亞記》、《士師記》、《撒母耳記》、《列王紀》、《以斯拉－尼希米記》和《歷代志》。《路得記》、《以斯帖記》與《但以理書》收錄了在這部國族史的不同時間點所發生的個別重大事件。《以賽亞書》、《耶利米書》、《以西結書》、《何西阿書》、《約珥書》、《阿摩司書》以及《俄巴底亞書》到《瑪拉基書》之間提及的若干次要傳道者，則記錄了先知的神諭教誨，當中幾位先知的生平在歷史書裡也有提及。《箴言》與《傳道書》的簡練格言以及《約伯記》的質樸敘事，則充滿智慧的教誨與神學反思。《詩篇》收錄了豐富的宗教詩詞，和《雅歌》激昂的情詩截然不同。這些書卷運用了各式各樣的文類和風格，從解釋宇宙和人類的創始開始，涵蓋了國家和國際的議題以及最為個人私密的主題。敬拜方式的說明和法律的命令與禁令，是摩西五經（尤其是《利未記》、《民數記》和《申命記》）的一大特點，為日後猶太文明發展的重要角色，但僅構成聖經整體的一小部分。[01]

這些書卷是如何寫成的？古人認為，每本聖經書卷都有自己的作者。然而，其中有許多很可能是好幾代作家寫成的產物，他們將前幾代人的文本改寫增補，有時也會納入口述傳統的材料，最後才有一位編者將這些文本編纂成保存至今的形式。聖經批評便是為了確立這些文本的早期素材具有什麼樣的本質，其書寫的年代與目的又為何。聖經的素材有些是在西元前五八六年流亡巴比倫以前所寫成，這一點並無爭議，但有多少內容是如此，就沒有一致的說法了，更別說有多少能夠追溯到最初的文件來源、當地的英雄傳說、系列故事、村里諺語，或先知的門徒從老師那兒所繼承下來的傳統。對此，文本很少出現直接的暗示。在古代，摩西五經普遍被認為是由摩西所撰，但事實上是由一位匿名的第三方敘事者述說，摩西不過是故事裡的人物。《詩篇》偶爾會提及亞薩（Asaph）的詩篇與可拉（Korach）之子的詩篇，表示我們現在所知的《詩篇》有部分內容是摘錄自更早的詩集。反之，《以賽亞書》現存版本的部分內容則是由另一位在以賽亞本人逝世許久後出現的先知所寫。這結論是十二世紀的西班牙聖經註釋學者亞伯拉罕・伊本・以斯拉（Abraham ibn Ezra）提出的，他注意到，《以賽亞書》第四十到六十六章提到了西元前六世紀在位的波斯王居魯士二世，因此這些章節必定不是亞摩斯（Amoz）之子、先知以賽亞撰寫的，因為《列王紀下》描述他在耶路撒冷的事業是發生在西元前八世紀。02

對西元一世紀的約瑟夫斯與其他猶太人而言，聖經的原始素材本質為何並不重要，因為他們只看見每一個文本最終版本的表象，彷彿這些文本都是從頭一字一句寫出。聖經各卷的最終版本不是同一時期出現的，不過絕大部分至少都在西元前四世紀編纂完成。越來越多聖經批評家認為，這編輯的過程時常涉及到相當高超的文學技巧，並提供了機會讓編纂者安插神學訊息，合理化這些作品被列為猶太聖典的做法。雖然《以賽亞書》的預言出現自相矛盾的狀況，但在死海附近的昆蘭找到寫有《以賽亞書》全文的美麗卷軸（見圖），顯示此書在西元前二世紀晚期被抄寫時，是被單獨做為珍貴的宗教文本看待。確實，人們視聖經為一整套具有特殊神聖意義的書卷，證據其實不是書卷本身，因為其內容（特別是列出冗長宗譜的某些段落）有時可說是極為世俗；這些書卷的神聖地位可能是從後世讀者的態度所證實。斐羅（Philo）、約瑟夫斯和死海古卷作者將聖經的字字句句都當成靈性啟發的來源。早期的拉比也是如此：坦拿（tanna，一群拉比智者的總稱，其教誨保存在《米示拿》）與後繼的阿摩拉（amora，西元三到六世紀的一群智者，其教誨保存在《塔木德》）著有聖經註釋，藉由仔細閱讀的方式來衍生道德與律法教誨，包括闡釋《出埃及記》的《米基爾塔》（Mekilta）、《利未記註釋》、《民數記註釋》和《申命記註釋》等坦拿米大示。[03]

聖經本身的文類、宗教主題、律法形式等層面則受到許多外部的影響，可在各聖經書卷裡察覺到：亞伯拉罕的故鄉及其部分後裔在耶路撒冷於西元前五八六年遭巴比倫人征服後流放的地點，都是美索不達米亞。在西元前三千紀左右，此地區已是文明高度發展的地區，官僚體制很有效率。直到今天，我們仍可在數十萬塊的楔形文字泥板上一窺其運作方式。巴比倫人信奉複雜的宗教神話，其中有些和聖經的故事極為相似，如蘇美人的洪水傳說。此外，人們很久以前就注意到，漢摩拉比法典的某些特色與摩西五經律法中所記錄的某些裁決十分相似，像是若在打鬥中傷到對手，必須要替他付醫藥費。[04]

尚未在摩西的領導下獲得救贖的以色列人，據說曾被埃及所奴役。當時的埃及同為先進社會已有千年之久，和美索不達米亞一樣是透過中央化的國家體制管理灌溉農業經濟。除了《箴言》等書的幾個顯著例外，大多數的聖經文本都比較察覺不出埃及的文化與宗教影響，反映了《耶利米書》等書對埃及常表現出的敵意。出走埃及的傳統思維，再加上埃及這強國十分靠近以色列和猶大的地理位置，是引起這種敵意的源頭：「看哪，我要懲罰……埃及和它的神明，以及君王，也要懲罰法老和倚靠他的人……」有人認為，摩西帶來的一神教信仰十分不寬容且對錯分明，這是受到埃及法老阿肯那頓（Akhenaten）失敗的宗教改革所影響。西元前十四世紀，阿肯那頓拋棄埃及傳統的多神信仰，敬拜唯一的太陽神祇。然而，在文本中更容易察覺的，是埃及文化的反向影響：埃及異教徒最顯著的宗教實踐，都被視為極大的罪惡。

在波斯善意的支持下，猶太流亡者於六世紀從巴比倫返回以色列，其後重建了耶路撒冷聖殿。波斯對猶太文明最顯著的宗教影響或許是，有越來越多人相信天使是天界的居民。馬其頓的亞歷山大在西元前三三二到三二三年間橫掃波斯帝國，耶路撒冷成為由喜愛希臘文化的馬其頓國王統治的眾多邦國之一（見第五章）。但，希臘的哲學理念來得太遲，對聖經的影響力微乎其微，不過《傳道書》的犬儒思想或可歸於希臘哲學的影響。聖經在一個廣大世界成形，而那世界的痕跡不均勻地分散在整個文本中，並和希伯來語的語言學證據一同被做為確立特定書卷著述年代的準則。因此，舉例來說，由於在《傳道書》中發現希臘思想的影子，加上又有希伯來語的語言學證明，故可將本書的年代定在西元前三世紀，而不是採取傳統看法，將早了八百多年的所羅門王視為本書作者。[05]

聖經是各種地貌的產物：美索不達米亞的沼澤、潟湖、泥灘和蘆葦河岸；簇擁在埃及尼羅河邊的村落與金字塔；西奈荒漠的遊牧民族世界，和此地遍布岩石沙塵、偶爾出現泉水的景觀；以及在鐵器時代定期收成穀物、葡萄酒和油的以色列農業社會。這些地貌的想像就和真實各占一半：約旦河從來不是一條特別宏偉的河，猶地亞也只在與東邊和南邊半沙漠乾旱環境相比時，才給人「流奶與蜜之地」的感受。然而，這些地方都為猶太教發展留下了深遠印記，而在往後兩千年，這個宗教將實踐在非常不一樣的環境中。

到了西元前三世紀，聖經已編纂成與現今差不多的樣貌。在當時的猶太人眼裡，摩西五經是其中最重要的書卷。對約瑟夫斯而言，猶太人的權威著作是由「律法與先知」構成，和同時代寫下新約聖經的人擁有相同看法。死海古卷裡找到的聖經抄本中，摩西五經的片段佔最多數，特別是《申命記》。身為摩西五經的作者，從書裡對他的描寫就可以知道，摩西這人物在當時猶太人的眼中已具有特殊地位，上帝特別把他和其他先知做出區別，透過異象和異夢現身在他面前：「但我的僕人摩西不是這樣……我與他面對面說話，清清楚楚，不用謎語，他甚至看見我的形像。」故，「以後，以色列中再沒有興起一位先知像摩西，他是主面對面所認識的。」如此的盛讚格外引人注意，因為摩西五經自己就將摩西描繪成一個有缺陷的領袖，在米利巴面對人民暴動時，因為信仰不足而被禁止進入應許之地。聖經的先知書和《詩篇》都幾乎完全沒有提到摩西，雖然摩西五經有許多內容是透過摩西將上帝的話傳給人民：「主吩咐摩西說……」06

聖經的其他書卷沒有任何一本是從頭到尾都以如此直接的方式呈現神啟，不過這些書卷在約瑟夫斯的年代仍被視為和摩西五經一樣，帶有相同的天啟屬性。約瑟夫斯是最早見證類似聖經正典的人，他注意到猶太人不像其他民族：

> 並非任何人都可以隨心所欲書寫……只有先知透過上帝的啟發，學習遙遠古老的過去所發生的一切……我們當中……只有二十二本書卷，包含從古至今的紀錄，十分正確地受到了人們的信任。其中五本為摩西五經，包含了從人類誕生到摩西逝世之間出現的律法和傳統……至於從摩西逝世到波斯國王阿爾塔薛西斯，也就是薛西斯的繼任者之間，摩西以降的先知將他們的時代發生的歷史寫成十三本書；其餘四本則包含了對上帝的讚美詩，以及對於世間子民的教導。07

從這段文字裡似乎可以清楚看出，約瑟夫斯的腦中已有十分接近聖經明確樣貌的架構存在，和日後拉比與基督徒所設想的相同。雖然他在這段文字裡提及這些書卷，目的是想堅持猶太人對自身歷史的傳統是真實正確的，卻也不可能從名單中省略最後四本書（至少包含《詩篇》、《箴言》和《傳道書》三本，雖然最後一本被歸為此類的書是哪一本較不確定），即使這四本書完全不含歷史的成分。08

由於相信記錄在摩西五經的文字具有神聖的來源，寫上這些文字的羊皮紙也被視為神聖。約瑟夫斯就曾記載，西元一世紀中葉時，一名羅馬士兵在猶地亞焚燒妥拉卷軸，結果引起暴動；西元六六年，就在反抗羅馬的戰爭爆發前夕，凱撒利亞（Caesarea）當地的外邦人攻擊猶太會堂，猶太人雖棄守會堂建築，但卻保留了卷軸。約瑟夫斯記錄自己的事蹟，寫到聖殿在西元七〇年被毀之後，他乞求羅馬皇帝提圖斯（Titus）贈予聖書。

《米示拿》裡可見早期的拉比專用術語，說到聖書是會「玷污雙手」的。此概念與聖經裡更廣泛的潔淨與不潔概念必然相關（見第四章），但在這裡顯然指的是某種宗教氛圍，類似於大衛王時代烏撒（Uzzah）因觸碰約櫃而死亡的那種力量，雖然這裡指涉的能量並未那麼致命。早於基督教的其他古老宗教並無這種概念；猶太人崇敬聖經文本的實體物件，在許多方面與異教徒對神像態度的本質非常接近。西元三世紀初的拉比文本中，就已經可以找到抄寫聖經的規範；這些規範在往後的歲月將會越來越詳盡，就連妥拉卷軸中某些字母上方的王冠形裝飾，也有詳細的繪製說明。從昆蘭的聖經抄本中，可看到這些詳盡的規範已經出現了（這是現存最古老的，有些可回溯至西元前二世紀），如要求使用古希伯來文的字母和點點來書寫神名，或許是為了避免不小心脫口念出。因為，我們之後將會知道（見第四章），直呼上帝名諱被認為是一種褻瀆行為。[09]

如此強調手寫聖經文本的本質和珍貴，顯示人們非常信任那些抄寫經文以供研究和禮儀用途的文士。耶路撒冷的聖殿裡有可能保存了至少一部分聖經文本的原型，但是這些原型是否有人參閱、多常被人參閱，就不得而知了。昆蘭的聖經手抄本呈現出很大的文本多樣性，例如，摩西五經抄本中有大量的拼寫變化，希伯來文字有時會以子音寫成，標示母音，有時不會。此外，文本內容的變化更大：在一份破碎不完整的《撒母耳記》抄本中，昆蘭的版本更接近這時期的《歷代志》內容，而與後來拉比聖經的《撒母耳記》較不相近。

長久以來，文士一直是近東和埃及等官僚國家行政體系的助手。在波斯時期抄寫猶太宗教文本的人裡頭，有些可能就是早期猶太社會中擔任此官職者，例如「文士」以斯拉（他在聖經中便是被如此稱呼）。聖經裡記錄了一個傳統：文士在家族式的行會中接受訓練，而在君王時期，名望的文士世家可在政治圈內扮演要角，最高的文士職位為皇家文士。不過，直到第二聖殿時期結束時，都沒有證據顯示曾經有任何猶太文士的階級或行會存在。在西元前二世紀和西元一世紀之間完成的死海古卷裡，可以察覺到相當多抄寫者的鮮明作品風格，但是文本本身並未提及這些人是誰，西元一到二世紀的約瑟夫斯和坦拿拉比也沒寫到文士行會的資格條件或社會角色之類的內容。

文士被廣泛地運用在各種日常用途，像是抄寫法律文件。死海附近的洞穴中找得到西元一、二世紀的婚姻文件和貿易紀錄，便是由文士所完成。任何一位將雙手的用途轉到抄寫宗教文本上的文士，很有可能必須獲得客戶的信賴，因為這些客戶通常無法檢查抄寫出來的文本是否正確。這些文士很崇敬地進行抄寫的任務，因為他們知道，他們的行為會讓自己創造出來的東西變得神聖。對一個相信觸碰任何聖經文本（即使只是一段八十五個字母的節錄）都會玷污雙手的拉比猶太人來說，抄寫的過程肯定比異教雕刻師在創造崇拜用的神像時還要莊嚴肅穆，因為根據西塞羅所言，神像只有在完成、正式揭幕之後，才會變得神聖。或許是因為，這類文士自然被當作博學虔誠之人看待，福音書的作者們才將他們想像成一個很容易識別的群體，在被描繪成與耶穌進行交流的加利利民眾之中，可以輕易辨識出來。10

將神聖的文本翻譯成其他語言，似乎有悖於希伯來語文本和實體抄本被賦予的價值，但早在西元前二世紀中葉，今日的希伯來聖經的最後一部分（也就是最後幾則預言似乎完成於西元前一六七年的《但以理書》）寫成前，猶太人顯然就已經開始翻譯這些文本。西元前三世紀，摩西五經就已翻成希臘文，地點可能是在亞歷山卓城，而聖經的其他書卷也在之後的一百年間翻譯完成。翻譯風格的差異顯示譯者為數不少，翻譯的地點可能也不一樣。西元前二世紀中葉，一位猶太作者撰寫了一份富有傳奇色彩的文件，將之包裝成一封信，說是由一位非猶太人斐羅克拉底斯（Philocrates）寫給弟弟亞里斯提（Aristeas）的，內容述說一個世紀前妥拉在希臘馬其頓國王托勒密二世的命令下被翻成希臘文的來龍去脈。根據這封「信」，托勒密從耶路撒冷召來七十二位賢者，希望將猶太人的律法翻譯成希臘文，以收藏在皇家圖書館裡，信中洋溢著這位外邦國王對猶太智慧的欽佩。這份文件的可信度長久以來遭人質疑，但它確實展現了這位猶太作者對於自己的書信所造就的希臘譯本是多麼自豪。亞歷山卓港灣內的法羅斯島（Pharos）在西元一世紀中葉時，便已出現每年慶祝這件翻譯大事的節慶活動，「除了猶太人，尚有其他群眾跨海前來……為這希臘文聖經最初散發光芒的地方致上敬意。」哲學家斐羅（見第七章）詳盡敘述這節慶，在描寫翻譯過程時加了另一個亞里斯提書信的版本，意義十分重大。根據亞里斯提書信的內容，這七十二位譯者每天結束工作時都會互相比較自己的翻譯，以達到希伯來聖經最好的譯本。斐羅的版本卻不一樣。據他所說，這些譯者擇定法羅斯島，因為在這裡「他們可以找到祥和與寧靜，靈魂可心領神會猶太律法，不會有人打擾隱私」。他們坐在僻靜的地方，變得「可說是走火入魔似的」，每個人都寫出相同的字，「彷彿某個看不見的力量驅使他們寫下」。[11]

這部希臘譯本聖經史稱「七十士譯本」（Septuagint），用以紀念摩西五經翻譯者的故事（雖然名稱中的數字有點不精確）。今日保存下來的，幾乎全部都是由基督徒抄寫的副本。從西元一世紀起，基督徒便將這個譯本視為聖經文本的權威版本，雖然從斐羅的這番言論也可看出，到了西元一世紀，一些住在亞歷山卓的猶太人對七十士譯本的崇敬也不亞於基督徒。在以色列地，希臘文譯本也沒受到忽視，因為在死海昆蘭的八號洞穴便發現了一卷七十士的希臘文譯本，內容是小先知書（從《何西阿書》到《瑪拉基書》的聖經書卷總稱）的全文，與其他的死海古卷放在一起。《巴比倫塔木德》裡偶爾會提及「托勒密的譯本」，顯示到了古代更晚近的時期（西元六世紀），就連使用亞蘭語來表達宗教概念的猶太人也知道這個譯本的存在，雖然對這群猶太人而言，希臘譯本的權威地位從來沒有斐羅筆下所呈現的那麼高，好比近古時代的亞蘭語譯本「他爾根」（targum）僅被當成協助解讀希伯來文聖經的附屬文本，而無法取代之。西元一世紀時，就已經有一些對七十士譯本的看法應當是與斐羅不同的猶太人開始修訂希臘版本，讓譯文更接近希伯來文，而這些據說是由迪奧多蒂翁（Theodotion）、敘馬庫斯（Symmachus）和亞居拉（Aquila）寫成的修訂版，在近古時期廣泛流通於猶太人和基督徒之間。[12]

聖經書卷是由許多不同的作者寫成，中間歷經很長的一段時間，因此若期待整個文集裡的神學觀和世界觀相符一致，是很天真的想法，但人們顯然認為這些書卷有著共同的重要特點。我們知道，這些被歸類為特別神聖的文本是從更廣大的猶太文獻中所挑選出來，將部分猶太著作排除在外，如據說是由大洪水發生前的智者以諾（Enoch）所寫的啟示錄。《創世記》只是稍微帶過這號人物，但死海古卷裡卻有許多以諾書卷的不完整抄本，和之後會被列入聖經正典的書卷抄本共存。西元前四世紀與三世紀聖經的主要輪廓漸漸定義出來時，以諾書卷顯然非常受到歡迎，卻從未被當作聖典看待。被納入聖經文本的書卷中，最重要的一個共通點就是它們都很看重上帝向摩西所揭示的盟約。以諾書卷被排除在外的原因或許是，這些書宣稱神啟的來源不是摩西本人，而是一個在摩西生存年代許久之前存活的人物。[13]

除了神啟的概念之外，聖典與其他寫作有何不同？原作者來自很不一樣的背景，撰寫目的各異。聖經的許多律法和歷史文本可能是由耶路撒冷聖殿的祭司所寫，以強化聖殿作為禮拜中心的地位，包括摩西五經的部分內容；先知書集結了某位先知在上帝的啟發下所說的言論，以及他人彙整的先知神職生涯傳記與有關先知的敘事；《箴言》等智慧書頌揚通泛的虔誠舉止，沒有猶太文化的特殊之處，和埃及的智慧教誨相似，因此可能是在文士學校裡匯集而成；《詩篇》可能是波斯時期所彙成的讚美詩集，以在聖殿使用，當中納入許多更早以前的詩歌選集，而這些選集則結合了讚頌帝王勝利的歌曲、讚美上帝的詩歌，以及集體或個人的哀悼、信任和感恩之歌。

因此，聖經是各種風格與文類的合金。演說、講道、禱文、語錄與契約、書信、清單、律法並列，又和各類故事並存，像是大洪水和諾亞方舟的神話，以及《士師記》裡參孫（Samson）的英雄傳說。聖經裡可看見官方紀錄，例如所羅門建造聖殿和約西亞著手進行的改革（可能來自聖殿的年鑑），也可讀到文學性高的敘事，如宮廷史和窮人發跡的故事，像是《撒母耳記下》與《列王紀上》有關大衛王即位與牧羊童大衛攀升到高位的記述。聖經裡也包含大量詩歌，通常是和敘事交織在一起，例如《士師記》的底波拉（Deborah）凱旋之歌，還有嘲笑的詩歌和輓歌（像是先知阿摩司〔Amos〕宣告即將到來的災難時所唱的：「以色列民跌倒，不得再起；躺在地上，無人扶起」）。《雅歌》是一部讚頌愛情和婚姻的歌詞集，有可能是被編者編纂成統一的文字，描述單一的愛情故事。《約伯記》也包含許多詩詞，但是敘事的語調和《雅歌》形成強烈對比，描寫面對極為可怕的逆境仍抱持耐心的故事，展現出真正的義人即使在禱告沒有帶來利益時，依舊會繼續服侍上帝。《傳道書》裡的懷疑理性主義與聽天由命的精神也帶來類似的對比，書中的一句「全是虛空」共出現了不下二十次。傳統上被翻成「虛空」的hevel一字，字面意義可能是「一陣風」，表示轉瞬即逝、徒勞無功或虛偽欺人。[14]

同質性如此低的書寫集合：或撫慰人心、或詩意盎然、或教誨意味濃厚、或逗趣、或枯燥——很難讓人相信這是一部統一文集，而把這些文本視為一體的觀點，確實也很慢才出現。《便西拉智訓》（Ecclesiasticus）的作者之孫在西元前二世紀將此書翻譯成希臘文，並添加了序言，當中寫到「我們透過律法和先知以及追隨他們的其他人」獲得了「許多偉大的教誨」。然而，看不出他是否知道「追隨他們的其他人」當中有哪些人的著作享有和律法書及先知書同樣的地位，而由於《便西拉智訓》被操希臘文的猶太人收進七十士譯本，可知在便西拉的年代，猶太人顯然沒有一致的正典列表。希伯來文的《便西拉智訓》最後並未收錄在希伯來聖經，雖然坦拿拉比都知道這本書，並十分崇敬之，馬薩達（Masada）和昆蘭也都有找到其古老的抄本片段。拉比為何將《便西拉智訓》和其他為希臘傳統所接受的文本（例如《多比傳》〔Tobit〕和《猶滴傳》〔Judith〕）排除在外，原因並不清楚。甚至到了西元二世紀，坦拿拉比仍會討論《雅歌》和《傳道書》是否會玷污雙手，而根據《巴比倫塔木德》，到了西元三世紀，拉比之間還會爭論《路得記》和《以斯帖記》的地位。[15]

到了西元四世紀，拉比猶太人已經一致同意組成今日希伯來聖經的二十四本書卷所具備的特殊地位。他們將以下兩種書卷歸類為先知書：收錄先知言論的書卷以及為先知的生涯提供背景介紹的歷史敘事（《約書亞記》到《列王記》）；前一類書卷的書名便是該先知的名字。剩下的書卷則定義為智慧書。《塔納赫》（Tanakh，即妥拉〔Torah〕、先知書〔Neviim〕和智慧書〔Ketuvim〕三字的組合）這個縮略字因此用來指稱整部聖經。

希伯來聖經收錄了二十四本書卷，但希臘文聖經卻囊括更多文本。四世紀末的基督徒學者耶柔米（Jerome）知曉這之間的差異，認為希伯來聖經更可靠，雖然基督徒從西元一世紀起便一直仰賴希臘文聖經。耶柔米將希臘版本有、但希伯來文聖經沒有的書卷（《多比傳》、《猶滴傳》、《所羅門智訓》、《便西拉智訓》、馬加比各書卷等）歸到另一個類別「次經」中，表示這些文本雖然應受到重視，但不是受到天啟所寫成的。耶柔米希望將真正的聖經著作從其他書卷中區分出來的這份焦念，反映了基督徒認為定義聖經的正典、列出舊約和新約權威書卷的固定名單，是很重要的事情。這是因為教會草創的頭幾百年，基督徒團體需要為自我下明確的定義，而猶太人並沒有這種需求。雖然，拉比最終選定二十四本書卷，或許是為了呼應基督徒列出的正典。[16]

因此，對猶太人而言，聖經組成內容的界限長久以來並不固定，但某些書卷的權威性大於其他書卷的這個原則，在更早的時候就已被普遍接受。還有一個可能，那就是到了西元前二世紀末，妥拉和先知書已是封閉的文集，更改組成內容等同於褻瀆，因此持續無法確立的就只有智慧書的收錄範圍，亦即聖經的第三部分。值得思考的一個問題是，猶太人在西元前三世紀和二世紀為何覺得必須賦予某些特定著作如此權威的地位。

原因不太可能是個人或團體試圖將某種意識形態加諸在猶太社會中，因為在整個文集裡看不出任何要讓內容一致的企圖。我們已經知道，各個聖經書卷擁有不同的語調和著書目的，但就連不同的神學焦點也並存在整個文集中。以道德觀為例，妥拉的道德觀是建立在以色列人和上帝的約，但智慧書的道德觀則以普及的公義標準為基礎；面對人類的苦難，《耶利米哀歌》透過不同的方式企圖了解上帝的公義，以漫長的篇幅表達對第一聖殿遭摧毀的悲慟；《列王紀》和《歷代志》對於上帝何時降下天譴有很不同的觀點，《歷代志》認為立刻就有現世報，《列王紀》則認為要等到好幾代之後；《歷代志》作者撰寫這部歷史敘事的素材為《創世記》到《列王紀》之間的各書卷，這當中存在許多差異，表示整個聖經全集存在一定程度的複製和差異是被允許的。故事的本質雖然相同，但編年史家重寫參考來源，產生許多小更動，最後的成品就是解釋經文的經文。

到頭來，猶太人之所以認為某些文本特別具有權威性、是他們的歷史與律法得以存在的憑藉，最好的解釋仍要回到我們一開始引述約瑟夫斯的那番話。他說「並非任何人都可以隨心所欲書寫」，也說「只有先知透過上帝的啟發，學習遙遠古老的過去所發生的一切」，因而建立起猶太人的著述傳統，和希臘人各種互相矛盾的歷史、習俗與法律制度完全相反。來到希臘世界，猶太人發現自己的傳統與希臘化所開啟的全新文化視野相左，而他們回應的方式，就是確立從先人手中繼承的主要宗教文本具有絕對的權威（見第五章）。

儘管內容多元，聖經書卷仍有反覆出現的共同主題。他們將猶太人的上帝描述成創世主，也是唯一和以色列人產生連結交流的神明。上帝引導以色列人的歷史，特別是出走埃及與獲得應許之地迦南的這段歷史，但有時，上帝也會以非常嚴格的方式詮釋和以色列人的約，懲罰不遵守約定的人。字裡行間皆可看出，上帝對子民無條件的愛其實充滿限制。上帝怎能公正慈悲，卻又允許世間的苦難？無論答案為何，聖經認為每個猶太人都有義務遵守整個國族的約，忠實遵循透過摩西所傳下來的訓令。這意謂在儀式和道德方面都必須一絲不苟，實踐在所有聖經書卷都有一致出現的那套道德規範。這規範強調公義、照顧窮人與無防衛能力者（尤其是寡婦和孤兒），並禁止殺人、偷竊、賄賂、腐敗和各種不正常的性行為。

我們將在後面兩章看到，聖經提供了很充足的指導方針，讓猶太人可以形塑公私領域的敬拜方式，在社會上建構關係，符合與上帝的規約。但我們也將在本書的第二部分看見，到了約瑟夫斯的年代，解讀聖經的方式導致猶太教內部出現相當多元的發展，各型態理解聖經的方式大異其趣。

3

禮拜儀式

因人們持續解讀聖經的律法，到了西元一世紀時，兩種相異但卻互補的禮拜形式誕生了。兩種形式在古代世界都只存在於猶太教。第一種是耶路撒冷聖殿的祭祀儀式，為羅馬帝國的奇景之一，除了吸引眾多猶太信徒，也吸引了非猶太的觀光客，特色鮮明的儀式做法招來讚賞，也導致譴責。第二種為猶太會堂這種機構，不僅是禱告的地方，也是向會眾教導律法、朗讀聖經文本的地點，為古代世界最驚人的宗教創新做法之一。原則上，聖殿儀式少了會堂也能存在，會堂少了聖殿也是一樣，但是在實踐上，這兩種禮拜形式和平共存了至少三百年，直到第二聖殿在西元七〇年被摧毀為止。

聖殿

妥拉說得非常清楚，上帝希望人們使用動物祭品來敬拜祂，並要有酒祭、素祭、燒香，明確說明應遵守的程序：「他的供物若以牛為燔祭，要獻一頭沒有殘疾的公牛……作祭司的要把肉塊連頭和脂肪，擺在壇上燒著火的柴上。燔祭牲的內臟與小腿要用水洗淨，祭司要把整隻全燒在壇上……」祭品可以是由個人獻上（通常是為了感謝好運或為自己做錯的事尋求寬恕）或由祭司代表全體社群獻上。這些伴隨情感和禱告的實體行為，構成聖經大部分書卷中所想像的以色列人與上帝之間的主要連結。[01]

根據摩西五經的描述，這種祭祀儀式是在一頂可攜帶的會幕中舉行，雅各的子孫跋涉西奈沙漠的期間便帶著它。《出埃及記》很詳盡地描寫會幕的結構和外觀，包括鍍金的金合歡木約櫃，用來擺放主的「法版」（應是書寫的文本）；黃金的「施恩座」，也就是約櫃的櫃蓋；金翅膀的基路伯天使、燒香用的金盤金碟、酒祭用的金壺金杯、擺放「常在供餅」的「純金」桌子、有著七盞燈的「純金」燈臺，以及「用搓的細麻和藍色、紫色、朱紅色紗織成」的「十幅幔子」，並用高超的手藝繡上基路伯天使的圖像。之所以要如此精心設計，聖經有很明確的理由：據說，摩西受主吩咐，要告訴以色列人將「凡甘心樂意獻給我的禮物」聚在一起，這樣他們才能「為我造聖所，使我住在他們中間」。02

神明期待敬拜者為自己提供居所以做為禮拜儀式中心的這種觀念，在西元前一千紀那些有和迦南接觸、社會型態更加複雜的文化中十分常見。使用動物祭品或其他供品來敬神，是這個地區的標準敬拜形式。至少在西元前三千紀初期時，埃及就已出現供神的石製祭廟，而美索不達米亞的泥磚神廟甚至比這更早出現。巴勒斯坦及其鄰近地區也出土過西元前二千紀的各種青銅時代神廟，包括：夏瑣（Hazor）和米吉多的堡壘廟宇以及納哈里亞（Nahariyah）的戶外圓形祭壇；十塊巨石成排聳立的基色（Gezer）「高地」，每一塊旁邊都有一個巨大的石盆；位於拉吉（Lachish）和美弗拉克山丘（Tel Mevorakh）的神廟，出土相當豐富的還願器皿、珠寶和其他供品。各式各樣的廟宇形式一直持續到鐵器時代，有時會仿造埃及建築。根據聖經的記述，同樣是在鐵器時代，祭祀儀式在所羅門的倡議下，從臨時的帳棚構造（像是《出埃及記》描述的會幕）移到了較永久的建築，位於耶路撒冷。03

在近東地區和地中海東岸的許多地方，建造永久性的廟宇來擺放、供奉神祇是一個漸進的過程。在邁錫尼時期，希臘人的拜神儀式會舉辦在皇宮四周，但是到了西元前一千紀，希臘社會分裂成各自獨立的社群，沒有任何中央化的國家，因此每個社群是以牆壁或界石標出一塊聖地做為祭祀場所，而無任何神廟建築。直到西元前八世紀才開始建神廟，或許是反映了希臘和埃及進行貿易往來產生的影響。在巴勒斯坦，這個過程比較早發生。因此，《列王紀上》有關所羅門決定建造耶路撒冷聖殿的故事，有可能是真的，雖然聖殿的宏偉程度可能遭到誇大：「所羅門用純金貼殿內……整個殿都貼上金子，直到貼滿；內殿前的整個壇，也都包上金子。」對於花費這麼大筆錢財建造聖殿一事，《列王紀上》的作者所給的理由也不是不可能：「主的話臨到所羅門，說：『論到你所建的這殿，你若遵行我的律例，謹守我的典章，遵從我的一切誡命，行在其中，我必向你應驗我所應許你父親大衛的話。我必住在以色列人中間，並不丟棄我的百姓以色列。』」這座聖殿就和裡面舉行的儀式一樣，都是為了確保得到上帝的恩惠而設計的。[04]

倘若聖經的年表正確無誤，耶路撒冷聖殿在所羅門的時代建好以後，便成為猶太人的禮拜中心達千年之久，大約從西元前一〇〇〇年到西元七〇年聖殿遭羅馬人夷為平地為止。只有在西元前五八六年所羅門聖殿被毀以及西元前六世紀晚期和五世紀返回耶路撒冷的流放者重建第二聖殿這之間，聖殿祭祀才有過相對短暫的中斷。從《哈該書》和《撒迦利亞書》便可清楚看出聖殿在許多猶太人的眼中是多麼重要。這兩位先知力促猶大總督所羅巴伯和大祭司約書亞重建聖殿，斥責那些說「建造主的殿的時候還沒有到」的人。哈該欲傳達的訊息很簡單：萬軍之主確保了「天不降甘露，地也不出土產」，因為「我的殿荒涼，你們各人卻只為自己的房屋奔走」。即使是在兩座聖殿的期間，流放到巴比倫的先知以西結夢到完美崇敬上帝的夢境時，也看見強大的異象，純粹的幻覺中混雜了被摧毀的聖殿影像：「有水從殿的門檻下面……流出」，形成一條小溪，變成「無法走過」的河川，接著續流到死海，使河水變甜，滋生了許多魚。[05]

聖殿裡所舉行的祭祀儀式並沒有受到聖經各書卷的普遍認可。批評最常出現在較早期的先知書中：《阿摩司書》、《何西阿書》、《彌迦書》、《耶利米書》和《以賽亞書》。他們的批評有很多是和道德優先順序的議題有關。彌迦便抱怨，如果做不到主要求的「行公義，好憐憫，存謙卑的心與你的上帝同行」，那麼燔祭又有何意義？其他先知則挖苦地抱怨錯誤的祭祀形式：「你們將瞎眼的獻為祭物，這不算為惡嗎？將瘸腿的、有病的獻上，這不算為惡嗎？」；或者抱怨獻祭給以色列上帝以外的神明：「以色列啊，不要歡喜！……因為你行淫離棄你的上帝。」耶利米說主發怒，因為人民「揉麵做餅，獻給天后，又向別神獻澆酒祭」，並且記載上帝訓斥燔祭是沒有用的，因為「我將你們祖先從埃及地領出來的那日，燔祭和祭物的事我並沒有提說，也沒有吩咐他們。我只吩咐他們這一件事說：『你們當聽從我的話，我就作你們的上帝，你們也作我的子民。』」

這些和祭祀相關的批判有些可能是聖殿內部的先知所發行的，但他們的評語卻保存在經常強調聖殿及其重要性的聖經裡。就連《詩篇》第五〇章中清楚明白拒絕祭品的段落：「我不從你家中取公牛，也不從你圈內取公山羊……我若是飢餓，不用告訴你，因為世界和其中所充滿的都是我的。我豈吃公牛的肉呢？我豈喝公山羊的血呢？」也在前文寫到上帝召喚「我的聖民，就是那些用祭物與我立約的人」聚在一起。因此，這種批判似乎很可能也只是針對那些沒有「為感謝而獻給上帝祭品」（如《利未記》所囑咐的那般）以及沒有使用祭品再一次向至高上帝發誓的人。06

根據聖經記載，所羅門聖殿是一座建在高台之上的長方形建築物，長一百肘（約五十公尺），寬五十肘（二十五公尺）。內部空間分成三個區塊。周遭的庭院有個開放的出入口，通往一個門廊，門廊兩側各立一根巨大的銅柱：「雅斤」和「波阿斯」。從門廊穿過雙層門進入一個很大的殿堂，即聖所，為舉行大部分儀式的所在地。另一道橄欖木做成的雙層門通往立方形狀的內殿，即至聖所，每邊長二十肘。聖所和至聖所的地板是以杉木板鋪成，香柏木的牆壁刻有花朵和其他圖樣。聖所的儀式用品包括燈臺和一張擺放「常在供餅」的金桌。外面的庭院有祭壇和一個巨大的銅盆（在《列王紀》中稱作「銅海」）以及洗滌盆和其他銅器。內殿裡可看見「有主的約」的約櫃，是當初大衛帶來耶路撒冷的，被兩個巨大的基路伯天使張開的雙翼保護著；基路伯天使是以橄欖木所製成，覆有黃金。[07]

在格局與裝飾方面，聖經描述的建築物和這個地區在這個時期的其他神廟十分相似（特別是在敘利亞阿勒坡西北方的艾因達拉〔Ain Dara〕出土的敘利亞西臺神廟），但又沒有和這些神廟的任何一座完全雷同——這不叫人意外，因為這個地區的神廟建築形式相當多元。在聖經中，耶路撒冷的禮拜儀式是以漸進緩慢的方式取得核心地位的，人們常常「退步」，到其他地方進行禮拜。耶路撒冷聖殿與鐵器時代的其他以色列聖壇之間有何種關係，我們不得而知。其他的聖壇包括：位於米吉多的一處西元前十世紀左右的小庭院聖壇，出土了祭品立座和石灰岩祭壇；米吉多附近的他納（Ta'anach）一個更大型的聖壇，兩個陶座上面可見太陽圓盤、聖樹、基路伯、獅子等主題的圖案；位於以色列北部的但，一座大型祭壇的巨大方石墩座，年代可能晚了一世紀；阿拉德（Arad）的神廟，設計和所羅門聖殿類似，西元前七世紀時還在重建中；出土於西奈沙漠孔蒂拉特阿吉魯（Kuntillet Ajrûd）的一座西元前八世紀的建築物，就在一間旅館的入口，兩側都有塗灰泥的長凳，另有刻滿祈求伊勒（El）、雅威（Yahweh）和巴力（Baal）庇佑的灰泥牆。「伊勒」和「雅威」是猶太人指涉猶太上帝的名稱，但「巴力」不是，因此這顯然還是個持續敬拜多神的社會。堡壘內的貯存罐繪有聖樹和坐在王座的半裸女子等裝飾圖像，並有「撒馬利亞的雅威和他的亞舍拉」賜福的刻字，提供相關背景讓我們了解聖經的先知為何力促人們拋棄對於其他神明的崇敬行為。「亞舍拉」（Asherah）是迦南女神之名，在敘利亞海岸的拉斯向拉（Ras Shamra）發現的烏加里特文獻是祂最常被人們所認識的來源，而祂也常在文本中被描述成伊勒的配偶。[08]

關於所羅巴伯在西元前六世紀晚期興建的第二聖殿，聖經的紀錄少得驚人。據說，所羅門的聖殿在這些年之間經歷許多變化，如遭到後代國王掠取殿內寶物等，但它仍舊是非常宏偉的建築。先知耶利米憤恨地憶起聖殿被毀的準確日期，是在「巴比倫王尼布甲尼撒十九年五月初十」。銅柱被拆，約櫃也不見了

（有些傳說聲稱，約櫃在更早的時候就被偷了）。因此，所羅巴伯的聖殿少了這些第一聖殿非常重要的元素，但它可能擁有五千四百個金銀器皿，是根據《以斯拉記》波斯國王居魯士允許返回耶路撒冷的猶太流亡者從巴比倫帶回猶大的（雖然這個傳統和《列王紀下》的說法矛盾，因為後者記載，尼布甲尼撒在西元前五九七年將聖殿的所有黃金器皿全數砍碎）。聖經中其他提及第二聖殿的部分都太委婉，僅具隱喻意義，因此無法為所羅門聖殿受到重建複製的程度提供任何清楚的概念。撒迦利亞在有關耶路撒冷的異象中提到「聖山」，那是理想化的描述，而西元前二世紀亞里斯提書信的作者對於光榮聖壇周遭的鄉野有著多麼肥沃的土地，同樣也是誇大不實、全然偽造的敘述。然而，兩者都證實聖殿被賦予極大的重要性，是應當受到尊崇的建築。09

聖殿繼續運作的五百年間，有一項改變被普遍證明是真實發生過的，那就是安條克四世在西元前一六八年做出的褻瀆行為。他將聖殿儀式從禮拜猶太人的上帝轉變成崇拜某個新神祇（可能是宙斯），差點就讓整個猶太教的歷史嘎然而止。新神祇以神像的型態出現，馬加比書卷稱之為「施行毀滅的可憎之物」（欲了解更多這些災難事件的詳細論述，請見第五章）。猶太人被要求在新祭壇上和設立來崇拜其他神明的聖地內獻上豬隻和其他不潔的動物。沒錯，馬加比書卷誇大了瑪他提亞及其子在拯救猶太教的行動上所扮演的角色，因為這些書卷撰寫的年代正是瑪他提亞的後代在猶地亞掌權的時期，因此十分仰賴有關他們對抗安條克的英雄神話，以合理化自己控制大祭司職位的行為。但，威脅是真切存在的。這個地區處處可見許多文物，是古典時期過後未能續存的那些本土宗教留下的痕跡。倘若在耶路撒冷聖殿進行的猶太上帝禮拜儀式真的在西元前一六〇年代終結，而非等到將近兩百五十年後的西元七〇年才終止，非常有可能不會再有後續的猶太教（以及基督教）歷史。

不過，安條克四世對猶太信仰的攻擊似乎沒有因此大幅更改聖殿建築本身。根據可能是在這起事件發生後約四十年寫成的《馬加比一書》，猶大・馬加比再次進入聖所，發現「聖所荒蕪，祭壇被玷污，門戶被焚毀」，但卻能夠迅速地重新安排奉神儀式：

> 他揀選沒有瑕疵、熱愛律法的祭司；他們潔淨了聖所，將玷污的石頭搬到不潔的地方去。他們商議如何處理被褻瀆的燔祭壇。有人向他們提出了好建議，就是拆毀它，因為曾被外邦人玷污，成為他們的恥辱。於是，他們將祭壇拆毀，把那些石頭安放在聖殿山上一個方便的地方，直到有一位先知來到，指示該怎樣處置石頭。然後，他們按照律法，用未曾鑿過的石頭，仿照原先的樣式，建造了一座新祭壇。他們又重建聖所及聖殿內部，並把庭院分別為聖。他們製造新的聖器皿，將燈臺、香壇和供桌搬進殿裡。然後，他們在壇上燒香，又點燃燈臺上的燈，照亮殿裡。他們把餅放在供桌上，懸掛帳幔。這樣，他們所作的一切工都完成了。第一百四十八年九月（就是基斯流月）二十五日，他們清晨起來，按照律法，把祭物帶到他們所造的新燔祭壇上。[10]

一百五十年後，同樣的聖殿在希律王眼中似乎不再壯觀。這位出身相對卑微的國王被羅馬人指派為猶地亞王，急著建造紀念建築頌揚自己輝煌的政治成就。改建過程必須非常小心，以確保祭祀儀式不受中斷，位址不被污染。一千位祭司經過訓練，執行聖殿的石造工作，比這為數更多的人力則負責擴展聖殿的高台，使用拱做為次結構，還有巨大的擋土牆，當中有些現今還可見到部分殘跡。聖殿本身和內部陳設沒有更動，但外面覆滿大量黃金，多到反射的光線幾乎要刺瞎直視的人。西元前二〇年動工，到了西元前一二年，已完成內殿、門廊和外部庭院。但，根據約瑟夫斯這位當代的目擊證人所言，西元六六年時，擴建和修繕仍在進行，是羅馬軍隊摧毀聖殿的前四年。[11]

聖殿的禮拜儀式是怎麼進行的？對於存在了這麼久的聖殿而言，這個問題的答案要從最後的一百年尋找，會比更早以前的時期容易找到。縱使考量到現存的證據幾乎肯定是經過理想化的模樣，我們仍可能重建聖殿的日常運作樣貌，那是古代世界的其他神廟絕不可能達到的詳實程度。原因很簡單：本身就是耶路撒冷祭司的約瑟夫斯在寫到希律王的生平和抗羅馬的戰爭時，寫了非常多關於聖殿的事情，而在一百年後，最早的拉比文本《米示拿》也探討了聖殿官方在祭祀活動方面的爭議話題，試圖釐清正確的程序。無論早期的情況究竟為何，到了最後的這段時期，耶路撒冷聖殿在古代世界就是座很不尋常的神廟，因為它每天都開放禮拜：大門會在黎明隆重敞開，黃昏時分關閉。為數眾多的員工會負責確保個人獻祭隊伍井然有序，民眾則在聖殿院落邊緣的門廊市場購買獻祭用的牲畜禽鳥。一天之中會舉行數次公共獻祭，祭司代表全體猶太人禱告、宰殺動物。這些公共獻祭會在每個平日的早上、下午和傍晚舉行，安息日和初一另有額外的特殊獻祭：「每月初一，要將兩頭公牛犢、一隻公綿羊、七隻沒有殘疾一歲的小公羊，獻給主為燔祭……」[12]

在尋常日子，參拜民眾印象最深刻的會是聖殿的空間。每日的公共儀式只在內部的祭司院周遭的禁區舉行，宰殺焚燒動物祭品後，有時也會食用之，並澆灌奠酒。這座宏偉建築的其他區域時常沒什麼人。希律王大刀闊斧改建以前，允許信眾聚集的廣場規模便已引起外人注意。這個可讓一般大眾進入的廣闊庭院幾乎完全沒有異教聖壇通常會有的樹木、還願祭和神像。西元一世紀，哲學家斐羅便提到聖殿區域沒有樹，相當乾淨。他認為，不植樹是為了維持聖殿的苦修宗教氛圍，因為林木提供「悠哉的享受」，會使這種氛圍打折扣，同時也說用來做為肥料的排遺是禁止出現在聖殿牆內的。在斐羅的時代，最吸引目光的就是個人獻上的那些明亮飾物，掛在庭院四周的門牆，例如希律之孫亞基帕一世為紀念自己從羅馬被釋放而獻上的金鍊子，以及（根據《米示拿》記載）來自亞歷山大的尼迦挪捐獻的金門。其他的飾物還有：巨大的掛毯以紫、藍、腥紅三色繡出天堂的全景；約瑟夫斯詳述的美麗金藤蔓出名到引起了外邦史家塔西陀的注意；貴重的金屬和寶石在陽光下閃閃發亮，因而使得聖殿常被描寫成散發出強光。[13]

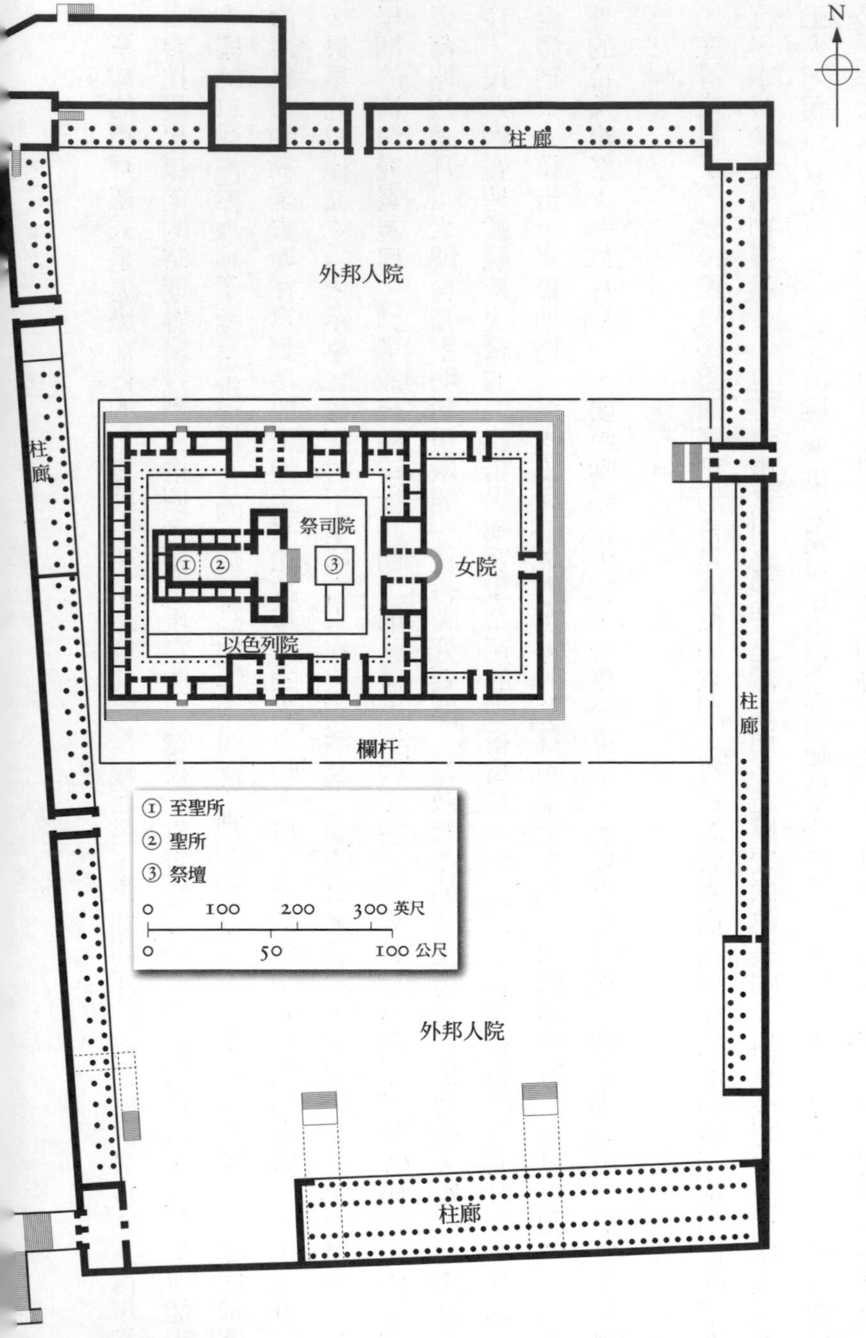

第二聖殿在西元七〇年被毀不久前的平面圖，結合約瑟夫斯和《米示拿》的敘述所繪製而成。從以色

列院（女性不可進入），男性猶太人可近距離觀看祭司舉行獻祭。希律在西元前一二年大規模擴建南邊和東邊的外邦人院，使聖殿得以容納大批的朝聖群眾。

亞里斯提書信寫到聖殿非常安靜，每位神職人員毋須吩咐就知道自己的份內工作。但，被帶去宰殺的牲畜或偶爾吟唱聖歌的聲音會打破這樣的寂靜。在特別的日子將某些聖歌分配到聖殿的禮儀中，這種做法可能更早的時候就已出現，因為在希伯來聖經早期的希臘譯本裡可以看到相關的標題（如〈安息日的聖歌〉）；昆蘭出土的大詩篇卷（The Psalms Scroll）收錄了七首日後的希伯來和希臘傳統未收進的詩歌，顯示禮儀仍然保有一定的彈性。聖殿內各種氣味造成的效果比較不易揣摩，其中包含了獻上祭壇的香和焚燒祭品的烤肉等氣味。獻祭是在開放空間舉行，因此上升的煙霧想必會消散在空中；和燭臺的火光一樣，祭壇的火焰是在唯有祭司方可進入的區域燃燒，與一般信眾隔離。信眾當中，有些人前來聖殿（如果他們有辦法來到聖殿的話）可能就只是為了讓自己身處在神的領域，並對上帝說出禱告，如聖經裡有關先知兼士師的撒母耳誕生的故事所講述的那般：在以色列尚未有國王的古早年代，不孕的哈拿在示羅（Shiloh）的聖所禱告。聖殿庭院內的信眾大都看不見祭司代表國家在至聖所前方的祭壇進行的公共獻祭：「一隻一歲沒有殘疾的小公綿羊……同獻的素祭……同獻的澆酒祭」或是「加酵烤成兩個搖祭的餅」。然而，個人除卻私人獻祭之外，仍有繁多的宗教義務，因此一般民眾仍可藉由這些義務進入虔誠奉獻的至高氛圍之中。14

每年三次，聖殿會變得和平時截然不同，因為逾越節（Pesach）、七七節（Shavuot，即五旬節）和住棚節（Sukkot）這三大節慶總是吸引大批朝聖者前來。妥拉規定，每位成年猶太男性有義務要一年「朝見主」三次，而來自各地的猶太人很有可能選擇藉這個時候帶來甘心祭、贖罪祭、感恩祭或者其他祭品。春季舉行的逾越節從第一晚的集體烤羔羊揭開序幕。慶典進行中，一小群男女老少分食一隻烤羊，並講述出走埃及的故事。接下來七天是特殊的日子，禁食加酵食品，在整個逾越節期間的開始和結束之日必須放假休息。七週後的七七節標誌穀物收割期來到了尾聲，來自以色列地的朝聖者會在儀式中獻上初熟的果實給祭司。《米示拿》有生動的描寫：

他們如何攜帶初熟的果實……？住得近的，帶新鮮的無花果和葡萄；住得遠的，帶無花果乾和葡萄乾。一頭公牛走在他們前面，角上覆黃金，頭上戴橄欖葉冠。笛子在他們面前吹奏，靠近耶路撒冷便停止。接近耶路撒冷時，他們派遣信使到前頭，並且裝飾初熟之果。統治者、地方長官和聖殿司庫上前迎接他們。基於對這些抵達的人的敬意，他們走上前。耶路撒冷全部的工匠在他們面前起身，迎接他們，說：「弟兄們，某某地方的人，歡迎你們！」……富人將初熟之果放在竹籃中帶來，覆金和銀，窮人將果實放在削皮柳枝編成的柳籃中帶來。籃子和初熟之果獻給祭司。 15

初秋的住棚節標誌著一個農業年的完成：「你收藏了禾場和壓酒池的出產」。妥拉將住棚節定做為期七日的節慶，「你和你的兒女、僕婢，以及住在你城裡的利未人（第九十頁）、寄居的和孤兒寡婦」都要歡慶這個節日，也就是社群全體成員。由於這個節日的主要活動包括在聖殿裡手搖四樣農作物（由棗椰、香桃木和柳樹枝條組成的棗椰束〔lulav〕以及柑橘類的香櫞），並住在臨時棚屋（而不是家中），尋常的猶太百姓在住棚節時也能輕易感受到滿滿的參與感。《米示拿》只把住棚節稱作「節日」，而這個節日似乎是朝聖慶典中最多人參加的，或許是因為作物貯藏好後，農夫比較能離開田地。我們可以得知美索不達米亞也有朝聖者前來，因為《米示拿》的其中一項傳統便是，在住棚節後，要將祈雨延後十五天，好讓巴比倫的朝聖者「能抵達幼發拉底河」。16

希律聖殿的廣闊庭院設施齊全，不僅可以容納以色列地的朝聖者，也能容納更廣大地區的外地猶太人。許多人似乎是從巴比倫走陸路而來，至於地中海地區的社群則是從在羅馬統治下相對安全的路程，來到耶路撒冷。因此，《使徒行傳》才寫到五旬節期間，可在耶路撒冷聽到各種語言，「從天下各國來的虔誠的猶太人」都住在耶路撒冷，包括「帕提亞人Ⓐ、瑪代人Ⓑ、以攔人，和住在美索不達米亞、猶太、加帕多家、本都、亞細亞、弗呂家、旁非利亞、埃及的人，以及靠近古利奈Ⓒ的利比亞一帶地方的人，僑居的羅馬人，包括猶太人和皈依猶太教的人，克里特人和阿拉伯人」。如同斐羅在西元一世紀所說的，摩西「判定既然上帝只有一個，神廟也應該只有一座」，不同意「那些希望在自己家中舉行儀式的人」，而是吩咐他們「從大地的各角落起身，來到這座聖殿」：

> 每個節日都有無數城市的無數民眾從東西南北來此，有的走陸路、有的走海路。他們將聖殿視為一處避風港和安全的避難所，遠離生命的喧囂與勞碌。他們希望在那裡找到風平浪靜，從煩憂中被釋放出來，在舒適的歡樂場景中，享受短暫的喘息空間；那些煩憂的枷鎖自他們最早的日子開始便一直重重壓著他們。因此，充滿舒暢希望的他們將閒暇時光奉獻給神聖和對上帝的崇敬，同他們的本分般。之前不相識的人建立了友誼，動物祭品和奠酒成了情感交流的好時機，是人人共心一體的最佳信物。[17]

朝聖令人興奮，有很大一部分的原因必定是因為處在一群人之中。住棚節慶典的一大高潮就是汲水儀

Ⓐ譯注：即安息人。
Ⓑ譯注：即米底亞人。
Ⓒ譯注：即昔蘭尼。

式。水會從西羅亞池（Pool of Siloam）隆重帶到聖殿，從金壺倒到祭壇上，平時的奠酒也會在同時間倒入。整個過程伴著歌舞和歡樂。這個儀式似乎旨在祈禱即將到來的冬天可以降雨：「虔誠行善的人持火炬跳舞，吟唱詩歌和讚美。無數的利未人【演奏】豎琴、鐃鈸、喇叭等樂器……」根據《米示拿》：「他們說過：『一個人沒見過汲水的歡樂，人生中就沒見過真正的歡樂。』」[18]

撇開聖殿的人潮和刺激不說，整個朝聖經歷仍帶有許多特殊意義，因為初熟的果實和從以色列地帶來的第二次什一奉獻農作物（或等值金錢）必須要在耶路撒冷的城牆之內吃完。難怪，耶路撒冷的經濟因而適應了大規模宗教觀光的剝削現象，聖殿周遭區域販售數不清的動物禽鳥供個人獻祭使用，亦有提供兌換推羅謝克爾幣的設施，因為這是聖殿當局所接受的捐獻貨幣。同樣不奇怪的是，提供這些必要服務以賺取利潤的人，可能會被控將禱告的殿變成「賊窩」（據說耶穌曾經這麼說過）。另外，出席節慶的宗教義務雖然只落在成年男子身上，但顯然也引來了大批婦孺。[19]

在古代世界，這種大規模的朝聖現象是很獨特的，猶太聖殿過去的歷史中也沒有存在這種特色；國際性的朝聖可能是在希律重建之後才變得普遍。根據約瑟夫斯的說法，有位羅馬的敘利亞總督在西元六五年估計成年男性的朝拜者總數為兩百七十萬，而這個數字還沒加上女性和小孩。這個數據並不可信，但今天麥加的龐大人潮所給人的印象的確就跟當時的耶路撒冷一樣，從無數故事都有提到節慶現場容易爆發政治衝突的這一點便能夠證實。節慶主要結構是來自妥拉的明確指示，但有些儀式方面的做法必定是到了後期才出現，例如在初熟之果的行進隊伍中會有的公牛及覆金的牛角，還有吹奏笛子的樂手，這些似乎是沿用自希臘習俗。聖經完全沒有提到汲水的儀式，而《米示拿》間接反對這種儀式，可能表示作者擔心這是個沒有依據的創新做法：「他們會對執行酒祭的祭司說：『把手舉高！』有一次，某位祭司把奠酒倒到了腳上，所有人朝他丟柑橘。」儀式舞蹈是在汲水儀式中格外引人注意的元素，且特別不容易回溯到早期的聖殿禮儀，雖然傳統中有說到，大衛王曾在主的約櫃最初來到耶路撒冷時，欣喜若狂地在約櫃前跳舞。

象島的古代猶太團體住在尼羅河上靠近亞斯文的耶伯島（Yeb），此處出土的文獻當中有封驚人的書信，佐證了節慶儀式會隨時間演變的想法。這份文件來自西元前五世紀晚期，可能是耶路撒冷當局寄到埃及的，用以指導象島的猶太人如何依據妥拉慶祝逾越節。書信的內容有很大一部分必須運用我們對聖經的知識來加以重建，但是大概的要旨十分清楚：

> 【給我的兄弟耶】大尼亞與他的猶太【士兵】同僚們，這是你的兄弟哈拿【尼】亞。願神明【永遠】照看著我的兄弟。這是大流士王統治第五年，王傳話給阿薩【姆斯……】……。你數到尼散月的第十【四日，第十四日的晨昏開始遵循逾越節】，從尼散月的第十五日到第二十一日，【要遵守無酵餅的節日。吃七日的無酵餅。】保持純淨，謹慎留心。【尼散月的第十五日和第二十一日不可工】作。不可飲用【任何發酵的飲料。】不可【食用】任何加酵的食物，【從尼散月第十四日的】日落時分開始，【不可在你的家中看見酵，】直到尼散月第二十一日【的日落為止。】在【這段】期間，【家中所有的酵要帶】進房間裡封起。

由於象島的猶太人是在自己當地的神廟裡敬神，因此至少在這方面，逾越節的慶祝方式會和埃及的斐羅在五百年後所描述的方式非常不同。[20]

耶路撒冷聖殿的獻祭和供奉是由世襲的祭司階級所舉行。所有的祭司（希伯來文為cohen）都宣稱是從摩西之兄亞倫的男性子嗣傳下來的，因為妥拉寫到祭司的任務被派給亞倫。祭司必須是男性，而且不得有任何的身體缺陷：「失明的、瘸腿的、五官不正的、肢體之一過長的、斷腳的、斷手的、駝背的、侏儒的、有眼疾的、長癬的、長疥的，或是睪丸壓傷的」，都不可接近祭壇執行祭司的職務。要維持純正的血統，便是必須加以限制祭司配偶的充分理由。祭司不可娶離異過的女子或妓女，免得這段婚姻生出的子嗣讓人引發疑慮。約瑟夫斯自豪地寫到祭司的家族紀錄被非常謹慎地保存在檔案裡。在約瑟夫斯的生存年代，已有數千位祭司住在以色列地和外地（尤其是巴比倫和埃及的亞歷山卓）。猶地亞和加利利的祭司被分成二十四組（聖經裡稱「班次」），輪流執行聖殿的儀式。[21]

儀式極為複雜，必然需要受過大量訓練，才能遵循規定，準確執行宰殺動物的過程。必須檢查動物是否有任何殘疾，否則獻祭就不成立。聖經有時會將這些祭品稱作上帝的糧食，但陳設餅僅為展示之用，「從牛群或羊群中」獻上的公牛、牛犢、綿羊、山羊，連同斑鳩和鴿子，則會進行焚燒，「是獻給主為馨香的火祭」，還有素祭的穀物和油、奠酒與香。聖經《出埃及記》、《利未記》和《民數記》以及坦拿拉比文本如《米示拿》和《陀瑟他》對各種不同的祭品都有描述非常詳盡的遵循程序。如何灑、塗、倒動物的血，都有精確的規定，並有規定食物怎麼擺設在祭壇上焚燒，祭司與信眾如何分配位置，享用本質上即為聖餐的平安祭；祭司會一同享用，而僅有肉類的某些部位會在祭壇焚燒。[22]

到了約瑟夫斯的時代，亞倫直系祭司階級已坐擁聖殿的高位，但那幾乎肯定是爭取了數世紀後才獲得的。摩西五經保有一個傳統，亦即整個利未支派都有資格在沙漠中執行獻祭，而第二聖殿時期的亞倫後裔正是這個支派的成員：「主將利未支派分別出來，抬主的約櫃，又侍立在主面前事奉他，奉他的名祝福，直到今日。」但是到了第二聖殿時期晚期，利未人被分派到較不重要的聖殿職務，擔任守門人和演奏者，負責詩歌和樂器伴奏，取代其他類別的殿役，如尼希米時代負責修繕和維護建築構造的「尼提寧」（nethinim）。利未人持續爭取地位直到最後：遲至西元六〇年代，利未人仍提出請願，希望可以像祭司一樣著白袍。身為祭司的約瑟夫斯認為這是不光榮的事，責怪禮拜儀式的這種創新做法引發天譴，導致聖殿在西元七〇年被毀。[23]

祭司的專業，以及他們可以接近聖殿神聖儀式的特權，使他們在猶太社會中地位特殊，雖然隨著祭司人數的增加，每年能在聖殿執行儀式的比例越來越少。因此，以色列地所有農產都需將其十分之一繳交給一位祭司，而祭司無論是否在聖殿執行任何儀式，都有希望從非祭司的鄰人手中收下這份虔誠之禮，成為受俸者。什一穀物不公平地分給祭司，是聖殿最後幾年的歷史中十分嚴重的現象。較富有的祭司的奴僕在公共的禾場威嚇較窮困的祭司；在《尼希米記》中被描繪成什一受俸者的利未人，似乎也未再收到自己的那份俸祿。

約瑟夫斯在《駁斥阿比安》為猶太教進行辯護，堅稱祭司「被指定的職責」包括要監護猶太同胞。這樣的說法很可能過於理想化，因為他在同一段也宣稱，祭司是因為在勸服和思慮方面特別卓越才被選上，全然忽視繼承的概念在祭司階級上扮演的角色。然而，許多真的有在聖殿舉行儀式的祭司確實有可能在更廣泛的議題上成為專家，而不是只擅長祭祀的生硬程序。例如，聖經認為只有祭司才被視為有能力判定布料、皮膚或房屋牆壁表面的變色現象是否算是「tsara'at」（這個專業術語通常被不正確地翻成「痲瘋」），而這個概念到了聖殿的最後幾年仍持續存在，因此有些祭司必十分擅長這個任務。妥拉吩咐祭司要在每日的聖殿獻祭過後誦念一段特別的祈福，更強化了祭司做為上帝賜福中介者的特殊地位：

> 主吩咐摩西說：「你要吩咐亞倫和他兒子說：『你們要這樣為以色列人祝福，對他們說：「願主賜福給你，保護你。願主使他的臉光照你，賜恩給你。願主向你仰臉，賜你平安。」』他們要如此奉我的名為以色列人祝福；我也要賜福給他們。」

位於耶路撒冷欣嫩山肩（Ketef Hinnom）的一間石劈葬室中，一九七九年出土了兩個小小的護身銀符，上面便刻有這段祈福文，年代是西元前七世紀前半葉。[24]

到了第二聖殿時期的尾聲，祭司階級內部出現了清楚的地位高低之分。在所有的祭司中，任何時候都只能有一位大祭司。大祭司被交付最重要的職責，那就是在贖罪日（Yom Kippur，每年初秋為懺悔儀式所排定的日子）為全體百姓尋求寬恕。《利未記》精要地描述這個儀式，但《米示拿》則有更多闡述，其中包括大量的淨化，以及大祭司告解自己、其他祭司和所有以色列人在前一年犯下的罪。大祭司身穿白色亞麻布進入至聖所，將獻祭的公牛和山羊的血灑在那兒，同時獻香。接著，他會用抽籤選中的另一隻山羊告解全體社群的罪，山羊接著會被驅趕出聖殿、遠離城市。原先是讓山羊死在荒野之中，但是後來演變成把山羊帶上斷崖頂丟下，以確保其死亡。我們不知道，所羅門聖殿在西元前五八六年被毀後，這個儀式演變了多少，但到了第二聖殿時期晚期，這個角色的擇定是非常重要的一件事。在第二聖殿時期，這是由大祭司所支持，因為大祭司在猶地亞的世俗政治上常扮演比狹義的祭司更多的角色。

更引人注意的是，有個傳統持續了數世紀，那就是唯有撒督（Zadok）後代的那些祭司有資格擔任大祭司；撒督為亞倫直系祭司，據說在大衛和所羅門的時代擔任大祭司。西元前一六〇年代的馬加比叛變之後，其他家族的祭司才被指派為大祭司，馬加比家族自己就是首例。接著，希律在西元前三七年開始統治後，則由先前便已遷到巴比倫或亞歷山卓的祭司家族擔任大祭司，因為他們無法對希律的統治造成政治威脅。先知以西結西元前六世紀在巴比倫想像一座理想的聖殿，假定所有的祭司都是撒督直系，這可不是巧合；同樣地，在死海古卷找到的團體守則（Community Rule）中，有些版本可以清楚看出「撒督之子」的角色非常重要（見第六章）。雖然實際上在西元七〇年的前兩百年，聖殿的大祭司是來自其他祭司家族，但顯然有許多猶太人還是認為撒督直系比其他家族更適合這個角色。[25]

對不是祭司的猶太人而言，這種代表人民的公共聖殿儀式有多重要呢？耶路撒冷當地的人在尋常日子可能隨時會到聖殿禱告，或是帶來感恩或悔過的祭品。無論如何，聖殿庭院常常都會有很多人，因為這是城裡唯一的公共聚會場所——因此舉例來說，根據《使徒行傳》，基督教猶太人在耶穌被釘死於十字架之後的幾天，「天天同心合意恆切地在聖殿裡敬拜……主將得救的人天天加給他們。」但對住得遠的猶太人而言，無可避免地會比較少親自來到聖殿。許多人只出席朝聖節日，國外的那些甚至可能只出席過朝聖節日幾次。來自亞歷山卓的斐羅似乎只有到過耶路撒冷一次。

因此，聖殿的重要性比較是抽象的，而非實際具體的，但並沒有因此就比較不強大。對那些希望降雨以助穀物生長的人來說，知道每天都有代表以色列人的獻祭儀式可維持與上帝的約，是一件令人寬慰的事。當同樣的這些人在贖罪日藉由齋戒和禱告懺悔自己的罪時，知道大祭司也在為以色列人禱告，執行替罪羊的儀式，也對他們有幫助。對許多人而言，個人和聖殿的連結會透過兩種費用的繳納而強化。對以色列地的人來說，繳給祭司什一農作物可加強祭司的儀式確實是代表他們來進行的這種概念。而對全部的猶太人而言（包括外地人），所有的成年猶太男性每年必須繳納半謝克爾的稅金，支付聖殿平時的獻祭儀式，這象徵每個人都共同擁有這些祭品。《米示拿》有個詳加闡述的規定，那就是沒有人可以繳納比半謝克爾多或少的金額，這樣就不會有人覺得公共獻祭服侍自己比服侍他人還多。共同擁有的這個原則出自摩西在沙漠裡對以色列之子的教誨，記錄在《出埃及記》：「富有的不必多付，貧窮的也不可少出，各人都要獻半舍客勒給主，作你們生命的贖價。」似乎只有在第二聖殿時期，聖經記載的這筆一次性稅金才變成了每年都得繳納的費用。死海古卷裡的一個段落提到，這筆多收的稅金遭遇反對的聲浪，但這個做法到了西元前一世紀中葉希律重建聖殿之前，可以確定已是相當普遍的：羅馬雄辯家西塞羅在西元前六〇年代時，便提到小亞細亞（現今土耳其西部）的猶太人收集黃金準備送到耶路撒冷聖殿（並說一位羅馬總督把這些黃金給沒收）。[26]

耶路撒冷聖殿之所以宏偉，很大一部分的原因當然是這些從猶太世界各地匯集而來的財富。和其他神祇的的信眾不同，到了西元一世紀，大多數的猶太人都認為在自己本地的神廟或祭壇獻祭是不對的，相信這樣的儀式應該只在神授之地進行，如約瑟夫斯所言：「『一神一廟，物以類聚。』聖殿禮拜的一統是很努力才達到的結果，即使到了西元七〇年仍不甚穩固。埃及象島猶太人（西元前五世紀在自己的神廟獻祭的那群猶太人）在他們的神廟被當地埃及人密謀摧毀後，寫信給耶路撒冷當局，請求准許重建。他們覺得有必要獲得當局的允許，這意義固然重大，但他們顯然不認為自己該對本地聖壇的存在感到抱歉。《列王紀》記載了所羅門聖殿時期北國以色列的第一位統治者耶羅波安（Jeroboam）為強化自己的王國採用的策略，那就是說服人民崇拜兩隻金牛犢（一隻放在伯特利，一隻放在但），消除他們到耶路撒冷聖殿禮拜的需求。我們已經知道，考古出土證實了但在鐵器時代的確有神廟儀式的存在。在許多地方也發現大多是用刻石造成的祭壇遺跡，年代為西元前一千紀前半葉；這些祭壇有個長方形的平頂，四個角落各有一隻尖牛角。這些發現顯示，祭祀儀式的中央化並不容易，但這不叫人意外，因為當時的其他宗教普遍都有這種本地的獻祭活動，而信奉猶太上帝的人們常常會接觸到這些宗教。[27]

基於早期對祭祀中央化的反彈，當局因此更強力地宣傳耶路撒冷聖殿是世上唯一可以獻祭給主的地方。最為熱切的宣傳，莫過於記載了西元前一六〇年代時猶大・馬加比在安條克四世褻瀆聖殿後將之淨化（見前文）的那份虔誠文獻。人們會在基斯流月二十五日慶祝這次的勝利事蹟，「興高彩烈守節八天，如同守住棚節的樣子……拿著有籐葉纏繞的杖、美麗的樹枝和棕櫚葉，唱詩感謝那位讓他們可以潔淨他自己地方的主」。這段有關光明節起源的敘述是出自《馬加比二書》，成書年代不晚於這些事件發生後的一百年內。這本書的前言是一封信，來自「耶路撒冷與猶大地區的猶太眾弟兄，向在埃及的猶太眾弟兄問安」，敦促他們在「基斯流月慶祝住棚節」Ⓓ。

因而份外引人注意的是，就在馬加比叛變後不久，一群遭耶路撒冷聖殿流放的祭司又在埃及的利安托波力斯（Leontopolis）建了一座信奉猶太上帝的神廟。根據約瑟夫斯，約在西元前一四〇年，父親曾任耶路撒冷大祭司的敖尼雅（Onias）獲得埃及國王托勒密及其后克麗奧佩脫拉的「授權，在埃及建造一座和耶路撒冷聖殿相似的神廟，准許指派他自己族群裡的利未人和祭司」，以回報他身為傭兵領袖貢獻的「許多重大」服務。約瑟夫斯在某個段落說到，建好的神廟（在一座異教神廟原本的位址）確實和耶路撒冷聖殿相似，「但是較小、較粗劣」，雖然他在他處又特別堅稱它並不像耶路撒冷聖殿，而像座「巨石高塔，高六十肘」。我們現在很難探知敖尼雅的動機，因為約瑟夫斯抱持許多不同的說法，說他首要的希望是實現以賽亞的古老預言：「在那日，在埃及地將有獻給主的一座壇」，說他想要將埃及的猶太居民集合到同一座聖壇，而非使用目前那些四處都有且「完全不恰當」的神廟，又說他是不正直地希望和耶路撒冷的猶太人競爭，希望「建立這座神廟，將大批信眾引開他們，來到這裡」。

利安托波力斯神廟的歷史和最終命運似乎反映了猶太人對這種做法的矛盾心理。一方面，這座神廟持續運作了超過兩百年，才在耶路撒冷被摧毀後的西元七三年左右遭羅馬人關閉，並在後來被洗劫一空。《米示拿》裡說到，拉比設想一位虔誠的信徒發誓在「敖尼雅的廟宇」獻祭，並被迫使立下這樣的誓言：「【倘若他說】『我【拿細耳人】將在敖尼雅的廟宇獻上髮祭』，他應當在【耶路撒冷的】聖殿獻祭；但他若在敖尼雅的廟宇獻祭，他就算是履行了義務。」拿細耳人發誓「離俗歸主」，禁食葡萄樹的農產品，

Ⓓ譯注：馬加比軍隊和安條克四世作戰時，無法及時慶祝住棚節，因此當他們重新淨化聖殿後，為彌補這一點，將燭臺點亮八天，猶如住棚節的習俗。後來在基斯流月舉行的節慶就成了光明節。

並不剃髮。《民數記》6:18規定，他們要在離俗祝聖期滿時於「會幕門口」剃髮，但這個義務在耶路撒冷或利安托波力斯履行似乎都可以。另一方面，在斐羅的著作和任何其他埃及的猶太文本中都未明顯地提及利安托波力斯神廟，而即使有人試圖找出提到這座神廟的委婉暗示，結果也都無法取信於人。[28]

無論敖尼雅是否意圖使利安托波力斯與耶路撒冷競爭，他肯定是沒有說過耶路撒冷的禮拜儀式是不成立的。撒馬利亞人可就不一樣了，而這重大的區別正是把他們推向猶太教邊緣、甚至推出猶太教之外的因素——無論是在他們自己眼中或在猶太人眼中。根據撒馬利亞的傳統，即使到了現代，撒馬利亞人都是以色列支派的直接後裔。他們在西元前八世紀亞述人摧毀北國以色列後倖存，而且逃過被逐的命運。他們保留了摩西的妥拉，在基利心山（Mount Gerizim）附近的示劍神授聖所進行禮拜。反之，惡意批評的聖經記述堅稱，撒馬利亞的居民是非以色列殖民者的後裔，包括那些被亞述人帶到撒馬利亞的古他人，並說他們只是因恐懼才會開始信奉主，因為「主叫獅子進入他們中間」，於是亞述王派遣一位以色列祭司，「將那地之上帝的規矩指導他們」。[29]

無論他們的起源為何，《以斯拉記》寫到，西元前六世紀晚期重建耶路撒冷聖殿時，那個地方的居民很反對這項計畫。提洛島（island of Delos）出土的兩則銘文提到了當地的撒馬利亞居民，說他們是西元前二世紀中葉「將聖殿稅繳到基利心山的以色列人」。因為效忠另一個聖壇，所以到了哈斯蒙尼大祭司約翰・海爾坎烏斯（John Hyrcanus）的時代，他們和猶太人之間的差異已非常明顯。海爾坎烏斯似乎在西元前二世紀晚期摧毀了他們的聖所，據約瑟夫斯的記載，他擊敗了「古他人，也就是圍繞一座仿造耶路撒冷聖殿的神廟而居的族群」。約瑟夫斯說，西元一世紀時，他那個時代的撒馬利亞人對猶太人的態度是看狀況決定的：「每當他們看見猶太人一切順遂，他們就說自己是他們的近親……然而，當他們看見他們不順遂了，就說他們和他們沒有關係，不效忠他們，也不是他們的一族。」因此，舉例來說，馬加比叛變時，猶太人遭迫害，據說他們便宣稱自己最初來自腓尼基的西頓，是米底人和波斯人的後裔，而不再承認猶太人「是他們的親人，也不承認基利心的神廟是至高上帝的廟宇」，雖然他們坦承自己有個祖傳是遵循「猶太人所謂的安息日」，也坦白建造了「一座沒有名字的神廟在基利心山上」。至於猶太人，早期拉比對撒馬利亞人的態度也反映出同樣的矛盾。例如，當三個人一起吃飯，《米示拿》規定餐後要說共同禱文，即便「【其中一人是】古他人」。然而，拉比對基利心山的禮拜是否成立，其態度便很明確，因為和利安托波力斯不一樣，其他猶太人認為這就是不對的，或者直接忽視之。現實中，猶太人把撒馬利亞人當成一個不同的種族看待，時常懷有敵意。猶太人不會變成撒馬利亞人，撒馬利亞人也從來沒變成猶太人。[30]

會堂

約瑟夫斯在《駁斥阿比安》中向讀者強調，身為最好的立法者，摩西特別留心讓所有的猶太人都明白律法的涵義：

> 他不讓無知有任何藉口，將律法制定成最好、最重要的教材；因此不會只聽一次或兩次或好幾次的律法，而是命令每七天他們就該放下其他活動，聚在一起聽律法，全面而詳盡地學習。這似乎是所有【其他的】立法者忽略的……倘若我們之中的任一人被問到有關律法的問題，他會回答得比自己的名字還快。因此，從有意識的那一刻起就完全學習律法，我們可以說是把它刻在靈魂上……至於日常生活的習慣：一切都應以虔誠為目標，這一點連在女人和奴隸身上也找得到。[31]

約瑟夫斯無疑是誇大了其他國家對於自身律法的無知程度。不過，會堂做為成年人的集體宗教教育機構，在基督教出現前的古代世界確實無可比擬。斐羅在描述這種教育時，採用了他一貫的哲學思維，說猶太人「有禱告的屋子，他們會聚集在那裡，特別是在神聖的安息日時，會全體一齊接受古代哲學的訓練」。但《使徒行傳》的作者把這件事說得更直截了當：「歷代以來，摩西的書在各城都有人宣講，每逢安息日，也在會堂裡誦讀。」[32]

西元一世紀有篇耶路撒冷銘文記載了一位名叫迪奧多圖斯（Theodotus）的人替某座會堂兼旅館和其他相關設施所題的獻辭。此人是維他奴（Vettenus）的兒子，在文中被描述成「祭司兼會堂領袖、會堂領袖之子、會堂領袖之孫」。顯然，祭司可以成為會堂領袖，而既然銘文寫到了會堂是建來「誦讀妥拉，研究誡命」，這時應該回想一下約瑟夫斯在《駁斥阿比安》所說的：妥拉的教導是由祭司執行。迪奧多圖斯的石碑是為了記錄一座會堂的建造而豎立，但無法得知在他的時代，有多少會堂是特地建來做為宗教目的使用。「會堂」（synagoge）一詞在希臘文的意思是「集會」，可以用來指會眾或集會的建築。看不出有什麼明顯的需求要特別造建築物用來集會。根據《尼希米記》，西元前五世紀文士以斯拉就在戶外場所鄭重誦讀摩西律法：「以斯拉祭司將律法書帶到……會眾面前。他在水門前的廣場……讀這律法書……他們清清楚楚地念上帝的律法書。」[33]

將摩西的妥拉誦讀給全體民眾聽，是這個教育的主要目的。隨著時間過去，一套系統演變出來，將整套摩西五經在連週的安息日分段誦讀，以確保每年能夠唸完所有經文。我們無法確定這套程序是從何時開始實施，但當《米示拿》講到在特殊的日子中斷程序的例子時，便暗示了在禮拜儀式誦讀經文有既定的次序。這些特殊的日子是：「每個月的第一天、光明節、普珥節、齋戒日……以及贖罪日」。《巴比倫塔木德》記錄了一個傳統：在巴勒斯坦，誦讀妥拉的循環是設計成每三年完成一次，而非後來成為拉比猶太教標準的一年循環。三年循環可在中世紀的馬所拉（masorete）抄寫傳統（見第十章）中見端倪。然而，我們很難找到三年循環和一年循環緣起的證據。在整個第二聖殿時期和之後的時代，人們很有可能是自由選擇當週要讀的經文。[34]

有一點倒是很清楚：定期誦讀聖經的其他書卷也是標準做法。《使徒行傳》提到誦讀「律法和先知的書」，而根據《路加福音》，耶穌在故鄉拿撒勒遇到麻煩，他「在安息日，照他素常的規矩進了會堂」，然後「有人把以賽亞先知的書交給他」，他展開書卷，誦讀以賽亞向窮人和受壓迫者宣告福音的段落，捲起書卷，交還給管理人，坐下來，當「會堂裡的人都定睛看他」時，開始解讀經文內容，引起軒然大波：「你們聽見的這段經文，今天已經應驗了。」至少從這個故事可以知道，誦讀的段落似乎是由誦讀者自己選的，同樣的狀況在《米示拿》也有暗示，對於將某些段落使用在公開誦讀的適切性，出現不一樣的意見：「他們或許不會使用先知書的馬車章節來做為誦讀材料，但猶大拉比同意這麼做。」矛盾的是，從《米示拿》蒐集到的那（一點點）有關這類公開誦讀的資訊，竟是來自對某本書卷詳加討論的段落。這本書卷是聖經裡唯一經常一次誦讀完畢的書卷，不屬於妥拉，也不屬於先知書，而是屬於智慧書——《以斯帖記》。誦讀《以斯帖記》是普珥節的核心儀式，因為這個節日慶祝的是猶太人免遭波斯王亞哈隨魯毀滅，而這起事件正是《以斯帖記》的主要敘事：根據《米示拿》，「這本書會在【亞達（月）】的第十一、十二、十三、十四或十五日誦讀，不可提早或延後」，接著又繼續定義哪個群體應該在哪一天慶祝。[35]

一個段落誦讀完後，會眾期待聽到解讀，因此耶穌在拿撒勒的會堂解讀以賽亞的經文時，才有一群專注（但不賞臉）的聽眾。解讀的形式和內容可能有很大的變化。最直接的方式就是翻譯成方言，而且不只是如我們在第二章看過的，為不熟悉閃族語言的人將整個文本翻成希臘文，還有「他爾根」，也就是一節一節將律法書和先知書的希伯來語翻成亞蘭語：「誦讀律法書者【總共】不可誦讀少於三節；他不可向翻譯者誦讀超過一節……他們可省去先知書的節，但律法書不可省。他們可以省去多少？只有在多到他沒留時間給翻譯者暫停的時候。」同樣在古典時期，稍晚一點流傳下來的摩西五經和先知書亞蘭語版本有很多地方不僅是希伯來語的直譯而已。例如，其中一個亞蘭語版本解讀《創世記》二十二章亞伯拉罕受主之命自願犧牲獨子的戲劇化故事時，便將以撒描述成一個行動並未受到束縛的人：「以撒對父親說：『好好將我綁緊，以免我因為靈魂的痛苦而掙扎，導致你的祭品出現殘疾，使我被投入毀滅的深淵。』亞伯拉罕的雙眼看著以撒的雙眼，以撒的雙眼則看著高空的天使。以撒看見了天使，但亞伯拉罕卻沒有。」36

別種解讀形式可能比較像一種講話，以講道的形式存在，但這些講道的本質只能從長篇幅記錄這類解讀的文學文本中推測。例如昆蘭對《哈巴谷書》的評述：

「【主啊，】你派他為要行審判；磐石啊，你立他為要懲治人。你的眼目清潔，不看邪惡，也不看奸惡。」解讀，這意思是上帝不會藉他國之手摧毀其子民；上帝會藉祂選中之人的手來執行各國審判。祂的子民中所有的惡人，將被守約的人宣告有罪。因為他說：「眼目清潔，不看邪惡」：解讀，這意思是他們在邪惡的時代沒有欲求。37

早期的拉比解經保存在西元二世紀以降所彙編的坦拿文獻中，但有可能包含更早以前的素材。當中肯定包含一些可明確追溯到西元一世紀的解經材料，因為在約瑟夫斯和斐羅的著作中都可找到並行的母題，如關於摩西兒時擁有絕美外表的傳說。約瑟夫斯是這麼寫的：「他三歲的時候，上帝讓他越長越高，看見摩西時，沒有人能對他的美貌毫不動容，不因他的俊美而驚訝。當他走在路上，許多人遇到他，都會回頭看這個孩子，放下手邊要緊的事務，花時間觀賞他。因為他裹在純真無瑕的孩童魅力中，深深擄獲那些看見他的人。」可以看見有關摩西的這類故事在好幾百年後被交織成講道的形式，保存在拉比的聖經評論裡：「因為他是如此俊美，每個人都很想看他，而無論是誰看見他，都無法移開他。法老也曾親吻擁抱他，而他【摩西】曾拿法老的王冠放到自己頭上，就如他變得偉大後注定要做的那樣。」[38]

從現存的證據中，難以得知在公開誦讀經文後的教導背景之下，出現了多少釋義的部分，而又有多少是以較文學的形式出現。例如，沒有證據顯示猶太人在禮拜中如何使用《禧年書》；此書可能是在西元前二世紀中葉完成，敘述一位「常在天使」在西奈山上對摩西揭露的啟示，告訴他「從創始之初」開始的一切。《禧年書》重寫了《創世記》開頭到《出埃及記》中段之間的故事，包裝在「禧年」的年表中，也就是以每四十九年（「七個禮拜的年」）為單位。有些聖經詮釋似乎完全是文學性的，例如在約瑟夫斯《猶太古史》以及與《禧年書》作者同年代的埃及猶太作家阿塔帕納（Artapanus）的著作（形式不同）都可找到的這則傳說：傳說，摩西在對抗衣索比亞人的戰役中是埃及軍隊的將領，他的英勇贏得敵人衣索比亞王的女兒泰拔示（Tharbis）的賞識和愛戀，因而娶得美嬌娘；摩西五經只順便帶過這件事，說摩西娶了「古實女子」。其他形式的聖經詮釋旨在支持個人的法律立場，例如被認定是由西元二世紀的拉比智者以實瑪利（R. Ishmael）所提出的詮釋學規則，裡面說到「從一節經文建立的通則和從兩節經文建立的通則」，並有舉例說明：

「若打掉了奴僕或婢女的一顆牙」（《出埃及記》21:27）。我可能會將這句理解成，即使主人打掉的是乳牙也算數，但聖經也說了：「人若打奴僕或婢女的眼睛，毀了一隻」（《出埃及記》21:26）。如同眼睛是無法再長回的器官，牙齒也必定是無法再長回的那種。目前只特別提到了牙齒和眼睛。那麼其他

主要器官呢？看哪，以這兩節的共同點為基礎，你可以建立一個通則。牙齒的特徵和眼睛的不同，眼睛的特徵也和牙齒的不同，但兩者的共同點就是，失去了這些器官會造成永久的殘缺：它們都是主要器官，都是露出來的，因此主人若故意損壞之，奴僕便可獲得自由以為補償。 [39]

約瑟夫斯和斐羅所誇讚的公開律法教導，有時必定也伴隨共同禱告的部分，因為早在西元前三世紀的埃及，猶太人就將公共建築以「禱告」稱之：他們所用的希臘文「proseuche」一詞用在建築物上很奇怪，但是這更強化了禱告肯定是其核心功能。第二聖殿時期的以色列地區並不常使用這個詞來表示公共建築，但有一個例外，表示該地可能也有同樣的概念。約瑟夫斯在自傳裡寫到了西元六七年在加利利提比里亞（Tiberias）的「禱告」舉行的大會，形容它是「一棟非常大的建築，能容納相當多人」。他敘述，某個星期六早晨在那裡舉行了一場擁擠的集會，因為午飯休息時間，集會才沒有以暴亂收場；接著他又敘述了星期天早晨的第二次集會，人們在「禱告」集合，但是完全不曉得為什麼被召來；最後，是星期一的第三次集會，宣告為齋戒日，會眾「做完慣常的事項，開始禱告」，後來爆發動亂。[40]

我們不能確定這些禱告是採取何種形式，因為西元七〇年以前最直接的證據都跟公共禱告無關，而是和私人禱告有關，像是在《以斯帖記》的希臘版本中，以斯帖遭遇最重大危機時所進行的禱告：「主啊，唯有你是我們的王；幫助我這個孤零零、除了你之外沒有其他幫手的人吧……上帝啊，你的意志控制了一切，傾聽絕望之人的聲音，將我們從惡人的手中拯救出來。將我從恐懼中拯救出來吧！」西元七〇年以前的死海古卷中，有許多私人禱文，顯示至少那些將文本藏在昆蘭洞穴的人當中，虔誠是很普遍的，但死海古卷的其他文本則有看起來很像是用來公開誦讀的禱文：「我們要代代重述你的驚奇。主啊，讚美你，使我們歡喜的主。」其中一個較長的卷軸收錄大量的感恩詩歌，或許和讚美詩一樣，是由群體共同誦唱：

「主啊，讚美你，你是【一切事物的】的創造者，所有行為【都偉大】：一切都是你的作品！看哪，你欣喜愛護【你的僕人】，慈悲的精神和榮耀【的光輝】恩惠了我……」斐羅則寫到他的年代有關一群冥思的猶太人事蹟，他們是特拉普提派（Therapeutae，見第六章），有一支男女混合的唱詩班，模仿摩西和米利暗跨越紅海後唱起的歌：「由兩性組成的特拉普提唱詩班，音符回應音符、聲音回應聲音，女人的高音混合男人的低音，創造出和諧的合唱，是最真的音樂。」然而，我們不知道斐羅（心中惦記著的或許是非猶太讀者）特別挑出來稱讚的這種禮拜做法，是猶太人禮拜的常態，或者（比較有可能）只是少數例外。[41]

西元七〇年以前雖然少有直接證據，但有關西元二世紀末的標準禮拜模式，《米示拿》倒是提供了大量的洞見。許多模式可能得回溯到數世紀以前，也就是耶路撒冷的聖殿儀式終結的許久之前，但值得注意的是，昆蘭並無任何一篇禱文與《米示拿》所記載的禮拜儀式明顯相關。早期拉比文獻的共同禱文有基本的祝禱慣用語：「主我們的上帝、宇宙之王，讚美你，你……」《米示拿》的第一個段落討論的就是在示瑪（Shema）前後誦讀相關祝禱的規則。示瑪是早上和黃昏誦讀摩西五經的三個段落中第一個被引述的段落，這個段落的開頭是：「以色列啊，你要聽」（"Shema Yisrael"）：「以色列啊，你要聽！主——我們的上帝是獨一的主。你要盡心、盡性、盡力愛主——你的上帝。」西元前二世紀的納西莎草紙（the Nash Papyrus）出現了以同一張紙抄錄希伯來文示瑪和十誡的情況，表示部分猶太人也會在禮拜中誦讀十誡。《米示拿》記載，聖殿祭司在每日獻祭的程序中，會在示瑪之前誦讀十誡，但並未說到其他猶太人在禮拜時也會誦讀十誡，而後期的拉比傳統中更記載對於誦讀十誡的特殊禁令，以免鼓勵異端思想，認為唯有十誡才是由神命定的。

然而，《米示拿》確實有提到一個標準的禱文形式要和示瑪一起誦讀。西元一世紀末，拉班迦瑪列二世（Rabban Gamaliel II）和約書亞拉比（R. Joshua）也都知道此「十八禱文」（Shemoneh Esreh）。它以各種修訂版本流傳下來，變成猶太禱文的標準形式。西元二世紀拉比已知的版本其實收錄了超過十八篇祝禱，共有十九篇，表示有可能是原先使用十八篇特定的祝禱，後來在西元七〇年之後加入第十九篇，抑或是對於十八篇祝禱究竟有哪幾篇，各個版本互相衝突，因此折衷之後變成十九篇。無論如何，雖然因為一天要誦讀三次而將十八禱文分成三部分（讚美、請求與感謝），這一點或許反映了第二聖殿晚期公共禱告的大致架構。然而，最終還是接受了十九篇禱文的這件事，證明禮拜傳統仍具有一定的彈性，而《米示拿》的祝禱版本提及西元七〇年聖殿被毀的部分也證實了這個論點。[42]

誦讀示瑪和十八禱文，可以是個人私下或群體共同進行。依規定，共同禱告能處理諸如「走到約櫃前，出了差錯」這樣的狀況；發生這種狀況，「另一個人必須取代他的位置……他要從哪裡開始？從另一人出差錯的祝禱的起頭開始。」另一方面，早期的拉比規則大部分較適用於私人禱告。關於誦讀示瑪的姿勢，西元一世紀時有許多討論：黃昏躺著的時候、在你「躺下和起來」的時候，思考聖經教誨，誦讀誡命，這樣做對嗎？十八禱文必須站著誦讀，除非某些情況讓人不可能做到這點，例如正騎著驢下不來時。故，這些禱文有時稱為「阿米達」（Amidah），「站立」之意。根據《米示拿》，這樣的禱告需要專注力：「思緒沒有清楚，不可起身誦讀禱文……縱使國王致意，也不可回禮；縱使蛇纏腳跟，也不可中斷。」根據《米示拿》，贖罪日的儀式中大祭司說到神聖的名諱，人們必須在禱告中拜倒，雙手雙腳張開。但，《米示拿》或早期的猶太文獻皆未提到平時的禱告要做出這種崇敬的形式，也沒說到跪下或鞠躬的動作。[43]

儘管私人禱告被認為有其力量，而（我們也將在第八章看到）虔誠的個人也可能過著獨身苦行的生活，猶太人仍和古代世界的其他族群一樣，理所當然地認為禮拜儀式通常應當要群體共同進行。埃及鄉村地區發現的銘文將禱告所描述成這些外地猶太團體的主要公共建築。如同斐羅在西元一世紀的亞歷山卓所說的，對所有的猶太人而言，逾越節前夕「整個國家會舉行神聖的儀式，和祭司一樣用純淨的雙手和完全的保護」來食用象徵這場節慶的烤羊，因此「在這一天，每間住宅都有著神廟的外表和莊嚴」，這天晚上會有慶典，「為了筵席齊聚在此的賓客事先已潔淨自身……以完成禱告和詩歌，也就是父輩傳下的習俗」。節慶的目的是要感謝出埃及時逃離埃及的神蹟，因此會講述並重演這個故事（的一部分）。人們會吃儀式性的無酵餅，喚起第十次瘟疫降臨，並導致埃及人的長子死亡時，以色列人必須盡速離開埃及的那種匆忙。在聖殿時期的逾越節慶典以及在西元七〇年後才演變出來的逾越節晚宴上，人們都會說出走埃及的故事，但在這兩個不同的時期講述故事時所用的表達文字有多相似，現在已無法得知。然而，對許多無法參加耶路撒冷朝聖節慶的猶太人而言，後世的慶典肯定和當時十分雷同。

普珥節時在會堂誦讀《以斯帖記》（第九十九頁），光明節時在家點蠟燭紀念馬加比戰勝安條克四世，這些習俗都有明確的目的，那就是使用公共儀式來加強國族記憶。不像以斯帖解放猶太人那樣，馬加比解放猶太人的事件似乎不是透過講故事的方式來慶祝，而是在（我們前面已提到）《馬加比二書》所說的「基斯流月慶祝住棚節」時，連續八天展現光明。西元二世紀的猶大拉比說到，假使店家把燭火留在店外，使路過的駱駝背負的亞麻著火燒掉商店，但這燭火是為了光明節而點，店家就不需要為亞麻或駱駝的損傷負起賠償責任。《米示拿》說到光明節唯一的儀式問題，就是節慶期間要誦讀摩西五經：《米示拿》規定要誦讀《民數記》描述支派領袖在沙漠中將祭品帶到聖所的段落，因此間接地把最初的聖所獻祭和馬加比時期在祭壇重新獻祭的事件連結在一起。[44]

考量到會堂做為教育機構的重要地位，選擇會堂的領袖和行政人員對古代世界的猶太人而言必定是非常重大的事情，如同對猶太歷史較晚近的時期一樣。你可能會想，公開誦讀妥拉的這個角色有很大的重要性，因為他肩負了要在文本沒有母音和標點的情況下準確唸出神聖經文的艱鉅任務，且他必須對傳統的閱讀了然於心，因為傳統的閱讀似乎和抄本有所牴觸（後來的文士稱這些為「讀出」的文本，而非「寫下」的文本）。然而，能夠證明這些人受到高度敬意的證據，其實少得叫人驚訝。《使徒行傳》提到哥林多（Corinth）等地的外地團體「會堂領袖」應該負責維持公共紀律，因為這些地方據說曾試圖控制使徒保羅（但沒有成功）。猶太人在希臘化時期晚期和羅馬時期初期定居的地中海東岸有許多遺址，找得到語帶尊敬的喪葬銘文，上頭用希臘文刻了和《使徒行傳》相同的稱謂，或諸如「會堂之父」和「長者」等相似的頭銜。

猶地亞沙漠（馬薩達與希律堡〔Herodium〕）、戈蘭高地的迦姆拉（Gamala）和猶地亞丘陵（基爾亞西弗〔Kiryat Sefer〕與莫迪因〔Modiin〕）等地，有許多第二聖殿晚期的正方形或長方形公共建築遺址，研判很有可能是會堂，但考量到迪奧多圖斯建造的複合建築具備的多重用途以及約瑟夫斯有關西元六七年加利利提比里亞的「禱告所」被用作政治集會地點的紀錄，這類建築的本質很有可能是社區性而不是宗教性的。但在另一方面，福音書提到治癒和神蹟出現在加利利的會堂，約瑟夫斯也描述了西元六六年在凱撒利亞會堂發生的紛爭：當地的外邦人在會堂入口外頭獻祭禽鳥時，有位非猶太的地主試圖建工作坊以擋住通往會堂的路，進而導致一些嚴重的問題。在當地猶太人看來，這個舉動使「他們的地點被污染」，顯示他們認為這棟建築具有神聖性。45

聖殿仍矗立時就賦予會堂神聖性，似乎是在外地猶太團體比較普遍的現象。斐羅寫到，亞歷山卓在他的年代曾發生一起騷動，不友善的希臘人在城裡的猶太禱告所擺設蓋烏斯皇帝的形象，其中包括「最大最明顯的一尊銅像，顯示一個男人坐在由四匹馬拉動的馬車上」，被斐羅和其他猶太人認為是偶像崇拜；位於敘利亞安條克城（Antioch）的會堂擺設黃銅器具，吸引了許多當地的希臘人前來參加禮拜，約瑟夫斯甚至在其中一個段落中將之描述成「神廟」；斐羅在專著《好人皆自由》（That Every Good Man is Free）中為

（可能是）非猶太的讀者介紹愛色尼人（Essenes，詳見第六章）時，提到他們每個第七日會在「稱作會堂的聖地」接受教誨。但，這樣的神聖性和耶路撒冷聖殿被賦予的神聖性在程度上很不一樣。因此，當凱撒利亞會堂在西元六六年遭受攻擊時，那裡的猶太人「抓了律法，逃往納巴塔（Narbata）」，是個離凱撒利亞有段距離的地區，獨留會堂聽天由命。但在四年後，耶路撒冷的許多祭司和信徒卻是捍衛聖殿至死。[46]

在第二聖殿時期的最後幾世紀，會堂已發展成一種機構，和耶路撒冷聖殿的發展分道揚鑣。我們沒有理由將此時期會堂的建築、組織和禮拜想成是受到聖殿儀式所形塑，相反地也不可認為會堂代表了和聖殿不同的猶太教類型。[47]在大部分猶太人的眼中，無論他們身在何方，會堂發生的一切，教導也好、禱告也罷，都無法和聖殿透過獻祭儀式所實現的崇敬行為匹敵。會堂的共同禱告十分重要，這是理所當然的，距離耶路撒冷越遠的地方，這種禮拜儀式無疑也越受到珍視，但和獻祭不同，摩西的律法並未清楚地指示必須進行禱告。這時，似乎尚未有人想過，禱告可能取代獻祭。

4

摩西的妥拉：聖經裡的猶太教

猶太人獻祭和禱告的對象，是什麼樣子的神呢？在古代的多神教世界，大部分的信徒都很強調要正確說出他們希望建立連結的神祇名諱。反之，猶太人的神有時被認為莫名地難以確立，西元一世紀的哲學家普魯塔克（Plutarch）因此寫了一部和這個題目有關的專著。他的結論是，從猶太人敬拜的本質來看，猶太人的神最有可能是希臘酒神戴歐尼修斯。對猶太人自己而言，在禱告中識別上帝很容易：他就是亞伯拉罕、以撒和雅各的神，相關的故事被寫在聖經裡。[01]

「起初，上帝創造天地。」聖經將上帝描繪成宇宙的至高統治者、透過話語創造一切事物的創世主、所有人類的裁判和立法者，完全不受自然法則或宇宙競爭力量的限制。和近東與古典世界其他族群的神話相反，猶太人並沒有一個宇宙故事來解釋他們崇拜的神源自何處。人們就是將上帝的力量視為理所當然。上帝通常被說是無形的，太過神聖，因此人類看不見，但人們還是對祂有諸多想像，將祂想成是天父、牧人、審判或王：「主坐在洪水之上為王；主坐著為王，直到永遠。」《創世記》前幾章鼓勵了將神擬人化的概念，說明人類男女是依上帝的形象而創。但，聖經中也可找到上帝的其他形象，最顯著的便是將上帝說成太陽，放出明亮的光芒：《詩篇》作者說上帝「是太陽，是盾牌」。[02]

用來指涉上帝的名字、頭銜和稱號有很多種，可能是在各種對於上帝的概念強化鞏固之時漸漸累積的。所羅門在為第一聖殿獻堂的禱告中，問到上帝（希伯來文的elohim〔伊羅欣〕）是否真會住在地上，因為「天和天上的天尚且不足容納你，何況我所建的這殿呢？」但他接著繼續對「四字神名（YHVH），我的上帝」Ⓐ直接做出訴求，請祂張開雙眼，看向「這殿，就是你說要作為你名的居所」。四字神名（傳統上唸成「雅威」〔Yahweh〕，在英文裡把字母vav音譯成「w」）這個神聖名號的特殊意義在於，到了第二聖殿末期有個根深蒂固的傳統，認為上帝的名字太過神聖，唯有至聖所的大祭司可以把它唸出來。我們已看過，死海古卷早期抄本的抄寫規範要求以明顯的古希伯來字母書寫神名，或使用點點和線條取代。四字神名（Tetragrammaton，也就是譯作「YHVH」的四個希伯來字母：yod、hay、vav和hay）的由來和聖經故事有關。當上帝在出埃及前從冒火但未被燒掉的荊棘中對摩西說話，摩西詢問上帝：「我到以色列人那裡，對他們說：『你們祖宗的上帝差派我到你們這裡來。』他們若對我說：『他叫什麼名字？』我要對他們說什麼呢？上帝對摩西說：『我是自有永有的』」（"I am who I am"；在希伯來文裡，「我是」寫作「AHYH」，唸作「ehyeh」）。但，後來的拼寫變化過程並不清楚，例如象島猶太人便將他們崇敬的上帝稱作「YHV」，只有三個子音。「伊勒」和「伊羅欣」似乎是近東地區通稱各神祇的名字，只要加上神祇的特質或崇拜地點，就能更精確地指涉特定神祇。例如，以色列人的全能上帝便可稱作「伊勒—伊羅安」（El-Elyon），意為「至高神」，因為祂是天和地的創造者。[03]

聖經時常預設上帝存在於一個充滿其他超自然生命的環境，雖然基本上並未清楚說明這些生命體的本

Ⓐ譯注：前文曾經提過，上帝的名諱不可隨意唸出，並有說到希伯來聖經沒有母音，祭司必須熟知經文的讀法。因此，神名自然也是以沒有母音的形式出現在希伯來聖經裡——YHVH。自行加上母音，使用「雅威」或「主」來稱呼上帝，都是後世其他語言版本的聖經才有的狀況。

質為何。聖經中描繪以色列人從埃及被拯救出來後讚美上帝，嘆道：「主啊，眾神明中，誰能像你？」但是一到迦南，他們就拋棄主，崇拜巴力，追隨「別神，就是四圍列國的神明」。這是個充滿神明的世界，和《以賽亞書》所表達的激進一神論很不一樣：「我是主，再沒有別的了；除了我以外再沒有上帝。」天庭包括「上帝的兒子們」，相當於天上的顧問和主的信使，遵照主的吩咐。他們有時被描繪成「萬萬聖者」、「天兵」或「主的軍隊」。在後面的聖經書卷裡，這類人物被描繪成天使，有時候會替某個人類的福祉說話，而有些天使則被上帝賦予特殊角色，要控訴那些對上帝可能不忠的人類。最著名的就是撒但：「天使指給我看：約書亞大祭司站在主的使者面前，撒但站在約書亞的右邊控告他。主向撒但說：『撒但哪，主責備你！』」在《約伯記》裡，撒但的角色雖然很清楚仍從屬在上帝之下，但被擴大成對約伯虔誠信仰的全面考驗，好看看約伯在不該受的痛苦和絕望深淵之中，是否依舊維持對上帝公義的信仰。但這整個試驗只有在上帝批准後才發生：「主對撒但說：『看哪，他在你手中，只要留下他的性命。』於是撒但從主面前退出去，擊打約伯，使他從腳掌到頭頂長毒瘡。」聖經裡有一種比較不一樣的天庭居民，那就是經過擬人化的神聖屬性，最著名的便是智慧。《箴言》將智慧想像成一個人類女性的樣貌，創世前就在主的手中誕生：「主在造化的起頭，在太初創造萬物之先，就有了我。……奠定大地的根基。那時，我在他旁邊為工程師，天天充滿喜樂，時時在他面前歡笑，在他的全地歡笑，喜愛住在人世間。」[04]

聖經的許多篇幅關注的是這位全能上帝和人類的關係，和其他被創造出來的事物之間的關係則著墨的比較少，只堅稱一切事物完全都在上帝的掌控之下，包括被識別力較差的那些人所崇拜的太陽等自然元素。因此，上帝可以命令太陽不要升起、停住不動，或往回退。上帝被描繪成威嚴公義地對待人類，是超凡脫俗的，因此在他的眼中，地上的居民「像蚱蜢一樣」。但他也很仁慈、富同情心，很快就能原諒過錯。這些各異的特質難以形成一個連貫的描寫，就連在《出埃及記》裡，主經過摩西面前時簡短宣示自己特性的那番話，也不太連貫一致：

> **主啊，主啊，有憐憫，有恩惠的上帝，不輕易發怒，且有豐盛的慈愛和信實，為千代的人存留慈愛，赦免罪孽、過犯和罪惡，萬不以有罪的為無罪，必懲罰人的罪，自父及子，直到三、四代。** 05

在《詩篇》裡，上帝常被描寫成慈愛的源泉，以《詩篇》136的話來說，就是：「他的慈愛永遠長存」——但，他也是個戰士，「壓碎力威亞探（一種神話海怪）的頭」，並且「主必如勇士出征，如戰士激起憤恨，他要喊叫，大聲吶喊，擊敗他的敵人」。在《箴言》裡，畏懼主是真正的智慧。06

對以色列而言，這個國家被如此偉大的力量選中，訂立特別的盟約，是一件既令人寬慰又叫人害怕的事。根據妥拉，上帝在西奈山上向摩西揭示所有的以色列人應該遵循的律法，而以色列人也接受了自己特殊的地位和加諸在他們身上的責任：「摩西……將主吩咐他的話當面告訴他們。百姓都同聲回答：『凡主所說的，我們一定遵行。』」在聖經故事中，這樣的接受幾乎馬上就被不服從所取代。當摩西從西奈山回來的時間耽擱了，人們說服亞倫製造一隻金牛讀給他們崇拜，對他說：「你為我們造神明，在我們前面引路，因為領我們出埃及地的那個摩西，我們不知道他遭遇了什麼事」；不服從的行為很快地受到懲罰，以瘟疫的形式出現。在摩西五經的第五本書，摩西以直截了當的用詞說明約的內涵：「你們若聽從主——你們上帝的誡命……使你可以存活，增多，而且主——你的上帝必……賜福給你……倘若你的心偏離，不肯聽從，卻被引誘……我今日向你們申明，你們必定滅亡。」聖經恐怖地詳列若不從主的誡命和法令的話，將會降臨在以色列人身上的所有詛咒：「主因你作惡離棄他，必在你手裡所做的一切，使詛咒、困擾、責罰臨到你，直到你被除滅，直到你迅速滅亡。」不服從的行為沒有任何藉口：「我今日所吩咐你的誡命，對你並不困難，也不太遠；不是在天上，使你說：『誰為我們上天去取來給我們，使我們聽了可以遵行呢？』也不是在海的那邊，使你說：『誰為我們渡海到另一邊，去取來給我們，使我們聽了可以遵行呢？』因這話離你很近，就在你口中，在你心裡，使你可以遵行。」[07]

上帝和以色列人之間的特殊關係主宰了聖經的世界觀。摩西五經裡的特殊盟約概念似乎反映了青銅時代晚期（約西元前一二〇〇到一〇〇〇年）的國際條約形式以及可在亞述帝國的以色列和猶大王時期找到的效忠誓言，強調不服從會受到的懲罰。在歷史上的其他時候，上帝也有出手干預，但關於埃及、亞述、巴比倫和波斯等大帝國的命運，唯有在對以色列產生影響的時候，聖經的先知書和歷史書作者才會表現出興趣。人們相信上帝理所當然會持續與他的子民溝通，以警告他們違令的後果，雖然這些訊息的形式不像上帝在西奈山親自與摩西對話那般直接。先知被認定具有權威性，這預設了任何人都有可能受到天啟，而這天啟的來源，可能是主的靈體，引發瘋癲狂喜的行為；抑或是主所說的訊息，使接收者感覺非得要說出口；又或是透過含有神聖訊息的異象。每個人都可能擁有先知天賦的這種概念，在某位聖經作者的想像中，是末世論的一個特色：「你們的兒女要說預言，你們的老人要做異夢，你們的少年要見異象。」

除了這些受到天啟的個人，早期人們也相信祭司能提供和上帝的直接連結，使用的物品是可傳授神諭的烏陵與土明（Urim and Tummim）。烏陵與土明可能是被做成籤的小石頭，可用來探知上帝對某個只有「是」和「否」兩種答案的問題做出的回答。例如，大衛問主有關掃羅的事：「大衛說：『主——以色列的上帝啊，你僕人確實聽見掃羅設法要到基伊拉來，為我的緣故毀滅這城。基伊拉人會把我交在掃羅手裡嗎？掃羅會下來，正如你僕人所聽見的嗎？主——以色列的上帝啊，求你指示僕人！』主說：『他會下來。』」但，在第二聖殿結束的許久之前，人們就已不再使用這種方法找出上帝的意志。約瑟夫斯認為，這些神諭石頭「在我撰寫這部作品的兩百年前就已不再閃耀，因上帝不高興律法遭到違背」，不過《米示拿》記載的傳統說，烏陵和土明更早以前「在第一批先知過世之後」就已停止使用。[08]

上帝承諾以色列人，只要守住與上帝的約，他們將可以在迦南和平繁榮，並擁有無數後代子孫，直到遙遠的未來。聖經一再述說人們墮落行罪，接著國家在外界力量手中遭逢悲劇的故事，並使用聖經中盟約關係的神學焦點來解釋這些災難。人們相信，埃及的奴役和解放經歷鍛造出盟約，而這盟約又定期經受放逐和苦難磨練。人們認定，被放逐到亞述和巴比倫是神判的後果，也是召喚以色列人回歸信仰的結果。

這樣的關注使聖經沒留下什麼餘地可以讓我們推測上帝和其他族群的關係。以色列人的上帝同時也是宇宙之主，但是在猶太人眼中，這表示非猶太人應該要有什麼行為規範，就沒說清楚了。出走埃及的故事中，埃及人所受的苦不過是故事的背景，襯托上帝對自己的子民表現出的關懷。據說上帝一而再、再而三任由法老的心剛硬，好讓關懷的表現更加給人深刻的感受，但是故事對於法老本人的靈性福祉完全不感興趣。然而，雖然缺乏連貫的普世神學，聖經全集仍包含了許多具有普世意涵的故事和概念，例如：彩虹象徵上帝承諾人類絕不會再像諾亞時期那樣將世界淹沒；或者，以色列是「萬邦之光」，會把上帝的道德教給其他族群。聖經表達出對於世界將盡時，所有國家齊聚耶路撒冷崇敬以色列人之神的希望，也歡慶先知約拿成功向尼尼微的外邦人講道，使他們懺悔。針對非猶太人所發展出來的一套明白的道德和宗教規矩，由於假定最有道德的外邦人應要透過崇敬以色列的上帝來展現自己的美德，而變得更為複雜。摩押女子路得的故事便是一例。路得對婆婆拿俄米（Naomi）一片忠心，因而獲得獎勵，成為大衛王的曾祖母。路得堅定的一番話具有多麼強大的力量啊：「你的百姓就是我的百姓；你的上帝就是我的上帝。」聖經雖承認非猶太人具有達到靈性完美境界的潛能，但同時也對外邦人存疑，因此以斯拉堅持，那些從巴比倫回到以色列，但已經在該地的族群娶了外邦女子的人，應該把妻子連同孩子一起送走，顯示至少在這則故事中，聖經主要的考量還是以色列人和約：「我們……干犯了我們的上帝。」[09]

上帝在西奈山上交付給摩西的十誡當中，有六誡是有關人類和其他人之間的關係，而非和上帝的關係：「當孝敬父母……不可殺人。不可姦淫。不可偷盜。不可做假見證陷害你的鄰舍。不可貪戀你鄰舍的房屋……以及他一切所有的。」聖經律法在摩西五經的其他地方擴充得很多，涵蓋民事和犯罪的法律，訂立偷竊和殺人的罪責以及裁定房地糾紛的規則，但這些律法也針對了其他許多方面，是其他的社會一定會認為屬於比較私人道德的事務。這類道德規則中最首要的，就是大量有關慈善和對待窮人的教誨：「總要伸手幫助你地上困苦貧窮的弟兄。」

先知以強而有力但通泛的說詞囑咐人們關愛他人，敦促「把食物分給飢餓的人，將流浪的窮人接到家中，見赤身的給他衣服遮體，而不隱藏自己避開你的骨肉」。不過，也包含了較為正式的財富分配方法，像是要求農地的主人在收割穀物時，為窮人留農地的角落、割稻人遺落的散穀和遺忘的穀穗，還有葡萄藤上分散生長而未成串的葡萄。《路得記》故事情節的關鍵，便是身為陌生摩押女子的路得在波阿斯的農地上每天自由撿拾穀粒，後來因此成為了波阿斯的妻子。這類道德訓諭的精髓在於，關懷任何脆弱的人是超越家庭和社會連結的。在以色列社會中支持鰥寡孤獨和外地人的義務，是聖經很普遍的主題：「不可對寄居的和孤兒屈枉正直，也不可拿寡婦的衣服作抵押……你打了橄欖樹，枝上剩下的不可再打，要留給寄居的、孤兒和寡婦。」根據聖經，之所以要關懷脆弱的人，原因在於以色列人自身的歷史經驗：「你要記得你曾在埃及地作過奴僕，所以我吩咐你遵行這事。」[10]

摩西五經中藉由摩西所傳下的上帝律法包含了相當明確的規定，以維持社會的良好秩序。犯罪要受適當懲罰，受害的一方要得到補償，這在聖經裡有時會以十分直接的用字表達出來：「以命抵命，以眼還眼，以牙還牙，以手還手，以腳還腳，以灼傷還灼傷，以損傷還損傷，以鞭打還鞭打。」聖經律法針對某些被認為違反社會秩序的特定行為明確規定了司法懲處方式，例如：女子干涉丈夫和另一名男子的打架，抓住了丈夫對手的生殖器官；和尚未結婚的女孩發生性行為而未經過允許；與有夫之婦通姦；持續反抗父母；綁架；偷竊（與夜晚行竊區別開來）。這些律法的表達方式和內容與古代近東地區的法規（可從楔形文字文獻中找到）有許多相似點。但是，在細節上，聖經法規和這些早期的法規以及不同的聖經版本都有差異，譬如：《出埃及記》和《申命記》的法規不一樣，兩者也都缺少散落在《利未記》和《民數記》的祭司規範中的那些法條。以下這兩種聖經規約在其他古代法典中也都不存在：「你的弟兄在你那裡若漸漸貧窮，手頭缺乏」，不可從借貸給他的錢當中收利息——《申命記》明確表示要將團體借款和為賺取利潤而借給外國人的貸款區分開來；立法規定在滿五十年時，「你要在全地吹角。你們要以第五十年為聖年，在全地向所有的居民宣告自由」，將祖產權利歸還給每個家庭。[11]

摩西五經的律法透露出早期對部族團體和大家庭的社會結構所具有的既定觀念。例如，一個男人若在沒有子嗣的情況下過世，他的兄弟必須娶這位遺孀，如此一來，「婦人生的長子要歸在已故兄弟的名下，免得他的名在以色列中塗去了。」雖然，聖經律法也有一條規定是，兄弟可以拒絕這個義務，只不過會遭受恥辱：「若他堅持說：『我不情願娶她。』他兄弟的妻子就要在長老眼前來到那人跟前，脫下他腳上的鞋，吐唾沫在他臉上，回應說：『凡不為兄弟建立家室的都要這樣待他。』」不過，家族律法很多仍和小家庭有關，涵蓋的層面包括訂婚、結婚和離婚（一個男人若發現妻子有「令人不快」的地方，是可以提出離婚的，他只需寫離婚證明交給她，就能使她離開家庭）。如果一個男人有「疑忌的心」，懷疑妻子不貞，「這人要帶妻子到祭司那裡」，並帶來「疑忌的素祭」，妻子則要喝下「苦水」。如果她確實不貞，「這致詛咒的水必進入她裡面，令她痛苦，她的肚腹就要腫脹起來，大腿萎縮；這婦人就在她百姓中成為詛咒。這婦人若沒有玷污自己，是貞潔的，就要免受這災……男人可免罪責；女人必須擔當自己的罪孽。」繁衍的能力被視為福氣，也被考慮在上帝的誡命裡頭，因為最初的人類受到指示「要生養眾多，遍滿這地，治理它」。然而，家庭單位也可能會仰賴外人的工作，不僅包括雇用的員工，也包含奴僕。如古代世界的其他地方一樣，奴僕可被當作會移動的財產看待，任憑主人喜惡隨時拋棄，但聖經律法也列了一些限制，反映了對於奴隸的人道意識。毆打奴僕致死，倘若奴僕是當場死亡，會被視為犯罪。如果主人將奴僕的眼睛挖出、牙齒拔掉，奴僕就能獲得自由，而從主人手中逃出的奴僕在尋求庇護時，不可以被交出。奴僕禁止在安息日工作，男性奴僕若行過割禮，可和自由的以色列人一樣食用逾越節的羔羊，這些都顯示奴僕有時會被當作家庭的一份子，而不僅僅是財產而已。[12]

在聖經裡，所有這些規定人際關係的律法都是上帝透過摩西吩咐的，和那些形塑了人神關係的律法一樣，具有完全相同的權威。我們已經看到約瑟夫斯所寫的，對猶太人而言，公義、適度、堅忍以及社區和諧都是「宗教的一部分」。約瑟夫斯宣稱，理想的猶太政體中，首腦應是大祭司，上帝的律法透過他傳遞給人民：「還有什麼體制比這更好、更公義，讓上帝成為宇宙主宰，讓祭司一起合作管理最重要的事務，並讓大祭司治理其他所有的祭司？」但我們已經知道，聖經也設想其他的權威形式，包括受到天啟的先知、睿智的文士和從大衛繼承下來的列王，都是上帝選來統治人民的。有時，聖經會將這些權威來源描寫成是互相衝突的，而最著名的例子就是先知對有罪的王提出的批評，像是以利亞警告亞哈王勿再繼續崇拜偶像巴力。

摩西五經詳細記錄了上帝要求個人應如何行為，以使自己的生命變得神聖：「你們要成為聖，因為我主──你們的上帝是神聖的。」這些律法背後的假定是，所有的生命（包括人類的生命）全都屬於上帝，虔誠的人生一定要這樣地安排，才是承認這種從屬關係。因此，舉例來說，牲口的第一胎要做為平安祭在聖殿獻上，以色列人的第一子要以五謝克爾的贖金從祭司那邊贖回。要變神聖，猶太人必須小心關照自己的身體，特別是在飲食方面。可以食用動物，但必須是特定的種類──實質上就是所有猛禽之外的鳥類、大部分一般的魚類（魚的定義是要有鰭和鱗）以及大部分近東地區馴化的哺乳動物，但是聖經將豬和駱駝摒除在外。聖經沒有說明禁食動物被禁的理由，而那些試圖從健康或其他科學根據來解釋的說法也無法令人信服。這些禁忌有可能最初只適用於祭司，是到聖經寫作的晚期才延伸到一般猶太人的身上。區分可食和禁食動物的宗教意義，似乎就是這區別本身，沒有其他原因，而要求猶太人避食豬肉製品等食物的規定，在他們居住的地區其實也廣泛存在於其他社會。要用一定的方式宰殺哺乳動物，將絕大部分的血排出，因為「血是生命」。潔食（kosher food，kasher意為「適合」，也就是適合食用的意思）的概念有十分堅實的聖經基礎，雖然禁忌的細節後來出現很大的演變。[13]

照顧維護身體以達到潔淨的概念，除了禁止攝取特定食物外，也延伸到有關性行為和皮膚病的排放禁忌。律法不認為這類排放是錯的，但不潔淨的痕跡尚未經過一段時間和（某些狀況下）儀式性清洗而完全根除前，禁止進行某些活動，其中最重要的就是不能進入聖殿聖所。月經和類似的排血被認為會讓女性在一段時間之內處於儀式上不潔淨的狀態，聖經制定了一套程序，使她可透過獻上鳥祭來返回潔淨狀態：

> 女人若在經期之外仍然流血多日，或是經期過長，她在流血的一切日子都不潔淨，和她在經期的日子不潔淨一樣。在流血的日子，她所躺的床、所坐的任何東西都不潔淨，和在月經期間不潔淨一樣。凡摸這些東西的，就不潔淨；他要洗衣服，用水洗澡，必不潔淨到晚上。這女人的血漏若痊癒了，就要計算七天，然後才潔淨。第八天，她要取兩隻斑鳩或兩隻雛鴿，帶到會幕門口祭司那裡。祭司要獻一隻為贖罪祭，一隻為燔祭。祭司要因這女人血漏的不潔淨，在主面前為她贖罪。

聖經作者主要把焦點放在女性不潔淨狀態對成年男性的影響，男性方為律法真正講話對象——「【指以色列人的成年男性】不可親近經期中不潔淨的女人，露她的下體」——而非對女性產生的影響。[14]

以聖經規定的方式照顧外表儀容，也是展現虔誠的必要行為。主命令要在衣物的邊角穿戴藍色的流穗，以象徵服從，「記起主一切的命令，並且遵行，不隨從自己內心和眼目的情慾而跟著行淫」。衣服不可以用特定的織料混合而成，雖然就和食物禁忌一樣，聖經並未解釋為什麼要禁止在一件衣服上混合羊毛和亞麻。以色列人要注意「頭的周圍不可剃，鬍鬚的周圍不可損壞。不可為死人割劃自己的身體，也不可在身上刺花紋。」理由只有一個：「我是主。」[15]

時時提醒男性盟約存在的基本體態特徵是藏起來的，因為穩重的穿著也被視為一種美德。因此，所有猶太男子割除包皮的割禮表徵，基本上其他人是看不到的。猶太傳統割禮的起源來自《創世記》，象徵上帝對亞伯拉罕所做出的承諾，那就是他將成為「多國」之父，上帝將與亞伯拉罕及其子孫立永遠的約，「作你和你後裔的上帝」：

上帝又對亞伯拉罕說：「你和你的後裔一定要世世代代遵守我的約。這就是我與你，以及你的後裔所立的約，是你們所當遵守的，你們所有的男子都要受割禮。你們要割去肉體的包皮，這是我與你們立約的記號。你們世世代代的男子，無論是在家裡生的，或是用銀子從外人買來而不是你後裔生的，都要在生下來的第八日受割禮。……這樣，我的約就在你們肉體上成為永遠的約。不受割禮的男子都必從民中剪除，因他違背了我的約。」

聖經將男性割禮這個猶太身分認同的象徵賦予多大的重要性，一點也不難想像。這個做法後來在古代近東地區的其他民族之間也變得普及，原因我們並不清楚。聖經故事提出好幾點要素，增加割禮對以色列人的重要意義，像是能鼓勵結婚、促進生育、遠離邪惡等。但，割禮做為神聖的必要條件，也經常滲透到對於這個概念的隱喻詮釋上，例如聖經便有提到割心、割唇、割耳好讓上帝認可的行為。就連新種下的樹所結的果實也可能被說要禁止食用，因為「沒有割過」。[16]

無論對男對女，性行為都是為了繁衍，而對於某些性行為的禁忌，聖經是毫不含糊的：「不可跟男人同寢，像跟女人同寢；這是可憎惡的事。不可跟獸交合，因牠玷污自己。女人也不可站在獸前，與牠交合；這是逆性的事。」較正面的是，《創世記》第一章命令男女要「繁殖增多」，可解讀成繁衍的行為是義務，也是福氣。聖經有許多關於不孕女子渴望得到孩子的故事，把對擁有眾多子嗣的渴望視為理所當然。關於可不可以避孕，聖經沒有清楚指示：後世的猶太詮釋者將俄南（Onan）之死視為故意摧毀男性後裔所招致的天譴，因為他「與嫂嫂同房……就洩在地上」。但若從聖經原本的上下文來看，俄南的罪似乎不在於手淫，也不在於避孕，而是因為他不願讓她瑪（Tamar）懷孕，因為生下的任何孩子都不會算是他的子嗣，而算是亡兄的。[17]

種種限制都是為了要讓家庭成為在性關係和三餐烹煮食用這兩方面的神聖地點。在這兩件事上，女性扮演的宗教角色實際上比聖經看似關注的男性角色還要大。示瑪的其中一個段落吩咐要將「我今日吩咐你的這些話」寫在「你房屋的門框上和你的城門上」。這項指令在第二聖殿時期晚期可能真的被如實看待，因為昆蘭的聖經書卷有一些似乎就是為了達到這個目的而寫。不過，家庭神聖性最明顯的表徵，是在安息日停止一切工作。早在天啟於西奈山上揭示之前，以色列人就被要求遵守每週的休息日，因為那是「向主守的聖安息日」。據說，摩西還在西奈山時，上帝也對他強調安息日的重大意義：

主對摩西說：「你要吩咐以色列人說：『你們務要守我的安息日，因為這是你我之間世世代代的記號，叫你們知道我是主，是使你們分別為聖的。你們要守安息日，以它為聖日。凡干犯這日的，必被處死；凡在這日做工的，那人必從百姓中剪除。……這是我和以色列人之間永遠的記號，因為六日之內主造天地，第七日就安息舒暢。」

十誡也堅稱整個家庭當在安息日休息：「當記念安息日，守為聖日。第七日是向主——你的上帝當守的安息日。這一日你和你的兒女、奴僕、婢女、牲畜，以及你城裡寄居的客旅，都不可做任何的工。」這項每週對上帝致意的家庭傳統後來將成為猶太教最鮮明的特色之一。[18]

上帝在《利未記》裡說：「你們要謹守我一切的律例典章，遵行它們，免得我領你們去住的那地把你們吐出來。」常會像這樣子被擬人化的這片土地，不可受到偶像崇拜汚染：「我在你們面前所逐出的國民，你們不可隨從他們的風俗。因為他們行了這一切的事，所以我厭惡他們。」要讓土地每隔一段時間就休息：「你們六年要耕種田地……第七年，地要守完全安息的安息年。」上帝承諾要讓迦南地成為亞伯拉罕及其後裔永遠的土地：

主的話在異象中臨到亞伯蘭……於是主帶他到外面，說：「你向天觀看，去數星星，你能數得清嗎？」又對他說：「你的後裔將要如此。」……主又對他說：「我是主，曾領你出迦勒底的吾珥，為要把這地賜你為業。」……在那日，主與亞伯蘭立約，說：「我已賜給你的後裔這一片地，從埃及河直到大河，幼發拉底河，就是基尼人、基尼洗人、甲摩尼人、赫人、比利洗人、利乏音人、亞摩利人、迦南人、革迦撒人、耶布斯人的地。」[19]

然而，這土地實質上仍是上帝的，我們也看到了人們要持感恩之情將初熟的果實獻到聖殿去。在聖經中很難找到明確指出這片土地是聖地的段落，只有《撒迦利亞書》在提及光榮的末世來日時寫到「主必收回猶大，作為他聖地的產業」，但這段文字雖然十分隱晦，蘊藏的意義卻很明顯：這是「主——你上帝所眷顧的地」。當然，（如我們已經看過的）這片應許之地在聖經大部分的地方不被稱作以色列地，而被稱作迦南地，這點很奇怪，而聖經所要引導的對象（猶太人）有很多都不住在那片土地，而是住在美索不達米亞和巴比倫的團體，這一點也很怪異。同樣怪的是，聖經裡並未清楚標示這塊應許之地的準確界線。聖經對此有很多不同的定義，其中最大的範圍是在上面才剛引述的《創世記》段落（「從埃及河直到大河，幼發拉底河」），而《撒母耳記下》則是記載了較為適中的土地標界準則，要以大衛王的人口普查為依據（「從但直到別是巴」），但《民數記》則一一列出在約書亞開始征戰的前夕被允諾給摩西的領土範圍：從死海開始，接著定義東西南北的邊界點，最後再回到死海。[20]

同樣奇怪的還有，許多猶太人使用的是有別於希伯來語的語言，就連在禱告的時候也不是用希伯來語。希伯來語不僅是猶太人的特殊語言，也是上帝的特殊語言，因為根據《創世記》，上帝就是用希伯來語命名這個世界的。希伯來語也是聖殿的語言。然而，有些聖經書卷使用了部分的亞蘭語，如《但以理書》，而斐羅也記載了亞歷山卓的猶太人對於希臘版的七十士譯本充滿熱情。這些全都表示，若要和上帝溝通，希伯來語並非必要。[21]

對希望過著正直人生的猶太人而言，聖經傳達的訊息是：神聖、公義，再加上對上帝的服從（透過愛和懼怕來強化），將能讓他們在這片賜予給他們祖先的土地上繁榮、長壽與多子多孫。在上帝制定的節慶中歡欣慶賀是一種宗教義務：「要在主——你們的上帝面前歡樂。」在另一方面，齋戒則是服喪期間的習俗，要暫時禁絕食物，並做出其他加諸自我苦難的行為（像是避免清洗和披麻蒙灰）。齋戒也是特殊的懺悔時節要進行的儀式，其中最重要的就是全國齋戒的贖罪日：「主吩咐摩西說：『但是，七月初十是贖罪日……在這一日，任何工都不可做；因為這是贖罪日，要在主──你們的上帝面前贖罪。』」

上帝和以色列之間的關係十分重要的一點，就是罪過是有可能補償的，而且也會被接受：「主說：我指著我的永生起誓，我斷不喜悅惡人死亡，惟喜悅惡人轉離他所行的道而存活。」雖然，聖經暗示子孫注定要為祖先的罪過付出代價，直到第三、第四代（見前文），並且（根據《但以理書》）獎勵和懲罰會在死後到來，也就是當「睡在地裡塵埃中的必有多人醒過來；其中有得永生的，有受羞辱永遠被憎惡的」的那時候，可是每年贖罪日的儀式仍維護一個概念：縱使在接下來的一年，猶太人無可避免地會無法正確遵守以色列人所同意依循的約，他們仍舊可以充滿自信，相信只要好好告解自己的罪過和背離的行為，就能被慈悲的上帝原諒，並能再度期許一個繁榮祥和的年。[22]

聖經將贖罪日的儀式描寫成是群體共同參與的，以大祭司在至聖所獻祭祈願（見第三章）做為圓滿的結束。《申命記》針對未破案的謀殺事件也規定類似的共同贖罪儀式：城裡最靠近遺體的長者被命令要帶一頭「未曾耕地、未曾負軛」的小母牛，在「流著溪水、未曾耕耘、未曾撒種的山谷」將牠的頸項打斷，複誦這句話：「我們的手未曾流這人的血；我們的眼也未曾看見這事。主啊，求你赦免你所救贖的百姓以色列，不要讓無辜的血歸在你的百姓以色列中間。」但《詩篇》裡也有多處提及，以色列人進行悔罪的禱告，就有希望獲得慈悲上帝的原諒：「主啊，你若究察罪孽，主啊，誰能站得住呢？但在你有赦免之恩，要叫人敬畏你。」上帝會將「憂傷痛悔的心」的悔意當作祭品看待，不會鄙視之。[23]

聖經所呈現的猶太教理所當然地認為，上帝會為個人和整個群體帶來救贖。無論對個人或群體，救贖的概念都是非常具體的。個人會從困難、敵人、苦難或死亡之中被救出來。以色列人會從其他國家的敵意、飢荒或奴役之中被救出來，如出走埃及的事件一樣。有時，聖經也會揭示其他國家同樣具有被救贖的希望，像是以賽亞的異象：「必有許多民族前往，說：『來吧，我們登主的山，到雅各上帝的殿。』……這國不舉刀攻擊那國，他們也不再學習戰事。」洪水過後與諾亞訂立的約（以彩虹象徵）包含的不只有他的後裔和全體人類，也包含「和你們一起所有的生物，就是飛鳥、牲畜、地上一切的走獸」。有時，聖經將救贖想成是被推遲到未來的某個時刻，屆時整個世界的秩序將會改變，如同約珥的預言那般，可能是由蝗災引起，發生在「主大而可畏的日子」。那時候，「凡求告主名的就必得救……」[24]

這些救贖的概念並沒有說明有關死後生命的部分。聖經偶爾會暗示復活的概念，如《但以理書》。但更常見的是，人類被描繪成是由肉體所組成，生命進入肉體的時間十分短暫。死亡就是虛無。有些書卷提到「陰間」（Sheol）這個位於地底下的死亡之域，亡者被認為會在此以陰影的形式存在，但是文中並未說明這個地方的本質，只說在陰間沒有人可以接近上帝。先知耶利米宣稱上帝告訴他：「我尚未將你造在母腹中，就已認識你；你未出母胎，我已將你分別為聖。」然而，聖經裡並沒有發展成熟的概念，認為有個原先就已且和肉體分開存在的靈魂，因此死後靈魂也會繼續存在。只有在西元前三世紀聖經內容完成後，因為受到希臘思想的影響，特別是柏拉圖思想，個體靈魂比肉體更早存在並進入肉體之中的這種概念，方才植入猶太人的思想中。這個概念被接受後，馬上就對猶太教（以及基督教）發揮超過兩千年的強大影響力，教導個人對於自身角色的認知以及與上帝之間的關係。[25]

Part II

Interpreting the Torah
解讀妥拉

(200 BCE–70 CE)

5

古希臘羅馬世界的猶太人

近東世界孕育出來的猶太民族與宗教首次接觸地中海北岸的文明時，也正是聖經開始成形的時候。亞述、巴比倫和波斯在西元前一千年和五百年之間支配了近東地區，但從西元前四世紀晚期開始，這些帝國的勢力遭亞歷山大大帝及其後繼者建立的希臘馬其頓帝國所削弱，之後又在西元前最後一個世紀被羅馬超越。猶太人對希臘文化產生融合同化或排斥抗拒等各種反應，說明了從西元前三世紀到古典時期結束之時，猶太教為何會出現如此繽紛的歷史，而對羅馬當局所做出的反應，則導致西元七〇年耶路撒冷聖殿被毀，獻祭不再是猶太人敬神的核心儀式。

希臘人和黎凡特因為貿易而有所接觸，這樣的情況早已持續數世紀。然而，從西元前四世紀晚期開始，希臘文化的影響橫掃近東，最直接的刺激其實和政治軍事因素有關。我們已從約瑟夫斯的紀錄中得知（見第一章），西元前三三二年，馬其頓國王亞歷山大大帝展開了一場非凡的軍事活動，最後征服波斯帝國，疆域最遠甚至擴展到東方的印度。亞歷山大在西元前三二三年英年早逝後，將領們互相爭鬥了超過二十年，接著在西元前三〇一年確立近東地區長期分裂的局面。托勒密及其後裔成為埃及的統治者，塞琉古建立的王朝則統治從西北方的土耳其到東方的伊朗之間的疆域。這些王朝在接下來的兩百五十年間牢牢掌權，雖然每個朝代時有內部衝突，托勒密和塞琉古君主也常為了戰勝對方、贏得榮耀而發動戰役，造成這個時期頻頻出現不穩定的局勢。

這些王國的勢力最終因為羅馬干預而畫上句點。羅馬最初是個城邦，西元前四世紀已經控制住整個義大利，到了西元前三世紀末則掌控了整個地中海西岸。西元前二〇〇年起，羅馬勢力快速往東擴張，結合軍事和外交手段來削弱希臘統治者——先是馬其頓，接著是小亞細亞。西元前一世紀初，羅馬早已開始頻繁干預黎凡特地區的事務。西元前三一年，托勒密王后埃及的克麗奧佩脫拉七世被擊敗，最後一個由亞歷山大的將領們創建的王國落入羅馬的掌控之中。

羅馬的勢力擴張不是偶然。存在於西元前六世紀晚期到一世紀的羅馬共和國規定貴族必須平分勢力，貴族會爭取平民的擁護，而主要的方法就是軍事成就。每征服一個地區，敵對的政治人物就會受到刺激，去尋找更遠的地區納入羅馬的統治範圍。恰好就在西元前一世紀中期羅馬擴張到猶地亞的這個時間點，羅馬的成功差點反過來變成自我毀滅的原因。各將領在征服外邦的戰役中累積了大量的榮耀與財富，使得他們的野心受到鼓舞，想把權力留住不放，超出羅馬人民賦予的統治期限。龐培和凱撒互相對立，在西元前四九年爆發內戰，彼此競爭的羅馬貴族就此展開歷時甚久的軍事鬥爭，將整個地中海世界捲進去。西元前三二年，凱撒的甥孫兼繼承人屋大維勝出，他在西元前二七年接受了奧古斯都這個名字，意思是「受尊敬的」。羅馬先前的體制大致上並未更動，但奧古斯都其實就是個獨裁君主，因此羅馬變成了一個帝國。

亞歷山大征戰之後造成的種種地緣政治變化，要過一段時間才會對猶太人產生影響。波斯帝國沒有興趣干涉其所統治的民族的當地習俗，而我們也在第一章看過約瑟夫斯記載了一個傳統，描述亞歷山大在征戰期間拜訪耶路撒冷，對猶太人的上帝和聖殿表達崇敬之情。但，亞歷山大征服的帝國版圖實在太廣大，單憑他和那些馬其頓的部下無法完全控制之，因此他和繼他之後的統治者都選擇創立一個新的統治精英階級。這群精英不僅服從統治者，也共同效忠希臘的語言和文化。希臘殖民者創立了許多城市，通常是以現

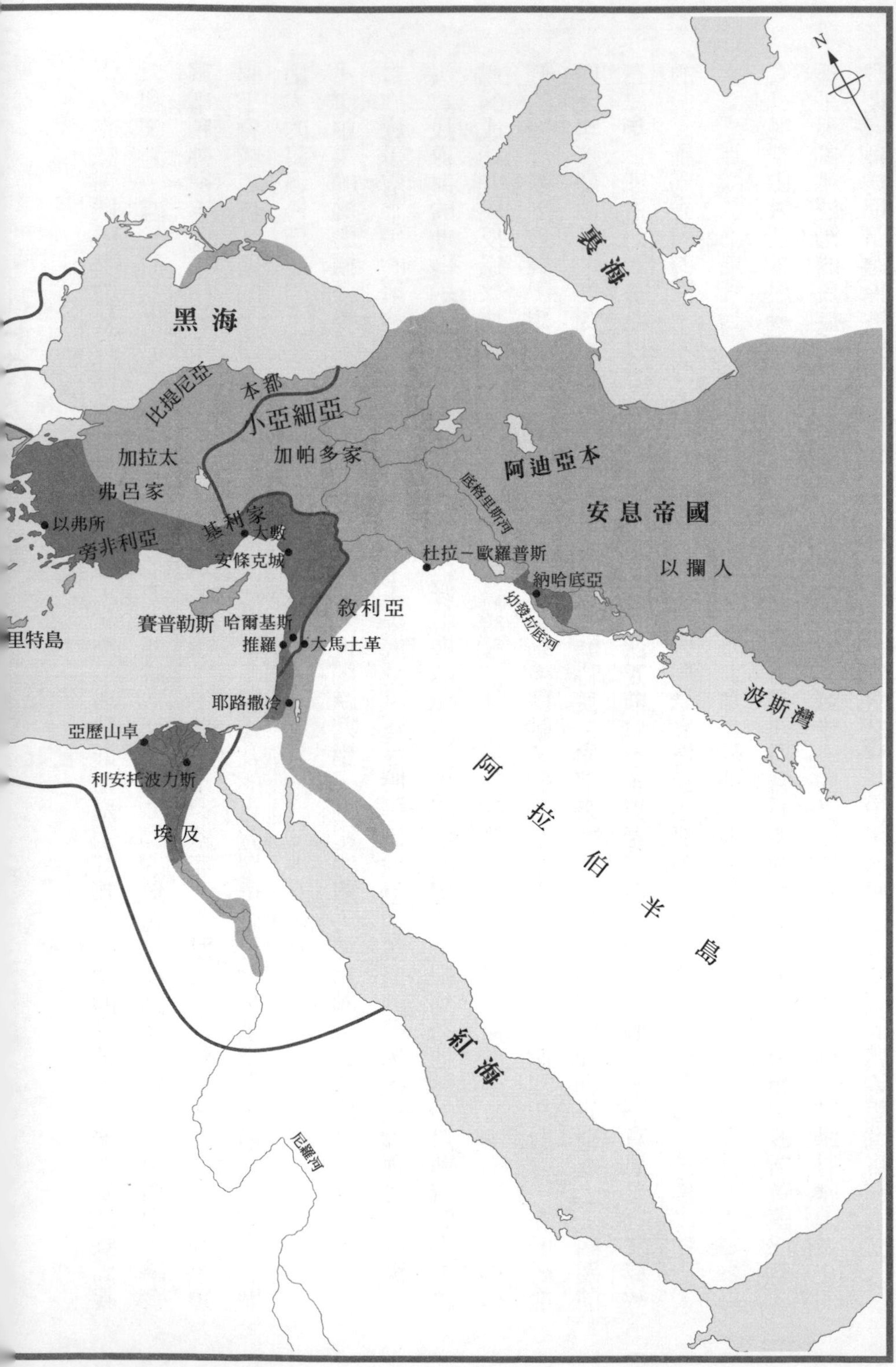
裏海
黑海
比提尼亞
本都
小亞細亞
加拉太
加帕多家
阿迪亞本
弗呂家
基利家
以弗所
旁非利亞
大數
安條克城
底格里斯河
安息帝國
杜拉－歐羅普斯
納哈底亞
以攔人
幼發拉底河
敘利亞
賽普勒斯
哈爾基斯
里特島
推羅
大馬士革
耶路撒冷
波斯灣
亞歷山卓
利安托波力斯
埃及
阿拉伯半島
紅海
尼羅河

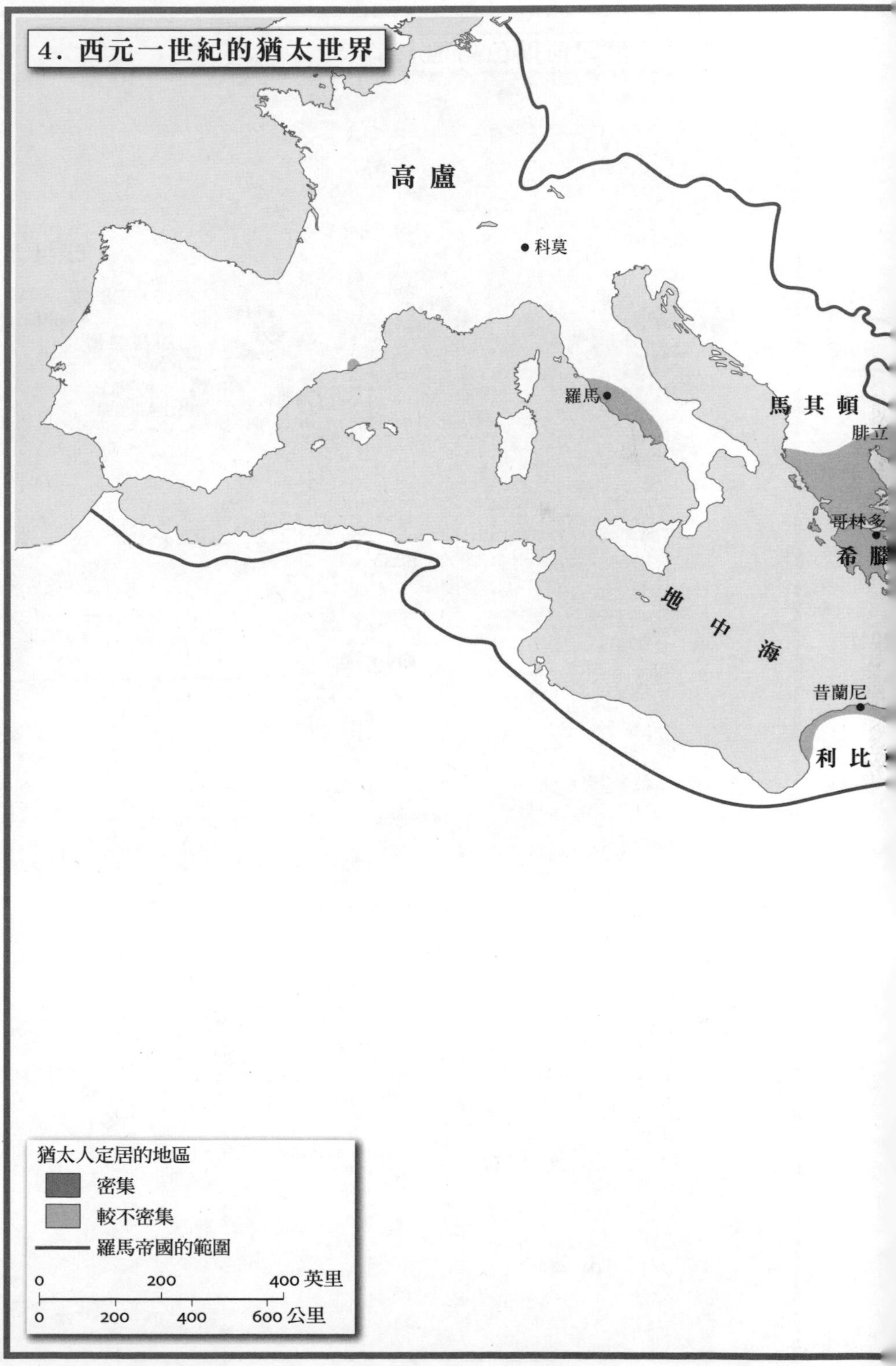
4. 西元一世紀的猶太世界
高盧
科莫
羅馬
馬其頓
腓立
哥林多
希臘
地中海
昔蘭尼
利比
猶太人定居的地區
密集
較不密集
羅馬帝國的範圍
0
200
400 英里
0
200
400
600 公里

5. 西元一世紀的以色列地
N
地中海
巴坦尼亞
戈蘭
迦姆拉
加利利海
梅龍
加利利
亞柯
提比利亞
希波斯
烏夏
西弗利斯
提比利亞溫泉
貝特什阿林墓地
拿撒勒
加大拉
貝特阿爾法
凱撒利亞（司特頓塔）
希索波利斯
納巴塔
雷霍夫
約旦河
撒馬利亞
基利心山
盧德
莫迪因
亞夫內
耶路撒冷
昆蘭
伯利恆
亞實基倫
希律堡
死海
恩戈地
納巴泰
馬薩達
以土買
索多姆
內蓋夫
0 10 20 英里
0 10 20 30 公里

有的希臘貿易開拓地為基礎，而猶地亞地區也被證實曾在西元前三世紀末存在著眾多希臘式城市，如希索波利斯（Scythopolis）、希波斯（Hippos）和加大拉（Gadara）。不過，亞歷山大與後世的統治者也鼓勵本地的精英分子接受希臘文化，以得到政治權力，而這就是導致西元前一六〇年代馬加比叛變危機的起因。

整個西元前三世紀，猶地亞都在托勒密王朝的控制之下，因此猶太人實質上屬於海外領土，是由位於埃及的托勒密王國所治理，受到高度管控。然而，安條克大帝在帕尼翁之役（the battle of Panium）戰勝托勒密五世後，使得猶地亞在西元前一九八年納入塞琉古帝國的疆域之中。在龐大蔓生的塞琉古帝國境內，權力擴張的程度比托勒密帝國高上許多，因此耶路撒冷的猶太祭司精英階級有了大好機會，只要以希臘方式詮釋猶太教，進而推廣希臘文明，便能獲得塞琉古君主的青睞，獲得地位和權力。西元前一七五年，安條克四世成為塞琉古國王，大祭司敖尼雅之弟耶孫（Jesus）率領一場政變，罷黜敖尼雅。耶孫另取了希臘名字雅松（Jason），並提議要為希臘體育員建一座體育場，「把耶路撒冷人入籍為安提阿Ⓐ的公民」。[01]

雅松的這些提議對猶太教造成了多少改變，一直很有爭議，因為從事運動、「鼓勵年輕人中的精英戴上希臘款式的帽子」，這件事本質上並沒有違反妥拉的誡律。此外，有關雅松擔任大祭司期間的歷史，全都來自懷有敵意的文獻。這些文獻認為他的改革是充滿罪過的行為，導致不久後以色列遭到了天譴。從安條克的立場來看，讓雅松取代敖尼雅的主要動機，或許是因為雅松提議要付給他很大的一筆錢；三年後，應是在西元前一七一年，雅松也被安條克廢除了大祭司一職，好讓某個名叫買納拉（Menelaus）的坐上這個職位，因為買納拉提出的賄賂金額更大。[02]

Ⓐ譯注：以安條克命名的城市名稱，因此又譯作「安條克」。雅松獲安條克四世的准許，創建了這座希臘風格的城市。

現今保存在經外書的兩卷馬加比書卷對於接下來十年所發生的戲劇化事件雖有詳細記載，但是年代的次序叫人困惑，而描述耶路撒冷政治鬥爭的領導人物行為背後的動機時，也很令人疑惑。不過，事件的概要是很清楚的。西元前一七〇到一六九年間，安條克對埃及發動征戰，雅松趁機取下耶路撒冷，迫使買納拉向城市堡壘內的塞琉古駐紮軍隊尋求保護。西元前一六九年秋季，安條克從埃及返回的途中報復雅松，代買納拉攻下耶路撒冷，將聖殿最寶貴的文物洗劫一空，包括燒香的祭壇和特色鮮明的裝飾燈臺。03《馬加比二書》的作者特別聲明，是因為「違背律法的國奸」買納拉的引導，聖殿才遭掠奪，但在即將來臨的嚴重迫害中，買納拉並未因縱容劫掠而遭譴責。安條克西元前一六八年再度入侵埃及時，遇上了羅馬元老院議員波皮利烏斯・拉埃納斯（Popillius Laenas）。他向安條克傳達元老院的要求，叫他要是不想與羅馬開戰，就得撤出埃及。這些事件發生不久，出現了一段據稱是預言的文字，收錄在《但以理書》。預言的作者認為，安條克在埃及受辱，與後來聖殿儀式遭廢並被異教儀式所取代的事件有直接關聯：

> 到了指定的時期，他必返回，侵入南方。這一次卻不像前一次，因為基提【即羅馬】的戰船要來攻擊他，他就喪膽而退。他惱恨聖約，恣意橫行，要回來善待那些背棄聖約的人。他要興兵，這兵必褻瀆聖所，就是堡壘，除掉經常獻的祭，設立那施行毀滅的可憎之物。

被作者如此義憤填膺所描寫的這些行為背後，藏著安條克必須從耶路撒冷聖殿得到更多收入的迫切需求。因為，羅馬的干預使他這下沒了可從埃及獲得的戰利品，而戰利品是他平時預期能夠用來犒賞軍隊打勝仗的獎勵。04

根據《馬加比一書》，安條克曾對整個王國說：「全國須結合成為一國之民，每人都當放棄自己的習俗」，而他的呼籲相當成功：「所有的外邦都服從了王的命令；以色列中也有許多人樂意遵從王的敬拜，向偶像獻祭，褻瀆安息日。」但實際上，有多少猶太人支持廢除自己的宗教，長久以來備受爭議。約瑟夫斯記載，撒馬利亞人向安條克要求把自己的神廟獻給宙斯；然而，馬加比書卷對支持希臘化的猶太人縱使懷有敵意，書中內容卻讓人覺得攻擊猶太信仰是塞琉古當局這個外部力量的主意。安條克是個古怪的統治者，才剛顏面盡失的他，可能對希臘化的猶太祭司抱持的野心不會有什麼興趣。同樣地，祭司也不太可能支持廢除聖殿儀式的政策，因為他們自己就使出不少詭計，想掌控聖殿儀式。[05]

總而言之，猶太人的信仰與習俗受到嚴厲的打擊。塞琉古政府派遣官員到猶地亞各處，確保不再有遵守安息日以及替兒子行割禮的狀況、猶太人將祭品獻給異教神祇。《馬加比二書》的成書年代最晚不超過這些事件發生後的一百年，裡面便記載了，「當慶祝丟尼修Ⓑ節的日子，人就被逼戴上長春藤冠，參與慶祝丟尼修的遊行」，也有寫到，兩名女子因為替孩子行割禮而被舉發，「就被抓在城中遊街示眾，嬰孩還掛在母懷中，隨後就從城牆上扔下去。」[06]

這種慘絕人寰的故事是否屬實，我們難以確定，但是如此暴力的迫害跟成功在近東大部分地區傳播希臘文化的漸進式同化形成強烈的對比，似乎顯然是誘發馬加比家族進行武裝抵抗的原因。東方宗教從未出現過信徒以武力反抗希臘文化入侵自己的土地，馬加比叛變是唯一已知的例子。叛變在耶路撒冷西北邊的小鎮莫迪因揭竿，領導人是一位名叫瑪他提亞的祭司和他的五個兒子。塞琉古政府的特使到莫迪因施行國王的詔令時，瑪他提亞公然拒絕崇拜異教神祇，殺了一位正要在祭壇獻祭的猶太人和國王的官員，接著逃到山中，迅速召集了一支游擊隊，隊員全都致力摧毀異教祭壇，鼓勵更多猶太人進行抵抗，必要時使用暴

Ⓑ譯注：即希臘酒神戴歐尼修斯。

力。《馬加比一書》這麼寫：「他們……在怒中擊殺罪人，又憤然討伐不法之徒。」07

揭竿起義不到一年，瑪他提亞年邁辭世，其子猶大坐上叛軍領袖的位置，而他的別稱「馬加比」（字源不清楚，但可能是「鐵鎚」的意思）便成為整個叛變的代稱。《馬加比一書》和《馬加比二書》熾烈的敘事對於猶大叛變行動的來龍去脈有著不同的描繪，現在已經不可能準確呈現出這段歷史。但，這位偉大將領的傳記裡當然有寫到面對極大的賠率最終仍獲勝的故事，高潮就是重新取回耶路撒冷。西元前一六四年的十二月，基斯流月二十五日，聖殿被瀆的三年後，馬加比以新祭壇和聖器將聖殿重新獻給上帝。《馬加比一書》和《馬加比二書》都沒有提及將在後世紀念此重大事件的拉比文獻中頻頻出現的聖油奇蹟（見第十章），但《馬加比一書》倒是記錄了：「猶大和他的兄弟，以及以色列全會眾，決定每年在這獻上祭壇的日子，一連八天歡樂慶祝」，也就是光明節的由來。08

猶大的勝利對猶太教的未來當然意義重大。猶地亞周遭地區的其他本土宗教以希臘方式重新詮釋過後，全都喪失了當地鮮明獨特的特徵，但馬加比叛變卻是建立起猶太教與希臘文化之間強大的對立感。猶大在西元前一六一年的秋天陣亡，家族成員在其後的數十年力圖在猶地亞掌權，而為此所進行的政治宣傳，也是造成這種對立感的一部分原因；日後，在猶太教歷史的不同時期，這種對立感還會不斷出現。

《馬加比一書》應在西元前一二〇年代寫成，這時的猶地亞是由瑪他提亞的孫子、猶大・馬加比的姪子約翰・海爾坎烏斯所統治。海爾坎烏斯以大祭司的身分牢牢掌控了獨立自主的猶地亞。哈斯蒙尼（他們如此稱呼自己，以對瑪他提亞的一位祖先表達敬意）統治者的卓越地位是好不容易才取得的。猶大在西元前一六四年成功恢復了耶路撒冷的古老崇敬儀式，但塞琉古的駐防軍隊仍駐紮在耶路撒冷的堡壘。若非安條克四世在西元前一六三年遠征東方時喪生，且塞琉古政府的注意力被轉移到內鬥上，猶太叛軍的軍事力量恐怕難以維持對聖殿的掌控。互相敵對競爭塞琉古王位的人願意從任何地方尋求政治支持來對抗彼此，而猶大的兄弟約拿單和西門十分聰明，先後利用了這個機會，從許多覬覦王位者的手中敲詐各種權利。[09]

哈斯蒙尼統治者雖然是祭司，但由於他們並不是撒督後裔（從所羅門聖殿的時代開始，撒督後裔就一直擔任聖殿的大祭司，直到雅松在西元前一七一年被買納拉廢黜為止），因此沒有在取得政治控制後立即掌握大祭司的地位。猶大・馬加比將聖殿重新奉神後，大祭司是由一位名叫阿爾西民（Alcimus）的希臘文明歸順者所擔任。雖然後來的傳統與約瑟夫斯的記載相左，《馬加比一書》並沒有暗示猶大曾經擔任大祭司，而約瑟夫斯也明白地說，阿爾西民在西元前一五九年死後，聖殿有七年的時間沒有大祭司。[10]

猶大的兄弟約拿單和敵對的塞琉古統治者德米特里（Demetrius）與亞歷山大・巴拉斯（Alexander Balas）經過複雜的談判之後，直到西元前一五二年才從亞歷山大・巴拉斯的手中接下大祭司的職位。《馬加比一書》記載了國王寫給約拿單的一封信，把約拿單提升到聖殿最高權威的地位：

「亞歷山大王在此向約拿單弟兄問安。我們聽聞你是大能的戰士，值得作我們的朋友。今天，我們委派你作貴國的大祭司，你要稱為王的朋友，站在我們一邊，與我們保持友誼。」他又給他送來紫袍和金冠冕。第一百六十年七月的住棚節，約拿單穿上聖衣。

安穩坐在大祭司的職位後，哈斯蒙尼王朝要到百年後才會結束——哈斯蒙尼家族最後一個住在耶路撒冷聖殿的後裔是阿里斯托布魯斯三世（Aristobulus III），他死於西元前三五年。然而，哈斯蒙尼統治者沒有信心自己是否有權坐在這最有名望的位置，替全國代表上帝。因此，西元前一四〇年以祿月（九月）十八日，約拿單的兄弟和繼任者西門將「眾祭司、百姓、國家的領袖，以及本地區的長老盛大地聚集一起」，會眾宣稱，基於「西門的信實，以及他決心為本國所爭取的光榮」，他們讓他成為他們的領袖和大祭司，並補充道：「猶太人和祭司都樂於以西門作永遠的領袖與大祭司，直到有一位信實的先知興起。」外邦宗主國再也不能挑選大祭司。大祭司將由猶太人自行決定，或（如果先知出現）由上帝來決定。這場集會的決定被刻在銅版上，立在「聖所四圍顯眼的地方」，銀庫也有副本。[11]

西門和兩個兒子在西元前一三五年遭暗殺，倖存的兒子約翰・海爾坎烏斯在建立自己的權威時遇到了極大的阻礙，直到西元前一二九年塞琉古國王安條克七世到帝國東緣對付安息人時戰死，阻礙才消失。安條克的繼任者德米特里二世因為王國其他地區的內亂而分神，因此約翰・海爾坎烏斯開始征戰活動，將北方的撒馬利亞人和南方的以土買人全納入自己的統治之下。撒馬利亞人在基利心山上的神廟被摧毀。根據約瑟夫斯的記載，海爾坎烏斯鎮壓以土買人後，「允許他們留在自己的國家，但他們必須要讓男性行割禮，並願意遵守猶太人的律法。於是，他們喪失了祖先的土地，臣服於割禮，讓自己的生活方式變得和猶太人生活的每個層面一致。自此，他們便一直都是猶太人。」[12]

這種強迫皈依猶太教的政策反映了哈斯蒙尼王朝確立之後具有的獨特猶太特質。約翰・海爾坎烏斯所發行的錢幣上，以希伯來文宣告：「大祭司約翰與猶太人會眾」。然而，在約翰・海爾坎烏斯統治期間，哈斯蒙尼王朝已經開始模仿其他希臘化國家的習俗，特別是使用傭兵發動侵略性戰爭奪取領土的這點。哈斯蒙尼為宣傳朝代起源而撰寫的《馬加比一書》將哈斯蒙尼君主描繪成對抗希臘文化的猶太教擁護者，但他們越是大聲喧嚷著對希臘文化的敵意，就越容易隨心所欲採納希臘文化的方方面面。

在政治上，西元前一〇四年約翰・海爾坎烏斯逝世時，哈斯蒙尼王朝的希臘化就已相當明顯。海爾坎烏斯身為統治者，對大祭司的位子已經很滿足，但根據約瑟夫斯的說法，他的長子阿里斯托布魯斯「決定將政府變成一個王國……他是第一個戴上王冠的人」。他和僅一年後就繼承其王位的弟弟亞歷山大・雅納斯都採取地域擴張的政策。阿里斯托布魯斯將位於加利利的以土利亞國（Ituraean）納入版圖之中，「用割禮和他們相連結」，亞歷山大則征服了海岸平原的希臘城市。約瑟夫斯說，王位背後的權力其實握在亞歷珊卓・撒羅米（Alexandra Salome）的手中。她是阿里斯托布魯斯的遺孀，在阿里斯托布魯斯死後，從獄中釋放亞歷山大・雅納斯，指派他為王Ⓒ，而當雅納斯在西元前七六年過世後，她便順理成章成為女王。13

在希臘化王國，王朝的女性成員變成統治者並不稀奇，最有名的例子就是埃及；西元前一世紀後半葉，凱撒和馬克・安東尼的情婦克麗奧佩脫拉七世統治埃及，而她不過是眾多握有大權的托勒密女王當中的最後一位罷了。然而，女性統治卻是大大背離了猶太傳統。由於女性不可擔任大祭司，亞歷珊卓便將這個職位指派給長子海爾坎烏斯。約瑟夫斯和拉比對亞歷珊卓（他們叫她西羅姆錫安〔Shelamzion〕）的統治保有相當正面的評價，說她「允許法利賽人做任何他們想做的事，並命令人民服從他們；而法利賽人引進的那些與祖傳相符、卻遭她的公公海爾坎烏斯所廢除的規範，她都全數恢復」（關於支持法利賽人有何重要意義，見第六章）。然而，海爾坎烏斯身為大祭司，在強權母親的陰影下顯得十分軟弱。確實，約瑟夫斯說，她選他擔任這個角色，正是因為他缺乏精力，如此一來他才不會挑戰她的統治。她享年七十三歲，在西元前六七年過世，海爾坎烏斯登基王位的權利旋即遭到弟弟阿里斯托布魯斯二世挑戰。不到四年，兩兄弟的衝突使羅馬人有機可趁，哈斯蒙尼王國的獨立自主因而終結。14

根據約瑟夫斯所述，早在西元前一〇四年，阿里斯托布魯斯一世就被冠上「喜愛希臘文化者」的頭銜，而哈斯蒙尼王朝的創始神話雖將哈斯蒙尼君主描繪成把猶太教從希臘文化拯救出來的英雄，虔誠的猶太人（以色列地的猶太人也好、散居他鄉的猶太人也罷）卻沒有因此不接受希臘文化當中與自己的宗教相

Ⓒ譯注：撒羅米隨後嫁給了雅納斯。

容的層面。諷刺的是，馬加比各書說的雖然是反對希臘價值觀的故事，內容卻只有用希臘文保留下來。第二聖殿時期晚期還保留了其他許多以希臘文寫成的猶太文本，但是大部分只有片斷。許多人用希臘文學的形式來表達猶太人的觀點，最著名的例子包括某位名叫斐洛的詩人（他的其他事蹟皆未知）所寫的史詩《耶路撒冷》（About Jerusalem），以及悲劇作家以西結用歐里庇得斯的風格所寫成的希臘戲劇《出埃及記》（Exagoge）。以西結精彩地描繪出上帝從焚燒的草叢中說話的場景，而在信使這個角色講述派人替以色列人尋找紮營地點的那段話時，還突然提及一種「偉大的鳥」——也就是鳳凰，說明其他鳥類追隨此鳥，把牠當作王。[15]

在埃及城鎮俄克喜林庫斯（Oxyrhynchus）出土的莎草紙中發現以西結《出埃及記》的殘片，顯示這個文本曾在古埃及被人閱讀，而且埃及很有可能也是這個作品寫成的地點。然而，許多猶太希臘文本的著述地點不得而知，如歐波來姆斯（Eupolemus）以多采多姿的方式重寫聖經故事所完成的《猶地亞列王》（About the Kings in Judaea），他將希羅多德和克特西亞斯（Ctesias）等希臘素材加進聖經敘事，以展現出古代猶太列王的偉大。歐波來姆斯有可能是在西元前一六〇年代被猶大．馬加比選中前往羅馬與之結盟的其中一位大使，因為大使當中就有一位同名的猶地亞猶太人。第二聖殿末期，猶地亞的猶太人已能用希臘文思考、寫作，這從西元一世紀末歷史學家約瑟夫斯的著作就能夠得知。當然，不是只有約瑟夫斯如此，因為他的自傳就有部分篇幅是在批評同年代對手所寫的另一部史書，作者提比里亞的尤斯圖斯（Justus of Tiberias）被他描述成是一位受過良好希臘教育的猶太人。[16]

顯然，猶太人對希臘文化所做出的反應是很複雜的。死海古卷（見第六章）揭示的世界觀大部分可被歸為反希臘化，但昆蘭洞穴也保留了一些希臘文的聖經書卷，顯示死海地區至少有部分猶太人熟悉希臘文，也會使用之。要在死海古卷的希伯來文和亞蘭語文本中發現希臘思想的元素，又更不容易了，但尋找相呼應的主題並不是不合理的做法（例如，希伯來的智慧文本及希臘哲學之間就存在著相似點），因為這個時期有大量的猶太文本從希伯來文譯成希臘文，清楚證實至少有部分猶太人這兩種語言都很流利。[17]

龐培在西元前六三年贖罪日當天攻下耶路撒冷，也就是「第一百七十九奧林匹亞週期[D]第三個月的齋戒日，蓋屋斯・安東尼烏斯與馬庫斯・圖利烏斯・西塞羅擔任執政官的時候」。這只是這位羅馬將領光榮的征戰活動中小小的勝利而已，以加強羅馬對地中海東岸邊疆的掌控。但對猶太人來說，這卻是和新崛起的超級強權之間一段緊張關係的緊張開端，日後將會扭轉這個國家的命運以及他們的宗教。[18]

龐培干預猶地亞政治所使用的藉口，就是亞歷珊卓兩個兒子海爾坎烏斯二世和阿里斯托布魯斯二世之間的權力鬥爭。兩個人都想用龐大的賄金得到羅馬的支持。阿里斯托布魯斯送給龐培一根黃金製成的葡萄藤，價值高達五百他連得[E]，之後展示在羅馬的朱庇特神廟。約瑟夫斯記載，這兩位哈斯蒙尼家族成員都沒有獲得民眾的支持，「人民反對他們兩個，要求不要受國王統治，說他們國家的傳統是服從受他們所崇敬的上帝的祭司，但這兩人身為祭司的後裔卻想要改變政體，把他們變成奴隸之國。」倘若約瑟夫斯所記載的民眾感受是正確的，龐培並沒有理會這些訴求，而是選擇支持海爾坎烏斯，在海爾坎烏斯的支持者協助下輕易進入耶路撒冷，但是經歷了很久的圍攻才攻破聖殿山。約瑟夫斯敬佩地說，「在圍城期間，祭司仍不受阻饒，在恐懼中繼續執行神聖儀式，一天兩次，早上和第九個小時各一次，他們會在祭壇執行神聖

[D] 譯注：奧林匹亞週期是古希臘羅馬時期計算年份的一種方式，從一屆奧運到下一屆奧運算一個週期，因此每四年為一週期，從西元前七七六年的首屆奧運開始算起。

[E] 譯注：talent，古希臘羅馬時代的重量單位，也可做為貨幣單位。

儀式。」即使牆壁破裂，羅馬士兵衝進來展開大屠殺，這些獻祭依然持續進行。[19]

龐培得勝，使得猶地亞被納入羅馬的管轄範圍，由海爾坎烏斯二世管理，而海爾坎烏斯又受到敘利亞羅馬總督的控制。海爾坎烏斯扮演這個角色二十三年，從西元前六三到四〇年。然而，他的地位一直很不穩固。弟弟阿里斯托布魯斯及其子安提柯（Antigonus）持續不斷反抗，且整個羅馬世界那段期間處於易爆發衝突的情勢之中；這樣的局面在西元前四九年龐培和凱撒爆發內戰時，達到了巔峰。

像海爾坎烏斯這樣需要依賴他人的統治者，在這場讓整個羅馬世界陷入混亂的貴族精英權力鬥爭中沒有任何優勢。首要大臣安提帕特（Antipater，之後稱王的希律的父親）替他進行各種賄賂和談判，使海爾坎烏斯在這場混亂中得以保住地位。他先是支持凱撒，接著在西元前四四年三月十五日凱撒被殺之後支持凱撒的暗殺者，最後又在西元前四二年的秋天暗殺者在腓立比（Philippi）戰敗之後，轉而支持繼任凱撒的馬克・安東尼與屋大維。然而，和羅馬權貴進行的各種協商最後都是徒勞。西元前四〇年，安息人被海爾坎烏斯之弟阿里斯托布魯斯的兒子安提柯說服，趁羅馬人從東邊佔領敘利亞北部發生混亂之際，入侵猶地亞，把安提柯立為新的統治者。海爾坎烏斯被擄回安息，耳朵被割，因為這麼一來，身體的殘疾將使他無法再擔任大祭司。[20]

西元前四〇到三七年，安提柯的錢幣上一面用希臘文寫著「安提柯王」，另一面則用希伯來文寫著「大祭司瑪他提亞」。顯然，這位新的大祭司懷抱著很大的希望，要將國家恢復成祖父母亞歷山大・雅納斯與亞歷珊卓時期的哈斯蒙尼獨立王國。這樣的希望並沒有將羅馬持續的野心考慮進去。元老院將領土的喪失視作對羅馬權威的公然侮辱，理所當然地覺得必須把猶地亞收復回羅馬的影響範圍。由於沒有任何哈斯蒙尼的家族成員可以用來取代安提柯成為統治者，元老院找上安提帕特的兒子希律。安提帕特在西元前四〇年代為海爾坎烏斯策劃的各種謀略使他和他的兒子引起羅馬權貴的注意，其中包括在西元前四〇年已是地中海東岸大部分地區實質領袖的馬克・安東尼。

西元前四〇年秋天，元老院決議指派像希律這樣的人物來統治猶地亞，對平時的羅馬政策而言是破例，對猶太人的傳統來說也是，若不是因為羅馬世界處於危機之中，這是不可能發生的。希律來自猶地亞南邊的以土買，皈依猶太教才不過七十年左右。他的母親是納巴泰（Nabataean）的阿拉伯人。他和哈斯蒙尼王族沒有血緣關係，而且因為不是祭司，所以不能住在耶路撒冷聖殿。他花了三年的時間取得王國的掌控，首先是得到羅馬人在西元前三九和三八年於敘利亞打敗安息人的助力，最後又在西元前三七年的春天，在羅馬人的幫助下到耶路撒冷圍攻安提柯。攻下這座城市後，安提柯被套上枷鎖，帶到羅馬將軍索休斯（Sosius）面前。索休斯把他送去馬克・安東尼那裡，後者在希律的指示下將他斬首。安提柯曾抗議希律不適合當猶地亞王，因為他只是個以土買人，「也就是，半個猶太人」——而這只是給了希律更多將他剷除的理由。[21]

其後的一世紀，猶地亞的猶太統治者完全仰賴羅馬來維持自己的權力。希律自己就運用了很多技巧躲過羅馬內戰最後十年的重重暗礁。西元前三二年馬克・安東尼被屋大維（後來的奧古斯都皇帝）擊敗，希律發現自己選錯了邊，向勝利者保證他對新的地中海東岸世界之主必會忠心耿耿，就像他對前一位主人那樣。希律在西元前四年過世時，已成為羅馬世界的要角——皇帝的朋友、希臘城市的重要贊助者、優秀的建設者，也是尋常羅馬百姓最熟知的猶太人。

對那些羅馬人來說，希律真的是典型的猶太人：安息日是「希律的日子」。其他猶太人對他的評價就比較曖昧了。希律在猶地亞娶了哈斯蒙尼前任大祭司海爾坎烏斯二世的孫女米利暗（Mariamme），但據說米利暗的弟弟溺水意外死亡是他操弄的結果，以免其弟成為招致背叛的原因。由於他在地中海海岸建設了新城凱撒利亞，並在城裡建立神廟以對羅馬和奧古斯都表達敬意，又自豪地將自己塑造成希臘奧運的贊助者，使得他雖花費大筆財富重建耶路撒冷聖殿（見第三章），卻未獲到讚許。他甚至曾短暫試過要引進希臘競賽和羅馬野獸表演給耶路撒冷的猶太民眾，但因為民眾公開反對而作罷。[22]

因此，希律的統治對其猶太臣民的宗教生活有何影響，是很難下定論的。重建後的耶路撒冷聖殿十分壯觀，主庭院的面積擴大許多，蓋在圓拱之上，按照最新的羅馬建築技術建成。這刺激了更先進的朝聖產業，而該產業也受惠於羅馬統一下的世界，因為跨越地中海的旅程變得相對安全。被指派來主持獻祭儀式的大祭司是由希律謹慎挑選的，來自巴比倫或埃及沒有身分地位的家族，以保他們不會對自己的權力造成威脅。雖然任何曾擔任最高職位的祭司都一定會因如此顯赫的角色而維持一定的光環，但新的大祭司精英階級需要一段時間才會興起，而且這些新興的祭司家族也無法超越哈斯蒙尼或在哈斯蒙尼之前掌控大祭司職位的撒督後裔所持有的權威和名望。

希律在西元前四年逝世前的那幾年，龐大家族內部權力鬥爭的情況很嚴重。在他生命的最後幾年，希律頻繁更改遺囑。最終由兒子亞基老繼承，成為猶地亞的統治者，但頭銜是地位較低的「藩王」，而非「國王」，希律的領土亦有一部分是由亞基老的兄弟安提帕斯（Antipas）和腓力（Philip）個別掌控。藩王在位時間僅十年。西元六年，奧古斯都把他流放到高盧，讓猶地亞直接由羅馬總督控制。

羅馬的直接統治是靠敘利亞總督居里扭（Quirinius）的軍事干預所完成，藉由軍事手段對新行省的居民進行人口普查。但，人口普查完成後，皇帝認為猶地亞可以安全地交到初級羅馬總督的手中，給他少量的士兵調配運用。羅馬政府期望透過當地領袖的合作來維持秩序，而羅馬也會反過來鞏固當地領袖對臣民的權威。希律家族在接下來的六十年仍偶爾扮演當地領袖的角色，但當亞基老在西元六年被廢除後，在羅馬總督的眼中，猶太人的主要代表已變成聖殿的大祭司。產生大祭司的大祭司家族因而成為耶路撒冷的新統治精英。[23]

羅馬人擅自將挑選大祭司的責任攬在自己身上，恢復哈斯蒙尼王朝興起之前由宗主國指定大祭司的標準做法。被選中的祭司有一些是來自希律偏好的家族，但塞特之子亞那（Ananus son of Sethi）的家族則完全是受到羅馬的提拔；西元六年，居里扭指派亞那擔任大祭司，取代時任的波伊丟之子約亞撒（Joazar son of Boethus），因為後者無力鎮壓人民對普查的反抗。西元六到六六年間為聖殿服務的十七位大祭司當中，有五位是亞那之子，還有一位（即根據福音書記載，判耶穌有罪的大祭司該亞法〔Caiaphas〕）是他的女婿。

西元四〇年，羅馬藉如此小心挑選的大祭司所進行的統治卻因皇帝蓋烏斯・卡利古拉（Gaius Caligula）狂妄自大的計畫而陷入動盪。壞心眼的希臘人向卡利古拉點出，猶太人沒有跟他們一樣把皇帝當成神明崇拜，雖然猶太人表示，代表皇帝向猶太上帝禱告的效果就和崇拜皇帝一樣好，但卡利古拉並不領情。於是，卡利古拉命令敘利亞總督佩特羅尼烏斯（Petronius）把一尊自己的塑像放在耶路撒冷聖殿中。佩特羅尼烏斯在前往耶路撒冷的途中來到多利買（Ptolemais）時，碰到群眾示威，遲疑著不敢履行命令。塑像若放在聖殿裡會發生什麼事，我們只能臆測，因為卡利古拉的計畫尚未實行，他就在西元四一年遭暗算身亡。

懇求卡利古拉不要褻瀆耶路撒冷聖殿的主要人物中，有一位是他的朋友、希律之孫亞基帕一世。亞基帕一世也是在卡利古拉遇刺後，幫助克勞狄烏斯當上皇帝的關鍵角色之一。克勞狄烏斯為了獎勵他，將西元四一到四四年遴選大祭司的任務託付給他，並讓他統治和祖父的領土一樣遼闊的王國。亞基帕在西元四四年突然身故，根據《使徒行傳》的記載，他是因「被蟲咬」而死。因此，他的王國再度分裂，猶地亞又回到羅馬總督的統治，但聖殿管理者的職位被轉移到他的兄弟哈爾基斯的希律（Herod of Chalcis）手中。哈爾基斯的希律在西元四八年死後，聖殿歷經一段短暫的空窗期，後來在西元五〇年左右由亞基帕的兒子亞基帕二世接管，直到西元六六年反抗羅馬的叛變爆發。[24]

西元六六年春，耶路撒冷祭司拒絕繼續為羅馬皇帝的福祉獻上傳統的祭品，這象徵意義重大的舉動揭開了叛變序幕。四年獨立期間，聖殿也一直是叛亂的中心，直到西元七〇年八月羅馬軍隊摧毀耶路撒冷為止。猶太國掙脫羅馬和希律支配的桎梏後，發行了許多硬幣，值得一提。這些硬幣恢復哈斯蒙尼古時期對古希伯來字母的使用，歡慶新時代的來臨。硬幣上稱新國家為「以色列」，顯然是刻意和羅馬人使用的「猶地亞」一詞相對。除了大量刻有「解放錫安」和「救贖錫安」的銅幣之外，叛軍還使用特純的銀鑄造謝克爾、半謝克爾和四分之一謝克爾硬幣，上面刻了「聖城耶路撒冷」的字樣。[25]

即使受到戰時限制，仍堅持使用純銀，表示鑄幣當局首要關注的是這些硬幣做為聖殿祭品的宗教用途。西元六七年的年終或六八年的年初，叛軍政府抽籤決定新任的大祭司，以避開羅馬偏好的祭司家族。約瑟夫斯對此十分感冒：

> 隨意抽籤的結果顯示了他們的運作是十足的墮落。抽籤抽到一個叫法尼（Phanni）的，他是撒母耳之子，來自阿夫提亞（Aphthia）這個村子，不僅不是任何大祭司家族的後裔，還是個鄉巴佬，不曉得「大祭司」究竟是什麼。總之，他們把這可憐人拖出鄉下的家，像舞台上的演員那樣給他扮成這怪異的角色，讓他穿上聖袍，叫他做任何場合該做的事。對他們來說，這厚顏無恥的不虔誠之舉很是逗趣好玩，但其他遠遠觀看這場律法鬧劇的祭司只能默默流淚，為聖職遭到褻瀆悲慟。[26]

儘管（或者，正是因為）約瑟夫斯詳細記述，但是經過羅馬直接統治了六十年後猶地亞為何會在西元六六年爆發叛變，原因仍眾所紛紜。約瑟夫斯盡心一一點出叛變發生前幾年不圓滑的羅馬總督引發的各次騷亂。然而，他也指出其他許多原因，包括窮富之間的階級鬥爭（社會越來越富有，導致分配不均，使這個現象更趨惡化）、猶太人與卡撒利亞等鄰近城市的外邦人之間的敵對關係，以及猶地亞精英階層內部不同世代的緊張局面（年輕世代在抗羅馬叛變中一馬當先）。[27]

約瑟夫斯特別挑出來講的叛變起因之一，就是西元六年由兩位老師猶大（Judas）和撒督（Saddok）所倡議的獨特哲學觀，亦即羅馬第一次人口普查時。他們鼓勵猶太人相信「唯有上帝是他們的領袖和主人」，這樣他們便能準備好，必要時「為了避免叫任何人主人」，也能欣然赴死。約瑟夫斯在《猶太古史》中將這個哲學派別說成「侵入的第四支派系」，是和古老的三大派系法利賽、撒督該和愛色尼（見第六章）相對的革新派。然而，值得注意的是，約瑟夫斯雖然詳盡敘述了西元六六年戰爭爆發前五十年的歷史，但卻完全沒有提到參與反叛的個人或團體之中有任何是屬於第四派系的。同樣地，約瑟夫斯在《猶太戰記》提到人們相信「一個意義不明的神諭……在聖典中找到的，意思是那時他們的國家將出現一個人成為世界的領袖」，但是這點卻未反映在叛變領袖身為救世主的描述中。吉歐拉之子西門（Simon son of Gioras）或許是唯一的例外。他在西元七〇年最終當上叛軍總指揮，並因此獲得不知可否算是殊榮的待遇：維斯帕先和提圖斯在羅馬獲勝達到頂點之時，舉行了特殊儀式將他處死。西門在耶路撒冷被洗劫時向羅馬士兵投降，當時身穿白色衣袍和紫色披風。約瑟夫斯寫到，這樣的穿著是為了嚇唬羅馬人，但西門有可能是認為這樣的帝王裝扮才能反映出他救世主領袖的身分地位。[28]

羅馬人是在敘利亞總督克斯提烏斯・加盧斯（Cestius Gallus）西元六六年出乎意料戰敗後，才意識到叛變的嚴重性。加盧斯行軍到南方平息猶地亞的動亂，來到耶路撒冷時雖展現了驚人的力量，但在回地中海海岸的途中，卻未能充分保衛物資車隊。臨時政府的領袖很多是來自受到羅馬偏愛超過一世紀的大祭司家族，因此他們很有可能認為羅馬當局會允許自己不受總督控制而獨立自主，同時又能繼續留在羅馬帝國。畢竟，皇帝克勞狄烏斯指派亞基帕一世為猶地亞王不過是二十五年前的事。[29]

結果，針對克斯提烏斯的損失（這是帝國建立初期羅馬軍隊在已綏定的省分境內敗得最慘的一次），羅馬動員了龐大的軍隊，要讓叛軍徹底降服。戰爭進展得很緩慢，一部分是因為攻下耶路撒冷的任務被交付給年邁的將軍維斯帕先，而維斯帕先作戰時相當謹慎小心，一部分則因為從西元六八年晚期開始，皇帝尼祿的死以及四位元老院議員接連爭取帝威等一連串事件讓羅馬世界分了神；這四位議員中，維斯帕先自己就是第四位，也是最成功的一位。西元六九年，維斯帕先之子提圖斯被父親任命要打完猶地亞戰爭，顯然是帝位繼承者的他，最後在西元七〇年春天圍攻耶路撒冷。在接下來的數個月，羅馬人直接攻擊城牆，十分兇猛，為求迅速得勝，甚至甘願犧牲羅馬士兵。一切都是因為，新皇帝希望在羅馬民眾眼中成為征服蠻族大敵的英雄。

約瑟夫斯說的或許沒錯，提圖斯比較希望不要摧毀聖殿。然而，在耶路撒冷乾燥酷熱的八月天，聖殿一旦著了火，就不可能挽救了。羅馬在西元六六年開戰時，是為了確保聖殿繼續代表皇帝進行公共獻祭，但現在已不可能了。然而，維斯帕先和提圖斯做了政治考量，決定應該對聖殿被毀感到歡欣，而非遺憾惋惜、進而承認自己的過錯，這樣對新朝代的形象比較有利。西元七一年，羅馬人勝利歸來，帶著聖殿器物穿越羅馬的大街小巷，至今仍可在古羅馬廣場附近的提圖斯凱旋門上看見這些器物的圖樣。[30]

之後將會清楚看見，在聖殿變成斷垣殘壁前的六十年間，聖殿及其領導人的歷史是和羅馬政治密切相關的。羅馬總督將大祭司視為猶地亞猶太人的代表，相信他會維持秩序。針對重要的決定，像是關乎死刑的審判，大祭司被認為應該要諮詢公會。公會一詞的希臘文（synhedrion）也被約瑟夫斯用來指涉習慣上是由羅馬政務官負責召開的臨時顧問會議，在《米示拿》裡音譯成希伯來文「Sanhedrin」，用來指七十一位能勝任困難案件審判的法官所組成的最高法庭。大祭司公會的運作方式和羅馬政務官會議一樣，但組成人員會因當下討論的事宜而不同。因此，宗教觀點相當不一樣的猶太人可以一起坐在公會法庭。《使徒行傳》的作者便提到，法利賽人和撒督該人在聖保羅審判期間在法庭上起爭執。[31]

西元六六年叛變爆發前，這個體系一直運作得很好。一甲子的時間這麼長，當然會有一些騷亂，而像約瑟夫斯那樣以回溯的方式呈現，或許確實會讓人感覺這是個瀕臨崩解的社會，紛擾累積得越來越多。然而，耶路撒冷被毀之後才出現的後見之明，是相當容易誤導人的。多年來，猶太人在羅馬世界各地和平生活，羅馬政府長久以來基於令人肅然起敬的古老猶太習俗，允許小亞細亞、敘利亞、埃及、甚至羅馬的外地猶太團體遵循自己的傳統，像是安息日。外地猶太人可以到耶路撒冷聖殿獻祭，希律朝代的國王也曾因為小亞細亞和亞歷山卓的猶太人與當地異教徒的關係變質，代表自己的人民出面干涉。羅馬人將整個猶太世界視為單一的猶太群體，根據約瑟夫斯，皇帝克勞狄烏斯曾在頒布法令時，特別將亞歷山卓猶太人的特權延伸給所有「羅馬帝國統治之下」的猶太人。當耶路撒冷聖殿受到蓋烏斯・卡利古拉威脅時（見前文），亞歷山卓的猶太人斐羅放下代表亞歷山卓猶太人的大使任務，力阻國族的聖壇遭到褻瀆。[32]

猶地亞本身倒是僅由少量的輔助部隊和非議員階層的初級總督進行輕度的治理，羅馬人似乎認為這個省分不可能具有潛在的危險。允許猶太人行使的特權中，特別值得一提的是一年在耶路撒冷舉辦三次的朝聖節慶（見第三章）。這些時候，大群民眾會聚集在一起，是羅馬世界其他地方絕不被允許的。羅馬總督在節慶時會派第二支步兵隊駐守耶路撒冷，協助管治群眾，顯然他們也知道這些大規模的集會可能帶來麻煩，但從西元六六年發生的事就知道，寥寥幾千士兵面對將耶路撒冷的狹小巷弄擠得水洩不通的人潮時，根本起不了作用。若西元五〇和六〇年代的猶地亞省局面真的越來越緊張，那麼羅馬當局的反應實在樂觀至極，完全沒有增兵的打算。若將西元一世紀的猶地亞想像成一個被佔領的國度，每個轉角都有羅馬士兵，那就大錯特錯了。對大多數的猶太人而言，羅馬統治大部分的時候都不甚明顯。[33]

約瑟夫斯特別說到，戰爭爆發的前四年，耶路撒冷處在「和平繁榮」的局面。在當時，毀滅將至的預言會被當成瘋言瘋語看待。耶路撒冷和聖殿都未曾如此光榮繁華過。當然，猶太人或許會帶著懷舊的心情回想所羅門聖殿時期的昔日傳說，據說那時候的聖殿更是壯觀，上帝也更願意和子民之中的先知對話。人生沒有完美的，因此總是有可能在長日將盡時想像一個更輝煌的未來。基督教早期的學者有時會說，西元一世紀的猶太人感覺自己遠離上帝，渴望救世主的救贖，但這樣的概念是沒有依據的。後面三章將要探討的多元猶太思潮並非絕望的產物，而是出自信心。當時的猶太人全都可以同意，妥拉提供了最好的指引，讓他們過虔誠的生活。問題在於，如何實踐這樣的人生。[34]

6
「猶太教有三類」

約瑟夫斯說：「猶太教有三類。第一類派別（希伯來語hairesis）的跟隨者叫做法利賽人，第二派叫做撒督該人，第三派則是愛色尼人。」他在史書的論述過程中頻繁提及這些猶太教內部的派系，在講到西元前一三五到一〇四年間，不同的團體如何試圖左右哈斯蒙尼大祭司約翰・海爾坎烏斯的那段歷史時，首次介紹到他們。後世基督徒將「hairesis」一詞指涉為「異端」（英文的heresy），但這個字的原意其實是「選擇」，約瑟夫斯顯然也不認為猶太教內部存在著這些各不相同的流派有何不妥。他甚至特別聲明，說這三個派系「從遠古時候」就已存在於猶太人之中，和西元六世紀羅馬直接統治之初在猶地亞興起的第四個派系截然不同（約瑟夫斯認為這第四個流派十分邪惡）。這些團體究竟是否真的如此古老，還是源自約瑟夫斯首次提到的西元前二世紀後半葉，現在難以確定了，但他們的確在這個時期大放異彩。此外，希臘化世界存在許多互相競爭的人生哲學思想，例如斯多噶學派、伊比鳩魯學派和畢達哥拉斯學派（約瑟夫斯偶爾也會明確地拿這些希臘哲學和猶太教派做比較），所以這樣的風氣也提供了適當的環境，讓多元派系成為可能。[01]

西元前二世紀初，幾乎所有的聖經文本都已完成，大部分也已被翻譯成希臘文。這時，猶太教往後所有教派皆具備的共同核心理念也已出現——直到現代的人文猶太教和世俗猶太教出現後，才有例外。猶太人崇敬並遵奉亞伯拉罕、以撒和雅各的上帝，將祂在人世間所做的一切記錄在神聖的史書，在耶路撒冷聖殿中崇拜祂。猶太人相信，摩西數世紀前在西奈山上誓言要遵守的約，將他們和上帝的誡命綁在一起，特別是聖經前五卷所立下的那些規定。這些誡命把從出生到死亡的生活準則都立下明確的規範。這麼一來，該如何解釋第二聖殿時期的最後幾世紀（西元前二〇〇年到西元七〇年之間）猶太教為何會出現毫不相容的眾多派系呢？

其中一個答案是，聖經裡蘊含的觀念實在太過豐富，人們對於該強調哪一些有著相當不同的選擇，這在古代就和在現代一樣。人們做出的決定大不相同，而有些聖經概念似乎從來不曾被實際採納，例如禧年的概念。不過，除了選擇性地詮釋聖經，猶太社會世世代代流傳下來的做法和觀念也具有同等的重要性。因為習俗的力量，這些做法和觀念最終成為古老的傳統，得到相應的尊重，被一些人視為社會規範。所有的猶太人都有可能會說，自己忠實恪守聖經傳下來的律法；那些律法詳細規定了生活每一個面向的行為準則。因此，絕大多數的猶太人都認為，安息日不工作、為兒子行割禮、不吃禁忌食物、有能力時帶祭品到耶路撒冷聖殿等，都是宗教義務。西元前一世紀和西元一世紀的希臘羅馬異教作家說到猶太教的特色時，都是如此描述。對大部分的猶太人而言，相信自己就和祖先一樣守著妥拉的規約，這樣便足夠了。02

會採納某個特定派系思想的，可能只是少數人。在這些少數人看來，這似乎只是一種個人選擇。約瑟夫斯在自傳中便描述了自己青年時期在各猶太教派之中經歷的靈性之旅：「年屆十六的我，立志親身體驗吾國分裂出的各個派別。」基於個人原因（而非為了與猶太人結婚）皈依猶太教的非猶太人，可能比本土猶太人更容易受到特定猶太思想的吸引。因此，《馬太福音》的作者藉耶穌之口抨擊法利賽人把法利賽的教誨灌輸給皈依猶太教者：「你們這假冒為善的文士和法利賽人有禍了！因為你們走遍海洋陸地，說服一個人入教，既入了教，卻使他成為比你們加倍壞的地獄之子。」

《馬太福音》的這個段落長久以來是以下概念的基礎：第二聖殿時期晚期，猶太傳教活動鼓勵了人們皈依猶太教，而這不僅是第一代基督傳教活動的先驅，也是他們的對手。然而，基督徒的傳教活動其實是古代宗教史的特例，會皈依猶太教，通常是皈依的一方主動做出的決定。我們不知道這樣的皈依者有多少。就連西元一世紀有多少猶太人存在，我們也不清楚：十九世紀開始流行一種說法，認為西元一世紀初住在羅馬帝國境內的五千萬人之中，有十分之一是猶太人，但這其實是個訛誤，源自西元十三世紀的敘利亞基督徒作家巴爾・希伯來（Bar Hebraeus）。巴爾・希伯來說，皇帝克勞狄烏斯下令進行猶太人的人口普查，最後得到精確的數字：六百九十四萬四千人。然而，巴爾・希伯來顯然不明白此數據的來源是什麼。西元四世紀晚期，耶柔米注意到一模一樣的數字也曾被優西比烏（Eusebius）提起，但那是克勞狄烏斯在一次人口普查中記下的羅馬公民數量。羅馬帝國對公民進行人口普查是常見做法，但是若只針對猶太人，就很奇怪了。

西元一世紀有篇描述皈依猶太教的長篇敘事流傳下來，故事中寫到，異教徒從對猶太習俗有興趣的外人變成十足的皈依者，這中間的轉變很清楚是皈依的一方主動造就的。根據約瑟夫斯《猶太古史》所記載的一則民間故事，阿迪亞本（Adiabene）之王艾薩提（Izates）從路過的猶太人亞拿尼亞（Ananias）那兒認識了猶太教，採納許多猶太習俗，但他是在第二位訪客以利亞撒（Eleazar）來訪時才決定行割禮，全面遵循猶太律法。艾薩提做割禮手術時（很可能是由宮廷御醫進行），這些猶太人都已經不在他左右，無法施行影響。早期基督教的洗禮儀式或西元三世紀以降拉比猶太教的皈依儀式，似乎並不存在於西元一世紀。當地也沒有任何猶太團體能證實國王完全成為猶太人一員的這個新身分。艾薩提似乎是自行決定自己成了一名猶太人，並因而受到濃縮在妥拉中的這份上帝和以色列人的約所束縛。不久，他發現母后赫琳娜也用類似的方式皈依了。其後，她定居耶路撒冷，在這座城市面臨飢荒時成為主要的救助者。她是個頗負盛名的皈依猶太教者，不僅西元一世紀晚期的約瑟夫斯知道她，三世紀初編纂《米示拿》的人也認識她。[03]

聖經完成後的三百年間，猶太社會就已存在各種對妥拉的多元詮釋。關於這點，有大量證據存留下來，因為拉比猶太教和基督教這兩種至今依然持續存在的宗教傳統都保存了許多紀錄。然而，後期基督徒為了宗教目的所保留的證據卻和拉比傳下來的材料大不相同。部分的原因在於語言：基督徒傳給後代的就只有以希臘文寫成的猶太文本（雖然，現存的文獻通常是後來的基督徒從希臘文翻成另一個語言的版本，如敘利亞語、衣索比亞語和拉丁語），而拉比則只保留希伯來語或亞蘭語的文本。在一個傳統中找得到的某些文類（例如：基督徒所保留的斐羅等人的哲學論述、拉比所保留的法律糾紛紀錄），另一個傳統中卻完全見不到。在這兩個例子裡，保存文獻的目的自然是為了給後代宗教方面的指導。一九四七年發現的死海古卷能為我們提供一些觀點，因為它們是意外被保留下來的，沒有經過拉比或基督徒的挑選。死海古卷揭露了一點，那就是猶太教有一些表現形式是後世的兩個宗教傳統都沒有保存的，因而讓人不禁懷疑，這個時期的猶太教可能比從現存的那些材料所能推論出來的還要更多元。

約瑟夫斯的著作便是由近古時期的基督徒保存下來的猶太文本，我們要了解聖經時期之後的政治史，以及這些史事對宗教發展造成的深遠影響，就必須依靠他的史書。若是相關的拉比文本至今尚存，第二聖殿創建和毀滅之間發生的事件就有更多資訊能被我們獲知，想到這點便令人心情沉重嚴肅。拉比的禮拜儀式雖然保留了對於馬加比家族的紀念，但卻是在一段大量空白未被填滿的歷史真空時期，而唯一稍微帶到這段歷史的，只有《世界秩序》（Seder Olam，西元二世紀編纂完成的作品，總結了世界的歷史，尤其是猶太人的歷史）一書，但書中的敘述也十分含糊；《齋戒卷軸》（Megillat Ta'anit）以日期的先後順序記載了第二聖殿時期發生的光榮與歡樂事件，目的是要禁止人們在這些日子進行公共齋戒，但是書中指涉史事的晦澀方式常讓人無法解讀；應該是在西元三世紀末編纂而成的《米示拿》裡有一篇文章〈族長集〉（Avot），在描述一連串的傳統時，以驚人的速度跳躍，從西元前四世紀一下跳到西元前一世紀末，自西元前三世紀「公正的西緬」（Simeon the Just）開始，寫了五代生平幾乎完全未知的智者，最後來到希律時期的希列（Hillel）和沙買（Shammai）。綜上所述，約瑟夫斯才是研究第二聖殿晚期猶太教的史學家必須依賴的對象，因此我們應該從他對猶太教各派系的論述開始著手。[04]

我們已經知道，約瑟夫斯曾描寫過法利賽人、撒督該人和愛色尼人等三個派別，以及和這三派大相逕庭的「侵入的第四支派系」。他聲稱，這第四個派別在西元一世紀時讓猶地亞陷入災難，導致耶路撒冷被羅馬人摧毀。約瑟夫斯堅稱這和前三個派別相比有著極大的反差，明確地將另外三個派別描繪成猶太教的合法表現形式，雖然三派也有不同之處——我們將在下文看到，它們之間的差異其實相當巨大。

法利賽人

「你們這假冒為善的文士和法利賽人有禍了！因為你們當著人的面把天國的門關了……你們這瞎眼的嚮導有禍了……你們這無知的瞎子啊！……你們這些蛇啊，毒蛇的孽種啊，怎能逃脫地獄的懲罰呢？」耶穌在《馬太福音》中對「眾人和門徒」所說的這番話，深深影響法利賽人在後世基督教文化中的形象。「坐在摩西位上」的法利賽人被指控只是在裝虔誠：「你們好像粉飾了的墳墓，外面好看，裡面卻滿了死人的骨頭和一切的污穢。」在歐洲語言中，「法利賽主義」一詞現在用來表示「自以為是的宗教形式主義」。綜觀歷史，基督教社會中不時會有同樣信奉基督教的教徒遭到這樣的責難，尤其是因為，指稱一個人很虛偽、缺乏真誠的虔誠之心，這種控訴任何教徒都很難加以駁斥。例如，十九世紀為了重振英國國教而發起的牛津運動中，就有一名人物愛德華・普西（Edward Pusey），他堅稱「在今日所有的法利賽式行為中，上教會似乎是當中的傑作。」但在另一方面，後世的拉比猶太人將法利賽主義和拉比傳統湊在一塊，致使猶太民眾所想像的法利賽人成為經過美化的版本，被想像成早期的拉比智者，雖然我們將在後面看到，有證據表明這樣的聯想其實是錯誤的。[05]

無論如何，要介紹法利賽人，不管是以充滿惡意的福音書開頭，抑或從晚期拉比的回顧型論述開始，都蠻奇怪的。當代的猶太人約瑟夫斯才是較有可能的人選，可以說明第二聖殿時期晚期的法利賽主義。他在自傳裡明確表示，他是以內行人的角度描寫法利賽主義的：他十幾歲時讓自己接受「艱辛的訓練和勤奮的練習」，好親身經歷法利賽主義、撒督該主義與愛色尼主義。其後，「我在十九歲時開始以法利賽人的規矩管理我的生活。」約瑟夫斯不是唯一一個說自己曾實踐過法利賽主義的人，因為保羅也說他在「贏得基督」之前，曾經「就律法說，是個法利賽人」。根據《使徒行傳》的作者，保羅曾在耶路撒冷受教育，是「迦瑪列門下」的學生，而同樣的這位作者在書中他處也將迦瑪列描述成一位法利賽人。書中說到，有人控訴保羅引起猶太人的不安，且褻瀆了聖殿，因此他在亞基帕面前為自己辯護時，便說：「我自幼為人如何，從起初在本國的同胞中，以及在耶路撒冷，所有的猶太人都知道。他們若肯作見證，就知道我從起初是按著我們教中最嚴緊的教門作了法利賽人。」保羅遭到審判的期間，撒督該人和法利賽人在猶太公會上起了爭執，原因是保羅說了這句話：「諸位弟兄，我是法利賽人，也是法利賽人的子孫。我現在受審問是為有關死人復活的盼望。」[06]

從這些段落中可以知道，使用「法利賽人」來稱呼自己，顯然可以是件值得驕傲的事，沒有日後福音書使用這個名稱時具有的侮辱意味。希臘文的「pharisaios」本身並沒有任何意義，因此必定是某個亞蘭文的音譯，衍生自「prsh」這個字根，意為「分開」：法利賽人是一群將某樣東西從另一樣東西分開的人，但究竟是什麼被分開，並沒有說明。早期的拉比文獻曾用希伯來文提到「perushim」（被動語態，意思是「被分開的一群人」），指的應當是同一個團體，因為這些「perushim」被說到和「tsedukim」（即撒督該人）起爭執（見下文）。但，他們使用這個稱呼，而不使用法利賽人真正的名稱，可能是在玩文字遊戲，以表達羞辱之意。因為，這種充滿涵義的綽號也有出現在早期拉比猶太教的其他文獻，像是在提到叛變領袖巴爾・科赫巴（Simon bar Kosiba）時，稱他作「Bar Kokhba」（星星之子）或「Bar Koziba」（謊言之子）。故，某些拉比文獻以「perushim」來指稱「分離主義者」，肯定也是為了表示他們不認同這些人。[07]

因此，我們可以假定，約瑟夫斯和保羅所處的立場讓他們能夠告訴讀者法利賽人信條的本質以及法利賽人在社會中扮演的角色。然而，這不表示他們真的都這麼做。保羅當然很難客觀紀錄他所謂的「早年的猶太教人生」，但比起偏見更引人注意的，卻是他的沉默。他在介紹自己時，完全沒說到法利賽主義代表了什麼，只有說法利賽人「就律法上的義說」，是「無可指責」的。相較之下，約瑟夫斯在他的《猶太戰記》、《猶太古史》和自傳中對法利賽這個團體倒有很多話要說，對個別的法利賽人則沒有太多著墨。但，他的著作是為非猶太讀者而寫，渴望展現猶太哲學的精妙之處，因此他選擇讓法利賽人穿上理想化的希臘衣裳：他在《人生》（Life）裡明言，法利賽人「和希臘人的斯多噶學派有一些相似之處」。然而，他將哈斯蒙尼朝代的法利賽人描述成一個政黨，卻是有問題的做法。他對這些政治事件的敘述是來自希臘學者大馬士革的尼古拉斯（Nicolaus of Damascus）所寫的史書，但尼古拉斯因無法同理抑或是不了解猶太教，似乎把法利賽人和撒督該人描寫得好比是希臘人的政黨。[08]

根據約瑟夫斯的說法，法利賽人的信條特色就是他們堅持「把一切事物歸因於命運和上帝：他們認為，大部分的時候，人確實可以決定要做正確的行動或者安靜不動，但每一個行動，都有命運參與其中」，而他們也相信「每個靈魂都是不朽的，但唯有好人的靈魂可以進入另一個軀體，壞人的靈魂會遭受永恆的懲罰。」約瑟夫斯也在他處寫到，法利賽人相信，靈魂在死後接受的獎勵和懲罰是發生在「地面之下」，永恆的禁錮只發生在邪惡的靈魂身上，好的靈魂則可以輕鬆通往新生命（指的可能是輪迴）。這種投胎轉世的概念沒有任何聖經基礎，反映的可能是希臘文化的影響。關於死後的生命，在西元一世紀的猶太人之中引發爭議的新概念不只這一個（見第八章）。

然而，最能將法利賽人區別開來的一點，就是他們把自己當作是律法的正確詮釋者。約瑟夫斯明指迦瑪列之子西門是「屬於法利賽人這個派系，因在祖先的律法這方面特別準確而出名」。根據《使徒行傳》的作者，保羅提到自己的法利賽人背景時，對自己也有相同的描述，自稱「按著我們祖宗嚴緊的律法受教，熱心事奉上帝，就如你們大家今日一樣」。[09]

引人注意的是，在這些特色鮮明的法利賽信條列表中，我們找不到福音書中耶穌指摘法利賽人的那些宗教議題。耶穌在福音書猛烈抨擊法利賽人，似乎只是因為耶穌自己和法利賽人彼此競爭，又或者更有可能的是，因為後來在西元一世紀福音書散播的年代，基督團體將法利賽人視為對手。根據《馬太福音》，耶穌大呼：「你們這假冒為善的文士和法利賽人有禍了！因為你們洗淨杯盤的外面，裡面卻滿了貪婪和放蕩」，但約瑟夫斯完全沒說到法利賽人特別注意潔淨方面的議題（雖然他筆下的愛色尼人倒是特別強調這方面）；《馬太福音》記載，耶穌說過：「你們……有禍了！因為你們將薄荷、大茴香、小茴香獻上十分之一，那律法上更重要的事……你們反倒不做」，但約瑟夫斯雖然寫過很多有關什一奉獻的事，卻沒說法利賽人特別注重這個方面；在《馬可福音》中，法利賽人抱怨耶穌的門徒一邊走過麥田一邊摘麥穗，耶穌回以一句機警的妙語：「安息日是為人設立的，人不是為安息日設立的」，但約瑟夫斯卻沒有提到法利賽人特別注重安息日，而是說這項特色屬於愛色尼人。早期的拉比文獻確實留下了證據（我們在第七章會看到），說到西元一世紀的某些團體因為在潔淨和什一奉獻方面特別一絲不苟，與其他團體有所區隔。此外，他們也留下證據，顯示同時期被他們當作宗教前輩和老師的智者曾針對安息日的遵守議題進行諸多討論。然而，他們並沒有說法利賽人特別看重這些議題，只有在為了點出他們與撒督該人的差別時才說到這一點（見下文）。[10]

對法利賽人而言，如何研讀妥拉才是真正重要的事情。他們的詮釋方式一絲不苟，而這項特色便是福音書中耶穌所抨擊的一點。法利賽人堅持，誓言必須正確說出口，方有約束力。在希律時代，有一群法利賽人拒絕向國王宣誓效忠（應當是因為他們擔心自己可能必須打破這個誓言，雖然約瑟夫斯只有說，他們「這些猶太人很驕傲自己謹遵祖傳，聲稱自己守著神明認可的律法」）。這種自認一絲不苟的做法，才能被說是法利賽人之所以發揮重大影響的原因，因為這個特點賦予他們權威性，讓他們有正當理由支持極保守的詮釋方式。

約瑟夫斯在很多段落都提到了法利賽人的影響。法利賽人「在市民之間極具影響力」，「所有的禱告和崇拜上帝的神聖儀式都是依據他們的方式進行。」他們「有群眾做為盟友」，不像撒督該人只能夠說服富人。但他沒有解釋的是，這個自詡為律法專家的激進團體為何在猶地亞的群眾之間可以那麼有分量。我們不曉得當時有多少法利賽人。我們所能找到最佳的數字，就是希律時代至少有六千名法利賽人，因為這就是當時拒絕對國王宣誓效忠的法利賽人數量。這些法利賽人在希律的一位親戚腓羅拉斯（Pheroras）的妻子替他們付了罰金後得到國王原諒——約瑟夫斯特別指出，希律宮廷中的女性受到法利賽人的統治。無論是這個數字或者是其他有關法利賽人的證據，其實都看得出來這群人在猶地亞的總人口中佔了不大的比例。約瑟夫斯在某個段落寫到，法利賽人謹慎地維持簡單的生活方式，避免奢侈。不過，這一點和耶穌的指摘並不矛盾。在《馬太福音》中，耶穌說：法利賽人「喜愛宴席上的首座、會堂裡的高位，又喜歡人們在街市上向他們問安，稱呼他們『拉比』【『我的師父』、『我的老師』】」。然而，致力於禁慾苦行的律法專家表現出這樣的自我推崇，確實令人難以理解他們怎能如此受歡迎。除非是因為，人們贊同他們對於律法的詮釋。11

其實，約瑟夫斯在明確說明法利賽人詮釋妥拉的基礎時，就已順帶說出他們如此受到歡迎的原因了。法利賽人「將某些祖先傳承下來但沒有寫進摩西律法中的規範傳給人們」，堅稱遵守「祖先傳統蘊含的道理」是沒有錯的。法利賽人在《馬可福音》中也表達了類似的觀念，因為耶穌允許門徒吃飯前不用先洗手，他們便和耶穌交涉，說：「你的門徒為什麼不照古人的傳統？」研究異端的基督徒學者希波呂托斯（Hippolytus）在西元二世紀著書，形容法利賽人接受了「古老的傳統」。至於，這些傳統是如何一代傳過一代的，有關法利賽人的參考文獻來源並沒有多加說明，只說這些傳統沒有被寫下來。然而，斐羅激昂地表示，道德生活方式的傳統不是藉由書寫或文字，而是透過榜樣教導給孩子的：

另一條蘊含普及價值的誡命是：「不可挪移你鄰舍的地界，因為這是前人所定的。」好，我們可以這麼想，這條誡命呢，不只關於土地要如何分配和劃界以消弭外人的覬覦而已，也是在捍衛古老的習俗。因為，習俗就是未書寫下來的律法、古人同意的決定，沒寫在碑文或者會遭蠹蟲摧毀的紙張上，而是刻在同樣擁有公民身分的那些同胞的靈魂上。因為，孩子除了父母的財產，也應從他們身上繼承祖先的習俗。他們打從嬰兒時期就被父母用這些習俗撫養教育，一直和這些習俗生活在一起，不該因為傳承的過程缺少文字記錄就輕視之。謹遵文字律法的人不可以得到讚譽，因為他的行動是基於權威的約束和對懲罰的恐懼。但是，忠實遵守未書寫下來的律法的人，應當獲得表揚，因為他展現的美德是受到自由意志影響的。

宗教是用領悟的，不是用教的。[12]

這就很容易解釋法利賽人的影響了，因為自詡為宗教專家的他們向其他猶太人民推崇的是依據妥拉所實踐的傳統生活型態。舉例來說，一個猶太人如果因為祖父母在吃餅前洗手，而把這件事視作傳統的核心，那麼他或許不會說自己的行為是受法利賽人影響，進而證實這種詮釋律法的方式是正當無誤的，但法利賽人的背書必定會受到人們歡迎，法利賽人也會受人喜愛。[13]

從約瑟夫斯對自己青年時期靈性之旅的描述來看，成為法利賽人似乎是個人的選擇。當時似乎並不存在任何法利賽人的組織或團體，因此個人不需要對誰宣誓效忠。不過，約瑟夫斯點出，「法利賽人彼此互愛」，他們「在群體中培養和諧的關係」，「對長者表示尊敬與服從。」我們已經知道，約瑟夫斯明確聲明法利賽人有很廣大的影響力，但這群人還是相當與眾不同，這主要也是因為，他們確保自己是呈現出這樣的形象。《馬太福音》的標準版本寫到：「他們所做的一切事都是要讓人看見，所以把佩戴的經匣加寬了，衣裳的縫子加長了。」經匣〔tefillin〕是一種放有聖經文本的小皮盒，禱告時穿戴在頭上和手上。由於他們擁戴既有的宗教規範，包括聖經之外的做法，因此他們和其他團體之間的關係大體上是看其他人對正常詮釋妥拉的方式持有什麼樣的態度。故，我們得知法利賽人和撒督該人從西元前二世紀中葉一直到西元七〇年聖殿被毀為止，時常會有「爭議和嚴重的差異」，因為撒督該人否認未書寫下來的傳統具有正當性。早期的拉比文本一致說到，這兩個團體具有敵對關係：「撒督該人說：『法利賽人啊，我們要大聲反對你們，因為你們說不間斷的水柱就是乾淨的【意即，將液體從潔淨的容器倒進不潔淨的容器也不會污染潔淨之物】。』法利賽人說：『撒督該人啊，我們要大聲反對你們，因為你們說從墓地流出的水渠是乾淨的。』」因此，法利賽人和撒督該人居然願意共享聖殿的公共宗教空間，就更引人注意了。[14]

法利賽主義和其他類型的猶太教主義之間的關係比這更為複雜。理論上，基督徒也可以同時遵守法利賽人的信條，因為《馬太福音》雖然記載了耶穌對法利賽人的辱罵，但作者也引用耶穌的話，說他因文士和法利賽人坐在摩西的位上，故指示群眾「凡他們所吩咐你們的，你們都要謹守遵行。」根據福音書的說法，耶穌反對的並不是法利賽人的教誨，而是法利賽人的虛偽，「因為他們能說不能行」。理論上，一個人只要非常認真地立下拿細耳人的誓言，便有可能同時是法利賽人和拿細耳人，因為根據福音書的記載，法利賽人非常堅守誓言的神聖性，雖然書中也說到，耶穌認為這樣可能會違反十誡當中的一條：

耶穌又說：「你們誠然是廢棄上帝的誡命，為要守自己的傳統。摩西說：『當孝敬父母』；又說：『咒罵父母的，必須處死。』你們倒說：『人若對父母說：我所當供奉你的已經作了各耳板』（各耳板就是奉獻的意思），你們就容許他不必再奉養父母。這就是你們藉著繼承傳統，廢了上帝的話。你們還做許多這樣的事。」

當然，法利賽人也有可能如拉比文獻所說的那些哈維林人（haverim，「夥伴」之意）一樣，一絲不苟地遵守潔淨和什一奉獻的律法（見第七章），雖然我們沒有理由假定，會這樣謹遵律法就表示這個人一定是法利賽人。[15]

從拉班迦瑪列的生涯可知，一個人顯然有可能同時是法利賽人，又是拉比智者。《使徒行傳》記載，迦瑪列是聖保羅的老師，也是耶路撒冷猶太公會的法利賽人領袖，「是眾百姓所敬重的律法教師」。他的影響力大到足以說服公會在鞭打使徒之後就放了他們，提出的理由是，初興的基督教運動倘若不是「出於上帝」，無論如何都注定失敗。《米示拿》也有提及這位迦瑪列，說他以拉比智者的身分做出許多裁決，如起草離婚法案，以及有一次安息日時，允許月朔的目擊證人離開集合的大庭院去散步：「在這之前，他

2. 這個小小的銀卷軸大約來自西元前 600 年，上面刻有《民數記》6:24-6 的祭司祝禱文的一部分。這個卷軸是在耶路撒冷欣嫩山肩的一處墓室出土的，可能是做為護身符使用。這段刻文是希伯來聖經現存最古老的文本。

1. 頭部經匣盒的內部構造，年代為西元 1 世紀，可能來自昆蘭。此經匣是以牛皮製成，大小只有 13mm×22mm。放在下排的 4 份紙捲用小字寫了摩西五經的經文。

3. 這是一份內容幾近完整的《以賽亞書》卷軸，以 54 欄寫成，在 1947 年於昆蘭出土。此圖露出的範圍是第 8 到 10 欄，也就是《以賽亞書》8:8-11:12 的內容。這份卷軸大約來自西元前 125 年，與形成現代聖經基礎的中世紀手稿之傳統文本內容只有些微差異。

4. 這段用希臘文寫成的警告文字位在聖殿外邦人院和以色列院之間的欄杆上，年代為西元 1 世紀。上面寫著：「外國人不得進入聖所周圍的區域。被抓到的人就得迎接死亡，要怪只能怪自己。」

5. 聖殿山外圍的西牆自從西元 70 年第二聖殿被毀之後，就一直是猶太人禱告的場所。現在在地平面見到的那些巨大石塊是原始牆面的基石。

6. 從橄欖山看聖殿山。金色屋頂的圓頂清真寺是在西元 7 世紀建成，位置就在希律興建的高台上。

7. 這是一枚猶地亞的猶太叛軍在西元 132 年所鑄造的四德拉克馬錢幣，上面刻有耶路撒冷聖殿的門面。即使聖殿在很久以前就被摧毀，對聖殿的緬懷仍是猶太教非常重要的元素。

8. 這是在加利利米格達爾出土的石塊，上面描繪了猶太會堂裡的聖殿七枝燈檯圖樣，是這種圖樣出現年代最早的。這塊石頭位於建築物中央，長 24 英吋、寬 20 英吋、高 18 英吋，由石腳支撐，年代為西元 1 世紀。

9. 宏偉的堡壘馬薩達是西元 74 年匕首黨集體自盡的地點。位於大岩塊最北端（畫面左下方），就是希律的宮殿。左邊可見死海。

10. 馬薩達出土的《便西拉智訓》殘篇。這份殘篇涵蓋的範圍是《便西拉智訓》39:27-43:30，於西元前 1 世紀抄寫，距離此書的書寫年代不到 150 年。

11. 位於死海旁的昆蘭。圖中可見西元前 1 世紀和西元 1 世紀有人居住的聚落地點以及出土死海古卷的洞穴。

12. 大詩篇卷的第 16 和 17 欄，對應到《詩篇》第 136、108 和 145 章的內容。這份卷軸的年代為西元 1 世紀前半葉，於昆蘭 11 號洞穴出土。右欄第一行的中間出現的神名在整個文本中多次反覆出現，用了特殊的古希伯來字母標記出來。

13. 第二聖殿時期晚期的石製器皿，出土於耶路撒冷。這種容器在西元 1 世紀的猶地亞和加利利十分普及，可能有一部分原因在於，人們相信石頭不會遭受儀式性的污染，與陶器不同。

14. （下圖）西元 1 世紀位於昆蘭的浸禮池。巴勒斯坦的羅馬帝國時期考古遺址出土了很多像這樣的浸禮池，用來確保儀式性的潔淨。

15. 這是一個玻璃器皿的底部。此器皿來自 4 世紀的羅馬，原本是要用來放置在埋葬凹處的附近，以做為墳墓的標記。金箔設計固定在兩層透明玻璃之間，描繪了放有 3 層經卷的妥拉約櫃以及下方的七枝燈檯。

16. 敘利亞的杜拉－歐羅普斯在 1932 年出土了一座 3 世紀中葉的猶太會堂，牆上繪有許多聖經場景，例如此圖。圖中的摩西在上帝強壯的右手協助下，率領以色列之子離開埃及、跨越紅海。

們一整天都不可活動，但拉班迦瑪列長者下令，允許他們在方圓兩千肘的距離內走動。」[F]迦瑪列在西元一世紀拉比運動的影響力和名聲可從《米示拿》的這段話推敲出來：「拉班迦瑪列長者去世後，律法的榮耀停止了，潔淨與禁食也死了。」至於他的兒子西門，耶路撒冷的叛軍政府在西元六七年派他到加利利卸除約瑟夫斯的指揮職位；約瑟夫斯在自傳裡將他描述為「耶路撒冷人，來自一個非常顯赫的家族，屬於法利賽派別」；《米示拿》提到他曾做出一項裁決，大幅修訂了鴿子的價格：

以前，在耶路撒冷一對鴿要價一元金得拿利（denar）。拉比西門・本・迦瑪列說：憑聖殿起誓！在牠們的價格只剩下一元【銀】得拿利之前，我一夜也無法好眠。他進入法庭，教導群眾：「一名女子若毫無疑問遭受五次流產，或毫無疑問遭遇五次問題，她便只需帶來一樣祭品，接著便可食用動物祭品；她不必再獻其他祭品。」同一天，一對鴿的價格來到四分之一得拿利。[16]

可以和平共處，並不表示具有同樣的身分認同。早期的拉比便把法利賽人視為與自己不同的團體：

[F]譯注：在聖經裡，安息日和月朔（每月初一）時常被相提並論，因此人們自然而然也將初一視為不可工作的休息日。除了不可勞動，安息日也禁止人們出門遠行。然而，為了判定新月份的開始，以確定獻祭的日期（因為每個月的第一天規定要特別額外獻祭），就必須觀測新月何時出現。當時判斷月亮盈虧的方式不是藉由天文測量，而是依靠肉眼觀看，且是以耶路撒冷的月亮狀態為判定標準。為了鼓勵那些不會做假見證的正直目擊者觀測新月，這一天人們被允許可以長途跋涉或甚至騎乘騾子到耶路撒冷觀測月亮。觀測到月朔後，目擊者就會到聖殿山上通報，在一個大庭院集合，接著在猶太公會法庭的法官面前回答問題，證明自己看見月朔是否屬實。確定新月真的升起之後，守衛會到山頂上點烽火，告知全國民眾新的月份已經展開。

「拉班約卡南·本·撒該（Yohanan ben Zakkai）說：『除此之外，我們沒有其他反對法利賽人的地方了嗎？因為他們也說：「驢子的骨頭是乾淨的，大祭司約卡南的骨頭是不乾淨的。」』他們對他說：『同我們對他們的愛一般，他們的不潔淨也是如此——沒有人會用父母的骨頭做湯匙。』」拉比稱呼自己的團體所用的詞（talmid hakham，意為「智者」，見第七章）和法利賽人很不一樣，所以把法利賽人和拉比劃上等號是完全錯誤的。令人驚訝的是，西元六世紀《巴比倫塔木德》彙編完成時，法利賽人的歷史已經很明顯被拉比化。哈斯蒙尼朝代的亞歷山大·雅納斯在西元前一〇三到七六年間在位時，法利賽人發起一次叛亂，抗議他沒有資格以大祭司的身分獻祭。叛變在住棚節時於聖殿爆發，民眾進行示威，將香橼往他身上丟，結果導致長達六年的內戰，帶來重大損失，其中包括大規模的處決。約瑟夫斯表示，耶路撒冷有八百名囚犯被釘在十字架上處死，而亞歷山大同一時間卻和情婦耽溺在酒池肉林之中。後世的拉比文獻追憶同樣的這段歷史時（有關智者西緬·本·示他〔Simeon b. Shetah〕的那一段），口吻倒是平淡許多：「雅納斯王和王后一同用膳。他將拉比處死了，因此無人為他們說飯前禱詞。」[17]

雖然拉比從未將自己描述為法利賽人，也從未說過他們的運動是源自法利賽主義，但因為他們和法利賽人一樣承認祖傳的正當性，所以自然會對法利賽人詮釋妥拉的方式感到親切。拉比的背書讓許多傳統延續至今，但那是因為它們是傳統，而不是因為法利賽人推崇它們。因此，當近古的基督作家跟福音書的作者一樣，將當代的猶太領袖指涉為法利賽人時，他們認識的拉比可能會感到困惑，但是不會因此生氣。[18]

撒督該人

約瑟夫斯寫到，他也曾經當過撒督該人，但他在撰寫史書和自傳時已經不再認同這支宗派。他描寫撒督該人的時候非常不客氣，某種程度上這還蠻叫人吃驚的，畢竟他希望將這支宗派也納入合法派別的一種，和第四個派別有所區隔。他筆下的撒督該人行為粗魯無禮，幾乎毫無成就，因野蠻的審判而出名，民眾都不追隨他們。現今沒有任何關於撒督該人的文獻可以反駁這種形象（福音書、《使徒行傳》和早期的拉比全都表達和約瑟夫斯差不多的敵意）或能填補有關撒督該主義特色的空白。若要從古代文獻確立這個團體的形象，不如從學者充滿自信的言論推斷，會比較容易。自十九世紀起，猶太和基督兩教的學者便一直都有表示，撒督該人是一群世俗且接受希臘化的富有貴族階級，他們來自祭司家族，與大祭司、羅馬官員有關係，詮釋妥拉的方式十分保守。然而，若仔細檢視，就會發現這個長久存在的形象幾乎清一色都是錯誤的抑或無法加以證實。不過，深入調查研究後，會發現真正的撒督該人其實也很有意思。[19]

光從「撒督該」這個名稱看不出什麼端倪。希臘文的「Saddoukaios」和「Pharisaios」一樣，肯定是源自亞蘭語，而拉比使用的希伯來文「tsedukim」也絕不是按原意翻譯過來的。把這個名字換個方式解讀，和大衛王的大祭司撒督（Zadok）聯想在一起，似乎很有道理，因為我們前面曾提過這支祭司家族擁有很高的名望，而後面說到死海古卷裡提及的「撒督之子」時，也會看到更多證據支持這一點。然而，這並不能解釋希臘文為何使用了兩個「d」。另一方面，有個字「tsaddik」意思是「正直的」，會被宗教團體拿來自稱似乎很有道理，但這不能解釋約瑟夫斯的著作和新約聖經為何都用「ou」來拼寫「Saddoukaios」。早期的拉比提過一個叫做波伊丟人（Boethusians，希伯來文為「baitusin」）的團體，可能就是在講撒督該人，因為這個團體和撒督該人一樣，在希律時代跟法利賽人及早期的拉比起過爭執，再加上，拉比對波伊丟人的看法和其他拉比文獻對撒督該人的看法相符。波伊丟人這個名稱可能和希律所指派的一位大祭司波伊丟有關。當然，經過數百年的發展，團體名稱的起源和團體本身關注的重點可能不再有關聯了，所以不能假定波伊丟人的理念和大祭司波伊丟的個人思想是一樣的。約瑟夫斯首次提到撒督該人，是在約翰・海爾坎烏斯的時代，因此這個派別至少有兩百年的歷史，而且很可能比這更久。[20]

西元六〇年代初，猶太國王亞基帕二世（希律大帝的曾孫）行使了羅馬當局賦予猶太王的權利，親自指派耶路撒冷聖殿的大祭司。他罷黜時任的大祭司，把這個職位交付給一個名叫亞那的人。這位亞那的父親也叫亞那，而非常不尋常的是，後者的五個兒子全都輪流擔任過大祭司。根據約瑟夫斯的記載，較年輕的這位亞那「脾氣很急躁，做事特別大膽」。約瑟夫斯寫到，他也因為「跟隨撒督該流派」而出名，撒督該人「冷血」的審判方式對他擔任這個崇高宗教職位的短暫生涯亦有關鍵的影響。猶地亞出現短暫的羅馬總督空窗期時，亞那趁機行動，對付許多他宣稱是罪犯的人：

> 於是他召集了公會的法官，把包括名叫雅各的一個人在內的一些人帶到他們面前；那被稱作基督的耶穌就是雅各的兄弟。他指控這些人違反律法，要將他們處以亂石砸死之刑。那些被認為最公正且嚴格遵循律法的耶路撒冷居民對此很不滿。因此，他們偷偷派人告訴亞基帕王，催促他命令亞那勿再有進一步的行動，因為他第一步的行動就已是不正確的。他們當中甚至有些人去會見正從亞歷山卓過來的【總督】阿爾比努斯，告知他亞那沒有得到他的允許，無權召集公會法庭。阿爾比努斯信了這些話，氣得寫信給亞那，威脅要報復他。因為亞那的行為，亞基帕王免除了他只擔任三個月的大祭司職，改派……[21]

值得注意的是，這個亞那是古代文獻裡唯一一個被稱作撒督該人的人，雖然我們前面已經提過，約瑟夫斯說自己曾體驗撒督該的信條，而哈斯蒙尼王朝的約翰・海爾坎烏斯據說也比較偏愛撒督該人。順帶一提，約翰・海爾坎烏斯之所以偏愛撒督該人，是因為法利賽人在懲罰某個名叫以利亞撒的人時不夠嚴厲（此人誹謗海爾坎烏斯，亂說他的母親以前是俘虜），使他和法利賽人鬧翻。亞那的後半輩子遭逢亂世但卻輝煌無比。西元六六年十月，他當上抗羅馬猶太叛軍的兩位總司令之一，統率聯合政府，底下的司令官同袍至少有一名法利賽人和一名愛色尼人。約瑟夫斯自己也是其中一位盟友，他說亞那扮演這個角色扮演得很出色，外交手腕極佳，但是最後卻被政治上的反對派圍剿至死：

身為一個在各方面都受人尊敬且清廉正直的男人，亞那即使出身顯赫、獲得極高的階級和榮耀，卻仍樂於將地位最低下的人當作同等人看待。他的獨特之處便是熱愛自由、熱衷民主，無論何時都把民眾福祉放在自己的私人利益之上。他的至高目標就是維繫和平。[22]

除卻他對審判的態度，亞那有什麼撒督該人具備的特性呢？撒督該信條最令新約作者感興趣的一點，就是他們否認死後還有生命：「撒都該人說沒有復活，也沒有天使和鬼魂。」約瑟夫斯也有類似的觀察，注意到他們沒有「死後靈魂將續存、地底世界會有賞罰」之類的概念，雖然他並沒有提到撒督該人否認天使的存在。前文曾提過（第一六〇頁），坦拿文本記載撒督該人詮釋律法的方式和法利賽人、拉比智者相左，像是關於潔淨方面的特定議題——比方說，不潔之物是否會攀附不間斷的水柱。最重要的是，他們認為焚燒紅母牛（其灰燼能除去接觸遺體所沾染到的污穢）的祭司一定要等到夕陽西下浸泡在水中過後，才可以執行這項儀式：「他們【先】說那位應該焚燒母牛的祭司是不乾淨的，因為撒督該人曾經說過：『儀式一定只能讓等待太陽落下的人執行。』」這樣的信條可能引發很大的爭議，對於那些被認為沒有正確潔淨自身、消除污穢的祭司所執行的聖殿儀式，人們會質疑其效力。[23]

撒督該人在這些特定的做法上和其他人意見不同，根本原因就在於他們有自己獨特的妥拉詮釋方法。約瑟夫斯寫道，撒督該人「認為唯有那些有寫下來的規範才應該被視為合法，而那些從祖先的傳統流傳下來的則不必遵守」。這種聖經基本主義是相當創新的概念，顛覆了好幾代以來的做法，因此自然會有必須承擔的後果。例如，基本主義導致他們在詮釋聖經裡有關俄梅珥（omer，指逾越節剛過時在耶路撒冷聖殿獻上的一束麥穗）的律令時，和其他猶太人的解讀不同。這也影響了逾越節到七七節之間經過的七週該如何計算的問題；七七節是個重要的日子，要將兩條全麥麵包獻到聖殿，象徵收割小麥的季節開始了。聖經規定，七週的計算（稱之為「數算俄梅珥」）要從逾越節過後的安息日之後開始算起，而大部分的猶太人都認為這是指逾越節的第二天，也就是他們把逾越節這個節日本身當作一個「安息日」；然而，撒督該人（拉比文獻裡的「波伊丟人」）卻認為「安息日之後的那一天」指的是逾越節過後的星期日，也就是他們把「安息日」解讀成最原始的意思。撒督該人採取這種解讀方式，一部份的原因或許是不希望違反安息日的規定。因為，逾越節的第一天倘若恰好是星期五，就會變成要在星期六安息日時收割俄梅珥，破壞了安息日不工作的規定。然而，這樣詮釋帶來了重大的後果：撒督該人雖然也在數算俄梅珥的第五十天慶祝七七節，但是這一天會和其他猶太人算出來的日子不一樣。[24]

我們很難知道，這種只依賴聖經文本的做法如何能夠實現。如同後來的基本教義者（例如卡拉派，見第十二章），撒督該人再怎麼樣聲稱自己對傳統抱持的態度，他們肯定還是有發展出自己的一套詮釋方式[25]。關於上帝在凡間事務方面扮演什麼樣的角色，約瑟夫斯筆下的撒督該人自有一套看法，而這或許是聖經讀者最難理解的部分：

撒督該人……完全不承認命運，也不相信人類的邪惡行為與思想和上帝有關係：他們說，要受人尊敬或令人鄙夷是人類自己的選擇，每個人自行判斷要哪一種。靈魂的續存和地獄的賞罰他們都不承認。此外，法利賽人互敬互愛，在團體中培養和諧關係，但撒督該人連對待彼此的時候，展現的也都是十分惡劣的性情。[26]

約瑟夫斯在他處曾經再次重申，這種堅持人類要對一切負起責任的看法是撒督該人的特色：「所有的一切都在我們自己的掌控之中，因此我們要對自己的福祉負責，承受自己因思慮欠缺周全而造成的不幸。」聖經屢次說到上帝出面干預人類，因此實在很難想像這樣的思維要如何和這類故事調和，約瑟夫斯又是如何能將持有這些信念的撒督該人歸入值得尊敬的猶太教派之一。他筆下的撒督該人所信奉的教條和他大力攻擊的伊比鳩魯理念相似，兩者在他眼中都是錯得離譜。他是在討論但以理預言的準確性時抨擊伊比鳩魯學派的，說他們：

> 不信生命中有天意，也不認為上帝會管理生命的事務，並相信生命不是受到當稱頌且不可腐敗的上帝掌控，朝著全體的繫存而去；反之，他們說世界是自發運作的，沒有驅使其前進的力量，也沒有受到照看。如果世界真的像這樣沒有受到保護，那麼當世界被無法預知的不幸事件所襲擊，就會毀滅殆盡，好比我們看見少了舵手的船隻被風吹沉，或是無人握好韁繩的馬車遭翻覆。因此，根據但以理所預言的那些事，我認為他們大大背離了真理，相信上帝完全不會對人類事務行使任何天命；因為，世界若真是透過某種自發的機制在運作，我們將不可能看見他預言的一切成真。[27]

從拒絕遵從祖傳的這點來看，或許就足以說明人民為何鮮少跟隨撒督該人：「這個教派只有打動極少數人」，「可以說，他們沒有成就任何事。」關鍵就在於他們無法堅守自己的看法，因為「每當他們不情願地被迫坐上什麼職位，他們還是會屈服在法利賽人的信條下，因為不這麼做民眾就不會容忍他們。」約瑟夫斯會這麼說，似乎是相當不喜歡撒督該人，但是我們別忘了，他其實希望讀者認同撒督該人的教派，把它當作猶太教的合法形式之一，與第四支派系相對。在這一段文字中，約瑟夫斯並沒有指出法利賽人的觀點在哪些方面佔有優勢，但他心裡想的應該是「禱告和獻祭」，也就是耶路撒冷聖殿的儀式，因為我們前面曾看到，約瑟夫斯堅稱法利賽人的教誨在這方面非常普及。[28]

什麼樣的人會成為撒督該人？顯然，一個人可以隨心所欲加入這個派別然後又離開，因為前面已提過，約瑟夫斯聲稱自己在少年時期便曾這麼做。他將撒督該人描述成「地位最高者」，「只能夠使富人信服」，但是這些敘述似乎僅是一種社會觀察，並沒有反映出加入這個團體的必備條件——拉比文獻中提到撒督該人時，沒有暗示他們來自與法利賽人不同的社會階層。值得注意的是，法利賽人的其中一位領袖拉班迦瑪列假定了法利賽人和撒督該人是鄰居，因為他提到父親曾做過一次判決，指導要如何和跟他的家人住在耶路撒冷同條巷子的一名撒督該人維持良好關係。此外，法利賽人西門・本・迦瑪列和撒督該人亞那・本・亞那在抗羅馬戰爭的前兩年（西元六六到六七年）也是關係非常密切的盟友。[29]

在上面引述的那段話中，約瑟夫斯表示撒督該人似乎沒什麼團結心，甚至連對彼此的尊重也沒有。他們「不遵循律法之外的任何規範；事實上，他們還認為跟自己追尋的智慧之道在同一條路上的老師爭論是種美德」，而且他們「就連對自己人也很無禮」。這一群人是極端的個人主義者：每一個撒督該人都依靠自己個人對聖經的詮釋。因此，當約瑟夫斯講到哈斯蒙尼時期的撒督該人時，因為他們對約翰・海爾坎烏斯發揮了很大的影響力（前面曾提到，約瑟夫斯說他離棄了法利賽人，加入撒督該人）而將他們描述成半政治團體，這形容頗令人意外。前文雖然有說到，波伊丟人這個名稱可能和希律指派的一位大祭司有關。然而，其他文獻並未表示撒督該人通常會擔任祭司（更沒提到祭司通常都是撒督該人）。約瑟夫斯明白指出亞那是一名撒督該人，就顯示撒督該人不應理所當然地被當成大祭司。不過，《使徒行傳》的作者敘述彼得和約翰在聖殿傳播福音的經歷時，曾提到耶路撒冷的大祭司身邊跟著一群撒督該人。[30]

從比較宏觀的視野來看，我們或許可以將撒督該人想成是第二聖殿晚期猶太世界中的邊緣團體。大量證據都證實了撒督該人和法利賽人之間時有爭執，因此兩個派別的思想很明顯是毫不相容的；此外，由於他們認為死後不再有生命，並相信上帝不會對世界產生影響，所以也很難和猶太教的其他分支融合。但是另一方面，我們沒有強烈的理由相信撒督該人的聖經詮釋方式在第二聖殿時期結束後無法繼續長久存在。因為，撒督該人所遵守的那些信條並不需要聖殿的存在也能續存下去。在西元八〇和九〇年代著書的約瑟夫斯在字裡行間也透露出，撒督該主義在他的年代仍是猶太人會加入的派別。因此，出現在西元一千紀末期的卡拉派便被拉比視為撒督該主義的復興運動。是的，由於成為撒督該人是個人的選擇，不需要加入任何團體，所以原則上，現今想成為撒督該人是有可能的。[31]

愛色尼人和特拉普提派

愛色尼人和個人主義感強烈的撒督該人形成很大的反差。西元一世紀有不少作家在描繪理想化的願景時，是以他們的團體生活作為主題，熱切地認同這些「美德的實踐者」以及他們完美的團體制度。不過，對於愛色尼人的生活方式所蘊含的哲理，他們的描述卻有頗大的差異。在信奉柏拉圖主義的哲學家斐羅看來，愛色尼人致力研究哲學倫理；對力圖向外邦讀者展現猶太教優點的約瑟夫斯而言，愛色尼人是個虔誠的團體，擁有和畢達哥拉斯派相似的體制——西元前五世紀，義大利的希臘哲學家畢達哥拉斯創立了這個宗教團體，重視潔淨與自省，有著特色鮮明的禁忌和明確的道德準則。這樣的介紹方式顯然很有效，因為愛色尼人成了唯一一個受到非猶太作家注意的猶太團體。來自義大利北部科莫城（Comum）的博學羅馬人老普林尼（Pliny the Elder）在西元一世紀中葉編纂了一部內容包羅萬象的鉅作《博物志》（Natural History），他在書中便對愛色尼人表達了欽慕之情：

> 他們這群人獨一無二，是全世界所有人當中最值得欽佩的，沒有女人、完全棄絕愛情，沒有財富、只與棕櫚樹為伴。由於新成員眾多，這個團體每日都以同樣的數量重生；沒錯，生命引領那些厭倦了多舛命運的人來接受他們的習俗，大量湧入這個團體。因此，雖然聽起來難以置信，但是數千個世紀以來，竟有這麼一個民族存在著：他們永恆存在，卻沒有誕生任何嬰孩。外人對於自己過往的人生所感受到的懺悔之意，就是他們繁衍興盛的來源！

根據希臘雄辯家迪歐・克萊索斯通姆（Dio Chrysostom）的傳記作者所言，這位來自現今土耳其的比提尼亞（Bithynia）、和普林尼同時代的晚輩也曾讚賞過愛色尼人，說他們「在死海附近自成一座繁榮的城市，就在巴勒斯坦的中心位置，離索多姆（Sodom）不遠」。普林尼和迪歐都沒有把這些愛色尼人稱作猶太人，這一點可能具有頗重大的意義，畢竟西元七〇年猶太起義遭鎮壓後（見第九章），羅馬帝國大部分地區都受到政府影響，對猶太人相當反感。[32]

在這些文本中，愛色尼人的名稱以各種不同的形式出現。斐羅和約瑟夫斯都拿不定主意，有時用「essaios」、有時用「essen」，而後期的作家也曾使用這兩個名稱，西元二世紀的基督作家赫格西普斯（Hegesippus）便是一例；赫格西普斯顯然是從猶太教皈依到基督教的，西元四世紀時優西比烏曾經引用他的作品。斐羅對「essen」這個名稱感到很疑惑，提到「這個字雖然不完全是希臘文，但我認為可能和hosiotes【『神聖的』】這個字有關」。然而，促使他在同一篇文章把「essaioi」（「essaios」的複數）解釋成「hosioi」（「聖人」）的這個字源明顯有誤。比較有可能的，應該是某個人們可以驕傲地拿來形容自己的閃語字，例如亞蘭語的「asya」（「治癒者」）或是「hasaya」（「虔誠的」）。但，沒有一個字源可以真正解釋得通「essen」這個稱呼的寫法，而這是希臘文獻中最常見到的版本，也是拉丁文獻唯一出現的名稱。[33]

這些宗教狂熱者有什麼特別之處呢？文獻來源大多在強調他們的生活方式，較少提到他們特定的信條，但是這些都是外人的敘述，所以可能並沒有正確地反映出愛色尼人對自己的看法。在斐羅的描述裡，這是一個全男性的群體，當大家沒有一起吃飯時，便從事農業和手工，穿著方面則實行禁慾主義（他們會穿共同的衣物：「他們不僅在同一張餐桌上吃飯，還有共用的衣服」）。錢財也是共有的：「他們無人可以忍受擁有任何自己的東西；不能擁有房子、奴隸、土地，牲畜也一樣，只要是需要投注或是能夠獲取財富的東西，他們一概不擁有。他們把所有的東西放在中間堆成一堆，共同享受全部的資源。他們像兄弟般住在一起，採取組織的形式和共餐的習俗。他們一切的活動都是為了公共利益。」

斐羅在他處敘述了另一個版本，同樣是關於物品和照護的共享：

> 第一，沒有任何房子屬於任何人；所有的房子都是屬於所有人，因為他們不僅生活在同一個群體，住家的大門也為來自他鄉的成員敞開。第二，所有的人只會有一個錢包，花費是共同的。衣物和食物也是共同持有，因為他們有共餐的習俗。要在別處尋找比這裡更有效地共享同一個屋簷、共享同一個生活方式、共享同一張餐桌的地方，將是徒勞無功。原因在此：他們做完一天的工作，無論得到什麼酬勞，都不會自己留著，而是在大家面前把酬勞放在眾人之中，做為公共的用途，給希望運用這些錢的人使用。至於病人，他們並不會因為不能生產這樣的藉口而遭到忽視。多虧了公共錢包，他們有接受治療所需的一切，因

此不必擔心要負擔龐大的費用。長者會被尊重和關懷所圍繞：他們就像父母，有孩子在他們年紀大時幫助他們，對他們非常慷慨，給他們無盡的關心。

拒絕擁有奴隸這一點，在古代世界特別不尋常，而他們的理由更特別。斐羅說，愛色尼人「譴責奴隸主，不只是因為他們違反平等而成了不公義之人，更因為他們違背大自然的法則而成了不敬神之人。大自然平等地孕育所有人類，像母親般滋養他們，因此讓他們成為名副其實的真兄弟。然而，為了使自己獲得更大的享受，狡詐的貪慾重重打擊了人類的手足之情，以惡意取代愛，仇恨取代友情。」約瑟夫斯在《猶太古史》中則是簡潔地說，愛色尼人「認為奴役是不公義的行為」。34

斐羅和約瑟夫斯的《猶太古史》對於愛色尼人的描述基本上相符一致，表示不是約瑟夫斯讀過斐羅的作品，就是兩人參考了同一個文獻，而這個文獻剛好也寫到一模一樣的數字，說這個團體「超過四千人」。他們強調愛色尼人拒絕女人和財富，和普林尼的描述很吻合。35

約瑟夫斯在《猶太戰史》第二卷長篇敘述愛色尼人的生活時，倒有蠻不一樣的說法。這是一段相當於民族誌的完整陳述，目標讀者很明顯是非猶太人。約瑟夫斯把這當作一個獨立的篇章，常在著作中的其他地方請讀者自行參閱：

第三類派別是愛色尼人，其嚴肅的特性肯定是使他們出名的原因；祖先雖是猶地亞人，但他們對待彼此卻比其他人更友愛。這些人將歡愉視為罪惡，認為自制、勿沉淪於情慾才是美德。雖然摒棄婚姻，但是他們也會認養外人的小孩，在孺子可教的時期把他們當作家人，灌輸孩子品行的原則：他們雖然摒棄婚姻和婚姻能夠帶來的後繼人，卻可免受女人的反覆無常所苦，因為他們相信女人沒有一個能對一個男人永遠忠誠。因為【他們】鄙視錢財（他們的公共資產多得驚人），因此他們之中不可能有人擁有比較多的財富。他們有條規範是，加入這個派別的一定要將自己的金錢繳交給組織，這樣一來，貧窮的羞恥和富有的優越都是不受歡迎的，每一個人的資產都混在一起，創造一個給所有人共用的資金，大家就好比兄弟。

這篇文章寫到，很多地方都可見到愛色尼人：

沒有一座城市是他們的，但是每座城市都住了很多愛色尼人。對那些從他方前來的同派人士，整個群體會為他們安排打點，就像他們也是自己的一員那樣，他們會暫住在過去從未見過的人的家裡，彼此彷彿是最親的朋友。因為如此，他們出門在外完全不帶行囊——雖然還是會帶武器以防盜賊。在每一座城市，組織會派一位專侍訪客的管家，負責處理衣物和其他設備……在舊的衣物和鞋子隨著歲月流逝破損不堪、完全磨壞之前，他們不會進行汰換。他們不買賣任何東西；每個人將自己有的東西送給需要的人之後，會和對方交換有用的東西。[36]

約瑟夫斯接著講到了愛色尼人奇特的儀式與共餐文化：

太陽升起前，他們不會說任何世俗的話，而只是對著他說某些古老的禱文，彷彿是在乞求他現身。這些事之後，負責人解散他們，讓每個人去做各種自己熟悉的活。他們辛苦地工作到五點時，又再次到一個地方集合，腰間繫上亞麻布，在冰冷的水中清洗身體。潔淨過後，他們聚集在一個持有不同觀點的人不可踏入的私密大廳：現在潔淨了，他們便進入飯廳，好像進入聖所般……祭司在食物前面禱告，禱告前禁止吃任何東西；早膳用畢，他會再說一個結束的禱文……對外人來說，裡面的人一片靜默，顯得十分神祕，會使人打起寒顫。原因在於，他們持續地表現出肅穆，吃喝都有配額，執行得非常徹底。

約瑟夫斯詳細地向讀者介紹愛色尼人的入派儀式：

對於渴望加入這個派別的人，入門的方式並不直接。他們會為此人制定一套生活方式，讓他繼續留在團體外一年，給他一柄小斧頭以及前面說過的繫在腰間的白色衣物。在這段期間內，每當他證明自己具有自制力，就可以更靠近團體，分享更純淨的潔淨用水，但他還不會被接納到團體生活之中。這樣展現了堅忍的精神後，他的性格還必須再測試兩年，待他證實自己可以成為愛色尼人之後，他就被這個團體所接受。然而，在他碰觸共餐的食物之前，他必須發毒誓……

這些毒誓包括要對團體有向心力，「不可對成員隱瞞任何事，也不可對他人揭露成員的任何事，即使必須一死也要做到」。愛色尼人對於團體內部的紀律和審判也有同樣嚴厲的要求，這些規定「非常公正、極為準確：他們會在召集人數超過一百人之後進行審判，且這些人決定好的事情是不容許有協商空間的。他們非常崇敬立法者之名——僅次於上帝，如果有任何人侮辱了他，就要處死。他們重視服從長者和多數者所帶來的榮耀。因此，假設有十個人坐在一起，只要有九個人不願說話，剩下那一個人就不開口。」逐出派別的程序也很嚴謹：「倘若犯下的錯誤夠嚴重，就會被逐出團體。被逐出的人通常會面臨極其可悲的命運並死去。因為，受到毒誓和習俗的約束，他不能吃他人給予的食物。他只能吃草，飢腸轆轆之下，身體逐漸衰弱而死。那便是為何，他們其實也會展現慈悲，曾在許多人行將就木之時把他們帶回，認為這些苦難已足以彌補他們的錯……」[37]

在這篇描述團體紀律之嚴苛的文章裡，約瑟夫斯也額外參雜了一些對於愛色尼人神學思想的驚人敘述（前面提過的那段毫不掩飾的陳述「太陽升起前，他們……對著他說某些古老的禱文」只是其中之一）。愛色尼人「對古人的性情格外有興趣，特別關注對靈肉有益處的那些部分。以此為基礎，他們研究了根莖植物、辟邪物質和石頭的特殊屬性，用來治病。」他們守安息日的方式「比其他猶太人更加嚴謹」，因為「他們不僅在前一天將食物準備好，這樣那一天就不必生火，甚至也不敢運送容器或小解」。在潔淨方面，他們會洗無數次冷水澡（前面已提過），並且避免碰油——「他們認為橄欖油是污垢，任何人不小心抹到油，就會把身體搓洗乾淨。」他們非常小心地處理排泄物：「他們用小鏟子挖出一隻腳深度的洞（這就是他們給新入會者小斧頭的原因），接著用披風完全裹住自己的身體，以免觸怒上帝的光芒，然後解到洞裡。其後，他們將挖出來的土鏟回洞中……雖然排泄物的排出是一種自然的行為，他們還是習慣在排泄後清洗自身，彷彿被污染了似的。」[38]

約瑟夫斯堅信，若擅長「神聖經書、各種潔淨方式與先知說過的話」，也會擅於預知未來。約瑟夫斯曾在他處提到某些愛色尼人具備這種能力，而當中最有名的是個稱作猶大的，「一個從不誤導或偽造預言的愛色尼人」。西元前一○四年，哈斯蒙尼國王阿里斯托布魯斯一世從父親約翰・海爾坎烏斯那裡繼承王權，並謀殺了弟弟安提柯。愛色尼人猶大「看見安提柯經過聖殿，對同伴和門徒大呼（他們和他一起聚集於此，是為了接下預知未來的指示），說他會因發言失當而死，因為安提柯還活著，雖然他曾預言他會死在一個叫做司特頓塔（Straton's Tower）的地方，可是他現在看到他還活著……但，正當他這麼說著並感到哀慟時，消息傳來，說安提柯被殺了【在另一個同樣叫司特頓塔的地方】。」約瑟夫斯也提到另一位愛色尼人，名叫瑪納穆斯（Manaemus），說他成功預測希律會地位竄升、掌握大權：「這個人曾觀察希律，在他還是個小男孩、有一次去找老師的時候，向他打招呼，稱他為『猶太人之王』。希律一聽，以為這個人不知道他是誰，要不就是在開他玩笑，所以告訴他，他只是個平民百姓。然而，瑪納穆斯和藹地微笑，拍拍他的背，說：『但是，你將來會當上王，會快樂地治理這個國度，因為上帝認為你能勝任……』」39

約瑟夫斯在其他作品中提及對這三個派別的詳盡說明（有關愛色尼人的長篇敘述是其中篇幅最多的）時，總是語帶驕傲，顯示這段描述是他自己寫的，而非從其他參考來源取得。因此，有一點就特別引人注意了：他在這段敘述後面附上一份說明，介紹愛色尼人的次要團體。這個團體「雖然在生活體制、習俗和法律事務等方面同意其他愛色尼人的看法」，但是「有關婚姻的部分卻持不同意見」。接著，約瑟夫斯堅稱這些會結婚的愛色尼人很不願意與妻子發生關係。他們確保自己「不是為了歡愉結婚，而是因為生養後代是必須的」，一旦妻子懷孕，就避免和她們發生性行為。斐羅在著作《為猶太人辯護》（Hypothetica）中和普林尼一樣都十分強調愛色尼人的團體裡沒有女人，因此上面提到的這些愛色尼人認為沒有必要完全將女人排除在外，這一點有些令人不適。顯然，同一個派別內會存在著多元性，就如整個猶太教內部也很多元一樣。40

這些文獻沒有一個明確指出愛色尼人詮釋「神聖經書」的方法。斐羅說：「大部分的時候，他們會根據一種古老的研究方法，透過象徵來思考哲理。」然而，斐羅之所以強調這種隱喻的詮釋手法，可能是因為自己偏好隱喻；前文提到愛色尼人以相當嚴謹的方式來守安息日，表示他們詮釋聖經時很有可能是採取較貼合字面意義的方法。約瑟夫斯寫有一段文字，特別像是刻意將主題希臘化，以吸引希臘讀者。裡面說到，愛色尼人堅信靈魂是不朽的。其他作家並沒有這樣描述愛色尼人，但是約瑟夫斯非常強調這點，說這是吸引其他猶太人加入愛色尼人的手段：「為了讓好還要更好，以在死後獲得獎賞，並讓壞人因為擔憂而抑制自己的衝動……關於這些事情，愛色尼人用靈魂這個神學觀來解釋，灑下難以抗拒的誘餌，引誘那些曾淺嚐愛色尼智慧的人。」約瑟夫斯在《猶太古史》他處曾說過，「愛色尼人」（與法利賽人和撒督該人相對）「宣稱命運是一切的主宰，降臨在人類頭上的事情，沒有一件不是遵照命運的決定」。但，他在《猶太戰史》中沒有提到這點，且在《猶太古史》其他地方是以些微不同的方式呈現，寫道：「愛色尼人喜歡教導別人，一切事物都應倚靠上帝」。[41]

顯然，古代文獻對於愛色尼人的描述並不全然相符一致，若是把這些說法硬湊在一起，會相當誤導人。其中一個可能性是，這是一個廣大的組織運動，底下有不同的分支。但，這個假設又和斐羅和約瑟夫斯都明確給出的數字「超過四千人」相牴觸。普林尼強調有非常多人前去加入愛色尼人，說到可以在死海西邊一個和「不衛生的岸邊」有段距離的特定地點找到這個團體。迪歐所說的「在死海附近自成一座繁榮的城市」也有可能指出其人口不少。然而，猶太文獻所描寫的這些組織嚴密的團體似乎較普林尼或迪歐所暗示的要小得多。至於愛色尼人住在何處，現有的證據也很混亂：斐羅在一部作品中表示，他們住在「猶地亞的許多城鎮裡，也住在很多村莊，人數眾多」，但又在另一部作品中堅稱，「他們因為城市居民常做出不敬神的行為，因此逃離城市，住在村莊」。約瑟夫斯不僅說到他們「不是只住在一個城鎮，而是每個城鎮都有好幾個愛色尼人共同組成一夥」，也說明愛色尼人會在同派成員旅行途中照顧他們（前文曾提過）。顯然，愛色尼人雖然過著神聖的生活，卻也有融入廣大的猶地亞社會。因此，他們當然也有積極參與哈斯蒙尼和希律王朝的政治活動，只是位居邊緣。同樣，這也或許是耶路撒冷之所以存在一道「愛色尼人之門」的原因，顯示他們在聖城裡為數不少。[42]

約瑟夫斯在《猶太戰史》一書中對虔誠的愛色尼人進行了長篇敘述，但是並未說到他們不會帶著祭品到耶路撒冷聖殿敬神。因此，他們很有可能是會這麼做的。然而，我們有理由認為，他們在獻祭應該如何執行的這個問題上所抱持的看法，會使他們對於整個聖殿儀式的態度和其他猶太人很不同（不過，縱使如此，法利賽人和撒督該人也必須容忍這些差異，和他們共用祭壇，就如同前文所看到的）。根據《猶太古史》的希臘文手稿，約瑟夫斯寫到愛色尼人「將祭品送到聖殿，但是獻祭時所慣常使用的潔淨方式卻不一樣。因此，他們被阻擋在有牆壁圍住的公共庭院之外，自己獻上祭品。」因此，雖然我們無法確知他們在耶路撒冷做出什麼樣的行為表現，但文獻顯示他們的確也算是有參與禮拜儀式，以遵從妥拉明確的規定。出現在西元五世紀的拉丁版《猶太古史》則說，愛色尼人沒有獻上祭品的行為，因為針對潔淨方面的問題，他們和其他猶太人意見不同。但，這可能是因為猶太人和基督徒在五世紀的時候都已習慣不獻祭的敬神方式，所以回溯這段歷史時才會寫出這段文字。寫到愛色尼人為了成為上帝的特別敬神者時，斐羅說他們認為讓自己的心智真正神聖才是對的做法，而不是要犧牲活體動物。然而，他並非在暗示愛色尼人視獻祭為不好的事情；他想表達的是，他們採取不同的途徑來達到高度的虔誠。43

斐羅將愛色尼人稱作特別的敬神者時，使用了特拉普提派一詞（「治癒者」之意），並在另外一個著作《論冥想的生活》（On the Contemplative Life）中寫到一類好冥想的愛色尼人時，以特拉普提派這個專有名詞稱呼之。斐羅是唯一一個提到這個派別的人，根據他的說法，特拉普提派和愛色尼人的差別在於，前者在生活中致力於冥想，而不是做出行動。據說，他們離開城市的家，為尋找理想的田園生活，來到「麻利歐塔湖（Mareotic Lake）上方一處地勢偏低的山丘，非常快樂地定居在此，因為這裡不僅安全，也有舒適的空氣。四周的農舍與村莊讓他們安全，流進海中的湖泊和鄰近的大海持續吹來的微風則讓空氣舒適。因為，海風輕柔、湖風貼近，兩相結合，便產生最健康的氣侯條件。」

位於埃及三角洲的麻利歐塔湖就在亞歷山卓的西南方，與地中海僅隔著一條狹窄的地峽。群體中的男男女女在此過著虔誠的生活：

> 他們習慣每日禱告兩次，分別是在日出與日落時。日出時，他們祈禱能有「美好的一天」，而所謂「美好的一天」指的是心思能充滿天上的光明。第二次禱告時，他們祈禱靈魂在完全從感官的干擾解放出來、成為自己的主事者後，能夠追隨真理的道路。從晨到昏的這整段期間，對他們而言是種操練，他們會閱讀神聖的文本，以隱喻的方式詮釋古老的哲學，藉此思考哲理。他們認為文字是大自然的象徵符號，藏在文本中，由蘊含的意義揭示出來。

他們仰賴「前代的人所起草的文字」，使用隱喻的文字做為典範。因此，「他們不是只有將自己侷限在冥想中，也會創作獻給上帝的聖歌聖詩，使用各種格律和旋律，以押韻的方式寫下，好讓詩歌更加莊嚴。」[44]

不意外地，一直以來都有不少人懷疑，這些禁慾苦行的哲學家其實是斐羅虛構的，因為這位虔誠的哲學家自己無法完全逃離這個充滿各種行動的世界（後文將會詳細說明，見第七章）。特拉普提人的生活型態實在太極端了，不像是真的。每一個人據說都是各自孤立生活，和愛色尼人的團體生活不同，只有在安息日的時候，才會為了練習說話而見面。他們只在日落後飲食，且盡量吃得少，有些人還「像蚱蜢一樣，只依靠空氣為生」，限制自己只吃劣質的麵包、鹽巴（要精緻一點的就吃牛膝草）和泉水。他們特別重視七七節的慶祝；五十是這個節慶的重要數字，因此被當作「最神聖的數字，也是本質上最根深蒂固的」。在這個節日，他們會伸長雙臂、眼望天空禱告，接著享用一頓滴酒不沾的齋宴，每一個人按順序躺在沙發上，男右、女左。同時，領袖會檢視神聖文本，「揭示隱藏在譬喻之中的意涵」，然後他們會以完美和諧的方式吟唱詩歌：

特拉普提派的男女唱詩班……創造一場和諧的音樂會，那是音樂最真的形式……他們就這樣持續唱到拂曉，在醉人的音樂中陶醉。這樣的醉是沒有羞恥的。接著，他們站立著，臉和整個身體面向東方，不會頭昏眼花，而是比來參加齋宴的時候更加警醒。[45]

斐羅的敘述包含許多細節，鼓勵人們相信他描寫的是一個真實存在的猶太團體。其中一個最令人信服的細節，就是他將女性描寫成特拉普提派的正式成員，和約瑟夫斯描述的那些會結婚的愛色尼人的妻子不同，因為後者扮演的角色只有生育，唯一被記錄下來的宗教行為就是團體中的男性穿著腰布沐浴時，她們則是「包裹著麻布」。斐羅在其他地方表現出他對女性極大的反感，說她們「自私、忌妒心過重，擅長讓配偶維持品德，使盡魅力誘惑他」，因此他特別強調特拉普提派的女性屬於正式成員，這點不太可能是他想像出來的。他還描述了男女可以在保持貞潔的情況下一起敬神的現實情況，更不可能是虛構的：

他們每隔七天會在公共聖所見面，這個地方有雙重圍牆，一區給男性使用，另一區給女性。因為，女性也會固定加入人群，有著相同的熱情和敬神的衝動。分隔兩室的牆壁從地面升起到二或三或四肘的高度，形式類似胸牆，從這高度直到屋頂之間則是開放的。這樣安排有兩個目的，既保留了女性的端莊，也讓女性坐在聽力範圍之內，因為沒有東西阻擋講者的聲音，所以她們很容易就能聽到講者說的話。

比較有可能是斐洛想像出來的東西，就是當他說到大部分的女性都是「老處女，她們不是像有些希臘女祭司那樣不得已維持貞操，而是因為渴望得到智慧，所以自己選擇保持貞潔。她非常渴望把【智慧】分享給終身配偶，因此他們摒棄了肉體的歡愉，不想要有凡人子嗣，而只想要那些唯有上帝鍾愛的靈魂才能在不靠協助的情況下生育出來的不朽子嗣，因為天父在她體內種下靈性的光輝，讓她得以看見智慧的真確。」46

斐羅說到，這種冥想的生活「在世界上很多地方」都找得到，「在埃及很興盛……尤其是亞歷山卓」（他的故鄉）。但，他是不是在說這些地方跟麻利歐塔湖一樣可以找到特拉普提派的團體，我們看不出來。無論如何，從他的敘述中可以明顯知道一點，那就是在西元一世紀時，和猶地亞的愛色尼人相似（但不是完全一模一樣）的宗教團體也存在於猶太世界的其他地區。後面談到死海古卷的作者時，我們將會聊到更多別的這樣的猶太團體。團體生活是這些群體的核心；關於猶太社會中個別愛色尼人的事蹟，除了某些先知外（見前文），我們所知甚少。愛色尼人約翰是著名的例外。耶路撒冷的叛軍政府在西元六六年十月下令，由他負責指揮猶地亞北邊和西邊的防禦。約瑟夫斯形容他是個「力氣強大、具有聰明才智」的男人，而他之後將會和撒督該人亞那、法利賽人迦瑪列之子西門以及約瑟夫斯結為盟友。約翰在西元六七年初死於亞實基倫（Ascalon）的戰鬥中。約瑟夫斯明確描述了愛色尼人參與戰爭的情形，說他們願意成為殉道的烈士：

> 抗羅馬戰爭在每一方面都證明了他們崇高的靈魂：戰爭期間，無論如何被燒被打，經歷所有酷刑器具的折磨，他們秉持著絕不侮辱立法者也絕不吃不符習俗的東西這樣的目標，不願意打破任何一項：他們連一次也沒有滿足折磨他們的那些人，也沒有叫出聲。反之，他們在痛苦中微笑，取笑那些施加痛苦的人，雀躍地解除自己的靈魂，【知道】自己能夠再度將之尋回。47

信奉獨身主義的團體要延續並不容易，就像基督教的修道院組織有時候也是如此。普林尼十分佩服愛色尼人藉由接納悔過者的方式，存續了這麼久的時間。斐羅聲稱，只有「年齡成熟、已近老年的男子」才會成為愛色尼人，和約瑟夫斯的說法恰恰相左。約瑟夫斯說，獨身的愛色尼人「在別人的小孩年紀還稚嫩時領養，以便教導他們」，並提到了「另外一種愛色尼人，他們因為繁衍後代這個特定的原因，接受婚姻的必要」，否則「這個族群很快就會消失」。無論結婚與否，即使生而為愛色尼人，如果沒有團體可以加入，要過愛色尼人的生活也很困難。當然，耶路撒冷聖殿不需要繼續運作，猶太人也可以選擇愛色尼人的生活方式。但，他們在近古時期如果真的還有繼續存在，我們也無從得知，因為西元七〇年以後由拉比智者保存下來的猶太文獻中，並沒有他們的痕跡。[48]

「第四支派系」

愛色尼人的起源是一個謎。約瑟夫斯只有說，西元前二世紀中葉哈斯蒙尼王朝的大祭司約拿單擔任祭司時，愛色尼人就已經是猶太人的三大派系之一了，而我們若相信普林尼所說的（但我們可能不該相信他比較好），愛色尼人更是在他之前就已存在「數千個世紀」之久。相反地，約瑟夫斯說到「第四支派系」（與猶太教的三大標準派系法利賽人、撒督該人和愛色尼人相對）時，則是明確地說他們源自西元六年。這年，羅馬人在猶地亞實施人口普查，好為直接徵收土地稅做好準備，因為這時候的猶地亞已受到羅馬政府的統治。「一個名叫猶大的加利利人煽動當地人發動叛變，痛斥他們是不是就要這樣忍受向羅馬人進貢的恥辱，容忍上帝之外的其他主人。這個人自成一個奇特的學派，和其他派別完全不一樣。」約瑟夫斯在數年後完成的《猶太古史》中，針對同一年的歷史寫下了更為完整的紀錄，特別強調這支派系的革新性質，認為這是其之所以邪惡的原因：「這個教誨告訴我們，將祖傳做出革新和改變是導致人民的宗教遭到毀滅的重要因素。」換句話說，壓垮政體的各種煩擾之所以會出現，都是因為「這支派系有著前所未見的本質」。[49]

第四支派系的創新之處就在，他們對於「是誰掌有權威」有著獨特的教誨。根據約瑟夫斯所說，這個派系的跟隨者「對自由的熱愛幾乎可說是無法抑制的，因為他們相信，唯有上帝才是他們的領袖和主人」。這種思想因為和羅馬人施加統治權的狀況同時發生，最立即的影響就是會掀起人們的抗羅馬情緒。但，根據約瑟夫斯的描述，這套哲學思想其實蘊藏了更深更廣的內涵。這些猶太人並不是特別反對羅馬人或外族的統治。倘若某位猶太君主持續不斷掌權，他們同樣有可能加以反對。西元六年被羅馬人流放到高盧南部的希律之子亞基老和羅馬皇帝一樣，不過就是個「會死的主人」，和不死的上主不同。由於約瑟夫斯如此激烈反對這個新哲學，可見這個派系並不認同神權制的概念——本書在導論中提到，約瑟夫斯在《駁斥阿比安》一書中將神權制賦予至高無上的榮耀，是猶太體制當中最好的一種，認為上帝的意志是由大祭司所負責傳達的。此外，由於這個派系特別被點出是創新的哲學，因此也不可能理解人們為何要反對指派國王來治理以色列的這種統治方式——往昔，猶太人是由士師治理，他們相信士師可以傳遞上帝的話，這樣的觀念是《撒母耳記》的一個重要主題（見第一章）。在約瑟夫斯看來，這是一個崇尚無政府主義的猶太教派。每個猶太人都聲稱自己可以藉由個人對聖經的解讀來與上帝建立直接的連結（雖然，約瑟夫斯並未提及這個團體和聖經之間的關係）。[50]

約瑟夫斯分別用了三個小段落描述這個派系，但是並沒有給它起個名稱，而即使這些敘述都很簡短，卻有自相矛盾之處。在《猶太戰史》以及《猶太古史》的其中一個段落，此派系的領袖被說是一位名叫猶大的加利利人，但在《猶太古史》的另一個段落，猶大又被說成是來自戈蘭高地的迦姆拉，位於加利利海的東邊，並且和一個名叫撒督的法利賽人結成盟友。有個段落明確表示這個團體和其他三個派系完全沒有共通點，但另一個段落卻又直接推翻這個說法，說除了極為熱愛自由的這一點之外，「這個派別和法利賽人的其他觀點全都相符」。此外，還有個地方或許也不算一致，那就是猶大雖然「立自己為（第四支派系的）領袖」，但他分明反對任何凡人的統治。[51]

這個猶太教類型似乎與法利賽人、撒督該人和愛色尼人非常不一樣，且這點不光是體現在約瑟夫斯的批評而已。派別缺乏名稱就足以證實這一點：這個團體沒有一個明確的身分認同或綱領宗旨（但對一個以無政府主義做為核心理念的團體來說，這或許是無可避免的）。在第五章我們曾經講到，約瑟夫斯雖認為這個派系引發了西元六六年（此派系出現的六十年後）起義爆發過後的「愚行」，但他詳盡敘述導致叛變以及聖殿被毀的種種史事時，並未指名道姓隸屬於這個派系的任何一名猶太人。因此，或許應該把這個派系想成是以宗教為基礎的無政府政治團體，因為受到高壓的羅馬政府統治而興起，而不算是自成一派的猶太教類型。這麼一來，這些人之所以認同法利賽人的觀點就是因為他們也接受祖傳（「熱愛自由」這點除外）。約瑟夫斯在《猶太戰史》誇張地說，猶大及其手下和猶太教的其他運動完全沒有共同點，由此可見他試圖強調的是這個團體在抗羅馬的行為背後所蘊含的那條極其特殊的原則，也就是獨獨唯有上帝才是主人的激進理念。[52]

猶地亞的猶太人剛輸掉一場抗羅馬的重大戰爭。因此，若試圖就這樣將猶太社會的抗羅馬情緒歸類為小眾現象，是難以奏效的。事實上，約瑟夫斯曾經提到西元六到七〇年間亦有其他猶太團體反抗羅馬的統治。約瑟夫斯明確地點出一個稱作「匕首黨」（sicarii）的團體與第四支派系有關聯。他描述，一群匕首黨人士在西元六六年佔領了死海旁的馬薩達堡壘，並在西元七四年羅馬軍隊來襲時防禦此地：

這座堡壘叫做馬薩達；匕首黨人士佔領這座堡壘，帶頭的是一個很有影響力的人，名叫以利亞撒。他

是猶大的後裔，而我們前面曾提過猶大，他在居里扭前往猶地亞進行人口普查時，勸誘許多猶太人不要接受普查。那段時日，匕首黨共同對抗同意向羅馬臣服的人，將他們視為敵人，掠奪他們的財物、把他們的羊群聚集起來，並放火燒他們的屋舍。

這個段落暗示了匕首黨遵從第四支派系。約瑟夫斯描述他們受盡羅馬人的折磨，但仍堅毅不拔，在猶地亞陷落後逃往埃及，並且強調他們拒絕說出承認羅馬君主統治地位的那些關鍵字，和加利利人猶大的教誨相符。但，約瑟夫斯在史書的其他地方說到，匕首黨出名的特點是他們採取的手段，而不是他們的意識形態。匕首黨因為採取都市恐怖主義而惡名昭彰，他們會在人群裡偷偷接近受害者，用匕首刺殺他們，再悄悄混入騷亂之中。約瑟夫斯說，匕首黨在腓力斯（Felix）這位總督在位時首次出現，也就是西元五〇年代初。

既然約瑟夫斯在兩部史書中描述第四支派系時，沒有將這個派系的成員稱作「匕首黨」，而且無論是對匕首黨或是對這第四支派系他都打心底不喜歡，他就沒有理由不將匕首黨這個名稱用在這支不合法的猶太教派系身上。那就表示，這個派系的成員並不這麼稱呼自己。很有可能，匕首黨和加利利的猶大之間只是親屬關係而已。在西元一世紀給羅馬當局帶來麻煩的猶大後裔中，率領馬薩達保衛軍的以利亞撒・本・以睚魯（Eleazar b. Yair）僅是其中之一。這些後裔有多少人加入第四支派系，我們並不知道。53

奮銳黨

約瑟夫斯在史書中描述的其他猶太教類型還有另一種，這個團體也反羅馬，但和匕首黨不同，且有著比第四支派系更清楚的身分認同。他們是奮銳黨（Zealots）。約瑟夫斯厭惡地說，這群土匪在西元六八年的春天侵入耶路撒冷聖殿，並稱自己為奮銳黨：「他們這麼稱呼自己，彷彿自己是基於美德而狂熱奮進的一群人。但他們其實只是邪惡最墮落、最放肆的一種型態」。在接下來的兩年，奮銳黨將在耶路撒冷不同黨派所引發的內戰中扮演要角，緊接著又在這座城市抵禦羅馬軍隊時，成為最終防守的一員。西元六八年，他們從撒督該人亞那・本・亞那帶領的政府手中奪走聖殿的控制權，指責亞那打這場仗打得不夠盡心盡力（這其實也有理）。亞那起而反抗，進而導致聖殿周邊發生戰鬥：

> 人們這時也大聲疾呼，要他帶領他們對抗那個他激勵他們攻擊的仇敵，每一個人都充分做好了面對危險的準備。然而，正當亞那忙著招募整頓足夠的兵力時，奮銳黨聽聞攻擊計畫……十分憤怒，以軍團或更小的團體為單位衝出聖殿，不放過任何一個擋路的。亞那迅速集結民兵，雖然數量佔優勢，但是論武器或訓練卻都比不上奮銳黨。然而，狂熱的情緒彌補了兩方各自的缺陷……就這樣，受到熱情的操控，他們兵戎相見……被擊傷的奮銳黨人士全爬進聖殿，用自己的鮮血玷污神聖的地板。可以說，唯有他們的血褻瀆了聖所。

數週內，這場衝突最後導致亞那被殺。從那時起一直到七〇年的春天，奮銳黨都是聖殿內部的實際掌權者，負責執行獻祭儀式。直到提圖斯在西元七〇年逾越節的前夕率領羅馬軍隊開始圍攻耶路撒冷時，奮銳黨才同意和其他猶太軍隊合作，一起對抗共同的敵人。[54]

關於這幾年奮銳黨的所做所為，約瑟夫斯是我們唯一的參考來源，但他並不是非常客觀。西元六八年時，他自己早已向羅馬人投誠。他說，他是受到上帝的指示才投降的。對他來說還算正當的猶太叛軍，就只有老盟友亞那率領的黨派。因此，他雖然說奮銳黨在叛亂達到巔峰時做了許多暴行，但這些描述具有多少可信度，我們難以確知：

> 因為對於劫財有著無法饜足的欲望，他們劫掠了富人的家；殺害男人、侵犯女人是他們的娛樂；他們痛快地喝著戰利品，和著血將之喝下肚，滿足了以後就無恥地扮起女裝來，綁辮子、穿女人的衣服、全身上下噴滿香水，甚至還畫眼皮，讓自己更美艷。而且，他們不僅模仿女人的裝扮，還仿效女人的情慾，學她們過度從事淫蕩不合律法的歡愉行為，像在妓院一般縱情享樂，骯髒的行徑把這座城市污染了一整遍。然而，他們雖然扮得像女人，雙手卻會殺人。他們會婀娜多姿地靠近，接著突然變成戰士，從染色的披風下抽出劍來，刺殺遇見的每一個人。

約瑟夫斯如此厭惡這些猶太人，不可能會為讀者說明清楚他們的宗教意識形態。因此，要了解奮銳黨的宗教觀，只能從擁護者及其行為來推論，不能仰賴約瑟夫斯的評價。[55]

約瑟夫斯將奮銳黨描述成土匪，但這個團體的領袖似乎都是祭司。最出名的便是祭司以利亞撒・本・西門（或吉翁，Eleazar b. Simon, or Gion）。他雖然握有公共財產的很大一部分，但在兩年前（西元六六年十月）全國集會指派將領時，卻遭到漠視，因為「他們注意到他具有暴君的特質，而在他身邊的奮銳黨人個個都像保鑣」。約瑟夫斯認為西門最終成功掌了大權，只是因為他很狡詐又控制了這些財源的關係。然而，奮銳黨領袖的祭司身分和保衛聖殿的熱忱卻顯示，他們的動機應該比較偏向宗教方面才是。從控制聖殿之初，就可以看出他們完全信任上帝的干涉，因此決定以抽籤的方式來指派新的大祭司（見第五章）。約瑟夫斯非常不認同他們的決定，說奮銳黨堅稱「在古時候，大祭司是以抽籤的方式決定的；但實際上，他們的行為只是想廢除既有的做法，是他們操控指派程序、讓自己獲得至高地位的詭計而已」。這番斥責中有一點值得注意，那就是奮銳黨是拿祖傳做為自身行為的合理依據。使用抽籤的方式，選擇祭司的當然就從人類變成上帝了。[56]

「奮銳黨」這個名稱在第二聖殿時期晚期似乎具有特別的意義，有一些人和以利亞撒・本・西門那夥在聖殿遭毀的前幾年活躍於耶路撒冷的人似乎完全沒有關聯，卻也被用同樣的詞稱呼。根據《路加福音》的記載，耶穌的追隨者之中有一個人就叫做「奮銳的西門」。另外，奮銳黨原型人物的故事十分精彩，而他就是祭司亞倫的孫子非尼哈。《民數記》記載，非尼哈發現一個名叫心利（Zimri）的人和一名米甸女子在進行性行為，於是用矛槍刺殺了他，因為他（非尼哈）「為了上帝而妒忌」，展現出對上帝極大的熱忱激昂。便西拉認為，像這樣為上帝狂熱奮進的人，非尼哈是「第三有名的」，僅次摩西和亞倫。《馬加比一書》的作者將猶大・馬加比的父親瑪他提亞描述成「和非尼哈所做的那樣」展現了狂熱，後世的拉比文獻也詳細描寫了他對公義展現的絕佳熱情。如此熾熱的虔誠將信徒從遵守教條的一般人提升到更高的層次，而所有的猶太人事實上都可以說自己擁有這樣的虔誠，不必一定是任何哲學思想或政黨的成員。《約翰福音》記載，耶穌清潔聖殿時便帶著這樣的熱忱。保羅說，自己過去就是個奮銳之人：「在猶太教中，我比本國許多同輩的人更激進，為我祖宗的傳統更熱心。」《米示拿》囑咐：「一個人若偷竊聖器，奮銳之人【kanaim，希伯來文將希臘文的zelotai翻譯過來的寫法】將找上他們。」[57]

宗教狂熱的極端型態顯然可能有很多種，為支持某個道德觀而在獲准後做出暴力行為，也是其中之一。顯然，西元六八到七〇年間就有一群猶太人利用這種做法，挑起對羅馬的反叛。約瑟夫斯認為，奮銳黨以及西元六年由猶大與撒督開始傳播的第四支派系都是導致災難降臨耶路撒冷的禍因，但是除此之外，兩個團體沒有任何關聯。約瑟夫斯很會把過錯或多或少地攤給他所描述的事件當中出現過的所有人物，唯獨不責怪自己。但，將奮銳黨和匕首黨相提並論的依據似乎倒變有力的。據說，西元六六年時，匕首黨是由一位名叫米拿現（Menachem）的人所統領，他是「猶大之子，也是加利利人，是最聰明的哲學家，曾在居里扭那時候斥責一些猶太人，因為他們將羅馬人當作上帝以外的主人」。在他的率領下，匕首黨從希律位於馬薩達的軍火庫拿走武器。接著，他「像一個有模有樣的國王」回到耶路撒冷，變成「令人難以忍受的暴君」，冠冕堂皇走進聖殿，「身著王袍，並有武裝的奮銳之人伴隨左右」。後來，祭司貴族把他殺了，因為他們發動抗羅馬的叛變，不願把權力輸給這位入侵者和他的黨羽。然而，約瑟夫斯在同一段寫到，米拿現的匕首黨手下中有一位以利亞撒・本・以睚魯，「是米拿現的親戚，後來成為馬薩達的掌權者」，並在接下來說到馬薩達圍城時，特別將奮銳黨和匕首黨區別清楚。[58]

因此，沒有什麼證據表明，猶大在西元六六年宣揚的激進無政府理念後來真的有成為猶太教內部的運動。第五章已經提過，約瑟夫斯雖聲稱猶大的宣傳導致耶路撒冷被毀，但根據他的記載，從西元六年一直到六六年叛變爆發的這段期間所發生過的那些個別抗羅馬事件，沒有一件是猶大的部下引起的。《使徒行傳》的作者藉法利賽人迦瑪列之口，明確地說：「登記戶籍的時候，又有加利利的猶大出現，引誘百姓跟從他，他也滅亡，附從他的人也都四散了。」[59]

約瑟夫斯充滿反感的敘述並未掩飾普遍存在的憂慮，那就是抗羅馬團體或許會影響到聖殿的獻祭儀式，縱然這些團體在試圖維護儀式的過程中可能被誤導。以奮銳黨為例，西元七〇年逾越節的時候，他們願意讓其他非奮銳黨的猶太人在聖殿裡獻祭，致使他們做為政治團體的獨立性遭到終結，無法再控制聖殿內部。此時的耶路撒冷正遭到圍城：

> 無酵餅的節日來臨時……以利亞撒和手下打開了部分的大門，讓渴望在聖殿裡參拜的市民進入。然

而，約翰【來自吉斯卡拉，是敵對陣營的領袖】拿這個節日做為奸詐計謀的掩護，帶著藏好的武器和較不引人注目的手下（大部分都沒有潔淨自己），努力之下成功偷偷帶他們進入聖殿，試圖佔領之。進到裡面後，他們脫下外衣，突然露出武裝的真面目……此時，他們控制了聖殿的內殿和所有的倉庫，於是能挑戰西門。

第四支派系和奮銳黨對後世的猶太教類型沒有留下直接的影響。《巴比倫塔木德》裡的拉比智者回想起聖殿被毀的歷史時，將之看作是那個時候的猶太人「沒緣由的憎恨」造成的後果。拉比對羅馬雖然深惡痛絕，認為這個邪惡的王國導致聖殿的獻祭儀式消失殆盡，但他們並不鼓吹叛變。他們也不認為猶太人應該用宗教做為尋求政治自主的理由。60

死海古卷裡的雅哈達

從一九四七年開始，在位於死海旁的昆蘭附近的洞穴中找到了約莫九百份古老的文本，最終也正式發表出來。這些文本揭露了某些存在於第二聖殿晚期的猶太教類型，是約瑟夫斯以及後世猶太教和基督教的傳統都未曾提及的。過去這六十年左右，歷史學家不斷嘗試要將這些文本的作者歸入先前已知的猶太團體，包括約瑟夫斯介紹的那四個派系。但，這些文本透露出的猶太教類型雖然和每一個派系的部分特色相似（這並不令人意外，畢竟這些團體全都源自聖經時期過後的猶太教共同傳統），卻沒有和任何一個派系完全相同。約瑟夫斯寫的是軍事政治史，而非民族誌或神學著作，因此我們沒有理由假定，他介紹猶太教的四個派系時，心中希望囊括當時的所有猶太教類型。反之，他既然在其他地方曾寫到施洗約翰、耶穌和斐羅，那麼他必定非常清楚他的時代也存在著其他的猶太教類型。因此，與其用約瑟夫斯對其他團體的敘述來詮釋死海古卷的作者（愛色尼人最常被拿來比較），我們必須單純檢視這個（或這些）形象鮮明的團體自身的特點，才能洞悉其本質。[61]

卷軸的許多內容都是聖經文本、讚美詩和智慧文本等那個時期的任何猶太教分支都可能使用的素材。除了《以斯帖記》，希伯來聖經每一部書卷的片段都有出現在死海古卷裡，其中摩西五經和《詩篇》被抄寫的特別多。此外，死海古卷也有許多詮釋聖經的文本（如改寫了創世記故事的亞蘭《創世記》經外書〔the Aramaic Genesis Apocryphon〕）以及儀式用書（如描寫天使崇拜的安息日獻祭歌〔the Songs of the Sabbath Sacrifice〕）等，對任何虔誠禱告的猶太人來說，都有振奮靈性的作用：

> 獻給大師。這個月第十六天第七個安息日舉行的燔祭所唱的歌。讚美至高無上的上帝，你是神祇之中最崇高的啊。讓「神祇」之中神聖的那些使榮耀之王為聖，榮耀之王又憑著祂的神聖使那些神聖的為聖。所有「神祇」的讚美的小王啊，讚美擁有崇高讚美的上帝吧，因為在讚美的光輝中，是王的榮耀。那之中包含所有「神祇」的讚美，以及王的所有光輝。「神祇」啊，把上主的崇高再提高，比崇高的神祇還高，讓祂光榮的神聖高於所有至高之高。因為祂是【神祇之神】，所有崇高小王的上帝，所有恆久議會的王中之王……[62]

然而，除了這些類型比較普遍的猶太教文本外，這些洞穴也蘊藏了許多規約的副本，預設了一個或多個派系的存在，並且也可看得到特色鮮明的聖經詮釋形式，宣稱聖經某些部分的真義和這個團體的歷史有關。至於剩下的卷軸內容和這些團體文本有何關係，一直以來都很難確立。這些卷軸是在十一個天然形成的洞穴裡找到的，而這些洞穴則散布在昆蘭上方的山丘之中。古卷大部分是以羊皮紙寫成，但有一些是使用莎草，還有一份神祕的寶藏掩藏地點清單不知為何是寫在銅片上。

科學研究證實，這些物件源自兩千年前左右，在學者辛勤的努力下，幾乎所有的卷軸殘片都已經重新拼湊並辨識完成。然而，解讀的問題依然存在，我們無法完全理解各卷軸之間的關係，或是這些卷軸和居住在昆蘭的猶太人有何關聯。昆蘭遺址的挖掘工作主要發生在一九五〇年代，但現今仍持續有新發現。這些卷軸是在昆蘭寫成，還是從其他地方帶過來的？例如耶路撒冷？某些洞穴出土的物件（例如七號洞穴發現的希臘文檔案）應該要被當成獨立的系列，還是所有的卷軸都應該被當作同一個團體的「文庫集」？昆蘭遺址的考古發現能不能表示這個文庫是由虔誠的猶太人所使用，即使文庫的內容和在附近發掘到的卷軸並無關聯？不確定的地方雖然很多，但有件事似乎錯不了。西元一世紀晚期，虔誠的猶太人將這些卷軸放進罐子裡，再放入洞穴中保管。後來發生了某些不幸的事，可能是受到羅馬軍隊的阻擾，總之他們再也沒有回到這裡，而這些卷軸就這樣在洞穴裡靜靜待了近一千九百年。[63]

以下摘錄「團體守則」的部分內容，裡面清楚指出，當時有一個特色鮮明的獨立團體存在著，因此可以判定，死海古卷至少有一部分是由這些人所寫：

> 大師應該教導聖人（根據）團體守則生活（？），全心全意尋找上帝，在祂跟前做好的和對的事，如同祂藉摩西和所有的先知僕人之手所吩咐的那般……祂要將那些選擇致力遵守上帝戒律的人全都納入恩典之約，讓他們加入上帝的勸諭，在祂跟前過著完美的生活，遵照按時揭示的一切，友愛每一位依循上帝旨意的光之子，憎惡每一位符合上帝仇恨的暗之子……遵循團體守則的每一個人都將在上帝的跟前入約，遵從祂的一切誡命，便不會在彼列統轄時，因為恐懼、驚駭與折磨而背棄祂。入約之後，祭司與利未人將祝

福救贖的上帝和祂的一切忠信，入約之人將跟著他們說：「阿門！阿門！」

團體守則似乎是為群體的大師所寫，說明了加入團體公約的指示，而這些團體公約即是群體議會的法規，「根據這些大師的喜惡為他們所制定的行為規範」。團體守則文本存在於十二份手稿中，其中一份（出土自一號洞穴）共有十一欄內容，其餘手稿（四號和五號洞穴）則都是零碎的片段。手稿的數量和不同手稿之間的差異（例如關於「撒督之子」的領導，見下文）強烈表明了團體守則確實都有被履行（雖然這又引起另一個疑問，那就是為何守則的副本在過時後仍受到保留）。[64]

守則裡所提到的團體叫「雅哈達」（Yahad），似乎是他們給自己取的半正式名稱，不過在其他地方，新進成員也被稱作「Rabbim」，意思是「眾多」。這個團體也有被人們用其他表示「會眾」之意的希伯來字稱呼，像是「edah」和「kahal」。他們可能不覺得有必要擁有一個特殊的稱號，因為他們認為自己才是真正的以色列人，分成祭司和俗人兩種：

> 群體議會應建立在真理之上，是個永恆的園地、以色列人的聖屋、亞倫至高神聖的會所。他們在審判時應做真理的證人，他們應是良意的選民，贖回土地，並讓惡人得報。它應是受試煉的牆，或那寶貴的基石，在自己的位置上不搖不晃。它應是亞倫的至聖居所，恆久明白公義之約，散發甜美馨香。它應是以色列的完美與真理之所，根據恆久的戒律立約。[65]

團體守則中所描繪的群體生活，在更後來的古典時期將會成為基督教僧侶很常見的生活型態。潔淨共餐的習俗是這種生活方式的核心，和愛色尼人以及特拉普提人差不多。他們十分強調祭司的權威，重視律法的研讀：「會眾應共同注意一年之中每天晚上的第三部分，一起朗讀經書、研究律法、祝福禱告。每個人都應該坐在自己的位置上：祭司先坐下，長者隨後，接著其他人再根據自己的身分依序坐下。他們會被問到有關律法的問題，而有關在會眾面前出現的任何勸諭或事宜，每個人會帶著自己的知識到群體的議會上。」這個團體的規約是以極為精準的方式付諸實踐：

倘若有人在財產方面刻意說謊，就不能參加會眾的潔淨共餐一年，食物要被減量四分之一以為補過。倘若有人回答同伴時很頑強，或是說話方式不耐煩，乃至於毫不顧慮同伴的尊嚴，不服從登記在他之前的兄弟所吩咐的命令，他就是濫用律法；因此，他應該補過一年【不能參加共餐】。 66

在昆蘭的三個洞穴裡，另有一份「大馬士革文件」（Damascus Document）的零碎片段被找到了，裡頭也是描述一種團體生活，可是和團體守則的生活方式不一樣，因此兩者不可能是完全一樣的群體。這份文件在一九四七年以前就被發現，因為一八九六～七年時，有人在開羅一間中世紀猶太會堂的貯藏室中，發現兩份來自十世紀和十二世紀的不完整抄本（第九章將提到更多）。這本規約手冊因為頻繁提及「大馬士革之地的新約」，因而得名「大馬士革文件」，書中為某群體的成員列出許多指示，顯然涉及以色列人生活的許多層面，包括「和女人的誓言有關」的規定、財產相關的法律、對待男僕和女僕的規定、男女性行為方面的規定以及與外邦人之間的關係等：「沒有人應為了錢財和利益而出手讓外邦人流血。除非以色列的同夥建議，否則也不可拿走他們的任何東西，免得這些東西褻瀆上帝。沒有人應販售乾淨的鳥獸給外邦人，免得他們拿去獻祭。要全力拒絕販售給他們任何從穀倉或壓酒池拿來的東西，也不可販售自己的男僕或女僕給他們，因為他們已經被他帶進亞伯拉罕的約。」團體成員可以從事交易，這一點沒有問題，只是要受到一些限制：「沒有知會營區的管理人，不可以從事任何買賣。」[67]

在昆蘭四號洞穴找到的大馬士革文件殘篇也有規定和女人之間的關係，因此開羅抄本中的相關段落並不是中世紀才加進原始文件裡的：「任何人接近妻子時若沒有依照規定，而是進行私通行為，就必須離開，再也不能回來。（他若低聲）說父輩的壞話，就必須離開，再也不能回來。（但是他若低聲）說母輩的壞話，只要補過十天。」下文會看到，遵守這項規定的群體以及遵守團體守則的群體之間其實存在著關係，因為在關於這些團體生活的歷史中出現的一些著名人物，雙方都曾提及。我們已無法得知這段關係的本質究竟是什麼，但是既然一份手稿的十二個片段同時包含了大馬士革文件的安息日律法和團體守則的刑法，就顯示這兩個團體一定有某些連結。[68]

兩個團體都認為權威掌握在祭司手中。因此，舉例來說，聚在一起共餐時，每一群人都會有一位祭司為他們朗誦祝禱，「十個人當中，永遠都有一位熟習冥想之書的祭司，他們全都由他統治」（不過，根據大馬士革文件，如果有一位利未人經驗比較豐富，就能取代祭司）。兩個團體都有一個「管理人」的職務，負責接見新進成員，教導、檢視他們：「他應如父親愛子女般愛他們，如牧者承擔羊群的悲苦般承擔他們的一切悲與苦。」兩個團體都要求新進成員要發誓入約，也都會召開年度會議，決定每個人的行為是否會讓他在團體中的位置有所更動。兩個團體似乎都是在七七節慶祝這個一年一度的盟約典禮，因為前面曾提過，特拉普提派特別重視這個節日。死海古卷也有不少片段是來自《禧年書》，而此書認為，七七節是所有節日中最重要的，因為這個節日要完成的一個核心活動，就是上帝和以色列重新訂立盟約的儀式。書中並堅稱，七七節從諾亞的時候就開始履行這個功能，比摩西的時代還更早。[69]

其他在昆蘭出土的卷軸中，同樣可能是由某個團體或是為了某個團體所寫的文本有《戰爭卷》（the War Scroll），另外《聖殿卷》（the Temple Scroll）也有可能屬於這種團體文本。《戰爭卷》描述了光之子和暗之子的象徵戰役，群體成員想像自己在打一系列的戰爭（只是譬喻），直到最後上帝將會毀滅彼列（Belial）和他的王國。《聖殿卷》是一個很長的文本，處理的聖經律法議題大部分和聖殿、祭祀和節日有關，但也有關於法庭、潔淨規範、誓言和其他各種主題的內容，代表不同聖經文本的和諧統一，彷彿這是個新的天啟，由上帝使用第一人稱說出：「唯有公義是你們應當追尋的，如此你們才能續存，繼承我要給你們永遠居住的那片土地。」除了這兩個卷軸，動人的感恩詩歌（Thanksgiving Hymns，和《詩篇》相似）因頻繁提到彼列，顯示這也是出自某個群體。然而，其他卷軸很多都無法確定是否和團體有關。[70]

在這個團體的鮮明信條中，最具特殊意義的就是他們有個「新約」的概念，並相信自己在「公義之師」的歷史中扮演了重要的角色。關於這位導師的生平，大部分的證據來自於一號洞穴出土的一張保存良好的卷軸，內容是作者對《哈巴谷書》預言所做的詮釋，非常值得注意。作者詮釋這部經書時，會先引用書中的某一句話，接著做出詮釋，顯示他對《哈巴谷書》的故事十分熟悉。因此，歷史學家必須透過作者間接提及的許多指涉，來拼湊出雅哈達的淵源，例如下面這段便是作者對《哈巴谷書》的這一句話所做的詮釋：「你們要向列國觀看，注意看，要驚奇，再驚奇！因為在你們的日子，有一件事發生，儘管有人說了，你們還是不信」：

【解讀，這段話是關於】那些和騙徒一起不虔信的人，因為他們不【聽從】公義之師從上帝的口中【接下的話語】。這是關於對新【約】不虔信之人，因為他們不信上帝的約，【褻瀆了】祂的聖名。同樣，這句話可解讀為和那些在末日之時將會不虔信的人【有關】。上帝透過僕人先知預知了會發生在祂的子民和【祂的土地】上的所有事情，並讓祭司【擁有通曉的心】，能解讀先知所說的一切。然而，這些暴力之人、毀約之人，聽到祭司說【將會發生】在末代身上的一切事物時，將不會相信。

在另一個段落，聖經所說的「為何你卻看著人行詭詐呢？惡人吞滅比自己公義的人，為何你保持沉默呢？」被解讀為：「這是關於押沙龍（Absalom）家族及其議會成員的，因為他們在公義之師遭到懲罰時緘默，沒有助他對抗在整個【會眾】中藐視律法的騙徒。」從上面這些段落看來，似乎在某個時候出現了一位導師，向這些群體發表新的教誨。他們相信只要自己保持虔信，就一直都會是被選中的子民，其他人則全都會下地獄：

> 在大馬士革之地入新約的人若再次背叛新約、遠離活水的泉源，沒有人能受到人民議會認可或被登記在議會的書中；議會之書自群體的導師聚集人們那一日起，直到亞倫和以色列的後裔出現彌賽亞時，都持續地登記人名。因此，每一個加入完美神聖會眾的人，倘若無法履行公正之人的義務，便是如此的下場。他在炙熱的火爐中熔化，行為被揭發時，將從會眾中被驅逐，彷彿名字從未進入上帝的門徒之中。當他再次要在完美神聖的會眾之前站立的時候，智者將拿他的罪訓斥他。然而，解釋完美神聖的人們所遵循的律法，進而揭發他的行為時，不要讓他繼續持有錢財或進行工作，因為至高者的眾聖者都已經詛咒他。[71]

這個團體顯然對過去曾背叛群體的人有很深的怨恨：

> 因此，只要曾經拒絕（訓誡），心裡放了偶像，帶著心中的執拗行走，便是如此的下場；他們不能進入律法的屋子。他們會像背離並嘲笑律法的人一樣遭受審判。因為，他們說了公義戒律的壞話，鄙視自己在大馬士革之地所做的約和契約——也就是新約。他們和他們的親屬都不能進入律法之屋的任何地方。自

> **群體的導師聚集人們的那一日起，直到投靠騙徒的所有戰士消亡之時，會經過四十年左右。在這段時期，上帝將對以色列燃起怒火；因為祂說：「沒有國王、沒有王子、沒有士師、沒有人可以駁斥正義。」但，遠離雅各的罪、守住上帝的約的那些人，應當把每個人當作同胞，將每個人視為兄弟，行走在上帝的路徑。上帝會聽他們的話。**

這些文本沒有說出嘲笑律法者或騙徒的名字。可以假定團體成員都很清楚這些人的真實身分。[72]

這個團體所信奉的新約具有何種內涵，只能從團體文本關注哪些議題來加以推測。這和幾個世代之後的早期基督徒所信奉的新約鮮有共通之處。和苦行的生活方式、沐浴儀式以及聖餐有關的指導，應該佔據這個新約的很大一部分，因為這些議題是這些猶太人和其他猶太人不同的地方。無數的智慧文本證實他們特別強調倫理與知識：「你很窮苦。切勿說：因為我很窮苦，我就不追求知識。你要擔起所有的紀律……用大量的智識冶煉自己的心和思想。」對於末日的關懷大量存在於這些團體文本中。末日來臨時（如《戰爭卷》所描述的），雅哈達的成員預期自己會扮演主要的角色，光之子將擁有永恆的生命：「上帝把這些永遠給了被選中的子民，讓他們繼承眾聖者的福份。祂將他們的會眾加入天之子，成為團體的議會，是聖屋的基礎、一切未來的恆久園地。」這些文獻無數次提到會有一個以上的彌賽亞出現，包括大衛的彌賽亞和亞倫的彌賽亞。[73]

還有一點使這個團體更容易與其他猶太人區分開來，那就是他們所使用的曆法和聖殿的不同。有大量的曆法卷軸存留至今（雖然殘破不全），顯示團體成員十分致力於陽曆的使用。其中一份文件可能具有特殊意義，因為它將這樣的曆法和一篇短文〈律法的遵守〉（Miksat Ma'asei haTorah）抄在同一個卷軸上。今日通常把這個文本稱作4QMMT，裡頭高談闊論備受爭論的律法議題，特別是有關潔淨和耶路撒冷聖殿的方面。然而，不同的曆法系統可能如何影響這個團體和聖殿的關係，從文本中看不出來。有人認為，雅哈達的成員並不在意聖殿，他們為自己建立一個新的猶太教，由團體的生活、禱告和聖餐取代祭司執行的獻祭儀式，而團體獨特的曆法更強化了兩者的分離。然而，前面也提過法利賽人和撒督該人在曆法上雖有不一致的地方，但他們依然共享聖殿的使用。此外，死海古卷沒有文本表示這些人採用不同的曆法是因為他們決定和其他猶太人分割。不過，有關《哈巴谷書》的評論確實提到，這個群體或他們的領袖（即公義之師）過去的確曾和一位「惡祭司」斷絕關係，也提到未來將出現一個或多個腐敗的祭司，因自己的罪而受折磨：

> 這句話是關於那位惡祭司，意思是他會因對待窮人的方式而得報。因為「黎巴嫩」指的是群體的議會；「野獸」指的是遵守律法的猶大，因他出身卑微。他計謀讓窮人毀滅，因此上帝也要讓他遭到毀滅。至於祂所說的：「因你流人的血，向土地、城鎮和全城的居民施行殘暴」：解讀，「城鎮」指的是耶路撒冷，因惡祭司在此做出可惡的行為，褻瀆上帝的聖殿。「向土地施行殘暴」指的是猶大的城市，因他在這些地方搶奪窮人的財產。[74]

在某種程度上，這個團體想像自己獻給上帝祭品以為贖罪，他們的文本當中有不少暗示他們不滿意聖殿經營的方式。《聖殿卷》描繪了一座聖殿，和希律時代重建的那座很不一樣，表示他們相信當時的聖殿並不是依據上帝的藍圖所建造的。然而，沒有直接的證據指出，這些人在當時和真實存在的那座聖殿完全斷絕關係。因為，這個團體珍視聖經的程度就和其他猶太人一樣，而既然聖經交代猶太人必須進行禮拜，前面又說過聖殿是猶太禮拜的核心，他們就不太可能和聖殿切斷連結。

過了幾世紀，猶太人和基督徒將學著在沒有聖殿的情況下進行禮拜，但是在所有宗教體系都視獻祭為正常禮拜儀式的古代世界，這些人若真不在意耶路撒冷的禮拜，會是非常不尋常的。況且，卷軸裡其實處處寫到聖殿的核心地位。死海古卷的聖經文本滿是有關獻祭的指示，並大量提到了聖殿，而非聖經文本也提到耶路撒冷不下六十三次（其他城市則幾乎沒有提及）。《聖殿卷》詳細地描述聖殿儀式、建築和裝潢的相關規範，頻繁提到祭司和亞倫，並包含了祭司在聖所輪班的班次表。以多篇破碎片段的形式保存下來的文件MMT，提到了經營聖殿的相關建議，反映出猶太人對於應該如何經營聖殿有所爭辯，但是讀起來並不像這個團體已經完全和聖殿切斷聯繫。[75]

當然，前面已經證實，前幾代的猶太人曾批評那些僅依賴獻祭卻不遵守上帝其他誡命的人，但是他們並不至於會呼籲人們完全禁絕獻祭儀式。這個團體對聖殿的態度可能和過去不同了，但是即使態度改變了，也不見得就會因此戒斷妥拉明確吩咐猶太人必須做的禮拜上帝儀式。大馬士革文件就有關於帶祭品的規定：「不應使用沾染任何不潔的手將任何燔祭、素祭、香或木頭獻上祭壇，因為這會讓他玷污祭壇。因為聖經有寫：『惡人獻祭，為主所憎惡；正直人祈禱，為他所喜悅。』」參與聖殿的儀式對這個團體中的個人而言具有何種涵義，就比較難說了。有一份文件巧妙地詮釋聖經裡提到的某項裁決，表示不應每年繳納半謝克爾的聖殿稅。對團體中的祭司來說，不在聖殿服侍的決定應當是一件很重大的議題，但對非祭司的一般人而言，就如前面曾提過的，頻繁參與聖殿儀式是完全沒有必要的。[76]

我們不知道雅哈達的成員數量。若想透過昆蘭聚落的規模以及鄰近墓地的骨骸數量來進行估計，假設的成分會太高，沒有任何價值，因為我們不知道這個團體有多少人住在昆蘭，也不確定同時葬有成年男子和婦孺骨骸的墓地與此聚落之間的關係。那些守則和公約雖將群體分成十人、五十人、百人和千人一組，但這些數字可能只是一種構想，無法反映現實。不管這個團體有多大，有一點很清楚，那就是這些猶太人在心理層次上和其他猶太人有所區隔：「我們和大多數人分隔開來。」雅哈達的成員和約瑟夫斯介紹的派別不一樣，似乎認為自己對於妥拉的詮釋是唯一正確的解釋，至於和他們的看法不同的大多數猶太人具有什麼地位，則沒有說明清楚。有時，例如在《戰爭卷》裡，這個團體在書寫中會將有罪的猶太人歸類為暗之子，在被光之子打敗後和外邦人一起下地獄。

雅哈達的文本（特別是一些詮釋聖經的文本）講到許多導致這種分裂狀況的重要事件。但，這些事件常會用隱晦暗喻的詞語表達，如「惡祭司」、「騙徒」、「嘲笑律法者」、「憤怒的少獅」等。因此，重建這些人對過去建構出來的共同記憶，會比找出實際上發生了什麼事還容易。不過，另一方面，文本中也提到一些已知的政治人物（「約拿單王」、「埃米利烏斯」〔Aemilius〕和其他幾位），足以讓人相信雅哈達的歷史是從西元前一六〇年代的馬加比危機開始的，但在西元前二世紀中葉和哈斯蒙尼王朝的大祭司約拿單（所謂的「惡祭司」？）爭執過後，才有了雛形（或許就是在公義之師的帶領下）。造成這些人決定和約拿單有所切割的爭議點，可能是因為約拿單並不是撒督後裔，但卻擅自坐上了大祭司的位子。這或許就能解釋在大馬士革文件和一號洞穴的那份團體守則文本裡，「撒督之子」為何如此重要，而這個團體又為何如此強調自己撒督後裔的身分。若是如此，撒督的影響後來可能漸漸消失了，因為在四號洞穴找到的團體守則文本中，同樣的段落並未出現「撒督之子」的字樣，差異十分顯著。77

這個團體忿恨地回想過往的這些敵手是多麼惡毒：「這是在說惡祭司追逐公義之師到他流放的住家中，想要用他惡毒的怒氣使他錯亂。在贖罪日這個應休息的日子，他出現在他們面前使他們錯亂，讓他們在齋戒日、安歇的安息日犯錯。」現在已經無法確知在這起顯然值得牢記的事件中，究竟發生了什麼事。有可能是惡祭司利用自己和這個團體在曆法上的差異來使之錯亂，但造成不合的原因是否就是曆法，則沒有說明。無論如何，雅哈達很期盼敵人滅亡的那天：

「你圖謀剪除許多民族，犯了罪，使自己的家蒙羞，自害己命。」解讀，這是說遭受天譴的家族會在眾人之中被上帝審判。他會給他帶來審判，在他們之中判他有罪，以硫磺的火懲罰他。

事實上，《戰爭卷》表達出他們未來的希望包含了末日的狂暴事件，因此除了他們最直接的敵人，其他許多人也會被影響到。78

至於他們自己，團體成員相信他們會再度吃著共同的餐食，並有祭司彌賽亞和以色列彌賽亞在場。「以色列彌賽亞會把手伸過餅，團體的會眾全都一起說出祝禱，每個人都莊嚴肅穆」，依循著「末日以色列會眾的規定，加入【群體】，一起遵從撒督之子祭司的律法，遵從那些遠離一般人的方式的守約者，他們是在邪惡之中仍守著約的議會成員」。79

死海的團體選擇過著跟其他以色列人不一樣的生活，並對此表達高度希望：

他們要和不公義的會眾分開，在律法和財產上統一，由守約的撒督之子祭司以及堅守盟約的團體群眾所統領。關於教義、財產和正義的每個決定都由他們做出。他們要共同履行真理和謙遜，在每一方面實行公義、正直、慈善和節儉。不可跟著心中的執拗走，否則會跟隨心和眼和邪惡的意念走歪。應當在群體中行割禮，切除邪惡意念和僵硬脖頸的前半部，方能為以色列和恆久之約的群體立下真理的基礎。80

可惜，這些希望沒有對後世留下什麼影響。昆蘭聚落在西元六八到七三年的某個時候遭羅馬軍隊殘暴地摧毀，藏匿這些卷軸的人無法再將之取回。猶太人若真的有意維繫這個團體，那麼要在其他地方捲土重來是有可能的。但，即使這樣的團體倖存下來了，他們在拉比文獻、早期的基督教文獻或是和接下來幾個世紀的猶太教有關的考古證據中都未留下痕跡，唯一的例外就是在開羅找到的那些很有意思的大馬士革文件中世紀抄本。

顯然，到了西元一世紀時，猶地亞的社會存在著許許多多猶太團體，對於彼此共同的宗教傳統擁有截然不同的理解。對大部分的猶太人而言，耶路撒冷聖殿具有統一人心的力量，法利賽人和撒督該人毫無疑問地會共用聖殿的服務，兩者都能成為祭司，成員中的一般百姓也都會到聖殿獻祭，即使雙方對於神學的基本信條和關於聖殿經營的實際議題抱持不同的想法。在這個社會裡，神學觀完全不同的猶太人互相爭辯鬥嘴，但最終還是會容忍彼此。然而，雅哈達的成員輕視其他猶太人，把他們當成「以色列的罪人」看待，因此他們或多或少都肯定和其他猶太人的生活有所隔離。後面也會看到，在西元一世紀興起的猶太教類型之中，至少有一種最後將完全脫離猶太教的範圍。

7
變化的限度

一些人認為，用事物的象徵意涵來詮釋律法的字面意義是有學識的人所做的事，他們過度拘泥於象徵性的詮釋，卻輕易忽略字面的意義。對於這一種人，我自己是十分譴責……第七日存在的意義確實是為了教導我們不事創造和無所作為的力量。然而，我們不可因為這個理由就廢除律法規定的儀式……割禮確實是要傳達歡愉與一切熱烈情感的割除，讓不虔誠的思想遠離……但是，我們不可因為這個原因，就廢除律法規定的割禮儀式。倘若我們什麼都不去管，只管事物展現出來的深層意義，那我們就連聖殿的神聖性以及其他無數事物都不能管了。

猶太哲學家斐羅以這段強大的文字抨擊那些只用深層寓意詮釋妥拉、認為遵守律法字面意義毫無價值的猶太人，顯示理解摩西教誨的方式有千百種，沒有限度；斐羅自己其實也會以隱喻和象徵的方式詮釋猶太教，本章稍後對此會有更多的討論。象徵的聖經解讀方式能使文本產生任何可能的意義，今昔皆然。斐羅針對《創世記》第十二章有關亞伯拉罕跋涉經歷的故事加以評述時，寫出上面這段文字，是唯一一份提及這些極端隱喻詮釋者的古代文獻。沒有證據顯示當時普遍存在著這種純粹使用象徵來詮釋妥拉誡命的方式，但斐羅顯然至少認識兩位這樣的猶太人，因為他是以複數表示之。斐羅認為，這些猶太人遵循律法時，無法既用隱喻、也用字面的方式來詮釋，應該要受指責，但在攻擊他們的同時，也透露出這樣的極端詮釋是有可能的。[01]

顯然，約瑟夫斯僅把猶太教分成三個適當的派別，只有反映出他那個時代猶太教的部分面貌。除了法利賽人、撒督該人和愛色尼人之外，還有許多其他類型也都十分蓬勃發展。約瑟夫斯可能會說，其他的這些類型都不是很重要，因為在他的時代，這些派別都沒有吸引到非常大量的追隨者。若是如此，那他就錯了，因為西元一世紀的猶太教出現了兩個分支，將在後來的兩千年間對猶太教的發展產生巨大的影響：拉比智者在西元一世紀的猶地亞只是一個位居邊陲的小運動，卻為時至今日的主流猶太教奠定了基礎；起初，受耶穌啟發而興起的基督運動只是猶太教的又一個變化類型，但在西元一世紀末卻開始脫離猶太教。

智者

西元一世紀的拉比運動成員稱自己為「智者」或「智者的門生」。這些人和其他猶太人不同的地方在於，他們相信自己隸屬於一個由淵博學者組成的精英團體，世世代代毫不間斷地保留了口傳教誨，自摩西的時代起便由老師傳給門生，一直傳到現在，如同《米示拿》的文章〈族長集〉簡潔列出的那般：

> 摩西在西奈山接下律法，傳給約書亞，約書亞又傳給長者，長者又傳給先知；先知把它傳給大會堂的人。他們說了三件事：審判時要深思熟慮，要培育眾多門生，要保衛律法。公正的西緬來自大會堂。索罟的安提柯從公正的西緬接下【律法】……洗利達的約西．本．約以謝和耶路撒冷的約西．本．約卡南從他們接下【律法】……約書亞．本．培拉雅和亞伯人尼泰從他們接下【律法】。猶大．本．塔拜和西緬．本．示他從他們接下【律法】……希列和沙買從他們接下【律法】。希列說：成為亞倫的門生，喜愛和

平，追求和平，愛人，並帶領他們靠近律法……拉班迦瑪列說：給你自己一位導師。

是否真有這樣的口傳可以追溯到西元一世紀以前的好幾百年，現在已無從得知。可以回溯至西元三世紀初的《米示拿》是最早提到這個概念的文獻，聖經和約瑟夫斯都沒有記載這樣的傳統。但，認知比事實還要重要得多。拉比智者顯然深信這個口傳真的存在，也相信透過口傳，他們是直接從摩西本人那裡接下權威。[02]

早期的拉比運動史只能從後期的拉比所留下的文獻得知。對這些拉比而言，西元前一世紀和西元一世紀的老師是令人尊敬的前輩，如希列、沙買和迦瑪列。和聖經重要人物的傳說一樣，有關這些智者的傳說也隨著時間日積月累。因此，想充分了解這個運動在西元七〇年耶路撒冷聖殿被毀之前的發展史，最好別盡信比西元三世紀的《米示拿》和其他坦拿文獻記載的傳統還要晚出現的拉比文獻。

從這些坦拿文獻可以得知，至少聖殿於西元七〇年遭到毀滅的一百年前，智者建立的研經團體就已經發展得相當成熟。前面已提到，《米示拿》的傳統可追溯到摩西本人，但在這不間斷的過程中，前期的部分幾乎沒有什麼資訊，就只有保留一些智慧語錄，如亞伯人尼泰在哈斯蒙尼時期留下的一句格言：「遠離邪惡的鄰人，不要結交惡人，切勿停止相信報應。」西元前一世紀末之後由希列與沙買及其門生所留下的傳統就沒有這麼不清不楚，但在希列和《米示拿》編纂完成之間仍有兩百年的差距，使我們對這些早期拉比的認識只剩下非常概略的描述。文獻描述這些妥拉學者時，是採取一代一對的方式呈現，講述每對學者如何針對當時的議題進行裁決，例如聖殿的祭品被宰殺前，手該不該按在祭品上。不過，這些辯論的內容並非總是能夠帶來很大的啟示：

約西・本・約以謝說：「【節慶時，祭品被宰殺前，手】不可按。」約西・本・約卡南說：「可。」約書亞・本・培拉雅說：「不可。」亞伯人尼泰說：「可。」猶大・本・塔拜說：「不可。」西緬・本・示他說：「可。」示瑪雅說：「可。」亞伯塔利安說：「不可。」希列和米拿現沒有異議，但米拿現走上前，沙買走進來。沙買說：「他不可用手按。」希列說：「可。」03

這個段落告訴我們，這種辯論形式是此類猶太教十分常見的。在學堂裡，門生的角色是要運用邏輯來理解所收到的指導，藉此釐清複雜的妥拉意涵，但是他們如果只是像這裡寫的一樣不斷反駁對方，恐怕很難達成這項任務。這樣的方式會造就一種更有活力的傳統，而不像昆蘭的群體只完全依賴某一號權威人物，或者可說成，和撒督該人的聖經基本教義相比，這種方式的無政府主義性質比較沒這麼強。但最重要的是，對這個宗教社團而言，只要主題和闡明摩西律法有關，單純進行研讀和辯論本身就很重要了。從上面引用的這段文字，門生無法得知祭品在被宰殺前究竟能不能按，但是他們絕對能夠明白這是一個值得辯論的議題。

聖殿尚未被毀前智者所進行的諸多辯論中，保存最好的紀錄就是希列和沙買這兩學院之間的爭辯。他們辯論的主題幾乎可以涵蓋生活的每一個層面，像是餐後禱告該怎麼說：

這些是沙買學院和希列學院針對餐食所出現的異議。沙買學院說：「【在安息日或節日時】他們先說和這天有關的賜福禱文，再說和葡萄酒有關的賜福禱文。」希列學院說：「他們先說和葡萄酒有關的賜福禱文，再說和這天有關的賜福禱文。」沙買學院說：「他們先洗手，再混合杯子。」希列學院說：「他們先混合杯子，再洗手。」沙買學院說：「把手擦乾後，把紙巾放在桌上。」希列學院說：「【放在】墊子上。」沙買學院說：「清掃房間後，再洗手。」希列學院說：「洗手後，再清掃房間……」如果有人吃了東西，忘記說賜福禱文，沙買學院說：「他必須回到座位上，再說出禱文。」希列學院說：「在發現【錯誤】的位置說就可以。」要到什麼時候才能說賜福禱文？等到胃腸裡的食物消化了以後。

這些有著不同詮釋的學派為何被稱作「學院」，我們不知道。這個詞很明顯就是在說「學派」，但是第二聖殿或後來的時期都沒有文獻使用這個詞。他們之間雖然有無數的分歧，但在彼此最重視的議題上卻仍可以互相合作，證明他們尊重差異，知道會有這些差異是因為彼此都真心地想要闡明律法：

儘管有一方宣稱另一方認為不正確的東西是正確的，沙買學院【的男子】並不會因此就不娶來自希列學院【的家族】的女子，希列學院【的男子】也不會因此就不娶來自沙買學院【的家族】的女子；儘管他們針對什麼是潔淨的、什麼是不潔淨的有諸多爭辯，有一方宣稱另一方認為不潔淨的東西是潔淨的，但是雙方都不會避諱去使用對方認為潔淨的東西。04

每個學院都可以試著改變其他學院的想法，而他們顯然確實會這麼做，偶爾也能成功達到目的，譬如《米示拿》寫到希列學院在許多議題上「改變了想法，依沙買學院的想法教導門生」。各學院雖然持有不同看法，卻又有著應遵循多數人意見的觀念，這樣一來，學者就能投票決定出妥拉的真正意涵。投票結果很可能不符合沙買的看法，也不符合希列的意見，例如，關於女性從什麼時間點開始，才會因經血而變得不潔淨：

沙買說：「所有的女人【只要在承受經血】的時候，【就會被視為不潔淨】。」希列說：「【一個女人】從【前次的】檢查到【當下的】檢查，即使【中間有】很多天，【還是會被視為不潔淨】。」智者們說：「兩方的說法都不符合。」

好幾個世紀之後，拉比會因這些智者明顯寬容他們所無法認同的觀點，而感到困擾不安，最終導致在西元四世紀或更晚期才完成的《巴勒斯坦塔木德》出現一個傳統，表示上帝的聲音（bat kol）最後出現了，判定「任何事都要遵照希列學院的做法，違背希列學院的裁決就要處死。」但，這個清楚分明的規定和學院明顯接受彼此差異的做法非常不一樣。[05]

記錄在坦拿文獻裡的學院爭辯，主要是涉及到與宗教權利義務、守安息日和節日、婚姻律法以及潔淨律法有關的議題。然而，學院對其他議題也可能有興趣，因為我們無法得知在西元二〇〇年左右編纂《米示拿》的匿名編者（傳統上認為是猶大・哈拿西拉比〔R. Judah haNasi〕）能不能或者希不希望將兩個世紀前的智者所教導的一切全數記錄下來。這些智者特別的地方並不在他們對某個特定議題的重視，因為這些全都是第二聖殿時期最後幾年廣泛被猶太人討論的主題。他們和其他猶太人不同的地方是，能在友愛的狀況下針對這些議題的枝微末節進行探討與辯論，賦予研讀妥拉這件事本身極高的價值。門生透過問答的方式以及老師的邏輯思維來學習，他們的責任是要忠實記住聽到的東西，因此記憶力備受重視。[06]《米示拿》記錄了大約五十個智者的名字（或綽號，像是本・巴巴〔Ben Bag-Bag〕和本・喜喜〔Ben He-He〕），年代介於西元前二〇〇年和西元七〇年之間。但是，當中的許多智者只有留下一句格言而已，其他什麼資訊都沒有。例如，這句話就被認為是本・喜喜說的：「承受的痛苦有多少，獎勵就有多少。」從學院之間的爭論可以看出，這個團體似乎沒有一個固定的權威導師，因此在坦拿時期，人們對於智者的傳記似乎沒什麼興趣（和早期基督徒專注在耶穌生平的情況很不一樣），所以有關這些智者的生平，能夠確定的少之又少。仔細地將一個個教誨歸給一位位特定的老師（和昆蘭雅哈達相反，其團體守則與大馬士革文件的律法裁決是由誰做出的，並沒有記錄下來），這種做法所要達到的目的應該更通泛，是為了說明整個智者傳統的依據來自於這樣一個師生相傳的傳遞過程。07

智者之間常會使用「拉比」（「我的閣下」、「我的師父」之意）這個招呼語，表示一種尊敬。到了西元一世紀末，這個詞也被做為一種頭銜，加在個別智者的名字上。「拉班」（「我們的老師」）這個頭銜在坦拿文獻中很少見，主要用來指稱拉班迦瑪列或他的後繼者，顯然是一種崇敬的標誌。前一章已提過，迦瑪列是法利賽人的領袖，而他特殊的頭銜顯示，一個人有可能在身為法利賽人的同時，也位居智者學術團體的前線。但是，智者和法利賽人之間有很清楚的差異。法利賽人是以祖傳的方式詮釋妥拉，在實踐中遵守傳統。智者也同樣保守，接受在安息日必須限制遠行的概念，同意藉由暫時共享所有權的律法規定，在安息日共用庭院的空間。然而，他們這麼做的基礎是師生相傳的口頭傳統。08

我們不知道西元七〇年以前有多少智者存在，但所有的一切都指向這是一個人數不多的精英團體。他們似乎集中在耶路撒冷，或至少在猶地亞地區。從關於他們的討論的故事中可以看出，這個團體蠻小的，而且很重要的是，約瑟夫斯和新約的作者顯然都沒有注意到他們。西元三世紀初的坦拿拉比堅稱，他們有時會在聖殿的「砍石室」（根據《米示拿》，妥拉是從這個房間「傳給所有以色列人」）發表教誨。如果真是如此，那麼他們在西元七〇年以前的影響有可能更大，觸及的群眾也更多。然而，這些拉比和當時的智者已經相隔數世紀，因此我們不該和他們一樣，以為西元七〇年之前的智者控制了耶路撒冷的宗教機構，包括聖殿儀式和公會法庭。他們就只是宗教狂熱者所組成的眾多團體當中的一個而已。他們之所以特殊，是因為他們致力要找出自己和其他宗教狂熱者究竟應該如何根據摩西的律法而活。09

拿細耳人和哈維林人

智者曾討論到一些會表現出額外虔誠之心的狂熱者，而拿細耳人便是其中一種，《米示拿》甚至貢獻了一大段篇幅來說明這些人的特殊誓約。拿細耳人誓約的內容在《民數記》都有清楚列出來（見前文，第九十六頁），包括禁絕葡萄酒、烈酒與葡萄，要將頭髮留長，並且不可碰觸不潔淨的遺體，即使埋葬的是至親（終身的拿細耳人不用遵守這條規定）。其他聖經書卷則描述了誓言的實踐狀況，尤其是有關撒母耳和參孫的故事，因為他們兩位都是在出生前就成為終身拿細耳人了。大部分人許下拿細耳人的誓言只是暫時而已，基於某些原因而為上帝離俗一個月左右。這些原因包括：感謝上帝讓自己得有好運，或希望遭遇困難時獲得神助。[10]

第二聖殿晚期，拿細耳人的誓言顯然無論在外地或在猶地亞都很普遍。七十士譯本翻譯《民數記》的相關章節時，將拿細耳人的誓言說成是「偉大的誓言」。《使徒行傳》對於保羅的描述，可能表示他許了拿細耳人的誓言；西元六六年欲阻止抗羅馬叛變的猶太公主貝勒尼基（Berenice），也在耶路撒冷服滿拿細耳人的誓期。這種誓言對貝勒尼基這樣有錢有勢、希望展現虔誠的女性來說，或許特別有吸引力，能夠幫助她們實踐份外的虔誠之心。還有一個故事是關於阿迪亞本的赫琳娜王后（Queen Helena）成為拿細耳人的經歷。根據《米示拿》的記載：

有次，赫琳娜王后的兒子去打仗，她說：「如果我兒能從沙場上平安歸來，我就當七年的拿細耳人。」她的兒子從沙場歸來了，於是她當了七年的拿細耳人。七年結束時，她來到了【以色列】地，希列學院指導她，說她必須再當七年的拿細耳人；這七年結束時，她變得不潔淨。因此，她總共當了二十一年的拿細耳人。[11]

關於哈維林人的宗教信仰，我們只能從坦拿文獻了解。《陀瑟他》裡有一個段落談到農作物的處理方式，討論應該如何實行什一奉獻才是恰當的。在這個段落，作者突然開始定義哈維林人：「做到這四件事的人，他們就接納他成為哈維林人——不將舉祭、【不將】什一奉獻送給一般的【祭司】【即不是哈維林人的祭司】；不為一般祭司準備需要潔淨的食物；在潔淨的條件下食用未聖化的食物。」[12]

《陀瑟他》在這個段落和其他段落都說到，有些猶太人在潔淨和什一奉獻方面特別小心注意。他們不僅堅持送給祭司的什一奉獻在被食用之前，祭司必須先完成淨禮，呈現潔淨狀態，並也要求自己做到聖經沒有規定的事情，那就是確保自己吃的所有食物都應在潔淨的條件下食用，即使是未聖化的食物。我們知道，聖殿在西元七〇年被毀的前一百年，有很多猶太人都非常認真看待潔淨的議題，例如愛色尼人、特拉普提人和雅哈達。然而，哈維林人明顯帶有鮮明的特色，將潔淨和什一奉獻做為此群體的主要重點，並在其他猶太群體之間過著自己的宗教生活，縱然和其他人混居常常可能危害到他們所認定的虔誠。

根據聖經的規定，被這些猶太人看得很重的舉祭和什一奉獻，其實都是繳給祭司和窮人的稅金。前面提過，這些祭品是祭司的重要收入，因此對於維持經營聖殿儀式也具有重大意義。但，比起這些禮物的效用，哈維林人似乎更在意贈予行為本身。聖經的規定相當複雜，令人迷惑。聖經並未規定要撥出多少比例的農作物做為舉祭使用，但是《米示拿》有寫到：「富足的人，適當的舉祭數量為四十分之一（沙買學院說三十分之一）；小康的人，五十分之一；窮苦的人，六十分之一。」聖經律法提到什一奉獻只需獻上穀物、葡萄酒和油，但是有些猶太人顯然把這個範圍擴大許多：「他們給什一奉獻立下了一個通則：凡是用來當作食物的，因此必須經過照料並從土壤中長出來的，都應做為什一奉獻繳納。」

以上針對需要繳納的農作物所下的定義，令人相當不確定一種作物要到什麼時候才算是夠成熟、能夠算是食物：「水果什麼時候才能繳納？無花果——最早成熟時；葡萄和野葡萄——看得見果核時；西西里漆樹的果實和桑葚——變紅時（所有的紅色水果只要變紅【就應繳納】）；石榴——變軟時；棗子——膨起時；桃子——出現紅脈時；核桃——果殼成形時。」一絲不苟地遵守這樣的規定，可以是個人對自身虔誠的要求，而不見得是因為特別顧及潔淨律法：

梅厄拉比說：「一個人決定成為可靠之人——吃的、賣的、買的都要做為什一奉獻繳納。他也不會接受一般人的款待。」智者說：「接受一般人款待的人是可靠的。」梅厄拉比對他們說：「【如果】他對自己來說不可靠，他對我來說可靠嗎？」他們對他說：「住戶之間從不忌諱一起吃飯，但是他們自家【意即，那些可靠的人的家】的農作物還是會正確繳納。」[13]

若想過著哈維林人的生活，似乎得在其他夥伴面前做出某種正式宣言。這和拿細耳人的獻身誓言不一樣。西元二世紀中葉，拉比智者記錄了一件爭論事件，針對的問題是違背義務的哈維林人有沒有可能再被夥伴接納：「梅厄拉比說：『【至於】那些【在被接納為哈維林人後】背信的人，他們再也不接納他。』猶大拉比說：『如果是公開背信，他們會【再】接納他；若是私底下，就不會接納他。』西緬拉比和約書亞・本・郭哈拉比說：『兩種情況都會接納他，因為聖經有寫：「背道的兒女啊，回來吧！」』」對待背信者的態度如此寬鬆，有一部份原因可能是成為哈維林人顯然和某些職業的本質無法相容：「一開始，他們說：『哈維林人變成稅務員，就會把他逐出群體。』他們後來改變心意，說：『只要他是稅務員，就不可靠。【如果】他辭去稅務員的職位，這樣他【又再次】可靠了。』」14

如前面所說的，關於這些哈維林人的生活規範，有許多證據都是在西元七〇年聖殿毀滅後，過了好一段時間才有拉比智者加以記錄。不過，希列學院和沙買學院曾針對哈維林人的新成員應受到多長時間的檢驗而有爭論（希列學院認為應檢驗三十天，和愛色尼人長上許多的檢驗時間形成強烈對比），表示這種群體在西元一世紀或甚至更早之前就已存在。

一個人若決定自行實踐這樣的信仰，可能會使家庭關係變得十分緊張。《陀瑟他》為此表示擔憂，描述了一個情形，那就是如果哈維林人的兒子去到不是哈維林人的外祖父家，不知會發生什麼狀況。《陀瑟他》的編纂者對此做出寬鬆的裁定：「他的父親不用擔心，除非他【外祖父】要給他吃需要潔淨的食物」——也就是說，他不需要擔心，除非他知道這樣的情況會發生，那麼就該禁止。和一般猶太人交易食品或借食物、送食物給他們，都會造成各種道德兩難。但，記載這些兩難的拉比文獻預設這種情況本來就會發生，因此就是得想辦法克服：

> 一般人在【哈維林人擁有的】商店工作，即使哈維林人來來去去，這種情況也是可以允許的。他【哈維林人】不必擔心，除非他【一般人】拿【自己不會當作什一奉獻的農作物】取代【哈維林人會做為什一奉獻繳納的商品】。如果他【丈夫】【在什一奉獻方面】很可靠，但他的妻子不可靠，他們可以從他那裡買【農作物】，但是不接受他的款待。

沒有任何文獻將這些哈維林人描述成像法利賽人、撒督該人、愛色尼人、甚至是拿細耳人一樣，是個有組織性的團體。就我們所知，他們不會和其他猶太人爭辯潔淨或什一奉獻的議題。這完全是純屬個人的一種生活方式。他們的宗教生活之所以會帶有社交意義，純粹是受到實際情況所驅使：只有在家中或和信念相近的團體在一起的時候，才有可能實踐嚴謹的食物烹調原則。[15]

拉比智者記錄了這麼多關於哈維林人行為準則的規範，但他們和哈維林人有什麼關聯？「記錄」這個行為本身並不代表身分認同：前面看過，《米示拿》和《陀瑟他》的編纂者都寫了一篇文章來介紹拿細耳人誓言的適當做法，但從來沒有表示他們認為像自己這樣的智者應該成為拿細耳人。《陀瑟他》有一個段落可能是在暗示西元一世紀晚期聖殿被毀後，越來越多的拉比智者認為，身為拉比智者本該嚴格遵守潔淨和什一奉獻的律法（但在那之前，拉比智者必須正式公開表明自己希望加入夥伴才行）：

> 一個人若要承擔【做為哈維林人的義務】，即使【他是】智者的門生，也一定必須承擔【意即，必須做出正式公開的聲明】。然而，出席【法院】開庭的智者不必【正式公開】承擔，因為他在進入【法院】開庭的那一刻，就已承擔了。阿爸・掃羅說：「即使是智者的門生也不必【正式公開】承擔。此外，其他人必須在他面前承擔。」[16]

由於坦拿文獻只聚焦在成年拉比男性所面臨的宗教議題，有一個十分重要的個人機會便沒受到注意。那就是，成為哈維林人能為女性和奴隸帶來宗教熱忱：

> 哈維林人的女兒如果嫁給一般人，哈維林人的妻子如果【後來】嫁給一般人，哈維林人的奴僕如果被賣給一般人——注意了，這些人都依然保留原本【哈維林人】的身分，除非被懷疑。西緬・本・以利亞撒拉比說：「他們必須重新承擔【成為哈維林人的義務】。」……曾經，有名女子嫁給哈維林人，於是替他

繫好經匣的帶子。【然後，】她嫁給關稅員，於是替他綁好關稅的印鑑。

女性既然可以成為拿細耳人，自然也可以承擔嚴守潔淨與什一奉獻規定的義務。但在這個情況下，她的意願將大大影響整個家庭的宗教生活。如《陀瑟他》所說，如果一個男人在什一奉獻方面很可靠，但他的妻子不可靠，「那就好像他和一條蛇住在同一個籠子裡。」雖然文獻是以負面的方式描述，但有一個值得注意的事實不容忽視——這些哈維林人無論男女，都是將宗教虔誠的重心放在餐點的製作與食用上，而這些行為是發生在女性扮演主要角色的家庭環境中。因此，據說拉班迦瑪列在西元一世紀中葉，代表自己的女兒立下了這條規矩：「拉班迦瑪列把女兒嫁給祭司西緬・本・那塔涅，和他協定這樁婚姻有一個條件，那就是她不在一般人的監督下烹調需要潔淨的食物。」[17]

到了中世紀，哈維林人熱衷於嚴守什一奉獻規定的特點已經不再有吸引力。其中一部分的原因是，中世紀的拉比裁定，撥出農作物來繳稅的義務已不適用於流散外地的猶太人，因為《米示拿》有一條規定：「得在【以色列】地才適用的每一條誡命，只在那個地區方有效力。」對於潔淨律法的關注依然存在，但到了西元六世紀，哈維林人這個詞在拉比的圈內已經被用來稱呼拉比智者自己，所以有句話說：「哈維林人和學者沒有不同。」不過，最初的哈維林人仍留下一個強大的影響，在整個猶太教歷史中都沒有消失，那就是家庭做為信仰的核心地位，尤其是廚房。在廚房，潔食的飲食律法才能夠謹慎小心地被守著，而我們也確實應該守著這些規範。[18]

和拉班迦瑪列同時代的哲學家斐羅一定會認同這些哈維林人對妥拉中有關潔淨和什一奉獻律法的重視。他讚許地說，摩西「規定應該繳納初熟之果；每一個壓酒池的酒，每一個禾場的小麥和大麥，同樣的還有橄欖的橄欖油，以及其他果樹的水果。如此一來，祭司不會只有剛好足夠的必需品，在相對低劣的狀況下讓自己勉強存活，而能享受生活中大量的奢侈品，過著愉悅、不用吝惜的舒適日子，和他們的職位相稱。」然而，在斐羅看來，盡可能嚴謹遵守妥拉的重要性不僅在行為本身，也在其深層意義中。他將一生奉獻在闡明妥拉可能具有的深意，並寫了許多專著。[19]

從斐羅的著作中可以知道不少他的生平事蹟，足以相當精準地建構出他的社會文化出身，雖然有關他的職業生涯，我們知道的細節不多。他大約在西元前一〇年出生於亞歷山卓歷史悠久的猶太社群，來自一個地位崇高的家族。在他出生前不久，羅馬征服埃及，將這座城市從消費能力極高的王都降級成擁擠的貨物集散地，惱怒的居民只能眼睜睜看著內地的權勢和財富往羅馬輸出。

亞歷山卓是一座格狀城市，三百多年前由亞歷山大大帝親手打造，建在一條狹小的土地上，北臨地中海，南接麻利歐塔湖，在面積和宏偉程度上，只有羅馬可與之匹敵。王宮區（也就是希臘區）位於這座城市的核心，一棟棟混合了希臘和埃及風格的壯麗公共建築矗立在排滿列柱的街道兩側。此區的重要建築包括托勒密王宮和一座偉大的學習中心（the Museum），亞歷山卓鼎鼎大名的圖書館就位在這座中心裡，直到西元前四八年凱撒不小心將它燒毀，後來由位於埃及區塞拉比斯廟（Temple of Serapis）的另一座圖書館取代。這是一座國際都市，一個由世界奇觀之一的法羅斯島燈塔守護的港都。就是這座港口，把它和地中海世界的其他地方連接起來。由於這座城市最初就是被刻意塑造成上流希臘文化之島，有意與周圍的埃及社會區分開來（雖然，亞歷山卓是被埃及及社會傳說中的財富所支撐），因此希臘裔的亞歷山卓人仍保留著這種優越感。

然而，到了斐羅的時代，這些上流希臘人的世界受到了威脅。首先，非希臘裔的人大批湧入，他們主要是埃及人和猶太人，從很久以前開始就在這座城市有自己的區。再者，羅馬總督不重視亞歷山卓的福祉，只在意羅馬和他們自己的利益，並時常進行武斷的干預。這座城市的猶太人之中，至少有一部分受到希臘裔亞歷山卓人的影響，相信希臘化文明的優越地位。斐羅是亞歷山卓的公民，因此接受了古典希臘教育的薰陶，學過文法、數學、音樂、文學、戲劇和體育。他穿梭在最上流的猶太社交圈。他的其中一個姪子馬庫斯・朱利葉斯・亞歷山大（Marcus Julius Alexander）娶了希律王朝的公主貝勒尼基（後來成為羅馬皇帝提圖斯的情婦）；另一個姪子提庇留・朱利葉斯・亞歷山大（Tiberius Julius Alexander，馬庫斯的兄弟）則是猶地亞的羅馬總督（西元四六～八年），接著又在西元六〇年代擔任埃及地方長官。提庇留在輝煌的政治生涯期間拋棄了自己的祖傳，因而惡名遠播，和他的伯父斐羅大相逕庭。斐羅對自己的民族和宗教全心奉獻：他至少到耶路撒冷聖殿朝聖過一次，並在西元三九年的秋天前往羅馬，為了亞歷山卓猶太社群的市民權向皇帝蓋烏斯・卡利古拉請願。[20]

求學期間，斐羅不僅對希臘修辭學和當時的典型斯多噶哲學觀點有所熟稔，也學習了柏拉圖的一些鉅著，特別是《蒂邁歐篇》（Timaeus）與《斐德羅篇》（Phaedrus）。他究竟是如何獲得這些知識的，我們不知道。他的家庭十分富有，可以為他聘請私人教師，但是柏拉圖在西元前四世紀寫成的著作非常艱澀難懂，在西元一世紀已不受到歡迎，因此偏愛柏拉圖作品的斐羅只是個特例。斐羅之後運用這些哲學素養的方式更是特殊。他以冗長的篇幅和絕佳的才智堅稱，若好好使用隱喻的方式解讀摩西律法，便會發現摩西律法其實可以用柏拉圖的哲學思想來理解。或者更準確地說，柏拉圖和摩西所找到的真理其實是一樣的。

斐羅寫了非常多東西，而這些東西很多都留下來了。他的作品在基督徒抄寫員的努力之下保存下來，因為這些基督徒認為，他對猶太律法的詮釋十分管用。留下來的大部分都是最初的希臘原著，但有一些是六世紀翻成的亞美尼亞版本和拉丁版本。斐羅以隱喻象徵的方式解讀猶太教聖經的希臘文版本《七十士譯本》，也就是今天基督教的舊約聖經，而第一位引用斐羅的基督教作家，則是西元二世紀晚期來自亞歷山卓的革利免（Clement of Alexandria）。一個世代以前，也就是西元二世紀中葉時，影響力很大、又有領袖魅力的基督導師馬吉安（Marcion）攻擊主流的外邦基督徒，叫他們完全摒棄舊約聖經，反正他們已經不願像猶太人那樣遵守律法的字面意義。革利免不願完全丟下早期基督徒認為由基督實現的那些聖書，因此開始用全新的方式解讀舊約聖經，利用柏拉圖式的寓意來進行詮釋。斐羅的著作因而顯得非常寶貴。西元四世紀中葉的教會史學家優西比烏說斐羅是「許多人都認識的人，不僅在我們自己人之中負有盛譽，在那些脫離我們、褻瀆學問的人之中也如此」。[21]

斐羅用隱喻的方式詮釋妥拉，是為了告訴讀者摩西教誨的真正意涵。他認為摩西「達到了哲學的最高峰……並被上帝傳授了大自然的愛最偉大的精華」。因此，舉例來說，飲食律法對於可以吃哪些動物有所限制，象徵的其實就是獲得知識和選擇德行的方法：

> 這個單位的所有數字當中，十是最完美的，也是如摩西所說的，最神聖的數字。摩西因此列出十種乾淨的動物類型，將這些指定為公共福祉的成員可以使用的動物。他加了一條證明和測試這十種動物的通則，以兩種表徵為依據：分趾蹄和反芻。缺乏兩種或其中一種表徵的動物都是不乾淨的。這兩種表徵其實象徵了使用最適合獲得知識的方法來教學的老師和學生，這個方法會將比較好的和比較壞的區分開來，因而避免錯亂。就像會反芻的動物般，咬爛食物之後把它留在食道裡，接著又再吐回一點慢慢咀嚼，然後送到肚子裡，學生用耳朵從老師那裡收到原則和智慧之愛以後，會延長學習的過程，因為他無法一下就理解並牢牢地領悟，直到他憑著記憶力喚起聽見的每一件事情，持續地練習，最後就像觀念的水泥一樣，將這

些印象用力蓋在靈魂上。然而，確實理解觀念是沒有用的，除非我們能夠辨別不同的觀念，選擇我們應該選擇的、避開相反的觀念，而這樣的辨識就是分趾蹄的象徵意涵。因為人生的道路有兩條，一條通往邪惡，另一條通往美德，我們必須遠離其中一條，永遠不摒棄另一條。因此，趾蹄只有一個或有很多個的動物都不乾淨，前者是因為牠們象徵了好與壞是同一個，有相同的本質，那就好像一條路有著令人困惑的凹凸面或上下坡；後者是因為，牠們在我們的人生設了好幾條路欺騙我們，那就和沒有路是一樣的，因為有很多選擇時，就不容易找到最好、最適當的路徑。[22]

斐羅所揭示的摩西，可說是個柏拉圖化的導師。賜給摩西的會幕在建好以前是以柏拉圖式的形式存在著，而不是呈現出真實形象，就是個最好的例證：

於是，就這麼決定要做出一座會幕了，這是最神聖的工程，由上帝在山上宣布交予摩西建造。他用靈魂之眼看見即將做出的實體物品的無實體形式，而這些形式必須製作成感官可感知的副本，可說是由原始的草圖和腦中構思的樣式取得……因此，模型的形狀蓋在這位先知的腦中，就像一個偷偷繪製好、形塑好的原型，用無實體、看不見的形式所製成；接著，依據創造者構思的形狀來建造成品，把印記蓋在要求的每一件實體物質上。

斐羅經常拿柏拉圖的《蒂邁歐篇》來闡述摩西見解的正確性，但這不表示只有柏拉圖看見真理，因為斐羅也有引用斯多噶的論點來說明天意的概念，而他在討論十誡時對數算學興味盎然，則是受到新畢達哥拉斯學派的影響：

誡命的數量馬上激起我們的欽佩之情，不多不少，剛好就是最完美的十。十包含了各種數字，像二這樣的偶數、像三這樣的奇數或是六這樣的奇偶數，還有各種的比例，無論是一個數字的倍數或分數，或是一個數字因為本身的某一部分而增加或減少。[23]

因為喜歡運用柏拉圖的思想，斐羅也將世界分成兩個領域。唯有在能用智力理解的上層領域才可找到真理，而生命的目標必須將靈魂提升到「看見上帝」的程度，雖然他有時候會說，上帝住在一個比由概念組成的世界還要高的地方，是「無法形容、無法想像、無法理解的」。這種極端的超驗主義讓斐羅的說法有點互相矛盾，因為上帝雖然是唯一值得認識的事物，但因為不具實體，所以不可能認識。[24]

斐羅常常強調上帝的至一性，將《出埃及記》中摩西唸出的上帝名諱和柏拉圖所定義的「形式的形式」當成同一個事物。如此崇高的上帝怎麼可能和人類居住的充滿「看法」的實體世界有所關聯，而不減損上帝的完美呢？並不只有斐羅想到這個問題，因此第二聖殿晚期的其他猶太文獻中，才會預設上帝擁有這麼多中介者。然而，斐羅的答案非常特別而且強大，是他思想的核心所在：許多希臘哲學家都討論過邏各斯（logos）在人類的生命中扮演的角色。這個字的意思是「話語」或「理性的秩序」，在《所羅門智訓》中被描述成上帝的代理人：「用你的話，醫好了一切的病」。對斐羅而言，邏各斯是上帝的主要力量，將上帝帶往人類、人類帶往上帝。這樣的概念不是完全連貫一致。邏各斯是上帝的複製，而人類的智慧是邏各斯的複製。邏各斯有兩種：

一個是高於我們之上的原型理智，另一個是我們擁有的複製品。摩西將第一種稱作是「上帝的形

象」，第二種是那個形象的模子。他說，因為上帝造人時不是依照「上帝的形象」，而是「模仿那個形象」。因此，我們每一個人的心智以最真實完整的意思來說就是「人」，是創世主的第三手表現，而位於兩者之中的是至高的理智，是我們的理智的模範，但只是上帝的肖像或呈現出來的樣子。

有時，斐羅將邏各斯和上帝的心智視為同一事物；但有時，他又認為邏各斯介於「人與上帝之間」。斐羅也的確時常暗示，上帝對人類的靈魂有影響力，和斯多噶的思想一樣。然而是否前後一致並不重要。重要的是，斐羅暗示讀者，藉由邏各斯的幫助並真正了解聖經的意涵，人類就能提高到上帝的領域。[25]

斐羅對於現實的本質抱持著這樣的觀點，也影響了他的倫理觀。由於人類是由身體和靈魂組成的，身體與物質連接，靈魂與神聖連結，因此人會一直不斷努力用理智來控制情慾。因此，斐羅對《創世記》描寫亞伯拉罕從美索不達米亞遷離的故事所蘊含的真義，是這樣解讀的：

「主對亞伯蘭說：『你要離開本地、本族、父家，往我所要指示你的地去。我必使你成為大國，我必賜福給你，使你的名為大；你要使別人得福。為你祝福的，我必賜福給他；詛咒你的，我必詛咒他。地上的萬族都必因你得福』」（《創世記》12:1–3）。上帝開始執行祂的意志，清洗人的靈魂，將之移出三個場域，也就是肉體、感官和話語，讓他起個頭，能通往完全的救贖。「土地」或「國家」象徵的是肉體，「親族」是感官，「父家」是話語。怎麼說呢？因為，肉體是從大地（即土地）得到實質，接著再次變成大地……感官是來自同一個認識的親族和家庭，不理性和理性相伴，因為這些都是單一靈魂的一部分。話語是我們的「父家」，「父」是因為心智是我們的父親。[26]

斐羅在這個段落中使用了隱喻詮釋的技巧，是他在《隱喻評述》（Allegorical Commentary）的三十一篇文章中典型的寫作手法，顯然是寫給教育程度很高、對《創世記》內涵的詳盡分析有興趣的猶太讀者看的。斐羅的《創世記問答集》（Questions and Answers on Genesis）大部分只留下亞美尼亞語的譯本，書中提供了類似的詮釋，但目標讀者沒有這麼高階，因此書寫每一個例子時，都會很明確地區分字面意義和深層意義：

為什麼（聖經）說：「凡活的動物都可作你們的食物」？會動的生物有兩種本質，一種有毒、一種無害。有毒的是那些蛇，牠們使用腹胸代替腳來爬行；無害的是那些腳上有腿的。這就是字面的意義。但從深層意義來看，激情就像不潔淨的動物，而喜悅（就像）是潔淨的（動物）。因為除了感官的愉悅，還有喜悅的激情。

這種解經的手法借用了當時的斯多噶學術思想，仔細檢視文本的字面意義和字詞的字源，堅定地認為有更深層的意義存在。有關荷馬的研究特別常會使用這種技巧，讓荷馬脫離不虔誠的罪名。斐羅的例子很不一樣，他的隱喻詮釋通常是一種補充，讓直接明確的解讀多添一些意涵，只有在很少數的情況下，才是用來否定字面意義：

「主上帝使他沉睡，他就睡了；於是取下他的一根肋骨。」這段文字的字面意思是個謎。因為，怎麼可能有人同意女人或任何人類是從男人的肋骨跑出來的？而且，有什麼東西能阻止第一因用大地創造女人，就像他創造男人一樣？因為，不僅創造者是同一個，塑造每一種東西的材料也是無限多的。而且為什麼有這麼多部位可以選，祂不拿其他部位來創造女人，而是拿肋骨？祂又是用哪一邊的肋骨？我們可以假定肋骨只有分兩邊，因為並沒有暗示肋骨有很多邊。那祂是拿左邊還是右邊呢？如果祂是用肉補滿祂拿走的那一邊，我們是不是要假定祂沒動到的那邊就不是肉做的？我們的兩邊肋骨當然是一模一樣的，也都是用肉做成的。那我們要怎麼解釋？「肋骨」是一個普通生命的詞，意思是「力量」……既然如此，我們就一定要說，心智尚未被肉體蓋住、限制時（他所謂的心智就是指沒有受到限制的時候），擁有許多力量。

荷馬學者喜歡修改文本中他們不滿意的地方，但是斐羅無法這樣對待《七十士譯本》，因為他相信翻譯這些文本的譯者應該被視為「神祕道理的先知與祭司，有著真誠單一的思維，使他們和最純潔的精神（也就是摩西的精神）能夠密切合一」。27

以明確的隱喻寓意為基礎來進行對妥拉的獨特詮釋，這樣的做法並非前無古人、後無來者。我們知道雅哈達的成員也做過非常相似的事，堅稱《哈巴谷書》與《那鴻書》的「真正意涵」和他們的團體歷史有關。之後也會看到，早期拉比在詮釋聖經時偶爾也會採取類似的方式，可能可以追溯至第二聖殿時期（見第十一章）。沒有任何證據顯示，斐羅知道有這些猶太團體曾創造這些評述，也沒有證據顯示他曾讀過這些評述。不過，確實有一些特定的詮釋是從相同的傳統傳達給斐羅和拉比的。但，斐羅不像拉比那樣會處理特定的律法議題。他比較希望呈現的是律法的合理性及其絕妙的道德意涵。

斐羅比較有可能接觸到的，是阿里斯托布魯斯的作品，因為他也住在亞歷山卓，時代比他早。阿里斯托布魯斯在西元前二世紀中葉寫下自己對摩西教誨的哲學詮釋，認為「柏拉圖遵循我們所使用的律法傳統……就像畢達哥拉斯借用了我們的許多傳統，在自己的思想體系中找到容納這些傳統的地方。」阿里斯托布魯斯不厭其煩地堅稱，聖經把上帝擬人化的部分一定要使用隱喻的方式解讀：「因為我們的立法者摩西想說什麼，會用許多層次表達出來，使用似乎有其他指涉對象的文字（我是指看得見的事物）；但他這麼做，說的其實是一個更高層級的『自然』條件與結構……」。因此，阿里斯托布魯斯向讀者保證，安息日指的是「七重的原則……藉此我們可以獲得人類和上帝的奧祕」。為了支持自己的詮釋，他訴諸於宣稱是由希臘詩人赫西俄德（Hesiod）、荷馬和林納斯（Linus）所創的詩作，雖然這些詩作至少有一部分是虔誠的猶太人所偽造的。[28]

阿里斯托布魯斯運用隱喻的方式似乎和斐羅的沒什麼不同，只差在他沒有這麼複雜而已。兩位猶太哲學家可以說都是反映了亞歷山卓相同的文化背景（雖然兩人的年代相隔了幾個世紀），但是我們沒有充分的理由認為他們同屬亞歷山卓的某個獨特學派或傳統，因為斐羅在龐大的著作中顯然並沒有引用或提及阿里斯托布魯斯的哲學思想。另一方面，隱喻詮釋顯然是亞歷山卓的猶太人常用的解經模式，因為斐羅有時會談到某些特定文本的慣常詮釋，例如關於《創世記》某一段文字的詮釋。這段文字講述的是亞伯拉罕和撒拉到埃及去，埃及國王因為對亞伯拉罕的妻子撒拉產生非分之想而受到災難：

> 我也聽說過有些天生的哲學家以隱喻的方式解釋這段文字，提出的理由很好。他們說，這位丈夫是好心智的象徵，因為這個名字的意思象徵著靈魂有好的性情。他們說，這位妻子是美德，她的名字是迦勒底・撒拉，但在我們的語言中是一位至高的夫人，因為沒有什麼東西比美德更至高。

斐羅在其他地方提到一些他不認同的當代隱喻詮釋者；我們在前面看到他是多麼反對那些極端的隱喻詮釋者，因為他們「輕易忽略」律法的字面解釋，認為只有象徵意義才是重要的。[29]

倘若斐羅的年代還有其他隱喻詮釋者寫下了任何對於聖經的詮釋，至今也都不復存在了。我們會知道阿里斯托布魯斯的著作，是因為西元三世紀和四世紀的基督徒作家（主要是革利免和優西比烏）引用了他的作品的部分內容。這些基督徒作家保留了如此大量斐羅的隱喻解經評述，和阿里斯托布魯斯的零碎片段對比極大，而其他猶太人對聖經的隱喻詮釋更是完全沒有留下任何蛛絲馬跡，顯示了斐羅的作品如果不是有獨特的組成，就是（同樣很有可能）因為只有他用文稿的形式保存作品，在他死後一直到他的作品第一次被基督徒引用的一百五十年間，依然沒有亡佚。

約瑟夫斯提到斐羅時，認為他的猶太教觀點在當時是極為非凡的。約瑟夫斯只有提過他一次，說他是亞歷山卓猶太人前去覲見卡利古拉的大使團成員，但卻特別點出他「擅於哲學」。約瑟夫斯在作品中沒有對當時的其他猶太人給予這樣的讚譽，而他之所以這樣稱讚他，或許是因為斐羅的哲學著作，而不是因為他的神學作品。斐羅的哲學著作包括了使用對話體寫成的《論天命》（On Providence）和《論動物》（On Animals），徵引的是希臘文獻而不是聖經，並假定讀者對希臘的哲學思想十分熟稔。書中對話的對象則是一個名叫亞歷山大的人，幾乎可以肯定其實就是斐羅的姪子，也就是那個拋棄信仰的提庇留・朱利葉斯・亞歷山大。

除了有可能理解隱喻詮釋之艱深論點的內行人以外，斐羅無疑還有更廣大的目標讀者群。因為，無論是包含一系列作品的《律法的闡述》（Exposition of the Law，主題包括世界的創造、族長的生平以及他對十誡和特殊律法的評述）或是《論美德》（On Virtues）和《論賞罰》（On Rewards and Punishments）等著作，都比寫給行家的作品好懂許多，除了提供隱喻的解讀之外，還為更廣大的猶太讀者說明律法的原則，或換個方式解釋聖經的內容。我們不確定斐羅是否把非猶太人當成《律法的闡述》的讀者之一，但是關於構成《摩西的生平》（Life of Moses）的兩本書，他確實有明白表示是要寫給非猶太人的，而這部作品可算是《律法的闡述》的延伸閱讀著作：

我打算撰寫摩西的生平。有些人說他是猶太人的立法者，有些人說他是聖法的詮釋者。我希望將這位最偉大、最完美的人的故事寫給應該了解這個故事的人知道，因為他在身後留下的這些律法雖然聲名遠播，傳遍了整個文明世界，到達了大地的各個角落，但是此人本身的真實故事卻只有少數人知道。有學識的希臘人認為他不值得記住，這可能是因為他們忌妒，也因為在很多不同的地方，其立法者的法令與摩西的不合。

我們不知道究竟有誰真的讀了斐羅龐大的著作，但後來西元二世紀晚期的基督徒盜用了這些作品，理由一定會引起斐羅的強烈不滿：革利免喜歡隱喻詮釋，是因為不想從字面來解釋聖經中有關律法的段落，所以他肯定和那些極端的隱喻詮釋者有著一樣的觀點，而這些人就是斐羅特別挑出來斥責的對象。再回到西元一世紀。約瑟夫斯在《猶太古史》中簡短提及愛色尼人時，有可能參考了斐羅的哲學作品《好人皆自由》，但若是如此，他最後其實有點斷章取義。約瑟夫斯的史書還有其他地方也適合引用斐羅的作品來闡明自己的敘述，像是羅馬在卡利古拉時期所發生的事件。然而，這些地方卻都看不出來約瑟夫斯曾讀過斐羅的版本。[30]

縱然斐羅的隱喻詮釋大體上不受到猶太同胞的重視，但這不表示他在當時的猶太教內部位居邊陲，因為他顯然高度參與了亞歷山卓猶太人的宗教生活。他從來沒說用字面意義理解妥拉是錯誤的，只有說這樣是不夠的。猶太大使團覲見卡利古拉，向皇帝提出有關耶路撒冷聖殿和亞歷山卓猶太人的請求，但只得到皇帝疑惑的回應：「你們為什麼不願意吃豬肉？」這時候的斐羅，就和其他成員一樣沮喪。斐羅寫道：「我們回答：『不同的族群有不同的風俗』……」他並沒有像在《律法的闡述》中那樣提供一個哲學的答案，說明猶太人禁吃豬肉的原因正是因為這是肉類當中最好吃的，因此禁食可以鼓勵自制。這樣的哲學答案在西元一世紀中葉的羅馬聽起來應該蠻有理的，因為當時的許多哲學家都認同有點接近犬儒主義的禁慾觀念。然而，皇帝很有可能只是把斐羅當成普通的猶太人，而不是哲學家。31

西元七〇年過後的幾百年間，斐羅的猶太教觀點沒有任何延續的確切跡象。今日敘利亞境內的杜拉—歐羅普斯（Dura-Europos）有一座西元三世紀的猶太會堂建築，其描繪宗教場景的壁畫被解讀成與斐羅的神祕隱喻有關（見第十二章），但是這樣的解讀不太站得住腳。也有人發現，《大創世記》（Bereshit Rabbah）的開頭可能殘留了斐羅的影響。這是一部在西元四到六世紀寫成的《創世記》拉比評述，作者何沙雅・拉巴拉比（R. Oshaiah Rabbah）在書中說到，妥拉聲明：「我是當稱頌的聖者的工具。人類做事時，一個凡人國王若要建一座王宮，他不是用自己的技巧來建，而是用建築師的技巧。此外，建築師不是靠自己的腦袋來建，而是運用設計和圖表來知道怎麼安排房間和門。於是，上帝諮詢妥拉，這樣創造出世界。」這個構想和斐羅在《論世界的創造》（De Opificio Mundi）一書中所說的蠻雷同的：

> 上帝之為上帝，認定一個美麗的複製品沒有美麗的樣式是永遠無法創造出來的，認定沒有仿造智者感知的原始物件所做出來的，不可能是沒有缺陷的感知物件。故，當祂決定創造這個看得見的世界時，祂首先形塑了一個得用智力來理解的世界，這樣祂就有一個和上帝一模一樣的無形樣式可以運用，創造有形的世界。後來創造的這個和前面創造的那個有著一樣的形象，當中蘊含許多感知物件，種類就跟智力所包含的那些物件一樣多。

然而，倘若他真受到斐羅的影響，他也沒有承認。一千五百年來，猶太人都沒有接觸斐羅的猶太教觀點，只有偶爾的例外，像是（應是）在十一世紀的普羅旺斯寫下《塔夏米大示》（Midrash Tadsha）的那個人；偉大的義大利學者阿扎賴亞・德・羅希（Azariah de' Rossi）在十六世紀時重新引介斐羅（但他把他寫成「耶蒂迪亞」〔Yedidiah〕，意為「上帝的朋友」），震驚了猶太世界；到了十九世紀，斐羅的隱喻詮釋引起改革派與自由派猶太人的共鳴。然而，一直到二十一世紀，他的部分著作的希伯來文譯本才被加進某些改革派的禮拜儀式中。[32]

耶穌和保羅

羅馬皇帝提庇留在位期間，本丟・彼拉多（Pontius Pilate）擔任猶地亞總督，發生了許多政治事件。約瑟夫斯描述這段歷史時，講到民眾因為反對從聖庫拿錢建造高架渠，因而發動叛變。他跟著事件的發展，提到了一個不太一樣的動亂。在中世紀的《猶太古史》手稿中，這起動亂被描寫得相當有意思：

這時候，有個名叫耶穌的聰明人出現了——如果我們應該稱他是人的話。因為，他可以做到驚人的事蹟，有一群欣喜接受真理的門徒。他贏得許多猶太人和希臘人的心。他就是彌賽亞【基督】。彼拉多聽見他被我們之中地位最崇高的人控訴時，下令將他處以釘死在十字架之上的刑罰，但那些原先就愛著他的人並沒有放棄對他的情感。第三天，他復活出現在他們面前，因為上帝的先知預言過這些事情，也預言了他無數的驚人事蹟。以他的名字稱呼自己的那些基督徒，至今仍未消失。[33]

這位斐羅的晚輩（拿撒勒的耶穌）是第二聖殿時期最後幾世紀所有的猶太人之中，古代文獻書寫最多的對象。因此，有一點似乎很叫人驚訝，那就是二十世紀的許多史學家都表示，要描述他的任何生平事蹟和教誨是不可能的。這樣的保守態度是資訊過多所造成的直接後果：因為有這麼多資訊互相矛盾，而且顯然是刻意要以特定的樣子來呈現耶穌，所以似乎不可能從中拼湊出實際上到底發生什麼事。新約聖經大約在西元一二〇年編纂完成，原始文件是由許多作者在耶穌被處死不久之後書寫而成的，裡面包含四部福音書，分別是四個耶穌的傳記，雖然有許多雷同之處（因為有一部分是來自相同的文獻），但是關於耶穌生涯的某些重要層面，卻又有不太一樣的說法。會存在這些差異，是因為福音書這種文體的焦點是在神學上。「福音」是從希臘文的「evangelion」翻成的，原意是「好消息」。在新約聖經最早寫成的書卷中，這就已經是在指透過耶穌基督的死亡和復活為人類帶來救贖的消息。

這四部福音書正典在二世紀初期被認為是由耶穌的門徒所傳下的。顯然，新約正典的編纂者認為，這些書有足夠的共通點，可以被納入權威著作，至於那些因後世基督徒引用方為人所知的許多「經外」福音書，或者在埃及的拿戈瑪第（Nag Hammadi）出土的莎草紙法典，卻只被當成衍生作品看待。令人不安的是，西元一世紀中葉由保羅寫成的文獻雖然是年代最早的基督史料，但除了釘死在十字架的部分之外，他對耶穌的生涯或教誨卻幾乎隻字未提。羅馬文獻直到二世紀初才出現一些關於耶穌的資訊，因為這時他們察覺到他來自猶地亞，並有著「基督」的名號。拉比文獻中保留了有關耶穌（或只稱他「那個人」）的攻擊性言論著作，在中世紀被稱作「耶穌一生」（Toledot Yeshu），全都是基督徒所說的那些故事的負面版本。這些著作可以回溯至西元一世紀，當時反對耶穌的猶太人之間流傳著福音書的反面故事。[34]

前面引用的那個明確描述耶穌生涯的段落，可在約瑟夫斯現存的每一個《猶太古史》手稿中找到，表面上看來是個客觀的歷史紀錄。然而，從十七世紀起，開始有人質疑其真實性，理由也很正當，因為約瑟夫斯並不是基督徒，所以幾乎不可能在說到耶穌時，表示「他就是彌賽亞」。幾乎可以肯定的是，約瑟夫斯確實寫了耶穌的某些事，我們甚至有可能辨識出來，手稿中找到的這個段落有哪些字不可能是由基督徒竄改亂加的。但，這樣一來，餘下的資訊所剩無幾，只知道耶穌大約生存在這個時代，遭彼拉多釘死在十字架上，還有「以他的名字稱呼自己的那些基督徒，至今仍未消失」。[35]

近年來，我們發現對相關史實的絕望其實是言之過早、沒有必要的。當然，有些關於耶穌的古代資訊確實比較可疑，但我們可以合理地認為，傳統中有一些和基督團體的觀點相當不合的元素存在，之所以仍保留在傳統中，很有可能純粹因為這些訊息是真的。若以這樣的標準來判斷，就能肯定有不少關於耶穌的事實是幾近確定的。耶穌出生在加利利的一個村落家庭中，社會地位相當低。他後來認識了施洗約翰。施洗約翰是一個深具個人魅力的猶太導師，至少從西元二八年左右就開始活躍，鼓勵猶太人懺悔自己的罪行，把身體浸入具有潔淨作用的約旦河裡，象徵悔過。耶穌只向猶太人傳教，對外邦人沒有興趣。他因為被羅馬總督本丟·彼拉多視為政治威脅，以極可怕、蒙羞的方式被釘死在十字架上。至於其他一些有關耶穌的故事，則比較有可能是刻意虛構，例如，說他是出生在伯利恆的一個馬槽，可能是刻意為了要讓耶穌和大衛王城產生關聯。在很有可能為真與明顯純屬虛構的兩種資訊之間，還有許多完全有可能是真的、卻又無法肯定的部分，因為這些故事十分符合早期基督徒重視的議題，有可能是因為這樣才被保留下來，像是耶穌宣揚人們應該悔改，「因為天國近了」，或是他曾做出許多治癒和驅邪的奇蹟行為。然而，「無法肯定」並不代表「不是真的」。耶穌和保羅雖然明顯有不契合的地方，但是在耶穌死後，其他提倡耶穌運動的人之所以會說自己是耶穌的追隨者，很可能就是因為他們覺得自己也抱持和耶穌相同的信念。[36]

耶穌的生平中有一些特殊的面向，使他和其他猶太教的宗教人物有所不同。當中最引人注意的一點，就是在他死後仍存在著一個以他命名的團體。最接近的例子應當是昆蘭的公義之師，因為這位導師的影響力也延續到後世。然而，死海古卷並沒有說這位導師叫什麼名字，而且現存的卷軸其實很少會提到他。

《使徒行傳》的作者記載，法利賽人迦瑪列注意到，其他團體一旦領袖不再，就會隨之解散。在大部分的層面，福音書描繪的耶穌就和其他猶太人沒什麼不同：出生後很快便接受割禮、守安息日的規範、上猶太會堂聆聽妥拉教誨、慶祝各大節日、到聖殿朝聖等等。後世基督徒雖然對獻祭的效力有所疑慮，但福音書描繪的耶穌卻把獻祭視為正常的行為，只有敦促「你在祭壇上獻祭物的時候，若想起有弟兄對你懷恨，就要把祭物留在壇前，先去跟弟兄和好，然後來獻祭物。」[37]

耶穌只吃潔食。《馬可福音》的作者在比較「從口裡進去」和「從口裡出來」的東西後，宣布耶穌認為「各樣的食物都是潔淨的」，但是這樣的說法在《馬太福音》的同一個段落卻被省去了。這一定是後來才加上去的，因為路加在《使徒行傳》中描述彼得的異象時，說到彼得十分震驚被指示要吃不潔淨的東西，因此《馬可福音》的結論就說不通了：

第二天，他們走路將近那城，約在正午，彼得上房頂去禱告。他覺得餓了，想要吃。那家的人正預備飯的時候，彼得魂遊象外，看見天開了，有一塊好像大布的東西降下，四角吊著縋在地上，裡面有地上各樣四腳的走獸、爬蟲和天上的飛鳥。又有聲音對他說：「彼得，起來！宰了吃。」彼得卻說：「主啊，絕對不可！凡污俗和不潔淨的東西，我從來沒有吃過。」第二次有聲音再對他說：「上帝所潔淨的，你不可當作污俗的。」

福音書所記載的異議反對的不是耶穌吃的東西，而是他和誰一起吃東西。在當時的社會中，有一些人認為和想法相同的宗教熱忱者一起吃東西，能展現出絕佳的虔誠心，像是愛色尼人、昆蘭雅哈達的成員和哈維林人都是這麼認為的。因此，耶穌據說刻意跟娼妓、稅務員和其他罪人一起吃飯，是非常引人注目的行為。[38]

耶穌是憑哪一點吸引到追隨者的？公開做出奇蹟和驅邪的行為雖然可以引來大批群眾，但群眾若被施加壓力，也會因此消散。對耶穌的親信而言，他明顯的個人魅力和有關天國即將到來的末世言論都是能夠激起熱情和忠誠的。「潔淨聖殿」這種象徵意味濃厚的行為更加強了信徒的熱忱：

耶穌一進聖殿，就趕出在聖殿裡做買賣的人，推倒兌換銀錢之人的桌子和賣鴿子之人的凳子；也不許人拿著器具從聖殿裡經過。他教導他們說：「經上不是記著：『我的殿要稱為萬國禱告的殿嗎？你們倒使它成為賊窩了。』」

聖殿邊緣發生這種小騷動，並不會影響這個龐大機構的順暢運作，但其象徵意義卻會對他的崇拜者產生持久的影響，特別是因為，他曾預言希律的宏偉建築將會像第一聖殿一樣被摧毀，而在他死後的數年，這個預言真的成真了：

耶穌從聖殿裡出來的時候，有一個門徒對他說：「老師，請看，這是多麼了不起的石頭！多麼了不起的建築！」耶穌對他說：「你看見這些宏偉的建築嗎？這裡將沒有一塊石頭會留在另一塊石頭上而不被拆毀的。」耶穌在橄欖山上，面向聖殿坐著；彼得、雅各、約翰和安得烈私下問他說：「請告訴我們，什麼時候有這些事呢？這一切事將成的時候有什麼預兆呢？」[39]

如先知般呼籲人們悔改；山上聖訓中反覆使用的話術：「你們聽過有對古人說……但是我告訴你

們」，讓人感覺他是更嚴謹地遵守聖經教誨的核心內涵；以及，對末世的希望——這些都足以解釋耶穌生前為何對猶太同胞有這麼大的影響力。耶穌跟「文士和法利賽人」針對遵守妥拉的枝微末節進行辯論，在形式和內容上很像法利賽人和撒督該人之間的爭辯，也很類似昆蘭卷軸所記載的討論。在福音書裡，耶穌有時傾向寬鬆的詮釋，有時傾向嚴厲，比方說摩西只有在「因為你們的心硬」的情況下才允許離婚：「但從起初創造的時候，『上帝造人是造男造女』。因此，人要離開他的父母，與妻子結合，二人成為一體。既然如此，夫妻不再是兩個人，而是一體的了。所以，上帝配合的，人不可分開。」[40]

這些辯論並沒有暗示耶穌和猶太同胞之間產生了根本上的嫌隙，導致他被控褻瀆上帝。根據前三部福音書（馬太、馬可與路加）的記載，把耶穌交給羅馬當局懲罰的人，不是文士和法利賽人，而是大祭司該亞法和他的顧問。根據《馬可福音》，耶穌是在審判程序很後面時才被控褻瀆：

> 祭司長和全議會尋找見證控告耶穌，要處死他，卻找不到實據。因為有好些人作假見證告他，他們的見證又各不相符。又有幾個人站起來，作假見證告他說：「我們聽見他說：『我要拆毀這人手所造的殿，三日內另造一座不是人手所造的。』」就是這樣，他們的見證還是不相符。大祭司起來站在中間，問耶穌說：「這些人作證告你的事，你什麼都不回答嗎？」耶穌卻不言語，一句也不回答。大祭司又問他：「你是不是基督，那當稱頌者的兒子？」耶穌說：「我是。你們要看見人子坐在那權能者的右邊，駕著天上的雲來臨。」大祭司就撕裂衣服，說：「我們何必再要證人呢？你們已經聽見他這褻瀆的話了。你們的決定如何？」他們都判定他該處死。

無論這段敘述的細節是否為真，本丟・彼拉多最終下令將耶穌釘死在十字架上的理由顯然是政治因素，因為十字架上刻下的罪名寫著「猶太人的王」。該亞法的顧慮很可能也是和政治有關。在重大朝聖節慶的前一天，大批民眾聚集在耶路撒冷，因末世言論而躁動狂熱，不管耶穌講道的內容為何，這樣的狀況在猶太當局看來都是很危險的。[41]

耶穌是否真如《馬可福音》所說的稱自己為基督，現在已無從得知，但保羅在書信裡頻繁以基督這個名字稱呼他，清楚表明在他死後，他的追隨者確實賦予他這個身分。我們很難確切知道這個稱呼的意涵，因為後面將看到（第八章），這個時期的猶太人對預言將會來臨的彌賽亞來自哪裡、具有何種功能，有著很多不同的說法。「基督」一詞在「奉上帝旨意，蒙召作基督耶穌使徒」的保羅所寫的書信中，完全沒有特定的延伸意義。

保羅宣揚，「主耶穌基督」是「發慈悲的父，賜各樣安慰的上帝」的兒子。在保羅的書信裡，「上帝之子」這個說法有很多種意思。除了指耶穌，就和希伯來聖經的許多地方一樣，也指以色列這個民族或者基督徒。但是，《馬太福音》和《路加福音》把耶穌身為神子的身分更明確地跟他的受孕及誕生連結在一起，而《約翰福音》更進一步說，他永久以來一直都具有神子的身分，上帝透過永生給他的兒子「權柄掌管凡血肉之軀的，使他把永生賜給你所賜給他的人」。早期的基督徒運動快速發展出耶穌和上帝之間的關係，最終確立了他的神性。然而，令人吃驚的是，保羅書信做為基督教思想最古老的證據，裡面說到耶穌生涯最值得稱頌的部分，是在結束之時，也就是當「按神聖的靈說，因從死人中復活，用大能顯明他是上帝的兒子」。[42]

耶穌在十字架上歷經了極大的羞辱與痛苦死去後，這個運動還能持續，關鍵就在他的復活。在此之前，猶太教的整個歷史都沒有過類似的狀況。在講述耶穌生平的故事中，拉撒路（Lazarus）這個人雖然死後復活了，但也從來沒有人認為拉撒路有什麼不凡之處。人們相信，某些特別非凡的聖經人物其實從來沒有真的死去，像是以諾和以利亞。然而，保羅真正想傳達的是死亡與復活的重大意義，而這就是過去的猶太教不曾出現的。[43]

源自這個新運動的新概念不只有這一個。耶穌在西元三〇年左右過世後的數週內，還出現了其他以前不曾出現的觀念。他的信徒開始宣揚，耶穌是由上帝派來拯救全人類的，他的死是開展上帝之國的必經過程，而最重要的是，耶穌現在已經被提升到上帝的右側，只要相信他的力量，任何人都可以準備好在即將來臨的審判中獲救，迎接永生。耶穌生活的環境中全是一些農夫和工匠：他傳教佈道的地方是在加利利西部的小山村社群。這些地方的生活水準不怎麼高，有的淨是橄欖和壓酒池，還有用石灰岩挖空所做成的穀物貯藏設施。耶穌似乎就連加利利地區的小型希臘城市也刻意避開了，像是位於拿撒勒南邊僅數公里的西弗利斯（Sepphoris）。只有偶爾前去聖城耶路撒冷時，他才會招攬到較廣大的猶太信徒。然而，在他死後的寥寥幾年間，關於他或受他啟發的教誨卻傳到地中海的另一端去了。

要在現存的基督教文獻裡把這些早期的信徒所持有的信念從後來的教義中抽離出來，不是那麼容易的事情。在後世的非猶太裔基督徒眼中，因為他們自己已經脫離了猶太習俗，因此猶太裔基督徒的猶太特質常常讓人覺得可疑。基督徒如果太注重妥拉的字面意義，就有可能被指控為猶太人。由於現有的史料大部分都是非猶太裔的基督徒留下的，因此很難知道對於生為猶太人但卻希望結合新舊信仰的基督徒來說，種族出身究竟有多重要。[44]

耶穌被釘死在十字架上之後，他的信徒很有可能曾聚集在加利利，因為「一個年輕人……穿著白袍」告訴他們，在那裡可以看見耶穌復活。但，在西元三〇年後的幾十年間，保羅的書信和《使徒行傳》大部分只提到位於耶路撒冷的聚會。《使徒行傳》記載的早期教會故事一直受到部分學者的質疑，認為那是典型救贖歷史的產物，因此就像對待歷史上的真實耶穌那樣抱持著很大的懷疑。若是關乎保羅的生平，這種懷疑的態度還算有理。然而，我們沒理由不相信《使徒行傳》中有關信徒聚在一起用餐禱告的描述，因為這些聚會其實和雅哈達、愛色尼人以及哈維林人的集會差不多，只是在教誨上特別強調耶穌是帶來救贖的關鍵角色。比方說，耶穌最親信的門徒之一、同時也是耶路撒冷基督團體的領頭人物彼得，據說曾在七七節（五旬節）發表以下的演說：

> 諸位弟兄，先祖大衛的事，我可以坦然地對你們說：他死了，也埋葬了，而且他的墳墓直到今日還在我們這裡。既然大衛是先知，他知道上帝曾向他起誓，要從他的後裔中立一位坐在他的寶座上。他預先看見了，就講論基督的復活，說：「他不被撇在陰間；他的肉身也不見朽壞。」這耶穌，上帝已經使他復活了，我們都是這事的見證人。他既被高舉在上帝的右邊，又從父受了所應許的聖靈，就把你們所看見所聽見的，澆灌下來。大衛並沒有升到天上，但他自己說：「主對我主說：你坐在我的右邊，等我使你的仇敵作你的腳凳。」故此，以色列全家當確實知道，你們釘在十字架上的這位耶穌，上帝已經立他為主，為基督了。

根據《使徒行傳》的記載，節慶時期「有從天下各國來的虔誠的猶太人，住在耶路撒冷」。因此，這些宗教熱忱者散播的訊息很快便能被各位門徒傳到地中海東岸的猶太會堂，因為這些門徒有很多本身也是外地來的猶太人，如腓力（Philip）、巴拿巴（Barnabas）、百基拉（Prisca）、亞居拉（Aquila）和亞波羅（Apollos），當然還有保羅。[45]

促進外地傳教活動的推力之一就是耶路撒冷的迫害行動。其中，外地猶太人司提反（Stephen）的殉道事件便是一個著名的例子。司提反遭到一群暴民攻擊，他們「大聲喊叫，摀著耳朵，齊心衝向他……把他推到城外，用石頭打他」，直到打死為止。根據《使徒行傳》，暴民會有這些舉動，是因為司提反以一副聖經先知的模樣發表長篇大論，大肆批判以色列人從古至今都處在靈性盲目的狀態，因此觸怒了民眾。是否真有此事，現在已不可考。然而，儘管書中說到在司提反死後，「耶路撒冷的教會遭受到大迫害，除了使徒以外，眾門徒都分散在猶太和撒馬利亞各處」，但基督團體仍持續在這座城市活動，直到西元六六年叛變爆發時都還存在著。這就顯示，非基督徒的猶太人大多是把這些宣傳信耶穌得救贖的人當作持有不同意見的人罷了，並不認為會造成威脅。雖然偶有迫害事件，在西元五〇年代和六〇年代初期，耶路撒冷仍有基督團體存在，也持續會到聖殿傳教和禱告。那就是為何，司提反殉道後過了幾年，保羅會在那裡被群眾給抓住。前面曾經提到（見第六章），耶穌的兄弟雅各在耶路撒冷被撒督該大祭司亞那處死，這是發生在西元六二年。在一世紀的耶路撒冷，基督徒猶太人和其他的一些猶太人比起來，並不會特別奇怪。例如，有個猶太教的先知亞拿尼亞之子耶穌便宣稱，耶路撒冷會有災難發生。他從雅各死後一直到西元七〇年耶路撒冷毀滅時，都在宣揚這件事情，第八章會講到更多。46

保羅在寫給腓立比人的書信中，對於自己的猶太人身分表明得再清楚不過：

> 若是別人以為他可以依靠肉體，我更可以。我出生後第八天受割禮；我是以色列族、便雅憫支派的人，是希伯來人所生的希伯來人。就律法說，我是法利賽人；就熱心說，我是迫害教會的；就律法上的義說，我是無可指責的。

生命將盡之時，他在給羅馬人的書信中也寫了類似的話：「那麼，我要問，上帝棄絕了他的百姓嗎？絕對沒有！因為我也是以色列人，亞伯拉罕的後裔，屬便雅憫支派的。」在給哥林多人的第二封信中，他自豪地回應批評他的人，說他跟他們一樣都是希伯來人、以色列人和亞伯拉罕的後裔。接著，他一邊因為傳教的緣故，甘心接受鞭刑來展現對基督的虔誠，一邊繼續回應，並提到自己為了保留猶太人的身分，願意承受各種磨難，聲稱：「我被猶太人鞭打五次，每次四十減去一下。」猶太法庭施行懲罰，這件事本身就表示受罰的對象是猶太人。在西元一世紀中葉，羅馬東方省分的城市裡的猶太法庭只能夠審判、判決、懲罰猶太人。保羅隨時可以宣布自己不再屬於猶太社群的一份子（就像比他年輕的同一代人提庇留・朱利葉斯・亞歷山大一樣），藉此停止刑罰，但他卻願意忍受這種鞭打，就表示對他來說，繼續留在猶太文化中是一件非常重要的事。[47]

保羅倘若是羅馬公民，他向猶太法庭臣服的舉動就更令人吃驚了。不過，證明他持有這項身分的史料並不是他自己寫的那些書信，而是《使徒行傳》中的一段敘述，因此可信度較低。這段敘述講到，他的公民身分非常重要，可以讓他逃過鞭刑：

> 千夫長下令把保羅帶進營樓，叫人用鞭子拷問他，要知道他們向他這樣喧嚷是什麼緣故。他們剛用皮條把他捆上的時候，保羅對站在旁邊的百夫長說：「一個羅馬人，又未被定罪，你們就鞭打他是合法的嗎？」百夫長聽見這話，就去見千夫長，報告說：「你要怎麼辦呢？這個人是羅馬人。」千夫長就來問保羅：「你告訴我，你是羅馬人嗎？」保羅說：「是。」千夫長回答：「我用了許多銀子才得到羅馬公民的身份。」保羅說：「我生來就是。」於是那些要拷問保羅的人立刻離開他走了。千夫長一知道他是羅馬人，又因為曾捆綁了他，也害怕起來。

這起事件提供《使徒行傳》的作者一個承上啟下的關鍵，讓他說明基督教的傳教對象是如何從耶路撒冷的猶太人變成羅馬的外邦人。正因如此，既有人相信這段敘述是真的，也有人判斷這段敘述是捏造的。可以確定的是，《使徒行傳》的作者是以外邦基督團體的角度來回顧保羅的生涯，而且收錄了很多保羅自己的書信沒有提到的事件。這並不表示，沒寫進書信裡的就一定是假的，因為這些信件沒有理由要將保羅生平的一切全寫進去。然而，原則上，要了解保羅這個複雜的猶太人，最好還是以他自己所寫的東西為主要依據。即使採取這種手法，還是有其難點，因為在新約聖經裡據說是他撰寫的那十三封信之中，有六封似乎並不是他寫的，而是在他死後的幾十年間由他的信徒所寫。此外，書信本來就是為了特定讀者或特定事件而寫，因此會有一些不直接的隱諱之處。原始的收件人可能完全看得懂，但我們讀起來卻很困惑。[48]

雖然有這些問題，但我們對保羅的認識仍然比對當時的大部分猶太人還多。保羅出生在基利家（Cilicia）的大數（Tarsus，土耳其西南部），原名掃羅，生而為法利賽人，根據《使徒行傳》的記載，「在迦瑪列門下」受教。我們已經知道，他在給加拉太人的書信中，說自己年輕時曾對祖傳十分狂熱。他是外地猶太人，用希臘文書寫，熟悉希臘修辭學，閱讀的很有可能是聖經的希臘譯本。他告訴哥林多人，耶穌被釘死在十字架後不久，他在猶地亞初次接觸耶穌的信徒，「迫害過上帝的教會」。他沒有在任何書信中解釋自己為何要「殘害」教會。《使徒行傳》敘述了他主動從耶路撒冷的大祭司那裡取得迫害教會的權力：「掃羅不斷用威嚇兇悍的口氣向主的門徒說話。他去見大祭司，要求發信給大馬士革的各會堂，若是找著信奉這道的人，無論男女，都准他捆綁帶到耶路撒冷。」西元三三年，在這趟前往大馬士革的旅程中，一切都改變了，因為他在途中得到「我主耶穌」的異象，而這也是他後來聲稱自己是基督門徒的理由。[49]

《使徒行傳》的作者不只一次繪聲繪影地描述了保羅的異象，而這也成了他理解自己傳教人生的核心所在：

> 掃羅在途中，將到大馬士革的時候，忽然有一道光從天上下來，四面照射著他，他就仆倒在地，聽見有聲音對他說：「掃羅！掃羅！你為什麼迫害我？」他說：「主啊！你是誰？」主說：「我就是你所迫害的耶穌。起來！進城去，你應該做的事，必有人告訴你。」同行的人站在那裡，說不出話來，因為他們聽見聲音，卻看不見人。掃羅從地上起來，睜開眼睛，竟不能看見什麼。有人拉他的手，領他進了大馬士革。他三天什麼都看不見，也不吃也不喝。

他在寫給哥林多人的信中，說當時的他「被提到第三層天上去；或在身內，我不知道，或在身外，我也不知道，只有上帝知道……被提到樂園裡」。在那裡，他「聽見隱祕的言語，是人不可說的」。這個異象和其他猶太文本描述的啟示有許多相似點（第八章會提到更多），但在這裡，保羅沒有使用假名，而是很樂意承認這是他自己的異象，並藉此正當聲明自己是耶穌的門徒。[50]

保羅聲稱自己受到上帝的呼召，透過上帝之子的啟示，「讓我在外邦人中傳揚他」。他大約在西元三三年到六〇年間遊歷地中海東岸各處，主要目標是要讓非猶太人藉由信耶穌來尋求救贖，不必先成為猶太人。他所創立的團體，其成員並不認為要把自己當成猶太教的一份子。然而，他自己倒是隨時準備好，「對猶太人……就作猶太人」。西元四九～五〇年時，他參加耶路撒冷猶太裔基督徒的聚會，和他們討論「在外邦人中所傳的福音……免得我現在或是從前都徒然奔跑了」。[51]

在《使徒行傳》的版本中，保羅和彼得、雅各等耶路撒冷教會的人見面時，討論的議題全是關於外邦皈依者該做到哪些最低限度的道德標準。保羅所做的行為就和普通猶太人一樣，剪掉頭髮以實踐誓言、在聖殿獻祭、進行潔淨儀式、為他人繳納拿細耳人儀式的費用，並在猶太法庭上表明自己是法利賽人。保羅說到自己對猶太教的態度時，就沒那麼一致了，可能反映了他的信仰有所轉變，或只是為了某封信的修辭效果，抑或兩者皆是。因此，在他的最後一封信中，保羅寫給羅馬的基督團體，聲明他的「骨肉之親」以色列人擁有這些東西：「名分、榮耀、諸約、律法的頒佈、敬拜的禮儀、應許都是給他們的。列祖是他們的，基督按肉體說也是從他們出來的」。在這封信的後面，他希望讓外邦的基督徒讀者明白，雖然「有一部分以色列人是硬心的」（不承認基督），但是「以色列全家都要得救。如經上所記：『必有一位救主從錫安出來，要消除雅各家一切不虔不敬。』」保羅在這個段落說：「就揀選來說，他們因列祖的緣故是蒙愛的。因為上帝的恩賜和選召是不會撤回的。」然而，相較之下，保羅先前寫給加拉太人的信中，卻說到妥拉不足以帶來救贖：「凡血肉之軀沒有一個能因律法的行為稱義。」他也特別點出，「我們生來就是猶太人，不是外邦罪人；可是我們知道，人稱義不是因律法的行為，而是因信耶穌基督。」

總結來看，當信件的主旨是要說服外邦基督徒，讓他們知道遵守妥拉對他們而言並不重要時，保羅似乎就會寫得好像妥拉對他沒有那麼重要。《加拉太書》反映了保羅的傳教夥伴因他指控磯法（門徒彼得的另一個名字）而遇到的難題：

後來，磯法到了安提阿，因為他有可責之處，我就當面反對他。從雅各那裡來的人未到以前，他和外邦人一同吃飯，及至他們來到，他因怕奉割禮的人就退出，跟外邦人疏遠了。其餘的猶太人也都隨著他裝假，甚至連巴拿巴也隨夥裝假。但我一看見他們做得不對，與福音的真理不合，就在眾人面前對磯法說：「你既是猶太人，卻按照外邦人的樣子，不按照猶太人的樣子生活，怎麼能勉強外邦人按照猶太人的樣子生活呢？」

只有在寫信給猶太讀者時，保羅才比較會承認「律法是聖的，誡命也是聖的、義的、善的」，強調「上帝是一位，他就要本於信稱那受割禮的為義，也要藉著信稱那未受割禮的為義」的教義並沒有「廢了」律法：「絕對不是！更是鞏固律法。」52

保羅認為他在異象中看見的是誰呢？他的書信充滿驚奇的畫面：

你們當以基督耶穌的心為心：他本有上帝的形像，卻不堅持自己與上帝同等；反倒虛己，取了奴僕的形像，成為人的樣式；既有人的樣子，就謙卑自己，存心順服，以至於死，且死在十字架上。所以上帝把他升為至高，又賜給他超乎萬名之上的名，使一切在天上的、地上的和地底下的，因耶穌的名，眾膝都要跪下，眾口都要宣認：耶穌基督是主，歸榮耀給父上帝。

這段描繪主基督的文字充滿了詩意，可能是保羅從既有的讚美詩拿來的。基督在化身為耶穌之前就已存在，扮演的角色類似更早以前就出現在猶太文獻中的「智慧」和斐羅所說的邏各斯。值得注意的是，保羅幾乎沒有提到早期文獻有關彌賽亞的概念。他描繪的基督形象比較類似一些受人尊敬的中介者角色，如昆蘭卷軸和其他地方有關上升天使的神祕段落。

保羅打動人心的文字催生了許多和基督的本質與角色有關的譬喻，很難濃縮成單獨一個連貫的神學觀。對保羅來說最重要的信念是，「我主耶穌基督」的死是一種犧牲，而他的復活象徵著新時代即將開始復甦。這一切全是上帝計畫中的一環，基督是實踐這計畫的工具：「上帝就差遣他的兒子，為女子所生，且生在律法之下，為要把律法之下的人贖出來，使我們獲得兒子的名分。」但，雖然有這神聖的起源，基督的信徒卻被說成是「受洗歸入基督」，暗示信徒與基督互相結合，所有的信徒「在基督裡是一個身體」。在其他地方，他還說到可以像穿衣服一樣「披戴」基督。保羅和其他早期的基督徒一樣，還沒有確立上帝和基督具有父子關係（這要經過好幾個世紀和許多糾紛之後，才會確立下來），雖然他在迫切想要駁斥外邦基督會眾的多神教義時，差一點就做出了這個結論：

雖然在天上或地上有許多所謂的神明，就如他們中間有許多的神明，許多的主，但是我們只有一位上帝，就是父，萬物都出於他，我們也歸於他；並只有一位主，就是耶穌基督，萬物都是藉著他而有，我們也是藉著他而有。 53

縱使生在一個詮釋變化多端的時代，保羅顯然仍是個極為不尋常的猶太人。我們之後會看到，他的教誨最終將導致猶太教和基督教分道揚鑣。他在《哥林多後書》曾語帶自豪地說起西元五〇年代猶太團體迫害基督徒的狀況，但那似乎不太可能是由他的神學觀造成的。對猶太團體的領袖來說，執行「四十減去一下」的鞭刑是很危險的，因此保羅帶來的威脅肯定是很嚴重才有可能如此。然而，在他自己的書信或《使徒行傳》的紀錄中，都看不出有大批外地的猶太人加入他的運動。反之，根據《使徒行傳》，他甚至還有點憤慨地抱怨自己被這些猶太人拒絕，因此決定轉向外邦人。對他而言，新創立的外邦基督團體不應該把自己想成猶太人，因為信基督這件事本身就足以讓他們獲得救贖。他向外邦人傳教，要他們信基督，不要再信奉其祖先的各神祇，因此最有可能感到不安的不會是他的猶太同胞，而是外邦人居住地的當局者以及異教代表，像是以弗所（Ephesus）那位專門製造亞底米女神像的銀匠，因為他發現市民的傳統信仰面臨了威脅。那些會堂領袖擔心的或許是，像保羅這樣一個來參訪的猶太人竟攻擊了當地外邦社會的宗教習俗，可能會讓身為少數族群的當地猶太人在社會上的脆弱地位有所不保。外邦人可以容忍他們，但他們不能侵犯外邦社會的良好秩序，不能破壞這個社群與自己的神祇之間的關係。[54]

猶太人保羅認為，信基督就是實現上帝和以色列的約。他把自己的外邦傳教活動視為上帝吩咐的任務，與先知的職責類似，因為這些先知也預言在末日前，各國都將崇拜以色列的上帝。從他自己的敘述中可清楚看見，就連信耶穌的猶太同胞也必須經過一番說服，才願意承認「給未受割禮的人」的福音是有效力的。有些人要求外邦人除了信基督，還必須皈依猶太教才能獲得救贖，因此保羅在信中時常抨擊這些人，而他跟由彼得和雅各率領的耶路撒冷猶太基督團體有時關係也不太好（見前文）。在部分猶太人看來，耶穌只不過是另一個宗教狂熱者，因為猶地亞羅馬當局的緣故，導致令人難過的結局。因此，保羅的傳教活動對他們來說不重要。他創建的基督社群並不把自己當成猶太人，而猶太人基本上也認為外邦基督徒對他們而言無關緊要。保羅自己也曾哀嘆，他的猶太同胞大部分都沒有被他的訊息給啟發：「摩西將面紗蒙在臉上，使以色列人不能定睛看到那逐漸褪色的榮光的結局。但他們的心地剛硬，直到今日誦讀舊約的時候，這同樣的面紗還沒有揭去；因為這面紗在基督裡才被廢去。」[55]

到了西元一世紀末，大部分的基督徒都是來自外邦族群，認為自己的信仰和猶太教完全不一樣。然而，二世紀和三世紀有許多表明自己信奉基督教的團體，擁護的教義各不相同，就和一世紀的猶太教一樣多元。這些團體中，有一些由一小群基督徒組成的小團體，他們宣稱自己是猶太人，可能因為這就是他們的種族認同，也有可能因為他們除了相信耶穌是救世主之外，也謹遵妥拉的教義。關於這些猶太基督徒，大部分的史料都是來自那些懷有敵意、不可靠的見證者，他們的觀點後來成為教會的主流。例如，我們是透過異端研究者愛任紐（Irenaeus）、希波拉特斯（Hippolytus）和愛比法（Epiphanius）等人的攻擊言論，所以才認識了伊便尼派（Ebionites）。這個教派的成員就是猶太基督徒，他們遵守妥拉、不接受保羅書信，並相信耶穌是約瑟和馬利亞所生的人類之子，認為聖靈是在他受洗後才降臨到他身上的。伊便尼派據說活躍於西元二世紀到四世紀，而關於他們活躍的地點，古代文獻有時會明確點出是在約旦河以東。伊便尼這個名稱可能來自希伯來文「evyon」，意思是「窮困的」，因為他們據說實行著非常嚴苛的苦行主義。從其他基督徒的攻擊言論中，可推測他們把自己定位為基督徒。至於他們是否也將自己說成是猶太人，或者只是因為反對他們的人基於他們對妥拉的態度而故意把他們說成是猶太人，我們就無從得知了。56

西元四世紀，偉大的基督神學家耶柔米和異端研究者愛比法都注意到，敘利亞有一個叫做拿撒勒派（Nazoraeans）的團體，使用一部以亞蘭語寫成的福音書。拿撒勒派的成員據說是有猶太背景的基督徒，他們雖然持續遵守妥拉的許多教誨，但在其他方面卻是「正統」的基督徒。這個團體和伊便尼派之間有什麼關係，還沒有定論，但是「拿撒勒派」這個名稱指的很有可能是耶穌的居住地拿撒勒，並和拉比文獻提到基督徒時會使用的「notsrim」一詞有關。後來那些試圖將猶太人帶入基督信仰的運動都不是從猶太教內部興起的，而是外邦的主流基督團體向猶太人進行的傳教活動，例如現代的「屬耶穌的猶太人」（Jews for Jesus）運動。許多希伯來基督教團體（有些可回溯至十九世紀，如「和平王子之家」〔Beth Sar Shalom〕）都熱切地向非基督徒的猶太人宣揚，接受耶穌是彌賽亞並不是在排斥猶太教。相反地，這是實現猶太教的做法。為了鼓勵傳教活動，他們自己有時也會遵守猶太人的宗教禮俗（如逾越節晚宴），並認為自己是完全的猶太人。

還有一些很不一樣的猶太化團體，在經過數世紀後，已脫離了主流基督教，例如十七世紀外西凡尼亞地區的「守安息日派」（Sabbatarians）便堅持，所有的基督徒都應該將嚴守舊約聖經的字面意義當成自己宗教的核心，而不是只有那些生而為猶太人的信徒才應該這麼做。十八世紀末，俄羅斯也出現了一支守安息日派，倡導遵守猶太人的安息日、行割禮、禁吃不潔淨的動物，並嚴格執行一神信仰。一八二六年，這支守安息日派被流放到西伯利亞，繼續保持特色鮮明的身分認同。二十世紀時，部分成員接受了非基督教的猶太教，在巴勒斯坦以猶太人的身分定居。[57]

過去這兩千年以來，許多基督徒對猶太教的態度越來越不友善，但像馬吉安那樣的極端意見——聲稱舊約聖經的上帝是物質世界的次等創世主，必須和新約的救世主上帝區隔開來（見前文有關斐羅的部分），這樣的想法主流教會是完全不接受的。馬吉安的神學觀必須在猶太教與基督教徹底分離的狀況下才能做到，但他卻被其他基督徒譴責，最終逐出教會。在接下來數世紀，對那些反對馬吉安的基督徒而言，要將自己的信仰與猶太教徹底分離是不可能的，因為他們仍持續以自己的方式解讀《七十士譯本》的聖經預言。

然而，以聖經為基礎的基督徒雖然需要將自己的新信仰與猶太教產生連結，但猶太人卻沒有把自己的宗教和保羅的基督教連結在一起的這種需求。在近古的現存猶太文獻中，就連保羅的名字也完全找不到。拉比雖然使用密語來抨擊耶穌（見前文），但保羅和後來的基督徒顯然是直接被他們忽略了。

在西元一世紀的猶太教內部，要將摩西律法的各種不同詮釋與各式各樣熱切展現額外虔誠之心的團體互相結合，且不發生任何衝突，是有可能的。因此，在保羅成為耶穌的信徒之前，他的導師拉班迦瑪列就同時是法利賽人和拉比智者。成為法利賽人或撒督該人或拉比智者，同時又當個哈維林人或拿細耳人，是有可能的事情。原則上，要像斐羅那樣以隱喻象徵的方式詮釋妥拉，同時又隸屬約瑟夫斯特別挑出來討論的猶太教三大派系之一（見第六章），也是有可能的。

更叫人匪夷所思的是，基督教和猶太教終究還是分道揚鑣。這表示，猶太教內部無論能容納多少變化，還是有限度的。要定義這個分道揚鑣的本質，並確立它是何時發生的，一直以來都有爭議，因為猶太教和基督教直到今天都以希伯來聖經為共同的傳統。前面說過，早期基督教只有一個特點是在一世紀的猶太教內部無論如何也找不到的，那就是這是一個在領導人死後仍繼續以他的名字存在的新興宗教運動。

基督教和猶太教分裂的本質和定年之所以出現很多不同的意見，是因為觀看角度的不同。某個人被基督徒認為是猶太人，但他可能不認為自己是。他有可能會被非基督徒的猶太人認為是猶太人，也有可能不會。各有特色的不同團體進行交流或發生衝突，有著相同的神學概念或儀式做法，可能表示團體的成員在古時候並不是清楚明確地知道彼此之間的差異，但也可能表示相反的情形。

有時，現代的學者自己也難以判定某些史料究竟是屬於猶太教還是基督教，即使書寫年代是在西元四世紀這麼晚近的時候。然而，對大部分的基督徒而言，他們與猶太教的分裂是從保羅開始的，外邦教會從這時候開始成長，認為自己才是真正的以色列，和舊約的猶太人不同。最終，造成分裂的主要原因不是因為基督教神學和當時猶太教變化多端的宗教型態之間存在著任何不相容之處。更重要的原因是，基督徒把自己定義為基督徒。保羅鼓勵他們將自己對基督的信仰視為新興、無所不包的宗教，整個羅馬世界也將基督教當成放棄祖先神祇的外邦人的宗教，而非猶太教的分支，因而更強化了保羅宣揚的概念。58

8

關注的焦點和預期的未來

讀完前面兩章後，有一點應該很明顯了：第二聖殿時期晚期，即使有些猶太人在某些根本性的議題上持有不同意見，他們仍會關注相同的議題，而這些議題也是他們的熱忱所在。隸屬不同宗教派別的猶太人對於潔淨議題以及如何守安息日，似乎都有自己的觀點；關於曆法的正確計算方式與誓言的效力，有相當多討論；關於魔鬼和天使，人們也有諸多揣測；許多猶太人都十分關注與即將到來的末世有關的預言，爭辯著殉道的價值以及死後的生命會是什麼樣子。在西元一世紀，上述這些議題沒有任何一個是只出現在猶太教內部某一派系的特點。反之，這些備受關注的焦點橫跨了整個第二聖殿時期的猶太教，是所有猶太人共有的，是讓他們能各自發展出革新和論點的重要主題。

潔淨、安息日與曆法

我們知道，摩西五經非常詳細地列出了潔淨方面的律法（見第四章），但在第二聖殿晚期，許多猶太人討論了大量有關「污穢與罪有什麼關聯」以及「變得污穢或潔淨的機制是什麼」等問題。聖經對於不潔的概念可分兩種：一種是儀式性的污穢，透過死亡、性行為和疾病等自然過程產生，並被認為具有實際的傳染力，會導致較輕微的不潔；另一種是道德性的污穢。因此，描述儀式性不潔時所會使用的語彙也會拿來當作罪惡的比喻，所以《詩篇》的作者才會說：「求你用牛膝草潔淨我，我就乾淨」，而以賽亞思考未來時則說：「主以公平的靈和焚燒的靈洗淨錫安居民的污穢，又除淨在耶路撒冷流人血的罪」。

妥拉的文字晦澀，沒有清楚說明究竟什麼會形成污穢。《利未記》使用「不潔淨」這個詞，在幾個章節的篇幅內先是用來指涉不適合食用的動物，接著又指涉生產後的女子和有皮膚病的男子。同樣一個詞也被用來譴責非法的聯姻：「人若娶了自己兄弟的妻子……這是不潔淨的事。」針對一些非常特定的議題，聖經並未說明清楚，因此可能引起激烈的爭論。例如，我們在第六章提到，法利賽人和撒督該人對於不間斷的水流是否會將污穢往上轉移之事，進行了熱烈的辯論。死海雅哈達在一份（應該是）寫給耶路撒冷大祭司的公文裡，也有同樣的討論：「此外，關於（液體的）傾注，我們認為那是不潔淨的。此外，傾注的動作不會將不潔淨的（和潔淨的）分開，因為倒出來的液體和容器中的是一樣的，是同樣的液體。」[01]

在這個時期，似乎有很多猶太人把潔淨的概念遠遠延伸到聖經的基礎之外。《利未記》針對飲食律法提供的理由是：「你們不可……使自己不潔淨……你們要成為聖，因為我是神聖的。」但對許多猶太人而言，這些也象徵著要與外邦人的世界隔離。在西元前二世紀寫成的《禧年書》裡，和外邦人一起吃飯這件事本身就被視為不潔淨。至少從西元前二世紀開始，猶太人之間就廣泛流傳著禁用外邦人橄欖油的禁忌，因此在西元六六～七〇年猶太國家獨立期間的第一年，將加利利的猶太橄欖油賣給敘利亞的猶太人是個很有利潤的生意。耶路撒冷、加利利和昆蘭都出土了許多飲食用的殘破石製器皿，可能是因為人們認為石頭不會變得不潔。《米示拿》記載，西元一世紀的希列和沙買學院認為，應該要禁止任何肉奶一起食用的行為，因為聖經有個教誨是，不可用母獸的奶來烹煮其幼兒。這個應用範圍較廣的禁忌直到現代仍對猶太飲食有著巨大的影響，但住在亞歷山卓的斐羅顯然不知道，因為他是以字面意義來解讀聖經，認為只要不是使用幼獸母親的奶，肉奶混食並沒有什麼不對。這個禁忌最初可能只有在拉比智者的圈子裡傳播，但後來有可能更廣泛流傳了：《米示拿》沒有特別把這項禁忌挑出來強調，文獻中也有記載，一世紀的智者爭論是否要延伸這個禁忌，避免將禽鳥和乳酪放在同一張餐桌上。

前面已經看到，死海古卷充滿了有關潔淨與污穢的用語。這個團體的成員除了要求靈性潔淨，也要求肉體必須潔淨，才能過著完美神聖的生活：「他們不能進入水中食用神聖之人的潔淨餐食，因為他們除非遠離邪惡，否則不會潔淨：所有違反祂的話的人全都不潔淨。」我們也看到了，愛色尼人將污穢這個概念延伸到排泄行為。哈維林人就連吃普通的食物時也處於潔淨的狀態，就和祭司被要求在潔淨狀態食用什一奉獻的農作物一樣。福音書記載耶穌責備法利賽人，因為他們在潔淨方面十分虛偽：「你們這假冒為善的文士和法利賽人有禍了！因為你們洗淨杯盤的外面，裡面卻滿了貪婪和放蕩。」[02]

儀式性的污穢可以藉由沐浴儀式來淨化，對部分猶太人來說，這種沐浴行為還帶有別的意義。要在考古學家找到的眾多建築體中辨識出可能具有這種用途的儀式浴場，並不那麼容易，因為有階梯的水池不見得都具有儀式功能。然而，猶太遺址仍出土了不少「可能」帶有這種性質的水池，顯示其使用是很普遍的。愛色尼人每天都會進行淨禮，而「每日沐浴者」（Hemerobaptists）應當也是——他們是活躍於一世紀的一個猶太團體，只出現在後世的基督教文獻中。最引人注意的是約瑟夫斯筆下的施洗約翰，他使用沐浴來象徵罪惡受到了原諒。約翰「勸告猶太人……參加受洗儀式……他們絕對不可以為了讓自己做出的任何罪行得到寬恕而使用這個儀式，應該把它當作肉體的聖化，象徵靈魂已經完全被正確的行為所淨化。」[03]

聖經裡有關守安息日的規範也同樣具有多種詮釋。在廣大的地中海世界裡，猶太人最為人所知的其中一個特點，就是每星期有一天不工作的習慣。這個習慣之所以如此出名，一部分的原因或許是有些希臘城市會給予猶太人特權，讓他們可以不用在安息日出席法庭。前面曾經提到，斐羅攻擊極端的隱喻詮釋者，正是因為他們沒有遵守這個禁忌。愛色尼人以非常嚴格的方式詮釋安息日的束縛，在當天結束之前，甚至連走出帳棚上廁所都不願意。坦拿則採用「安息日限制」的概念，決定在休息的日子時，只要走動的距離不超過兩千肘，就不算違反禁止活動的規定。坦拿拉比有個習俗，那就是將兩間相鄰房屋的庭院用線圍起來，這樣在安息日時如果帶著物品走動，就不會踏入公共空間的範圍內。撒督該人沒有這種創新的做法，因此若和坦拿成為鄰居，他們不配合的態度可能會是個阻礙。

馬加比各書卷講到了星期六打仗的議題時，明確點出了守安息日的規範是有可能出現很大的變動的。安條克迫害猶太教的其中一個方式，就是褻瀆安息日。因此，虔誠的叛軍起先並不願意為了追求自己的目標而做出這種褻瀆的行為。結果，他們死得相當悽慘，躲在荒野中的藏匿處：「於是馬上向他們開戰。他們並不還擊，也不向敵人拋石，也不堵塞他們藏身的洞口，只是說：『我們所有的人寧可死得清清白白……』就這樣，敵軍在安息日攻擊他們，使他們與妻子、兒女和牲畜一同死亡。」對此，瑪他提亞（猶大・馬加比之父）和同僚決定，必須讓防衛性的戰爭合理化：

彼此議論說：「我們各人若跟從我們弟兄的做法，沒有為我們的性命和教規與外邦人爭戰，他們就會速速從地上滅絕我們。」當日他們遂議定，說：「凡在安息日來攻擊我們的，我們也當反擊他；這樣我們就不致全死，像我們的弟兄在他們的藏身處死去一樣。」04

在約瑟夫斯看來，這樣詮釋安息日律法已經成為標準：「律法允許我們自衛，對抗先開戰攻擊我們的人，但除了上述狀況外，律法並不允許我們和敵人戰鬥。」然而，他證明這個做法在瑪他提亞之後的兩百年並沒有傳到猶太世界的某些地方。約瑟夫斯講到，西元一世紀中葉時，美索不達米亞有一群猶太盜賊，其中一個是來自納哈底亞（Nehardea）的織匠亞西流。偵察兵告訴他，安息騎兵即將攻擊他的營隊，並提醒他：「我們的雙手被束縛著，因為祖先的律法命令我們不能工作。」後來，他只好自行裁定要在安息日戰鬥：「他認為，若要遵守律法，與其在什麼也沒完成的情況下死去，讓敵人開懷，更好的做法是鼓起勇氣，讓他掉入的困境替他違反律法的行為找藉口，如果必須一死，也要索求公正的復仇。」05

最嚴格詮釋安息日規範的，是《禧年書》。書中將安息日視為上帝時間的基本單位，除了聖經禁止的那些活動，還增添了好幾項新限制，包括舉起物品、汲水、性行為和齋戒。對《禧年書》的作者而言，曆法非常重要，而安息日正是這三六四天曆法的基礎。在西元前最後幾個世紀，這種簡略曆法的應用還蠻普及的，它將一年均分為四等份，每一份九十一天，包含由數字四、七、十三形成的各種規律。《以諾一書》的其中一部分提到了此曆法，寫成年代應為西元前三世紀，作者稱之為「發光天體運動之書」，內容是有關天使烏列爾向族長以諾揭示的天文智慧：

> 這是眾發光天體的第一條法則：（稱作）太陽的發光天體從東方的天門現身，並通過天空的西方大門落下。我看見太陽現身的六道門和太陽落下的六道門。月亮也從這些大門上升和落下，群星的領袖和它們帶領的星星也是，東方六道、西方六道，全部都是——一個接著一個。這些大門的左右兩邊有許多窗。

死海古卷裡可以找到這個段落的殘篇（或只是類似的內容），而某些卷軸明顯把一年三六四天的這種曆法當成上帝制定的系統，反映了世界真正的秩序。

這種曆法大致上是依循太陽的運行模式，但是猶太人比較常使用月亮來推算時間：「從月亮可看出節日的徵象，這發光的東西在完成周期時會漸漸消逝。」約瑟夫斯和斐羅都預先認定曆法是根據月亮來運作的，早期拉比也認為，唯有在適當的權威人士觀測到新月並加以確認時，一個月份才會正式展開。即使是同為陰曆的系統，也會有不一致的地方，而這時候就可能引起相當實際的問題，例如前文便曾提過，對於該在哪一天到聖殿獻上節慶祭品，法利賽人和撒督該人各自決定了不同的日子。06

誓約、宣誓與禁慾

猶太人對曆法有諸多的揣摩和推論，可能是因為聖經並沒有清楚指示有關曆法的議題。關於誓約和宣誓的議題則是恰恰相反。聖經裡舉了很多例子說明，並大力警告不可以上帝之名起假誓，如果沒辦法遵守誓言則必須獻上祭品，即使該誓言是不小心發錯的也一樣。聖經裡曾說到，成年男子有時候有權讓妻女發下的誓言失效，但這只是更顯示出誓言具有多強的約束力。因此，便西拉在西元前二世紀才會大力反對任何類型的誓言：「切勿讓自己的嘴巴習慣發誓，也不要習慣性地說出聖者之名；因為，好比一直受到監督的僕人必定會有瘀傷，一直發誓並說出那個名字的人也永遠不可能洗淨自己的罪。發下許多誓言的人是充滿罪惡的。」斐羅敦促讀者，應盡可能避免發誓。約瑟夫斯表示，愛色尼人完全不發誓（雖然他也說了，愛色尼人的入會儀式包含了「一大堆誓言」，因此這些人可能也不是始終都反對誓言）。《馬太福音》說到，耶穌也抱持著相同的立場：

你們又聽過有對古人說：「不可背誓，所起的誓總要向主謹守。」但是我告訴你們：什麼誓都不可起。不可指著天起誓，因為天是上帝的寶座。不可指著地起誓，因為地是他的腳凳；也不可指著耶路撒冷起誓，因為耶路撒冷是大君王的京城。你們的話，是，就說是；不是，就說不是。若再多說，就是出於那惡者。

反觀法利賽人和早期的拉比，他們都認為應該要發誓（和聖經說的一樣），能否一絲不苟地遵守誓言，才是真正重要的。因此，耶穌才會憤慨地指控：

你們這瞎眼的嚮導有禍了！你們說：「凡指著聖所起誓的算不得什麼；但是凡指著聖所中的金子起誓的，他就該謹守。」你們這無知的瞎子啊，哪個更大呢？是金子，還是使金子成聖的聖所呢？你們又說：「凡指著祭壇起誓的算不得什麼；但是凡指著壇上祭物起誓的，他就該謹守。」你們這些瞎子啊，哪個更大呢？是祭物，還是使祭物成聖的壇呢？所以，人指著祭壇起誓，就是指著壇和壇上一切所有的起誓；人指著天起誓，就是指著上帝的寶座和那坐在上面的起誓。

在這樣的背景下，拿細耳人的誓言就特別引人注意了，因為我們在第七章看到，在這個時期，無論是在外地或是在猶地亞，他們的誓言都很普遍。[07]

這個時期有些猶太人認為，禁慾是具有宗教價值的，而拿細耳人的誓言只是其中一例。最清楚表現出這種態度的，或許是和青年時期的約瑟夫斯同住了三年的一位導師巴努斯（Bannus）。約瑟夫斯寫到，他發現巴努斯住在沙漠中，「穿著樹木【做成】的衣服，尋覓自行生長出來的食物，頻頻清洗以潔淨自身——日日夜夜，使用刺骨的冰水」。約瑟夫斯顯然認為這位導師十分虔誠，但是很難看得出來，有幾分虔誠是因為他的生活艱苦，又有幾分是因為他使用非人工的衣物和食物，以避免污穢了自己。福音書描繪的施洗約翰在許多方面都和巴努斯很像，像是他也堅守潔淨，除了淨禮之外，還穿著駱駝毛製成的衣服，腰間繫一塊動物皮毛，只吃蝗蟲和野蜜，不吃麵包、不喝葡萄酒。然而，《馬太福音》有一段說到，他的非凡之處不僅在於他對食物的潔淨要求，也體現在他的節制：耶穌「來了，也吃也喝，他們又說這人貪食好酒」，但相較之下，「約翰來了，既不吃也不喝，人們就說他是被鬼附的。」[08]

前面說過（見第四章），聖經裡有說齋戒是悔過的一種手段。不過，在第二聖殿時期晚期，齋戒在猶太人之間似乎更普及了。羅馬史家塔西佗寫到，猶太人「藉由頻繁的齋戒……見證了曾經折磨過他們的長期飢餓」。約瑟夫斯也將齋戒特別挑出來，列為流傳到外邦人文化的猶太教特點之一（其他特點包括安息日和飲食禁忌）：「沒有任何一座城市——無論是希臘或蠻族的城市，也沒有任何一個國家，是不守齋的。」若是久旱未雨或發生其他自然災害，有可能會進行公共齋戒，如《米示拿》所記載的（也可能只是作者設想的）：

> 在齋戒的頭三天，該班次的祭司雖齋戒，但不齋戒一整天；父家[G]的祭司則是完全不齋戒。接下來的三天，該班次的祭司齋戒一整天，而父家的祭司雖齋戒，但不齋戒一整天。但在最後七天，兩者都齋戒一整天。約書亞拉比這般說。但智者們說：在齋戒的頭三天，兩者都完全不齋戒。接下來的三天，該班次的祭司雖齋戒，但不齋戒一整天，而父家的祭司則是完全不齋戒。最後七天，該班次的祭司齋戒一整天，而父家的祭司雖齋戒，但不齋戒一整天。[09]

齋戒祈雨的行為有時候會用相當儀式化的形式呈現。例如，西元前一世紀前半葉有一個虔誠的霍尼（Honi），他會以畫圈的方式進行齋戒和禱告：

> 有一次，他們對畫圈的霍尼說：「祈禱老天下雨。」他回答：「快出去把逾越節的烤爐帶進來，以免

它們濕軟了。」他禱告，但天沒有降雨。怎麼辦？他畫了一個圈，站進去，對上帝說：「世界之主啊，你的孩子轉向我，因為我就像你跟前那座屋宇的兒子。我以你偉大的名字起誓，在你憐憫你的孩子之前，我都不會亂動。」

雨開始下了。雖然，要達到讓群眾滿意的正確雨量（不要太少也不要太多）又需要進一步的禱告。後來，雨實在下得太多了，霍尼不得不祈禱「好心的雨，賜福又慈祥的雨」快快走。

個人齋戒可能可以讓一個人更接近上帝，經歷啟示般的異象（見下文），但也可能純粹是象徵謙遜虔誠的標誌，如美麗的寡婦猶滴，在「除了……節期，和以色列家歡樂的日子之外，她無一日不禁食……沒有人說她一句壞話，因為她非常敬畏上帝。」以她的名字命名的經外書《猶滴傳》將這種在家展現虔誠的形象描述成是完全個人的行為，直到後來，國難迫使她做出非常公開的舉動，將亞述軍隊的主帥何樂弗尼（Holofernes）的頭砍下，接受整個猶太社群的公開表揚。這是第二聖殿文學作品中好幾位女英雄的典型形象，例如：懷有美德的女子以斯帖為了拯救自己的人民，準備潛入波斯宮廷；寧死不屈的貞婦蘇珊娜（Susanna）拒絕受人誘姦，故事被收錄在《但以理書》的希臘譯本中。[10]

Ⓖ 譯注：聖殿的祭司分成二十四個班次輪流值班，每班次服務一星期。各班次又分成父家，每個父家值班一天。父家值班的那天，可以不嚴格遵守前幾天的齋戒規定。

巫術、魔鬼與天使

以西結曾描述有些女子「為眾人的手腕縫驅邪帶，替身材高矮不同的人做頭巾，為要獵取人的性命」；《出埃及記》也特別指出巫女非常危險（「行邪術的女人，不可讓她存活」）。然而，在後聖經時期，猶太巫術（就我們所知）其實是男性發展出來的，而且若是秉持著正確精神，他們的行為可說是一種虔誠。前面就看到了，畫圈的霍尼具有帶來雨水的能力。早期拉比文獻也有提到一位虔誠的哈寧拿・本・杜沙（Hanina b. Dosa）能做出類似的奇蹟。《米示拿》稱他是「立功業的男子」，能夠預測病人的命運：

有一次，迦瑪列拉比的兒子生病了。他派兩位學者到哈寧拿・本・杜沙那裡，請他為他禱告。他見了他們，便上去一個較高的房間為他禱告。他下樓後，對他們說：「去吧，熱病已經離開他了。」他們對他說：「您是先知嗎？」他回答：「我既不是先知，也不是先知之子，只是憑經驗學到的。如果我的禱告從口中流暢說出，我就知道他被接受了，但如果不是，我就知道他被拒絕了。」他們坐下來記錄當下那一刻。他們去找迦瑪列拉比，他對他們說：「我以聖殿儀式起誓！你們不早也不晚，剛好就在那一刻發生了：就在那一刻，熱病離開了他，他會要水喝了。」

人們仍常常大力反對巫術。有一則故事將以色列在聖經時期遭米甸人奴役的原因歸咎於以色列的子民身上，因為他們信了米甸魔術師厄胡得（Aod）：他「用他的魔術使倆……以色列人就被騙去……上帝說：『我要把他們送到米甸人手中，因為他們被他們騙了。』」然而，合法的禱告與巫術之間或者醫藥與巫術之間，就只有一線之隔。約瑟夫斯回溯所羅門療癒咒語的起源，說這在他的時代仍被用來驅魔：

上帝也讓他學會對付魔鬼的技術，給人類帶來好處和療癒。他寫下了咒語，用來消除疾病，並留下了驅邪的做法，用來驅逐束縛在體內的魔鬼，讓他們不再回來。相同的療癒形式至今仍在我們之間有著強大的存在。我結識了一個名叫以利亞撒的同胞，他當著維斯帕先和他的兒子、連同千夫長和一群士兵的面前，幫那些被魔鬼附身的人驅邪。

新約聖經敘述了許多耶穌或其他人所做的驅邪事蹟。不過，這種療癒的行為有一些受到作者讚揚，有一些卻遭到譴責：

上帝藉保羅的手行了些奇異的神蹟，甚至有人從保羅身上拿走手巾或圍裙放在病人身上，病就消除了，邪靈也出去了。那時，有幾個巡迴各處念咒趕鬼的猶太人，擅自利用主耶穌的名，向那些被邪靈所附的人說：「我奉保羅所傳的耶穌命令你們出來！」做這事的是猶太祭司長士基瓦的七個兒子。但邪靈回答他們：「耶穌我知道，保羅我也認識，你們卻是誰呢？」被邪靈所附的人就撲到他們身上，制伏他們，勝過他們，使他們赤著身子，受了傷，從那房子裡逃出去了。[11]

會有驅邪的行為，就表示這世界蘊含著看不見的邪惡力量，會使人類的利益受損，除非上帝出手干預。希伯來聖經對魔鬼和邪靈的本質沒說什麼（雖然有預設這些東西的存在），但在西元前三世紀晚期，《以諾一書》裡的「看守者之書」認為，邪靈源自墮天使（又稱「看守者」）和人類女子之間禁忌的性行為。昆蘭的某些文本將邪靈（暗之子）描述成與光之子互相對立；根據應在西元前一世紀寫成的《戰爭卷》，末日時，「光之子將分成三批人馬擊倒邪惡，彼列也將分成三批人馬擊退上帝的同伴。」彼列（以及其他角色，例如有時候和彼列畫上等號的莫斯提馬〔Mastema〕）身為這些「毀滅天使之惡靈」的領袖，反映了一個不算極端的二元宇宙觀。這個宇宙觀代表的是，創世主上帝雖有驚人的力量，但當今世界是處在互相衝突的力量所造成的緊張局勢下。世界和人類分成兩股力量，雖彼此對立，但不會永遠共存。如同《禧年書》所描述的：

在這個禧年的第三個七年，不潔淨的魔鬼開始誤導諾亞的孫子，讓他們做出愚蠢的行為，毀滅他們。諾亞的兒子去找父親諾亞，告訴他有魔鬼正在誤導他的孫子、使他們盲目，並殺死他們。他在上帝主面前禱告，說：「存在於一切生命裡的靈魂的上帝……因為祢對我的慈悲一直如此巨大、對我的仁慈一直如此寬大：願祢的慈悲也降在孩子的孩子身上，願惡靈不要支配他們，讓他們從世上滅亡。祝福我和我的子孫，讓我們繁衍，變得眾多，充滿世間。祢知道祢的看守者——也就是這些惡靈的父親，在我的一生中做了什麼。至於這些還活著的惡靈，請囚禁他們，把他們關進審判之所。上帝啊，願他們不會在祢僕人的子孫之間製造毀滅，因為他們生性殘暴，被創造出來是為了毀滅。」[12]

這些概念或許有助於解釋至高的慈悲上帝為什麼允許邪惡在世上興盛，但《申命記》裡有關罪過會遭天譴的概念，也同意了人類存在著自由意志。約瑟夫斯哀嘆猶太人看不出上帝的徵兆，警告他們若再不改變自己的行徑，聖殿將遭到毀滅。他說：「好好思索這些事情就能發現，上帝是關心人類的，利用各種預先徵兆向祂的子民指出救贖的道路，而他們之所以會毀滅，只能怪自己愚昧，選擇了災難。」然而，值得注意的是，聖經裡有關上帝和以色列關係的整個敘述雖然似乎都暗示了這樣的平衡，但在第六章曾說過，和約瑟夫斯同年代的撒督該人卻對此提出質疑。根據《米示拿》，阿基瓦拉比（R. Akiva）在西元二世紀曾說：「一切都已事先預知，但人類擁有選擇的自由。」[13]

天使這個角色部分解決了將人類與上帝的領域連結在一起所會產生的問題。聖經並沒有清楚定義天使，但第二聖殿毀滅前的最後幾百年，天使的定義越來越精確，並延伸到整個神域的本質，上帝的世界被認為充斥著各種不同階級的天使。第六章有說過，死海古卷裡的安息日獻祭歌所描繪的天使會積極參與崇拜儀式：「【基路】伯天使俯倒在他面前祝禱。他們起身時，【可以聽見】上帝的聲音在呢喃，引起一陣頌讚。他們放下翅膀時，有一個【呢】喃的上帝之聲。基路伯天使祝福蒼穹之上王座馬車的圖像，頌讚在祂光榮寶座之下【壯】觀且發光的蒼穹。」[14]

在《戰爭卷》描繪的末世之戰裡，天使是和光之子一起並肩對抗暗之子的。天使按階級組織排列，由大天使米迦勒、加百列、拉斐爾和烏列爾領頭，在天上的聖殿擔任祭司：「他給我們安息日這個偉大的徵象，讓我們工作六天，接著在第七天守安息日，不做一切工作。他告訴我們（所有的常在天使和所有的神聖天使這兩大類），和他一起在天上、在地上守安息日。」天使也負責將公義之人的禱告帶到主面前，為了他們在世間進行干預。《馬加比三書》便記錄了一則精采的故事，將虛構的場景設定在西元前三世紀，敘說天使如何阻止國王托勒密四世把猶太人送進競技場讓大象踩死：

> 以利亞撒正要結束禱告時，國王帶著那些動物和傲慢的軍隊來到競技場。猶太人見狀，對著上天發出巨大的叫喊，連附近的山谷都迴盪著叫喊聲，讓軍隊無法遏止地驚恐。接著，最光榮至高無上的真神上帝露出神聖的面孔，打開天上的大門。兩位模樣可怖的光榮天使降下來，除了猶太人之外的所有人都看見了。他們對付敵軍，讓他們充滿困惑與恐懼，用不可移動的枷鎖綁住他們。就連王也開始顫抖身體，忘卻

自己的乖戾與傲慢。動物回過身，面向跟著牠們的軍隊，開始踩踏、摧毀他們。

除了這些有關天使的概念，也有其他和上帝與人類之間的中介者有關的想法存在著。例如，第七章便談到斐羅的哲學觀裡有所謂邏各斯這樣的角色。另外，應是在西元前二世紀完成的《所羅門智訓》則以聖經的智慧傳統為基礎，把擬人化的「智慧」描寫成上帝的伴侶（雖然在這令人屏息的敘述中，作者並沒有清楚描述兩者的確切關係，有可能是刻意的）：

智慧比一切的動力更為活躍；由於她的純潔，故能貫通穿透萬物。她是上帝大能的正氣，是全能者榮耀的真誠流露，故此沒有什麼污穢滲在她裡面。她是永恆光明所發的光輝，是上帝作為的無瑕之鏡，是他的善良之形像。……智慧施展大能，從地極這邊到地極那邊，從容治理萬有。這智慧是我所愛，從我年少就追求，要娶她作我的新娘，並且戀慕她的美麗。她出身尊貴，與上帝一同生活；萬有的主宰也喜愛她。因為她深知上帝的奧祕，她也選擇作上帝的工作。[15]

異象與預言

智慧和天使都有可能給人類捎來上帝的訊息。在啟示文本中，天使特別會扮演這個角色；從這個時期開始，有許多不同類型的啟示文本被保留下來，主要是因為這類文本很受到後世基督徒的歡迎。例如，只用斯拉夫語保存的《亞伯拉罕啟示錄》便寫到天使亞歐（Yaoel）交給族長的指示：「他派來的天使長得就像人，他抓住我的右手，站在我的腳上。」在這些啟示文本中，智者的神學體悟是來自外部，由上帝主動透過異象來呈現。好比《但以理書》描繪的：

波斯王居魯士第三年，有話指示那稱為伯提沙撒的但以理。這話是確實的，指著大戰爭；但以理明白這話，明白這異象。那時，我——但以理悲傷了三個七日……正月二十四日，我在大河，就是底格里斯河邊，舉目觀看，看哪，有一人身穿細麻衣，腰束烏法的純金腰帶。他的身體如水蒼玉，面貌如閃電，眼目如火把，手臂和腳如明亮的銅，說話的聲音像眾人的聲音。我——但以理一人看見這異象，跟我一起的人沒有看見，卻有極大的戰兢落在他們身上，他們就逃跑躲避，只剩下我一人。我看見這大異象就渾身無力，面容變色，毫無氣力。我聽見他說話的聲音；一聽見他說話的聲音，我就沉睡，臉伏於地。

這些文本所描述的經歷和真實生活之間有什麼關聯，我們並不知道。在上面這則故事中，但以理表示：「美味我沒有吃，酒和肉沒有入我的口，也沒有用油抹我的身，直到（哀悼的時間）滿了三個七日」，接著他才出現智慧。這表示，禁慾苦行之後可能會有啟示出現，一個人會彷彿出神作夢般，並有自動書寫文字的舉動。這些行為在其他文化中也有出現，而新約聖經《啟示錄》的作者（很可能是猶太人）亦有經歷過神祕的異象：

有一主日我被聖靈感動，聽見在我後面有大聲音如吹號，說：「把你所看見的寫在書上，寄給……七個教會。」我轉過身來要看看是誰的聲音在跟我說話。我一轉過來，看見了七個金燈臺；在燈臺中間有一位好像人子的，身穿垂到腳的長袍，胸間束著金帶。他的頭與髮皆白，如白羊毛，如雪；他的眼睛好像火焰，雙腳好像在爐中鍛鍊得發亮的銅，聲音好像眾水的聲音。他右手拿著七顆星，從他口中吐出一把兩刃

的利劍，面貌好像烈日放光。[16]

會有這類啟示或許並不叫人意外，畢竟這個宗教系統就是奠基於摩西在西奈山上收到的那份天啟。然而，來自第二聖殿末期的大量傳統顯示，從數世紀以前開始，預言就再也沒有出現了。這些傳統反映出，猶太人在宗教方面顯然膽小了起來，而這或許也能說明，為什麼這個時期的啟示文本有很多都說是聖經時期的古代智者寫的，像是以諾、亞伯拉罕、但以理和以斯拉。約瑟夫斯含糊地表示，「先知的承續」是在他寫書的五百年前阿爾塔薛西斯的時期中斷的。早期的拉比也記錄了類似的傳統：「聖經時期的最後一位先知死後，以色列不再有聖靈」；自那時起，「他們是從天上的聲音獲得訊息。」

傳統雖然表示，真正的預言已在過去的某個時候終止了，但有點矛盾的是，約瑟夫斯自己卻也記錄了眾多先知的活動。這些先知當中，最準確的顯然是亞拿尼亞之子耶穌（見第五章）。這位「粗魯的農夫」從西元六二年的住棚節開始，就一直站在聖殿，站到西元七〇年聖殿被毀，期間不斷預言聖殿將會毀滅：「東方來的聲音，西方來的聲音，四面的風傳來的聲音；反對耶路撒冷和聖所的聲音，反對新郎與新婦的聲音，反對所有人的聲音」。然而，有一點似乎深具意義：約瑟夫斯雖然自豪地誇耀自己詮釋夢境的能力，說自己能夠「猜測上帝模稜兩可話語的箇中之意」，因為他是祭司的後裔，所以「對於聖書的預言並非無知」。但是，他從沒有稱自己為先知，就像他也從不曾說亞拿尼亞之子耶穌是先知一樣。相反地，他把許多宗教領袖貼上「偽先知」的標籤，說他們讓人們走上歧路。顯然，與他同時代的人如果聲稱自己獲得天啟，可能會招致責難。據說耶穌便曾哀怨地表示：「沒有先知在自己家鄉被人接納的。」因此，使用假名或匿名比較安全。死海古卷大部分其實都是匿名的，將啟示文本託名給他人的這種做法在其他文類也很常見。智慧文本通常是託名給所羅門，讚美詩託給大衛，而律法詮釋則託給摩西。因為，這些哲思發展的本質，其實只是在衍生闡述聖經創始人物所立下的典範而已。17

末世論與彌賽亞

有時候，這些傳遞給假名智者的啟示訊息會關注他們升天之後的個人命運。西元五世紀的《亞伯拉罕遺訓》便是一個值得注意的例子，它最初可能是由一位住在埃及的猶太人在西元一世紀或二世紀初以希臘文寫成，後來被基督徒以多種語言保存下來。在書中，作者語帶幽默地想像亞伯拉罕最後的日子是什麼光景，描繪這位族長從大天使米迦勒那裡學到死亡是無可避免的，並學習神判的運作。然而，第二聖殿晚期的啟示錄大部分都是和新時代或新世界秩序有關，認為新時代來臨之時，其光輝將覆蓋當前的時代。

基督徒保留了充滿末世論概念的重要猶太啟示錄，像是《以諾一書》和《以斯拉四書》，或許是表示，基督徒也十分關注宇宙的奧祕和它的未來。然而，在昆蘭也發現了這些啟示錄的蹤跡（如《以諾一書》）以及其他先前不曾看過的啟示文本的殘篇，顯示其他猶太社群也對末世懷抱諸多想像。昆蘭的猶太人和其他猶太人一樣，都在期盼「最後的日子」到來。就連斐羅也曾猜想末日的本質，認為所有歸返上帝律法的人屆時都會齊聚在聖地：

> 雖然他們住在大地的各個角落，被擄走他們的人奴役，但有一天會出現一個徵象，讓所有人重獲自由。他們會皈依美德，使主人驚異，將他們釋放，因為自己控制了比自己還好的人而感到羞愧。當他們獲得意想不到的自由後，那些現在分散在希臘和外界島嶼及大陸的人將起身，憑著同樣的衝動從各地前往曾經指派的地點，由神聖而超人類的異象引領著，自流放之地通往家鄉。其他人都看不見這些異象，只有他

們看得清清楚楚……他們抵達時，那些現在成了廢墟的城市將再次變回城市；荒涼的土地將有人居住；貧瘠將成為豐碩；父親和祖先的一切繁華將會變得沒什麼，因為他們擁有的大量財富將如此奢華，好比常在的泉水那樣，從上帝豐厚的物產中流出，給每一個有共通點的人一條深沉的財富之河，因此沒有人會忌妒。一切將會突然扭轉……

其他有關末世的猜想，亦散見於昆蘭的《戰爭卷》、各個啟示錄和早期拉比的文獻中，像是末日之前的混亂、對抗邪惡勢力的大戰、耶路撒冷最終的振興、流散各地的人齊聚在一起的景象，以及在聖地建立的光榮國度：「主啊，你選擇由大衛王治理以色列，對他發誓他的子孫永遠存在，他的王宮永遠不會在你面前倒下……他要召集聖人，以公義領導之。他要審判被他的上帝主聖化的各個支派。」[18]

然而，無論這些有關以色列最終命運的揣測有多麼普遍，我們並沒有充分的理由相信，這類猜想在第二聖殿晚期支配了許多猶太人的宗教生活。至少對斐羅而言不是如此，因為他雖然對末日的概念有興趣，但卻心甘情願等待上帝的時間表。早期的基督徒（他們保留了許多這類的文本）十分不尋常的地方在於，他們相信末日已經來到，並以這樣的角度定義自己的世界觀。但話又說回來，西元一世紀的猶地亞仍有某些猶太團體的行為顯示他們也同樣急切盼望末日來臨。一個名叫丟大（Theudas）的人在西元四〇年代中葉聚集了一群追隨者，說服他們收拾家當，跟他一起到約旦河邊，聲稱「他是一位先知，河水將在他的命令下分開，讓他們有一條好過的通道」。羅馬人的騎兵部隊破壞了這個計畫，丟大也被抓起來處死。然而，他的行為激起了很大的熱忱，表示人們十分期待會出現奇蹟般的轉變，縱然起義行動就如法利賽人迦瑪列在耶路撒冷的猶太法庭上所說的那樣，由於是人類的作為，而不是「出於上帝」的，所以必然不會有結果。十年後，一個來自埃及的猶太人也宣稱自己是先知，在沙漠中聚集了一大群支持者，意圖帶他們到橄欖山，堅稱「他希望去那裡表現給他們看，讓他們知道他能一聲令下，就讓耶路撒冷的城牆倒塌，並承諾能幫他們從那裡進入聖城」。這一次也一樣，說詞尚未獲得驗證，行動又再度遭到羅馬當局出面干預。[19]

根據約瑟夫斯的說法，丟大和那名埃及人都沒有說自己是彌賽亞。顯然，和普遍的末日救贖觀念比起來，指認某個人為彌賽亞的這種狹義的彌賽亞概念是很不常見的。並不是約瑟夫斯刻意不去提猶太人對彌賽亞的盼望，因為第五章也曾說到，他在敘述耶路撒冷的毀滅時，其實有強調：「煽動他們走向戰爭的最重要原因，是一個意義不明的神諭……大意是，在那個時候，他們的國家會出現一個人，成為全世界的領袖」。這個神諭對約瑟夫斯而言確實有特別重大的意義。他認為神諭正確的意思是指「維斯帕先的統治，因他是在猶太人的土地上成王」，而由於他透過上帝的恩典首先點出這個意涵，因此命運出現了大逆轉，終使他得以在羅馬舒舒服服地自由撰寫這些史事。約瑟夫斯非常清楚，源自希臘文的「基督」就是希伯來文「彌賽亞」一詞的翻譯，意為「受膏者」，但他只有在提到基督徒時會使用這個詞，而不用來稱呼其他生活在一世紀猶地亞的宗教狂熱者，雖然他也有紀錄這些人物的事蹟。[20]

《使徒行傳》記載，「基督徒」這個名稱最先是出現在一世紀中葉的安條克城，是別人用來稱呼基督徒的詞彙，原意就是「基督的追隨者」。以這種彌賽亞觀點為特色的團體，目前所知只有基督徒。在對末日的希望中，彌賽亞這樣的角色不是必要存在的。令人吃驚的是，死海古卷中描寫末日之戰描寫得最詳盡的卷軸，也就是細節極為生動的《戰爭卷》，有寫到光之子是由王者、祭司以及上帝本人領導的：

【彼列】準備上前協助暗之子，步兵之中被殺的開始因為上帝的神祕力量倒下，被派上戰場的所有人也因這股力量而備受折磨。這個時候，祭司將吹響召集的號角，要另一支預備軍前進戰場；他們將依照自己的位置排好陣形。至於那些正參與【戰鬥】的，他們將吹響「撤退」的號角。接著，大祭司將靠近，站在陣形前方，用上帝的力量加強他們的心【和手】，為祂打仗。他會說……被殺者，你們聽過古時，透過上帝的神祕力量……這天就是祂指定好邪惡王國的王子會被擊敗推翻的日子，祂將憑藉米迦勒王國的王者天使力量，給祂救贖的子民的同伴送來永恆的救援。祂將以永恆的光欣喜照耀以色列的【孩子】……祂將在眾神之中提升米迦勒的王國，在所有血肉之軀當中提升以色列的領土。公義將在高處歡喜，信奉祂真理的孩子將在永恆的奧祕中喜悅。你們這些約之子啊，在上帝的考驗中堅強起來！祂的神祕將支撐著你們，直到祂移動雙手，讓考驗終止。[21]

無論如何，在第二聖殿晚期，人們對彌賽亞的本質有各種截然不同的猜想。先知瑪拉基明確表示，「主大而可畏之日未到以前」，以利亞是上帝的信使：「他必使父親的心轉向兒女，兒女的心轉向父親，免得我來詛咒這地。」昆蘭的團體守則提到了「先知」這個較為籠統的稱呼，指涉的是未來的某位先知，就像《申命記》所說的摩西。《約翰福音》記載，施洗約翰在千禧年出現，否認自己是彌賽亞，而作者認為接下來該問的問題理所當然是：「你是以利亞嗎？」、「你是那位先知嗎？」[22]

有時，彌賽亞被認為是某位來自大衛家族的凡間國王，由上帝賦予特殊的力量：「他會以公正領導他們所有人，他們之間不會出現傲慢，所以不會有任何人受壓迫。這就是以色列之王的偉大之處，上帝知道這點，把他提升到以色列家族之上進行統治管理。」有時，彌賽亞被認為是一個超自然的角色，是「人子」，名字「在天上的星星被造出來之前，就在聖靈的主面前」被說出來了，具備卓越的特質：

他具有一切公義祕密的力量；不義必將像陰影般消失，沒有棲身之處。被選中的他將站在聖靈的主面前；他的榮耀將直到永遠，他的力量持續到所有世代。智慧的靈和見識的靈將在他體內，指導與力量的靈

以及那些在公義中沉睡的靈也是。他將審判所有的祕密，沒有人能在他面前說謊；因為他是被選中的……

猶太文本中有一些較偏超自然的彌賽亞描述，是在基督徒抄寫員的手稿找到的，因此有受到他們的影響。然而，死海古卷提到的各種彌賽亞形象肯定是沒有被基督教左右的。這些卷軸有時會提到祭司階級的「亞倫的彌賽亞」，有時會提到「彌賽亞王」，有時兩個會一起提到，如團體守則中對團體成員吩咐的規定：「他們不應遠離任何律法的勸諭，帶著心中的執拗行走，而是應遵守最初對團體成員指示的原始誡命，直到先知以及亞倫和以色列的彌賽亞來臨。」

第五章說過，抗羅馬戰爭即將結束時，猶太叛軍領袖吉歐拉之子西門有可能認為自己是彌賽亞，但其實沒有人真的知道彌賽亞會是什麼樣的人。保羅在西元一世紀中葉向非猶太人的基督教會眾宣揚自己是「基督耶穌使徒」時，「基督」是被當成專有名詞使用，沒有任何描述性的內涵。我們很難知道他的讀者怎麼會認為「受膏者」這個稱號帶有與世界末日相關的暗示。簡而言之，千禧年主義已經出現，但我們沒有理由認為它在第二聖殿末期時十分茁壯興盛。[23]

死後的生命與殉道精神

全體亡者的復活與審判時常會包含在對末日的想像中。根據《以諾一書》的記載，逝去的靈魂會被關在圍欄中，「三個黑暗的以及一個光明的」（光明的留給好人），「直到審判的大日子到來」。靈魂會沉睡到歷史終結的這個概念十分普及。然而，許多猶太人也開始希望在末日來臨前，個人死去也能重生。不過，每個人對死後的生命有不一樣的期望。《馬加比二書》的作者描寫了一位母親英豪，在七個孩子被迫害處死時，她鼓勵他們上帝的恩典將幫助他們重回實體的生命：「世界的創造者既然塑造了人的始祖，籌劃萬物的起源，也必按憐憫再次把生命和氣息賜給你們，因為你們如今是為他律法的緣故而輕視了自己。」故事的最後，這位母親也死了。應該同樣是在西元前二世紀完成的《禧年書》也有寫到，公義之人的「肉體將歇息在大地，靈魂將擁有巨大的喜悅。」《但以理書》的作者則認為，有智慧的人會發光，「如同天上的光；那領許多人歸於義的必發光如星，直到永永遠遠」。《所羅門智訓》的作者和斐羅都採納了柏拉圖的概念，相信靈魂是永垂不朽的，被「這必朽壞的身體重壓著」：「而他自己不久前竟自土地而生，從中被取出，不久後仍歸回土地，就是當所借的靈魂被討還的時候。」[24]

這個時期的猶太人墓誌銘只有少數提到死後的生命：位於埃及的一些墓誌銘提到了「充滿希望的期盼」，還有一個寫到，亡者的靈魂已經加入了其他神聖的靈魂。大部分的猶太人似乎和當時的許多外邦人一樣，不會特別說出自己對這方面的想法。約瑟夫斯記下了法利賽人、撒督該人和愛色尼人對於死後生命截然不同的看法：愛色尼人認為，公義之人的靈魂死後會前往類似希臘人所謂「神佑諸島」（the Isles of the Blessed）的地方；法利賽人相信復活和投胎轉世；撒督該人則完全不相信死後有生命。福音書記載，撒督該人在和法利賽人進行公開辯論會時，否認死後會有生命。撒督該人給法利賽人提出一個難題，問他們一個曾嫁給七個兄弟的寡婦如果復活的話，意味著什麼：「在復活的時候，她是七個人中哪一個的妻子呢？」《使徒行傳》記載，保羅打斷大祭司的會議，喊道，自己身為法利賽人和法利賽人之子：「我現在受審問是為有關死人復活的盼望」。[25]

就我們所知，像這樣特別賦予復活議題重要性的例子其實是很少的，尤其是因為到了西元一世紀，撒督該人否認死後生命的觀點似乎不再流行。啟示文本設想公義之人的靈魂會升到天上，並猜測天上世界有分好幾層，反映了希臘人相信靈魂會從肉體升到宇宙最高層的概念。人類最初的家園伊甸園同時也被認為是公義之人死後的家。這樣的概念最先出現在《路加福音》，耶穌向即將和他一起被釘死在十字架的一位犯人保證：「今日你要同我在樂園裡了。」這個觀念應該原本就存在了，因為他爾根（聖經的亞蘭語版本，以釋義方式翻譯經文，確切年代很難判定，但囊括了許多西元一世紀的傳統）也有寫到同樣的概念。《亞伯拉罕遺訓》也找得到相同的概念，書中寫到上帝說：「帶我的朋友亞伯拉罕到樂園去，那裡有公義之人的帳棚……那裡沒有苦勞、沒有悲傷、沒有嘆息，只有和平與喜悅，還有永恆的生命。」[26]

約瑟夫斯在《駁斥阿比安》裡總結猶太教時，提到這種觀念無所不在：「每一個人……都相信（正如立法者預言的和上帝堅決保證的那樣）遵守律法的人以及在有必要為律法而死的時候熱切赴死的人，上帝會在【時代】轉變時，賦予他們全新的存在，收下更好的生活。」在約瑟夫斯看來，這種對未來的希望以及猶太人心甘情願為自己的信仰赴死的態度之間，有著密切的關聯。他寫到，自己或許會猶豫該不該記錄這種奉獻己身的精神，但因為「事實讓所有人明白，我們的許多同胞多次選擇勇敢承受各種苦難，也不願說出違背律法的任何字句」，因此他仍決定寫下來。約瑟夫斯在書中敘述摩西贈與猶太民族的法規，並將整段敘述的高潮放在普羅大眾全都願意面對死亡的情操：

> 至於我們，有沒有人聽過兩個或三個（就別把數字定得太高）背叛律法和害怕死亡的人呢？而我所謂的死亡，指的還不是最容易的那種戰死沙場的死，而是伴隨肉體上的折磨、最可怕的那種死。我個人是認為，有些征服者將這一點應用在他們手中的那些猶太人身上，並非出於憎惡，而是想目睹驚人的奇觀，看看是否真有人相信，他們面臨的唯一邪惡就是被迫做出和他們的律法牴觸的事情，或者說出任何違反律法的話。

約瑟夫斯在說明聖經對猶太人的重要意義時，宣稱：「時不時，就有人目睹囚徒寧可忍受各種形式的折磨和死法，也不願意說出違背律法與相關文件的任何一個字。」[27]

這種對殉道精神的尊敬可以回溯到前面才剛提過記載於《馬加比二書》的故事；故事中描述安條克四世下令處死一位母親和她的七個兒子，而這些迫害行為最終導致馬加比叛變爆發。書中生動描寫了這些殉道者赴死的可怕細節，鼓勵讀者去想像那個畫面，同情受苦的角色：

> 另有兄弟七人，與母親同時被捕，被王強迫吃可憎的豬肉，並用鞭子和牛筋施刑。他們其中一個作代言人，這樣說：「你為什麼要審問我們？你從我們要學習什麼呢？因為我們準備受死，不願違背祖宗的律法。」於是王就大怒，命人取了一些盤子和大鍋來燒熱。及至燒熱的時候，他吩咐人將那發言人的舌頭割下來，再剝下頭皮，砍下四肢來，讓其餘的兄弟和母親看著。之後又下令，將四肢殘缺但仍然呼吸的他拉到火去，在盤子裡烤。當蒸氣從盤子往上騰時，兄弟和母親都互相激勵，準備壯烈犧牲。[28]

從約瑟夫斯有關愛色尼人的敘述（見第六章）便能知道，後世猶太教的許多分支都對殉道精神抱持崇敬的態度，認為散播英雄抵死不屈的故事就和抵死不屈的行為本身一樣重要。死後復生的信念更強化了這些愛色尼人和早期基督教殉道者的決心，他們也明確地把馬加比叛變時期的英雄當做自己的典範。之後，近古時期（三世紀以降）的拉比也會構思自己的殉道故事，以可怕血腥但又鼓舞人心的筆觸寫下被羅馬人折磨至死的阿基瓦拉比的經歷（見第十章）。以撒被綑綁起來當成祭品的故事，在《創世記》中原本是一種測試，用來考驗亞伯拉罕在上帝的指示下是否願意犧牲兒子，但早在一世紀時，這個故事已經變成是在強調以撒自願殉道的精神。約瑟夫斯在《猶太古史》中重寫這則故事，說以撒在二十五歲時隨父親上摩利亞山，結果卻被亞伯拉罕告知自己就是祭品。以撒的回應展現出適切的虔誠心：

> 以撒欣喜收下這些話，因為有這樣一位父親的他必然具有高貴的情操；他說，倘若他會拒絕上帝和父親的決定，沒有準備好為了實現他們的心願而奉獻自我，那他當初甚至不該被生下來，即使這只是父親一人的選擇，如果不聽從，也是不公正的，於是他衝向祭壇和宰殺。

在近古猶太文獻裡，這種將以撒描寫成自願受難的傳統是很常見的，他爾根便是典型例子。這個傳統後來相當受歡迎，或許可和基督教裡耶穌心甘情願承受極痛苦的折磨、在十字架上被釘死的形象匹敵。[29]

在殉道者的眼中，猶太教值得讓他們赴死的原因，就是摩西律法奉為神聖的那個上帝與以色列之間的約。應該再次強調，前面雖然討論了這麼多對於律法的各種詮釋，但在西元七〇年以前，猶太教的核心仍是耶路撒冷聖殿的崇敬儀式。約瑟夫斯生動地描述，西元四〇年羅馬皇帝蓋烏斯企圖在聖殿豎立自己的雕像，結果有一大群猶太人願意犧牲自己的性命來保護聖殿免於受到這樣的褻瀆：

> 猶太人拿自己的律法和祖先的習俗做為訴求的依據，表示他們不被准許置放上帝的形象，人類的形象更是不可，而且不是只有聖所不能，就連國內任何未聖化的地點也不行這麼做。羅馬總督問：「那麼你們是要和凱撒作戰了？」猶太人回答，他們每天都為凱撒和羅馬人獻祭兩次，但他若希望豎立這些雕像，他就必須先犧牲整個猶太國才行；他們獻上自己和妻兒，準備好被宰殺。[30]

那麼，這座聖所在短短三十年後被未來的皇帝提圖斯化作廢墟時，猶太人會如何回應呢？

Part Ⅲ

Interpreting the Torah
拉比猶太教的形成

(70–1500 CE)

9

從羅馬帝國的多神信仰到伊斯蘭教以及中世紀的基督教

耶路撒冷在西元七〇年被攻下後，羅馬政府和猶太人之間的關係出現轉變，再也無法挽回。無論羅馬人是不是刻意毀了聖殿的，在維斯帕先率領的新朝代看來，聖殿被毀對帝國的和平總之是件好事。西元七一年，凱旋遊行隊伍帶著聖殿的器物穿梭在羅馬的大街小巷，當中最重要的就是猶太人律法的副本。羅馬再也不允許猶太人使用祭品在耶路撒冷進行敬神儀式。帝國境內的所有猶太人都得繳納一種特殊的稅金給國庫，最初是用來重建羅馬的朱庇特神廟。猶太人曾享有許多悠久的特權，有權頌揚自己古老的宗教，如今卻只剩下拒絕參與他神宗教儀式的權利可以拿來吹噓。[01]

約瑟夫斯在聖殿被毀後開始寫作。他似乎相信，數世紀前先知但以理在解讀尼布甲尼撒的夢境時所說的那番話：相繼興起的金、銀、銅、鐵各國最終將被一塊大石頭給摧毀，真正的意思是羅馬帝國有一天也會在猶太人的上帝干預下，走到盡頭。然而，猶太人雖然希望「邪惡王國」得到報應，但上帝這部分的計畫卻要等到多年後才會實現。羅馬帝國十分興盛，在二世紀時不斷擴張領土，尤其是在近東地區。三世紀時北邊和東邊的疆域雖然削減了，但是在四世紀初，帝國依然完好如初，仍舊繁榮昌盛，並經歷了巨大的轉變——君士坦丁皈依基督教，廣大的羅馬社會漸漸基督教化，特別是從該世紀末開始。五世紀時，日耳曼民族入侵羅馬帝國在歐洲北部和地中海西岸的領土，粉碎帝國勢力，繼之而起的王國也建立了自己的基督教社會（雖然有時候和羅馬皇帝信奉的基督教類型不同）。其他的古老宗教並沒有馬上就消失無蹤，但從黑暗時期到中世紀盛期，大部分的歐洲居民都是住在某種基督教類型的社會裡。[02]

羅馬帝國竄起期間也碰見其他偉大的帝國，而從未完全屈服在羅馬勢力下的國家，就只有美索不達米亞的安息帝國，但是在西元二二〇年代，安息帝國被薩珊王朝所取代。薩珊王朝謊稱自己是五百年前阿契美尼德國王居魯士和薛西斯的繼承者，在西元三世紀時就已將瑣羅亞斯德教奉為國教。位於地中海東岸和敘利亞的東羅馬帝國說的是希臘語，以西元四世紀初君士坦丁成立的第二國都拜占庭（此時重新命名為君士坦丁堡）為基礎。這個帝國和波斯的薩珊王朝常起衝突，因為後者具有和羅馬帝國一樣強大的擴張野心。雙方的緊張關係在七世紀時突然終止，因為伊斯蘭興起，快速橫掃了薩珊王朝。伊斯蘭政治運動在阿拉伯半島創立後，迅速進行許多征服行動，可比千年以前的亞歷山大。巴勒斯坦和埃及落入穆斯林的手中，之後靠地中海沿岸的北非地區也是。拜占庭仍堅守著希臘基督教剩餘勢力的中心地位，直到一四五三年，但是大部分的時候，基督徒對黎凡特地區的政治影響不大，只有在十一世紀晚期到十三世紀的這段期間，來自西羅馬帝國的十字軍有時會企圖佔領巴勒斯坦。在地中海另一端，西班牙的部分地區仍在穆斯林的掌控下。八世紀，伍麥亞帝國開始統治此地，直到一四九一年，格拉納達的埃米爾將伊比利半島最後一個被穆斯林控制的城市交給基督教世界的君主卡斯提爾和亞拉岡，才結束了穆斯林的統治。

外界的這些紛擾與變遷全都對猶太人產生了影響。西元七〇年以前，猶太人就已分散到許多地方，地中海東岸的沿海地區有許多外地猶太人的社群，埃及、巴比倫和羅馬城也有大批猶太人居住。家園被毀之後，猶太人更分散了。在西元二世紀和五世紀之間，羅馬帝國境內各處都有猶太人居住，西至西班牙，北至高盧和德國。到了西元二千紀初期，這些地方都將成為猶太人重要的居住地帶。

至於在以色列地，西元七〇年的災變過後，猶地亞的人口減少了很多，剩下的居民也喪失了所有的自治權。然而，猶太人並沒有消失。西元一三二年，猶地亞的猶太人爆發第二次抗羅馬叛變，叛軍領袖巴爾・科赫巴充滿個人魅力且鐵石心腸，有些後世的傳統稱他為「星星之子」。血腥的叛變以失敗告終，猶太人後來就被禁止住在耶路撒冷地區。猶太人的聚落主要集中在加利利，羅馬人認為這個地區夠偏僻，便沒有特別去管那裡的猶太村落了。在西元四到六世紀拜占庭統治之下的巴勒斯坦，帝國財富輸入這個基督徒的聖地，上加利利的許多猶太聚落因而荒廢。然而，其他地方出土的精美馬賽克地磚卻證實，下加利利和更南邊的地方（地中海沿岸及死海附近，如恩戈地）有許多猶太人居住，他們十分富裕，宗教生活也很精采。

拜占庭對待猶太人的態度就像對待所有被認為信仰有偏差的人一樣，視他們為次等公民，因此經濟繁榮並沒有激起猶太人對帝國的鍾愛。所以，薩珊王朝在七世紀初攻擊拜占庭時，猶太人將這些波斯人看作彌賽亞時代即將來臨的先鋒。波斯軍隊在六一四年五月從拜占庭手中攻下耶路撒冷後，將這座城市交給猶太人；不到三年，猶太人的自治權又被波斯人自己給終結；六二七年，拜占庭軍隊在皇帝希拉克略的指揮下捲土重來，重新控制住巴勒斯坦，宏偉的隊伍就在六二九年三月二十一日進入了耶路撒冷城。當地的基督教神職人員施壓，使猶太人再次被逐出耶路撒冷及其鄰近地區。許多猶太人皈依基督教，或是逃到其他國家。[03]

拜占庭對巴勒斯坦的統治不到十年就結束了，在六三七或六三八年被受到穆罕默德（他在六三二年去世）新信仰所啟發的阿拉伯入侵者奪下。根據伊斯蘭教早期記錄的傳統，穆罕默德剛開始在阿拉伯半島傳教時，是相當同情猶太教的。他從家鄉麥加遷居到麥地那，而這座城市本身就住了不少猶太人。穆罕默德和當地的猶太人達成協議，但是根據後世的伊斯蘭傳統，他後來因為猶太人不願接受他的信仰，轉而變成激烈反對他們，在權力越來越大時，屠殺、驅逐了部分猶太人，因此可蘭經和他的語錄才會留下了矛盾的說詞，同時表示應該容忍以及不可容忍那些「有經者」。

伊斯蘭教的文獻記載，巴勒斯坦南部的猶太人曾和穆罕默德本人協商，而阿拉伯人的征服確實緩解了拜占庭的迫害行為。但是，以色列地的猶太人口在接下來的許多個世紀將不會再有高度的成長，雖然在阿拉伯人統治的頭五十年間，猶太人確實曾受到伍麥亞王朝的創建者兼哈里發穆阿維亞（Mu'awiya）的保護，因此繁榮一時。八世紀時，情勢惡化，歐麥爾二世（Omar II）開始限制非穆斯林在公開場合的行為和宗教儀式。在接下來的數世紀，猶太人和基督徒雖然身為被保護的非穆斯林公民（稱作「迪米」，dhimmi），但卻受到程度不一的限制，而在這期間肯定有一些猶太人皈依了伊斯蘭教。留在該地的猶太人大多住在貿易城鎮，如拉姆拉（Ramleh）。加利利提比里亞的猶太人口比較稠密一點，但在九世紀時，耶路撒冷又再次成為猶太人在巴勒斯坦地區的主要居住地，直到兩個世紀之後的十一世紀末，十字軍帶來極大的紛亂為止。接下來幾世紀，來自歐洲的殖民者偶爾會遷到那些倖存下來的小聚落，稍微增加當地人口，亞柯（Acre）和亞實基倫（Ashkelon）因而成為猶太人的新居住中心。馬木路克在一二九一年出現，使穆斯林再度統治這個地區，讓猶太人得以暫時擺脫紛亂的局勢。從十五世紀初開始，猶太人再一次湧入耶路撒冷。

外界的動盪同樣也影響了地中海的外地猶太人。西元七〇年耶路撒冷被毀之後，埃及和昔蘭尼（現今的利比亞）發生了動亂，雖然很快就被羅馬當局鎮壓，但在西元一一五到一一七年又有一次大規模的起義爆發，發動者是住在地中海東南岸一角的猶太人。這次叛變發生在皇帝圖拉真在位的最後幾年，結果讓埃及和亞歷山卓整個有權有勢的猶太社群完全消失。一百年後，羅馬史家卡西烏斯・狄奧（Cassius Dio）記載，任何踏上賽普勒斯的猶太人仍必須處死。小亞細亞和希臘的猶太人似乎比較祥和，至少興盛到西元六世紀，只是在君士坦丁之後，便時常受到基督徒皇帝的限制。有時，基督教神職人員會直接給猶太人施壓，例如三八八年時，美索不達米亞卡利尼克尤姆（Callinicum，現今的拉卡〔Raqqa〕）的一群暴民燒毀了一座猶太會堂，皇帝狄奧多西一世因迫切希望維繫帝國秩序，於是懲罰行兇者，要他們自費重建這座會堂，但卻被米蘭主教盎博羅削（Ambrose）阻撓，因為他認為重建這種建築會褻瀆上帝。

從這個時候到一四五三年拜占庭陷落的一千年間，基督教統治者對猶太人施加的限制在嚴重程度和執行效能上自然不是始終一致，而是有著很大的變化。穆斯林征服了以色列地和埃及之後，仍受到拜占庭統治的主要城市（六世紀中葉查士丁尼收服失地後，義大利南部大多被納入拜占庭的疆域）也看得到猶太人。皇帝查士丁尼二世在西元六九二年下令禁止猶太人和基督徒在公共場所一起沐浴。巴西爾一世（八七三～四年）和羅曼努斯一世（九三〇年）頒布法令，強迫猶太人皈依基督教。顯然，帝國境內的猶太人如果繼續保留自己的信仰，也只是被勉強容忍的。然而，一二〇四年第四次十字軍東征時，君士坦丁堡有一個猶太區佩拉（Pera），十三世紀的希臘和巴爾幹半島也有不少猶太人。因此，猶太人依然會引起拜占庭統治者的注意，例如狄奧多爾一世便在一二一四年和一二三〇年禁止在他控制之下的伊庇魯斯和薩洛尼卡兩地存在著任何猶太教的蹤影。04

這些地區的猶太人有一些逃到了可薩汗國（Khazaria）。這是位於黑海東北方窩瓦河下游地區的突厥王國，在八世紀和十世紀之間十分興盛，疆域甚至曾經往西延伸了不少。可薩汗國在七三〇年左右將猶太教奉為國教，可能是一種外交上的花招，藉此因應與基督教的拜占庭和伊斯蘭教的阿拉伯等鄰國之間的複雜關係。利用猶太教帶來的優勢維護自身的獨立地位，以杜絕基督教拜占庭的帝國野心，這樣的做法不是只有可薩汗國會使用。早在西元四世紀晚期，阿拉伯半島南部的希木葉爾王國為了維護自己在葉門的權力，便改信猶太教，抵抗北邊的基督教拜占庭和位於紅海另一端衣索比亞的基督教王國阿克蘇姆。可薩人的穆斯林鄰居普遍認為他們是猶太人，但是我們並不知道有多少可薩人民信奉國王的宗教。絕大部分的可薩人是穆斯林、基督徒或其他宗教的信徒，被賦予內部的自治權。有關可薩猶太教緣起的文獻指出，大約有四千名貴族和國王布蘭（Bulan）一起信奉猶太教。十二世紀一位來自圖德拉（Tudela）的猶太裔旅行家便雅憫並沒有說可薩是一個猶太王國，但他確實有提到君士坦丁堡和亞歷山卓的可薩人。另有其他證據指出，在接下來的數世紀，烏克蘭和波蘭也發現了一些可薩猶太人的文件。05

巴比倫的猶太人和那些在羅馬人與基督徒統治下的猶太人命運大不同。我們對於第二聖殿最後幾個世紀的巴比倫猶太人所知甚少，雖然他們因為到耶路撒冷朝聖，因此和猶地亞關聯密切。希律派巴比倫人駐防巴坦尼亞（Batanaea）的一部分，就在朝聖路線上，並在登基初期指定一個巴比倫人為大祭司。和位於美索不達米亞更北邊的阿迪亞本同胞不同，巴比倫的猶太人似乎沒有參與保衛耶路撒冷聖殿的戰爭，但他們可能有陷入一一五到一一七年外地猶太人引發的叛亂；這場叛變爆發的起因，是因為皇帝圖拉真在出征東方期間，把羅馬人的軍事勢力範圍擴張到非常靠近猶太人的領域。安息帝國沒有打擾當地的猶太人，在二二〇年代中葉之後，薩珊王朝基本上也都十分寬容，雖然境內的瑣羅亞斯德教相當茁壯，且當局偶爾也會試圖消滅其他宗教，就如大祭司科提爾（Kartir）三世紀晚期在瑣羅亞斯德立方塔（Ka'ba-yi Zardusht）豎立的碑文所記載的那樣：

> 一個王國接著一個王國、一個地方又過一個地方，在整個帝國境內，歐馬茲特和其他神祇的儀式變得極具優勢……猶太人和佛教的沙門與婆羅門……以及那索倫人和基督徒和馬克塔克和異教徒，在帝國境內都被重重打壓。06

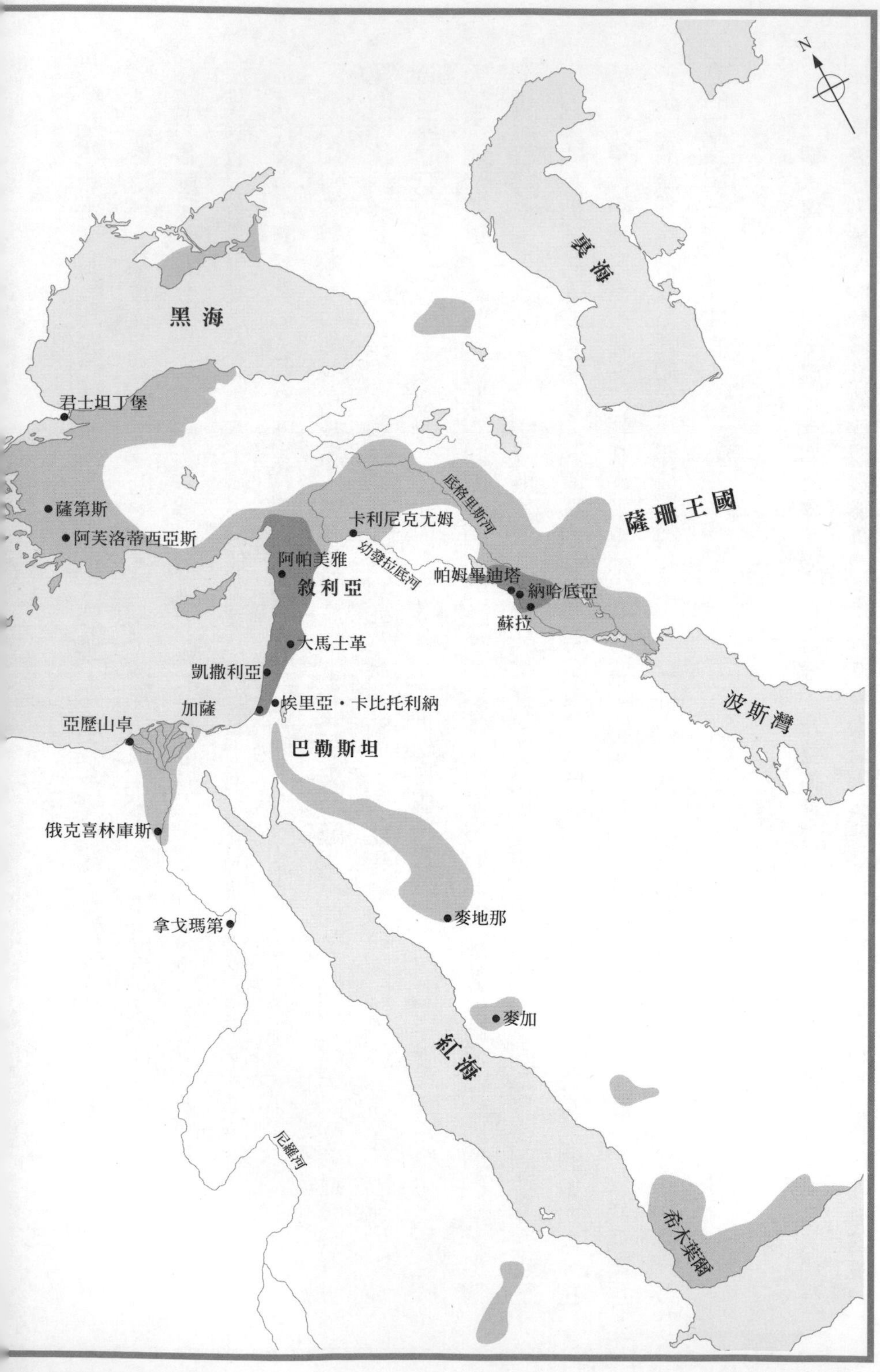
N
裏海
黑海
君士坦丁堡
薩第斯
阿芙洛蒂西亞斯
底格里斯河
薩珊王國
卡利尼克尤姆
幼發拉底河
阿帕美雅
敘利亞
帕姆畢迪塔
納哈底亞
蘇拉
大馬士革
凱撒利亞
加薩
埃里亞・卡比托利納
亞歷山卓
巴勒斯坦
波斯灣
俄克喜林庫斯
麥地那
拿戈瑪第
麥加
紅海
尼羅河
希木葉爾

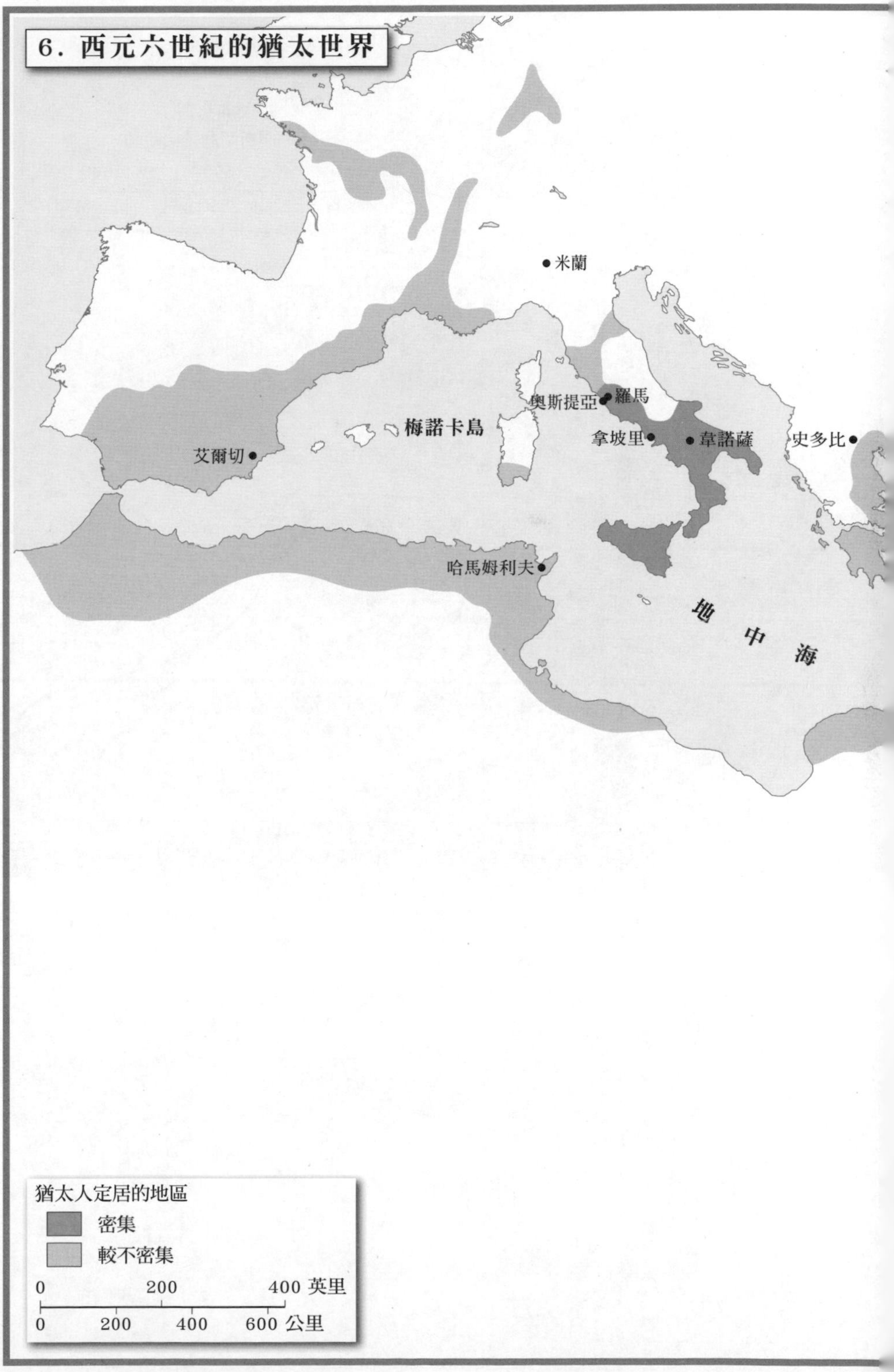
6. 西元六世紀的猶太世界
米蘭
奧斯提亞
羅馬
梅諾卡島
拿坡里
韋諾薩
史多比
艾爾切
哈馬姆利夫
地中海
猶太人定居的地區
密集
較不密集
0 200 400 英里
0 200 400 600 公里

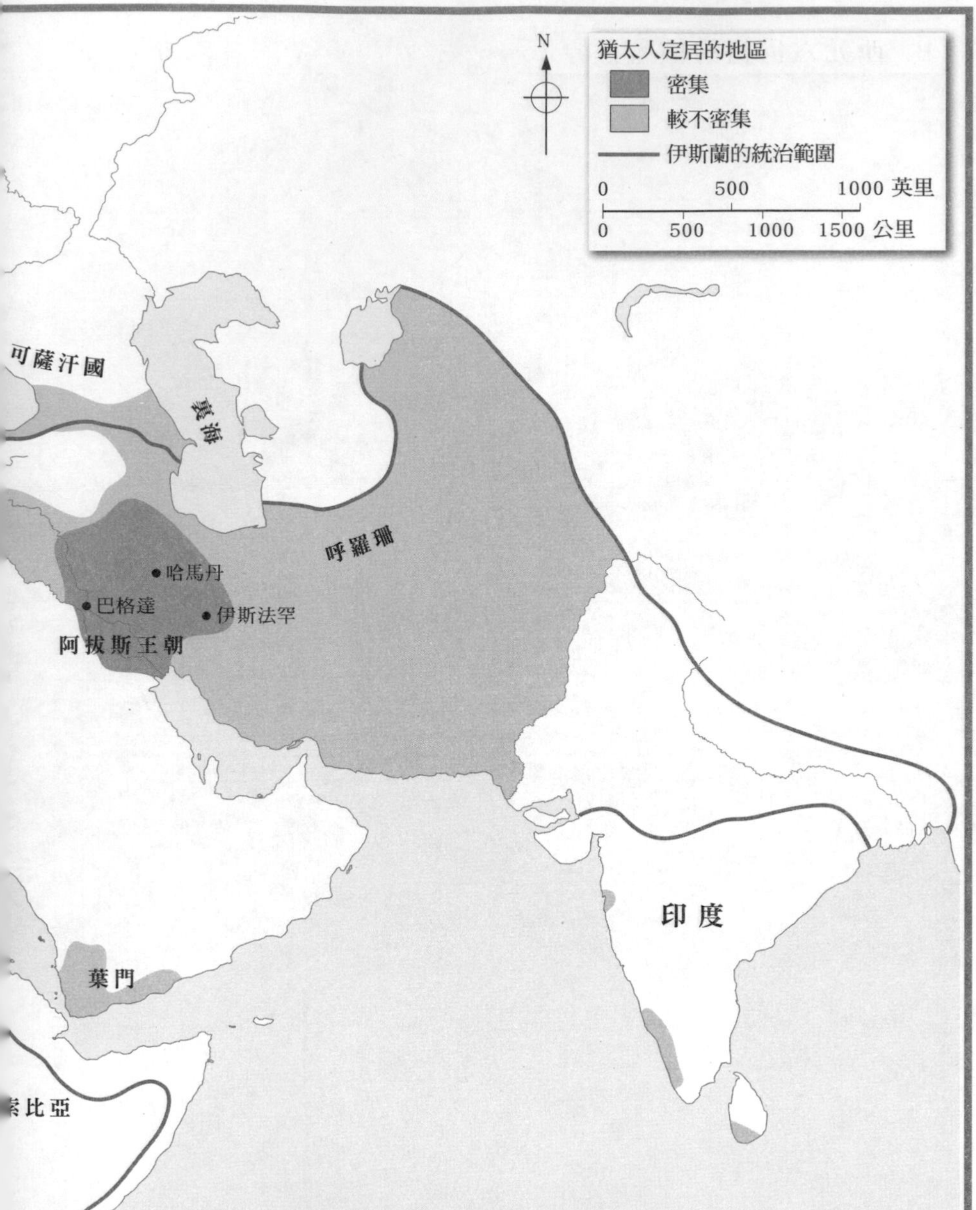
N
猶太人定居的地區
密集
較不密集
伊斯蘭的統治範圍
0　500　1000 英里
0　500　1000　1500 公里
可薩汗國
裏海
呼羅珊
哈馬丹
巴格達
伊斯法罕
阿拔斯王朝
葉門
印度
比亞
印度洋

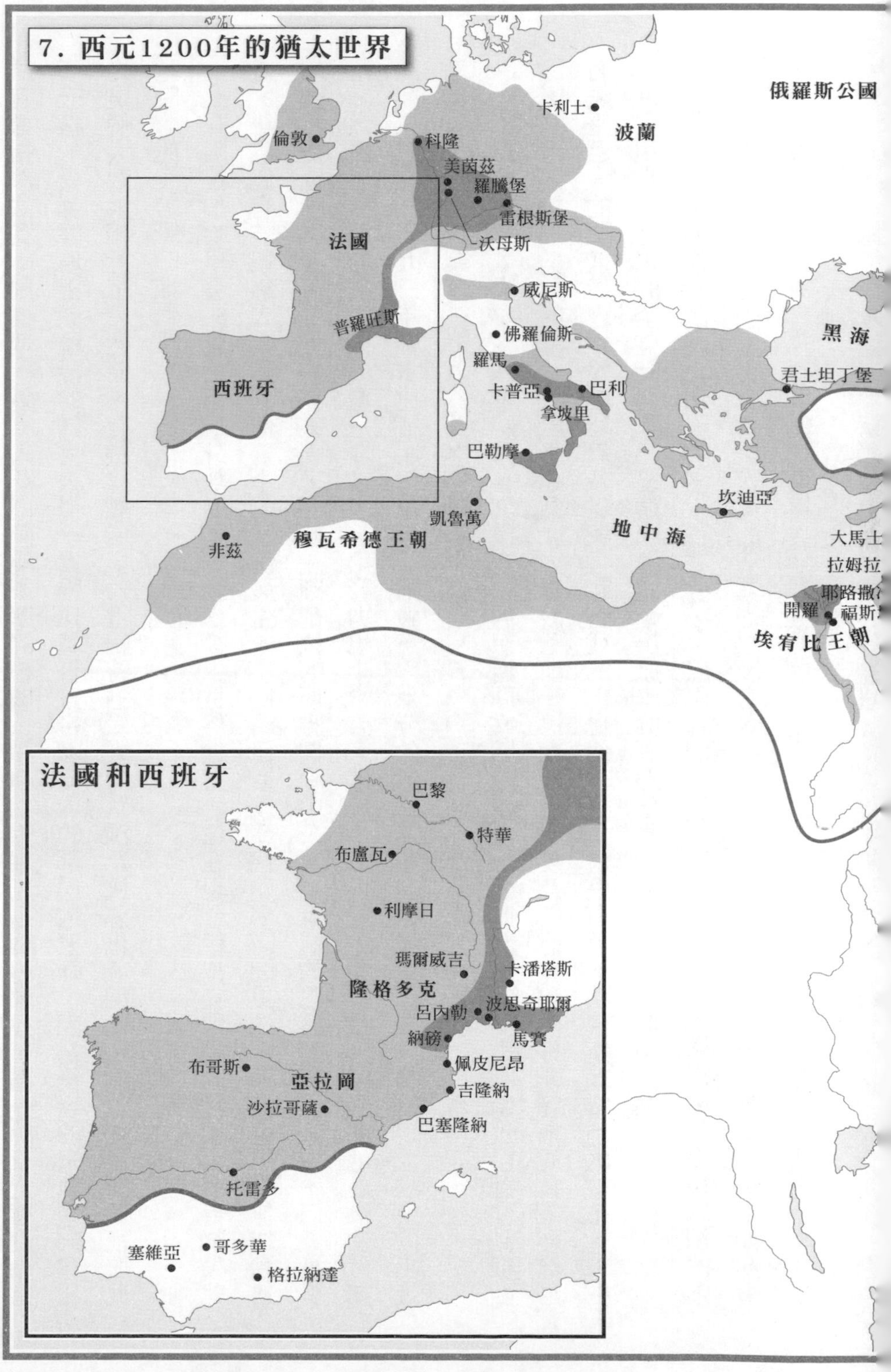
7. 西元1200年的猶太世界
俄羅斯公國
卡利士
波蘭
倫敦
科隆
美茵茲
羅騰堡
雷根斯堡
沃母斯
法國
威尼斯
普羅旺斯
佛羅倫斯
黑海
羅馬
西班牙
卡普亞
巴利
拿坡里
君士坦丁堡
巴勒摩
坎迪亞
凱魯萬
非茲
穆瓦希德王朝
地中海
開羅
埃宥比王朝
法國和西班牙
巴黎
特華
布盧瓦
利摩日
瑪爾威吉
卡潘塔斯
隆格多克
呂內勒
波思奇耶爾
納磅
馬賽
佩皮尼昂
布哥斯
亞拉岡
吉隆納
沙拉哥薩
巴塞隆納
托雷多
塞維亞
哥多華
格拉納達

科提爾的碑文顯示，猶太教不是境內唯一的少數宗教。從三世紀到伊斯蘭時期，猶太人的外地政治首領（拉比文獻稱之為「resh galuta」）被當局賦予相當大的權力。在與猶太人有關的民事或刑事案件中，首領有權指派法官；同樣地，猶太人認同薩珊王朝的權威，和他們對羅馬這個「邪惡王國」的反對態度相當不一樣。受到薩珊王朝統治的猶太人似乎過得比基督教帝國境內的鄰居還要好，因為後者的宗教傾向和羅馬這個大敵太相近了。然而，有證據顯示，六世紀時猶太人的狀況急遽惡化。因此，七世紀伊斯蘭征服此地時，飽受迫害的他們當然會熱情迎接。

在阿拉伯哈里發的統治下，外地猶太首領恢復了世俗權力，住在現今伊拉克地區的猶太人變得繁榮興盛，雖然偶有歧視猶太人和其他齊米的狀況發生。不同的伊斯蘭朝代隨著時間更迭，難免會出現無法預料的政治變遷，影響著當地的猶太人，因此在圖德拉的便雅憫眼中，十二世紀的巴格達猶太人似乎已逐漸衰落。然而，當地的猶太人口還是非常多，影響力也相當大，即使十三世紀中葉蒙古人征服此地之後依然如此。只有在一三九三年帖木兒征服伊拉克並摧毀了大部分的巴格達和其他城鎮之後，方出現大規模的出走潮。直到十五世紀末，猶太人才又回到這裡。07

巴比倫的猶太人早在八世紀時，就已經位居伊斯蘭文明的核心，而此文明的勢力範圍也已延伸到很西邊。隨著阿拉伯勢力的增長，巴格達猶太人對敘利亞、巴勒斯坦、埃及、北非和西班牙等地的猶太社群也有越來越大的影響。巴格達創建於八世紀，和古代的巴比倫一樣是一座有著鮮明伊斯蘭特色的城市，但在十世紀和十一世紀的全盛時期，巴格達已遠遠超出原本的圓形堡壘之外，形成一個多采多姿的都會文化，融合基督教、瑣羅亞斯德教和猶太教，擁有許多宮殿庭院，以及由連接了底格里斯河與幼發拉底河的運河所灌溉的池塘和花園，另有六座宏偉的清真寺以及數量據說多達一千五百個的浴場和市集，全都如此奢華，激發了《一千零一夜》的創作靈感。住在那裡的猶太人肯定覺得自己是位於文明世界的中心。

之後，其他有大批猶太人居住的伊斯蘭城市也將會達到同樣的繁榮與發展，特別是開羅，因為除了肥沃的尼羅河河谷的作物所帶來的收入之外，往返印度洋和地中海之間的香料貿易亦有豐厚的利潤。猶太人的權威所在也跟著轉移。到了十二世紀猶太哲學家邁蒙尼德（Maimonides）的時代，開羅已經勝過巴格達，成為猶太人的知識重鎮。開羅最偉大的時期是在十三與十四世紀馬木路克蘇丹的統治期間。當時，蘇丹和埃米爾不斷興建清真寺、大學和僧院，人口持續增長，貿易繁榮，四處可見亭臺樓閣。來自沃爾泰拉（Volterra）的拉比麥修蘭（R. Meshulam）在一四八一年六月十七號星期日拜訪此地時，發誓「如果有辦法將羅馬、威尼斯、米蘭、帕多瓦、佛羅倫斯和另外四座城市全部合在一起，也不可能比得上開羅半數的財富和人口。」在更西邊，位於現今突尼西亞的凱魯萬也住著許多猶太人。這座城市是在六七〇年由征服北非的奧卡巴・伊本・納菲（Uqba ibn Nafi）所建，之後越來越興盛，直到一〇五七年被埃及的阿拉伯人攻陷為止。[08]

巴比倫之所以在猶太教發展過程中失去了霸權，和伊斯蘭世界在十一世紀分裂成各個獨立的哈里發有關，其中影響力特別大的，是伊斯蘭統治下的西班牙猶太社群。猶太人至少從四世紀初就已定居在西班牙，因為我們知道，三〇五年曾經召開一個艾維拉會議（Council of Elvira），為了限制猶太人與基督徒的社交關係，禁止基督徒住在猶太人的家、和猶太人一起用餐或者為猶太人的農作生產祈福，而在四一七或四一八年，住在梅諾卡島的猶太人在一次叛變之後，被大批強制改信基督教，當地主教曾經寫了一封信生動地描述這起值得慶祝的事件。羅馬帝國在半島的勢力漸弱後，由西哥德人的王國取而代之，但是猶太人並沒有因此過得比較好。六一三年，伊斯帕尼亞（Hispania，現今的伊比利半島）和塞蒂馬尼亞（Septimania，位於現今的西南法）的統治者希瑟布特（King Sisebut）下令所有的猶太人都必須受洗，要不就得離開王國，因此許多猶太人便開始流亡。那些留下來的或是後來在政權比較寬鬆的時候返回此地的猶太人，很多都變成祕密的猶太教徒。這些人和他們的後代在七一一年時非常歡迎穆斯林入侵者的到來——根據阿拉伯文獻記載，入侵者將哥多華、格拉納達、托雷多和塞維亞等重要城鎮都交給了猶太人駐防。[09]

不過，若以為伊斯蘭西班牙的猶太人在接下來的數世紀都過著愜意的生活，那就錯了，因為伊斯蘭政權底下的猶太人和基督徒一樣，必須繳納很重的稅金。然而，猶太人在伍麥亞王朝的寬容政權之下變得興盛。這個王朝把首都定在哥多華，而這座城市也成了猶太人的主要聚居地。有好幾位猶太顯要人物曾在伊斯蘭統治者的行政單位和軍隊服務，在柏柏人於一〇一三年征服哥多華後，被捲入複雜的朝代政爭之中。這些顯貴的地位竄升並不總是能為廣大的猶太人民帶來正面的結果，例如一〇六六年發生在格拉納達的猶太大屠殺，起因就是這些位居高位的顯貴。然而，大體上，猶太人的生活在伊斯蘭西班牙的統治下是繁榮的，直到十二世紀中葉，摩洛哥的穆瓦希德王朝大舉入侵，強迫猶太人改信伊斯蘭教，猶太人的昌盛時期才結束。

自十一世紀初，猶太人在穆斯林社會的地位就開始複雜了起來。從北方來的基督徒開始收復失地，基督徒國王注意到猶太人的政經支持能帶來的好處，因此時不時願意賦予猶太臣民許多權利，比他們在先前的基督教政權之下享用的特權還要多。但，這樣的寬容並不持久：一二三五年，塔拉戈納會議（Council of Tarragona）企圖控制住猶太人的影響力，在經濟和政治方面施加了諸多限制；一二五〇年，沙拉哥薩的猶太人遭受到更有系統的攻擊。在整個十四世紀，天主教君王對猶太人的態度搖擺不定，國王（他們需要從猶太人那裡徵稅，獲得更多收入）、神職人員和商人階級之間的關係十分緊繃。一三九一年六月四日，一位名叫費朗德・馬丁尼茲（Ferrand Martinez）的神職人員因為發表激進的佈道演說，挑起了塞維亞的反猶太動亂。混亂遍及整個半島，王室當局無力保護猶太人，因此許多倖存的猶太人都改信了基督教。

十五世紀時，猶太人改信基督教給基督徒帶來的問題，就和給猶太人自己帶來的問題一樣大，因為基督徒十分懷疑這些「新基督徒」是否真心誠意信仰基督（無論這個疑慮是真的，或只是基督徒想太多）。一四七九年建立卡斯提爾和亞拉岡聯合王國的雙君主伊莎貝拉和斐迪南亟欲「淨化」自己的領土，因此請了道明會的修士來審查這些「猶太皈依者」的「猶太化」傾向。裁判者似乎沒辦法找出這些把身份藏匿起來的猶太教徒，而公開承認自身信仰的猶太人也大有人在。一四八三年，猶太人被逐出安達魯西亞。同年秋天，托馬斯・德・托爾克馬達（Tomás de Torquemada）被指派為宗教裁判所的大法官。一四九二年一月，穆斯林在西班牙的最後一個據點格拉納達落入斐迪南和伊莎貝拉手中之後，將猶太人完全趕出西班牙的時機似乎正好。一四九二年三月三十一日，驅逐猶太人的詔令正式在格拉納達簽署。[10]

信奉天主教的西班牙之所以無法容忍猶太人，部分原因是來自歐洲更北方的基督徒社群；整個中世紀時期，這些地方都有小型猶太社群存在。西元七〇年過後沒多久，應該就已經有一些猶太人居住在加泰隆尼亞北部與法國南部，但是猶太人在法國定居的證據大多來自五世紀以降，也就是法蘭克和墨洛溫國王統治的時期，因為這時有許多來自西哥德西班牙的難民，增加了法國猶太人的數量。在八世紀和九世紀的加洛林王朝，猶太人特別興榮；十一世紀時，利摩日、納磅和特華等地都成了重要的猶太教育重鎮。猶太人應該是之後才來到德國的。西元三二一年肯定已經有一些猶太人住在科隆，因為有文獻寫到，羅馬皇帝裁定，當地的猶太人可以在市議會服務。然而，更進一步的猶太聚落是後來才慢慢形成的，主要是由義大利和法國的猶太商人所建立，例如：來自義大利盧卡的卡洛力穆斯家族（the Kalonymus family）便在十世紀時定居美茵茲。十字軍東征期間，法國和德國猶太社群的平靜生活被粉碎了。第一次十字軍東征時，十字軍在前往聖地的途中於一〇九六年的四月到六月攻擊萊茵河谷地的猶太人，而後續的十字軍東征又帶來更多暴力。一二一五年，第四次拉特朗大公會議決議，猶太人必須配戴一個特殊的徽章，以和基督徒有所區分。從這些猶太社群的編年記錄中，可以發現迫害一直持續到中世紀末期。[11]

血祭誹謗（blood libel）Ⓐ是時常引起反猶太暴力行為的原因之一。血祭誹謗首次出現在法國、西班牙和德國的時間，分別是一一七一年的布盧瓦、一一八二年的沙拉哥薩以及一二三五年的弗爾達。然而，血祭誹謗在這些地方出現前，英國就已經有這個現象。一一四四年時，有人聲稱猶太人在復活節前買下了一個名叫威廉的「殉道男孩」，「使用我們的主被折磨的方式來折磨他，接著在聖週五用有著主耶穌像的十字架把他吊死，表示對主的憎恨」。猶太人是在一〇六六年諾曼人征服英格蘭之後，才定居此地。他們大部分來自法國北部，和王室有密切聯繫，為王室提供金融服務，因而住在許多大城市中，最重要的據點是倫敦。身為人民和國王之間的金融中介者，可能是導致猶太人被迫害的其中一個因素。獅心王理查對十字軍東征的熱忱又使迫害變得更加嚴重。一一八九年九月，仇視猶太人的狀況達到顛峰，倫敦的猶太區遭到劫掠；一一九〇年，約克城堡的克里福特塔發生約克猶太人全體自殺的事件。英國的猶太人在接下來的一百年繼續受到欺壓，直到一二九〇年七月十八日，愛德華一世下令驅逐猶太人。這是中世紀時期猶太人首次被一個國家大舉驅逐出境。[12]

可能是因為這些驅逐令或貿易的關係，抑或是其他因素，中世紀時猶太人口的分布狀況不斷在變動。部分德國的猶太人往東邊遷移，定居波蘭、立陶宛和俄羅斯，操著口音十分明顯的猶太人德國方言，之後漸漸演變成意第緒語。許多義大利的猶太人在西元一千紀的最後幾世紀移居外國，有些選擇到北方，有些則跨越地中海到北非。查理曼在八世紀時將義大利的猶太人遷到美茵茲。同一時期，義大利學者把自己的學問帶到了福斯塔特（Fustat，位於開羅南部）和凱魯萬的拉比學院。義大利的猶太人和巴勒斯坦有密切的聯繫，負責將巴勒斯坦的宗教傳統傳到歐洲北部。

將這幾個世紀的猶太史寫得很「悲情」，顯然是會誤導人的。在某些時候的某些地方，猶太人也經歷過和平與繁榮，特別是伊斯蘭統治下的埃及、北非和西班牙。是因為猶太人為了紀念或哀悼某些事件，寫了相關的史料，所以才讓人感覺猶太歷史總是著重在災難的部分。況且，有些猶太社群的歷史根本不可能重建出清楚的面貌。比方說，關於葉門猶太人的歷史，當地的石碑和開羅保存下來的殘篇文字可以提供蛛絲馬跡，但是這些文獻很少呈現完全清晰的脈絡。例如，葉門猶太人的領袖雅各・本・拿單內爾・法尤密（Jacob b. Nathanel al-Fayumi）在一一七〇年左右希望尋求有關當地彌賽亞運動的指引，埃及的邁蒙尼德因而才會寫下《葉門書信》這份文件。關於住在印度西南海岸的猶太人，所知的又更少了。我們只知道，科契的猶太人在西元十世紀晚期或十一世紀初期時，獲得了馬拉巴爾的印度統治者賦予的特權，且這些猶太人從十二世紀開始就被許多旅行家和地理學家提及。同樣地，我們也不太了解那些應該是在九世紀或十世紀定居於中國開封的猶太人，或者那些住在衣索比亞的貝塔以色列人（Beta Israel）。貝塔以色列人又被稱作「法拉沙人」，在阿姆哈拉語裡的意思是「流亡者」。他們相信，自己的祖先是所羅門王和示巴女王的兒子孟利尼克。無論這是否屬實，可以肯定的是，衣索比亞在西元四世紀阿克蘇姆王朝受到羅馬帝國的影響而皈依基督教以前，已經有一些猶太人定居於此，而阿拉伯半島南部希木葉爾王國的猶太俘虜也在六世紀時定居衣索比亞。[13]

關於各地猶太人的史料，大部分是來自猶太會堂的考古遺跡、喪葬銘刻、基督教和伊斯蘭教作家的評論，以及猶太人自己在十一世紀以降所留下的宗教文獻手稿。不過，在開羅福斯塔特的猶太會堂貯藏室發掘的二十萬份殘篇，讓我們對猶太世界的這個角落有了更多認識。這些文件大約是在八八二年到十九世紀晚期寫成的，由於摧毀含有上帝名諱的文本被視為一種褻瀆，因而文件使用過後會被棄置在貯藏室裡。這

Ⓐ譯注：聲稱猶太人會綁架基督徒的孩童以用作祭品的誹謗。

批文獻除了聖經和其他宗教作品，也含有大量的世俗檔案和書信。這些文獻告訴我們，在這段期間，埃及的猶太人和猶太世界的其他許多地方都有聯繫。它們也顯示，對於沒有像埃及那樣保存豐富文獻的猶太居住地，我們現有的知識肯定極為偏頗。[14]

猶太人的地理分布造成不同地區的猶太教會出現不同的變化類型。七〇年之後，耶路撒冷不再是宗教中心，猶太人探索宗教想法時，不再只會用希伯來文、亞蘭語或希臘文，也會使用阿拉伯文（這個語言曾經有好幾百年都是猶太世界大部分地區的官方語言）和各地的方言。在接下來的章節中，我們會看到猶太人是如何帶著自己的宗教觀念和習俗，從一個地方遷移到另一個地方，像是在近古時期從巴勒斯坦遷移到巴比倫或從巴比倫到巴勒斯坦，或者是從西班牙到法國、再到德國或英國，又或者是到達東邊的波蘭或俄羅斯。來自開羅貯藏室的大量書信顯示，猶太人很希望與其他地方的同胞進行正式的交流，無論是為了尋求宗教建議、為了進行貿易，或是為了交涉比較世俗的事務。

雖然互有接觸，各地猶太團體的發展步調仍不一樣，而且也相當分歧。之後將會看到，德國的「中世紀」猶太教比東歐地區結束得早。本書將一五〇〇年以後的近代時期獨立成一個部分來處理，比較著重在義大利和荷蘭的宗教變遷，而較不注重其他地方，例如葉門（見第四部分）。但是，我們將會發現，猶太人之間常常有交流，縱使知道彼此有差異，仍鼓勵統一團結。

10
少了聖殿的猶太人

人們需要用宗教的方式來解釋耶路撒冷在西元七〇年遭羅馬軍隊摧毀的悲劇。要是宇宙的至高統治者上帝允許這種災難降臨在祂的子民身上，那麼這必定是上帝計畫中的一部分。《以斯拉四書》是一部啟示錄，其作者在書中描述了西元前五世紀的祭司兼文士以斯拉所看見的預言異象。不過，這部作品其實是在西元一世紀的最後幾十年寫成的。根據以斯拉的異象，羅馬帝國將遭受天譴。作者將羅馬描繪成一隻三頭鷹，在末日期間將遭到毀滅，而末日已經開始倒數：

> **至高者也細查了他的時期，看哪！時期都結束了，他的世代也圓滿了。所以你這鷹啊！你要消失，你和你可怕的翅膀、你兇惡的小翅膀、你殘忍的頭、狠毒的爪、虛空的全身，都必要消失，好使全地得以更新安息，脫離你的暴虐，並盼望創造主的審判與憐憫來到。**

但，我們並不知道有多少猶太人也對末日抱持著這種希望。《以斯拉四書》僅有基督徒的抄本和譯本被保留下來，因為此書廣受基督徒歡迎（應當是因為基督徒對即將到來的末日有著強烈的興趣），但我們不知道非基督徒的猶太人是否也對這本書有相同的興趣。[01]

在約瑟夫斯等一般的猶太人看來，這場災難會發生的原因很明顯，聖經早已有所預測。經文裡寫到，以色列若沒有遵守與上帝的約，就會有詛咒等著他們，但也做出大量承諾，表示以色列只要悔過就會獲得救贖。以色列人現在身處在悲慘的深淵中，但這不過是罪惡、懲罰、悔改、寬恕和復原這個規律循環的一部分罷了，《列王紀》也記載了無數個世代所經歷的循環。這意味著，改革後的以色列必定可以獲得神助，被迫離開耶路撒冷聖城在各地流離失所的命運，總有一天也會結束。

約瑟夫斯在戰後寫成的著作充滿了這種樂觀的口吻，對以色列上帝的力量很有信心。《猶太戰史》和《猶太古史》的羅馬讀者可能會很訝異，約瑟夫斯敘述了這些史事，最後講到猶太人的首都被毀，居然還熱切地認為這些全是那位聖所被劫掠一空的猶太上帝精心安排的計畫。但，這正是約瑟夫斯希望傳達的訊息。他的理論是，猶太人只需要再重回虔誠的道路，上帝就會再次看顧這些受過罰的子民。

應該不是所有的猶太人都懷抱著相同的希望，相信未來會再受到猶太上帝的照顧。我們知道，有些人爬上羅馬帝國的精英階級後，便完全拋棄了猶太教，如斐羅的姪子提庇留・朱利葉斯・亞歷山大。西元二世紀初期，某些銘刻上可看到希律大帝後裔的名字，但卻完全沒有點出他們的猶太血統。也有一些猶太人根本看不出具有猶太身分，因為羅馬帝國境內的城市人口混雜，各族群如果沒有努力保存自己的文化特色，很難被辨識出來。[02]

如果大部分的猶太人解讀上帝計畫的方式都和約瑟夫斯一樣，那麼聖經暗示的就不是改變，而是延續了——或者更準確的說，光是重新努力實現妥拉的約，就能確保藉由恩典扭轉命運。因此，我們可以合理地假設，西元七〇年以後，人們理解妥拉的方式就和在此之前一樣多元。法利賽人重新效忠的猶太教仍帶有法利賽主義。經過適當修正之後的撒督該和愛色尼主義也是一樣。約瑟夫斯在西元一世紀的七〇、八〇和九〇年代寫到猶太人這些不同的學派時，是用現在式書寫的，完全沒有表示這些派系從西元七〇年的災難後就不復存在，但是這一點卻極少人注意到，令人吃驚。聖殿做為一個公共機構，為不一樣的神學觀和做法提供了公開的場域，因此在它被摧毀之後，猶太教很有可能變得更多樣，而不會比較不多樣。

研究猶太教的史學家都宣稱，西元七〇年是猶太教多樣性終結的一年，甚至還說會有這種轉變，是因為面對災難時猶太人團結一心的緣故。但，這只是一種錯覺，因為猶太教的多樣性並沒有變，變的只是猶太教史料的多樣性。基督教傳統保留了西元一〇〇年以前寫成的猶太希臘文獻，像是約瑟夫斯的著作，但在大約西元一〇〇年以後，就沒有興趣再繼續保存非基督徒的猶太人所寫的作品了，因為基督徒這個時候也忙著創造大量的基督教文本。因此，西元一世紀末期到一千紀末期之間的猶太教本質就得從拉比保留下來的大量宗教傳統中去尋找，而這些拉比對於不是拉比學派的猶太教類型沒什麼興趣（見第十一章）。不過，在第十二章會看到，其他類型的猶太教也可以從考古證據和銘刻紀錄中發現蛛絲馬跡。

前面曾經提到，根據約瑟夫斯這位羅馬陣營目擊證人的記載，西元七〇年八月時，羅馬最高指揮部其實並沒有打算摧毀聖殿。圍城造成一片混亂，一名羅馬士兵將一支點燃的火把丟進聖所，引發大火。火勢迅速擴張，難以控制，提圖斯雖然試圖挽救聖殿，卻徒勞無功。約瑟夫斯清楚地表明，提圖斯是猶太人的上帝用來懲罰子民罪過的工具。同樣明白的一點是，就如上帝在西元前五八六年巴比倫摧毀聖殿之後讓聖殿得以重建，現在聖殿雖然又毀了，但也會有重建之日。妥拉明確指示猶太人要獻祭，因此要猶太人接受再也不能獻祭的事實是很難的。耶路撒冷聖殿不是唯一一個被羅馬帝國意外燒毀的宗教建築：羅馬的朱庇特神廟在前一年也被燒毀了。對猶太人來說，最明顯的選項就是盼望、祈禱聖壇可以快速重建，並盡最大的努力實現這件事。[03]

約瑟夫斯在西元九〇年代中葉寫作時，依然認為猶太人理所當然應該要到聖殿敬神。他在《駁斥阿比安》裡誇讚獻祭儀式：

一位上帝只有一座聖殿（因為相似的東西總是物以類聚），是歸屬同一位上帝的人共同的聖殿。祭司會持續地敬拜上帝，而祭司中輩分最大的永遠是領袖。他和其他祭司會一起獻祭給上帝、守衛律法、為爭議下判決、懲罰被判罪的人……我們獻祭並不是為了自身的歡愉，或讓自己酩酊大醉，因為上帝不喜歡我們如此，而且這些行為會招致暴力和奢侈的花費。我們獻祭時是清醒的，很有秩序，行為得當，這樣行動時（特別是在獻祭的當下）就能莊嚴節制。獻祭的當下，我們一定會先為公共福祉禱告，再為自己禱告，因為我們生來就具有團體意識。重視這一點大於重視自己私人利益的人，上帝特別喜愛。

在這個讚揚聖殿的段落中，約瑟夫斯完全沒有暗示聖殿其實在二十幾年前就被摧毀了。如果他直接寫出這一點，對他自己和讀者來說會太過露骨。[04]

約瑟夫斯期望耶路撒冷聖殿會重建，是抱錯期望了。聖殿成了一片廢墟後，維斯帕先和提圖斯投資了許多政治資本，宣傳猶太人的敗仗，好合理化自己奪取帝權的行為，因此絕不可能表現出懊惱聖殿被毀的樣子，更別說會提議建造新的聖殿取而代之。猶太人在圍城期間保衛聖殿時所展現的忠誠以及聖殿場址的防衛優勢，也讓他們的後繼者不打算進行重建。西元一三〇年，哈德良在耶路撒冷的位址創建了一個羅馬殖民地埃里亞・卡比托利納（Aelia Capitolina），完全抹滅了羅馬統治期間重建猶太聖殿的可能性。信仰多神教的皇帝尤利安企圖在西元三六四年重建聖殿以激怒基督徒，但他卻在出征期間戰死，導致計畫沒有實現。聖殿山就這樣荒蕪到西元七世紀晚期，後來伍麥亞王朝的哈里發阿卜杜勒・馬利克（Abd al-Malik）在這個位置建造了一座宏偉的伊斯蘭聖壇——圓頂清真寺，至今依然屹立不搖。[05]

然而，約瑟夫斯應該不是唯一一個期待聖殿重建的猶太人。一百年後，在西元二〇〇年左右完成《米示拿》詳盡討論了聖殿儀式，而且討論的不光是重大的盛宴（安息日、朝聖節日、贖罪日）而已，也談到了所有關於「聖物」的處理方式（動物祭品、素祭、褻瀆聖物）以及聖殿的面積和結構。一部分的非猶太人似乎也認為，耶路撒冷聖殿有一天會再度接待前來朝聖的民眾；對他們來說，使用祭品、奠酒和其他供品來敬神的行為是猶太教最典型的特點。三世紀晚期，聖殿被毀的兩百年後，來自老底嘉（位於小亞細亞）的異教演說家米南德（Menander of Laodicea）仍將耶路撒冷的朝聖節慶視為最令人嘆為觀止的大規模朝聖活動。他說：「聚集的群眾如果數量很多或聲譽極高，【宗教】慶典的光榮也會隨之提升。聲譽極高的一個例子……就是奧林匹亞，知名人物都會齊聚在此」，但他也寫道：「群眾數量最多的則是住在敘利亞－巴勒斯坦的希伯來人所舉辦的節慶，因為他們來自許多國家，數量非常龐大。」06

終究，猶太人將發展出新的方式來表現猶太教，接受失去聖殿的事實，但是我們不清楚重建聖殿的渴望究竟過了多久才消退。西元一三二～五年，星星之子率領的叛軍鑄造錢幣時刻了聖殿的圖像和「為了耶路撒冷」的字樣。現存的巴勒斯坦拉比文獻幾乎完全沒有提及尤利安在四世紀中葉企圖重建聖殿的事情，但這可能是因為，由異教統治者而非猶太祭司所驅動的重建被認為是無效的。西元五世紀和六世紀的猶太會堂有許多馬賽克地磚刻有聖殿的圖像或提到祭司的「班次」，讓人猜想這時期的猶太人深信聖殿很快就會重建，但這可能只是過度解讀。無論如何，在基督徒的統治下，實際上是不可能重建聖殿的。基督徒希望將巴勒斯坦變成基督教的聖地，而且聖殿被毀就意味著耶穌的預言真的實現了。在十二世紀伊斯蘭統治的時期，獻祭已不復見於大多數的文化，致使邁蒙尼德認為，上帝當初之所以鼓勵獻祭，只是希望猶太人不會像周遭的民族那樣實施活人獻祭。07

但是，就連邁蒙尼德也認為，上帝會在末日時期讓聖殿重建起來。西元七〇年過後不久，拉比猶太人在每日的禱告中經常會使用以下的禱詞，同樣認定聖殿會在末日時重建：

願你帶著憐憫回到你的聖城耶路撒冷，願你住在那裡，如你所承諾的。願你在我們的日子迅速重建它，讓它恆久存在，並很快地在裡面安置大衛的王座。建造耶路撒冷的主啊，讚美你……上帝主啊，請愛護你的子民以色列和他們的禱告。讓儀式重返你最神聖的屋宇，歡喜接受以色列的燔祭和他們的禱告。願你的子民以色列舉行的儀式永遠受你喜愛。08

反觀，西元七〇年的拉比智者對於聖殿被毀所做出的反應卻是極為實際：

如果新年的節慶剛好在安息日，他們可以在聖城吹響公羊角，但在外省不能。聖殿被毀後，拉班約卡南・本・撒該裁定，他們可以在任何有法庭的地方吹響公羊角。拉比以利以謝說：「拉班約卡南・本・撒該只針對亞夫內做這樣的裁定。」他們回答：「無論是亞夫內還是其他有法庭的地方，都是一樣的。」……之前，棗椰束要在聖殿搖七天，外省只要一天。聖殿被毀後，拉班約卡南・本・撒該裁定，棗椰束在外省也應該要搖七天，以紀念聖殿……之前，他們原本一整天都會接受月朔的證據。有一次，證人耽擱了很久都還沒來，利未人的歌唱便被打亂；因此後來裁定，證據只能接受到下午的獻祭儀式為止……聖殿被毀後，拉班約卡南・本・撒該裁定，他們一整天都可以接受月朔的證據。09

強調儀式必須延續下去的這點是深具意義的。西元七〇年過後，猶太會堂漸漸散發出一種神聖的氛圍，雖然還是比不上聖殿。五世紀和六世紀時，有不少加利利猶太會堂的馬賽克圖磚都用亞蘭語或希臘語寫下了虔誠的猶太人把禮物送來「這個神聖之地」的相關紀錄。這些馬賽克很多都製作得十分精美，描繪了聖經的場景，例如亞伯拉罕綑綁以撒的那一幕，而猶太人願意花大錢製作馬賽克，也證明這些建築確實獲得不少敬意。

考古學家在一九三〇年代初期於幼發拉底河附近的杜拉—歐羅普斯找到了一座西元三世紀的猶太會堂，裡面裝飾了一系列美麗的圖畫，描繪著許多聖經的故事，包括米利暗在尼羅河邊救了摩西的場景，以及以西結看見滿山滿谷的枯骨復活的異象（第三五一頁）。杜拉—歐羅普斯會堂主牆的正中央有一個壁龕，上面描繪了猶太聖殿和一些聖殿器物。近古的巴勒斯坦有許多馬賽克都描繪了同樣的圖像，此外也有棕櫚枝、公羊角等和重大節慶有關的象徵圖案。近古時期的猶太會堂儼然已成為拉比口中的「小聖所」，暗指上帝在《以西結書》所說的那番話：「我雖將以色列全家遠遠流放到列國，使他們分散在列邦，我卻要在他們所到的列邦，暫時作他們的聖所。」

日後，猶太會堂的裝飾將變得越來越華麗。很多會堂的內部裝飾大量採用了當地風格，像是位於托雷多的埃爾特蘭西托猶太會堂（Synagogue of El Transito）在十四世紀建成時，牆上壯麗的灰泥裝飾便融入了伊斯蘭教的藝術題材，至今仍看得見。十二世紀時，有一位拉比抗議美茵茲的猶太會堂裝了彩繪玻璃花窗，下令將之移除。顯然，猶太人認為花大錢裝飾猶太會堂是一種展現虔誠的行為。因此，很多希伯來禱告書的彩繪圖飾都十分精緻，是猶太教禮儀藝術的典型例子。這些裝飾通常是由基督徒的藝術家所設計，但應當和猶太客戶的想法相符一致。這種裝飾精美的手稿在十四世紀的北歐、義大利和基督教的西班牙達到了巔峰，塞拉耶佛的哈加達就是其中的傑作之一。[10]

公禱也隨之跟進。無論阿米達禱文（見第三章）最原始的文字是什麼，可以肯定的是，西元七〇年過後內容有隨之更動，增加了祈禱聖殿重建的禱告。安息日和節慶的禱文也發展出特定的內容，以獻祭的描述代替獻祭行為本身：

上帝主、我祖的上帝，願你的意志帶領我們歡欣回到故土，把我們安置在故土的界線之內。我們會在那裡為你準備義務的祭品……在安息日的這天，我們將準備額外的祭品，帶著愛獻到祢的跟前，遵守祢的誡命，如祢透過僕人摩西為我們寫下的妥拉所規定的那般，因為妥拉說：「在安息日，要獻兩隻沒有殘疾，一歲的小公羊、十分之二伊法調了油的細麵為素祭，和同獻的澆酒祭。除了經常獻的燔祭和同獻的澆酒祭之外，這是每一個安息日當獻的燔祭。」

我們不確定這些內容是從什麼時候開始成為猶太教的常規，但《巴比倫塔木德》寫到，拉班迦瑪列二世和同事在西元一世紀晚期的亞夫內已將順序、大概的內容和賜福禱文的慣用文字標準化了，顯示這些元素至少在六世紀的巴比倫就已相當固定。在接下來的數世紀，不同版本的阿米達被寫了下來。早在近古時期，聖潔禱文（kedushah）就已融入阿米達的重複段落中；這篇禱文描述的是《以賽亞書》裡有關天上的天使聖化上帝以及地上的以色列模仿天使聖化上帝的內容。這反映了從很早的時候，猶太人就已經會想要在這篇公禱文最莊嚴的段落中加入神祕的元素：「聖哉！聖哉！聖哉！萬軍之主；他的榮光遍滿全地！」[11]之後，這項禮儀又被大大美化了。五世紀左右，巴勒斯坦的猶太人開始會創作一些讚美詩，放進平常的禱文中。這些詩歌通常相當繁複優美，而且很多都有註明作者，例如在五世紀到七世紀拜占庭統治下的巴勒斯坦，有名的創作者包括尤西．本．尤西（Yosi b. Yosi）、亞奈（Yannai）和以利亞撒．卡勒（Eleazar Kallir）。九世紀的義大利南部和十世紀的義大利北部都有詩人學院創立。大約同一時期，德國和西班牙也出現許多偉大的詩人。這時期的禮儀音樂似乎就沒有如此蓬勃的發展了，因為猶太會堂的禮拜儀式不會用到樂器。不過，由於猶太人分散各處，因此各地區倒是有漸漸發展出獨特的旋律，在誦讀妥拉和公禱文時使用。禮拜時整個身體都會派上用場：肢體動作仍舊是禱告的重要元素，逐漸發展出來的習俗規定要在特定的時候做出站立或鞠躬的姿勢。但是，舞蹈的地位在猶太禮拜中不像在其他宗教傳統中這麼重要——中世紀德國的猶太人雖然有舞廳（Tanzhaus）這個設施，但主要是在慶祝婚禮時才會使用。12

聖殿被毀的許久以前，誦讀妥拉就已經是安息日和節日儀式的核心了（見第三章）。猶太人投注了相當大的努力來守護聖經文本的完整性，並鼓勵人們研讀聖經。第二聖殿末期，多數經卷都有多種誦讀的方式，這是很正常的，昆蘭出土的聖經手稿就是一個例子；一千年之後，統一的文本取代了這個現象，單詞、句子和段落經過劃分，子音文本被標上母音，使經文的意義趨向標準化。完成後的文本稱作馬所拉文本（masorah，意為「傳統的文本」），而完成這些文本的學者大部分是在西元一千紀的後半葉進行這項工作，地點大多是在以色列地，最後在十世紀時由提比里亞派確立了聖經文本。當文本唸出來的方式（keri）和寫下來的方式（ketiv）不一樣時，也會被標註出來。這個做法可能完全改變一句話明顯的意思，拿《以賽亞書》63:9為例，馬所拉文本用字母vav來拼出「lo」，意思是「對他來說」，而非用字母aleph來拼出「lo」，表示「不是」。因此，馬所拉學者是將這句話理解成：「他就作了他們的救主。他們在一切苦難當中，他也同受苦難」，帶出上帝和以色列一同受苦難的重要意涵，而不是把這句話讀成：「拯救他們的不是信使，也不是天使，而是他的存在」。這股非得把文本說清楚的衝動，再加上小心計算字數、使用特定字母等對於枝微末節的在意，反映了聖經文本越來越受到尊敬。雖然有其他推動的力量造就了人們對文本的敬意，但注重聖經基本教義的卡拉派（見第十二章）在後期可能也發揮了不小的影響。

第二聖殿時期的某些集會是以逐節的方式將希伯來文本翻成亞蘭語，持續精進妥拉的禮儀詮釋。亞蘭語的他爾根在西元一千紀仍被使用了相當長的一段時間，有些會將大量評註融入原始的版本。西元五世紀左右，有些他爾根出現了最終版本，由不同的團體所採用：巴比倫使用的是翁克羅斯他爾根（Targum Onkelos），巴勒斯坦則有多種不同的他爾根，而梵諦岡在一九五六年也發現另一種他爾根，但只有找到一份手稿。

負責解經的人稱作「釋義者」（darshan）。《巴比倫塔木德》寫到，此人扮演講道者的角色，肩負了在安息日和節日佈道演說的職責。透過拉比傳統保留下來的近古解經作品有一些似乎就是源自這種會堂場景。例如，巴勒斯坦米大示的章節詮釋（Pesikta）便是依循猶太新年日曆的循環，詮釋摩西五經和先知書的特定段落，並有兩個版本存在，一個顯然大部分是來自五世紀，另一個則大部分來自九世紀。章節詮釋除了解釋帶有教誨目的的故事之外，也會闡釋律法，通常會把一節經文和另一節經文並列在一起：

「然而，義人要持守所行的道，手潔的人要力上加力」（《約伯記》17:9）。「義人」指的是聖者，因為經書上寫「主是公義的，他喜愛義行」（《詩篇》11:7）；「手潔的人」指的也是聖者，因為經書上寫「你的眼目清潔，不看邪惡」（《哈巴谷書》1:13）；「力上加力」指的還是聖者，他會加強義人的力量，讓他們履行他的意志。另一個評註：「義人要持守所行的道」指的是摩西，因為經書上寫「他……執行主的公義和主為以色列所立的典章」（《申命記》33:21）……拉比阿匝黎雅引述拉比西門之子拉比猶大，說：「義人執行聖者的意志，就能加強至高者的力量。」[13]

所有的這些公共禮拜主要是為了男性而存在的，近古時期的女性是否有上過會堂，我們不能確定。不過，中世紀的猶太會堂還蠻常見到使用正式的分隔裝置和男性的區域隔開來的女院。中世紀晚期的普羅旺斯，女性會在會堂下方的房間透過天花板的鐵柵聆聽禮拜；在德國，女性會在與男性的會堂平行的房間內禱告；穆斯林地區通常沒有保留給女性使用的空間，但女性可以在會堂外面透過窗戶聆聽禮拜。[14]

建造這些公禱建築的團體常常也會提供別的公用設施，滿足其他宗教需求，例如淨化儀式性的污染。

我們沒辦法知道西元四到六世紀在巴勒斯坦的猶太聚落出現的眾多儀式性浴場是屬於誰或由誰建造的，有很多（甚至是大多數）可能是私人的。然而，在中世紀歐洲的許多地方，這類儀式性浴場是屬於公共財產，並被當成宗教生活不可或缺的首要條件，特別拿來做為女性在經期或生產結束後淨化使用。某些歐洲社群會花費大量資金來為儀式性浴場打造宏偉的建築景觀，如十二世紀的詩貝亞。[15]

到了中世紀初期，猶太社群也開始將猶太墓園的收購和維護視為宗教義務。在三世紀的巴勒斯坦完成的《米示拿》寫到，團體有責任標示墓穴，以避免不小心遭到褻瀆。但是，《巴比倫塔木德》最先表明和義人葬在一起被認為是較恰當的做法：

> 拉比阿哈・本・哈寧拿說：「惡人不可葬在義人旁邊的說法是從何處推論出來的？」從這句經文來的：「有人正在埋葬死人，看哪，他們看見一群人來，就把死人抛在以利沙的墳墓裏，逃跑了。死人一碰到以利沙的骸骨，就活過來，用腳站了起來。」……就如惡人不可葬在義人旁邊，重度的惡人也不可葬在中度的惡人旁邊。那麼，不就要有四座墓園了嗎？但傳統說只要兩座就好。

三到六世紀時，位於下加利利的貝特什阿林墓地（Beth Shearim）有一個習俗，人們會將遺體放置在箱子內，從很遠的地方帶來葬在學問淵博的拉比附近，這和葬在義人旁邊的概念十分類似。由於外地的猶太人會希望和猶太同胞葬在一起，因此有時候某個猶太家族甚至會為此買下特定的地點，像是羅馬的猶太地下墓穴（三到五世紀）以及位於更南方阿普里亞的韋諾薩墓穴（四到八世紀）。墓園本身並不具有神聖的特性，但到了中世紀初期，基督徒和穆斯林地區的猶太團體會收購土地，以做為共葬之用。沃母斯的墓園是已知最早的例子，可回溯至十世紀。[16]

婦孺雖然無法完全參與社區公共宗教生活，但在家中卻完全融入家庭宗教禮儀的發展。《米示拿》就已經有提到，家庭宗教生活的某些重要層面理所當然是由一家之主的妻子負責，沒有盡責的話會有嚴重後果：「違反了這些的女子，將在生產時死亡：因為她們沒有做到【經期後】要隔離、第一塊麵餅要祝聖，以及安息日的燈臺要點燃等事宜。」根據《米示拿》的記載，「點燈」是安息日前夕黑夜降臨時，男性必須對整個家下達的重要指令之一。在週五晚上點燃安息日蠟燭至今在多數的猶太教形式中仍十分普及。[17]因此，為安息日做準備對家中的女性來說是件令人焦慮的事情，但她們也能完全參與慶祝安息日的愉悅。星期五晚上，一家之主會以酒和麵包祝福安息日：

主上帝、宇宙之王，讚美祢。祢透過誡命使我們神聖，偏愛我們，用愛賜給我們神聖的安息日做為傳統，以記住上帝創世的工作。這是集會聖日的第一天，用來紀念出埃及的遭遇。祢在所有民族之中選擇了我們、聖化了我們，用愛賜給我們神聖的安息日做為傳統。聖化了安息日的主啊，讚美祢。

安息日結束時，一家之主會用酒、香料和燃燒的蠟燭說出形式類似的文字，象徵工作日的到來。這就是所謂的「分開」儀式（havdalah）：

主上帝、宇宙之王，讚美祢。祢將神聖與世俗分開、光明與黑暗分開、以色列與其他國家分開、第七天與工作的那六天分開。分開了神聖與世俗的主，讚美祢。

中世紀後期的分開儀式有數種版本提到以利亞即將到來，做為彌賽亞的通報者。人們相信，他會在星期六晚上前來。這個概念似乎是源自十字軍東征之後的北歐地區，因為[illegible]承受著極大苦難[illegible]時期，人們特別渴望末日來臨。[18]

聖殿消失並不會影響守安息日的習俗，但剩下的禮儀年卻因此出現很大的變化，因為一年三次的朝聖現在已不可能繼續成為敬神的核心。因此，以一年為週期的各種節慶和齋戒便被創造出來，沿用至今。逾越節的重點現在變成在逾越節前夕（春季時）的晚宴上朗讀哈加達，除了講述出埃及記的經歷之外，還多了各種習俗、故事和歌曲，都是在西元七〇〇年後漸漸累積起來的：

> 這一晚為何和其他晚上不一樣？在其他晚上，我們吃有酵餅和無酵餅都可以，但是這天晚上只會吃無酵餅。在其他晚上，我們會吃各種蔬菜，但是這天晚上只吃苦的蔬菜。在其他晚上，我們連一次也不沾，但是這天晚上會沾兩次。在其他晚上，我們坐著或躺著吃都可以，但是這天晚上我們全都躺著。

在逾越節的整個期間，人們整整七天都不吃發酵的食品，就像聖經規定的一樣，而第一天和最後一天也會停止工作。由於以色列地的月朔通報必須花點時間才能傳到外地，使得外地的曆法可能會有不確定的疑慮，所以後來演變出兩個完全節日都得遵守兩天（而非一天）的傳統。因此，外地的逾越節共有八天，而不是七天。[19]

聖殿被毀之後，七七節也不太被當作收成的節慶了，而被當作慶祝上帝施授妥拉的日子，雖然七七節時在會堂誦讀《路得記》的習俗既代表路得接受妥拉，也反映了大麥的收成。反之，《五書卷》當中的《雅歌》和《傳道書》為何分別被排在逾越節和住棚節誦讀，就比較令人費解了。另一個可以明確看出選書理由的節日，是埃波月九日（七月底或八月初）的齋戒日。這天，猶太人會一起誦讀《耶利米哀歌》，紀念聖殿在西元前五八六年和西元七〇年被摧毀的災難。除卻贖罪日，埃波月的齋戒日是唯一一個要齋戒二十四小時的日子，從日落禁食到日落。其他齋戒日全都是從日出才開始，例如搭模斯月的齋戒。搭模斯月齋戒紀念的是西元前五八六年耶路撒冷被攻陷前城牆遭到破壞的日子，從這天開始，弔念期總共維持三個星期，接著從埃波月一日到九日的這九天，弔念的氛圍會變得更強烈，接著又以齋戒作結。

早秋時，從新年到贖罪日的這十天，要進行反思與悔過。關於提斯利月一號的猶太新年，聖經只說這是「完全安息的日子，要吹角作紀念，當有聖會」，但《米示拿》的作者已經將這天當成是懺悔的開端，因為在新年時，「來到這世上的所有人都會經過他面前【接受審判】，好比一群羊」。西元六世紀時，新年禮儀已經發展成熟，除了吹響公羊角之外，還會進行告解和祈求。到了中世紀初期，新年禮儀變得更為繁複，加了許多詩歌。由於這個節日落在一個月的頭一天，就連同樣是在以色列地的人，也無法及時被通知新的月份已經展開，因此猶太新年在外地和以色列都是接連慶祝兩天。[20]

贖罪日會進行齋戒與悔改，而最重要的儀式是晚禱（Kol Nidrei，意為「所有的誓言」）。晚禱用亞蘭語代表全體會眾進行，宣布在上帝面前發下的一切誓言若因故無法實現，應當一筆勾銷，視為無效。這個儀式在西元一千紀末期已發展成熟，雖然當時和後來的拉比權威都大力反對這個做法。有些社群認為這項宣布指的是剛結束的那年，有些社群認為指的是來年，也有一些社群認為兩者皆是。這天的禮儀雖然會提到很多聖殿的儀式，但主要重點其實是私下的悔改，個人應時時表達出完全告解的需要，並希望自己來年不會再犯相同的錯誤。

贖罪日過了五天，就是住棚節。這個節日在聖殿被毀後仍保留了豐收節慶的特性，人們會在會堂手搖四種作物（棗椰、香櫞、香桃木和柳樹枝），並在棚子（sukkah）裡用餐。棚頂會覆蓋割下來的植物，留一點空隙讓陽光照進來。外地有些地方氣候沒有這麼溫和，因此會比在以色列地更難實踐這個習俗。相關規範隨之發展出來，規定寒冷或潮濕所造成的不適到達什麼樣的程度時，即不適合住棚。

近古時期漸漸發展出另一個習俗，也就是在住棚節期間，每天都要一邊手持四樣作物繞著會堂，一邊誦唸和散那（hoshana），以紀念聖殿時期的繞祭壇習俗。住棚節的第七天總共要繞會堂七圈，這天後來便稱為「大和散那」，同時也是打柳枝的日子。和散那的意思是「救救我吧」，誦唸時會用上帝不同的稱號對祂說話，懇求祂能幫助自己。西元六到七世紀時，詩人（如以利亞撒・卡勒）加以潤飾和散那，使其更華麗。這則禱文最初是祈雨用，因為住棚節正逢乾季，但是演變到後來，和散那在禮儀中變得更通用，不再限於祈雨。

住棚節的第八天是這個節日的最後一天（聖會節），不能工作。由於外地的猶太人會連續守兩天，因此第二天後來漸漸地就自成一格，變成是在慶祝一年的妥拉讀經完成了，要再從《創世記》開始唸起，展開新的循環。這天稱作妥拉節，最早的相關文獻只能回溯到西元二千紀初期，後來成為外地猶太人的重大節慶，會眾以載歌載舞的方式慶祝。

這些節日過後，即是瑪西班月，但是這個月沒有什麼特別的節慶或齋戒日，因此下一個節日為光明節，在基斯流月靠近月底時慶祝（通常在十二月）。這個節日慶祝的是猶大・馬加比重新在聖殿獻祭的事件（見第五章），但拉比猶太人這天不會誦讀馬加比各書記錄的完整故事（這些書卷只有留下希臘文的版本），《巴比倫塔木德》也說到，點燈八日是為了紀念猶大戰勝時所發生的一個奇蹟。據說，重新獻祭時，在聖殿找到的純油只夠燒一天，但這些油竟足足燒了八天，等到了新油供應。

亞達月的普珥節（通常在三月）也是要紀念一個被上帝解救的事件，故事就記錄在《以斯帖記》（見第二章）。誦讀《以斯帖記》顯然在西元三世紀初就已經是會堂禮儀的一部分，為拉比所熟知，因為《米示拿》有一整篇文章專門在講相關的規範。在歡慶節日時讀經，這樣的傳統似乎可回溯到近古時期。根據

《巴比倫塔木德》的記載，聆聽讀經是男性、也是女性的義務，人們會喝得酩酊大醉，醉到連故事的英雄末底改和壞人哈曼都分不清。

節慶禮儀有些是在會堂和其他會眾一起參與，但也有很多是在家中進行，如逾越節晚宴和光明節點燈。人們想要讓禮儀更美化，因此創造出許多特色鮮明的居家節日用品，如安息日的燭燈燭臺、聖化安息日時使用的銀製酒杯、盛裝辮子麵包（hallah，在安息日食用的一種特別的麵包）的盤子、分開儀式所使用的香料罐、光明節點燈用的七枝燈臺，以及盛裝逾越節晚宴特殊食物的裝飾器皿。這類物品以及門框上的經文盒（mezuzah）讓人一看就知道這個家庭的宗教信仰是猶太教，就像基督徒會在家中掛基督的畫像、穆斯林會使用可蘭經的經文來標示自己的身分一樣。[21]

猶太人的身邊充斥著其他宗教文化，無論是選擇仿效接納或反抗排斥，猶太人都會被影響到。西元七〇年後，各地的猶太人被迫要對他們眼中的異教偶像崇拜者做出回應。拉比很會用簡化或滑稽的方式描述周遭的異教文化，唯一關注的事情就是要避開可能帶有偶像崇拜成分的任何事物：「外邦人過節的三天前，不可以和他們往來……以下這些就是外邦人的節日：每月初一、農神節、帝國紀念日、國王週年紀念日、生日和忌日。」杜拉—歐羅普斯的猶太人聘請當地的畫家為會堂創作一幅圖畫，描繪偶像大袞（Dagon，非利士人崇拜的神祇之一）的毀滅，但似乎差點就和周遭的眾多異教崇拜者起糾紛。不過，許多來自羅馬帝國晚期巴勒斯坦的會堂馬賽克卻畫了太陽神赫利俄斯騎乘四馬戰車的形象，周圍可見十二宮的符號。此外，在加薩出土的六世紀會堂地磚，則將大衛王描繪成希臘神話中彈奏七弦琴的奧菲斯。猶太人看樣子並不太擔心這些異教神祇的形象會削弱信眾。[22]

猶太人對基督教所做出的反應也很多元。有些猶太人似乎決心要完全忽視基督教，即使在某些時期或某些地方，基督教的影響力應當是特別大的。比方說，四世紀編纂《巴勒斯坦塔木德》的拉比在寫到非猶太人的宗教習俗時，完全沒表示自己知道從西元三二〇年代以來，君士坦丁之後的皇帝都會資助巴勒斯坦，希望把它打造成新的基督教聖地。另一方面，學者合理地猜測，近古的猶太人詮釋聖經時，有時其實是在偷偷駁斥基督徒對同一段經文的理解。解讀基督徒為了支持自身信仰而使用的引證經文Ⓐ時，特別有可能出現這種情況。不過，最能明確證實這些爭辯的其實是基督教的文獻，例如殉教者游斯丁（Justin Martyr）的《與猶太人特來弗的對話錄》（Dialogue with the Jew Trypho）。在這本書裡，特來弗反駁游斯丁對下面這句以賽亞預言的詮釋：「必有童女懷孕生子。」游斯丁拿《馬太福音》為依據，認為這句話指的是基督與馬利亞，但特來弗堅稱這句話提到的孩子是指希西家，也認為游斯丁把「童女」（希伯來文為「alma」）理解成「處女」是不對的。在這本《對話錄》的其他地方，特來弗還反駁了基督徒自認是以色列人的說法。七世紀初在巴勒斯坦寫成的米大示《大雅歌》（Song of Songs Rabbah），可能也是在駁斥同一件事：

> 麥稈、糟糠和殘留的麥株起了爭執。這個說：「是為了我，才給土地播種的。」那個說：「是為了我，才給土地播種的。」小麥對他們說：「等收成的時候到了，就知道土地是為了誰才播種的。」收成的時候到了，全部都來到禾場，地主開始打穀。糟糠被風吹走；麥稈被撿出來丟掉；麥株被燒了；小麥被堆成一堆，大家都親吻它。國家也是一樣。這些國家說：「我們是以色列，是為了我，世界才被創造出

Ⓐ譯注：有些人為了佐證自己的神學論點，會引用單獨一句經文，但不考慮上下文的脈絡。因此，這種引證方式很有可能偏離經文的原意。

來。」那些國家說：「我們是以色列，是為了我，世界才被創造出來。」以色列對他們說：「等當稱頌的聖者的時候到了，就知道世界是為了誰才被創造，因為經上有說：『看哪，那日臨近，勢如燒著的火爐。』」（《瑪拉基書》3:19）[23]

如果認為基督教世界的猶太人對聖經做出的每一句詮釋都是為了反對基督徒，那就錯了，畢竟前面已經看過，拉比即使沒有受到這類動機驅使，也有很好的理由思索聖經的意義。然而，十三世紀以降，歐洲部分地區的猶太人被迫參與正式的辯論會，而這種場合無疑就真的必須和基督徒的思想進行辯證。一二四〇年，教宗下令檢查猶太人的典籍，進而導致巴黎辯論會。猶太代表在會上未能成功阻止《塔木德》遭受譴責，致使好幾車的猶太書籍在現今的市政廳廣場被燒毀。一二六三年，來自吉隆納的偉大拉比摩西・納賀蒙尼德（Moses Nahmanides of Girona，見第十三章）不承認奇蹟，說奇蹟是和理性相反的東西，藉此反抗基督徒修士保羅（他是猶太教的叛教者）聲稱拉比文本其實揭示了基督教真理的說法：

你相信的教條、你信仰的基礎，是不能為理性所接受的，大自然也沒有提供相關的依據，先知也從未這樣說過。我將在對的時間、對的地方以完整的證據解釋，為何就連奇蹟也不可能神奇到這種地步，說天地的創造者竟仰賴某個猶太女子的子宮，在那裡生長九個月後誕生成嬰孩，之後長大成人，遭到背叛，落入敵人手中，將他宣判並處以死刑，接著又像你說的那樣復活，回到最初的地方。猶太人或其他任何人的心智都無法容忍這種說法；你說這些話全是徒勞，因為這就是我們爭辯的根源。

沒有基督徒關注時，猶太人反駁基督教的語氣就沒那麼理智了。從「耶穌一生」（見第七章）現存的手稿數量就能清楚看出，用粗鄙方式描繪耶穌生平的讀物在中世紀晚期較受到猶太人歡迎。[24]

然而，撇開這些爭執，猶太人還是會從基督徒那裡吸收宗教的觀念和做法。近古的巴勒斯坦猶太社群之所以會聚集在猶太會堂周邊，形成一群群的會眾，可能是因為羅馬帝國晚期的基督教國家習慣以宗教來描述國民，雖然這種型態並不完全是在仿效那些聚集在教堂周邊的基督社群。十世紀時，德國的拉比禁止重婚，肯定是反映了周遭的基督教文化，因為拉比並沒有禁止住在伊斯蘭地區的猶太人實行當地流行的一夫多妻制。就在這仿效與競爭之間，猶太人也開始會編寫殉道者名錄，和那些啟發早期基督徒的聖人故事相似。其實，早期基督徒的殉道者名錄也是模仿馬加比的殉道故事（見第八章）。對拉比而言，阿基瓦的死已成了經典的殉道故事，呈現人們「為聖化上帝之名」所做出的崇高犧牲：

> 阿基瓦拉比被帶去處決時，正好是誦唸示瑪的時刻。他們一邊用鐵梳刮他的身體，他則一邊接受天上的國王。門徒對他說：「老師，到了這時候還是要唸示瑪嗎？」他對他們說：「我這輩子都為這句經文所困擾：『盡性』，【我解讀為】『即使祂取了你的性命』。我說：『我什麼時候才有機會實踐這句經文？』現在我有這個機會，難道我不實踐嗎？」他把「一」這個字【示瑪的最後一個字】拉得很長，直到斷氣為止。[25]

十字軍東征期間，這類殉道故事在德國又掀起更大的風潮。所羅門・巴爾・辛姆森（Solomon bar Simson）的《編年史》就是一例，描寫了一〇九六年美茵茲的殉道者犧牲自我的故事：

> 聖約的人看見天上敕令已頒布，敵人已擊敗他們、正進入庭院的時候，他們全都一起對天父呼喊——

年長的和年幼的、少女和孩童、男僕和女僕都一樣。他們為自己和自己的生命哭泣，宣告天上審判是如此公正，然後對彼此說：「讓我們充滿勇氣，肩負聖令的軛，因為敵人現在只能拿劍殺死我們，而被劍殺死是四種死法中最輕鬆的。然後我們就會得到永生，我們的靈魂將在伊甸園長存，永遠受到發光的大鏡子照耀。」接著，他們齊聲大喊：「我們不需要再耽擱，因為敵人已經到來。讓我們快快在上帝面前獻上自己。有刀子的人應檢查刀子，看看是否完好無缺，接著讓他殺死我們，聖化獨一無二、永恆存在的祂，然後殺死自己——割喉或切腹皆可。」[26]

伊斯蘭教對猶太教的影響非常不一樣，而且不可小覷。從西元一千紀的最後幾百年到中世紀中期，拉比的神學觀、詩詞、律法、甚至是對聖經的詮釋，都會反映出當時伊斯蘭教的趨勢。薩阿迪亞果昂（Saadiah）在《信仰和意見之書》（Book of Beliefs and Opinions）裡，概述了十世紀發生在巴格達的辯論會。這些辯論會的氣氛相對較開放，充滿哲理，但穆斯林指控以斯拉時代的猶太人竄改聖經文本，將上帝擬人化，卻使邁蒙尼德因此禁止這類辯論，因為「他們認為這個妥拉不是上天給予的」。關於一神論這個重要的議題，猶太人和穆斯林有相同的看法，和相信三位一體的基督徒相反。許多猶太思想家都被八世紀開始流行的伊斯蘭經院哲學（kalam）所深深吸引，認為上帝是絕對單一且無實體的，無法被賦予任何屬性，而上帝的公義也是完美的。伊斯蘭哲學融入了許多希臘人的哲學和自然科學元素，尤其是亞里斯多德。住在穆斯林世界（特別是西班牙）、以阿拉伯文寫作的猶太思想家，很多都採納了這種充滿活力的伊斯蘭哲學。他們的著作有很多在十二世紀時由亞伯拉罕・伊本・以斯拉從阿拉伯文翻成希伯來文，因而傳到歐洲其他地區的猶太人手中；亞伯拉罕・伊本・以斯拉自己也是個偉大的聖經評述家、詩人、文法學家、哲學家和天文學家。南法的伊本・提崩（ibn Tibbon）家族在十二與十三世紀時，四代合力將許多阿拉伯著作翻成希伯來文，主題涵蓋哲學、醫學、數學和天文學，當然也有聖經評述。[27]

透過這種方式，伊斯蘭教的哲學思想改變了西元二千紀前半葉的猶太教神學論述，影響的範圍不只伊斯蘭世界，還包括基督教歐洲（第十三章會深入探討）。隨著伊斯蘭教的發展，猶太人也跟著接收新的伊斯蘭宗教觀，比方說：伊斯蘭的神祕主義——蘇非主義。蘇非派希望透過禁慾與上帝神祕合一，並融入許多新柏拉圖主義的概念，對西班牙的巴希亞・伊本・帕庫達（Bahya ibn Pakuda）產生很大的影響。他在十一世紀後半葉完成了虔信的《心之責任》（Duties of the Heart）一書，大量引用蘇非主義的作家：

> 特殊禁慾應該如何定義，遵循妥拉的人對此又有什麼需要？關於定義，學者意見分歧。有人說，特殊禁慾就是要棄絕一切會干擾一個人、【把一個人】拉離上帝【服務】的東西。也有人說，這意思是要厭惡世界，削減欲望。也有人說，禁慾就是靈魂的平靜，要控制靈魂的思緒，不接近那些只能滿足無益幻想的東西。也有人說，禁慾就是信任上帝。也有人說，這意思是要限制自己的衣著，能做到得體的最小限度即可，食物也只吃讓自己不再飢餓的分量就好，然後其他一切全都拋棄。也有人說，這意思是要拋棄對人類的情感，喜愛獨處。也有人說，禁慾就是感恩自己得到的好處、耐心承受考驗。也有人說，禁慾就是不讓自己放鬆或是得到肉體的愉悅，只滿足自己生存所必需的自然需求，然後將其他一切排除在腦海外。最後這個定義比上面所列出的其他定義都還要符合妥拉所教導的禁慾。

猶太人和穆斯林的另一個共同點，就是在先知以西結忌日時，到他傳說中的墓地進行朝拜：

> 以西結的墓穴上方會有一盞燈日夜燃燒；自從他點燃後，此燈就一直燃燒著，他們持續更換燭芯，補

充新油，直至今日。一間很大的聖所放滿了書，有些是來自第一聖殿的時代……從波斯和米底亞前來祈禱的猶太人帶著家鄉的同胞要獻給先知以西結猶太會堂的錢……知名的穆罕默德信徒也會前來祈禱，因為他們非常鍾愛先知以西結……[28]

但，西元七〇年耶路撒冷被毀之後，拉班約卡南・本・撒該和一群拉比智者在猶地亞臨地中海的海岸平原小鎮亞夫內會面時，還沒有人知道猶太教會有什麼樣的未來，而伊斯蘭教、基督教和其他宗教信仰所造成的影響還很遙遠。

11
東方拉比（70–1000 CE）

> **拉比猶大以拉比之名說：「摩西升天後，發現聖者（讚美祂）正忙著將王冠形裝飾加到字母上。」摩西說：「宇宙之主，誰讓祢的手靜止？」祂回答：「許多世代之後，將出現一個人，名叫阿基瓦・本・約瑟，他會解釋律法的每一個句子。」摩西說：「宇宙之主，請讓我見他。」祂回答：「轉身。」摩西走到八排座位後坐下【，聆聽律法的說明】。他沒辦法跟上他們的辯論，因此不太自在。後來，他們遇到某個主題，學生對老師說：「您怎麼知道？」老師回答：「這是在西奈山上交給摩西的律法。」於是他就放心了。他回到聖者（讚美祂）身邊，說：「宇宙之主，祢有一個很棒的人，祢透過我傳授妥拉！」祂回答：「安靜，這是我的命令。」摩西接著說：「宇宙之主，祢已經給我看了妥拉，現在請給我看他的獎勵。」祂說：「轉身」；摩西轉身，看見他們在市場攤販秤他的肉。摩西喊道：「宇宙之主，多棒的妥拉，多棒的獎勵！」祂回答：「安靜，這是我的命令。」**

從這則出自《巴比倫塔木德》的傳說可以看出，六世紀美索不達米亞的拉比十分清楚自己所信奉、傳授的猶太教是從聖經演變而來的。他們相信，聖經是從摩西手中傳遞下來，並對自己致力研究妥拉的行為感到光榮。但，也是因為這樣的全心奉獻，才導致阿基瓦在數百年前殉道，死得悽慘無比。上面這則故事的場景會設在坐滿了一排排學生的學院裡，並不是巧合。拉比猶太教是智者創造的，也是為了智者所創造，而我們在第七章便看到，早在西元七〇年以前，學習就是他們的特色。01

因為他們致力於學習，於是有大量的著作在西元一千紀問世。前面已經引用不少在三世紀的坦拿時期完成的拉比彙編著作，像是《米示拿》和《陀瑟他》，以及有關《出埃及記》、《利未記》和《申命記》的解經評述作品，因為這些著作記錄了西元七〇年以前的重要資訊（見第二章）。《米示拿》分成六部分（sedarim），全部共有六十三篇文章。這六個部分是：和農業律法有關的「種子篇」（zeraim）；和節慶律法有關的「慶典篇」（mo'ed）；探討女性身分如何影響男性（訂婚、結婚、離婚相關的律法）的「婦女篇」（nashim）；收錄了民法和刑法的「損害篇」（nezikin）；主要涵蓋了聖殿供品相關規範的「聖物篇」（kodashim）；和污染以及污染如何傳遞有關的「潔淨篇」（tohorot）。大部分的文章會在起頭的地方探索某一條聖經律法的意涵。例如，第一篇文章〈祝禱〉（berachot）描述的是示瑪應該在早晚的什麼時間誦唸，又該如何誦唸。但，這些文章的形式並不是一種解經：每篇文章的開頭不會引述相關的經文，而是預設經文本來就存在。此外，有幾篇文章探討的主題甚至沒有聖經基礎，如〈婚姻契約〉（ketubot）。《陀瑟他》（「增補」之意）的架構、語氣、內容和篇幅跟《米示拿》非常像，但和《米示拿》不同的是，它沒有明顯被編輯過的痕跡。《陀瑟他》收錄了沒有出現在《米示拿》的坦拿材料，有時是獨立保留下來的，有時是用來補充和《米示拿》相對應的討論內容。

這些著作的篇幅和規模跟《巴比倫塔木德》一比，簡直是小巫見大巫。《巴比倫塔木德》彙編了大量的法規、道德言論、聖經詮釋、儀式規範、禮儀規矩、社會評述、故事和教訓，還有許多性質迥然不同的元素，包括天文學、占星術、巫術和醫藥。《巴比倫塔木德》對《米示拿》做了擴充評述（稱作「革馬拉」〔gemara〕，意為「完整」），主要是收錄阿摩拉（意為「講者」和「詮釋者」，是生存在西元二〇〇年到五〇〇年左右的巴比倫和巴勒斯坦拉比）的言論，但也有收《米示拿》和《陀瑟他》都沒有記錄的坦拿拉比教誨。這些評述大約是在西元六〇〇年彙編完成，目的是要讓人了解，如果用恰當的方式解讀，《米示拿》裡那些看似重複累贅的言論其實都是不可或缺的。因此，有些解釋有時反而會顯得牽強，因為某個意見若說是某位拉比所發表的，在其他地方也得說是這位拉比發表的，才會前後一致。《巴比倫塔木德》是近古時期篇幅最長的文學作品：今日最常被使用的版本首次在十九世紀的立陶宛維爾紐斯出版，總共超過六千兩百頁。

同樣在這個時期完成的拉比彙編著作還有：可能是在四世紀寫成的《巴勒斯坦塔木德》，其內容與架構和《巴比倫塔木德》相似，但形式沒有那麼優美，辯證也較少；四世紀和六世紀的巴勒斯坦有一些論述型的聖經評論（即米大示），可能是設計來在會堂講道用的。此外，拉比也留下了一些神祕文本，例如：天殿文學（the Hekhalot literature）講述的是神祕主義者通過七層天界升到上帝寶座的故事；七到九世紀寫成的米大示著作《阿基瓦字母》（Alphabet of Akiva）則是用神祕主義和末世論的角度探索希伯來字母；《神體測量》（Shiur Komah）可能和《阿基瓦字母》來自同一個時期，有數個不同的版本，以極其誇大的方式描述上帝的體積，試圖傳達出上帝的宏偉：「祂的腳底佔滿整座宇宙，因為經上有說：『主如此說……地是我的腳凳。』祂的腳底……高三千萬【帕勒桑】Ⓐ。」[02]

一千紀的最後幾個世紀也留下了許多巴比倫拉比學院的領袖所寫的「答文」（responsa）以及八世紀時來自沙拔的拉比阿哈（Rav Aha' of Shabha）所寫的教訓問答。《大哈拉卡》（Halakhot Gedolot）在九世紀成書，匯集了六世紀中葉到彙編者生存年代之間的眾多拉比所寫的律法答文。暗蘭・巴爾・謝什納（Amram

Ⓐ譯注：古代波斯使用的距離單位。

bar Sheshna）的禱告書也來自這個時期，收錄了禮儀文本和哈拉卡（即律法）規定。一世紀後，謝里拉果昂（Sherira）留下一封很了不起的信。他在九八六～七年致信凱魯萬的猶太人，說明被當時的整個猶太世界視為權威教誨的大量拉比文本究竟是如何問世的。[03]

謝里拉果昂寫信給凱魯萬的猶太人時所提到的那些著作，全都已經有書面的形式了。然而，西元三世紀的拉比明確地把自己的教誨稱作「口語妥拉」，和書面的聖經妥拉相對。拉比運動強大的口傳傳統，使這些文本好幾個世紀都沒有被書寫成文字。因此，我們對於這些著作的認識，幾乎都是來自西元一〇〇〇年後在歐洲抄寫下來的手稿。《巴比倫塔木德》的完整手稿最早是在十二世紀完成，《巴勒斯坦塔木德》則是十三世紀。但，這些文本的部分內容肯定在更早的時候就已經存在，因為在巴勒斯坦貝特謝安附近的雷霍夫（Rehov）所出土的六世紀猶太會堂裡，便有一些馬賽克記錄了《申命記註釋》關於以色列地劃界的內容，而開羅的貯藏室也找到了大量出自兩個版本《塔木德》的片段，有些甚至可追溯至八世紀。但，這並不表示現存的完整手稿在中世紀沒有經過修改。畢竟，這些手稿是被當成宗教文本抄寫下來的，在中世紀活躍的拉比文化裡仍然意義重大。例如，有些文本講到坦拿拉比的神祕經驗，這就可能是假造的，是中世紀在德國抄寫這些文本的拉比為了證明自己的神祕想像所偽造出來的。

在謝里拉的時代，拉比已經開始在正式的學術機構進行討論，並在以知識和權威劃分高低階級的傳統架構中運作。就連無法把全部時間投注在學院、大部分的時候都必須自學的猶太人，也展現出熱情的支持與景仰。十世紀的一位巴比倫編年史家拿單說到這些在家自學的學生時，提到了一種特殊的定期共學堂

（不知為何被稱作「新娘」〔kallah〕）：

> **到了新娘的月份，他們會從各地過來齊聚一堂；夏天的新娘月是以祿月，冬天則是亞達月。【從前一次新娘到現在的】五個月期間，每位學生都在家中認真研讀學院領袖上次離去前宣布要學習的文章。在亞達月時，他會說：「我們在以祿月將學習某某文章。」同樣地，在以祿月時，他會對他們宣布：「我們在亞達月將學習某某文章。」亞達月和以祿月時，他們全都會過來，坐在猶太學院的領袖面前，學院的領袖會檢查他們的學習成果，測試他們。他們坐的次序是這樣……**

在拿單的時代，巴比倫的蘇拉（Sura）和帕姆畢迪塔（Pumbedita）這兩個學院的領袖早已被拉比世界的猶太人當成是最高的權威。至少從七世紀開始，他們就被冠上正式的尊稱「果昂」，意思是「閣下」。這些學者任職學院領袖時，通常年紀都很大了：擔任這個角色的先決條件是要對《塔木德》有絕佳的了解，因此大部分的人都會花上一輩子的時間，從學院裡較低階的職位慢慢往上爬後，才來到這個位子。他們對世界各地的拉比猶太人有很大的宗教威信，但對全體巴比倫猶太人也發揮了不小的世俗影響。謝里拉等拉比領袖相信，自己隸屬的傳統可以不間斷地回溯到好幾個世紀以前，因此他們很容易會認為，一世紀末的拉比學院就和他們這個年代的偉大機構相差不遠。但事實上，這九百年間發生了許多變化。[04]

謝里拉意識到，他所繼承下來的傳統在這數世紀以來其實經歷了許多改變，至少他和同時代的人都假定，早期的拉比較後來的拉比握有更大的權威。因此，在坦拿時期創作《米示拿》的那些拉比，地位較三世紀到六世紀之間教誨被記錄在《塔木德》的阿摩拉還高。至於那些在八世紀將塔木德的文本進行最後一次編輯的薩佛拉（savora，意為「闡述者」），在謝里拉的時代則被認為地位非常低，低到他們留下的教誨大部分都是匿名的。對現代的學者而言，薩佛拉的角色仍舊模糊不清，即便我們可以肯定，較早期的拉比在《巴比倫塔木德》留下來的討論顯然曾被權力不小的人編輯過。許多討論在結尾的地方都有一個匿名的聲音（stam）留下評語，不是給爭論的議題下定論，就是宣布「放著不管」（teyku），表示問題尚未解決（這是常有的狀況）。奇怪的是，《巴比倫塔木德》對後來的拉比猶太教那麼重要，但文本本身卻沒有點出這個聲音是誰的，而後繼的拉比世代顯然也不知道那是何方神聖。05

謝里拉還發現，這些拉比傳統的重鎮全都位在美索不達米亞和地中海東岸的猶太聚落，特別是巴勒斯坦。一千紀前半葉問世的拉比文本所提到的猶太生活，反映的地理範圍其實只包括以色列地、巴比倫和「敘利亞」（巴勒斯坦北部一個定義不清的地區）。拉比對地中海講希臘語的猶太社群（見第十二章）沒興趣，更遙遠的衣索比亞或印度就更不用提了。巴比倫的拉比有時會顯露出對家園的熱愛，認為因為自己所屬的社群致力追求學問，使當地散發一種宗教氛圍。然而，這些拉比（和所有的猶太人）會對以色列地另眼相待，其實是因為聖經早在人們心中建立起「以色列地具有特殊地位」的觀念。

聖殿雖然已經不在，但拉比仍認為世界上最神聖的地方就是至聖所。以色列地的其他地方雖然不像聖殿或聖城耶路撒冷那麼神聖，但就神聖性來說還是遠遠超過世界上其他地方，尤其是因為，許多宗教義務只有在這個地區才會實施，如繳納農作物什一稅。拉比曾針對住在以色列地該不該算是一種宗教義務而爭論，雖然巴比倫的拉比顯然自行決定了這個問題的答案，認為某些考量比這個義務更重要，像是：在巴比倫學院可以獲得的學習機會。

拉比也對以色列地確切的界線進行過討論，因為前面曾說到（見第四章），聖經對此並沒有做出清楚的說明。對那些很靠近東界的人——例如雷霍夫的居民——來說，邊界的界定是非常重要的。比如說，他們需要知道哪一塊地在安息年耕作是沒問題的。拉比在西元二世紀到五世紀才慢慢確立了邊界。他們決定

17. 加利利提比里亞溫泉的會堂馬賽克地磚，年代為西元 4 世紀。主圖繪有黃道十二宮（以希伯來文標示），太陽神位在中間的圓圈，而四季則分別畫在四個角落。上圖繪有聖殿，兩側的圖樣為七枝燈檯、棗椰束、公羊角和香灰鏟；下圖以希臘文寫出捐贈者芳名錄，其中包括一位名叫賽弗勒斯的人，來自「顯赫族長」的家族。

19. 這片來自 6 世紀的馬賽克地磚位於加薩的一座猶太會堂。彈奏七弦琴的人物符合典型的奧菲斯形象，但此處的希伯來文卻說這是大衛。

18. 來自巴比倫的魔法銅碗（西元 5 到 6 世紀）。這種碗的內部會寫滿保護咒語，用來倒放在家門口，以抓住魔鬼、阻止他們進入家中。

20. 6 世紀的猶太會堂出土的哈拉卡馬賽克地磚，地點是雷霍夫，靠近拉比定義的以色列地邊界。這則刻文是現存最古老的拉比文獻，內容是有關於雷霍夫周遭地區的安息年實踐方式。

21. 在薩第斯宏偉的 4 世紀猶太會堂（130 公尺 ×20 公尺）發現的大理石桌。這座會堂可能是在 3 世紀晚期時由一個公共建築改建而成，至少使用到 6 世紀，內部空間可以容納一千人。

22. 一名女子芙絲蒂娜（Faustina）的石棺的蓋子，她大約在 3 世紀晚期葬於羅馬。芙絲蒂娜的名字雖然是以希臘文寫成，但是公羊角、七枝燈檯和棗椰束的圖案以及希伯來文「shalom」都點出了她的猶太身分。劇場面具是石棺上常見的裝飾。

23. 邁蒙尼德《密西那妥拉》的親筆稿片段，以草寫的希伯來文寫成，年代約為 1180 年，出土於開羅貯藏室。《密西那妥拉》是第一部系統化的猶太法典。

24. 一份用希伯來文、亞蘭語和猶太阿拉伯語寫成的婚姻契約，締結婚姻的兩方分別是一名卡拉派女子和一名拉比派男子，書寫年代是西元 1082 年，地點應為開羅。契約上寫有特殊條款，聲明新郎不可強迫新娘放棄卡拉派的原則，新娘也要和丈夫一起遵守拉比派的節日。

25. 14 世紀時建於托雷多的埃爾特蘭西托猶太會堂。其高度與宏偉有別於一般的會堂，反映了創立者撒母耳 · 哈利未 · 阿布拉菲亞在卡斯提爾的政治影響力。後方的大教堂是在前一個世紀建成，位址就在接鄰猶太區的一座清真寺上。猶太人、基督徒和穆斯林在這座城市裡比鄰而居。

26. 埃爾特蘭西托猶太會堂內部的灰泥藝術，上面刻有希伯來文。繁複的室內裝飾是受到伊斯蘭藝術風格的強烈影響。

27.（上圖）布拉格的老新猶太會堂在1270 年建成，為哥德式風格的建築，至今仍在運作，其壯觀的外表證明了這座城市的猶太人具有很大的重要性。

28.（右圖）埃米利 · 皮耶 · 喬瑟夫 · 德 · 寇威爾（Emile Pierre Joseph de Cauwer，1828–73）所畫的位於柏林中區奧拉寧堡大街上的新猶太會堂。這座摩爾風格的會堂大到可容納 3 千人，1866 年落成時俾斯麥也到場觀禮。

29. 由不明荷蘭畫家所畫的阿姆斯特丹葡萄牙猶太會堂。這座會堂建於 1675 年，是這座城市最大的建築物之一。

30. 倫敦的貝維斯馬克斯猶太會堂建於 1701 年，由西葡猶太社群使用，建築風格受到剛建成的阿姆斯特丹葡萄牙猶太會堂以及當時英國非國教教徒的禮拜堂所影響。

31.（右圖）塞拉耶佛哈加達裡的逾越節晚宴插圖。這份手稿來自 14 世紀中葉，有非常精美的插圖。

32.（下圖）丹尼爾．邦伯格 1519 年在威尼斯印刷的《巴比倫塔木德》，圖中顯示的是 b. Meilah 20a-21a 的內容。在中間的部分，《米示拿》後面接了革馬拉（即阿摩拉的討論），而環繞四周的則是用較不正式的字體（「辣什」）寫成的中世紀評述。這個格式是由邦伯格所發明，後來成為印刷《塔木德》的標準形式。

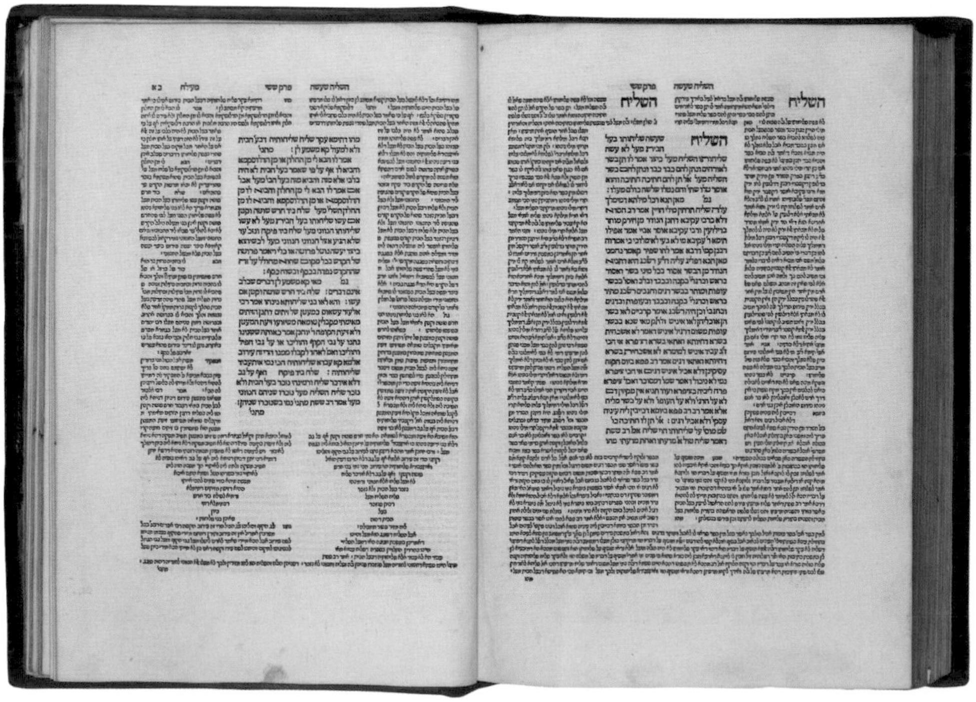

的分界準則有一部分是以《民數記》的描述為基礎,有一部分是以當時的人口分布為依據。因此,靠近邊界的地區如果出現人口混居的狀況(如凱撒利亞),其人口必須以猶太人為多數,才會被認為屬於以色列地的一部分。06

亞夫內位於猶地亞首府凱撒利亞的南邊,是海岸平原上的一座小鎮。西元七〇年後,在戰爭中倖存下來的拉比智者有一群人定居於此,由拉班約卡南・本・撒該領導,繼續進行研究。這個小型學術團體會在房屋較高的樓層或鴿舍附近的葡萄園聚會,自成一個法庭。我們不知道有多少猶太人認真對待之,但在接下來的幾十年間,這個團體很有可能是因為拉班迦瑪列二世的權力變大,所以影響力也跟著增加;這位迦瑪列二世就是曾教導聖保羅的那位迦瑪列的孫子。

早期的拉比學院其實就是一群門生跟隨一位導師所形成的圈子,如此而已,不算是正式的機構。但在裁定律法議題時,這些智者應該是依照自己想像中聖殿未被摧毀前的猶太法庭程序來運作:

> 出庭人員在禾場排成半圓形,方便互相看到彼此。他們面前站了兩位法官的文士,一個在右、一個在左,記下那些傾向宣判無罪的人所說的話,以及那些傾向判決有罪的人所說的話。猶大拉比說:「有三位文士才對:一位記下那些傾向宣判無罪的人所說的話,一位記下那些傾向判決有罪的人所說的話,第三位記下傾向宣判無罪的人以及傾向判決有罪的人所說的話。他們面前坐了三排智者的門生,每一個人都知道自己適切的位置。」

就和西元七〇年以前的智者學院一樣,這些小學院也理所當然地認為,困難的議題要用投票的方式來表決：

他們只在很大的地方投票，而且只在有人聽過某個傳統的基礎上才投票。【如果】有人以自己聽過的傳統的名義說話，而其他人說：「我們沒有聽過這個。」這樣的話，他們就不起立表決。但是，如果一個人禁止、一個人允許，一個人說這是不潔的、一個人說這是潔淨的，而所有人都說：「關於這個議題，我們沒有聽過相關的傳統。」這樣的話，他們就會起身表決。07

西元二世紀初期，一些智者從亞夫內遷移到不遠處的盧德（Lydda），後來在一三二～五年星星之子戰爭過後，遷到下加利利的烏夏（Usha），然後又移動到更東邊的提比里亞和西弗利斯。早期的傳統有記錄哪個拉比傳承了哪位導師的教誨，因此從這些資訊可推測出智者之間的關係。除此之外，偶爾也可以從一些故事來進行推論，像是之後被收進逾越節哈加達的這段出自《米示拿》的敘述：「據說拉比以利以謝、拉比約書亞、拉比以利亞撒・本・阿匝黎雅、拉比阿基瓦和拉比塔馮有一次在貝內貝拉克共進逾越節晚宴，徹夜講述出埃及的故事，直到他們的門生過來跟他們說：『老師！誦唸早晨示瑪的時間到了！』」08

在巴勒斯坦，拉比的教學活動可能在四世紀《巴勒斯坦塔木德》的最終版本完成前，都是以這種小型團體的形式存在。這種師徒圈是古代哲學學院的標準型態，而基於這種團體非正式的性質，拜占庭時期的巴勒斯坦各地才因此出現自己的拉比學習中心。比方說，在三世紀的凱撒利亞，何沙雅拉比身邊便聚集了一群門生。凱撒利亞的智者和加利利的智者比起來，較容易受到巴勒斯坦非猶太族群的影響，因為在加利，幾乎所有的人口都是猶太人。何沙雅住在凱撒利亞的時間和基督教神學家奧利振差不多，因此兩個人有可能往來過，但奧利振的思想似乎沒有對他產生直接的影響。09

第七章已說過，西元二到五世紀時，基督徒受到猶太教的影響比猶太人受到基督教的影響還大，因為基督徒正努力建立自己的神學基礎，釐清舊約聖經在基督神學中扮演的角色。但，基督教可能還是有間接影響到巴勒斯坦的拉比。《巴勒斯坦塔木德》沒有提到四世紀中葉以後的巴勒斯坦阿摩拉（不像《巴比倫塔木德》裡的阿摩拉是在六世紀才消失），而且文本顯然也沒有經過編輯。這可能是因為，當地的拉比學院在基督教羅馬帝國境內活動，所以受到了壓力與束縛。然而，這種說法和猶太社群的繁榮興旺卻又有所衝突：近幾十年來，專家找到許多五世紀和六世紀的巴勒斯坦猶太會堂，發現裡面有精美的馬賽克地磚，顯示猶太人有足夠的財富花錢請人製作這些工藝品（見第十章）。因此，巴勒斯坦的猶太人在五世紀和六世紀之所以與主流的基督文化維持著微妙的關係，更有可能是因為和巴比倫的拉比相較之下，巴勒斯坦的拉比花更多心力在鑽研聖經。這使得五世紀（可能還有六世紀）出現了很多拉比針對聖經故事所撰寫的評述（米大示），如《大創世記》（應是在西元五世紀完成）和《大利未記》。《雅歌》、《路得記》、《耶利米哀歌》、《傳道書》和《以斯帖記》的米大示似乎全都是在五到七世紀的巴勒斯坦編纂完成的。

三世紀初期，巴勒斯坦的拉比猶太人已經將團體領袖幾乎當成是猶太社群的君王。《米示拿》的編纂者猶大・哈拿西拉比是第一個被後世傳統賦予「拿西」這個永久頭銜的智者；拿西的意思是「君主」。在這之前，拉比運動的權威人物（如拉班迦瑪列二世）是否也擁有這樣的頭銜或在猶太社會中扮演類似的角色，我們不能確定，但是拉比記錄了許多三世紀的拿西，而羅馬的法律文獻也有記載這些猶太社會的宗教人物（希臘文是「ethnarches」，拉丁文則是「patriarcha」），一直記到五世紀前半葉。

加利利的提比利亞溫泉（Hammat Tiberias）猶太會堂有一片非凡的馬賽克，描繪被黃道十二宮的符號圍繞著的太陽神。根據馬賽克上的刻字，這是一個拿西家族的成員在四世紀晚期製作的。那時，拿西無論在猶太社會或整個帝國都已經是地位很高的人物了。但到了四世紀時，拉比文獻沒再提及拿西這個角色，因此坐到這個位子的人可能和拉比運動的關聯已經沒有這麼密切，比較喜歡強調自己是希列的後裔（可能是假的）或大衛的後裔（絕對是假的）。從提比利亞溫泉的猶太會堂可以知道，這座城市在四世紀時發展成熟，只是規模相對小，沒有異教神壇，不像位於加利利海以南的希索波利斯（拉比稱之貝特謝安）那麼龐大，有劇院和音樂廳，也不像地中海沿岸的首府凱撒利亞，有各種競技場和總督府。拉比文獻也有記載在這些城市活動的巴勒斯坦拉比，但是加利利的拉比運動總是帶有某種鄉土氣息。五世紀和六世紀有關拉比的銘刻有很多也是來自加利利的鄉下地區，或像是戈蘭高地的達布拉（Dabburra）這樣的地方。[10]

《巴比倫塔木德》描述西元七〇年後的一百年間在巴勒斯坦興起的拉比運動時，說到星星之子叛變過後，有一位名叫猶大・本・巴巴拉比（R. Judah b. Baba）的智者任命自己的門生為拉比，將威信傳給他們，進而讓猶太教得以存續。這位智者最後也在羅馬人手中殉道：

單獨一人不能任命拉比嗎？拉比猶大不是曾經以拉比之名說道：「願此人被記住，得到頌讚——他的名字是猶大・本・巴巴拉比……猶大・本・巴巴拉比做了什麼事？他坐在兩座大山之間，就在兩座大城之間；在烏夏和謝法阿姆兩座城市的安息日界線之間。他在那裡任命五位長者，即：拉比梅爾、拉比猶大、拉比西緬、拉比猶瑟和拉比以利以謝・本・夏穆雅。」

《巴比倫塔木德》記載了另一個傳統，那就是猶大・哈拿西的時代（三世紀初）曾頒布一條命令，規定只有像這樣受到正規任命的拉比才能做出和宗教律法相關的裁決，純粹的儀式律法也包含在內。然而，《巴勒斯坦塔木德》雖然有寫到，巴勒斯坦的法官應由族長指派，三世紀的拉比也堅持這必須要符合法庭的規範，但在巴勒斯坦的文獻中卻很難找到這種明確的拉比權威概念。連在巴比倫，最早出現的師徒圈

（即三世紀以阿爸・巴爾・艾威〔又被稱作拉維〕和撒母耳為師的團體）似乎也非常不正式。因此，《巴比倫塔木德》的觀點反映的可能是之後幾個世紀在巴比倫藩王的影響下所出現的趨勢。那時，藩王的權威已變成指派法官的必要條件：「拉維說：『如果有人希望自行決定財政問題，免除錯誤的決定帶來的債務，都應該獲得藩王的批准。』」[11]

在薩珊時期（《塔木德》此時尚未完成），拉比學院的規模和聲譽開始成長，巴比倫藩王做為政界的權威人物，有時會和拉比學院的領袖產生分歧意見。拉維在蘇拉創立學院，後來以各種不同的型態存續了將近八百年之久，直到十一世紀中葉。撒母耳在納哈底亞創建的學院在三世紀中葉被迫搬遷，但自認繼承了內哈迪雅的帕姆畢迪塔學院後來則和蘇拉學院一樣，整個一千紀都沒有消失（但大約在西元九〇〇年時遷到了巴格達）。這個學院的智者（特別是拉巴・巴爾・納瑪尼、尤瑟夫・本・希雅、阿拔葉和拉瓦）在四世紀時經常被《巴比倫塔木德》提及，他們的教誨和討論內容組成了這部作品。關於這些學院所在的城市以及當地的猶太生活，我們大部分是從《巴比倫塔木德》獲悉的。帕姆畢迪塔位於巴比倫北部的幼發拉底河河岸，擁有縱橫交錯的運河，氣候非常適合發展農業，尤其是椰棗和亞麻，另外也連接了通往敘利亞的商隊行經路線，使這座城市也因為國際貿易而知名；蘇拉在更南邊，以葡萄和穀物聞名，自成一個由工匠和小商人組成的繁忙世界。

這些學院發揮了很大的影響力，而且範圍遠超出自己的所在地，前面提過的拉比謝里拉果昂（十世紀時擔任帕姆畢迪塔學院的院長）和他寫的那封信便是一例。然而，這些學院在教育和文本產出方面的成功卻導致他們在西元一千紀的最後幾世紀威信遭到削弱，因為其他地方也冒出了新的拉比學術中心。在七世紀中葉的伊斯蘭世界，猶太人可以到各地旅行，因此巴比倫的傑出學者在八世紀前就已定居在突尼西亞的凱魯萬。到了十世紀，凱魯萬學院和埃及、義大利、巴勒斯坦的學者也已經有密切往來。九世紀蘇拉學院的果昂納特羅奈曾提到位於西班牙哥多華省盧塞納的拉比學院。我們對這個學院的了解很少，但在十世紀，來自義大利南部的摩西・本・哈諾卡被指派為哥多華的拉比。摩西・本・哈諾卡獲得猶太政治人物哈斯代・伊本・沙普魯特（他對伍麥亞哈里發的影響力很大）的幫助，打破西班牙學者對巴比倫拉比權威的依賴。

兩百年後，西班牙哲學家亞伯拉罕・伊本・陶德在著作《傳統之書》（Sefer haKabbalah，敘述從聖經人物摩西到他的時代之間不曾間斷的拉比傳統）中講到一個和摩西・本・哈諾卡有關的傳說。根據這則傳說，十世紀時，包括摩西・本・哈諾卡在內的四個拉比從義大利巴利出航，後來被穆斯林抓走。他們最後被不同的猶太社群贖身，因此在這些地方創立了偉大的學院：

> 有一隻船隊在西班牙穆斯林國王的差遣下，離開了哥多華，船長名叫伊本・魯瑪希斯……這支龐大的船隊出發去擄掠基督徒的船隻和靠近海岸的城鎮。他們最遠航行到巴勒斯坦的海岸，並在希臘海及其小島之間穿梭。他們【在這裡】碰到一艘載著四位偉大學者的船，正從巴利往一個名叫瑟法斯汀的城市去，參加新娘月的大會。伊本・魯瑪希斯搶下這艘船，劫持了智者……智者沒有告訴任何人他們的身分或他們知道的事。船長在埃及的亞歷山卓賣掉示瑪利亞拉比；【示瑪利亞拉比】來到福斯塔特，成為【學院】的領袖。接著，他在伊夫里基亞的海岸賣掉胡希爾拉比。後者來到凱魯萬這座在當時馬格里布所有穆斯林城市中最宏偉的城市，成為【學院】的領袖，生下兒子拉比哈那內爾。接著，船長來到哥多華，把摩西拉比和哈諾克拉比一起賣了。

這則傳說雖然是虛構的，但它顯示，數世紀後巴比倫的權威式微時，猶太人需要為非洲和西班牙的學院日益重要的地位提出解釋。[12]

在西元一千紀的最後三百年間，巴勒斯坦地區的學院比巴比倫的威信還要低弱。但是，第十章曾談到，提比里亞有一群地位特殊的馬所拉學者，因為擅長保留母音標註、重音、分節、拼寫和抄寫規範等相關傳統，因此塑造了聖經最終的樣貌。馬所拉學者從一千紀中葉開始進行這類學術工作，持續了五百年左右，活動地點主要是在巴勒斯坦。提比里亞學院的名望和其中一個學術家族的影響力有很大的關係。亞倫・本・摩希・本・亞設在西元十世紀完成了後世的標準聖經文本，那套儀式誦唸用的母音和重音系統，之後成為手稿（後來則是印刷版本）的基準。他是從事這項工作的學術家族的第五代成員。他們顯然不只是把前代人的觀點抄下來而已，因為亞倫的父親摩希西元八九七年時在提比里亞抄寫的先知書文本（存放在開羅的卡拉猶太會堂裡）就有很多母音和重音跟亞倫喜歡使用的不一樣。

從六世紀之後的某個時期開始（可能晚至九世紀），耶路撒冷和拉姆拉取代提比里亞，成為拉比的學術重鎮。然而，和提比里亞學院之間的連結顯然是非常重要的。在一〇五一到一〇六二年間擔任耶路撒冷學院院長的但以理・本・阿扎賴亞便在一封信上署名「提比里亞的拿西兼果昂」，後在開羅貯藏室出土。但以理是一位巴比倫藩王的後裔，因此被認為來自大衛家族。然而，舊開羅的巴勒斯坦猶太會眾之所以尊稱他為「以色列之光、雅各殿下的學院領袖兼偉大君王」，比較是因為他的血統，而不是因為他隸屬的拉比學院有多大的權威。[13]

拉比的學問基本上是在一千紀末以後才從巴勒斯坦傳到義大利和歐洲更北部的地區，但德國有幾份中世紀的猶太文獻都提到了一則故事，說在西元九一七年時，有一個「卡爾王」（應該是在說查理曼大帝，但是這時候他早就過世了）將擅長拉比文學的卡洛力穆斯家族從義大利北部的盧卡帶到美茵茲，顯示這時期的盧卡已經對拉比學術有所認識。卡洛力穆斯・本・摩西拉比十一世紀定居盧卡前，據說曾在羅馬教書，地點應該是當地的猶太學校，因為在這個時期的羅馬，這間學校是傳授塔木德知識的中心。這時，在羅馬研究猶太教顯然是使用希伯來文和亞蘭語，而不是希臘文，至少在拉比學術圈是如此。相較之下，十一世紀後對拉比猶太教的發展產生極大影響的德國和法國拉比學院在十世紀時還處於萌芽階段，是後來在拉比革舜・本・猶大（逝世於西元一〇二八年）的影響下，美茵茲學院才成為歐洲北部研究塔木德思想的中心。[14]

到了西元一千紀末期，拉比社會已發展出一套社會控制的規範，特別是絕罰（herem）。從原始的聖經意義來看，以絕罰懲罰一個人是為了要招致這個人的毀滅，但在拉比猶太教裡，絕罰指的是拉比法庭下令驅逐或禁絕那些被認為違反了團體規範的人。拉比猶太教的擴張使得遠方的拉比也跟著有了權威，而頒布禁令的權力於是也擴散到其他地方。拉比革舜・本・猶大所頒布的兩項禁令便顯示，拉比的權威在一千紀末期已出現分裂。一方面，法庭禁令（herem bet din）讓當地的法庭可以對經過某個社群的任何人施行權威：「如果有人經過一個有法庭禁令的社群，並在有適當目擊者在場的情況下被傳喚到法庭，即便他人在市集，禁令都可以施加在他身上，直到他上法庭為自己抗辯為止。」另一方面，我們在第十章曾說到，禁止一夫多妻的禁令（傳統上認為這也是拉比革舜頒布的，但有可能是錯的）在德國和法國的猶太社群中被認為具有權威性，但卻被伊斯蘭世界的猶太人所忽視。[15]

從約卡南・本・撒該到拉比革舜，拉比論述的主題和模式在這一千年間出現了很大的變化。拉比學院付出極大的心力，希望釐清當初從聖經和習俗衍生而出的律法及其枝微末節。要回溯哈拉卡論述世世代代的發展歷程是很困難的，因為塔木德相關文獻常常會根據某位拉比對於某些主題的已知觀點，設想這位拉比若遇到後代所面臨的其他議題時，會採取什麼樣的看法。然而，還是可以看得出特定時期的議論概況，也可以發現，拉比討論的主題大部分都是來自學院內部對邏輯和精準的熱忱，而不是為了對外界施加的壓力做出回應。

拉比學者釐清律法時，所使用的解經方法是依循一套最晚在三世紀就已系統化的原則。這些原則非常複雜：

任何包含在通用說法裡且為了教導【某件事】而被指明的事物，教導的不只有這個事物本身，也教導包含在通用說法裡的一切……任何包含在通用說法裡且被指明為和另一個符合通用說法的要求有關的要求，會被如此指明是為了讓【第一個要求】不那麼嚴厲，而不是讓它更嚴厲……任何包含在通用說法裡且被當成通用說法的要求來指明的，而且被指明為和另一個不符通用說法的要求有關的要求，會被指明，可能是為了讓它更嚴厲，也可能是讓它更不嚴厲……長者希列在貝希拉的長者面前解釋七種方法。更強而有力的理由，以及類推，以及兩句經文，以及通用說法和特定說法，以及在另一個地方和它相似的，以及從上下文解釋的。

像這樣的列表（摘錄自《利未記註釋》）在古代的拉比學術圈內被精煉、擴充了許多倍，顯示出拉比詮釋者擁有高度的方法意識，每位智者都願意去尋求精準的手段，以達到在他們看來最佳的宗教成果，在生活中實踐。這些列表反映了（而不是造就了）制訂律法的實際過程。列表和實行詮釋的做法之間，關係很複雜。有些原則雖然在所有的列表中都找得到，卻很少實際運用；至於某些富有想像力的方法，拉比似乎也有不言而喻的默契，認為它們雖然適合用來詮釋敘事，但在詮釋律法文本時則應避免。

會採取引證經文的方法，通常是為了支持已使用其他方式帶出的律法觀點。因此，我們最好將坦拿時期米大示（《出埃及記》、《利未記》、《民數記》和《申命記》的詮釋著作）的內涵這樣理解：使用經文來支持以律法邏輯為驗證基礎的個別論述。比方說下面這個例子：

為什麼會說「若火冒出……」這段經文？即使沒有這段經文，我也能推論出來：既然他必須為他擁有的東西所造成的損害負責，難道他不該為自己造成的損害負責？那麼，如果我成功用邏輯推論出這個道理，為什麼還需要說：「若火冒出……」？原因很簡單：聖經宣布，在妥拉提到的所有損害責任歸屬問題上，被迫做出某個行為的人和憑著自我意志做出行為的人是一樣的，無心做出某個行為的人和故意做出行為的人是一樣的，女人和男人是一樣的。

為了達到這個目的，讓一個字脫離其原本在聖經上下文產生的意義，是完全正當的：

上帝的律法不是說了要「以眼還眼」？為什麼不照字面的意思解釋成【將施害者的】眼睛【挖出來】？——別讓這種想法進入你的內心，因為曾有這樣教導過：你或許認為，他的眼睛被挖出來，施害者的眼睛就應該被挖出來，或者他的手臂被砍斷，施害者的手臂就應該被砍掉，或者他的腿被打斷，施害者的腿就應該被打斷。【不是這樣的，因為】經上有規定：「打死人的……」「打死牲畜的……」就像在打死牲畜要付出賠償的例子裡一樣，在打死人的例子裡也只要付出賠償。

有時，為了像這樣找出聖經的「真實」意涵，拉比只好「解開聖經密碼」，透過易位構詞或縮寫等方式，讓聖經字詞變成自己所希望的意思。有時候，他們會訴諸「希伯來字母代碼」（gematria，源自希臘文，意思是「幾何」），拆解一個單字的字母，再加總每個字母代表的數值（希伯來文的第一個字母「aleph」代表數值「1」，第二個字母「beth」代表數值「2」，以此類推）：

辛姆萊拉比傳道時說：六百一十三條誡命傳給了摩西，其中有三百六十五條負面的誡命，對應到【一年當中】陽日的數量，另有兩百四十八條正面的誡命，對應到人體部位的數量。漢姆努那拉比說：經上是怎麼寫的？經上是寫：「摩西將律法傳給我們，作為雅各會眾的產業。」「妥拉」若換算成數值，等於六百一十一；「我是」以及「你不可有【別的神】」【也要加上去，因為】我們是【在十誡裡】直接從至高者的口中聽見的。[16]

透過這些方法，再加上世世代代進行的無數次激烈學術辯論，拉比因而創造出非常龐大的詮釋。若沒有真實的案例可供討論，他們就自行想像虛構的情況。有時，他們虛設的情況幾乎不可能發生在現實生活中，因此就連拉比自己也無法接受（編纂者偶爾會在評論中表示問題尚未獲得解決）。下面的討論就是一例，內容說到根據聖經的規定，逾越節時住家不能出現任何有酵餅，但有酵餅卻可能會被老鼠帶進家中：

拉巴問：「若有一隻老鼠嘴裡叼著餅走進來，又有一隻老鼠嘴裡叼著餅走出去，我們應該說，走進來的和走出去的是同一隻，還是可能是不同隻？要是你回答，走進來的和走出去的是同一隻，那若是一隻白老鼠嘴裡叼著餅走進來，一隻黑老鼠嘴裡叼著餅走出去，該怎麼辦？這樣就肯定是不同隻了，或者也有可能是牠從另一隻的嘴裡搶過餅？要是你說，老鼠不會互相搶食物，那若是一隻老鼠嘴裡叼著餅走進來，又有一隻黃鼠狼嘴裡叼著餅走出去，該怎麼辦？黃鼠狼肯定是會搶老鼠嘴裡的食物的，或者也有可能那是不一樣的黃鼠狼，因為如果黃鼠狼從老鼠嘴裡搶過餅，老鼠【現在】不是應該在牠嘴裡？要是你說，黃鼠狼如果從老鼠嘴裡搶過餅，老鼠就應該在牠嘴裡，那若是一隻老鼠嘴裡叼著餅走進來，接著一隻黃鼠狼嘴裡叼著餅和老鼠走出去，該怎麼辦？這樣就肯定是同一隻了，或者也有可能，如果是同一隻，餅應該在老鼠嘴裡；或者也有可能，餅【從老鼠嘴裡】掉出來，因為【老鼠】被嚇到，所以黃鼠狼叼走了餅？」

逗趣歸逗趣，這段文字其實反映了非常真切的擔憂。雖然有義務找到有酵餅不存在的證據，以確保人們是按照妥拉的規定過活，但是也應該設立一個限度。在當時，基督徒（如三世紀的奧利振和四世紀末到五世紀初的奧古斯丁）的作品探討的都是極為抽象的內容，因為受到希臘哲學影響，思考的是上帝本質等神學議題。然而，拉比注重的卻是非常實際的問題，以期在人類的層次上達到神聖。希臘哲學要到薩阿迪亞的時候（塔木德時期早已過去）才會進入拉比傳統，在伊斯蘭文化的影響之下被接納（見下文）。[17]

拉比仰賴的通常是辯論和邏輯，只有偶爾會單獨依靠聖經的權威。但，還是有例外的，例如下面這則關於約卡南・本・撒該的故事（出自阿摩拉彙編著作《拉比卡哈納的章節詮釋》〔Pesikta de-Rab Kahana〕）：

有一位異教徒質問拉班約卡南・本・撒該，說：「你們猶太人做的事情看起來很像巫術。你們抓來一頭母牛，把牠燒死，打成灰燼，然後將灰燼收集起來。如果有人因為接觸屍體而被玷汙，你們就把兩三滴灰燼和水混合，灑在他身上，告訴他：『你變乾淨了！』」拉班約卡南問這位異教徒：「你有沒有被惡靈附身過？」他回答：「沒有。」「你有沒有看過被惡靈附身的人？」異教徒回答：「有。」「那麼你們會對他做什麼？」「我們會拿來一些根莖植物，讓燃燒根莖所產生的煙在他身邊縈繞，把水灑在他身上，直到惡靈退散。」拉班約卡南接著說：「你的耳朵沒聽見你的嘴巴在說什麼嗎？這就跟接觸屍體而被玷汙的人是一樣的，他也是被某個靈所附身，不乾淨的靈。【關於惡靈，】經上說『我也必使這地不再有【假】先知，不再有污穢的靈』」（《撒迦利亞書》13:2）。異教徒離開後，拉班約卡南的門徒說：「老師，你用不可靠的答案打發了那位異教徒，但你會給我們什麼答案呢？」拉班約卡南答道：「我以你們的性命起誓：屍體本身沒有玷汙的力量，灰燼和水的混合物本身也沒有潔淨的力量。真相是，紅母牛的潔淨力量是聖者規定的。聖者說：『我立下這條法規，我頒布這項命令。你不可以違背我的命令。「這是妥拉的規定」』」（《民數記》19:1）。

並不是只有上帝說的話可以在沒有任何立論的情況下發揮絕對的權威，拉比也會賦予自己（或至少賦予拉比之中的領導人物）頒布「命令」（takkanot）的權力，做為妥拉律法的補充。例如，《巴比倫塔木德》便記載，坦拿時期的權威拉比頒布了一項命令（雖然不是所有人都乖乖遵守），規定六歲以上的男孩都必須受教育。[18]

然而，要注意的是，《塔木德》的立論很少是建立在權威之上，決策通常不會被說成是上帝直接干預的結果。《巴比倫塔木德》甚至記載一則故事，特別說明如果遇到律法上的難題時，不可將超自然啟示當作解決的方式：

> 那天，以利以謝拉比把所有想得到的論點都提出來了，但他們還是不接受。他對他們說：「倘若律法認同我，就讓這棵角豆樹證明吧！」此刻，角豆樹被扯到和原本的地方距離一百肘之遠（有些人說是四百肘）。他們反駁道：「角豆樹不能帶來證據。」他又對他們說：「倘若律法認同我，就讓這水流證明

吧！」此刻，水流往後流。他們反駁道：「水流不能帶來證據。」……他對他們說：「倘若律法認同我，就讓天堂證明吧！」此刻，天上的聲音喊道：「律法在每件事上都認同以利以謝拉比，你們為何還跟他爭辯！」約書亞拉比起身喊道：「那不是天堂的聲音。」他的意思是什麼？耶利米拉比說：「妥拉早已在西奈山上被接下，我們不會去管天上的聲音，因為你很久以前就在西奈山上寫下妥拉，說：『人一定要服從多數。』」拿單拉比遇見以利亞，問他：「當稱頌的聖者那個時候做了什麼？」祂【開心地】笑了，答道：「我的子孫們打敗了我，我的子孫們打敗了我。」

在《塔木德》的討論裡，智者普遍不會接受個人的揭示，顯示這則故事中多數人都不認同以利以謝拉比用這種方式來訴求，其實是很正常的。但，關於希列學院和沙買學院之間的爭論，《米示拿》雖然明確表示這個問題尚未解決，《巴比倫塔木德》卻有一個相當值得注意的段落，用所謂「天上的聲音」來判定希列學院是對的：

阿爸拉比以撒母耳之名說：三年來，沙買學院和希列學院之間一直在爭論，前者堅稱：「我們的看法和律法一致」，後者堅持：「我們的看法和律法一致。」然後，天上有個聲音宣布：「雙方【說的】都是上帝的話，但希列學院的判決才是和律法一致的。」

相較之下，書中的其他地方卻表示，拉比帶來改變的能力是非常有限的。《巴勒斯坦塔木德》有一個段落提到，就連以利亞的神蹟也無法改變聖經儀式的執行方式，因為人們依循的傳統「勝過律法」。[19]

塔木德時期的拉比並不是對神學或倫理學沒有興趣，只是因為，故事和格言本來就假定天命的存在了，也認定在上帝為這個世界安排的計畫中，以色列和妥拉扮演著非常重要的角色，因此這些話題不需要特別拿出來討論。不過，《米示拿》的文章〈族長集〉倒是蘊含了比較明確的倫理教誨。〈族長集〉收錄許多俗諺，是《米示拿》或其他拉比文獻不常見到的文學形式。文章裡的教誨通常是以條列的方式鬆散地歸類成容易記憶的組合：

他們【每個人】說了三件事。以利以謝拉比說：「將同胞的尊嚴當成是自己的一樣珍視，切勿輕易被激怒，在死之前悔過一天；在智者的火焰前暖你的身，但小心他們閃耀的炭火，以免被燒傷，因為他們咬人就像豺狼、螯人就像蠍子、發出的嘶嘶聲就像毒蛇，所有的話就像炭火……如果愛依靠的是某種【無法恆久的】東西，這【無法恆久的】東西消失之後，愛也會跟著消失；但是，如果愛依靠的不是某種【無法恆久的】東西，那就永遠不會消失。哪一種愛依靠的是【無法恆久的】東西？就是暗嫩和他瑪的愛。哪一種愛依靠的不是【無法恆久的】東西？就是大衛和約拿單的愛。

〈族長集〉匯集了智慧傳統，和《箴言》等聖經智慧書有很多的共通點，但有時還是看得出來，作者似乎有把拉比學院的學術環境放在心上：

有四樣東西坐在智者面前：海綿、漏斗、漏勺和篩網。海綿會吸收一切；漏斗從一端吸收，又從另一端流出；漏勺會排出酒，留下渣梓；篩網會篩掉粗磨的麵粉，集中細緻的麵粉。

另一方面，文章也會強調慈善施捨的宗教義務，這不僅和所有猶太人都有關聯，也反映了一個常見的倫理主題：

施捨者可分四類：自己想要施捨但不想要他人施捨的人——他吝惜他人的財產；覺得他人應該施捨但自己不想施捨的人——他吝惜自己的財產；自己想要施捨也認為他人應該施捨的人——他是聖人；自己不想施捨也認為他人不應施捨的人——他是惡人。

〈族長集〉把焦點放在倫理上，在拉比文獻中是很特別的例子。然而，兩部《塔木德》其實在字裡行間也曾提到友愛和悔過等倫理議題的重要性，並有觸及從聖經繼承而來的重要主題，像是上帝和以色列之間的約。在這個時期，大部分的拉比文獻所蘊含的倫理教誨比較不具組織與條理，但到了果昂時期（西元六到十一世紀），因為受到伊斯蘭思想的影響，一種特殊的倫理文類開始興起。最早把主題完全放在倫理學的拉比文獻，是薩阿迪亞《信仰和意見之書》（第三二二頁）的最後一章，講述「人的行為準則」。[20]

律法方面的討論十分廣泛，因為生活的各個層面都會受到律法的影響。判決的結果讓儀式漸漸產生了變化，塑造出新的儀式。比方說，神聖禱文（Kaddish）原本是學院在課堂結束時誦唸的禱告文，但到了一千紀末期卻變成會堂禮拜用來分隔各個片段的頌歌，表達形式有很多種：

在祂憑靠自己的意志所創造出來的世界裡，願祂偉大的名受到讚揚，變得神聖。願祂在你的一生和你的歲月、在整個以色列家族的生命裡，快速建立祂的王國——說：阿門。願祂偉大的名永遠受到頌讚。願聖者的名得到頌讚與讚美、光榮與提升、升高與崇敬、升起與讚揚，讚美祂，超出世界上說出的任何頌讚、詩歌、讚詞和慰藉——說：阿門。願天上降下極大的和平，賜予我們和所有以色列生命——說：阿門。願在至高之地創造和平的祂，也為我們和所有以色列創造和平——說：阿門。

在那些完全源自拉比學院的新儀式中，篝火節或許是最值得注意的。數算俄梅珥在聖經裡本來只是一種儀式，用來慶祝從逾越節到五旬節之間經過的日子，但近古時期的拉比文獻判定，這是一段哀悼的時期。傳說，在二世紀中葉的某一年，一場可怕的瘟疫在數算俄梅珥期間爆發，奪走了阿基瓦拉比兩萬四千位門徒的性命，因為「他們對彼此不夠尊敬。」由於瘟疫據說是在第三十三天平息的，此後便將這天當作紀念日慶祝。[21]

可以清楚知道，這幾個世紀的拉比主要是將心力放在發展律法和詮釋聖經這兩件事情上。然而，從文獻中可以發現他們也有其他關注（只是可能較不正式），和這個時期前後的其他猶太教類型的內部發展有關。拉比傳統保留了一些末日作品，如《所羅巴伯之書》（Sefer Zerubbabel）。這部希伯來文的啟示錄最初是在西元七世紀的拜占庭帝國完成，講述波斯時期擔任猶大總督的所羅巴伯及其看見的異象。根據書中描述的天啟，有一位彌賽亞「約瑟之子」將被殺害，但是第二位彌賽亞「大衛之子」則會戰勝敵人，著手建造新的聖殿。這種對末日的狂熱和七世紀猶太人的期盼十分切合，因為他們先是經歷了波斯人征服巴勒斯坦，接著又遭到伊斯蘭入侵（見第十章）。這個時期留下了不少啟示錄文本，有些描寫的是所羅巴伯或以利亞等聖經人物的啟示，有些則是以坦拿拉比為主角，如西緬・巴爾・尤海（Shimon bar Yohai）。這些啟示錄最初不太可能是拉比所寫的，但它們在後世卻被拉比抄寫成不同的修訂本，意義特別重大。[22]

拉比文獻偶爾會出現神祕主義思想，跟主流拉比文化很難連結起來。《米示拿》禁止教導聖經某些特定的主題和段落，如《創世記》的開頭和《以西結書》第一章有關上帝馬車與寶座的異象，但是禁止的原因並沒有說清楚：「在三個人面前，不能解釋禁止的程度，創世的故事在兩個人面前就不能，馬車【的章節】在單獨一人面前就不能，除非他是一個通曉自己知識的智者。」顯然這些段落在很多方面都被認為可能造成威脅。「禁止的程度」指的是禁止近親發生性關係的規定，而之所以會禁止研究這種題材，應當是因為，深入分析禁忌的性行為可能會誘使人犯錯。中世紀的猶太會堂在贖罪日這個如此莊嚴肅穆的節日選了這樣的段落做為下午禮拜的公開誦唸經文（但不加以闡明），顯然是個奇怪的做法，但背後的原因可能也是基於類似的理由。創世的故事和以西結的異象被認為隱含了神祕的道理，只能讓那些能夠以負責任的態度理解它們的人來研究。

在西元十二世紀，這些段落將帶來全面的神祕主義傳統，但近古時期的拉比是否已經開始進行神祕主義的詮釋和行為，則要看我們是如何理解阿摩拉彙編著作中少數幾則關於坦拿智者的故事了。這些故事的內容晦澀不明：

四個人進入天堂。一個看了一眼就死了。另一個看了一眼就發瘋。還有一個看了一眼就砍斷樹木。最後一個安全地進去，安全地離開。本・亞賽看了一眼，發瘋了。聖經這樣說他：「你得了蜜，吃夠就好」（《箴言》25:16）。本・蘇瑪看了一眼，死了。聖經這樣說他：「在主眼中，聖民之死極為寶貴」（《詩篇》116:15）。亞設看了一眼，砍斷樹木……阿基瓦拉比安全地進去，安全地離開。[23]

有些神祕故事是為了給過往的智者賦予超自然的特質，如英雄人物西緬・巴爾・尤海。據說，他在西元二世紀星星之子叛變期間，為了保護妥拉，在一個洞穴裡住了十二年，只靠一棵神奇的角豆樹和一口井存活，先知以利亞還曾前去拜訪他。《創世之書》（Sefer Yetsirah）是一部怪異的宇宙論著作，提供了一個系統化的世界創始觀，認為世界是經由「三十二條智慧之道」創造出來的，而這三十二條道路則是由十個數字和二十二個希伯來字母所組成。這個作品似乎是在西元三或四世紀完成，中世紀時被當作神祕主義思想的來源之一，但在成書的年代是否已經被當成神祕主義的文獻，就無法確定了。文本晦澀難懂的內容也無法幫助我們確定真相：

十個質點構成了基礎；會用十來算，是因為它們沒有極限：開始的範圍和結束的範圍，善的範圍和惡的範圍，上面的範圍和下面的範圍，東邊的範圍和西邊的範圍，北邊的範圍和南邊的範圍。獨一無二的上帝、值得信賴的神王從神聖的居所統治著這一切，永遠永遠。

「質點」（sefirah）這個詞原意是「計數」，對後世的猶太神祕主義非常重要（見下文，第四一四頁），而對這個文本的作者來說顯然也具有神祕主義的意涵。然而，此書的風格實在過於隱晦，因此很難知道他究竟想傳達什麼。他可能是刻意寫出這種隱晦艱澀的文字的，但即便如此，這部作品依然很受歡迎。

占星學也時常出現在拉比的論述裡，《塔木德》兩個版本都頻繁提到個人的「星球」（mazal），也就是「命運」。雖然，有些人攻擊這種說法，像是三世紀的約卡南拉比便堅稱：「以色列沒有星球」。另一個深植在拉比論述、但也同樣受到某些拉比大力反對的，就是巫術和解夢：

希施達拉比還說：「沒被解的夢就像沒被讀的信。」希施達拉比還說：「不管是好夢或壞夢，從來就沒有完全實現過。」希施達拉比還說：「壞夢比好夢好。」希施達拉比還說：「壞夢引起的悲傷就夠了，好夢帶來的喜悅就夠了。」……以實瑪利拉比姐妹的兒子本・達瑪問以實瑪利拉比：「我夢見我的兩個顎都脫落了，【這是什麼意思】？」他回答：「兩位羅馬諮詢官計謀對付你，但他們死了。」巴爾・卡帕拉對拉比說：「我夢見我的鼻子脫落了。」他回答：「劇烈的憤怒已從你身上離開。」他對他說：「我夢見我的兩隻手都被砍斷了。」他回答：「你不會需要用雙手做活。」24

拉比對占星學的興趣顯示了（縱使不是「導致了」）至少在四世紀到六世紀的巴勒斯坦，猶太人會把占星概念融入禮拜儀式中。猶太會堂的地板裝飾常常可見黃道十二宮的符號，如貝特阿爾法（Beth Alpha）出土的遺跡就是一個質樸得迷人的例子，近期在西弗利斯也有找到更繁複的裝飾。將黃道十二宮的圖樣描繪得最精美的，就是提比利亞溫泉的馬賽克。刻文上寫，這片馬賽克是由一個名叫賽弗勒斯的人捐贈的，此人來自「顯赫族長」的家族。因此，這類黃道十二宮的裝飾不太可能用來證明當時存在著一個拉比不認同的猶太教類型（考古學家起初傾向這個看法）。至於《巴比倫塔木德》提到的巫術也已獲得伊拉克出土的相關文物證實。數以千計的碗被塗上咒語，用來困住魔鬼，放在家中保護住在裡面的人不受到傷害。這些碗上面有猶太人亞蘭語獨特的術語，功用似乎和當時的基督徒與瑣羅亞斯德教徒製造的碗一模一樣。我們可以知道，至少在這方面，巴比倫的猶太人（包括當地的拉比）在伊斯蘭到來的前幾百年會採納當地的習俗。25

或許是因為周遭的文化如此多樣，因此拉比承認，猶太生活的某些重要層面在各地有不同的做法，應該予以尊重保護。《米示拿》早已承認猶地亞和加利利有不同的訂婚習俗，並立了一條通則：「為避免衝突，任何人都不應該違背當地風俗。」每個猶太人都應該嚴格遵守家鄉以及前往地區的習俗。然而，不是每個地方的拉比團體都抱持著寬容的態度。例如，有一位名叫皮爾科伊・本・巴柏伊（Pirkoi b. Baboi）的巴比倫學者在西元八〇〇年左右用希伯來文寫了一封信給北非和西班牙的猶太人，猛烈抨擊巴勒斯坦拉比猶太人的習俗。他譴責他們的做法，說因為基督徒的迫害打斷了巴勒斯坦的傳統，所以他們缺少權威，和哈拉卡有所矛盾。[26]

到了皮爾科伊的時代，投入拉比學習的猶太人肯定已增加到數千人，和西元七〇年圍繞在約卡南・本・撒該身邊的少少幾位智者比起來，有很大的差別。他們對整個猶太教的影響也跟著大幅增加。拉比作家有點自我中心，關注的只有那些和他們一樣身為成年男性拉比猶太人的宗教生活。對他們來說，學院研究是宗教虔誠的核心。大部分的時候，他們完全忽視其他猶太人，將他們稱作「土地的人」（ammei ha'arets），實質上的意思就是「鬆懈的」、「平凡的」。在阿摩拉時期的巴比倫，大型拉比學院似乎是在一個自給自足的泡泡中運作，因此這種無視的態度有時會轉化成敵意（通常是以誇飾的修辭表達）：

我們的拉比這樣教導：「應該讓一個男人把自己擁有的一切全部變賣，去娶學者的女兒，因為他如果死了或遭到流放，就能確保自己的孩子也會成為學者。但，別讓他娶土地之人的女兒，因為他如果死了或遭到流放，他的孩子也會是土地之人。」……以利亞撒拉比說：「若是一個土地之人，【即使】在安息日的贖罪日也可以刺殺他。」門生問他：「老師，您是說【儀式性地】宰殺他嗎？」他答道：「【儀式性宰殺】需要賜福禱文，【刺殺】不需要賜福禱文……土地之人憎惡學者的程度比異教徒憎惡以色列的程度還大，而他們的妻子又比他們還要憎惡……」我們的拉比這樣教導：「關於土地之人，有六件事要說：我們不給他們作證；我們不接受他們作證；我們不對他們說祕密；我們不指定他們做孤兒的監護人；我們不指定他們做慈善基金的管理人；我們絕不能在路上與他們同行。」

我們很難知道這些責難有多少應該要當真。[27]

同時期的地中海世界，拉比和其他猶太人之間的關係就比較密切了，部分原因可能是信仰基督教的羅馬當局自西元四世紀末開始插手干預，為了宣揚基督教的正統信仰，用宗教來歸類所有的臣民。羅馬皇帝判定應該讓猶太人繼續「錯下去」（和多神異教徒的待遇不同），於是將權力移交給巴勒斯坦的猶太族長（拿西），讓他們控制故土和外地的猶太會堂。相關法令是由皇帝阿卡狄奧斯和霍諾留在三九七年七月一日頒布的：

> **猶太人不應脫離自己的儀式；我們應仿效古人，維護他們的權利，因為他們的法律規定、而我們的上帝也確認，受到顯赫族長（也就是會堂領袖）、族長、監督以及在那個宗教的儀式中任職的其他人物所統治的人，都應該堅守神聖基督律法的第一批神職人員所賦予的相同權利。**

一個世紀以前，族長可能曾經干涉過地中海東岸非拉比猶太人的事務，因為在馬其頓史多比（Stobi）一座年代應為三世紀的猶太會堂裡，有個令人費解的銘刻，規定倘若有人違反會堂捐贈者和當地社群達成的捐贈協議，就要繳巨額罰金給族長。然而，要到五世紀之後才能看出，喪葬碑文有越來越多是以希伯來文寫成，而不是希臘文，且範圍遠至西邊的義大利。也是要到那個時候，碑文上才開始零星出現「拉比」這個稱呼，例如在坎帕尼亞的布魯夏諾出土的一個來自四或五世紀的碑文便這麼寫：「安息。受人尊敬的拉比阿爸・馬里斯長眠於此。」當然，即使到了五世紀，「拉比」一詞仍有可能純粹只是用來尊稱猶太老師，就像耶穌在一世紀雖然也曾被稱作拉比，但這和他跟巴勒斯坦或巴比倫學院之間的關係毫無關聯。然而，有越來越多類似的碑文發表出來，使得這樣的懷疑越來越站不住腳。[28]

早在一世紀的時候，智者就必須要面對那些不僅不在拉比圈內、甚至在拉比眼中等於異端的猶太同胞。比方說，西元七〇年以後的智者要如何與看待撒督該人或愛色尼人，更別說是猶太裔的基督徒了？令人驚訝的是，第七章曾提到，《米示拿》和《陀瑟他》記錄的坦拿完全沒有關注這些團體，當然更沒有描述這些團體的觀點和做法，以做為抨擊的立論基礎（就像當時的基督教異端研究者會做的那樣）。忽視那些被認為偏離了正道的人，本身就算是一種反對的表現形式，也是前面說過的拉比的半自我中心主義必然會產生的結果。另一方面，坦拿拉比廣泛使用一個從現有的證據推論應是他們自己發明的新詞——「min」，意思是「異端」。這個詞（原意是「種類」）在他們的世界觀佔有一席之地，因此他們甚至發明了相對應的抽象名詞「minut」，意為「異端思想」。對拉比而言，所有誤入歧途的猶太人一律被歸到異端這個類別，雖然他們犯的各種過錯本質大不相同，有的是否認即將到來的新世界（如撒督該人），有的是以耶穌·本·潘德拉（Jesus b. Pantera，指的應當是猶太裔基督徒）之名替人治病：

以利亞撒·本·達瑪拉比遭蛇咬。科法沙馬的雅各以潘德拉之子耶穌的名字前來治療他。以實瑪利拉比不允許他【接受治療】。他們對他說：「本·達瑪，你不能【接受他的治療】。」他對他說：「我要帶證據來證明他能治好我。」但他沒有時間把【承諾的】證據帶來，就暴斃死了。以實瑪利拉比說：「本·達瑪，你很快樂，因為你在平靜中斷氣，但沒有打破智者豎立的藩籬。因為，任何人若打破智者豎立的藩籬，最終都會遭受懲罰，因為經上有說：『拆城牆的，自己必被蛇咬。』」

根據塔木德的傳統，在西元七〇年過後的幾十年間，部分拉比認為這些異端造成了不小的威脅，因此他們在第二聖殿傳承下來的十八禱文（見第四章）裡，加上了第十九條。這條禱文的內容是，上帝因詛咒異端而受到讚美：「我們的拉比這樣教導：『在亞內夫，西緬．哈帕庫利在拉班迦瑪列面前依序安排十八條賜福禱文。拉班迦瑪列對智者說：「你們當中有沒有人可以寫一條和異端有關的賜福禱文？」較小的撒母耳起身，寫出一條禱文。』」我們不知道這條賜福禱文是否有針對某些特定的異端。殉教者游斯丁在西元二世紀中葉完成的《與猶太人特來弗的對話錄》中提出以下的抱怨，可能顯示有些猶太裔基督徒認為這條禱文針對的是他們：「因為你殺害了公義者以及在他之前的那些先知；現在，你用盡所有權力侮辱、詛咒會堂裡那些信基督的人。」然而，這個針對異端的詛咒實際上是如何運作，我們只能臆測，因為沒有任何猶太人用「min」這個詞自稱（猶太裔基督徒也一樣）。四世紀晚期，耶柔米認為這個詛咒針對的是一群被他和主流教會區別開來的猶太裔基督徒。29

無論如何，早期的拉比神學著作中有說到，某些團體不能繼承即將到來的新世界，清楚點出哪些觀點是不被接受的：

> 所有的以色列人都能共享即將來臨的世界，因為經上有寫：「你的居民全是義人，永遠得地為業；他們是我栽的苗，是我手的工作，為了彰顯我的榮耀。」以下這些人則不能共享即將來臨的世界：不相信像律法所說的那樣死後能夠復生的那些人，以及【說】律法不是從天上來的那些人。伊比鳩魯學派的阿基瓦拉比說：「讀異端著作的那些人或是對著傷口說咒語的那些人也不能。」

二世紀有某些拉比提到了其他應當受到相同天譴的行為，顯示他們對這類限制有很大的興趣。不過，這可能只是一種學術方面的練習，而不是面對真實異端威脅的處理方式：

他們在不能分到新世界的名單上增加了幾種人：掙脫軛的人、違背約的人、將妥拉解讀錯誤的人、依照拼寫方式唸出聖名的人……阿基瓦拉比說：「在舞廳裡把雅歌唱成情歌的人，不能分到即將來臨的世界。」[30]

早期拉比在討論撒馬利亞人時，也抱持類似的學術態度，有時將他們當成猶太人（比方說，餐後需要三個人一起說恩典時，撒馬利亞人可以被包括在內），有時卻又將他們當成外邦人，例如以利以謝拉比就非常嚴厲地禁食撒馬利亞人的餅：「吃了撒馬利亞人的餅，就等同是吃了豬肉。」有時，拉比會乾脆決議把撒馬利亞人當作外邦人來對待（根據《巴比倫塔木德》，三世紀巴勒斯坦的拉比曾經頒布過這樣的命令），但從這種矛盾的態度可以看出一個怪異的現象，那就是拉比似乎完全沒察覺到（但我們從撒馬利亞人抗羅馬的政治活動就能發現了），巴勒斯坦在四到六世紀時真實存在著一群撒馬利亞人，而且他們的勢力還不小。[31]

相較之下，拉比對卡拉派的態度（見第十二章）就很明確直接了。他們正面對付卡拉派的神學觀，可見立場和拉比完全相反的卡拉派對他們造成的威脅有多大。巴比倫的果昂薩阿迪亞十世紀時也在東方積極根絕卡拉派的思想，為了他的拉比會眾，他還寫了一部專著大力駁斥一個名叫西維・巴爾赫（Hiwi al-Balkhi）的人在九世紀的波斯所寫的「兩百則對聖經的批判」。巴爾赫援引許多早期文獻的懷疑言論（有些是基督教的文獻，有些是二元論的文獻）來抨擊聖經，讓拉比和卡拉派都極為憤慨。[32]

拉比學院在西元七〇年之後的一千年間形塑了一套宗教系統，無論是馬所拉學者在一千紀末期完成的聖經最終版本，抑或是經過果昂（特別是暗蘭和薩阿迪亞這兩位）確立之後被納入禮儀書的固定禱文形式，對後來大部分的猶太教類型都有根本的影響。最重要的是，《米示拿》和《塔木德》（特別是《巴比倫塔木德》）成為六世紀到今日發展拉比律法的基礎文本。拉比的學術型態從小型的學習團體進化到大型的學院機構，從亞夫內沒沒無聞的起源擴張到東至巴比倫、西至西班牙的地區，形成一股強大的勢力。

因此，到了西元一〇〇〇年，猶太人的世界有很多地方都接觸過拉比的思想。然而，在西元一千紀，某些猶太教類型卻是朝著相當不一樣的方向發展，而這些就是下一章要討論的主題。

12

拉比圈以外的猶太教

希臘猶太教

約瑟夫斯和斐羅的著作幫助我們了解第二聖殿時期最後一百年住在地中海外地、說著一口希臘語的猶太人所生活的世界，但大約從西元一〇〇年開始，有超過一千年的時間，幾乎再也沒有任何說希臘語的猶太人撰寫的文獻被留下來。如同第十章說過的，找不到用希臘文寫成的史料，並不表示在這段期間，以希臘語為主要使用語言的特殊猶太教類型已走到盡頭；這只是意味著，猶太宗教文獻的保存機制發生了變化：拉比只用希伯來文和亞蘭語來保存猶太作品，而基督徒因為從二世紀早期開始有了自己的宗教文獻，所以也不再運用或保存非基督徒猶太人的著作。因此，這時期之後，由猶太人以希臘文撰寫而成的任何資料都沒有保存在中世紀的抄寫傳統中。

雖然缺乏這類書寫史料，但是西元二到七世紀卻留下了大量的希臘猶太人碑文，證實近古的地中海地區的確存在著說希臘語的社群。好幾個地方都挖到猶太會堂的遺址，證明這些社群確實信仰猶太教，雖然無可避免地，專家對碑文的內容（大部分都是喪葬用語或敬語）以及會堂建築的風格與裝飾究竟具有什麼宗教意涵，一直都有爭議。後面將會看到，我們也能從羅馬法典中了解一些關於猶太人宗教生活的評論。基督教作家對猶太人所做出的評論反映的常常是新約裡的猶太人形象，而不是當時的猶太人。但是當然也有例外，像是金口約翰（John Chrysostom）在四世紀晚期的安條克城就曾經抨擊猶太人，聲稱他們把他的基督信眾引誘到猶太會堂裡。西元一一七年，大部分位於埃及的猶太聚落被毀，其後只有少量的希臘猶太人莎草紙文獻尚存。不過，開羅貯藏室留下了來自西元一千紀末期的希臘文件（有時是以希伯來文寫成），從中可得知希臘禮儀傳統仍有延續下去。[01]

我們之所以推測西元一千紀前半葉有許多地中海猶太人選擇將希臘文當作宗教語言，不是因為小亞細亞和敘利亞等地的猶太人在碑文中使用希臘文，因為希臘文本來就是這些地區普羅大眾所使用的語言。我們會如此猜測，是因為就連羅馬的猶太人也傾向使用希臘文，而不使用拉丁文。在這座城市的平民百姓中，猶太人因此成為特色鮮明的次團體。這些碑文也證明了，這些猶太人是會堂組織的一份子，由被稱作「會堂之父」、「會堂統領」、「長老領袖」（gerousiarch）、「監督」等類似頭銜的神職人員領導。這些領導人是怎麼被選出、又是由誰指派的，我們無法確定，但史料中頻繁提到連任兩屆的領導人，顯示他們應該是經過某種選舉過程選出的。

我們幾乎可以肯定，這些猶太人使用的是希臘文的聖經文本，和斐羅時代的猶太人以及西元一世紀時把希臘猶太教轉移到基督徒手上的希臘版本一樣。《七十士譯本》在西元二世紀進行修訂，必定是為了這些猶太人的緣故，好讓希臘文版本更貼近當下希伯來文版本的意思。前面已經提過，修訂過程其實從第二聖殿時期晚期就已經開始，但是比起昆蘭猶太人對希臘文版本做出的小更動，迪奧多蒂翁、敘馬庫斯和亞居拉為此付出的努力更多（見第二章）。亞居拉認為，重點不是只有傳達希伯來文的意義而已，還應該表現出希伯來文的句構，所以他有時會自創新的希臘單字，並創造一種非常獨特的個人希臘文風格，以呈現原文的原汁原味。例如，他在《創世記》的第一句話用了兩次希臘文的「syn」來翻譯希伯來文的「et」，但是使用兩次「et」只是要表示「天」和「地」都是「創造」這個動詞的受詞，因此耶柔米在四世紀末的時候表示他對這種翻譯手法很不以為然。[02]

亞居拉自己或許只有在巴勒斯坦的拉比圈活動，但他的翻譯至少到六世紀都有在更廣泛的地區流通。皇帝查士丁尼在五五三年二月八日寫下的文字，就可以證實這點。當時，猶太人之間因會堂禮拜該使用哪一種語言而爭執不休，查士丁尼（自稱）要調解糾紛：

希伯來人在聆聽聖書時，不應死守字面意義，而應尋找書中隱含的預言，從中宣告偉大的上帝和人類的救世主——耶穌基督，這樣做才是對的、適當的。然而，他們雖然至今仍未依循對的信條，所做的詮釋沒有意義，但我們知道他們內部有糾紛，還是不忍心就讓他們的爭議繼續無解下去。我們從他們告訴我們的訴求中得知，有些人只使用希伯來語，並希望用希伯來語誦讀聖經，有些人則認為也應該納入希臘語才是對的，雙方因為這個問題吵了很長一段時間。因此，我們研究了一下，決定比較好的做法應該是，也要使用希臘語來誦讀聖書，或是使用各地聽眾較熟悉的任何語言……此外，讀希臘文的人應使用《七十士譯本》，因為這個版本比其他的都要準確……每個人都應該以這個譯文為主；但，為了不要讓我們看起來好像是在禁止他們使用其他譯本，我們也允許他們使用亞居拉的譯本，雖然他是外邦人，而且解讀某些段落的方式和《七十士譯本》相差不少。另一方面，我們完全禁止他們所謂的《米示拿》，因為這不包含在任何聖書中，也不是先知傳下來的，而是一群人嘰嘰喳喳發明出來的，完全來自地上，與上帝毫無關聯。[03]

查士丁尼說亞居拉是外邦人，是基於愛任紐西元二世紀時留下了一個傳統，說亞居拉改信了猶太教；《巴勒斯坦塔木德》也記載了同樣的傳統：「改信猶太教的亞居拉在以利以謝拉比和約書亞拉比面前翻譯律法，他們稱讚他，對他說：『你是人類之子當中最美的。』」我們有充分的理由相信，一些說希臘語的猶太人在整個中世紀仍持續使用某一個希臘文的聖經版本。考古學家在開羅貯藏室找到了被音譯成希伯來字母的希臘文文本，內容絕大多數都是聖經文本或聖經評述。此外，君士坦丁堡在一五四七年這麼晚的年代，都還曾出版摩西五經的多語對照版，以一欄欄的形式分別列出音譯後的希臘文、希伯來文、亞蘭語及音譯後的西班牙文等四種語言。04

我們沒有理由認為，這幾個世紀以來，在希臘語地區興起的猶太教類型全都是以一模一樣的方式發展。少了耶路撒冷聖殿這個中央機構，猶太人不再有一個共同的信仰焦點，每個猶太社群自然受到各地獨特的文化所影響，在小亞細亞的薩第斯出土的大型建築就是一例。該建築應該是座猶太會堂，可見到七枝燈臺等猶太教的象徵圖案。這棟建築是蓋在一座浴場兼體育館的場址之上，可能從西元四世紀甚至更早以前就有在使用，並持續用到至少六世紀。建築物的前庭有一個大理石噴泉，色彩繽紛的馬賽克地板上則刻有捐贈者的銘文，形成幾何圖樣。主廳估計可容納一千人，西面是一個圓形後殿，有成排的大理石長板凳以及一片繪有孔雀圖案的馬賽克。大廳中央擺了一些獅子雕塑（常見於薩第斯的藝術題材）和一張以老鷹為裝飾主題的大理石桌，鑲有大理石的牆面刻了八十則左右的銘文，幾乎全是用希臘文寫成，記錄私人捐獻。關於捐贈者，銘文上有時會標示他們在這座城市或整個帝國中的世俗地位，有時會寫出他們的職業（例如金匠、大理石雕塑家或馬賽克藝術家），有時會冠上宗教信仰方面的描述，比方說有六則銘文是以「尊崇上帝者」來稱呼捐贈者。

從這棟建築的配備來看，能看出在這裡舉行的宗教禮儀應當非常宏偉壯觀。然而，這裡的禮儀是否和其他猶太會堂一樣，總是會教導、誦讀律法，就不太能確定了，畢竟這棟建築如此龐大，會眾一定很難聽見誦讀妥拉的聲音。還有一種可能，那就是這棟比其他被判定為猶太會堂的建築都要龐大華麗的建築物當初並不是猶太人所建，而是參拜猶太神祇的外邦信徒建造的。他們可能只是挪用了猶太教的象徵圖案，因為羅馬世界在西元四世紀時，特別容易見到這種兼容並蓄的風格。若是如此，這座猶太會堂似乎是在五到六世紀間被猶太人改做會堂使用，因為在這段時期，主廳的馬賽克地板嵌了一個人名「祭司兼智慧導師撒摩伊」。

根據《陀瑟他》一段傳奇性的描述，在亞歷山卓大會堂舉行的禮儀有時確實會有部分民眾只能在遠遠的地方聆聽的情形，神職人員在禱文結束時，必須揮舞一塊布，讓會眾知道何時要說「阿門」：

> 猶大拉比說：「沒有看過埃及亞歷山卓雙層列柱（即宗座聖殿猶太會堂）的人，等於一生都沒看見以色列的榮耀。這座會堂就像一座大型的宗座聖殿，一圈列柱裡還有一圈列柱。有時，聚集在那兒的人是從埃及過來的人的兩倍多。那裡設了七十一個黃金寶座，分別給七十一位長者使用，每一個都價值二十五金他連得，中間是一個木製平台。會堂人員站在上面，手裡拿著旗子。其中一位開始誦讀時，另一位則會揮舞旗子，這樣人們就知道要回答『阿門』。」[05]

西元一一七年，亞歷山卓猶太會堂肯定隨著當地的猶太社群一起消失了。它和薩第斯猶太會堂一樣，比其他在外地出土的會堂建築遺跡（如位於西班牙、靠近地中海西緣的艾爾切，以及東方幼發拉底河河岸的杜拉－歐羅普斯）還要大很多。考古學家主要是靠銘刻和猶太教的相關圖像（七枝燈臺是最重要的依據）來確立一個建築是否為猶太會堂。這些會堂全部面朝耶路撒冷，且幾乎每座會堂的主廳都設置了妥拉龕位，但在建築大小、設計與裝飾等其他各方面則有很大的變化。[06]

我們已經看過，一九三二年在敘利亞的杜拉－歐羅普斯發現的會堂遺跡有豐富的象徵圖案（前面也提到這可能是斐羅對後世留下的影響，見第七章），並且說到這座會堂是從二世紀晚期開始使用，直到二五六年薩珊帝國圍攻這座城市時將會堂摧毀為止。這座會堂最初是建在一棟私人民宅的內部，後來因為加了第二棟建築而擴大，接著在十年後被摧毀。會堂有許多描繪聖經場景的壁畫裝飾。在羅馬帝國東緣的一個小鎮上，竟然有一座象徵圖案如此豐富的猶太會堂，顯示會堂藝術家很有可能是仿效其他地區當時的會堂藝術傳統。然而，至今並沒有在外地或巴勒斯坦地區找到能與之相比的遺跡。另一方面，杜拉－歐羅普斯的圖像倒是有部分反映出當地的本土文化，例如它的妥拉龕位在建造方式和外觀上，就跟多神教的小廟（aedicula）十分類似。07

杜拉－歐羅普斯的壁畫在一九三〇年代出土時，很多人認為壁畫採用了希臘藝術風格必定表示這是一個希臘化的猶太教類型，與斐羅的猶太教類似。但，我們在第十一章看到，連在拉比猶太教最興盛的巴勒斯坦地區（如提比利亞溫泉）也找得到異教圖像，像是描繪太陽神赫利俄斯的馬賽克。杜拉－歐羅普斯壁畫所呈現的某些主題似乎是取材自後來的拉比米大示所使用的主題，像是分別描繪嬰兒時期的摩西在尼羅河邊閉眼和開眼的兩幅不同的圖像。此外，除了希臘文，這座會堂的銘文也使用亞蘭語和希伯來文寫成，顯示當地的猶太人可能有參與鄰近的巴比倫拉比圈，是這個不斷演變的宗教文化的一份子。但，杜拉－歐羅普斯出土的文物沒有一件證實他們和拉比有直接的關聯。08

薩第斯和杜拉－歐羅普斯的猶太人有個明顯的共通點，那就是他們都願意為自己的敬拜場所砸大錢。在四世紀晚期敘利亞的阿帕美雅，有一座位於城市核心的猶太會堂。一群富有的捐贈者在會堂的馬賽克留下銘文，紀念自己贈送了哪一塊馬賽克地磚，並描述地磚繁複的幾何圖形和七枝燈臺圖案：「托瑪西斯與她的配偶赫希基烏斯以及【他們的】孩子和他【或她】的岳母【或婆婆】尤斯塔蒂亞製作了一百呎【的馬賽克】。」大部分的銘文紀念的是某個家族的捐贈，另有九位捐贈者是女性。這座會堂可能不只有當地人關注，因為有個名叫伊利亞索斯的人捐了很大一塊地磚，銘文顯示他是「安條克人的會堂領袖」。安條克離阿帕美雅不遠，兩地的關係應該很密切，因此伊利亞索斯按照外交禮數祝福「你們神聖的會眾都能獲得和平與慈悲」。這座宏偉的會堂存在的時間似乎不長；五世紀初，會堂就已被毀，變成一座教堂。[09]

羅馬城沒有出土任何古代的猶太會堂，但公共墓穴（在西元二世紀晚期到五世紀之間運作）的喪葬銘文卻提到，城裡共有十到十六座的猶太會堂。這些會堂大部分應該是座落在台伯河右岸的托拉斯特（Trastevere），因為猶太人早在奧古斯都的時代就已在此區定居。墓穴埋葬這件事本身或許就表示，羅馬城的猶太人採納了當地文化的許多層面，雖然直到五世紀時，他們大部分的時候仍堅持使用希臘文為宗教語言，而非拉丁文。他們喜歡在墓穴裡放置鍍有黃金猶太圖案（如七枝燈臺）的玻璃器具，顯示他們會把當地流行的東西用在自己的宗教上。

在羅馬城牆外的奧斯提亞挖到的宏偉會堂，或許可以告訴我們城內的會堂建築長什麼樣子：分作三部分的精美通道盡頭，是一處由列柱構成的入口空間，高達四點五公尺；大廳有一個高台和後殿，應當是放置妥拉經卷的地點；裝飾會堂的各種圖案包括七枝燈臺、公羊角、棗椰束和香櫞等，主廳地板有石獅的殘跡。關於這棟建築是從何時開始被當成會堂使用，學界爭論不已。有一點可以肯定，那就是到了西元四世紀和五世紀期間，誦讀妥拉已是這棟建築的主要功能，證據就是，在更早之前就曾出現的一份銘文（部分拉丁文、部分希臘文）又再次被拿來使用，放在建築入口外的一個空間：「為了皇帝的安全，明蒂烏斯・福斯塔斯及其家族用他自己的禮物完成了這個，並設置存放聖典的櫃子。」不過，這棟建築的設計和杜拉－歐羅普斯的一樣，都是模仿當地的風格，而且和其他位於奧斯提亞的宗教互助會建築十分相似。[10]

對當時的人們來說，在這些猶太會堂遺跡（包括羅馬帝國晚期的巴勒斯坦會堂）找到的裝飾圖案應當具有象徵性的宗教意涵，但是我們現在很難知道它們有什麼重要意義，只知道這些圖案展現了猶太人的身分認同，有些則用來紀念耶路撒冷聖殿，如猶太教象徵圖案中最常見到的七枝燈臺以及鏟香灰用的鏟子。

羅馬城內的猶太墓穴也可見到這些圖案，偶爾還有具象徵意義的希伯來字（最常出現的就是表示平安的「shalom」）。然而，憑著這些圖案就來推敲羅馬城猶太人的宗教生活，這種做法顯然會有問題，因為非猶太人也可能使用猶太符號，例如古希臘的魔法莎草紙就常常會使用希伯來和猶太的神名。反之，猶太人也可能挪用異教信仰的圖案：前面便曾提到，位於加薩的六世紀猶太會堂裡有一幅彈奏七弦琴的奧菲斯圖像，希伯來文標籤告知會眾這是用來代表大衛王的。

在阿芙洛蒂西亞斯（Aphrodisias，現今的土耳其）出土了一個四世紀晚期的猶太銘文，文中致敬的對象包括幾位猶太人、三位特別被點出改信了猶太教的人以及五十三位姓名不像猶太人的「尊崇上帝者」，顯示至少在這個時期的這個地點，猶太人接受外人皈依猶太教，並願意讓社群裡支持猶太教的眾多外邦人獲得認同，承認他們的虔誠信仰。因此，這些外邦人有可能採納猶太教的象徵圖案來做為己用，但卻不認為自己是猶太人，也沒有被猶太人當成同胞。第十章曾經說過，我們不能確定在西元一千紀末期之前，是不是所有的猶太人都認為只能和其他猶太同胞葬在同一個地點。因此，只因羅馬城內的蒙特維多（Monteverde）和維納藍達尼尼（Vigna Randanini）墓穴有部分碑文寫到亡者確定是猶太人，就將這些墓穴貼上「猶太墓穴」的標籤，很可能會出錯。那些看似很開放、在自己的埋葬地放入異教圖像的猶太人，說不定根本不是猶太人。至於那些碑文上完全看不見猶太象徵圖案的猶太人抱持的宗教觀是什麼，現在當然也無從得知了。[11]

在君士坦丁以後，羅馬帝國開始基督化，使上述這些猶太人和整個帝國的關係受到了影響。這不僅是因為政府實施了一項政策（前面已提過），限制猶太教在帝國境內的活動（但同時也加以保護），也是因為政府開始以組織基督徒的方式來組織猶太社群。西元一世紀到三世紀帝國仍信奉多神教的時候，猶太人的團體領袖會從政府手中接下頭銜和殊榮（類似住在同一座城市的那些貴族），並以協會的模式來組織自己。這些協會很多都是互葬會，是常見於希臘羅馬都市生活的組織。但，帝國信仰基督教之後，純粹把猶太人當作一個宗教團體看待，就和當地的基督教會一樣，並將「猶太律法的會堂」指涉為「宗教場所」。西元三三〇年，君士坦丁甚至讓「那些完全把自身奉獻給猶太會堂的人」免除代表政府的沉重責任。將猶太人當成宗教團體對待並不總是能帶給猶太人好處，因為羅馬貴族從四世紀晚期開始越來越喜歡宣揚正統的基督教，並極力讓基督教信仰受到保護。例如，六世紀中葉時，皇帝查士丁尼要求猶太人改變逾越節的日期，這樣逾越節就不會發生在復活節之前。普洛科皮烏斯在他的著作《祕史》中寫下了這件事：

> 皇帝所做的不只是每日持續干預羅馬人的律法而已：他也盡力廢除希伯來人尊崇的律法。每當逾越節慶典發生在基督徒的復活節之前，他就不允許猶太人在正確的時間慶祝這個節日，也不讓他們在慶典上獻任何東西給上帝，或者是進行他們慣常進行的任何儀式。許多人因為在這個時期吃羊肉，被總督帶去審判，被控牴觸了政府的律法。他們接著被判要繳納高額罰金。[12]

地中海的猶太人雖保有自己的種族與宗教認同，但許多人仍融入了周遭社會的文化，因此在地中海西岸，有些猶太社群後來漸漸會用拉丁文來寫會堂銘文，也會採用當地的藝術題材。一八八三年，法國士兵在突尼西亞的納羅（即哈馬姆利夫）發現一個會堂遺跡，大廳鋪滿了精緻的馬賽克地磚，上面有魚、鴨、鵜鶘、一隻公牛、一隻獅子、兩隻孔雀等許多圖像，和當地四到六世紀的教堂所使用的主題非常相似。會堂裡一則顯眼的銘文用拉丁文寫下了這段文字：「您的僕人茱利安娜用自己的財產給納羅的神聖會堂鋪上了馬賽克，希望獲得救贖」。然而，住在羅馬城的猶太人似乎沒那麼快放棄在宗教方面使用希臘文，而住在西班牙東岸艾爾切（靠近阿利坎提）的猶太人在提到「猶太人的祈禱場所」時，也傾向使用希臘文，而不是拉丁文。沒有證據顯示，說拉丁文的古代猶太人曾試圖構思一套拉丁文的禮儀。然而，四世紀完成的《摩西與羅馬律法之對照》（Collatio Legum Mosaicum et Romanarum）將摘錄自《出埃及記》的猶太律法和古羅馬的律法裁決放在一起並列對照，可能表示那個時候已經出現摩西五經的拉丁版本。[13]

第十一章曾經提到，拉比運動在西元一千紀前半葉的影響範圍很有限，部分原因肯定是因為說希臘語的猶太人必須獲得語言方面的技術指導，才有辦法參與完全只用希伯來文和亞蘭語進行的討論（不過，拉比的討論本質上是一種祕教，即便是熟悉閃語族的猶太人，也很難參透討論內容，因此語言不通的問題不應看得太嚴重）。但，到了六世紀中葉查士丁尼統治的期間，很有可能已有許多地中海的猶太人接觸過來自巴勒斯坦或巴比倫的拉比（至少在某種程度上）。拉比文獻裡記載了一些故事，敘述西元二世紀的拉比千里迢迢到羅馬傳播教誨，但這有可能只是想像出來的，因為古代拉比文獻裡所描繪的羅馬和真正的羅馬完全不同。此外，沒有證據顯示，拉比與其他地區的猶太人之間的交流就跟基督徒一樣，打從一開始就有密集的書信往返，使分散各地的基督徒緊密連結。然而，四世紀到五世紀初，羅馬當局把權威交給巴勒斯坦的拉比族長，可能幫忙散播了拉比在其他地區的影響力。第十一章曾說過，馬其頓史多比的猶太會堂裡有一些應該是西元三世紀的銘文，捐贈這些建築的人在文中警告，任何人只要違反安排好的捐贈事宜，就必須繳納巨額罰金給族長：

> 第三一一年（？），史多比會堂的領袖克勞狄烏斯・提庇留・波利查摩斯（又名阿席利歐斯）一生遵守猶太教規，為實現誓言，把這些建築連同飯廳和四面柱廊【送】給聖地，全部用我自己的錢，完全沒有碰神聖【的資金】。但是，上層所有的房間仍應屬於我克勞狄烏斯・提庇留・波利查摩斯和我的繼承人，由我們來處置。如果有人想用任何方法改變我的處理方式，得付二十五萬迪納厄斯給族長。

倘若這位族長就是巴勒斯坦的拿西（很有可能如此），那麼這就是族長勢力擴張到地中海外地的最早證明。[14]

我們在第十一章說過，到了四世紀晚期，基督教羅馬帝國讓巴勒斯坦的族長負責指派帝國全境所有猶太社群的宗教領袖。三九八年二月三日，羅馬政府賦予族長裁決猶太人民事案件的權利，他們也能要求政府維護這些裁決，就和基督教神職人員在自己的社群裡所被賦予的權利一樣。在四世紀晚期和五世紀初期，族長的影響力達到巔峰，不僅在羅馬社會站上很高的階層，而且政府還會保障他們的尊嚴——「任何人若膽敢公開侮辱顯赫的族長，就必須被定罪」。此外，他們也有權利提高帝國境內所有猶太人的稅金。然而，到了四一五年，族長迦瑪列失去這些待遇，因為（皇帝狄奧多西聲稱）他「以為自己被升到尊貴的極點，就可以違背律法而不受罰」。四二九年五月三十日，一條法令頒布下來，沒收了原先繳交給巴勒斯坦及各省分猶太人「最高長官」的稅金，並且提到「族長的終結」，表示他們之前「以金皇冠之名」收取稅金的習俗已經走到盡頭。顯然，到了四二九年，政府已經不再支持族長成為羅馬世界內部統一猶太教的力量了。但，到了這時，政府的倡議已經讓講希臘語的外地猶太人開始注意到巴勒斯坦猶太領袖所隸屬的猶太教類型。[15]

四世紀和五世紀的巴勒斯坦拉比會說希臘文，這我們已經從無數個巴勒斯坦出土的希臘文銘文證實了。但，他們進行宗教方面的討論時，使用的是希伯來文和亞蘭語。因此，希伯來文從西元五世紀開始慢慢擴張到地中海西岸，有可能和拉比在這些說希臘語的社群影響力逐漸變大有關。若是如此，從下面這個例子就能看出，影響過程是漸進的。在義大利的韋諾薩，有一個用紅色顏料漆成的碑文，上頭用希臘文寫著：「父親傅斯提努斯之墓」，又用希伯來文加了「願以色列和平，阿門」的字樣。另外，在這座墳墓所在的地下穴道的左側，有一個標誌以拉丁文註明：「父親傅斯提努斯安息的地點」。韋諾薩的喪葬碑文從五世紀開始出現大量的希伯來字母，數量比羅馬猶太墓穴常會使用的單獨「shalom」一詞還要多上許多。這些希伯來字母有時只是希臘文的音譯，有時卻是真的拼寫出希伯來文的詞彙來引用聖經的片段，偶爾還會和拉丁文（而非希臘文）的譯文並列在一起。[16]

希伯來文或許散播得很慢，但卻勢不可擋。到了西元一千紀末，地中海西岸仍虔誠信奉猶太教的人已經很少使用希臘文表達自己的宗教生活了。因此，九世紀時，在韋諾薩另一處墓園出土的猶太人碑文全部是用希伯來文寫成。在羅馬，希臘文一直都是猶太人的文化標記，因此說希臘文的猶太教類型為何會消失在這個地方，原因並不清楚。西歐的許多地區越來越少出現相關史料佐證說希臘文的猶太人還存在著，而在八到十世紀時，剛好也越來越少有猶太人生活這些地區的相關史料。在這段時期，猶太社群的數量和大小可能縮減了，其中一個原因就是皈依基督教所帶來的吸引力和威脅（見第九章）。

無論如何，這些社群在一千紀末期又出現在史料中，他們的宗教語言這時候已經變成希伯來文，而不是希臘文，觀點也已帶有拉比猶太教的本質。十世紀中葉時，義大利南部有一位真名不詳的史家（後世的猶太傳統稱他為「尤西彭」），他用希伯來文撰寫第二聖殿時期的猶太歷史，相關資料取材自約瑟夫斯的《猶太古史》和《猶太戰史》。然而，他雖然是來自拜占庭帝國統治下的義大利地區，當地的官方語言是希臘文，但他讀過的約瑟夫斯作品，卻是一個名叫赫格西普斯的基督徒在四世紀後半葉所翻譯的拉丁文譯文。一八九五年，有人在托雷多大教堂的圖書館發現一部記述作品，是十一世紀中葉一位來自義大利卡普亞的編年史家兼詩人亞希瑪斯・本・帕鐵（Ahimaaz b. Paltiel）所寫的。他用希伯來韻文寫下了自己的家族從九世紀開始達到的種種成就，聲稱自己的祖先是被提圖斯帶到耶路撒冷的其中一個俘虜。但，他對希臘文似乎一竅不通。相較之下，地中海東岸的猶太人在婚約和解經等宗教文件中依然使用希臘文（雖然是用希伯來字母拼寫的）。君士坦丁堡、巴爾幹半島和小亞細亞的東羅馬猶太人（他們的宗教禮儀源自拜占庭帝國）在整個中世紀時期仍持續使用這種「猶太希臘語」，特別是在贖罪日誦讀《約拿書》的時候。但，雖然他們偶爾會在禮儀中使用希臘文，卻只有少數的猶太希臘傳統續存到近現代，像是在訂婚儀式上會用希臘文引述七個婚禮祝禱，結婚典禮上則沒有使用希臘文。[17]

拉比運動為何會比希臘猶太教還成功，最終取代了地中海世界大部分地區的希臘猶太教，原因很難說明，因為我們前面已說過，拉比猶太教宣揚的宗教教誨不僅難以入門（在一千紀末期，很少有地中海猶太人會希伯來文或亞蘭語），也很不好理解（本質上，詮釋《塔木德》的宗教討論是一種祕教）。不過，猶太人的宗教權威能夠有效地傳到用特殊的學術語言鑽研學問的拉比精英手中，其實就和歐洲社會的宗教權威掌握在用拉丁文學習的基督教神職人員手中一樣，兩者有異曲同工之妙。

面對知識淵博又有名望的拉比，希臘猶太人似乎覺得無法捍衛自己的傳統。十四世紀晚期，住在克里特島坎迪亞（Candia）的猶太人仍會使用希臘文，他們還抄了一份《約拿書》的希臘文本，現存放在牛津大學的博德利圖書館。然而，在十六世紀前半葉，這個地區的猶太人似乎覺得必須要致信帕多瓦的阿什肯納茲猶太拉比梅爾•卡茲內倫柏根（Meir Katzenellenbogen），請他明確授權允許他們在禮儀上使用希臘文，並成功獲得准許。顯然，這時的他們覺得繼續承襲先人的希臘猶太教是不夠的。[18]

卡拉派

自詡為妥拉詮釋者的拉比憑著自身的學識與自信，讓希臘猶太教漸漸融入地中海的基督教世界。但同一時間，拉比卻在伊斯蘭世界激起一股反對勢力。到了一千紀末期，特色鮮明、勢力強大的卡拉派形成了，他們拒絕接受拉比對於聖經律法的詮釋，完全不承認《塔木德》記載的口傳傳統有任何權威，認為拉比針對《塔木德》的聖經詮釋所做的討論不具有任何價值。

卡拉派在創始傳說中描述自己是從拉比主義分離出來的，這些傳說故事形成豐富的文學傳統，至今依然保存得很好；拉比（無論是在卡拉派剛興起時抑或是之後的世代）對早期卡拉派導師的動機和信條大肆抨擊，內容同樣可疑。因此，不管是哪一方的說法，我們都必須用開羅貯藏室出土的大批史料來驗證解釋之，因為這些史料透露了在這個新興運動剛出現的幾百年間，卡拉派和遵循拉比傳統的人（卡拉派叫他們「拉比派」）之間發展出來的複雜關係。卡拉派不僅對猶太教的整體發展有所貢獻，還讓拉比團體做出重大的反應，使他們因此成為中世紀猶太教歷史不可或缺的一部分。[19]

一切是怎麼開始的？根據一份在十到十二世紀之間完成的拉比派文獻，一切要從一個名叫亞南・本・大衛（Anan b. David）的人開始說起。此人是一位拉比智者，應該來自巴格達，他在八世紀時因為沒有被選為巴比倫的外地首領，所以非常憤怒：

> 亞南有一個弟弟，名叫哈拿尼雅。雖然亞南的學問和年紀都比弟弟大，當時的拉比學者卻拒絕指派他做外地首領，因為他非常不守法又缺乏虔誠。因此，他們找上他的弟弟哈拿尼雅，將他立為外地首領，因為他性格恭謙、畏懼天堂。這下，亞南被一股邪惡的激動情緒抓住，他和所有邪惡又無價值的那些撒督與波伊丟派系的殘餘勢力一起，偷偷創了一個反對派系（因為他們害怕掌權的穆斯林政府），並指派亞南為他們的外地首領。

然而，早期的拉比派和卡拉派作家似乎都不知道亞南來自大衛家族，也不曉得他的位子被弟弟奪走的事。十世紀一位偉大的卡拉派學者柯奇薩尼（al-Kirkisani）只有記載亞南的拉比智者身分以及他的教誨引發的敵意：

> 亞南在哈里發阿布・加法爾・曼蘇爾（Abu Ga far al-Mansur）的統治期間出現。他首度釐清了許多神聖法令的真理。他學了很多拉比派的知識，沒有人能否認他的淵博。據說，拉比學院的領袖海（Hai）和他的父親一起把亞南的著作從亞蘭語翻成希伯來文，在書中完全沒碰到任何一個在拉比學問裡找不到來源的東西……拉比派用盡全力想刺殺亞南，但是上帝阻止他們這麼做。[20]

在這兩個傳統中，將宗教運動的創始歸給單一人物或許沒什麼特別的，可以掩飾在伊斯蘭興起的數十年間巴比倫猶太教內部出現的反對運動中，亞南實際參與的程度。伊斯蘭在七世紀中葉征服波斯和巴比倫，為猶太人和其他民族開啟新的定居地點，也讓巴比倫外地首領和巴比倫拉比學院的宗教權威不再那麼嚴厲控制距離巴格達很遙遠的那些猶太社群。早在八世紀初，就有一位名叫阿布・伊薩（Abu Isa，原本叫做以撒・本・亞科夫〔Yitzhak b. Yaakov〕，但後來被跟隨者稱作「歐拔迪亞」〔Obadiah〕，意思是「主的僕人」）的人率領伊斯法罕（猶太人的重要定居地）的猶太人進行武裝叛變，對抗阿拔斯王朝。他聲稱自己是彌賽亞來臨前會出現的第五位信使，也就是最後一位（前四位為亞伯拉罕、摩西、耶穌和穆罕默德）。阿布・伊薩雖然戰死了，但卻為倖存的部下留下了受到伊斯蘭觀念所影響的一種別具特色的禁慾與神祕思想。這些人後來被稱作伊薩派，在十世紀的大馬士革仍存在著，雖然人數不多。

阿布・伊薩有一個來自波斯哈馬丹的徒弟育丹（Yudghan），他聲稱自己是阿布・伊薩部下的先知，而且這些人都相信他是彌賽亞。卡拉派的史學家柯奇薩尼在十世紀中葉時寫到育丹派，說他們「禁食肉類和會醉的飲料、遵守許多禱文和齋戒，並堅稱安息日和各個節日現在已經不再必要」。十世紀時，卡拉派對育丹派極端的宗教革命驚恐不已，柯奇薩尼也完全反對當時仍在伊斯法罕活動的少數育丹派人士。但，正是催生這些運動的亂源（來自同一個起源還有沙丹派和木許罕派，但是，抨擊這些派系的文獻只有提到派系的名字以及對這些異端思想所做的瘋狂揣測，因此無法給予任何可靠的相關資訊），才讓亞南的教誨得以扎根。[21]

亞南把自己的教條用亞蘭語寫成《戒律之書》（Sefer haMitzvot）這本著作。和其他那些非拉比的派系領袖相比，他的思想好像沒有那麼激進，而且他似乎沒有完全地排斥拉比派使用口述傳統的做法。不過，他還是強調禁慾，以紀念聖殿被毀的事件。他以聖殿的敬神儀式為基礎，重新形塑會堂禮儀，並堅持嚴格詮釋聖經，縱使這樣做就表示要非常嚴苛地遵守聖經（說不定，正是因為得非常嚴苛地遵守聖經，他才這麼做）。因此，經由這種嚴格限制的詮釋法，亞南規定安息日不得生火，即使提前生火也不行：

> 你可能會說，只有安息日當天生火是被禁止的，所以如果是在前一天的平日生火，並讓火持續到安息日，這樣就不算違法。但，慈悲的上帝這樣寫了：「不可生火」，還在其他地方寫了：「不可做任何的工」（《出埃及記》20:10），而且兩條誡命都是以taw這個字母開頭。關於勞動，經上寫的是「不可做任何的工」，因此很明顯地，即使勞動是從安息日到來前的平日就已經開始了，安息日到來後也必須停止。因此，生火也是同樣的道理。經上寫「不可生火」，意思是即使火是在安息日到來前的平日就已經生了，也必須熄滅。[22]

這種嚴苛詮釋聖經文字的做法和第二聖殿時期晚期的某些猶太團體有一些共通點，例如撒督該人、昆蘭的雅哈達以及愛色尼人。然而，我們不可能證實亞南和這些團體或者亞南和第二聖殿時期的某些祭司運動（他和這些運動也有一些相似之處）之間，有任何直接的傳承關係。同樣地，我們也不可能證實亞南有受到什葉派任何直接的影響，雖然亞南反對拉比派訓誨，就和波斯的什葉派反對遜尼派教誨很相似，而且亞南的後代受到其追隨者所尊敬，就好似阿里的子孫受到什葉派的穆斯林所尊敬一樣。[23]

亞南傳播教誨的時間應該是在七六二到七六七年間。他生前的追隨者從來就不多，十世紀之前也沒什麼猶太人自稱是亞南派的成員，但拉比派後來卻將他視為卡拉派的唯一創始人。後世的卡拉派則將這個團體的起源歸給亞南和另外一位波斯導師——便雅憫・本・摩西・拿哈巒迪（Benjamin b. Moses al-Nahawandi）。根據柯奇薩尼的紀錄，此人在九世紀時原本也浸淫在拉比學問之中，後來發展了一套獨特的神學觀，取了「卡拉」（Kara'i）這個名字，可能是因為他特別注重聖經（mikra，《塔納赫》的另一個希伯來名稱）的緣故。他的著作《規則之書》不像《塔木德》是以亞蘭語寫成，也不像後世大部分的卡拉派教誨那樣是以阿拉伯文寫成，而是用希伯來文寫的。從這本書的結論可以看出，便雅憫對猶太教裡某些聖經沒有加以規定的層面抱持著輕鬆的態度：

> 願所有流放在外的人【即住在以色列地之外的猶太人】都能從我——摩西之子便雅憫——這裡獲得大量和平；願摩西的回憶和所有公義之人的回憶一樣受到讚美。我是你腳下的塵土，為卡拉派寫了這本規則之書，讓你能根據此書審判同胞與朋友。和每一條規則相關的聖經段落我都有標明出來。至於拉比派所遵守記錄、但卻找不到相關聖經出處的其他規則，我也寫了下來，這樣如果你真的想，也能遵守之。

便雅憫的教誨和亞南的一樣，都很強調聖經的權威，因此後世尊稱他們為卡拉派的創始者，再適合也不過。然而，他們兩個傳下的其他信條後來不是被拋棄，就是不被承認。便雅憫提出一個特殊的觀點，認為上帝不會因為干預世間事務而遭到玷汙，和亞歷山卓的斐羅在八百年前所提倡的邏各斯理論很像。邏各斯理論認為，世界是由天使創造，天使是上帝和被創造出來的世界之間的中介者。我們不知道便雅憫是不是讀了斐羅著作的阿拉伯文譯本，因此受到斐羅的直接影響。[24]

無論如何，後世的卡拉派是極力否定這種觀念。但以理・本・摩西・庫米希（Daniel b. Moses al-Kumisi）也不認同。他生存在九世紀末的耶路撒冷，對後來的卡拉派思想發揮極大的影響力，認為聖經裡提到有關天使的部分，其實都是在指涉受到上帝控管的自然力量。卡拉派強調要依靠聖經，因而出現非常多樣的個別詮釋，倒是便雅憫應該會讚許的。庫米希是最早用理性主義的方式來解讀聖經的人之一。他的卡拉派後繼者很快就建立起自己的傳統，被一致承認是「產業的軛」，因此和拉比派聲稱口傳妥拉與書面文字具有同等權威的說法有所區別。這就是為何，卡拉派的史學家柯奇薩尼在十世紀時說，亞南曾吩咐要「尋遍妥拉」，並且「不要仰賴我的意見」（但亞南實際上可能沒這麼說過）。多元的想法不是壞事：

> **因為，譴責……會加諸在他們【拉比派】身上，是由於他們宣稱他們所有的教誨都來自先知留下的傳統。若是如此，就不應該有異議；但異議是有的，這個事實等於批評了他們的說法。另一方面，我們是用我們的智識來認識，因此無可否認地會出現異議。**[25]

在柯奇薩尼之前，尚有其他和拉比派思想相牴觸的猶太教類型，可被視為卡拉派的先驅。但是，我們只能從他在史學著作做出的簡短評論，略知這些派系的一二。烏克巴派源自巴格達鄰近地區，出現在九世紀後半葉，他們的發展歷史很短，其中一個特殊的傳統就是在星期六清晨開始安息日，而不像其他猶太人一樣從星期五晚間就開始。同一時期，在以色列地的拉姆拉，馬黎克・拉姆利（Malik al-Ramli）則努力改變潔食觀念。他在聖殿當年矗立的位置發誓，雞肉曾被用來當做聖殿的祭品，因此是可以吃的。這和亞南的觀念相左，因為亞南認為雞和《利未記》11:19禁止食用的戴鵟是同類的。此外，庫米希也認為，「畏懼上帝的人必不可食用斑鳩、雛鴿和野鴿以外的任何鳥禽，『直到公義之師來臨為止』。若吃了禁食的禽鳥或魚類，在審判日的時候就會死去，消於無形。」[26]

到了十世紀中葉柯奇薩尼的時代，卡拉派獨特的信條已經開始成形。到了十二世紀，其他異議團體都已消失，要不就是融入卡拉派運動中，早期的個人主義特色開始漸漸遭到壓制。所有的宗教教誨都只能仰賴聖經的這條原則，後來也經過修改，可以接受透過類比和理性建立的論點；大部分的卡拉派都接受理性，但不是所有人都接受。他們一絲不苟地使用肉眼觀看月朔，以確立新月份的展開，無視拉比派的數學計算，也不理會拉比派在特殊情況下延緩新年的做法（例如，原本的日期可能導致贖罪日隔天是安息日的時候）。故，卡拉派慶祝節日的時間常常和其他猶太人不一樣。光明節因為不是聖經的節日，所以他們完全不慶祝。在安息日和飲食律法方面，卡拉派有很多地方都較拉比派還嚴格。比方說，他們不同意《塔木德》裡所說的，某些食材要達到一個最小值，食物才被視為禁忌。他們也排斥拉比派針對經期不潔淨所立下的規範。卡拉派自己有一套獨特的會堂禮儀，平日一天進行兩次禱告禮拜（而非三次），內容大部分是取自聖經（尤其是《詩篇》）和聖殿儀式相關的文本，且不使用拉比派禮儀的重要元素——阿米達禱文。

到了十五世紀晚期以利亞・本・摩西・巴思亞契（Elijah b. Moses Basyatchi）的時代，卡拉派的信條甚至可以編成一套有系統的法典，如下：

所有的物質創造（也就是各個星球及其上頭的所有事物）都是創造出來的。這些東西是由一位創世主

所創造，祂沒有創造自己，而是永恆存在的。沒有任何東西和創世主相似，祂在每個層面都是獨一無二的。祂派來先知摩西。祂一併送來完美的律法。信仰祂的人有義務知道律法的語言及其詮釋。上帝在摩西之後，還啟發了其他真先知。上帝會在審判之日讓全人類復活。上帝會根據每個人的作風和他的行為所結的果來進行賞罰。上帝沒有遺棄流散各地的人；他們是在承受上帝公正的懲罰，必須每天祈求有一天會從身為大衛王後裔的彌賽亞手中，獲得祂的救贖。

法典的第六條要求卡拉派成員要通曉律法的語言，使卡拉派非常努力鑽研聖經的學問：「因此，以色列的每一個後裔都必須學習神聖的語言，也必須用適切的方式以及能促進學習的特殊條件，來教導孩子認識律法的語言和先知說過的話。」[27]

十世紀時，耶路撒冷變成卡拉派密集鑽研聖經的學術重鎮，大量的學術著作都在這裡產出，特別是聖經評述、辭典和希伯來文文法。卡拉派的人數不僅在耶路撒冷變多了，在大馬士革、開羅和北非也是如此。他們來到這些地方，有一部分原因是希望攻擊拉比詮釋聖經時喜歡採用的擬人化手法，讓拉比派看見自己的愚蠢。卡拉派有自己的會堂和學院，但是由於他們沒有任何正式的階級制度，因此領袖通常是透過著書立說和律法裁決來發揮影響力。他們的機構也沒有權威，因此都是以勸服的方式宣傳觀點。[28]

那麼，卡拉派在十到十一世紀達到巔峰時，能對拉比派發揮這麼大的影響，就更值得注意了。部分原因在於，拉比派和卡拉派是在同一個宗教的內部活動。耶菲特・本・阿里（Yefet b. Eli）就是一個例子，他是一位卡拉派學者，生活在十世紀後半葉的耶路撒冷，在拉比派的薩阿迪亞完成極具影響力的猶太阿拉伯語版（用希伯來字母寫成的阿拉伯文）聖經後，他也翻了一個直譯的阿拉伯文版本。沒有證據顯示，拉比派因為卡拉派的宣傳活動而集體皈依卡拉派，但卡拉派帶來的威脅確實誘發了拉比派的各種反應。最早做出反應的就是薩阿迪亞：二十三歲時，薩阿迪亞就用阿拉伯文發表了對亞南的抨擊。也有人說，他憑著精力和堅定不移的反對立場，阻斷了卡拉派的浪潮。

另一方面，前面也曾說過（第三四五頁），薩阿迪亞和卡拉派學者曾團結起來反對思想更危險的西維・巴爾赫（他來自波斯的呼羅珊），因為他在九世紀後半葉批評聖經，質疑上帝的公義、全知、全能、恆久與獨特，以及聖經敘事的連貫與合理性。薩阿迪亞這樣嚴厲地斥責西維・巴爾赫：

你又問了關於各種折磨的事情；飢餓與病痛，恐懼與孤寂與毀滅，炙熱與寒冷，這些東西為何沒有遠離人們……你要明白，上帝是為了祂創造出來的人類好，才懲罰他們……你抱怨道：「祂為何讓惡人的子孫留下來？」但，諾亞並沒有罪，祂為何不該留下他。倘若祂將他毀滅，你恐怕又會說：「祂把義人和惡人一起燒死！」[29]

卡拉派定會欣然同意拉比派的薩阿迪亞這樣捍衛聖經的傳統。雖然兩派人馬好幾個世紀以來持續用文字抨擊對方，薩阿迪亞也將卡拉派視為異端，但這兩個團體仍在近東地區和平共存，隸屬同樣一個（雖然時常吵吵鬧鬧的）猶太社群，就這樣至少延續到十二世紀。日後，身為開羅猶太領袖的邁蒙尼德將會在穆斯林面前為拉比派、也為卡拉派發聲，勸告他的會眾要尊重卡拉派：

這些卡拉派信徒住在亞歷山卓、開羅、大馬士革、伊斯蘭地的其他地方和以外的地區，應該要受人尊重，並以誠信對待之。我們應該以謙遜的態度真誠和平地與他們相處，只要他們也對我們正直，不發表歪邪的言論，不對這一代的拉比智者宣揚不忠；只要他們不嘲諷我們神聖的智者（願他們安息）、坦拿、

《米示拿》和《塔木德》的智者所說的話，因為他們從摩西和至高上帝那裡為我們建立了這些教誨和習俗，我們忠心遵從。因此，我們應該尊敬他們、迎接他們，即使是在他們的屋子裡，應該替他們的兒子行割禮，即使是安息日，應該安葬他們的亡者，安慰他們的生者。

同樣地，卡拉派對拉比派的教誨雖然態度不一，兩派之間的社交往來時常都蠻親近的，開羅貯藏室便有許多文件記錄了卡拉派和拉比派的聯姻。令人驚訝的是，這些婚姻和現代婚姻頗為相似，為因應節日慶典等不同的習俗，會有特殊安排：

他不應該違背她的意願點燃安息日的燭火，也不該強迫她吃或喝任何東西……這位拉伊莎支持前面說到的那位她的丈夫，同意和他在一起的時候，她不應違背他慶祝我們拉比派同胞的節日……他們憑著絕對的決心、意志和誠信要在一起，並願意依循卡拉派的習俗，根據月亮觀測來慶祝神聖的節日。

然而，節日的慶祝時間不一致，有時候並不會被寬容：十一世紀時，一個拜占庭的拉比派信徒寫信給埃及的兄弟，說到「卡拉派去年又攻擊我們了，褻瀆主的節日……現在，我們之間出現巨大的敵意，激烈的爭執已經發生。」但，十三世紀時，一個伊拉克的拉比派哲學家薩阿德・伊本・卡穆納（Sa'ad ibn Kammuna）敘述了兩邊陣營互相控訴的狀況以及雙方個別做出的回應，暗示兩派的爭論不值得再繼續下去。十四世紀時，克里特島有一位拉比派成員示瑪利亞・本・以利亞（Shemariah b. Elijah），他呼籲兩方應該彼此認同，這樣「所有的以色列就能再次變成團結一心的兄弟」。[30]

卡拉派運動最初有可能是受到伊斯蘭教內部的思潮所推動的，雖然我們無法證實這點。某些穆斯林神學家排斥聖訓，意圖維護可蘭經的權威，和卡拉派對聖經的態度十分類似，但是能看出這個相似點的史料年代卻相差了近兩百年。亞南排斥世俗學問，但後世的卡拉派卻熱忱地接受阿拉伯科學。十一世紀時，從伊朗來到耶路撒冷的卡拉派哲學家約瑟・本・亞伯拉罕・哈柯恩・哈洛埃・巴錫爾（Joseph b. Abraham haKohen haRo'eh al-Basir，人稱「盲者」）和他的門生耶書亞・本・猶大（Yeshua b. Judah）都受到伊斯蘭經院神學穆爾太齊賴派的影響（甚至比薩阿迪亞受到的影響還大），使用猶太阿拉伯語寫作，強調上帝的一體性和世界是被創造出來的這個特性。[31]

巴錫爾之後又過了半世紀，卡拉派的重心將會遷離伊斯蘭地（埃及除外），失去周遭穆斯林文化所激發的活力。耶路撒冷的卡拉派社群似乎在一〇九九年第一次十字軍東征時，隨著當地的其他猶太人一起被消滅了。十二到十六世紀，卡拉派信徒大部分都是在拜占庭帝國活動，因此君士坦丁堡產出許多卡拉派的宗教文獻。大約從一六〇〇年開始，許多卡拉派信徒往北移動，先是進入克里米亞，接著來到立陶宛和波蘭。俄羅斯首先在一七八三年將克里米亞納入版圖，接著又在一七九五年納入立陶宛，對卡拉派和拉比派之間的關係起到決定性的影響。一七九五年，俄羅斯在凱薩琳大帝的統治下，對卡拉派和拉比派的猶太人實施不同的稅制，並允許卡拉派擁有土地。這使得兩千名左右的卡拉派信徒（當中有許多是中產階級地主）得以聲稱，由於他們不接受《塔木德》，所以他們根本不是猶太人。一八三五年，他們重新正名為「舊約信仰的俄羅斯卡拉派」。一八四〇年，他們獲准自立一個獨立的宗教，與穆斯林的地位平等。在最富有、最努力幫助卡拉派從拉比猶太教獨立出來的卡拉派領袖中，有一號很有意思的人物，名叫亞伯拉罕・菲爾柯維奇（Abraham Firkovich）。他來自沃里尼亞的盧次克，十九世紀時遊遍克里米亞、高加索、耶路撒冷和君士坦丁堡，尋找古老手稿、考古遺物和墓碑，希望證明卡拉派促使可薩人皈依猶太教的歷史。他在聖彼得堡圖書館留下一批驚人的希伯來文手稿，至今仍具有重大意義。[32]

二十世紀初，俄羅斯的官方紀錄有一萬三千名左右的卡拉派成員，在波蘭、君士坦丁堡、開羅、耶路撒冷和其他幾個地方也有數量較少的卡拉派信徒存在。在東歐，卡拉派因為和猶太教分開，所以在二十世紀中葉大屠殺的期間免於遭受納粹迫害，甚至還有獲得拉比派猶太人主動幫助的案例。一九四五年之後，這些歐洲的卡拉派和拉比派猶太教的關係依舊疏遠，但在一九四八年之後，許多埃及的卡拉派信徒移居以色列，成為當代以色列多元猶太宗教生活的一部分。猶太當局很歡迎他們。例如，二〇〇一年的時候，政府發行一款郵票，上面用英文寫著「卡拉派猶太人」等字樣，向那些為以色列奮鬥的卡拉派人士致敬。以色列有許多拉比也恢復了邁蒙尼德的態度，認為卡拉派也是猶太人，只是觀念有誤。在二十一世紀的今天，以色列共有四萬名左右的卡拉派信徒，主要分布在拉姆拉、阿什杜德和俾什巴。美國有四千名卡拉派信徒，最多集中在舊金山地區，而伊斯坦堡和法國亦有人數較少的卡拉派社群存在。近年來，卡拉派開始致力傳播自己的思想，特別是透過網路的方式。卡拉派可以說，他們遵循的是摩西的律法，而其他猶太人都走歪了，就像九世紀末庫米希在耶路撒冷所聲稱的那樣。在庫米希看來，拉比派「沒有教導我背負摩西律法立下的規範的軛，而是使我走歪，去遵守『用死板的方式學習的人所立下的規範』。現在是我們懺悔的時候了。」[33]

為什麼希臘猶太教後來漸漸消失，但卡拉派至今仍存在？其中一個原因或許是，卡拉派運動的根源就是有原則地反對主流的拉比思想，因此他們雖然常處在一種不舒服的隔離狀態中，卻也擁有獨特的身分認同。相較之下，希臘猶太人繼承了一個和拉比思想相容的世界觀，因此隨著時間過去，他們的特色漸漸融入了拉比的特色中，因為拉比在猶太世界的其他地方受到更有活力的傳統訓練，所以相對強勢。在後面的章節裡，我們將會看到，猶太教後續的歷史也會出現更多這樣的例子，派系之間的差異會透過同樣的過程加以消弭。

13

西方拉比（1000–1500 CE）

海果昂是最後一位能對整個猶太世界發揮影響力的巴比倫果昂。他在一〇三八年逝世後，拉比猶太教的權威分散在地中海地區和北歐的幾個新興重鎮。猶太人不只受到巴勒斯坦、埃及、北非和西班牙的伊斯蘭統治者所掌控，也成為眾多基督教國家的臣民，而這些國家的宗教事務又全交由位於羅馬的教宗管轄。在西班牙、法國和德國，十分尊崇聖經和《巴比倫塔木德》的拉比深入研究這些典籍，將實踐律法當作日常生活的指導方針，同時透過推敲揣測神祕的道理以及哲學的理性分析發展出新的神學，探討上帝及其創造出來的東西之間的關係。

十一世紀時，萊茵蘭和法國的拉比開始有了一個新角色，負責扮演各地猶太社群的公共仲裁者，也因而促進了塔木德學術知識界與歐洲猶太人現實生活之間的連結。猶太人在歐洲北部重要貿易路線上的都會核心建立新社群後，商業活動變得愈加複雜，因此有時候，由指派或選舉出來的富商擔任世俗的團體領袖，並無法解決猶太人的內部紛爭，所以社群轉而求助擅長猶太律法的拉比。拉比似乎是由世俗領袖一致推舉出來，沒有一個正式的選任程序。拉比必須仰賴這些世俗領袖的支持，才有辦法掌控當地的社群，因為他們如果對他的某項決議有意見，是可以訴諸政府當局的。

因此，歐洲和北非的拉比對各地社群的掌控程度不一。十三世紀時，拉比的責任包括：擬定屠宰潔食肉類的程序、正確準備浸禮池（mikveh）以及批准離婚等。社群的其他成員偶爾也能帶禱告或誦讀妥拉，但領導會堂儀式的通常會是拉比。拉比可以因此獲得名譽與尊敬，但並不能保證終身擔任此職。他也不會得到任何直接的報酬（付錢給解讀妥拉的人是一種褻瀆行為），但希望留住拉比的社群會用禮物和特殊待遇等其他方式來回饋他的服務。無論如何，拉比的聲望還是要看他在學術研究方面的名聲，如果他能吸引外地的學生來到他的城鎮、在他的學院研究《塔木德》，他的名譽就會大幅提升。被基督教政府指派來發揮宗教權威的拉比，就更容易引起矛盾的情緒了，像是一二七〇年拿坡里和西西里島的國王就指派「巴勒摩的猶太人馬博拉赫・法達夏瑟姆，也就是被你們選中的虔誠者，負責執行會堂的祭司職務、在屠宰場屠殺牲畜、保管公證人的印章」。[01]

每個地方都有自己的拉比負責統轄，這樣自然會出現多元做法，但由於散居在整個地中海地區的貿易路線上、主要河流的沿岸以及歐洲舊時的羅馬道路的猶太社群，彼此有著非常頻繁的交流，所以這些差異因此就縮小了。本地的拉比遇到困難的案件時，會向更有學問的同僚請教意見。一個地區通常只有一位拉比智者被普遍認定是「這個世代的領袖」。抄寫活動讓書籍得以流通；從十二世紀開始，歐洲累積越來越多手稿。從抄本的數量和某個作品被另一個作品引用的數量，就能看出拉比圈內各種思想的相對影響力。

辣什和哈拉卡的發展

十到十一世紀，卡拉派大力詆毀拉比派將口傳妥拉當成摩西律法的正當表達方式來宣揚的做法，結果只是讓拉比更確信妥拉的二元性。在接下來的幾個世紀，以（卡拉派極力排斥的）《巴比倫塔木德》裡記載的拉比討論為基礎的哈拉卡（即律法）將大大擴張觸及範圍，內容也會變得更艱深、更複雜、更多元。雖然拉比強調妥拉可以口頭傳述，但是為了住在遙遠地區的猶太人，哈拉卡有很大一部分被書寫下來，所以我們可以從許多令人困惑的細節來追溯這段發展歷程。因此，哈拉卡的發展透過「答文」的往返傳遞，往往帶有半書信的性質，和基督教發展初期各教會透過通信來發展基督神學的狀況差不多。在這些史料中，有些原件的殘篇可在開羅貯藏室找到，有些被抄寫下來，由中世紀的猶太社群保留存用，最後進到了人文主義學者的收藏中，現存放在大學圖書館裡，另外還有一些則存放在修道院和教堂的檔案庫。基督徒的圖書館員對這類猶太文獻抱著矛盾的心理，所以有時會把希伯來文本和其他作品裝訂在一起。從南歐（特別是義大利和西班牙）各大圖書館裡抽取這些文本並辨識出它們的本質，是一個相當複雜的過程，近年才開始動工。[02]

在這幾個世紀中，拉比寫了什麼樣的作品？卡拉派特別不承認《塔木德》的權威性，因此拉比學者回應的方式就是評述《塔木德》的內容，以九世紀開始興起的解經文化以及薩阿迪亞發表的聖經評述為基礎。早在十一世紀前半葉，凱魯萬的哈那內爾・本・胡希爾就用希伯來文為《塔木德》的每一頁寫下簡單扼要的摘要，釐清論述中某些難懂的段落。同時代的另一個凱魯萬猶太人尼希姆・本・亞科夫・本・尼希姆・伊本・沙辛（Nissim b. Yaakov b. Nissim ibn Shahin）則用阿拉伯文寫下他對許多《塔木德》主題的評述。然而，從影響力來看，他們的努力都比不上偉大的拉比學者所羅門・以撒（R. Shlomo Yitzhaki）針對《塔木德》逐行寫下的評述。他以「辣什」這個名字為人所知，同樣生存在十一世紀，來自特華。十二到十四世紀晚期，有許多作家給他的作品加上補述（tosafot），希望讓辣什的著作更臻完善，釐清他的評述以及《塔木德》本身所出現的明顯矛盾之處（見下文）。[03]

學者因為鑽研哈拉卡文本，所以寫下了對《塔木德》的評述，但他們在現實生活中也必須實際遵循哈拉卡，而這就導致有大量的答文出現。前面已經提過，在一千紀的最後幾百年，巴比倫果昂的答文幫助他們在伊斯蘭世界的猶太人之中建立威信。寄件人會在信中請果昂釐清各種與信條、禮儀以及其他律法問題相關的議題。許多答文都非常簡短，只寫了「不可以」或「可以」，但也有一些答文篇幅比較長。果昂也有可能表達不滿，例如蘇拉學院的拿順果昂九世紀時寄給凱魯萬學者一封信，抱怨他們將一模一樣的詢問內容同時寄給蘇拉和帕姆畢迪塔學院：「你會說：『他們互相爭論』……這樣難道不是褻瀆了上帝的名諱嗎？……現在我們……警告你們，如果你們把同一個問題【同時】寄給我們和帕姆【畢迪塔】，帕姆和我們不會寄給你們任何東西【即答案】。」

十世紀接近末期時，來自其他拉比學術中心（例如哥多華、凱魯萬和盧卡）的學者開始擔起這個判例法裁決者的角色，判決有關個人地位、公共權威或宗教習俗的個案。摩西・本・哈諾卡留下了許多答文。他在十世紀時將《塔木德》的知識帶到西班牙，並在那裡創了一個學院；根據《傳統之書》的記載，「原先向各個學院提的問題，現在都改問他。」答文通常會以《塔木德》的例子來解決當代遇到的問題，伊斯蘭國家則是拿果昂的答文做為先例。但在基督教國家，拉比通常會憑藉自己的邏輯推理（包括出自聖經和《塔木德》的詭辯），替問題提供清楚的答案。一個拉比可能寫過非常多的答文，於是漸漸地，這些拉比做過的裁決被匯集成冊，以供後代參閱。羅騰堡的梅爾・本・柏魯克拉比（R. Meir b. Baruch）是法國和德國一個知名的裁決者，他在自己的學院蒐集了逝世前（他在一二九三年死於阿爾薩斯的監獄）三百年所有阿什肯納茲拉比撰寫的答文，集結成許多冊。這部作品在中世紀後期被大量抄寫，變成猶太律法的主要參考來源。[04]

因為研究《塔木德》的動機有二，再加上人們需要在現實生活中應用妥拉，這就使得哈拉卡文獻又出現了兩種延伸類型，旨在遇到困難案件時，能幫助無法理解《塔木德》祕教的普通人釐清律法。他們可以自行研究這些新的文獻，或採取更常見的做法，那就是尋求當地拉比的建議，因為這些拉比可以輕易取得這些學術文本。十二世紀德法兩地的拉比完成許多「新評」（hiddush），將《塔木德》衍生出來的繁複辯證法應用在《塔木德》沒有討論到的律法議題上，目的是要將哈拉卡的適用範圍延伸到當代的生活。但另一方面，有些拉比權威試圖將這些發展迅速的律法文獻編成好消化的形式，讓那些未能充分鑽研塔木德評述的人不靠這類引導就可以找到解答。十一世紀時，以撒・埃爾法西（Yitzhak Alfasi，人稱「利夫」〔Rif〕）在摩洛哥的非茲和（人生即將走到盡頭時）西班牙編纂了《哈拉卡之書》（Sefer haHalakhot），將《塔木德》的律法裁決寫成文摘，並為果昂的法令寫下具有權威性的摘要。有時，《塔木德》沒有清楚解決一個問題時，他會提出自己的裁決。赫菲特・本・亞茨利亞（Hefets b. Yatsliah）和利夫生存在同一個時代，同時也是最後幾位對西方拉比有長遠影響的巴比倫學者之一。他用阿拉伯文寫了《戒律之書》這本著作，將誡命依照主題分成三十六章，每一章都分別呈現正負兩種誡命，並引用相關的聖經和拉比著作來做為引證。05

上述兩部法典都有被邁蒙尼德大量應用於他在十二世紀後半葉的埃及寫成的《密西那妥拉》（Mishneh Torah，意為「妥拉複述」）。邁蒙尼德認為，知識在他的時代衰退了，因此他撰寫此書是要改善這個現象。為了達到這個目的，他用非常清楚的米示拿希伯來文列出猶太律法的每一個面向，沒有加上理由，也沒有加上裁決的來源，以免內容變得混亂不清。這部劃時代的作品比赫菲特・本・亞茨利亞的概要式著作更上一層樓，因為邁蒙尼德並不是要寫一本幫助人們學習《塔木德》的讀物（他在書中連一次也沒有提到辣什的著作），而是要指導讀者如何在現實世界生活。邁蒙尼德和他的晚輩以利亞撒・本・耶胡達（Eleazar b. Yehudah，來自沃母斯，曾為德國和法國北部的猶太人撰寫一部直白的哈拉卡法典）在編纂法典時，總是力求清楚明瞭，並做出明確的結論，跟那些撰寫新評的拉比很不一樣，因為新評的目標是要不斷擴充哈拉卡，重視的是原創與新意。

猶太人盡力在生活中遵守律法，以展現虔誠的信仰，但這些拉比卻喜歡使用艱深隱晦的內容把律法變得更複雜，讓法典編纂者十分惱怒。亞科夫·本·亞設在十四世紀前半葉抱怨道：「無論哪條律法，都有分歧的意見。」他的父親亞設·本·耶希埃爾（Asher b. Yehiel，人稱「羅什」〔the Rosh〕）自己就寫了一部深具影響力的哈拉卡概覽，內容涵蓋當時的德國（他在這裡學習）和西班牙托雷多（他在一三〇五年成為這裡的拉比學院領袖）的所有哈拉卡實際應用，但在亞科夫看來，他的書仍存在許多不確定的地方。亞科夫的解決方法就是在《四排》（Arba'ah Turim）這本書裡將哈拉卡用一種創新的方式排成四行（紀念古代的大祭司在胸前配戴的四排寶石胸甲）。這四行分別是：Orah Hayyim，和日常義務有關，如祝禱；Yoreh De'ah，和儀式律法有關，如飲食規範；Even haEzer，和家庭律法有關；Hoshen Mishpat，和民法有關。亞科夫會寫出他的裁決是以哪一位權威為基礎，和邁蒙尼德的《密西那妥拉》恰恰相反。他的法典極為實際，刪去那些在一千兩百多年前聖殿被毀之後就再也沒有應用過的律法。這部法典對後世的影響力非常大。[06]

這些為了發展哈拉卡而演變出來的方法之所以具有權威性，是因為拉比同儕都認同這些智者的聰明才智。這些權威人士有的拒絕接受任何拉比的職位，如亞科夫·本·亞設。他選擇過著貧困的生活，把自己奉獻給律法研究。有一些哈拉卡學者被認為具備模範的信仰，但這樣的名聲不見得是人們接受其律法裁決的原因；只要人們認為裁決本身應當受到尊重，就會接受之。有個名叫雅各的人便用了一種非常特殊的手法來進行裁決。他來自法國中南部的瑪爾威吉（Marvège），寫了一本《天堂的答文》（Responsa from Heaven），書中記錄上帝在夢中回答他的問題時，向他揭示的哈拉卡內涵：

> 在基斯流月十九日的第三天晚上，我問這是主傳給我的，還是不是。我這樣問：天上的王、偉大至高的上帝啊，祢總是守著祢和愛祢的子民之間的慈悲的約，請守著和我們的慈悲的約吧。吩咐那些負責回覆在夢中詢問的問題的神聖天使，回答我在祢光榮王座前所問的問題吧。請讓答案正確無誤，無論是和聖經

或和律法裁決有關，每個部分都在適當的位置，並有清楚的定義，這樣就不會再有更多疑惑。注意了，我問的是：我問了關於那些射出精液的人接受浸禮的事宜，之後跑進我口中的那些話，是聖靈傳給我的嗎？如果把這些話說給我的女婿拉比約瑟，讓他告知此地的智者，這樣做有益處嗎？是正確的嗎？還是，這些話是別的靈傳給我的，所以沒有益處，我最好隱藏起來？他們回答：這些確實是主的話，這些話很古老，是古老的日子說的。

更驚人的是，雅各聲稱在夢裡收到的回答（全都沒有背離當時法國其他拉比的教誨）還被後世權威當成哈拉卡的裁決引用。[07]

到了十一世紀，發展哈拉卡的重鎮在地理位置上已經非常分散，而這種分散的情況在中世紀接下來的時期只是有增無減。西元九○○年到一一○○年之間，巴比倫的蘇拉和帕姆畢迪塔學院的卓越名聲遭到以下這些地區挑戰：在伊斯蘭世界，有巴勒斯坦的提比利亞、北非的凱魯萬和西班牙的哥多華；在歐洲北部，則有法國的特華和德國的沃母斯。從一一○○年開始，普羅旺斯以及現今的奧地利和捷克也出現新的學院，變成學術重鎮，而波蘭的學院也自十四世紀初開始興起。沒有一個中央機構負責控管這些發展，各地在律法和禮儀方面當然就出現差異，雖然不時會有學者試圖編纂統一的法典。然而，在這種各方面都不甚集中的文化中，仍有一些人的權威似乎被整個拉比世界所認同。所羅門・以撒拉比（辣什）就是這麼一號人物，他在十一世紀後半葉進行的非凡事業使法國北部和德國變成研究聖經和《塔木德》的重鎮。和這個時期的其他偉大學者（例如前面提過的利夫和羅什）一樣，所羅門・以撒在拉比圈內通常也是被人用縮寫稱呼。[08]

辣什誕生於特華。這是一座位於巴黎東南部塞納河畔的城鎮，還算有些重要性，不是什麼落後閉塞的外省地區：古羅馬時期，這裡就已經有城市存在，四世紀起就有主教，九世紀起就有主教座堂。到了辣什的時代，特華已經發展成一條重要貿易路線上的核心，或許這就是辣什的前一代猶太人選擇在此定居的原因。無論如何，辣什向好幾個地方（特別是沃母斯）的學者學習之後，最後回到特華建了一個學院。關於他的生平，我們很難區別事實與傳說，只知道他以栽種葡萄為生，而且對法文了解不少，因為他在著作中要解釋某個困難的希伯來單字時，常會使用法文的對應詞彙。但有一點毫無疑問，那就是他在闡述當時拉比教育的兩大文本：聖經和《巴比倫塔木德》時，非常地清楚全面，對當代和後代都有巨大的影響。

他的聖經評述除了《歷代志》（可能還有《以斯拉—尼希米記》）之外，每一本書都有涵蓋。他比在他之前的評述者都更強調建立文本直接意義（peshat）的重要性，在書中運用了邏輯和語文學，偶爾遇到無法解釋的部分時，也會坦承自己不明白文本的意思。辣什不是排斥先前的拉比賦予聖經的教訓意義，只是認為直接意義比這類詮釋更重要。例如，他在解釋《創世記》的這句話「那人和他妻子聽見主上帝在園中來回行走的聲音」時，便寫道：「米大示的解釋有很多，我們的老師也已經把這些解釋都收錄在《大創世記》和其他米大示適當的位置。然而，我只關注聖經的直接意義，只在意這些教誨有沒有用適切的方式解釋聖經的文字。」十二世紀的聖經評述家（如西班牙的亞伯拉罕・伊本・以斯拉和普羅旺斯的尤瑟夫・奇姆希）將效法他，強調要釐清聖經的字面意義。09

在某種程度上，辣什說自己偏好字面意義，這麼做其實可以達到一種修辭效果，允許他把許多早期的米大示材料放進來。例如，他在詮釋摩西在西奈山上收到的啟示時，便運用了《米基爾塔》的坦拿米大示，禁止製造祭壇時使用鐵製工具：

因此你就知道，如果你在上方舉起鐵製工具，你就褻瀆了它。原因在於，祭壇是建來延長人類的時

日，而鐵是用來縮短人類的時日，因此把一件會縮短人類時日的東西舉到會延長人類時日的東西之上，是不對的……還有一個原因：祭壇能讓以色列和他們的天父和平相處，因此任何具有切割毀滅能力的東西都不應出現在它之上。

用一個看似簡單的詮釋來傳達這類道德教誨，可以算是非常有效而且不著痕跡的講道手法。[10]

十四世紀時，利爾的基督教解經家尼古拉大量引用辣什的評述，而從拉丁文和希伯來文的雙語手稿中也可看出，北歐的基督徒在中世紀中期和晚期對猶太人的聖經研究十分有興趣。反過來，基督教對猶太教的影響就比較難看出。不過，十三世紀晚期開始在拉比圈流行的用語「PaRDeS」很有可能和中世紀基督徒認為聖經具有四重意義的概念有關。PaRDeS是用來幫助記憶的縮略簡化詞，指的是詮釋聖經的四種方式：直接意義（peshat）、暗喻意義（remez）、教訓意義（drash）以及神祕意義（sod）。然而，辣什雖然融入特華的世俗文化，懂不少產業、農業和貿易相關的事情，但卻似乎不會拉丁文，也看不出有受到當時非猶太學術圈的影響。

辣什幾乎將一整部的《巴比倫塔木德》都做了詳盡的評述，動機和評述聖經一樣，都是為了要幫助教育程度不高的猶太讀者；不過，他假定讀者對聖經已有基礎的認識，沒有將完全無知的人列入考量。他闡述《塔木德》的論點時，說明得非常清楚，完全沒有要超越文本的範圍，更進一步發展哈拉卡，和前面提到的那些把《塔木德》當作基礎來創新哈拉卡的學者截然不同。辣什的評述能夠取代所有在這之前問世的作品，原因在於他有辦法將《塔木德》的方法論說明清楚，拆解複雜段落的結構、解釋特殊的詞彙、闡明故事內容時提供半史實的背景介紹以及貼近現實的描述，讓整個文本活起來。這是一項非常了不起的成就，使他的評述在將近一千年後仍是研究《塔木德》的必備指定讀物，雖然他的學生和後繼者對他的某些詮釋有很多分歧的看法。辣什常常探討一些廣受歡迎的主題，像是以色列和上帝之間的獨特關係以及禱告、研究妥拉和謙遜的重要性。然而，他的目標、他對後世的影響，不在他自己說了什麼話，而在他透過自己的《塔木德》評述所帶動的教育革命——他引領更多讀者踏入《塔木德》的祕教世界，是以往的世代沒有做到的。[11]

辣什的三個女兒為他生下許多孫子，後來都成了他優秀的學生，同時也是他尖刻的批判者。他們遭逢第一次十字軍東征（一〇九五~六），下一個世紀又經歷萊茵蘭迫害的黑暗歷史，就在這樣的背景下繼承了辣什的塔木德研究傳統。某種程度上，在十一世紀晚期的沃母斯和美因茲，這些學者以一個現有的運動為基礎，合併了許多不同的塔木德文獻，以釐清實際遇到的決策，但是從十二世紀起，他們開始產出「補述」，為辣什的評述進行補充。這些補述通常是以學院內部口頭討論的形式呈現，因此常可見到「假如你說」或「我們可以說」等語句。這些討論時常質疑辣什的評述，而支持這些質疑的證據，就是辣什自己在其他地方提出的說法或辣什沒有引用過的新資訊，例如：很少有人研究的北非《塔木德》新抄本及其對《塔木德》的解讀，以及某些取自《巴勒斯坦塔木德》的內容。辣什的其中一個孫子雅各・本・梅爾・坦姆（Jacob b. Meir Tam）是這些早期補述家之中最有影響力的一位，他的門生在抄寫《塔木德》的時候，常把他的教誨寫進去。這些補述家的學院和十二世紀出現在北歐的主教座堂學校有很多明顯的相似點，而補述家所做的事和這個時期基督教評註家所做的事也有雷同之處，但是猶太人和基督徒是否有直接的學術往來，我們並不知道。[12]

拉比坦姆解讀塔木德文獻時，若認為有必要大幅修正傳統的妥拉詮釋，就會無所畏懼地去做。例如，他和祖父辣什的看法不同，認為經匣的內容應該要改，讓裡頭的聖經文本呈現不同的書寫順序。雙方的論點都非常有道理，因此有些虔誠的猶太人今日乾脆帶著兩組經匣，每一組各遵循其中一位拉比的裁決。像這樣解讀《塔木德》的內涵，有時候會出現一些令人不太舒服的討論。比方說，有人藉著坦拿拉比以賴的名義，表示如果出現無法克制犯下罪過的衝動，維護表面、不讓他人看見自己做錯事是很重要的：「一個人如果發現他的【邪惡】欲望就快征服自我，就讓他去一個沒有人認識他的地方，穿黑衣、用黑色覆蓋自己，然後做內心想做的事，而不要讓他公然褻瀆上帝的名。」不意外地，補述家不願意用字面意義來理解這則教誨。[13]

另一方面，現有的做法和《塔木德》立下的律法相衝突時，補述家通常會拿律法理論來合理化這個做法。有時，他們會用《塔木德》裡較弱勢的論點來支持自己的說法；有時，他們聲稱現有的做法維護了其他價值，所以無視《塔木德》的規定是合理的；最常見的是，他們堅稱《塔木德》預設的條件已經不再適用。例如，當時的法國猶太人不理會《塔木德》當中有關飯後洗手的規定，但補述家認為這是合理的：《塔木德》規定飯後要洗手，是為了要洗掉「所多瑪的鹽」，因為這種鹽會添加在食物中，但如果碰觸到眼睛就可能導致失明。可是，這種鹽後來已經沒有人使用了。《塔木德》支持《米示拿》的裁決，認為節日不可跳舞鼓掌，因為這些行為可能導致樂器需要修理，而節日是絕對禁止修理樂器的。但，法國的猶太人很喜歡跳舞鼓掌，所以補述家提出一個不太有說服力的藉口，說製造或修理樂器的技藝已經失傳，因此當初的禁忌已不再適用。人稱羅什的拉比亞設・本・耶希埃爾在十四世紀初曾寫到，他改變了離開德國到西班牙的念頭，因為原本使用混合材質製作的衣物可能讓人誤以為聖經律法遭到違反（聖經禁止衣物同時使用羊毛和亞麻，見第四章），但這個狀況已經變了：

> 我在德國時，禁止將一塊帆布衣物縫在一塊羊毛衣物底下，因為帆布衣物在德國不常見，人們會以為那是一塊亞麻衣物。今天常常看得見絲質衣物，所以每個人都認得那是絲質。因此，現在已經允許將一塊

絲質衣物縫在一塊羊毛衣物底下，絲線也可以縫進羊毛衣物裡。

在某些非比尋常的例子中，猶太人普遍的習俗甚至完全和《塔木德》的規定背道而馳。在這種情況下，十五世紀德國知名的拉比以色列・本・彼他亞・以色連恩（Israel b. Petahyah Isserlein）同意應以現實狀況為主，不用理會《塔木德》。因此，他判決天色還沒暗時可以誦念晚間示瑪，因為這是北方地區在夏季晝長夜短的情況下慣常的做法：

根據《塔木德》的理論和邏輯，無法辯護這種做法。但是，我們必須要想，人們是因為降臨這個世界的弱點所以才養成這個習慣，因此在漫漫白晝天還很亮的時候，大部分的人都已經餓了，希望可以吃飯。如果他們在午後禱文之前吃飯，他們會花很多時間在吃飯上，那就完全不會來會堂了……因為如此，學者無法阻止人們在天還很亮的時候說禱文、誦念示瑪。

像這樣用常見的習俗來進行裁決的做法，並不總是能被寬容以對：邁蒙尼德在著作中表示，「晚間禱文其實不像晨間或午後禱文那樣是強制性的。然而，所有的以色列人不管住在哪裡，都接受了晚間禱文的做法，並把它當成強制要做的事。」[14]

像羅什這樣去過不同社群的拉比，自然會意識到不同地區的猶太人所使用的哈拉卡有不太一樣的地方。這並沒有什麼新奇的，因為我們前面就說過，塔木德時期的拉比很清楚《巴比倫塔木德》和《巴勒斯坦塔木德》之間的差異。然而，當哈拉卡的複雜程度越來越高，各地的拉比權威就越來越奮力支持提出異議的權利。在埃及，邁蒙尼德表示，如果有人打破《米示拿》的規定，喝了放在外面的液體，就要受鞭打，因為這項規定是為了避免蛇給水下了毒。但在法國，補述家認為這項規定無效，因為當地沒有毒蛇。早在十三世紀初，呂內勒的亞伯拉罕・本・拿單（Avraham b. Natan）便十分讚揚各地不盡相同且漸漸出現約束力的習俗。他曾到普羅旺斯、法國北部、德國、英國和西班牙等地遊歷，並在他的著作《指南》（Manhig Olam）描述了這些習俗，特別是跟禱告和會堂儀式有關的。這本書後來成為其他猶太人的實用旅行指南。

在這段期間，各地的禮儀差異變得特別顯著，巴勒斯坦、東羅馬、北法、西阿什肯納茲、東阿什肯納茲、巴比倫、波斯、西班牙等地的儀式都不一樣，當中有些甚至沿用至今。然而，中世紀晚期出現的最大分歧當屬塞法迪猶太人和阿什肯納茲猶太人。法國、德國和波希米亞的猶太人源自十世紀的萊茵蘭地區（因此被稱做阿什肯納茲，因為這是希伯來文的「德國」之意），到了十六世紀時，他們的語言、希伯來發音、禱文和詩文都有許多共同的傳統，禮儀的基本架構也一樣。因此，他們認為自己和伊比利半島的塞法迪猶太人（塞法迪在希伯來文中意思是「西班牙」）有很明顯的差別，而塞法迪猶太人也同樣大力堅守自己的傳統。習俗從一個團體傳到另一個團體時，沒有那麼快被接受。例如，猶太新年有個「除罪」儀式（tashlich）的習俗，當天下午要在河邊或其他類型的水域旁邊誦讀有關悔過和寬恕的經文，象徵罪過被除去並丟入海中（《彌迦書》7:19）。這個習俗首次出現在十五世紀初一位德國拉比亞科夫・本・摩希・哈利未・墨林（Yaakov b. Moshe haLevi Molin，人稱「瑪哈利爾」〔Maharil〕）的著作中，他是阿什肯納茲習俗的知名評述者。然而，塞法迪文獻卻在一百多年之後，才提到這個習俗。[15]

有些節日的確非常本土，像是納磅和開羅的「普珥節」（分別源自一二三六年和一五二四年）都是為了紀念當地某次脫離危難的事件，因此慶祝方式和普珥節很像。在納磅，有一名猶太人和一個漁夫起了口角，後來演變成殺人事件，接著爆發反猶太人的動亂，最後由阿茅里子爵鎮壓住。每年的亞達月二十九日是這起事件的紀念日。這種本地禮儀比敬拜聖人墳墓的民俗還要正式；在中世紀的大部分近東地區，猶太人和穆斯林的鄰居都會到聖人的墓地參拜。住在耶路撒冷的一位卡拉派神學家沙爾・本・馬茲利亞（Sahl b. Matzliah）在十世紀時反對猶太人「參拜墳墓、給這些墓上香、相信靈魂、要求死人實現他們的願望，並在墳墓過夜」，但仍無法壓制這些習俗：我們在第十章便曾說過，先知以西結的埋葬地據說位在伊拉克的會堂裡，吸引了許多朝聖者遠道而來，當中既有猶太人，也有穆斯林。

在某些地方，要求男性遮住頭部的習俗漸漸變得和律法一樣具有約束力（但在某些地方則沒有）。沒有證據顯示，這項做法在塔木德時期就已普及，但在之後的幾世紀，禱告時遮住頭部的做法在巴比倫變得很常見，且在伊斯蘭國家的猶太人之中特別流行。這個習俗源自《巴比倫塔木德》。書上記載，胡那・本・耶胡書亞拉比（Huna b. Yehoshua）宣稱他沒遮頭的時候絕不會走超過四肘的距離，因為「上帝在我頭上」。因此，遮頭象徵一個人很虔誠，承認上帝無所不在，穆斯林禱告時也都會遮住頭部。十一世紀時，非茲的以撒・埃爾法西認為男性遮頭是必須的。但在十三世紀，法國仍有一些男性猶太人誦讀妥拉時不遮頭，遭到維也納的以撒・本・摩希斥責。他在著作《散播亮光》（Or Zarua）中描述法國和德國的哈拉卡及宗教風俗習慣，寫道：「法國拉比誦讀祈福禱文時不遮頭，這樣的習俗我不認同。」[16]

各地的習俗和做法會有這些差異（如敬拜墳墓），顯然是散居四方的猶太人受到居住地不同文化的影響所致。然而，在某些地方，是猶太人獨特的意識形態決定了他們對哈拉卡的態度。最明顯的例子，應當是阿什肯納茲虔敬派。他們是十二世紀中葉到十四世紀初期在萊茵蘭活動的虔敬主義者，主要是由美因茲和沃母斯的卡洛力穆斯家族成員所領導（見第九章）。他們的禁慾主義和對倫理學的奉獻是根基在他們自己發展出來的一套神祕主義神學上，耶胡達・本・舍母耳・哈哈希德拉比（R. Yehudah b. Shmuel haHasid）十三世紀初在雷根斯堡寫了《虔敬之書》（Sefer Hasidim），便是在敘述這個團體的內涵。《虔敬之書》描述拉比的生活規範，並有一些章節討論的是儀式、教誨、研究妥拉以及社會與家庭生活，但也收錄了許多值得做為典範的故事，示範正確的行為：

曾經，有個男人不願放過死去兄弟的妻子，非得要她履行嫁給他的義務。他的腳開始疼了起來，於是有人告訴他：「你不脫下鞋子，所以腳才會疼。」因此，他脫下鞋子，腳便痊癒了。有一個故事，講的是有個男人曾到各個城鎮討生活。他很窮，但知道很多事，做了很多善行。他不想要說出自己的名字或他知道多少事情。人們施捨他微薄的金錢。後來，他和鎮上的智者討論律法，他們發現他知道很多事情之後，人們都要給他更多錢，但他拒絕接受。他說：「你們已經給我窮人的救濟金，但現在你們因為我的知識而要給我錢，我不能接受。」

另外也有許多故事在講奇蹟和魔鬼，反映了十二世紀的德國所流行的思想。運用上帝名諱創造魔像（一種人造的生命體）的概念，最初就是在十二、十三世紀神祕研究達到巔峰時，由阿什肯納茲的虔敬主義者提出的，並在之後的數世紀成為東歐猶太人傳統中十分盛行的神話（見第十五章關於布拉格馬哈拉爾的傳奇）。阿什肯納茲虔敬派研究哈拉卡的方法可用一個概念總結：「神聖的根源必須超越組成律法的字母才能找到。」而這也是他們實行禁慾主義的原因。

第十章曾經提過，在一個世紀以前的穆斯林西班牙，巴希亞・伊本・帕庫達在著作《心之責任》寫到，他所憑靠的是另一種傳統，也就是伊斯蘭的神祕主義——蘇非主義，宣揚人們有責任隨時展現對上帝的感恩，提倡要採取溫和的禁慾主義。巴希亞認為，任何人從社會抽離都是不對的，被上帝選中的猶太人更不應如此：

遵守最高程度禁慾主義的人，目標是要變得像靈一樣的存在……因此他們脫離所有使他們無法專注思索上帝的東西。他們逃離有人居住的地方，到沙漠或深山裡去，沒有伴，也沒有社會……上帝的愛讓他們喜悅，使他們不會想到人類的愛……在所有類型中，這個類型離我們的宗教所教導的「中庸」最遠，因為他們完全不關注世俗事務。我們的宗教沒有要我們完全放棄社會生活，如前面引用的：「他……並非創造它為荒涼，而是要給人居住……」[17]

我們不能認為，有多樣化的類型，就表示這幾百年來都沒有人反對創新與改變。若在同一個地方，不同的做法比較容易起衝突，但是若和自己不一樣的習俗保持安全距離，便比較容易寬容。九世紀時，一個名叫伊利達的人來到凱魯萬，告訴當地猶太人他來自非洲一個獨立的猶太王國，由幾個消失的支派組成（包括他聲稱自己隸屬的但支派）。伊利達使用的儀式屠宰形式讓凱魯萬的猶太人十分不安，但巴格達的偉大拉比茨馬赫果昂（Tsemach）寫信告訴他們，這種變異並非異端，因為這是外地會有的狀況。然而，從德國逃到西班牙的羅什（前面曾提過）在一三〇六年支持哥多華的拉比，認為應該處決某個褻瀆上帝的人時，就沒拿律法來使自己的決定合理化了：雖然他認為哈拉卡不允許這麼做，他仍然給了首肯，以避免更多流血事件發生，同時防止伊斯蘭當局剝奪猶太人在司法上的自決權。[18]

第十一章曾經說過，從《米示拿》和《塔木德》的內容可推敲出拉比裁決的原則，那就是根據多數智者的決議所立下的律法，應該對所有智者都有約束力。然而，拉比分散在許多不同的國家後，這個原則變得難以遵守。辣什的孫子拉比坦姆在十二世紀時試圖要將這個原則改成無異議通過，而非多數決，但是這更難實行，而且他自己也和其他人意見不一樣，像是他和呂內勒的學者米書蘭·本·亞科夫就曾因為安息日點蠟燭的詳細規定和其他習俗爭執。拉比坦姆的晚輩亞伯拉罕·本·大衛（人稱「拉巴德」〔Rabad〕），他在南法的波思奇耶爾創立一個學院）甚至發展一種獨特的書寫文體，批判他人做出的哈拉卡裁決。拉巴德寫了一些著作批評法典編纂家（hassagot），不僅批判很久以前的編纂者（如以撒·埃爾法西），也評論當代的人物，最有名的就是他的死對頭——吉拉亞·本·以撒·本·利未·傑榮第（Zerahyah b. Yitzhak b. Levi Gerondi，他也對埃爾法西的法典頗有微詞）。他大肆抨擊邁蒙尼德的《密西那妥拉》：

他希望改善，但卻沒有成功改善，因為他放棄在他之前的所有作家使用的方法。他們總是會為自己的說法加以引證，給每一個說法引用適當的權威來源；這個方法很好用，因為法官有時會想要禁止或同意某件事情，而他的引證是來自其他權威。倘若他知道有更權威的來源用不同的方式詮釋律法，他或許就會撤銷裁決。因此，我不知道我為什麼要因為這位作者的著作，就逆轉我的傳統和我確鑿的觀點。如果和我意見不同的人比我還偉大，那就算了；如果我比他還偉大，我為什麼要撤銷自己的意見，去順從他的？再說，果昂在某些事情上意見不同，而這位作者選了其中一位果昂的看法，就把它放進他的著作裡。我無法接受他的看法，也不知道反對的一方是否有能力提出異議，那我為什麼要相信他的選擇？只能說，「有個蠻橫的靈在他體內。」[19]

在中世紀接下來的時期，哈拉卡繼續發展，並將對往後數世紀的拉比猶太教產生決定性的影響。塞法迪猶太人和阿什肯納茲猶太人之間的差異越來越大，但也都被承認；同一時間，拉比猶太教的每一個分支都熱切地接受辣什及其後繼者對於《塔木德》的評述。但，哲學和神祕主義的新觀念進入拉比圈，使得發展哈拉卡的拉比學院以及主導這些發展的個別智者之間，關係變得更複雜。而這就是下面要討論的主題。

邁蒙尼德：信仰與哲學

伊斯蘭教從九世紀到十五世紀形塑了近東、北非和西班牙的猶太教發展，用各種方式影響著這個宗教，而當中最具革命性的，就是透過哲學的理性思辨來維護宗教信條的做法。我們已經知道，斐羅在第二聖殿時期的最後一世紀便曾採用柏拉圖的觀念要做到這件事，也知道基督教的神學發展從三世紀開始就是以高度抽象的哲學思辨為特點，但是我們也曉得，《塔木德》的相關研究關注的是其他東西。伊斯蘭教（及之後的基督教）宣稱自己的觀點才能揭示至高真理，這使得猶太教受到挑戰，讓哲學又重新出現在猶太教裡，但同時被這三個宗教接受且歷久不衰的哲學觀念，有很多其實都是源自古希臘的多神教文化，像是柏拉圖和亞里斯多德。之後將會看到，不是所有的猶太人都認為哲學思考沒有危險。用理性來解釋宗教信仰，可能會破壞啟示的權威。

十世紀前半葉，巴比倫的薩阿迪亞果昂（前面已經提過，他是蘇拉學院的領袖，大力反對卡拉派）將哲學家大衛・伊本・馬爾萬・穆卡米斯（David ibn Marwan Mukammis，又稱大衛・哈巴維里〔David haBavli〕）先前採納的伊斯蘭經院哲學融入拉比猶太教。伊斯蘭經院哲學從八世紀中葉開始探討有關自由意志、物理學（通常是和原子理論有關）、不可能賦予神任何屬性以及神公義之完美等議題。伊斯蘭經院哲學的第一個學派穆爾太齊賴派認為，可蘭經並沒有恆久存在，而是和宇宙一起被創造出來的。這個說法在八三三年甚至被哈里發馬蒙立為官方說法，但在八四七年又被後來的哈里發穆塔瓦基勒拒絕承認。因此，在薩阿迪亞的年代，伊斯蘭經院哲學已經在伊斯蘭文化中發展成熟，但同時也備受爭議。然而，薩阿迪亞果昂在以猶太阿拉伯文寫成的《信仰和意見之書》中說明自己為何要依循伊斯蘭經院哲學詮釋聖書的理性思辨方式時，語氣十分理直氣壯：

本書讀者應該要知道，我們探究思考宗教訓誨的理由有二：第一，為我們自己找出從上帝的先知那裡學到的奧祕；第二，讓我們有能力反駁對我們的宗教抱持不同意見的人……我們就這樣進行探究思考，好讓主傳遞給我們的奧祕能夠變成我們的。有個問題無可避免地會出現，我們必須想一想，那就是，可能會有人問：「假如宗教訓誨可以透過正確的探究與思考來發現，就如主告訴我們的那樣，是什麼促使他的智慧透過預言把它們傳遞給我們，並藉由看得見的奇蹟證據來確定之，而非藉由理性的展示？」在上帝的幫助下，我們將給予完整的答案來回答這個問題……因此，我們必須馬上接受宗教的訓誨以及它們隱含的一切，因為這些都已經由感官的見證確認過了（我們也必須承認，可靠的傳統完全證明了它們的真實性後，接著把它們傳給我們，這在後文會解釋）。但是，上帝命令我們慢慢進行理性的探究，直到我們透過論據了解宗教的真理。上帝命令我們，不要放棄追尋，直到我們找到支持真理的可信論點，被迫相信上帝透過我們眼睛所見、耳朵所聽的東西揭露的一切。在我們之中，有些人或許會花比較多時間才能完成探究，但我們不用擔心；受到阻礙無法進行探究的人，都會有信仰引導。

薩阿迪亞和伊斯蘭經院哲學的信奉者一樣，宣稱一切是從什麼都沒有的狀態創造出來的，上帝的存在可從創造的一切進行推論。他說，妥拉是揭開的理性，創造的目的是快樂，而快樂必須透過妥拉的誡命獲得。因此，薩阿迪亞的哲學觀是他的哈拉卡作品的堅實基礎。在書中，他將不用啟示就能遵守的倫理誡命（因為這類誡命和理性相符）以及只能仰賴啟示的儀式誡命做了清楚的區分。[20]

薩阿迪亞對後世的拉比宗教哲學將產生巨大的影響，但這影響主要是來自他引進拉比世界的希臘思想，而不是來自伊斯蘭經院哲學。和他同時代的巴比倫人大衛・伊本・馬爾萬・穆卡米斯用伊斯蘭經院哲學的思想證實上帝的存在，強調上帝的屬性既然和人類有別，上帝的特質就不會影響他的一體性：

這個世界的創造者從每個方面來看都不像這個世界。所以，因為世界是混合而成的，其創造者就不是混合而成的；因為世界包含各式各樣的東西，其創造者就沒有多樣性；因為世界是有限的，其創造者就是無限的；因為世界是實體和偶然，其創造者就不是實體，也不是偶然。

薩阿迪亞將這類理性主義的思考模式引進主流的拉比世界，穆卡米斯取自基督教的亞里斯多德和新柏拉圖思想也是。十一世紀時，西班牙的道德家巴希亞・伊本・帕庫達也引述了薩阿迪亞和穆卡米斯的觀念，他的倫理教誨我們已在前文提過。但，構成巴希亞靈性指引的哲學理論大部分是源自新柏拉圖主義的傳統：對巴希亞而言，每一個人的靈魂都是上帝命令放置在肉體裡的，靈性生活要做到的，就是透過理性和妥拉的啟發讓靈魂成長，不受肉體的誘惑影響。[21]

和巴希亞同時代的西班牙猶太人所羅門・伊本・蓋比魯勒（Shlomo ibn Gabirol）讓滲入猶太思想的新柏拉圖主義達到了巔峰。我們對他的一生所知甚少，但他在短暫的生命裡產出了非常驚人的著作。伊本・蓋比魯勒的代表哲學作品是《生命之泉》（Fons Vitae），這本書最初是以阿拉伯文寫成，但是除了摩西・伊本・以斯拉引述的部分阿拉伯原文之外，現在只留下後來出現的拉丁文譯本和一些翻成希伯來文的段落。此書完完全全只關注形上學，因此雖然（也或許正是因為）基督徒在廣為流傳的拉丁文版本中將他稱作「阿維斯布隆」，但是直到十九世紀，人們才發現這是猶太人的作品。伊本・蓋比魯勒提出一個假說，認為世界是透過一連串的發散創造出來的，最初的上帝意志有一部分仍未消失，而這就是為何，上帝的本質雖然完全是靈性的，卻有一個實體的物質世界存在。人本身就是一個小型的宇宙，是智識世界的一部分，與實體世界並存。伊本・蓋比魯勒以此概念為基礎，主張人類能夠靠自己的力量理解靈性的形體。

伊本・蓋比魯勒的形上哲學和他那些有關葡萄酒和友誼的非宗教希伯來詩詞都和猶太傳統沒什麼連結。因此，他在討論「改善道德特性」的作品中會提出一套適用於所有宗教傳統的倫理系統，或許也不叫人意外：

> 我們將作品命名為「特性的改善」，希望能為大多數人帶來益處，讓他們認識高尚事物的本質，透過各種表達方式了解這件事。我們在下文介紹了我們想到的所有具邏輯性、可以證實的論點，並盡可能引用聖經出處。給了這些之後，我不認為稍稍引用一些智者說的話，會有任何大礙；接著，我會用文學家的文字、詩人的詩句、我想到的任何不尋常的東西，以及其他我所能想到的，來裝飾（我說過的話），這樣我的書就能完整。

這類倫理著作和一世紀以前薩阿迪亞撰寫的倫理專著（第三三六頁）是同一個文類，不是只像哈拉卡那樣定義正確的行為，也會說明這些行為背後的哲學基礎。這些著作在接下來的幾世紀將十分受到猶太人的歡迎，特別是在十二世紀後半葉薩阿迪亞用阿拉伯文寫成的倫理著作被翻成希伯來文之後。

伊本・蓋比魯勒的哲學思想雖然十分抽象，與宗教無關的詩詞作品處理的也都是和葡萄酒、友誼、愛情、絕望等常見的主題，但他的宗教詩歌卻展現了深層的靈性感受，許多都是在表達懺悔或是榮耀上帝的偉大。例如，下面這首《王者之冠》（The Kingly Crown）便成為某些禮儀傳統在贖罪日時用來私下吟誦和冥想的文本：

我的靈魂深切明白，祢的創作如此神祕：
主啊，祢是偉大，充滿雄壯與力量，
王者風範如此輝煌，甚又生出更多輝煌，
那榮耀與富足的嫁妝，凌駕在一切之上。
天上的生物、地上冒出的種籽
無不向祢臣服退讓。
他們全會消殞，唯祢獨留。
祢的大能奧祕無比，遠遠超過
我們所能探知的，因祢超越我們脆弱的水平。[22]

伊本・蓋比魯勒離世七十年之後，另一位替西班牙的希伯來文宗教詩歌黃金時期做出重大貢獻的猶大・哈利未在一一四〇年和一一七〇年間用阿拉伯文寫了性質非常不一樣的哲學著作。《可薩》（Kuzari）和斐羅撰寫的對話錄一樣，是以充滿戲劇性的對話為體裁，想像可薩人的國王和拉比針對猶太教在世界史的定位進行了一場討論。可薩人確實在四百年前皈依了猶太教（見第九章），但這部鉅著的歷史背景其實是穆斯林和基督徒在爭奪哈利未的家鄉托雷多，而猶太人則被夾在兩個強權之間，命運岌岌可危。[23]

《可薩》的目標是為了證明哲學是不恰當的，並展現啟示的優越性——這裡特別是指上帝賜給猶太人的卓越啟示。哈利未堅持，上帝是憑經驗認識的，尤其是憑以色列人的歷史，而不是靠抽象的思考認識。他認為，古代的哲學家會偏好理性思辨是可以理解的，因為「他們沒有得到預言或啟示的好處」，所以不能怪他們：「反之，他們值得我們讚揚，因為他們只靠理性思辨的力量就想辦法成就了這麼多。他們的出發點是好的，他們建立了思想的法則，而且他們排斥這個世界的歡愉。無論如何，他們應該被賦予優越地位，因為他們沒有必要接受我們的意見。然而，我們則必須接受眼睛看見的任何事物，或者基礎穩固的任何傳統，因為這等同於親眼見到。」哈利未描述以色列在歷史上的光榮地位時，雖然是用阿拉伯文寫的，但卻是以希伯來文的字母拼成，並引用了一些希伯來文的文獻。因此，它從來不曾像伊本・蓋比魯勒的《生命之泉》那樣，被誤認為是基督徒的著作。[24]

從哈利未抨擊哲學家這點就能看出，哲學在當時西班牙猶太人的知識圈內扮演了很重要的角色，尤其是對上層階級的宮廷猶太人而言（哈利未自己也屬於這個階級）。在這些知識圈內，信仰不同宗教的富人共享同樣的上流生活，培養自己在詩詞、音樂、文學等領域的文化素養，一起接受亞歷山卓、巴格達和西班牙的伊斯蘭學校所提供的亞里斯多德哲學教育。伊斯蘭教、基督教和猶太教這三個不同的宗教文化在這個「共存時期」（La Convivencia）共生共榮，但我們不應過度誇大當時的寬容程度。然而，這個多元社會的宗教生活了不起的地方，是它在知識方面的開放，無論對穆斯林統治者或被統治的猶太教與基督教少數族群來說都是如此。[25]

這樣的伊斯蘭文化深深影響地中海的猶太教，十二世紀時，摩西・本・邁蒙的事蹟和驚人的成就使這些影響達到了頂點。人稱邁蒙尼德的他在哈拉卡的編纂上有相當多產的成果，這在前面講到《密西那妥拉》時就已提及（第三七六頁）。此外，他也決心要讓哲學和猶太傳統相容並存。基於上述兩點，他對地中海東西兩端的猶太人都產生非常巨大的影響。但，針對理性在猶太教內部的地位，他也引起了很大的爭議，這將在他逝世後延燒數百年之久。他死後過了一世紀左右，拉比圈開始流傳一句話，可以看出他對後世的影響有多大：「從那個摩西到這個摩西，沒有人比得上摩西。」[26]

邁蒙尼德因為個人因素，再加上當時伊斯蘭世界遭逢重大變遷，因此曾到過許多地方，而這也是他影響力這麼大的原因之一。邁蒙尼德一一三八年在哥多華出生。當時，這座城市已經成為安達魯斯（穆斯林西班牙的阿拉伯名稱）的首都約四百年之久，城裡的宏偉清真寺也已矗立許久。哥多華在哈里發的統治下創建，擁有眾多的阿拉伯人、柏柏人、汪達爾人、西哥德人和猶太人，是科學、醫學、哲學、詩詞與藝術的文化重鎮。據說，哈卡姆二世的伊斯蘭圖書館共有超過四十萬冊的藏書。雖然這些書在他死後散佚四方，但在邁蒙尼德的年代，書市和學術仍持續蓬勃發展。偉大博學的哲學家伊本・魯世德（ibn Rushd，歐洲基督教地區稱他為「阿威羅伊」〔Averroes〕）就是同時代在這座城市生活的學者。

邁蒙尼德在柏柏人建立的穆拉比特王朝統治下長大；這個政權對包括猶太人在內的宗教少數族群給予相對的保護，因為這是伊斯蘭法律的標準做法。然而，在他十歲時，另一個同樣由柏柏人創建的穆瓦希德王朝攻下了這座城市，而他們對伊斯蘭遜尼派的法律詮釋就沒有那麼開放了，因此有可能迫使邁蒙尼德的家族在名義上皈依伊斯蘭教。政權更迭將完全扭轉邁蒙尼德的人生。他和家人離開了哥多華，可能是前往北方的基督教西班牙，也可能往塞維亞去。但在一一六〇年，邁蒙尼德二十二歲時，他搬到接近穆瓦希德首都的非茲，接著又在一一六五年左右往受到十字軍所控制的巴勒斯坦遷移。邁蒙尼德最後並沒有抵達巴勒斯坦，而是定居埃及，後來在開羅成為埃宥比王朝的宮廷醫生，直到一二〇四年逝世。這些個人遊歷不是他擁有國際視野的唯一原因。在埃及生活時，邁蒙尼德曾從事珠寶貿易事業，因此和遠東地區有所交流，他的弟弟大衛更在某一次貿易航程中於印度洋溺斃。除此之外，邁蒙尼德和普羅旺斯（包括庇里牛斯山）以及法國北部和萊茵蘭的猶太社群也有頻繁的往來。這些地區的猶太人就是在邁蒙尼德的年代漸漸從伊斯蘭世界的猶太權威獨立出來，其中一個主因是，基督教的歐洲在緩慢的收復失地運動中逐漸強大，努力遏止伊斯蘭的擴張。[27]

邁蒙尼德為那些希望同時追求妥拉和哲學的人寫了一本《迷途指津》（Guide for the Perplexed）。他堅持這兩樣東西是絕對相容的。穆斯林的學者在九和十世紀將亞里斯多德的思想翻譯成阿拉伯文，邁蒙尼德因此從這些譯本認識了亞里斯多德的思想，並將之拿來辯護妥拉。因此，邁蒙尼德當然認為亞里斯多德的哲學是正確的——只有關於宇宙永恆性的理論不是。邁蒙尼德相信，亞里斯多德在這方面所提出的說法和聖經相衝突，因此必定是錯的：

> 在所有相信神存在的人之中，針對世界的永恆性和世界被創造出來的時間，共有三種看法。第一種看法是所有相信我們的老師摩西（願他安息）傳下的律法的人的看法，也就是整個世界——除了上帝（願祂高升）之外的所有存在——都是由上帝創造出來的。在那之前，一切完完全全不存在，只有上帝（願祂高升）單獨存在，其他什麼也沒有——沒有天使、沒有星球，也沒有現在存在於星球之中的任何東西。之後，透過祂的意志，祂從虛無之中創造現在的一切，時間也是其中一樣被創造出來的東西。因為，時間是在運動之後出現的，而運動則是被移動的東西產生的偶發事件。

邁蒙尼德的《迷途指津》對當時的猶太人產生巨大的影響，但主要原因不是他在書中針對某些特定議題進行的專門討論（例如，他提出證據證明上帝的存在以及祂不具有實體的特性和一體性；他也解釋了天意的本質，主張自由意志不會受到上帝的全知和預知所影響），而是因為他支持使用哲學做為宗教的引導，以理解聖經某些看似不合理的部分。《迷途指津》講的是如何用人類的語言談論上帝。這本書認同聖經裡將上帝擬人化的方式，提倡用哲學理解上帝的本質，證實妥拉的誡命具有理性的目的，以發展人類的道德與智識潛能。邁蒙尼德將亞里斯多德介紹給猶太人，其地位和下個世紀的基督徒阿奎那不相上下。28

邁蒙尼德對猶太教歷史做出的每一項貢獻，都是以哲學為基底，雖然這些貢獻十分多元。二十三歲以前，他就寫了一本談論邏輯的著作。他在為哈拉卡編纂的法典《密西那妥拉》中主張：「人永遠不應該把理性拋在背後，因為眼睛是長在前面，不是後面」。他在到達埃及後沒多久、三十歲之前，就已完成《米示拿評述》（Commentary on the Mishnah）一書，堅持觀念的澄清是猶太教的基礎。他在書中討論《米示拿》的一篇文章〈猶太法庭〉時，將不能繼承即將來臨的新世界的罪人進行分類，並第一次列出妥拉的十三條基本原則，如下：

一、創世主的存在：有一個以完美型態存在的存在，他是其他一切存在的原因。二、上帝的一體性：他的一體性不是像一個身體那麼簡單，數量是一……他的一體性是絕對獨一無二的……。三、上帝不具實體：肉體的偶發（例如運動和靜止）全與他無關，不是他的本質，亦不會偶然發生在他身上。四、上帝先於一切存在。五、上帝應該受到崇拜與提升。六、預言。七、我們的導師摩西的預言：我們應該相信，摩西是所有先知的先父。八、妥拉來自天上：我們應該相信，我們今天擁有的整個妥拉和摩西當初傳下來的妥拉是一樣的，整個妥拉是來自至高者的口。換言之，上帝傳給他整個妥拉時，所使用的方式可以比做「說話」，雖然除了收到溝通的摩西本人之外，沒人知道他們溝通的真正本質為何。他發揮的功能就像收到口述之後寫下文字的文士。九、廢除：摩西的妥拉永遠不會遭到廢除，其他來自上帝的妥拉也不會。十、上帝知道人類的所作所為，不會忽視之。十一、上帝獎勵遵守妥拉誡命的人，懲罰違背妥拉命令的人。十二、彌賽亞的時代：我們應該相信並證實彌賽亞將會到來。十三、亡者的復活。

這十三條原則實際上就是猶太教的信條。時至今日，這些信條仍有人熱烈支持，也有人強力反對。[29]

邁蒙尼德的猶太教哲學有一些立場似乎是為了反對伊斯蘭的說法而提出的，但他的思想和伊斯蘭教之間的關係其實非常複雜，主要是因為他接觸過許多不同類型的穆斯林。他出生後，是受到遜尼派的穆拉比特王朝統治，這個王朝基本上是完全反對理性思辨的；然而，邁蒙尼德剛到埃及時，控制這個地區的是什葉派的法提瑪王朝，信奉的是以新柏拉圖主義為基礎發展出來的伊斯瑪儀派；在他晚年時，遜尼派的埃宥比王朝支持的則是和波斯神祕主義哲學家安薩里有關的思辯神學，而穆拉比特王朝在一一〇九年的時候曾在馬格里布公開焚燒安薩里的著作。因此，邁蒙尼德如果採納伊斯蘭神學的某一個觀點，就有可能不小心詆毀另一個伊斯蘭派別的思想。他的信件也證實了，他知道自己必須小心注意他的著作可能會影響他與穆斯林贊助人之間的關係。邁蒙尼德青年時期被迫離開哥多華，表面上要過著穆斯林的生活，因此穆瓦希德王朝的伊斯蘭教思想對他有很大的影響。其中一個明顯傳承自這個思想體系的例子，就是他堅持上帝的一體性，並且希望把這當成正確信仰的定義之一，以根除異端。這也就是為何必須要有信條存在。十四世紀時，邁蒙尼德的十三原則在羅馬被寫成讚美詩《放大吧不死的上帝》（Yigdal），並從那時起開始普及，在安息日或節日的晚間禮拜結束時吟誦：

> 不死的上帝如此偉大，受到讚揚。
> 祂永恆存在，超越時空依然存在。
> 祂是唯一，沒有像祂這樣的一體。
> 深不可測，祂的一體是無限的……
> 末日之時，祂將派遣彌賽亞前來，
> 去解救那些等待祂最終救贖的人。

上帝將用偉大的慈愛使亡者復活。
祂光榮的名字將永永遠遠得頌讚！[30]

邁蒙尼德主要是用猶太阿拉伯語寫作，但在四十幾歲撰寫《密西那妥拉》時則是使用米示拿希伯來文，其後還協助一位住在普羅旺斯呂內勒的拉比舍母耳‧伊本‧提崩將自己的哲學作品《迷途指津》翻譯成希伯來文。他似乎年紀越大越覺得必須使用希伯來文寫作，才能觸及基督教歐洲的猶太讀者，因為這些地區的猶太人看不懂亞蘭語（即使使用希伯來字母拼寫）。開羅貯藏室出土了大量邁蒙尼德執筆的信件，可以知道他通信往來的對象散布各地。實在很難理解他怎麼還有時間完成醫學相關的著作，並履行自己的義務，統領開羅那個難以駕馭、分崩離析的猶太社群。[31]

邁蒙尼德生前無論是做為社群領導人或是哈拉卡的編纂家，都發揮了很大的影響力。他有一個稱號「大鷹」（《以西結書》的典故），象徵他在猶太社群裡半王室的身分地位。如此深遠的影響力，讓他的哲學著作自然有了權威性，卻也容易招致攻擊。在他生前，邁蒙尼德的哈拉卡作品就已經受到猛烈攻擊，但他的哲學思想真正遭受強烈抨擊，其實是在他過世幾十年之後。批評他批得最嚴重的，是普羅旺斯一些和神祕主義關係最為密切的拉比（第四一七頁），他們特別反對邁蒙尼德認為復活（他和反對他的人都認為復活是猶太教的根本信條之一）指的是靈魂、而非肉身的說法，雖然邁蒙尼德在《論復活》（Treatise on Resurrection）中表示，靈性的概念和靈魂可能回歸肉體的概念並不衝突。猶太人和基督徒引起的動亂，讓理性主義者和神祕主義者之間的對立變得更嚴重。十二世紀的邁蒙尼德爭議跟基督教的彼得‧阿伯拉（Peter Abelard）與法國明谷的伯爾納鐸（Bernard of Clairvaux）之間的衝突很像，但引發猶太人爭議的原因還有通過萊茵蘭的十字軍和伊比利半島的收復失地運動，這兩件事都讓猶太人擔心理性宗教沒有用。[32]

來自卡斯提爾、後來在托雷多教學的梅爾・本・托德羅斯・哈利未・阿布拉菲亞（Meir b. Todros haLevi Abulafia）率先展開對邁蒙尼德的攻擊，認為肉體如果不會復活，「肉體守衛上帝的目的是什麼？為了上帝在黑暗中行走嗎？倘若肉體不會復活，他們的希望在哪裡？又要去哪裡尋找希望？」邁蒙尼德的反對者批評他用各種方法以理性來解釋奇蹟。然而，他的支持者面對這些批評，只是更努力進行隱喻詮釋；《塔木德》有很多和奇蹟相關的故事，剛好適合給他們運用。西班牙和普羅旺斯的邁蒙尼德反對者向法國北部的拉比尋求支持，因為他們非常熟悉《塔木德》和哈拉卡的相關知識，且從來沒有被亞里斯多德的思想玷汙過。這些拉比會支持邁蒙尼德的反對者，有一部分原因是因為，他們厭惡伊斯蘭西班牙那些接受哲學教育的猶太人所過的奢侈生活。哲學本身不會帶來享樂主義，但在歐洲北部那些貧困的猶太人眼中，看起來肯定就是如此。十三世紀時，西班牙的拉比領袖摩希・本・納賀蒙（Moshe b. Nahman，人稱納賀蒙尼德〔Nahmanides〕或拉姆班〔Ramban〕）也認同這樣的偏見；他是唯一一個氣度夠大，可以成為兩邊陣營和事佬的人物。[33]

納賀蒙尼德的哈拉卡著作結合了法國北部的塔木德分析傳統以及邁蒙尼德的分析手法，同時他也深入參與神祕主義和彌賽亞的相關思辯，因此在一二三〇年代得到普羅旺斯的哈拉卡學者支持。這主要是因為，他在尋找聖經深層意義的過程中，開始反對邁蒙尼德用理性來解釋奇蹟的方式。然而，他對一二三二年普羅旺斯拉比針對邁蒙尼德哲學研究所頒布的禁令感到非常驚愕，也很反對普羅旺斯的拉比企圖說服法國北部的塔木德學者頒布同樣的禁令。納賀蒙尼德在寫給法國北部拉比的信中反對這種禁令，說他並不是認為哲學本身是好的，而是認為哲學在邁蒙尼德手中變成一個重要的利器，可以讓西班牙上層階級的猶太人不至於犯下更嚴重的錯。他說，那些猶太人「肚子裡裝滿希臘人的食物」，如果沒有邁蒙尼德的著作，「他們肯定會完全墮落」。[34]

然而，由於兩邊陣營都非常慷慨激昂，並清楚地提出支持或反對使用哲學來理解妥拉的原因，所以納賀蒙尼德的調停沒有成效。兩邊互相禁絕，產出一大堆信件、講道和具攻擊性的評述在各地流通，而拉比也不斷來回各個陣營拉攏支持者。在這樣的情況下，這場混仗終於引起基督教當局的注意。一二三二年，普羅旺斯的道明會修士出手干涉，焚燒邁蒙尼德的著作，將之視為異端邪說。捲入這場爭議的各方人士都極為震驚。據說，普羅旺斯和西班牙邁蒙尼德反對陣營的領袖約拿・本・亞伯拉罕・傑榮第為自己參與爭議的行徑表達深切的懺悔，甚至計畫到巴勒斯坦的提比里亞參拜邁蒙尼德的墳墓（邁蒙尼德死後，遺體被帶到該地）。

拉比猶太教內部理性主義者和非理性主義者之間的不合跟巴黎發生的事件比起來，是相形失色了。在巴黎，一個名叫尼古拉・督寧（Nicholas Donin）的猶太人因為和卡拉派一樣拒絕承認口傳妥拉，因此被老師耶希埃爾・本・約瑟拉比驅逐。他變節改信基督教，加入方濟會，說《塔木德》是令人可憎的東西，充滿褻瀆耶穌、馬利亞和基督教的文字。接著，一二四〇年，巴黎在教宗的支持下舉行了一場辯論會，《塔木德》被譴責，二十四車的塔木德著作在一二四二年被燒毀。邁蒙尼德爭議的兩邊陣營肯定都同意耶希埃爾拉比情急之下對布蘭卡王后提出的論點，抗議督寧褻瀆了猶太教的信仰基礎。因為哈拉卡學者、哲學家及神祕主義者縱然有不一樣的地方，信仰基礎卻是一樣的：

> 《塔木德》非常古老，先前從未有人抱怨過。你們那位知識淵博的耶柔米很了解猶太教，包括《塔木德》在內，所以《塔木德》若有任何錯誤，他一定會說什麼才是。為什麼我們必須為自己的生命發聲，對抗這個否認《塔木德》權威、除了沒有經過解釋的摩西妥拉之外什麼都不相信的罪人？你們全知道，凡事都需要解釋。我們就是基於這個原因將他驅逐，而從那時起，他就策畫陰謀陷害我們。但是，我們寧可一

死，也不願放棄我們心愛的《塔木德》。縱使你們決定把法國的《塔木德》燒了，它還是會在世界上其他地方被人研讀，因為我們猶太人分散在世界各地。我們的身體掌握在你們手中，但我們的靈魂不是。 [35]

導致這些衝突的問題非常根深蒂固，無法完全消除。到了該世紀末，理性主義者因過度採用隱喻，引起了很大的激憤。十三世紀晚期，巴塞隆納的所羅門・本・亞伯拉罕・阿德雷特（Shlomo b. Avraham Adret，人稱拉施巴〔Rashba〕）採取了折衷之道。他雖然反對極端的隱喻詮釋，但他自己其實也研究過哲學，並維護邁蒙尼德的哲學著作。然而，他擔心哲學和其他世俗學問會讓年輕學子分心，無法專注在「高於這些學問」的妥拉，因此在一三〇五年七月二十六日頒布一項禁令，聲明「我們為自己、自己的孩子以及所有加入我們的人頒布一項命令，在接下來的五十年，不到二十五歲的人都不可研讀希臘人所寫的宗教哲學或自然科學著作，無論是原著或譯本都不可以，否則就會被逐出社群……然而，醫學相關書籍不算在這項禁令內。」

對當時的許多理性主義拉比而言，這種禁令是叫人無法接受的，即便他們自己沒有鑽研哲學。普羅旺斯佩皮尼昂一位偉大的塔木德學者梅內海姆・梅利（Menahem Meiri）寫信給阿德雷特，明白地向他抗議，說（在這之前）有很多塔木德學者都是哲學家。當時，有另一位同樣來自普羅旺斯的哲學家，名叫尤瑟夫・本・阿爸・馬里・卡斯皮（Yosef b. Abba Mari Caspi），他曾為邁蒙尼德的《迷途指津》寫了評述，並且比邁蒙尼德還更同意亞里斯多德的論點，相信宇宙是永恆的。他在留給兒子的遺言中，列了他認為最適合年輕學子的教學課程大綱。這份大綱中除了有實用科學和倫理學，也納入了邏輯、神學、亞里斯多德的《形上學》以及邁蒙尼德的《迷途指津》：

> 吾兒，現今的猶太人有兩個特點，你一定要堅決避開。第一類是那些學得很淺的人，他們的學問不夠深入。他們是毀滅者和叛變者，藐視過往當稱頌的拉比所說的話，輕忽實際的訓誡，接受不恰當的聖經詮釋。他們毫無疑問地透露出自己並不熟悉亞里斯多德及其子弟的哲學著作……第二類人鄙視亞里斯多德等人的作品所展現的真實哲學。吾兒，我並不怪這類人，因為他們把所有的時間都奉獻在《塔木德》的論點上……吾兒！當你遇見這種人，要這樣告訴他們：我的老師！您的先父認為研究邏輯和哲學有什麼罪過？準確的用字遣詞難道是可惡的罪過嗎？那麼，您對亞里斯多德和邁蒙尼德的著作有什麼話要說？您有檢閱這些書的內容嗎？若您了解的不只有封面，您肯定就會明白，這些書為我們寶貴的誡命做了解釋和辯護。若您年紀已長，卻未曾讀過這些哲學家的著作……請在太陽變暗之前打開您的雙耳！[36]

當時，有一位同樣來自普羅旺斯的利未・本・革順（Levi b. Gershon，人稱革順尼德〔Gersonides〕或拉爾巴格〔Ralbag〕）和卡斯皮一樣，認同亞里斯多德《形上學》的價值，並接受亞里斯多德關於世界永恆性的論點。革順是最後一位大量運用亞里斯多德哲學思想的猶太神學家，他著有《主之戰》（Wars of the Lord），在六本書裡面談論靈魂的不死、預言、上帝的奧祕、天命、天文學與數學以及世界的創造等當時非常流行的哲學議題。革順尼德雖然在猶太學問方面十分淵博，是聖經評述家，也是塔木德學者，但和邁蒙尼德不一樣的是（他時常批判邁蒙尼德的作品），他在這些議題上沒有將猶太傳統的啟示看得很重，而是最重視亞里斯多德所提出的論點。他在研究亞里斯多德的思想時，使用的是和邁蒙尼德同時代的十二世紀伊斯蘭哲學家阿威羅伊（伊本・魯世德）的著作；此外，他也曾經評述這些著作。[37]

到了十四世紀中葉，革順逝世後，亞里斯多德的理性思辨對西班牙的許多猶太思想家已經不再具有吸引力，因為研究妥拉的其他途徑（尤其是神祕主義）開始漸受歡迎，而穆斯林勢力離開西班牙南部後，伊斯蘭教的影響亦逐漸消失。巴塞隆納的哈斯代・本・亞伯拉罕・克雷斯卡（Hasdai b. Abraham Crescas）在一四一〇年臨終之際便狠狠批判了猶太教內部的亞里斯多德傳統；他在一三八七年被基督教的亞拉岡王國指派為宮廷大拉比，也就是猶太社群與政府交涉的代表。他將革順尼德批成異端，倡導用更接近猶太文化的猶太教型態來取代邁蒙尼德（他稱他作「老師」）的觀點。克雷斯卡在著作中主張，哲學思辨殘餘的價值不是某些特定的信條，而是理性主義的研究方法。克雷斯卡跟他批評的那些哲學家一樣，寫的東西不外乎是引證、命題、原則和理性，雖然他堅稱（比方說）上帝的存在一定只能用聖經證明。克雷斯卡和邁蒙尼德一樣是社群領袖，和當時的統治者十分親近，但他認為亞里斯多德主義很危險，因為猶太學者曾拿這個思想做為拋棄猶太教的理由。當然，諷刺的是，克雷斯卡的批評言論顯示他對自己所攻擊的傳統有相當深入的了解。他對亞里斯多德哲學的攻擊，應該要和他的《駁斥基督徒信條》（Refutation of the Principles of the Christians）擺在一起觀察。此書在一三九七～八年於加泰隆尼亞出版，以非常有邏輯的方式批評基督徒的主要信條，如原罪、三位一體、道成肉身和處女生子等，目的是要贏回改信基督教的猶太人。[38]

克雷斯卡的學生尤瑟夫・阿爾柏（Yosef Albo）所著的《信條之書》（Book of Principles）也是為了回應基督教帶來的威脅而寫的。阿爾柏是托托沙辯論會的猶太發言代表之一。這場強迫召開的辯論會非常公開、歷時甚久，從一四一三年一月持續到一四一四年四月，結果有許多猶太人皈依基督教。這無疑是因為，他們還對一三九一年亞拉岡猶太人遭受的暴力對待（當時，克雷斯卡的兒子甚至被殺害）心有餘悸。阿爾柏的書將焦點放在律法上，以律法為救贖的基礎，把彌賽亞的地位降低，不再像信條那樣重要，因此無形之中蘊含了反基督教的訊息。根據阿爾柏的說法，不相信彌賽亞的到來或許是一種罪，但是並不構成異端。阿爾柏很熟悉湯瑪斯・阿奎那等基督教學者的作品，在和基督徒爭辯時，清楚地意識到邁蒙尼德十三信條的弱點，例如對未來彌賽亞抱持的希望。克雷斯卡把這十三條原則縮減成六條，阿爾柏又進一步裁成三條：上帝的存在、天啟和賞罰。這三條原則很有可能是阿爾柏從同年代的前輩西緬・本・茨馬赫・杜蘭（Shimon b. Tsemach Duran，他在家鄉馬約卡於一三九一年爆發反猶太人動亂後，搬到阿爾及爾教書）那兒借來的，而諷刺的是，這些原則最初又是源自伊斯蘭教的亞里斯多德學者阿威羅伊。阿威羅伊堅稱，任何人只要不承認其中一條原則，就是不信伊斯蘭。阿爾柏的《信條之書》受到後世的歡迎，一四八五年印刷版出現後更是如此。[39]

到了十五世紀，許多猶太人都認為用哲學的方法來探索宗教的道理是很自然的事，雖然同一時間，理性和啟示之間的權力平衡仍不斷引起爭議。因此，十五世紀後半葉的一位西班牙拉比以撒・阿拉瑪（Yitzhak Arama）仿效基督教的講道，每個星期根據當週要誦讀的妥拉內容，在會堂發表哲學思想。他使用得體的拉比文本，並且很有技巧地運用隱喻，讓哲學思想受到更多會眾的歡迎。舉例來說，「起初，上帝創造天地」這句經文就可以這樣解釋：「在最開始的時候，上帝從完全的虛無之中創造了天地。『天』這個字有兩個成分，指的分別是必須先創造出來的靈性世界（智識）以及在萬物的次序中最接近上帝的那片領域。」

然而，阿拉瑪對人類理性所抱持的信心是有限的，因為他從經文中得知，伊甸園裡的知善惡樹既知善、也知惡。他知道，人類的理性如果有信仰調和，可以成就許多善，但如果超越信仰的界線，就會偏向惡。對阿拉瑪而言，「真正的學問」不是哲學，而是卡巴拉。他是最早把《光明篇》當作經典使用的妥拉評述家之一。《光明篇》是中世紀猶太教的神祕主義者所留下的最有影響力的作品，而這些神祕主義者就是後來導致理性主義哲學被大力反對的起因。[40]

《光明篇》與卡巴拉

伊斯蘭西班牙的哥多華有一座非凡的清真寺，歐洲北部也有許多壯麗的教堂，這些都能在穆斯林和基督徒的心中一點一滴注入宗教的敬畏感。然而，同時代的猶太人卻沒有可比擬的建築物，因為中世紀的猶太社群都不大，不需要有宏偉的猶太會堂，而且在很多地方，基督教當局限制了猶太建築的高度，不允許比鄰近教堂還高。那麼，依照哈拉卡、哲學的理性思辨和塔木德學者的學術論述生活的中世紀猶太人，如何能夠感受到上帝的超越？有閒錢可以用來花在宗教建築上的猶太人，都把金錢揮霍在室內裝潢。沃母斯的猶太會堂創建於一〇三四年，當地的猶太商人在王室的保護下興盛繁榮，另外也有許多專精於哈拉卡的拉比學者居住在此。然而，這座會堂一直都是個平凡無奇的立方體。即使在十二世紀末，會堂的內部空間經過整修，使用了和當時的沃母斯教堂類似的羅馬式柱子，構成雙中殿，會堂外觀依然毫不起眼。中世紀的猶太人越來越常將會堂當作公共聚會的場所，即便聚會目的與宗教無關。因此，這些建築的設計是要喚起莊嚴肅穆之感，但它們顯然無法振奮心靈。布拉格的老新猶太會堂是個特殊的例外，這是一座雄偉的哥德式建築，擁有仿造當時基督教建築的雙中殿；這座會堂建於一二七〇年，至今仍被使用。[41]

對中世紀的某些猶太人（以及基督徒）來說，超越可在神祕思想的過程中感受到。不過，我們將在後面看到，神祕主義茁壯發展的圈子在整個中世紀仍十分侷限。前面曾經提到天殿文學的神祕主義（第十一章），因此我們知道，早在塔木德時期，神祕主義者就已經開始思索天界的本質。然而，神祕主義真正開始在一般的禮儀和禱告中扮演比較重要的角色，進入猶太人宗教生活的各層面（包括哈拉卡），其實是在十三世紀最後幾十年《光明篇》這個不凡的作品問世之後。《光明篇》是由二十篇左右、亂無章法的文章所組成，作者根據自己對亞蘭語的粗淺認識，自行發明一種生硬的亞蘭語形式來書寫文章，希望讓作品看起來很厲害、很高級（見下文）。《光明篇》將神祕主義神學引進主流的猶太宗教思想中，把聖經視為天上世界的象徵，主張世界是由隱藏起來的上帝發散出來的神聖屬性所創造的。

這個神祕主義神學構成比哈拉卡更高深的知識，藉著二世紀的拉比智者西緬・巴爾・尤海的詮釋，直接源自聖經。西緬在西元二世紀星星之子戰亂期間生活在巴勒斯坦地區，傳說他為了逃避羅馬人，在一個山洞躲了七年，後來在先知以利亞的啟發下完成了《光明篇》，揭開崇高的真理：

> 拉比西緬說：「那些說妥拉描述的只有故事和平凡言論的人有禍了！倘若真是如此，那麼我們馬上就能用平凡的言論寫出一部更有價值的妥拉。倘若妥拉只是要揭示尋常事物，那麼世俗的君王原本就有寫得更好的書了。把那些書找出來，我們就能創造妥拉了。然而，妥拉的每一個字都是崇高非凡的奧祕。注意了：上層的世界和下層的世界保持完美的平衡——下層的以色列對應上層的天使……妥拉有軀體……妥拉的誡命就是『妥拉的軀體』，也就是主要信條。這副軀體穿著凡間的故事製成的衣裳。愚笨之人只看見那些衣裳，也就是妥拉的故事：他們只知道這些，不去看衣裳底下的東西。聰明人不看衣裳，而是看底下的軀體。然而，那些站在西奈山上的真正智者、至高之王的僕人，只看妥拉的靈魂，也就是一切的根本信條、真正的妥拉。在即將來臨的世界，他們注定會看見妥拉靈魂中的靈魂。」

但，《光明篇》其實是中世紀基督教世界在猶太人生活中的一個倒映。例如，《光明篇》常常用「三重的一體性」來形容上帝，顯然是刻意要提出和基督教的三位一體相反的版本。[42]

我們將在下文（第四一四頁）更詳細地介紹《光明篇》，但首先要說的是，《光明篇》繼承了一個發展成熟的神祕主義傳統。前面已經提過，萊茵蘭和北法的虔敬主義者在十二世紀後半葉到十三世紀發展了一種相當激昂的倫理學型態，代表著作就是一問世就受到熱烈歡迎的《虔敬之書》。這個圈子在沃母斯和美茵茲發展了一系列的祕教教誨，在卡洛力穆斯家族成員的領導下格外如此。前面也曾說到，卡洛力穆斯家族十世紀時從義大利北部的盧卡遷移到美茵茲，並在第一次十字軍東征前後扮演萊茵蘭社群的領袖。

我們並不清楚，卡洛力穆斯家族是從義大利帶來神祕主義的，還是到了萊茵蘭之後才發展出神祕主義。可以確定的是，沃母斯的以利亞撒・本・耶胡達拉比在一二一七年之後撰寫的一系列著作都是萊茵蘭的產物。他在書中讚揚上帝絕對的靈性與超越，稱頌看不見的上帝發散出可見的榮光，連結上帝與萬物。以利亞撒經歷了妻女在自己眼前被十字軍屠殺的悲劇，因此這些作品的靈感有一部分肯定是來自這次創傷。但，他的形上神學並不是很連貫一致。他和其他的阿什肯納茲虔敬主義者一樣，似乎比較重視以懺悔的方式來實現虔誠。阿什肯納茲虔敬派的特點，就是強調在禱告時要格外謹慎準確，累積大量的數祕學祕教知識，以專注在祈禱本身。他們喜歡把禱告記在心裡，不喜歡唸出來，這樣就能完全專注在禮拜上。[43]同一地區同一時期的其他神祕主義者也發展了各種神祕概念，當中最重要的就是「獨特基路伯」（Unique Cherub）這個詞。獨特基路伯是上帝的擬人化，許多匿名或假他人之名寫成的文獻都找得到這個概念，倫敦的伊勒哈難・本・亞科夫拉比（Elhanan b. Yaakov）也曾在十三世紀早期引述過。到了該世紀末，這些概念被認為是由虔誠者耶胡達（和沃母斯的以利亞撒生活在同一時代的表親）所提出。然而，這些概念跟以利亞撒和卡洛力穆斯家族的其他成員擁護的神祕主義教誨毫不相容，所以一定是源自其他團體，可能是北法，而非萊茵蘭。阿什肯納茲虔敬派的禁慾思想（例如實踐肉體苦行的做法）有可能是受到基督教所影響，尤其是方濟會。然而，早期的猶太傳統就已經存在這類禁慾主義，像是第二聖殿時期以及塔木德時期的拉比文化，而且也沒有任何史料承認禁慾主義是受到基督教的影響。因此，兩種禁慾主義的相似點可能只是顯示，在這個時代，這種宗教表達方式是很自然的。[44]

應該是在十二世紀末時，西班牙北部或普羅旺斯一位身分不詳的作者完成了一本《光明之書》（Sefer haBahir），敘述了一些獨特的神祕主義信條。這些信條蘊含的二元論思想可能也和基督教的影響有關。《光明之書》有可能是在純潔派的影響下完成的，因為此派大力信奉二元論，認為有一個善的上帝和惡的上帝互相對立。純潔派在當時的隆格多克十分盛行，進而引發一二〇九年的阿爾比十字軍戰爭。北法的基督徒決心要將真正的信仰灌輸給南部的純潔派異端，必要的話使用殺戮的方式也在所不惜。《光明之書》以米大示的形式寫成，聲稱作者是米示拿時期的拉比。書中教誨有很多都是以寓言的形式呈現，用各種形象來探討上帝的本質，其中包括一個顛倒樹的形象。作者宣稱自己記錄了一系列上帝的言語，並將「舍金納」（Shekhinah，意為「上帝的常在」）這個重要的角色指派給上帝的陰柔屬性（這是猶太神祕主義首次如此）。舍金納本身就是陰性名詞，但《光明之書》的作者強調它的陰柔屬性，卻是一種創新之舉。[45]

可以強烈地感覺到，寫下這些作品的神祕主義者不是各自獨立活動，就是以小團體的方式運作。他們只有在合意時才會引用對方的著作。比起基督教神學或甚至是猶太教內部的哈拉卡和哲學理論所具備的諸多限制，神祕主義相對自由。後面將會看到（第四一一頁），互相譴責的狀況當然是有的，但猶太人（基督徒也是）並不會因為某個人無法正確描述神界的本質，就控告他是異端。在《光明之書》中，惡的源頭位於上帝的身體裡——祂的左手手指，而天界的女性特質就是惡的來源。早期的基督教靈知派文獻和純潔派的信條也都可以找到相似的概念，但是兩者的影響都無法解釋《光明之書》的作者為何相信死後靈魂會轉世：第二聖殿時期，法利賽人可能有信奉類似的概念（見第六章），十世紀顯然也有一些猶太人有同樣的信念，因為薩阿迪亞及同時代的卡拉派特別譴責這是個「愚蠢」的信條。但，拉比圈以前從未採納過這種觀念。[46]

普羅旺斯的拉巴德和他的兒子眼盲的以撒信奉神智學，顯然和《光明之書》的作者隸屬於同一個時代。就是在他們的時代，「卡巴拉」首次變成這類思想的標準用詞。選這個詞（原意是「接受」）是有意義的，因為這暗示了用心思索經文和宇宙本質後所發掘的信條，其實早在古代就已為人所知，只是需要再重新被發掘：這些信條正因為據稱來自古代，所以才有權威性。同一時期，在普羅旺斯或庇里牛斯山另一端的卡斯提爾，有一群神祕主義者正蓬勃發展。他們的神智學受到另外兩部匿名作品影響，分別是：思辨性質的《冥思之書》（Sefer haIyyun），描述了上帝發散出來的十種力量（有些版本是十三種）；以及《智慧的泉源》（Maayan haHokhma），透過原始字母的序列來解釋世界的起源。這個時期留下了眾多短篇的神祕主義文章，雖然可以看出作者是獨立思考的，但其實他們也抱持不少相同的概念。這些著作常常冠上古代人物的名義，例如《智慧的泉源》的作者便聲稱此書是摩西寫的，似乎是要掩飾真正的神祕主義思想，這就跟第二聖殿時期那些假借他人之名創造出來的啟示錄是為了要掩飾真正的異象一樣。

卡巴拉神智學的目標是要達到神學上的領會，但不是像猶太教（以及基督教和伊斯蘭教）的哲學圈一樣，用邏輯推論的方式了解上帝的本質，而是要深入冥思隱含在古代文獻裡的意義，特別是聖經。這種冥思方式可以揭開上帝自己在經文的字裡行間所透露的上帝的本質以及上帝與世界之間的關係。這種神祕主義是組成拉比研究的那些祕教學術課程的旁支，沒有受過足夠訓練以進入這種精英團體的人，無法進到這個圈子。日後，卡巴拉將對猶太教的未來產生深遠的影響，各種教育程度、乃至於沒有受過教育的猶太人都會遵循卡巴拉的生活方式，但在一開始的時候，卡巴拉只是中世紀拉比猶太教研究塔木德的輔助工具。

歷史學家常常把產出這些作品的神祕主義者描述成一個圈子，只是因為他們的思想很近似，但他們彼此之間究竟存在什麼樣的關係，我們並不知道。然而，我們倒是能比較確切地描繪出第一座卡巴拉中心的發展歷程。這間卡巴拉學校創立於十三世紀中葉，位於西班牙東北部的吉隆納，領導人為以斯拉・本・所羅門和阿茲里爾・本・米拿現（Azriel b. Menahem）。他們曾經拜師眼盲的以撒，結合了《光明之書》的信條與新柏拉圖主義的術語，有系統地將卡巴拉的象徵意涵和《塔木德》的故事兩相結合。吉隆納的神祕主義者稱自己是「神聖組織」（havurah kedoshah），和其他卡巴拉學者一樣，認為祕教知識絕對只能讓特殊的精英人士知曉。不過，和他們同鄉的納賀蒙尼德在評述妥拉時，散播了這些神智學思想，讓更多猶太讀者認識神祕主義的信條（第四〇〇頁）。[47]

同時代的亞伯拉罕・阿布拉菲亞跟納賀蒙尼德或吉隆納的神祕主義者完全不同，他沒有一直久坐冥思，而是在充滿冒險、高潮迭起的生活中思考天界。阿布拉菲亞在沙拉哥薩出生，在納瓦拉的圖德拉長大。二十歲時，他出發前往地中海另一端，要到以色列地尋找神祕的薩姆拔提翁河（River Sambatyon），結果卻在亞柯遭到穆斯林與基督徒之間的戰爭所阻撓，被迫返回歐洲。他途經希臘，在義大利稍作停留，開始在維洛納藉由《創世之書》的評述來學習卡巴拉。他曾短暫回到西班牙，找了一群精挑細選的門徒，接著在一二七三年時再度回到義大利、西西里或希臘，開始宣揚偉大的邁蒙尼德在《迷途指津》一書中其實是個卡巴拉學者。他寫了一系列短篇的「預言書」，吸引了許多學者前來討教。一二八〇年，內心出現的聲音促使他前往羅馬，懇請教宗尼古拉三世終結猶太人的痛苦；結果，他的懇求卻換來火刑，後來是因為教宗在該年八月去世，他才得以免於一死。

阿布拉菲亞這時已經相當有名，清清楚楚意識到自己發現的一切，因為「我三十一歲在巴塞隆納時，上帝將我從睡眠中喚醒」。他宣布，彌賽亞將在猶太曆五〇五〇年到來，即西元一二九〇年，同時也是他五十歲那一年。這引起很大的騷動。阿布拉菲亞對彌賽亞抱持十分複雜的觀點，但他極有可能有時候認為自己就是彌賽亞。無論如何，他的說法造成轟動，說服很多人準備前往以色列地，但是也被巴塞隆納的知名哈拉卡學者所羅門・本・亞伯拉罕・阿德雷特（拉施巴）譴責是江湖術士。阿布拉菲亞在馬爾他附近的科米諾島過著放逐的生活，寫了許多以批評他的人為目標的專著，大力捍衛自己的觀點。他也寫了一些神祕主義的作品，評述妥拉和《創世之書》等。[48]

阿布拉菲亞從萊茵蘭的阿什肯納茲虔敬派那裡學到了神聖發散的概念，並給它起了一個新詞「質點」（原意是「計數」）（見前文，第三三九頁）。他擴充了阿什肯納茲虔敬派為了發掘經文中隱含的意義所使用的三個方法：字母的結合（tseruf）；把組成單字的字母相對應的數值加起來（gematria）；將字母和單字當成句子的象徵（notarikon）。但，他也相信「上帝的名諱」讓人們可以透過預知的能力和上帝直接交流，進入一種開明的意識狀態，不僅可以獲知奧祕，還可得到救贖，且在現在這個世界就能享受即將到來的世界的喜悅。這種實用的神祕主義形式和吉隆納神智學者的冥思非常不一樣，阿布拉菲亞排斥那些神智學者，而他們也排斥他的教誨。然而，有很多人熱忱地接受他的想法，從他的著作擁有眾多抄本這一點就能看出來。[49]

阿布拉菲亞的狂熱神祕主義是建立在假理性之上，這從他企圖將自己的思想冠在邁蒙尼德身上就可清楚看出。因此，他的信條在這方面和伊斯蘭教的蘇非主義很像。阿布拉菲亞不太可能是直接受到伊斯蘭教的影響，但在埃及，邁蒙尼德的子孫（他的兒子亞伯拉罕與孫子歐拔迪亞尤甚）則特別宣揚猶太人應該要採納蘇非主義的做法，方能達到完美，與上帝合而為一：

> 首先，你必須少跟平凡人交談……接著，你一定要習慣少說話，只說那些能使你在這個世界有收穫或在下個世界有喜悅的話……接下來，你必須盡量修正飲食，減少口腹之慾，習慣久久進食一次，這樣你就不會去想食物。也要努力減少睡眠……然後，積極訓練你的靈魂，讓靈魂什麼都不想，只想著祂或幫你接近祂的事物，直到你的靈魂變得足夠堅定，能幫助你達到心所嚮往的結果。除此之外，禱告時，淨化你的意念，全心注意你說的話。看哪！到達這個境界後，你會感受到強烈的狂喜，不再因為與祂分離而苦，連

一秒鐘也不分離。你的愉悅越多，熱忱也會跟著變多，於是你就不再喜愛飲食與休息。

猶太人的蘇非著作是以阿拉伯文寫成，不僅深植在伊斯蘭蘇非主義的傳統中，也可看出和穆斯林神祕主義者（如伊本・阿拉比〔ibn Arabi〕）的接觸比和猶太教神祕主義的其他分支還要密切許多。前面說過，十一世紀時，西班牙的巴希亞・伊本・帕庫達的道德教誨可以找到蘇非主義的蛛絲馬跡。

這個運動和後來的基督教神祕主義者（像是亞維拉的聖女德蘭）一樣，支持絕對的貧困，也和同時期萊茵蘭猶太人宗教生活核心的阿什肯納茲虔敬派一樣，證實倫理和哲學方面的教誨可能因為社群領袖的強烈宗教熱忱而出現一抹鮮明的神祕主義色彩。虔敬者受到激勵，努力繼承以利亞等聖經諸先知的生活方式，實踐禁慾主義、控制自我情慾，並且專注想著上帝，「穿著破布和類似窮人所穿的衣服，仿效我們這個時代的蘇非主義者的衣著；限制食物份量，只吃碎屑之類的東西就滿足……好讓人們相信【他們信奉的是】先知的做法，【欣然接受】節制與知足……」。[50]

這就是《光明篇》在十三世紀末開始流通時的猶太歷史背景，和偉大的蘇非神祕主義者伊本・阿拉比開始在西班牙的穆斯林之間傳播教誨的時間點差不多。《光明篇》是各種材料的大熔爐，充斥著神話意象、詩詞、新柏拉圖和亞里斯多德的哲學思想，還有廣為流行的迷信、神通術以及神祕心理學：

「魂」是最低的動靜。魂支持肉體，為它提供養分。肉體緊緊依附著「魂」，「魂」也緊緊依附著肉體。「魂」臻至完美時，就成為可以安放「靈」的寶座。那時，和肉體結合在一起的「魂」會甦醒，如經文所說的：「等到聖靈從高處澆灌我們」。「魂」和「靈」臻至完美時，就準備好迎接「超魂」，因為「靈」是「超魂」居住的寶座。這個「超魂」是一切之中最高的，無法窺見，全然神祕。因此，我們可以

知道有一個寶座支撐另一個寶座，再支撐掌管一切的至高超魂的寶座。當你研究這些靈魂的分級，就會發現上帝智慧的祕密，因為用這種方式調查隱藏的奧祕永遠是很有智慧的。仔細看，最低的動靜「魂」牢牢依附著肉體，好似燭火最底端的暗光依附著燭芯，不能與之分離，少了它就永遠無法點燃。但，在燭芯上完全點燃後，暗光便成了白光的寶座，白光就居住在暗光之上。暗光和白光都完全點燃後，白光接著成為一種看不見的光的寶座，因為安放在白光之上的那個光既無法看見、也無法知曉。於是，光完全形成了。達到全然完美的人就是這樣子，因此尊稱為「聖」。

《光明篇》堅持下層與上層世界是有交流的，所以人類的行為和禱告對整個宇宙都有影響。人類的罪（包括不當的想法）所引起的邪惡永遠都是潛在的威脅，可能導致質點破裂。質點指的是上層世界的十個階層，上帝經過各階層，從「無限」（Ein Sof）往下降到最後一個質點舍金納——這也是以色列在天上的形象。重要的是被認為是女性特質的舍金納和上帝的男性特質（例如審判的質點）能達到和諧的平衡。[51]

《光明篇》是誰寫的？作者雖然聲稱這部作品是二世紀時西緬・巴爾・尤海周遭的坦拿拉比討論的成果，但作者的亞蘭語很不自然，而且十三世紀晚期以前都沒有人引用過這部作品，所以可以知道此說法是假的。根據現在一般公認的說法，《光明篇》的作者其實是卡巴拉學者摩希・德・利昂（Moshe de Leon）。他是最初出版這部著作的人，但他聲稱這是從以色列地取得的一份古老手稿抄寫來的，以前從未有人看過（他的妻女在他死後堅稱，這份手稿從未存在）。摩希一生都在卡斯提爾王國各地遊歷，和其他卡巴拉學者變得很友好，當中最有名的就是尤瑟夫・本・亞伯拉罕・吉卡提拉（Yosef b. Avraham Gikatilla）。吉卡提拉信奉亞伯拉罕・阿布拉菲亞的實用神祕主義，替四字神名和希伯來字母寫了神祕主義的分析論述。吉卡提拉中年時轉向較接近神智學的神祕主義形式，在《光之大門》（Gates of Light）和《義之大門》（Gates of Justice）裡清楚敘述質點和神格之間的關係。摩希自己也用希伯來文寫了許多卡巴拉著作，其中有不少在討論質點，有些和《光明篇》的結構類似，有些旨在引起讀者對《光明篇》的注意。[52]

《光明篇》對整個猶太世界的神祕主義發揮了立即的影響，在摩希死後開始流通時，可能很快就出現了增補。除了針對聖經的深層意涵進行神祕主義的評述之外，《光明篇》也描繪了西緬・巴爾・尤海的生平、討論面相與手相，並有部分篇幅是以希伯來文寫成，而非亞蘭語。接下來兩百年間，義大利、希臘和以色列地都出現了卡巴拉圈。波斯大布里士的以賽亞・本・約瑟在一三二〇年代留下的著作以及君士坦丁堡的拿單・本・摩西・基爾柯斯（Nathan b. Moses Kilkes）在一三六〇年代留下的作品，證實了東方的猶太人也知道卡巴拉。德國神祕主義者也採納卡巴拉，將《光明篇》和阿什肯納茲虔敬派的傳統結合在一起。

在猶太世界的許多地方，《光明篇》的思想常常會跟早期的拉比猶太人所寫的神祕主義文本兩相結合（這些拉比也非常熱切地想了解人與上帝在宇宙間的定位）。此外，許多偉大的權威學者在鑽研《塔木德》和哈拉卡時，都會採納卡巴拉的思想。偉大的塔木德學者拉施巴雖然強烈反對亞伯拉罕・阿布拉菲亞，但他在著作中曾清楚表明自己擁有許多卡巴拉知識，和他的老師納賀蒙尼德一樣。拉施巴自己的學生也針對納賀蒙尼德摩西五經評述的神祕主義思想撰寫了許多評述，可看出他的學派將卡巴拉神智學傳遞給後代時，使用的途徑與《光明篇》不同。[53]

這些思想是怎麼來的？在一方面，發展成熟的卡巴拉有許多特定的主題可以回溯到近古的天殿文學神祕主義，而且十二世紀確實還有在抄寫這些近古手稿，證實了這些傳統在當時尚未消失。另一方面，十二或十三世紀的普羅旺斯和西班牙迸發特別多的新想法，熱忱的神祕主義者同好發展祕教思想，或是為了回應在極短時間內出現的大量冥思著作，使勁想出這些概念。面對如此奔騰的宗教思潮，顯然很難將其發展歷程梳理得有條不紊。正是因為神祕主義沒有受到任何限制，才能出現這麼多新觀點。神祕主義和思考基督教神學時所受到的嚴格控管或是拉比透過哈拉卡進行裁決時所必須接受的束縛大相逕庭，從謎一般的經文字句中幻想上帝的本質及其神祕的啟示，不必受到什麼限制。各式各樣的冥思途徑顯然是平行發展的。

身為拉比猶太人，神祕主義有時不容易和生活的其他層面結合，亞伯拉罕・阿布拉菲亞的生涯就是一個絕佳的例子。卡巴拉讓一切成為可能，但是也會招來危險。來自布哥斯的摩西是十三世紀一位卓越的卡巴拉學者，和他的老師雅各・寇恩與以撒・寇恩（Jacob and Isaac Cohen）共同影響了摩希・德・利昂和《光明篇》的創作，同時也對《光明篇》沒寫到的眾多傳統瞭若指掌。說起當時的哲學家時，他毫不妥協地說「他們的頭只能碰到我們的腳」。但，他也說過，卡巴拉傳統雖然可以很有效地背誦上帝的各個名諱，但他自己從來沒有實際這麼做過。卡巴拉的做法顯然有變成巫術的危險，但在另一方面，卡巴拉學者可能會責備哈拉卡專家缺乏真正的宗教熱忱：《光明篇修正》（Tikkunei Zohar）的神祕主義教訓便將《米示拿》描述成「摩西的葬身之地」。然而，有一點很清楚，那就是上述兩種極端都不常見。因此，許多哈拉卡學者會讓自己沉溺在卡巴拉的冥思之中，而中世紀的卡巴拉學者也不認為，因為自己信奉神祕主義的思想，所以自己或其他猶太人就不必一絲不苟地遵守哈拉卡。普羅旺斯的卡巴拉學者曾經因為反對邁蒙尼德的哲學，引起了一二三二年的焚書之災，但我們也看到，亞伯拉罕・阿布拉菲亞認定自己先知般的卡巴拉看法是奠基於邁蒙尼德的教誨。更能確定的是，猶太哲學裡的新柏拉圖傳統可回溯到十世紀前半葉凱魯萬的以撒・本・所羅門・以色列以及安達魯西亞伊本・蓋比魯勒在《生命之泉》引用的柏拉圖思想，且透過十二世紀的西班牙哲學家亞伯拉罕・巴爾・希雅對《光明之書》的作者產生直接的影響。發散理論便是新柏拉圖主義的核心要素，在之後很長的一段歷史中，將讓卡巴拉學者持續思索質點的概念。此外，新柏拉圖主義也導致基督徒在文藝復興時期借用了卡巴拉的思想。[54]

十四世紀初開始，卡巴拉（尤其是《光明篇》）的意象和概念逐漸融入中世紀猶太教幾乎所有的分支，就連拒絕沉浸在神祕主義冥思或神智學思辯中、但卻將前代人的看法視為妥拉一部分的那些人，也接受卡巴拉思想。卡巴拉學者繼續苦思整個卡巴拉體系的核心問題：上帝和物質世界之間的關係，使卡巴拉發展得越來越複雜。同一時間，大部分的猶太人都接受卡巴拉的觀點，使用卡巴拉的象徵意象讓禱告禮儀更盡善盡美。

這類的意象如此受歡迎，顯示了猶太人普遍渴望能夠為以哈拉卡為基礎的實用猶太教提供一個複雜的神學框架，在聖經裡上帝對以色列做出的具體承諾和威脅之外，還能感受到更靈性、更神祕的東西。或許正是因為拉比精英以外的人嚴禁討論分析卡巴拉的思想，才讓這些思想在非拉比的俗人眼中帶有一股神祕力量。因此，雖然大部分的猶太人雖然對卡巴拉不甚了解，但卡巴拉實際上是近現代所有拉比猶太教分支的神學框架。

Part Ⅳ

Authority and Reaction
權威與回應

(1500–1800 CE)

14

歐洲文藝復興和新世界

在一五二三年秋天，一個名叫大衛・呂本尼（David Reuveni）的猶太人出現在威尼斯。他年約四十，自稱是消失的以色列十支派的軍隊總指揮官，同時也是統治著呂便、迦得兩個支派和瑪拿西半支派的約瑟的兄弟。從他的日記（但那可能不是真正的日記）可以知道，呂本尼先是到東方旅行，接著才來到歐洲，在拜訪埃及的亞歷山卓、以色列地的耶路撒冷和采法特以及大馬士革之後，航行到義大利。抵達威尼斯之後，他說服當地的一些猶太人協助他向羅馬教宗克勉七世提議，以色列消失的支派應該和基督徒協定一同對付穆斯林。呂本尼雖然得到信奉人文主義的樞機主教艾智德・達・維特博（Egidio da Viterbo）以及羅馬一些富裕猶太人的支持，但教宗本人只給他一封致葡萄牙國王和一封致衣索比亞國王的信。但，這已讓他得以在一五二五～七年間見到葡萄牙國王，被當成官方特使般尊敬地對待。他的成功招來懷疑的眼光，因為被迫皈依基督教的葡萄牙猶太人把他的到來視作彌賽亞即將來臨的證據，而呂本尼對這個觀點也沒有加以制止。有一個名叫迪亞哥・皮雷斯（Diego Pires）的葡萄牙年輕人，其雙親在私底下都信奉著猶太教。他給自己行了割禮，並另取一個希伯來名字所羅門・莫爾科（Solomon Molcho）。這下使得呂本尼被逐出了葡萄牙。他在西班牙外海遭逮捕，被克雷爾蒙公爵監禁兩年，後來由亞維儂和卡潘塔斯的猶太人贖回。呂本尼在一五三〇年十一月回到威尼斯，更進一步地鼓吹彌賽亞即將來臨的思想，但臭名遠播的他已經引起部分猶太人的敵意，導致他之後身敗名裂。

呂本尼一五三二年夏天來到皇帝查理五世的面前時，皈依猶太教的葡萄牙人所羅門・莫爾科陪同著他。莫爾科中間這七年都在地中海東岸和義大利廣泛遊歷，在薩洛尼卡學習卡巴拉，尋找即將到來的救贖的任何跡象。莫爾科開始相信自己就是彌賽亞，為了證實這點，他還扮成乞丐，在靠近教宗居所的一座橫越台伯河的橋樑上坐了三十天，企圖讓《巴比倫塔木德》裡一則關於彌賽亞的故事成真：

約書亞・本・利未拉比看見以利亞站在西緬・巴爾・尤海拉比的墓穴入口。他問他：「我能分享即將到來的世界嗎？」他回答：「如果這位老師想要的話。」……接著，他又問他：「彌賽亞何時會來？」他回答：「你自己去問他。」「他坐在哪裡？」「羅馬的入口。」「我要怎麼認出他？」「他和那些窮困的痲瘋病人坐在一起：他們同時解開【繃帶】，再把繃帶重新綁在一起，而他則一個一個幫他們解開繃帶，又重新綁好，心想，要是有人需要我，我一定不可耽擱。」

值得注意的是，莫爾科成功獲得教宗的保護，因為他準確預測羅馬會有水災以及（在一五三一年一月時）葡萄牙會有地震，讓教宗留下深刻印象。就連宗教裁判所指控他企圖引人皈依猶太教，他也因為教宗私下介入而免於被處死。他和呂本尼一五三二年到雷根斯堡覲見皇帝時，大概覺得自己無人可敵。若是如此，他就錯了：那年，他在曼圖亞接受審判，後被燒死在柱子上。呂本尼則被套上枷鎖帶到西班牙，被控煽動葡萄牙的新基督徒改信猶太教。他在獄中過世，時間可能是一五三八年。[01]

呂本尼和莫爾科高潮迭起的經歷是發生在十六世紀初，正逢歐洲人開了許多新眼界的時期。一四五三年鄂圖曼土耳其人攻下君士坦丁堡之後，基督教歐洲比從前更確信伊斯蘭教對基督教王國是一大威脅。鄂圖曼土耳其人在十六世紀時，將勢力往南擴張到敘利亞、巴勒斯坦、埃及和北非，往西到匈牙利，往東到伊拉克和葉門。同時間，來自君士坦丁堡的難民將希臘文的知識帶到說拉丁文的西方，促使失落的知識重新被挖掘，史稱文藝復興。對各行各業的人文主義學者（當中不乏像艾智德·達·維特博這樣的樞機主教）來說，這時候的人似乎有無限的方式可以了解這個世界以及世界與上帝之間的關係。一四九二年，哥倫布航行到大西洋對岸的新大陸，發現新世界有驚人的資源可以剝削，因此人們的希望又更受到強化了。但在同一時間，歐洲各國陷入天主教與新教之間的宗教戰爭，對基督教教義和禮儀的不同詮釋，導致各國之間和國家內部都出現分歧，血腥暴力的程度在基督教史上前所未聞。

在一五〇〇到一八〇〇年這三百年間，因為發現了新世界的緣故，再加上海運系統整體獲得改善，利潤極為豐厚的跨洋貿易隨之成長，使歐洲文明擴張到全世界。一五〇〇年，和中東的鄂圖曼與薩法維帝國相比，西歐在政經方面還只是一灘死水。伊斯蘭教仍分散在中亞、東南亞和下撒哈拉非洲，而基督教大部分只侷限在歐洲地區。但到了一八〇〇年，歐洲帝國主義者已將基督教擴張到整個美洲大陸以及西非和東南亞的貿易站。

帝國主義者帶到世界各個角落的基督教類型有很多種，反映了基督教歐洲本身的分裂狀況。羅馬天主教會給人不適任的感覺，導致十六世紀的西歐因為抗議教會而發生嚴重撕裂。將近百分之四十的歐洲人跟隨路德、慈運理和喀爾文的腳步，信奉改革後的神學思想。天主教會的回應方式，就是發動反宗教改革來處理那些敗壞了教會聲譽的毀謗；支持天主教會的君王也提供軍事方面的協助，特別是神聖羅馬帝國的皇帝。經過一百多年的政教衝突之後，明斯特－西發里亞和約在一六四六年簽署，為歐洲建立起延續了一世紀的宗教與政治邊界：法國、波希米亞、奧地利和波蘭的居民大多數是天主教徒，而北歐（包括德國大部分地區）則大多數是新教徒。在歐洲境內，只有在俄羅斯不斷擴展的疆域之內的那些東正教徒沒有受到這些宗教動亂的紛擾。俄羅斯在十五世紀時，還是位居歐洲邊陲地帶的落後國家，形勢十分孤立，但在一八一五年拿破崙戰爭結束時，卻已變成歐洲政治的強大參與者。會有這樣的轉變，是因為俄羅斯在十八世紀出現快速的經濟成長，疆域也往西擴張到愛沙尼亞和立陶宛。

無論是帶給俄羅斯豐厚利潤的北方毛皮貿易，或者是跨大西洋貿易，又或是為西歐帶來眾多好處的印度與中國進口貿易，自十五世紀末期開始，新興的全球貿易逐漸改變了歐洲內部的權力平衡。在地中海地區，因為西有西班牙哈布斯堡王朝，東有鄂圖曼土耳其帝國，義大利各城市失去了霸權；到了十七世紀初期，土耳其人控制了地中海東岸，西班牙則掌控地中海其他地區。勢力最強大、經濟最繁榮的是大西洋沿岸的強國：西班牙、葡萄牙、英國與荷蘭。法國姍姍來遲，在十七世紀後半葉路易十四在位期間才加入強權的行列，以宏偉的凡爾賽宮象徵它的富強。

許多猶太人在這個互相連結的世界四處移動，在既有的社群建立新的會眾，將珍視許久的本土傳統移植到新的地方。來自西班牙和葡萄牙的塞法迪猶太人不只定居在地中海周邊和歐洲北部，也定居在美洲。在東歐，德國的猶太人從十三世紀開始就有移居波蘭的趨勢，但在十六到十七世紀初中歐發生宗教戰爭時，移民的人口大幅增加。移居帶來的結果不盡相同，有時激勵那些離鄉背井的人凸顯自己和周遭猶太社會的差異，有時則透過通婚或其他的社會交流型態產生混合的傳統。意第緒語屬於第一種，波蘭的阿什肯納茲猶太人都說這種德國方言，讓自己和當地人有所區隔；至於第二種，目標是為了要達到更大程度的一致性，而歐洲猶太人很早就開始印刷宗教書籍，便是其中的一例，因為這有助宗教思想能以更快的速度散播到更多地方，同時也讓拉比學術精英之外的猶太人能夠取得這些文獻，促進學術研究民主化。

辣什的摩西五經評述早在一四七五年就已有印刷本，而《巴比倫塔木德》的第一個完整印刷本則是基督教印刷商丹尼爾・邦伯格（Daniel Bomberg）一五二三年在威尼斯完成的，得到了教宗利奧十世的同意。

這讓研究《塔木德》變得更容易，尤其是因為，辣什的評述就印在文本的的空白處。禱告書的印刷本變得很普及，因此誦唸禱文的領袖如果唸錯，有可能會被會眾抓到。在十六世紀前半葉，希伯來文印刷品主要是集中在義大利生產，革順・松奇諾（Gershon Soncino）就是在此印出第一本希伯來聖經。然而，君士坦丁堡和薩洛尼卡也有印刷廠，歐洲北部的印刷活動也越來越多。十七世紀時，阿姆斯特丹成為各類書籍的印刷中心，導致用各種語言寫成的出版物被大量印出來，在整個歐洲開闢了一個猶太宗教書籍的市場。壞消息是，基督徒審查員（通常是從猶太教改信基督教）越來越嚴格控管猶太書籍的內容。02

導致猶太世界發生變遷的另一個重要事件，就是天主教君王斐迪南和伊莎貝拉分別在一四九二年和一四九七～八年將猶太人逐出西班牙與葡萄牙。大批難民往東湧入相對寬容的鄂圖曼土耳其帝國，許多人定居君士坦丁堡、薩洛尼卡和阿德里安堡，也有些人散居在小亞細亞和希臘各地，另外還有一些人住在埃及和（少部分人）以色列地，特別是采法特和耶路撒冷。到了十七世紀，歐洲的一些新教國家也成為猶太人的避風港，躲避天主教的迫害，就連過著基督徒生活的猶太人也不例外，希望到這些國家尋求自由，公開信奉自己的宗教。早在一五九〇年左右，阿姆斯特丹就已出現一個猶太皈依者的祕密社團，他們的宗教語言不是希伯來文或荷蘭文，而是西班牙文。一六〇五年，猶太人獲准在鹿特丹和哈倫興建猶太會堂。此外，猶太人的公民身分在荷蘭各地雖然不盡相同，但他們已逐漸融入當地社會。

瑪拿西・本・以色列這位阿姆斯特丹拉比的生涯特別值得一提。他在一六〇四年出生於馬德拉，家族過著基督徒的生活，因此將他受洗，取名馬諾埃爾・迪亞斯・索埃羅（Manoel Dias Soeiro）。他童年時移居荷蘭，後來因為神學能力傑出，且在一六二六年創立印刷廠，名聲響亮，因此猶太人和基督徒都知道他這號人物。一六五五年，他和奧立佛・克倫威爾進行協商，希望讓早在一二九〇年就被逐出英國的猶太人可以回去。在一四九二年的哥倫布探險中，第一個落腳美洲大陸的歐洲人是原本信奉猶太教的猶太人路易斯・德・托雷斯（Luis de Torres）。因此，西班牙和葡萄牙的猶太皈依者很快就前往新世界定居。在十七世紀晚期的巴西，許多皈依基督教的猶太社群在荷蘭人掌權後，便公開承認自己的猶太信仰，但當葡萄牙殖民者在一六五〇年代重新征服巴西境內荷蘭統治的地區之後，他們只好又往北逃，來到加勒比海和北美洲。他們主要定居在新阿姆斯特丹（後來改名紐約）。羅德島紐波特的杜魯猶太會堂是美國現存最古老的猶太建築，在一七六三年落成，比一六七七年巴貝多的猶太人來到這個城鎮的時間晚了將近一百年。[03]

在東歐的波蘭和立陶宛，猶太人口從十三世紀就開始成長，因為政府實行保護政策，賦予當地的猶太議會權力，鼓勵猶太人從德國移民到東邊，在烏克蘭的村莊定居。一二六四年，波蘭的猶太人獲頒卡利士特許法，擁有許多法律方面的權利，包括猶太法庭審理猶太事務的司法權。結果，猶太人口從十六世紀晚期開始大增，由波蘭—立陶宛的貴族提供資助。因此，到了十七世紀初，波蘭和立陶宛已經成為阿什肯納茲猶太人的文化重鎮。一六四八～九年，博格丹・赫梅利尼茨基（Bogdan Chmielnicki）率領哥薩克農民起義，反抗波蘭在烏克蘭的統治，摧毀數百個猶太社群，因而削減（但是並未終結）猶太人在當地的優勢。

赫梅利尼茨基大屠殺導致禮儀詩歌和哀歌大量出現，猶太難民再度回到西邊的荷蘭。因此，有著不同社經背景與文化觀點、並以意第緒語為主要猶太語言的阿什肯納茲猶太人，就這樣和來自葡萄牙與西班牙的塞法迪猶太人生活在一起。來自現今烏克蘭的難民最後定居在德國的小邦，為當地社群帶來特色鮮明的宗教熱忱。普通猶太百姓和宮廷猶太人之間存在著複雜的關係。這些宮廷猶太人（Hofjuden）為整個神聖羅馬帝國以及波蘭和丹麥等鄰國的貴族提供商業和金融服務，許多人都在這些宮廷環境內做很多事來幫助自己的社群。例如，在十七世紀晚期為奧地利皇帝的軍隊提供軍火的供應商薩繆爾・奧本海默（Samuel Oppenheimer）便資助了大量會堂和學院，在猶太社群裡發揮極大的影響力，即便他自己其實胸無點墨。[04]

在這段期間，猶太生活的各種思潮在義大利迸出眩目的火花。義大利的猶太人在十四和十五世紀時，

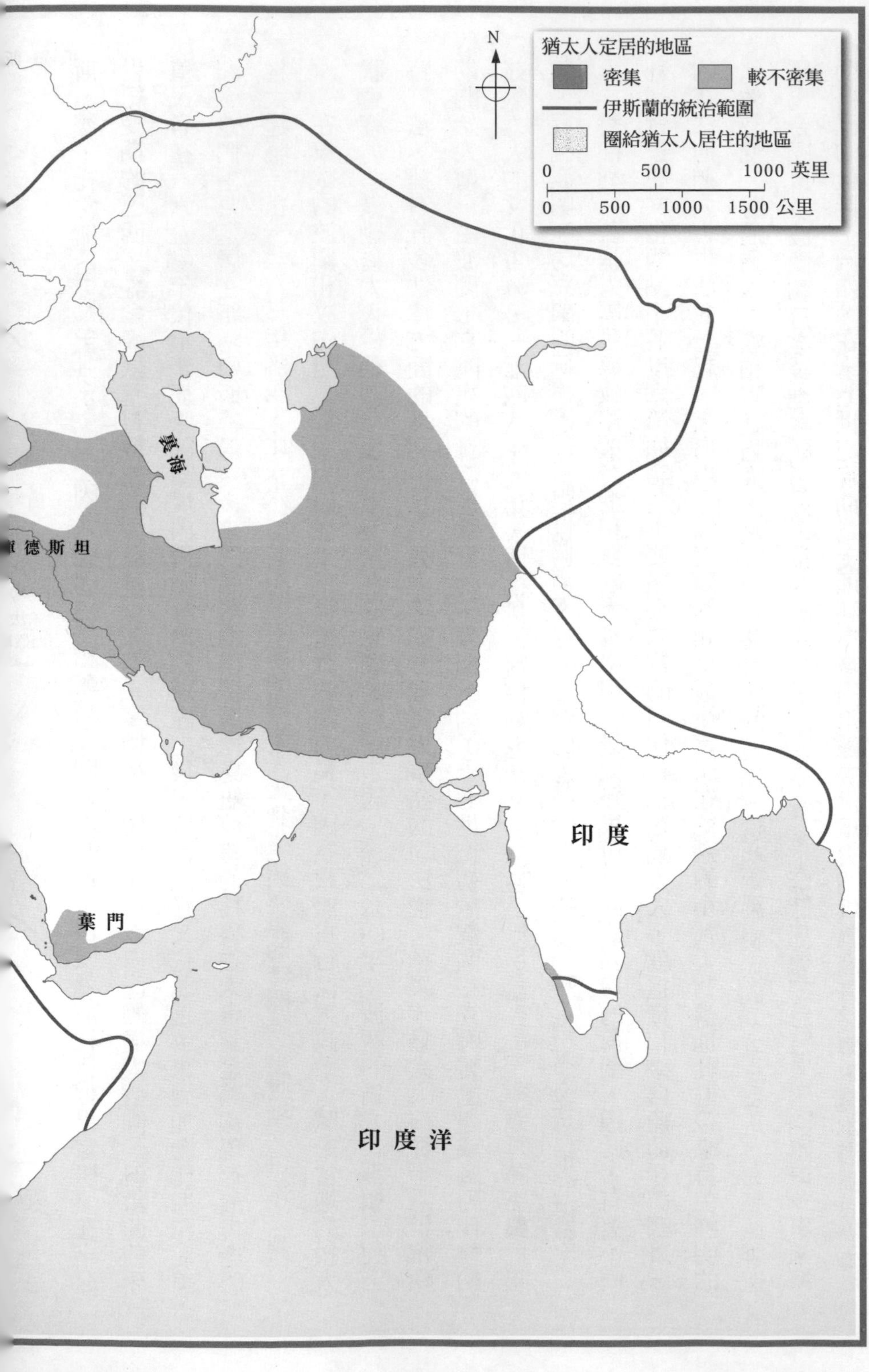
N
猶太人定居的地區
密集
較不密集
伊斯蘭的統治範圍
圈給猶太人居住的地區
0 500 1000 英里
0 500 1000 1500 公里
裏海
德斯坦
印度
葉門
印度洋

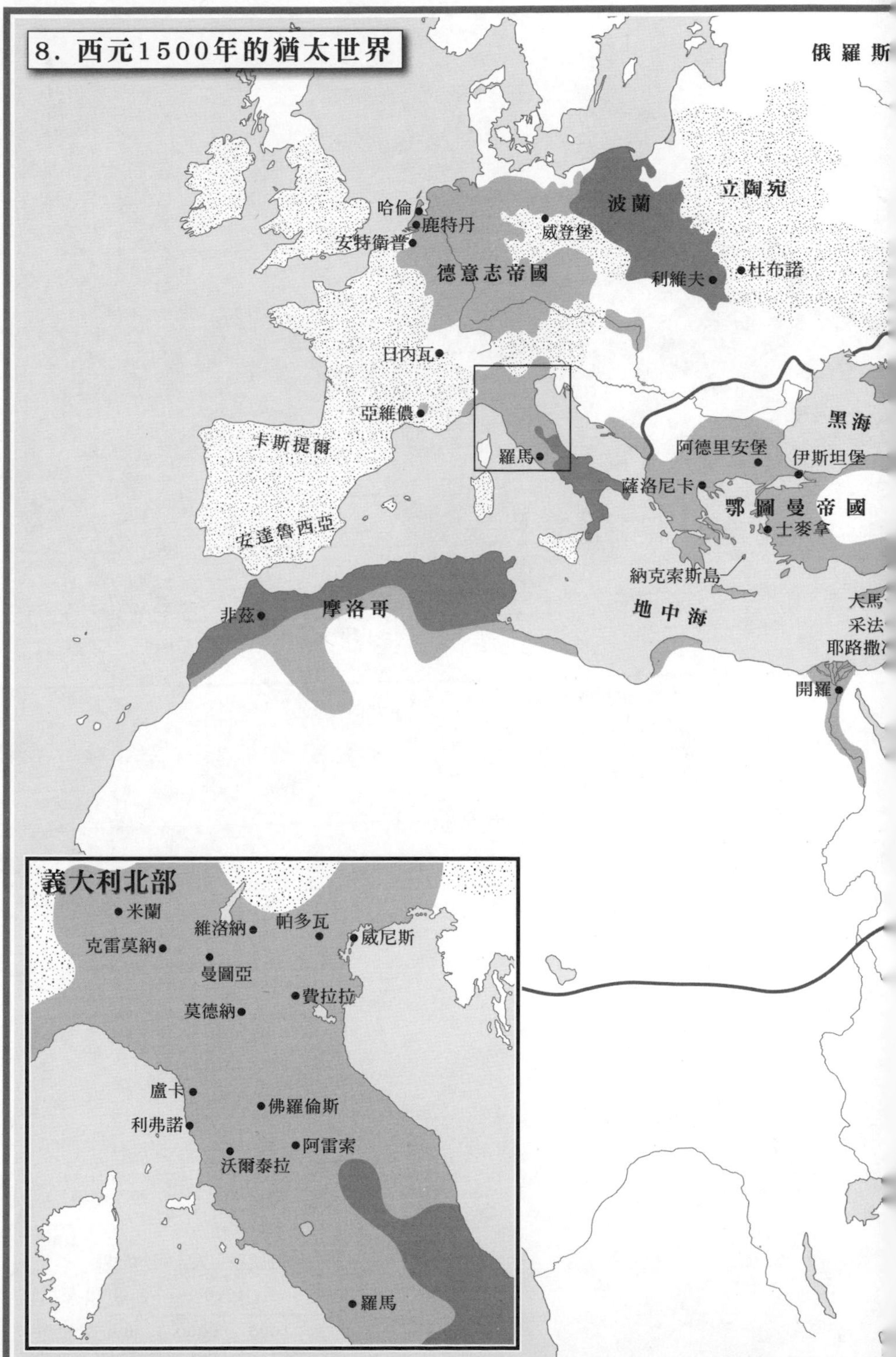
8. 西元1500年的猶太世界
俄羅斯
立陶宛
波蘭
哈倫
鹿特丹
安特衛普
威登堡
德意志帝國
利維夫
杜布諾
日內瓦
亞維儂
卡斯提爾
安達魯西亞
羅馬
黑海
阿德里安堡
伊斯坦堡
薩洛尼卡
鄂圖曼帝國
士麥拿
納克索斯島
非茲
摩洛哥
地中海
大馬
采法
耶路撒冷
開羅
義大利北部
米蘭
維洛納
帕多瓦
威尼斯
克雷莫納
曼圖亞
費拉拉
莫德納
盧卡
佛羅倫斯
利弗諾
阿雷索
沃爾泰拉
羅馬

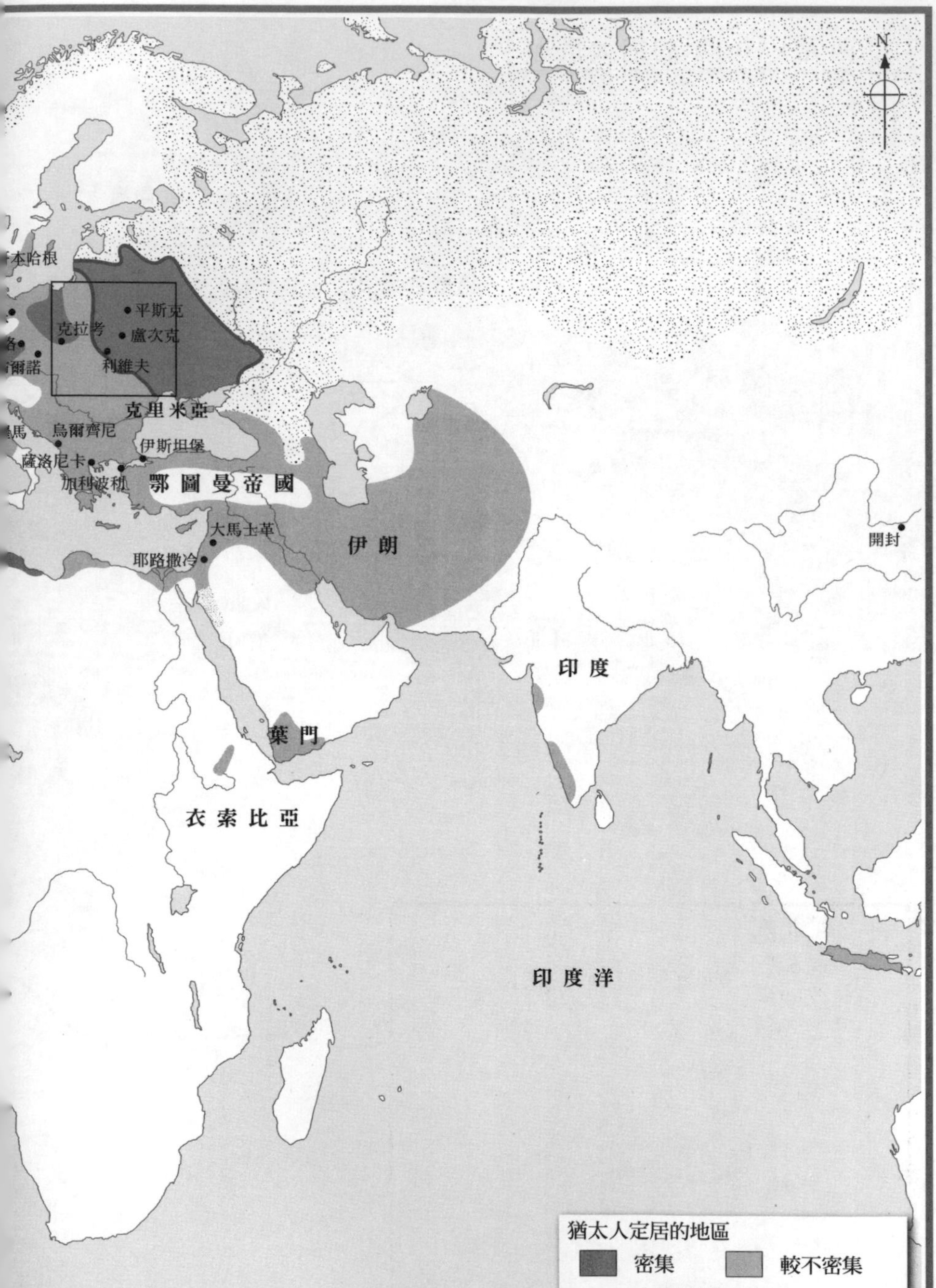
N
平斯克
克拉考
盧次克
利維夫
克里米亞
烏爾齊尼
伊斯坦堡
薩洛尼卡
加利波利
鄂圖曼帝國
大馬士革
耶路撒冷
伊朗
開封
印度
葉門
衣索比亞
印度洋
猶太人定居的地區
密集
較不密集
木樁居住區域
圈給猶太人定居的地區
0 1000 2000 英里
0 1000 2000 3000 公里

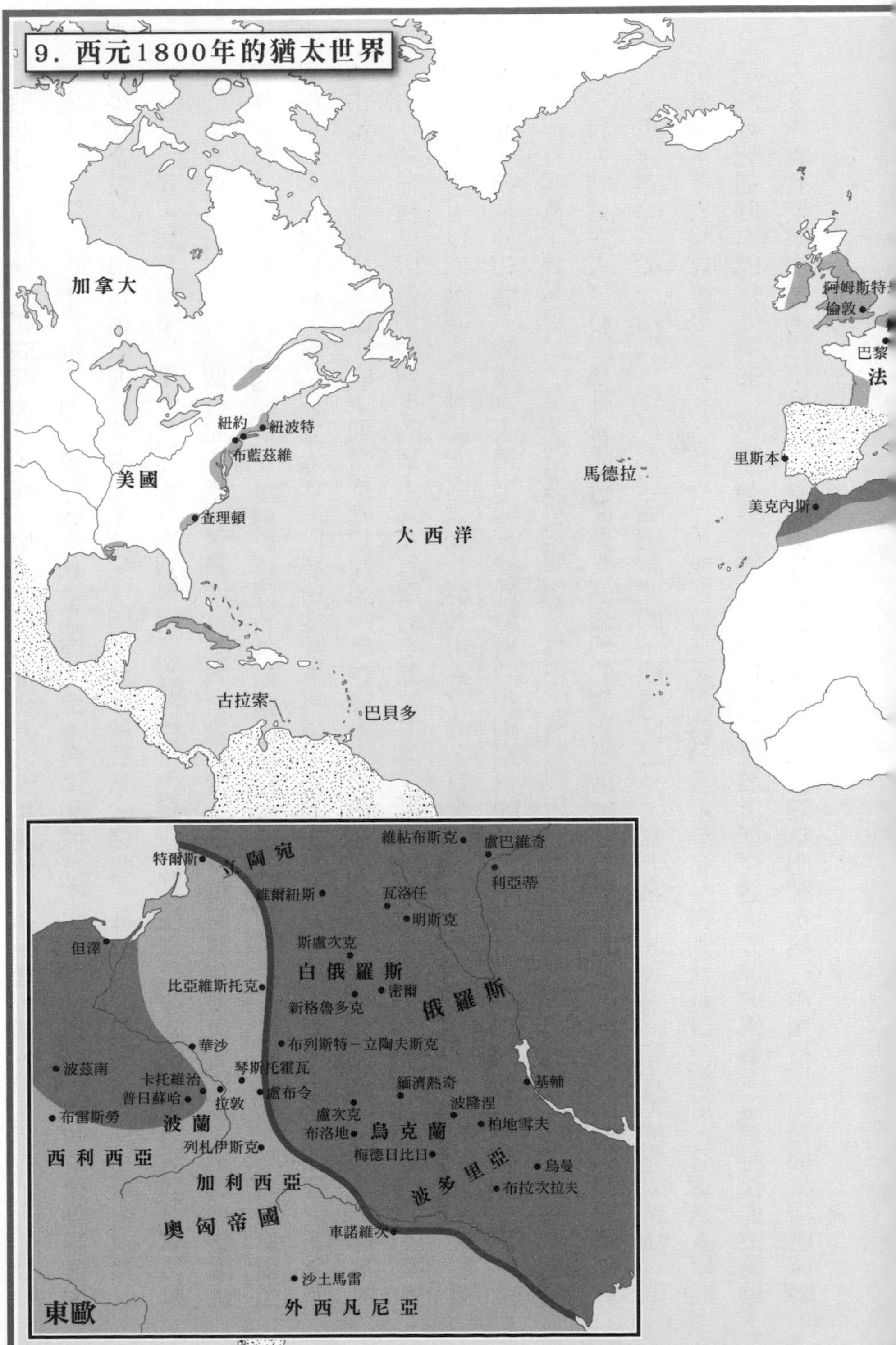
9. 西元1800年的猶太世界
加拿大
阿姆斯特
倫敦
巴黎
法
紐約
紐波特
布藍茲維
里斯本
馬德拉
美國
美克內斯
查理頓
大西洋
古拉索
巴貝多
維帖布斯克
盧巴維奇
特爾斯
立陶宛
利亞蒂
維爾紐斯
瓦洛任
明斯克
但澤
斯盧次克
白俄羅斯
比亞維斯托克
密爾
新格魯多克
俄羅斯
華沙
布列斯特－立陶夫斯克
波茲南
卡托維治
琴斯托霍瓦
基輔
普日蘇哈
拉敦
盧布令
緬濟熱奇
波隆涅
盧次克
布雷斯勞
波蘭
布洛地
烏克蘭
柏地雪夫
列札伊斯克
西利西亞
梅德日比日
烏曼
波多里亞
加利西亞
布拉次拉夫
奧匈帝國
車諾維次
沙土馬雷
東歐
外西凡尼亞

因為借貸小額資金來幫助當地經濟的整體成長，所以變得十分繁榮興盛，大體上維持住自己的市民地位，雖然偶爾還是會面臨方濟會修士或其他人的敵意。猶太人在一四九二年三月被逐出西班牙時，西西里和薩丁尼亞都在亞拉岡王國的統治下，而拿坡里王國也從一五〇三年開始由西班牙統治，因此驅逐了大部分的猶太人。反之，在十六世紀前半葉的義大利中部與北部，教宗和城邦都很歡迎猶太難民，特別是佛羅倫斯的麥第奇家族。但這種歡迎的態度並未持久。因為反宗教改革的緣故，教宗開始給猶太人施加諸多限制。一五五三年，教宗儒略三世下令焚燒義大利境內所有的《塔木德》，理由是《塔木德》褻瀆了基督教。

從一五五五年七月十四日起，教宗保祿四世強迫猶太人晚上都不得離開猶太人居住區。第一個猶太人居住區建立在一五一六年的威尼斯，附近剛好有一座鑄鐵廠（猶太人居住區的原文「ghetto」，原意就是鑄鐵廠）。當局宣布，這是猶太人在整座城市裡唯一可以定居的區域。到了十六世紀末，義大利大部分的城市都有這種猶太人區，晚上通常都會鎖起來。有些猶太人居住區非常擁擠不堪又不衛生，例如羅馬；但也有一些居住區因為不同類型的猶太人在有限的空間裡共處，所以變成猶太文化活動的中心。以威尼斯為例，和至少可以回溯到十一世紀的義大利社群共生共存的，有來自黎凡特、德國和剛離開伊比利半島的猶太社群。黎凡特和西方的猶太人特別能享受威尼斯共和國提供的保護，因為他們和海外的猶太社群互有交流，而且刺激了貿易發展，雖然威尼斯偶爾還是會被宗教裁判所施壓，要求必須下驅逐令。[05]

義大利猶太人沒有因為社會隔離而與文藝復興的學術發展完全絕緣，有很大一部分的原因是，基督教人文主義者除了從一四五三年之後向他們敞開的希臘學問之外，也非常有興趣獲得和古老的猶太傳統有關的知識。十五世紀晚期，皮科・德拉・米蘭多拉（Pico della Mirandola）和其他基督徒相信，尋求猶太學問或許就能揭開卡巴拉的奧祕，證實基督的神性，因此這更激發了學習猶太知識的風氣。這個說法促使德國人文主義者約翰內斯・羅伊希林（Johannes Reuchlin）在一四九四年出版了第一本用拉丁文寫成的卡巴拉著作，又在一五一七年出版完整的專著《論卡巴拉的藝術》（On the Art of the Kabbalah），試圖在書中證明新柏拉圖主義和卡巴拉是源自同樣的神祕主義信條，而且這些信條揭示了耶穌之名（羅伊希林提出一種獨特的希伯來拼寫方式，將四字神名加上字母「shin」，象徵邏各斯）。這些基督教的卡巴拉學者並不總是認可傳統的猶太教。反之，他們認為和《塔木德》的低劣教誨相比，卡巴拉才是真正的猶太教。他們的目標之一是要將卡巴拉當成武器，對付死板的基督教經院哲學。

在早期階段，基督徒學習卡巴拉通常是使用猶太教改信基督教的人將希伯來原文翻成拉丁文的譯本，但有些基督教人文主義者也會和堅守自己傳統的猶太人進行討論與爭辯。一五七一年，一個名叫阿扎賴亞・德・羅希的猶太醫生在費拉拉遭遇一場大地震，跑到城郊的田野避難，遇見一位基督教學者。對方向他詢問亞里斯提書信某個段落的真正意涵，（錯誤地）認定這封信除了希臘文，一定也存在希伯來文的版本。根據德・羅希的說法，結果十分驚人：

> 如我前文所言，在這段恐怖的時期，我被迫離開成了廢墟的家，四處找地方住，而命運帶我遇見波河南岸這些愛好和平的人。我們和一位基督教學者為鄰，他為了打發時間、讓心思移開令人不安的地震，開始研讀我和他聊起的一本書，內容和妥拉翻譯的故事有關。就在這個時候，他上前迎接我，問我能否用希伯來文的版本（他以為我們猶太人擁有這本書）向他說明清楚他在讀拉丁文版本時讀不明白的段落，因他精通拉丁文很長一段時間了。我告訴他，我們沒有這種東西。他全然驚呆了，不敢相信這種榮耀會遠離以色列。他認為，以色列絕對可以從中贏得極大的聲譽……[06]

德・羅希是個成就極高的獨立學者，乾脆就將亞里斯提書信翻成希伯來文。這個譯本後來成為德・羅希的著作《雙眼之光》（The Light of the Eyes）的一部分，由他本人在一五七四年（他過世的前幾年）於曼圖亞出版。這個作品很適合用來研究猶太人的歷史、年表、詩詞與文化，書中引用大量的古典作家，拉丁文的和希臘文的都有，前者他會直接引述原文，後者則使用拉丁文和義大利文的譯本。

德．羅希對希臘化時代那些用希臘文寫成的猶太文獻特別感興趣；這些文獻沒有收錄在拉比傳統中。他致力研究斐羅（他用希伯來文稱他為亞歷山卓的耶蒂迪亞），同時也努力證實，尤西彭的猶太史其實只是將教會保存下來的約瑟夫斯的希臘文著作換句話說而已，並不可靠。德．羅希秉著人文主義者的好問精神，運用任何找得到的史料文獻，包括四世紀的教會歷史學家優西比烏所寫的猶太史和其他古老的基督教作品。他甚至使用了湯瑪斯．阿奎那和其他中世紀基督教神學家的神學觀點，還有基督教卡巴拉學者皮科．德拉．米蘭多拉的著作（他很欣賞他做學問的方法）。

用批判的手法來研究《塔木德》的故事，在猶太思想中並不新鮮，但是德．羅希使用非猶太的參考資料來達到這個目的，就很新奇了。因此，《雙眼之光》出版後引起很強烈的反彈。問題不在德．羅希的宗教訓誨，因為他的教誨和他的個人行為一樣，符合拉比的虔誠規範。有問題的地方在於，他的學術研究暗示了來自拉比傳統之外的智慧不僅可以擴充、闡明拉比傳統（就像中世紀的猶太哲學家運用伊斯蘭教的作品那般），更重要的是還可以挑戰這個傳統。在一五七四年，威尼斯的拉比頒布禁令，任何人沒有獲得他們的准許就不得使用這本書。類似的禁令不只在義大利的許多地方頒布，也出現在巴勒斯坦的采法特。人稱「布拉格的馬哈拉爾」（the Maharal of Pragu）的猶大．羅（Judah Loew）在一五九八年出版的著作《外地之井》（Be'er-haGolah）中，花了很多篇幅攻擊德．羅希的教誨，雖然他寫這本書時，德．羅希已過世二十年了。一百多年來，德．羅希的書只能偷偷地讀，就連在出版地曼圖拉，也只有二十五歲以上的人才可以讀，因為超過這個歲數的人被認為有能力去處理他的信條帶來的潛在危險。從許多方面來看，德．羅希很小心地不說出任何對聖經的批評，並只侷限在技術性的學術問題上，像是古代猶太史的年表。他研究聖典的方法和文藝復興的基督教學者類似。他的思想引起強烈反彈，證實了當時的人意識到，像這樣使用外部的權威著作來檢視傳統教誨，在那些關心傳統能否妥善保存的人看來可能非常危險。07

德・羅希的名氣（或說壞名聲）雖然大，但他從未接下任何拉比職位。實質上，他都是隻身一人宣揚自己的思想，因為看到他引起強烈的反彈，對發展成熟的傳統似乎又抱持著目中無人的態度，就連一些跟他較親近的朋友也背棄了他。然而，有些人就能成功將文藝復興的某些方面融入義大利猶太人的學術觀點裡。一五八七年，猶大・本・約瑟・莫斯卡托（Judah b. Joseph Moscato）在曼圖亞（德・羅希生活、出版著作的地方）在猶太會堂擔任正式講道者將近二十年後，被指派為當地社群的首席拉比。這時，德・羅希過世還不到十年，他的著作引起的爭議正在高峰期。

莫斯卡托將自己在曼圖亞宣講的五十二篇佈道文集結成《猶大的分散》（Nefutsot Yehudah）一書，一五八九年在威尼斯出版，可以看出這位宗教導師全心研究文藝復興的修辭美學；至於在一五九四年出版的《猶大之聲》（Kol Yehudah），莫斯卡托除了評述猶大・哈利未的《可薩》，也順帶宣揚中世紀的新柏拉圖主義和（爭議較大的）斐羅的思想。莫斯卡托和德・羅希一樣，十分贊同皮科・德拉・米蘭多拉，也在著作中加以引用他的觀點：

首先，上帝發散出被創造的智慧，單一且完美；他賦予它萬物的型態……上帝不只利用發散創造出萬物，而且把萬物創造得完美無缺。根據智者皮科・德拉・米蘭多拉所寫的一篇關於上帝之愛的短文，柏拉圖主義者和其他古老的哲學家把這智慧稱作「上帝之子」。

莫斯卡托所說的「上帝之子」就是斐羅所謂的邏各斯，是人與上帝之間的連結。他的著作結合了現代知識與中世紀的猶太哲學傳統，偶爾會提及有關音樂和天文的義大利片語和當代概念，頻繁引用《光明篇》（通常沒有點出參考來源），使文本帶有神祕主義色彩，並將整體重心放在讓讀者賞心悅目的佈道美學（無論是內容抑或是口語表達），希望讓義大利猶太人培養一個觀念：講道應被當成一件藝術作品。[08]

莫斯卡托的佈道文吸引了非猶太人的聽眾，所以他有可能除了用希伯來文、也用義大利文講道。可以肯定的是，在下一個世紀，特立獨行的威尼斯講道者里昂・默德納（Leone Modena）用義大利文寫作就跟用希伯來文寫作一樣好。他和許多基督教學者維持密切聯繫，還曾出版一本和猶太習俗有關的書（《猶太禮儀史》〔Historia de' riti Ebraici〕），讓威尼斯的英國使節帶回去上呈國王詹姆士一世。根據里昂・默德納的自傳，他為了支持自己愛賭博的習慣，曾從事過各種行業，其中一個就是音樂家。威尼斯的猶太人居住區在一六三〇年代成立了一個音樂學院，而他就是學院的樂隊指揮。他鼓勵會堂禮拜採用他的朋友撒隆蒙尼・德・羅希（Salomone de' Rossi）創作的音樂，進而將帕萊斯特里納風格的對位法引進猶太禮儀中。里昂・默德納在介紹德・羅希為希伯來節慶文本所創作的配曲時，宣稱他們重現了聖殿的音樂。然而，這個音樂反映的其實是基督教禮儀的特色，就像會堂建築會仿效當地的風格一樣，例如：威尼斯的巴洛克西班牙會堂最初在十六世紀中葉建成，但在十七世紀中葉又被安康聖母大殿的建築師重新設計，而倫敦的貝維斯馬克斯會堂則是在一七〇二年由西班牙和葡萄牙的猶太社群設計成胡格諾派的風格。[09]

除了建築，基督教世界有很多猶太社群也會在會堂和家中運用當時的工藝藝術來提升宗教生活。妥拉經卷的兩端會有棒子，方便在隊伍中拿著經卷行進，而會堂最重視的裝飾設計品，就是這些棒子的頂飾。這些頂飾（rimmon）通常極為精美，展現了高超的金屬工藝技巧。會眾也會製作用來覆蓋妥拉約櫃（即存放經卷的地方）的繡花帷幕，最早的例子可回溯至十六世紀的義大利。製作約櫃錦緞或包覆經卷的繡布是很普及的一種習俗，也是擅長針線活的女性在公共場合表現自己虔誠信仰的方法。然而，有些社群會將刺繡藝術發展成獨特的藝術形式，由專業的男性猶太工藝家從事。

至於家中的宗教禮儀，猶太人認為「宗教義務的美化」（hiddur mitzvah）是虔誠的象徵，因此應該製作精美無比的銀製酒杯、燭臺和香料罐來歡慶安息日，逾越節晚宴也要使用特殊的盤子。這些通常（但不是絕對）是由猶太工藝家設計製造的。關於用來裝飾書籍（因為印刷術的緣故，書籍比中世紀更廣泛流通）的圖案，基督教的影響非常明顯。原先有其他用途的木雕版常常會重新用在猶太文本上，就是其中的一例。伊斯蘭世界之外的猶太人似乎並不在意書上出現人像，即使是與宗教目的有關。因此，用來慶祝普珥節的卷軸常常會畫上《以斯帖記》的故事內容，那些極為華麗的婚契（ketubah）也時常用精美的結婚場景圖加以裝飾，有時會透過雕版印刷術大量進行複製。

值得注意的是，倫敦貝維斯馬克斯會堂的建築風格是仿效非英國國教的基督徒，因為在社交方面，猶太人有時會和基督教文化的非主流團體意氣相投。哈布斯堡王朝的猶太人很小心地維持著對天主教政權忠心耿耿的樣子，但當天主教會因聖經詮釋的議題產生分裂時，有些新教徒（包括羅伊希林和伊拉斯謨等基督教人文主義學者）和教會裡的改革派人士卻是將猶太教視為保存了古老聖經真理的寶庫。一五〇七年到一五二一年，羅伊希林和一五〇四年左右在科隆皈依基督教的猶太人約翰內斯・普費弗科恩（Johannes Pfefferkorn）之間爆發一場「書籍之戰」，使得對《塔木德》所抱持的態度成了天主教會內部反動派與自由派的核心爭議點。普費弗科恩在科隆道明會的指導下抨擊《塔木德》，要求皇帝馬克西米連授權沒收聖經以外的所有猶太書籍。羅伊希林反對他時，雙方便展開一場筆墨之戰，兩邊都說出極為尖酸刻薄的話，也做出許多人身攻擊。馬丁・路德的論綱會在一五一七年的威登堡張貼出來，並不是意外，因為這場爭議那時候正打得轟轟烈烈。在這場爭議中，羅伊希林的支持者（當時許多重要的人文主義學者都在其中）非常有力地揭發了教會隱匿事實的行為。羅伊希林（他曾插手幫助普弗茲海母〔Pforzheim〕的猶太人）和路德起初都很譴責迫害猶太人以及沒收拉比文獻的做法。但，從一五二〇年代中葉開始，路德對猶太人越來越不友善，因為即使他向他們展示了開明的基督教類型，他們也不願意接受基督教。他在一五四三年發表《論猶太人與他們的謊言》（On the Jews and their Lies），接著一直到他在一五四六年過世前的三年間，又陸續發表許多小冊子，呼籲猶太人應該受到驅逐或控管。最終，他創立的路德教會就跟他脫離的天主教會一樣，極度憎惡猶太教。路德之所以如此排斥猶太教，可能和他明確譴責某些新教分支的猶太化傾向（如守安息日派）有關。[10]

與路德同時代的約翰・喀爾文跟路德一樣罵猶太人罵得很兇。他一五四〇年代在日內瓦創建一個神權國家，但是因為猶太人在一四九〇年就已被逐出這個城市，所以他幾乎不曾接觸過真正的猶太人。他對舊約聖經的律法很有興趣，因此他的信眾與繼任者受到激勵，致力研究希伯來學問，以促進對聖經的理解，而他們也越來越願意讓猶太人用自己的方式從經文中獲得啟蒙。因此，在流行喀爾文教派的荷蘭，猶太人在一六一九年獲准享有完全的宗教自由，條件是他們要像喀爾文主義者那樣，把自己當成一個宗教團體來行動，並相信（舉例來說）「死後會有生命，好人會在那裡得到回報，惡人則會受到懲罰」。阿姆斯特丹的猶太社群之所以因為史賓諾沙攻擊聖經的神聖起源而懲罰他（見下文），很有可能不只是擔心自己的宗教遭受威脅，也擔心當地喀爾文教派的反應。[11]

基督教內部的某些思潮（例如，十七世紀中葉盛行於歐洲新教地區的千禧年主義）對猶太人的生活有直接的影響，例如克倫威爾在一六五〇年代熱情歡迎猶太人回到英國（見第四二四頁），可能就是受到某些思潮的影響。基督教的意識形態對猶太思想產生的影響比較小、但也比較真實。然而，我們後面將會看到，認為薩瓦塔伊・塞維（Sabbetai Zevi）的信徒所展現的熱情跟同一時間發生在基督教世界的宗教運動

（如英國在克倫威爾統治時期出現的第五君主主義者所懷抱的千禧年希望）完全沒有關聯，似乎是不合情理的。基督教思想最直接的影響，來自那些猶太皈依者，因為他們回歸猶太教時，會引進自己在伊比利半島接受基督教教育時所建立的觀念。例如，綜觀古拉索島猶太社群的歷史，血緣關係（famiya）一直是對他們的宗教生活影響最大的因素。猶太皈依者是一群很特殊的猶太人，因為他們自行決定了自己的宗教身分認同。許多例子顯示，這些人很難適應傳統的猶太習俗。例如，飲食律法的繁文縟節對他們來說，就跟他們所排斥的天主教教義一樣難消化。他們比較喜歡世俗的生活，甚至會在猶太教與基督教之間來回搖擺，看實際情況比較適合信奉哪一個宗教，就信奉哪一個。[12]

十七世紀時，阿姆斯特丹便有這麼一位葡萄牙的猶太皈依者，名字是烏列爾・阿科斯塔（Uriel Acosta）。然而，他信奉猶太教的歷程卻導致了無可挽回的錯誤。阿科斯塔出生於葡萄牙的一個瑪拉諾家庭（Marrano，即私下信仰猶太教者），因為讀了希伯來聖經，所以開始對基督教的信條產生懷疑。他逃到阿姆斯特丹，結果卻發現他所皈依的猶太教和他想像的不一樣。他在自傳裡寫到，他試圖破壞拉比傳統，說此傳統並非源自聖經，尤其是那些有關永生和復活的信條。結果，猶太當局因為擔心自己在阿姆斯特丹的地位，在一六二四年將他逐出社群：

我注意到，現在的猶太人所遵守的習俗傳統和摩西的誡命很不一樣。律法明確地表示，應當遵守律法的一字一句，如果要這麼做，猶太詮釋者加入那些和原文相左的詮釋就不合理了。這迫使我公開反對他們。不，我甚至覺得，公開維護律法、反對這種革新是在服務上帝。當今的拉比和他們的祖先一樣，是一群頑固的人……這樣的事態迫使我寫了一篇文章為自己辯駁，用摩西的律法證明，法利賽人的習俗傳統以及他們跟律法相衝突的地方都是徒勞無益的。我展開這項工作後（因為我認為自己有義務視情況清清楚楚描述一切），完全認同某些人的看法，那就是舊約聖經提出的賞罰只限定在今生，來生或靈魂的永生則不必太重視……他們的下一步，就是派孩子在街上攻擊我。我走在街上時，他們會全部一起辱罵我、斥責我。他們會大喊：有異端！有騙子！其他時候，他們會聚集在我家門前，朝窗戶擲石子，做出任何干擾我、惹惱我的事情，讓我連在自己家裡也無法安寧。

這種暴力恐嚇的故事發生在阿姆斯特丹是很不尋常的。這座城市的財富從該世紀初開始以驚人的速度增長，就是因為支持宗教自由，相信鼓勵門諾會、穆斯林和猶太人等少數族群對經濟很有幫助。在阿姆斯特丹，塞法迪猶太人可以揮霍自己的財富，因為他們過去曾在北非的中東市集和其他塞法迪同胞交易，或是到大西洋對岸的古拉索島等地從事貿易，進入島上那些富麗堂皇的私人宅邸，或是一六七五年在這座基督教城市的中心興建完成的宏偉猶太會堂。阿姆斯特丹有許多印刷廠，書籍貿易也很興盛。但是，連在這個充滿自信、繁榮與自由的地方，阿科斯塔也不能隨心所欲地跟從自己的想法。他撤銷自己的主張，但之後又恢復反對拉比的立場，聲稱自己是一個遵守自然法則的自然神論者。他在自傳裡為這些看法辯護，完成後沒多久便在一六四〇年自殺。[13]

比烏列爾·阿科斯塔年紀小很多的巴魯赫·史賓諾沙在生前時，也無法成功對猶太教的發展產生影響，但是他對整個歐洲史卻有相當重大的貢獻，被當成是下個世紀橫掃西歐的啟蒙運動的先驅，而猶太人後來也改變對他的看法，說他是「第一位現代的猶太人」。阿科斯塔過世時，史賓諾沙僅八歲。住在阿姆斯特丹的他，同樣來自葡萄牙裔的瑪拉諾家庭。他在西葡猶太社群接受傳統猶太教育，擁有豐富的聖經和希伯來語知識。和阿科斯塔不同的是，史賓諾沙來自一個富有的商人家庭，而且也能靠磨鏡片的工作養活自己（可能是因為從事這項工作，導致他一六七七年便死於肺癆，年僅四十五歲）。他在著作《神學政治論》（Tractatus Theologico-Politicus）中評論猶太教和所有的超自然宗教，主張一切都必須靠理性做判斷，因此奇蹟是不可能存在的。史賓諾沙的敵人說他是無神論者，但他其實認為，自然的一切都是由上帝恆久且必要的誡命所掌管。他在《倫理學》（Ethics）中表示，世上的一切其實都是上帝的一個面向。這種泛神論的說法否認任何的啟示，破壞了猶太教和基督教宇宙觀的基本要素。在這個基礎上，研究聖經就跟研究自然一樣，必須使用科學的分析工具。史賓諾沙認為摩西五經不可能是由摩西寫的，因此在二十四歲時被逐出阿姆斯特丹的猶太社群。之後，他在海牙過著安靜的日子，盡量遠離公眾事務，雖然來自猶太教和基督教的各方人士時常攻擊他惡名昭彰的著作。他的一生即將走上盡頭時，他的朋友大多數都成了基督徒，但他本人完全排斥皈依基督教的念頭，努力不去加入任何宗教團體。這在他的時代是非常不尋常的行為。[14]

住在伊斯蘭教鄂圖曼土耳其帝國的猶太人所受的宗教壓力基本上相對較小。唐・約瑟・拿西（Don Joseph Nasi）的生平相當精采。他在一五二四年左右出生於葡萄牙一個富有的瑪拉諾家庭，青年時期（一五三七年）離開里斯本，來到安特衛普。後來，在歐洲各地遊歷之後，他在君士坦丁堡與一五六六年即位的蘇丹塞利姆三世成為至交。約瑟除了被任命為納克索斯島的公爵，還跟同樣有權有勢的姑姑格拉西亞・拿西（Gracia Nasi）共同獲得巴勒斯坦的特許權，修理提比里亞的城牆，並致信給義大利的猶太人，邀請他們前來定居。然而，這種寬容可不是保證人人都能獲得。幾十年後，波斯第一位對希伯來聖經產生興趣的穆斯林統治者阿拔斯一世沙阿（一五八八～一六二九）不知何故，強迫首都伊斯法罕的猶太人接受伊斯蘭教。阿拔斯一世在一六二九年過世後，他們就又公開回歸祖先的宗教信仰，但是阿拔斯二世一六五六年時，再次強迫猶太人皈依伊斯蘭教，且另外要求他們發誓與猶太教的過去一刀兩斷，給他們冠上「新穆斯林」（Jedid al-Islam）的稱呼，雖然這實際上等於是讓他們可以私底下繼續奉行猶太教。[15]

猶太人有的分布在孤立偏遠的地區，如加勒比海，有的出現在像伊斯坦堡、威尼斯和阿姆斯特丹這樣的大城市，無論起源、禮儀或習俗都不一樣，因此宗教權威的議題無可避免會浮上檯面。健全的世俗公共機構出現後，部分解決了這個問題，東歐的四地議會（Council of the Four Lands）便是其中一例，相當於區域性猶太社群的大型聯邦組織。這類世俗組織越是精密、複雜、強大，拉比手中握有的權力就越小，西歐地區尤甚。16

到了十六世紀初，拉比的工作已經變成一種職業。當地社群會雇用拉比完成一些典型的任務，包括：判決法律案件；處理結婚或離婚事宜；會堂講道；每天晨禱後在會堂為有興趣的民眾開班授課，幫助他們認識《米示拿》；在猶太學校向教育程度較高的學生教導《塔木德》。拉比的任期是固定的。阿什肯納茲猶太人非常喜歡讓聲音悅耳、具備音樂技巧的領唱者帶禱告，至於此人的道德或宗教立場是什麼、擁有多少拉比知識，其實並不重要。有些拉比雖然非常適合這角色，但這些職務常常被交到另外的專業人士手中。塞法迪拉比相較之下比較有可能被要求負責整套幫助集會順利進行的宗教義務。

拉比體系原本就假定當地社群會聽從指令、遵守傳統，在社群內部挑戰拉比的宗教權威，是想都想不到的事。所以，這些挑戰出現時，社群自然不知如何應付，就像前面提到的阿科斯塔和史賓諾沙這兩個阿姆斯特丹的例子。這種普遍遵從拉比的現象在威尼斯這樣的城市也會存在，就更值得注意了，因為這些地方有很多不同的猶太社群，遵循的傳統各不相同，但卻都能互相忍受。如果拉比有什麼害怕的事，大概就是他的任期到期時，富有的世俗領袖可能不會續約。這些世俗領袖掌管會眾的經濟事務，因此實質上具有很大的影響力，雖然在理論上，他們是將宗教事務委託給學富五車的虔誠拉比。智者有可能會被要求召開議會，裁定某位拉比的行為或教誨，但在猶太世界的大部分地區，這些議會的意見並沒有權威性，與會的拉比就只是被認定擁有很高的道德素養罷了。

十六世紀前半葉，來自西班牙、曾在非茲和埃及擔任拉比、最後定居采法特的塔木德學者亞科夫・貝拉卜（Yaakov Berab）試圖重新啟用拉比的任命機制（semikhah），也就是一千年前阿摩拉時期的巴勒斯坦實施的同一個制度（第十一章）。根據《巴比倫塔木德》，拉比只能在以色列地由其他曾被任命過的拉比所任命。邁蒙尼德認為這項裁定的意思是，由於任命機制在四世紀末期就中斷了，只能讓所有集合在以色列地的拉比無異議通過，才能重新啟用之。一五三八年，貝拉卜宣布，這項條件現在已經達成，猶太人將重新在單一的宗教權威人物之下團結一致，進而加速以色列的救贖。第一個這樣被任命的拉比就是貝拉卜本人，總共獲得二十五位采法特拉比的支持。他接著又任命四位拉比，其中一位是他以前的學生尤瑟夫·卡洛（Yosef Karo）；卡洛是個卡巴拉學者，下一章會介紹到他的猶太法典。然而，諷刺的是，最初是希望達到團結一致的目標，最後卻是以極深的不合收場。耶路撒冷的利未·伊本·哈比卜拉比（Levi ibn Habib）因為采法特的同僚沒有跟他商討，所以強烈抗議，寫了一篇文章要證明貝拉卜的行為是違反律法的。貝拉卜原本希望恢復任命機制之後，最終可以重新建立起猶太法庭，讓犯下罪過的人繳罰金、受鞭刑。但，反對者擔心這種革新做法會使人們誤以為彌賽亞就要來臨，認為最好還是先等上帝做出要重新建立猶太法庭的指示。反對派獲得優勢，因此貝拉卜在一五四一年死後，他發起的任命機制便漸漸消失。[17]

一個拉比的權威主要是看他在人們眼中擁有多少智慧與知識，因此拉比發揮的宗教影響時常會和其他學問沒這麼高的老師共享。從十七世紀開始，俄羅斯和波蘭的猶太人指派拉比的同時，也會指派一位受歡迎的講道者（maggid）來教化會眾。這位講道者對猶太人的宗教生活發揮的影響可能比最有學識的拉比智者還直接，從十七世紀後半葉波蘭的猶太·雷卜·普科維澤（Judah Leib Pukhovitser）記載的內容就可看出：

> 我們的職責就是要每天宣講鞭策倫理的話，藉此培養謙遜之心。每個安息日，我都會為當週誦讀的妥

拉宣講新的詮釋，以艾爾謝克的作品以及阿里的《轉世之書》裡面提出的新詮釋為基礎……接著，我會宣講《光明篇》和其他倫理著作的倫理思想……我們還有一個職責，就是告誡某些遭到忽視的律法，以符合《塔木德》所說的……每個猶太社群都必須指派一個偉大的學者來訓斥會眾，告訴他們要藉由悔改指出回到正途的路徑。他的歲數要大，從年輕時就畏懼上帝……這位學者也必須盡力查明會眾的罪，即使有些罪並不明顯……

宣揚悔過的重要性是這份工作的核心之一。[18]

在近現代時期，有越來越多猶太人是透過個人的閱讀行為來獲得宗教教化。一五九〇年代，一本廣受歡迎的意第緒語文集《妳們要出去觀看》（Ts'enah uReenah）在波蘭寫成，內容是將會堂的妥拉誦讀以及哈夫塔拉（haftarah，會堂禮儀中，接在妥拉誦讀之後的先知書誦讀）重新換句話說，並結合傳說、教化和辣什等人的聖經評述選文。這本書在整個十七世紀不斷再刷，讓那些對希伯來文不夠熟悉的人可以認識猶太教的主要教誨。在接下來的幾世紀，這本書成為虔誠猶太女性的必備讀物，再版了數百次。十六世紀晚期開始，禱告書（tehinnus，意第緒語，衍生自希伯來文的「tehinnot」，意為「懇求」）也持續重複印刷。這種禱告書是以意第緒語寫成的，通常帶有神祕主義的內涵，是要讓女性為主的讀者在私底下自行吟誦的。另外一種很普及的書，就是那些似乎只把焦點放在女性義務上頭的文選集。這些書討論的義務包括點燃安息日的蠟燭、將辮子麵包的麵團拿出一部分、遵守經期的潔淨律法、懷孕、生產、參觀墓園、過節、為會堂製作蠟燭等。這些書很多都是拉比的女兒所寫的，如知名的「杜布諾佈道者」亞科夫・本・沃夫・克朗茲（Yaakov b. Wolf Kranz，他和偉大的維爾紐斯果昂是朋友，後者的權威將在下一章討論）的女兒瑟爾（Serl）。

阿什肯納茲的男性猶太人雖然表面上說《妳們要出去觀看》是女人在看的，但他們其實也常常讀這本書。至於西歐和地中海地區的塞法迪猶太人，則有一本用猶太西班牙文寫成的聖經評述《說陌生語言之民》（Me'am Loez），同樣也是能夠讓宗教思想在猶太男女之間變得更普及。《說陌生語言之民》是由君士坦丁堡的亞科夫・庫利（Yaakov Culi）在十八世紀前半葉開始執筆的，將哈拉卡、米大示、卡巴拉與傳說、俗諺、故事結合在一起。庫利在一七三二年過世前，已經出版的只有《創世記》一冊，剩下的摩西五經評述則在接下來的五十年間陸續問世。十九世紀時，別的學者也貢獻了不少暢銷著作，用引人入勝的文學風格擄獲大眾的心。[19]

從這些書受歡迎的程度就可以清楚知道，印刷術為宗教帶來的轉變與影響是無法低估的。早在十六世紀，《巴比倫塔木德》的印刷本就已經十分容易取得，鼓勵學院採取新的研究途徑，激烈辯論文本的每一個枝微末節。哈拉卡印製成書之後，開始將各種規範和預期心理傳播到很遠的地方。下一章將會看到，十六世紀時，猶太人的律法會以前所未見的規模被編纂成法典。

15

新的事實與新的神祕主義

法典編纂家

探視病人是宗教義務。親朋好友可以立刻前去探視，陌生人則要等待三天。但，如果他是突然生病，兩種人都可以立刻前去探視。就連權貴人士也應該探視出身低的人，甚至一天探視多次，即使他和病人年紀相仿。時常探視病人的人應該備受稱讚，但他不應累到病人。註解：有些人說，敵人可以探視病人。然而，我覺得這樣不對。相反地，一個人不應探視生病的敵人或安慰哀悼的敵人，以免對方認為他因他的不幸而歡欣，結果只會讓對方悲傷。在我看來，這個觀點才是對的。探視病人的人不可坐在床上、椅子上或凳子上，而是必須恭敬地裹住自己，坐在病人面前，因為舍金納就在他的床頭上方。註解：這只有病人躺在地上時適用，這樣探視的人坐下來才會比他高；但是，如果他躺在床上，探視者就可以坐在椅子上或凳子上。這是我們的習俗。不應在一天的前三個小時探視病人，因為所有的病人早上時病情都比較不嚴重，探視者不用勞煩自己，為他祈禱。也不應該在一天的最後三小時探視，因為那時他的病情會變嚴重，為他祈禱也沒有希望。註解：探視病人卻沒為他祈禱的人，並沒有實現探視病人的宗教義務。

以上這些段落引用自摩西・以瑟利斯（Moses Isserles）為尤瑟夫・卡洛

的《擺好的餐桌》（Shulhan Arukh）所寫的註釋《桌巾》（Mappah）。《擺好的餐桌》為生活的每一個層面（無論多麼居家或私密）提出告誡，在十六世紀出版後，幾乎是馬上變成大部分猶太社群的標準指引手冊。卡洛指導的是塞法迪猶太人；以瑟利斯的著作則是引導阿什肯納茲猶太人。這些智者以非常清楚明確的方式為日常生活的虔敬行為立下一條條的規範，並在實用的哈拉卡之間毫無痕跡地穿插倫理教誨。書中涵蓋的範圍包括：祈福、禱告、安息日與節日；飲食律法；服喪者的律法、誓言、孝敬父母與慈善；個人身分地位（包含結婚和離婚）；以及適用於外地猶太人的民法。他們的法典為何這麼有影響力？[01]

塞法迪智者尤瑟夫・卡洛有一本精采的私人日記《公義講道者》（Maggid Mesharim），裡面敘述五十多年來，《米示拿》夜夜化身成一位講道者（講道者在這裡有天上的老師之意），督促卡洛要做出有道德的行為、實行禁慾主義，訓斥他不可喝太多酒或吃肉，鼓勵他期望自己能像烈士般死去，並告誡他要研究卡巴拉的神祕思想。對我們而言，《擺好的餐桌》枯燥乏味、清楚明瞭的風格似乎很難跟那個從卡洛的嘴巴自動說出教誨的神祕講道者聯想在一起。但，當卡洛想要弄清哈拉卡的涵義時，顯然會把這位講道者當成自己宗教人格的核心部分。卡洛坦承，他必須極度專注，講道者才會現身：

> 我和平時一樣早起，要誦讀《米示拿》的片段。我讀了四十章左右，但是因為時間還是晚上，我便回去睡覺，睡到太陽照耀大地。接著，我開始誦讀。我很難過講道者可能不會像平時一樣來拜訪我，但我繼續誦讀，直到有人對我說：「堅強起來，勇敢一點……因為你雖然以為我離開了，拋棄了你【但並不是如此】，雖然那是你應得的。」

卡洛之所以有很大的權威，不只因為他的哈拉卡知識豐富，也因為他個人非常地虔誠，眾所皆知。[02]

卡洛出生後沒多久就離開伊比利半島，青年時期大部分的時間都待在鄂圖曼土耳其人所統治的希臘，向卡巴拉學者學習，後在一五三六年四十八歲時搬到加利利的采法特。這時候，他已經花了十年以上的時間在評述一部十四世紀的法典：亞科夫・本・亞設的《四排》（見第十三章），宗旨十分明確，就是要整理現有的法典當中互相衝突的規定，終結由此萌生的各地習俗的差異。卡洛的目標十分實際：「確保世界上只有一部律法、一部妥拉」。《四排》的確很適合成為這項工程的基礎，因為這本書列出了以往大多數裁決者的看法，跟邁蒙尼德的經典法典不一樣。《四排》還有另一個邁蒙尼德的法典所沒有的優點，那就是刪除了已不再適用的律法（像是有關獻祭的規定），並且納入邁蒙尼德忽略的法國和德國拉比的觀點。然而，卡洛極力避免讓讀者以為他是要否定邁蒙尼德；事實上，他經常引用邁蒙尼德的作品，且一定會寫出來源。卡洛將評述取名為《約瑟之家》（Beth Yosef），全書花了二十年才完成，整本著作就像一部百科全書，介紹了從《塔木德》時期到卡洛的年代之間的哈拉卡發展歷程，只要察覺得出，就會點出過去各個世代的重要拉比所流行的看法。卡洛從範圍相當廣泛的拉比文獻中挑出看法來引述，聲稱使用了不下三十二種的著作。起先，他打算運用自己的判斷力來決定要遵從哪一位權威，但最終發現這超過了他的能力範圍，因此決定只要有辦法，就採用當時最受推崇的三位權威人物（邁蒙尼德、埃爾法西和亞設・本・耶希埃爾）當中至少兩位的觀點。

《約瑟之家》直到一五五五年才出版，但像這樣重量級的著作，只有學識極高的人讀得懂。因此，這部作品對猶太世界的影響主要是來自卡洛為「年輕學子」所準備的文摘版。《擺好的餐桌》刻意用「簡練清晰的方式」寫成，和邁蒙尼德的法典一樣，是為了讓學者能給出清楚的裁決，並讓學生年紀輕輕就能開始學習哈拉卡。這本書具備邁蒙尼德法典的所有優點，同時又成功避開使邁蒙尼德苦惱許久的批評（很多人批評他沒有提出反方觀點，也沒有提到他的裁決是以哪一個權威為基礎），因為《擺好的餐桌》都有把這些資訊精確地列出來，供讀者參閱。由於印刷術的緣故，馬丁・路德將聖經翻譯成方言後，才得以利用書籍廣泛流通的優勢讓一般的基督徒老百姓在宗教方面獲得掌控權；卡洛的著作也是如此，讓沒有受過拉比律法訓練的猶太人可以直接認識自一千五百年前聖殿還存在時，希列和沙買就開始進行的拉比智者之間的討論，以及這些討論對妥拉所做出的正確詮釋。《擺好的餐桌》一五六四～五年在威尼斯出版第一版時，立刻成為暢銷書。第六版被設計成口袋書的形式，在一五七四年於威尼斯出版，「這樣便能放在胸口帶在身上，無論何時何地、無論是休息或旅行，都可以拿出來參閱」。03

從克拉考（此地距離采法特和威尼斯都有好幾百公里遠）的阿什肯納茲拉比權威摩西・以瑟利斯所做出的反應，就可推測《擺好的餐桌》出版後馬上就名聲大噪。人稱「拉瑪」（Rama）的以瑟利斯是一位來自富裕家庭的學者，二十幾歲時名氣就已傳到波蘭外。他在忙著評述亞科夫・本・亞設的《四排》時，發現卡洛也在寫這本書的評述《約瑟之家》。因此，以瑟利斯改變主意，決定將阿什肯納茲學者的補充筆記彙編成《摩西的道路》（Darkhei Moshe）一書，補充卡洛的著作。《擺好的餐桌》出版後，以瑟利斯使用《摩西的道路》的材料來完成《桌巾》，將卡洛的彙編著作加上註解，除了解釋、補充文本，還特別收錄卡洛沒寫到的阿什肯納茲學者的習俗。有時，這些註解會把卡洛針對特定案例所做的原創裁決整個推翻，像是禁止告上非猶太法庭的裁決：

> 即使原告持有一份文件，上面寫到他可依據外邦律法傳喚被告，他還是不可以把他傳喚到外邦法庭。如果原告將文件交給外邦法庭，好讓法庭依據外邦律法傳喚被告，他就有義務賠償他可能給被告帶來的損失，也就是比被告依據以色列律法所應繳納的金額還要多的部分。註解：這整個裁決只適用於其中一方可以強迫另一方出現在猶太法庭的情況，但債務人如有暴力傾向，債權人可以將這種文件交給外邦法庭。

以瑟利斯這樣做並沒有問題，因為卡洛在《約瑟之家》中明確寫到，如果他的裁決和任何一個國家的猶太習俗不同，那個國家的猶太人可以不必理會之。這兩個人是朋友，常常在信件往來中討論哈拉卡。以瑟利斯的年紀比卡洛小得多，態度非常殷勤。《擺好的餐桌》的第一版於一五六四～五年在威尼斯問世後，只過了幾年，一五六九～七一年間在克拉考出版的版本就收錄了《桌巾》。04

我們不該認為，因為卡洛和以瑟利斯的法典如此受到歡迎，就表示哈拉卡的多元性隨之終結了。他們的整個法典編纂程序在生前遭到哈嚴姆・本・比撒列（Hayyim b. Betsalel）這號人物的猛烈攻擊。比撒列曾是以瑟利斯的同學，後來成為沃母斯和夫力德伯格的拉比，讓他特別不滿的地方是，以瑟利斯在書中不夠強調德國的習俗。哈嚴姆列出許多他對《桌巾》的不滿，包括：要求做決定的拉比根據多數人的看法來裁決哈拉卡，這樣是不對的；法典會導致人們不重視《塔木德》的研究，進而造成無知；還有，如果人們仰賴出版的書籍，拉比就會失去個別的權威。哈嚴姆表示，無論如何，倘若以瑟利斯可以反對卡洛的裁決，其他拉比一定也可以反對以瑟利斯。05

哈嚴姆的希望和恐懼都沒有錯。在一方面，《擺好的餐桌》及其註解流通廣泛，導致一般人民也吸收得到哈拉卡知識，進而刺激塞法迪和阿什肯納茲的猶太社群出現遵守律法的同儕壓力。的確，因為印刷本很容易取得，能讀懂《擺好的餐桌》相關段落的人所帶來的同儕壓力有可能會導致遠遠超出哈拉卡遵守範圍的生活小事也受到干涉，即《塔木德》和卡洛所謂的「土地之道」（derekh erets）——正確行為的相關規定。比方說，《擺好的餐桌》花了一段很長的篇幅在討論餐桌禮儀，還有一段討論的是上廁所的行為舉止：「他上廁所時應該持重，還沒坐下不要暴露自己。」以瑟利斯加了註解：「不應同時有兩個人在裡面，門應該關上，以示持重。」另一方面，個別的拉比仍有足夠的權威，可以質疑法典所寫的裁決。就連在波蘭，和偉大的以瑟利斯不過相差一個世代的盧布令學院領袖梅爾・本・基大利（Meir b. Gedalyah，人稱「瑪哈拉姆」〔Maharam〕）也認為，《擺好的餐桌》只是收集了各種裁決的著作罷了，他仍有權自行做出裁決。

以瑟利斯主張，某些習俗即使沒有在哈拉卡出現，其權威性仍具有約束力，因此有相當多的猶太社群都好好利用了這個說法帶來的優勢。但，以瑟利斯偶爾又會表示某個習俗是錯的，「如果我有權力，我會廢除這個習俗，因為這是建在錯誤的基礎上，沒有理由依賴它。」法典不管怎樣也無法涵蓋所有可能發生的狀況，因此無可避免地，各地的拉比領袖仍扮演著裁決某些議題的角色。不過，有一點或許值得注意，那就是小社群的宗教領袖才是覺得有需要維護宗教多元性的人。因此，十八世紀前半葉時，摩洛哥猶太人偉大的靈性領袖亞科夫・伊本・祖爾（Yaakov ibn Zur）下令，在小型猶太社群裡，一個法官做出判決的權威就跟三個法官形成的完整法庭所擁有的權威一樣大。此外，一個地方傳下的裁決在另一個地方不得受到挑戰。[06]

卡洛和以瑟利斯都知道，當時的人們就連《塔木德》裡一些相當清楚明瞭的律法規定都不再遵守了，因此，抗議這些世紀以來猶太人在現實情況改變後所做的反應，是沒有意義的。比方說，《巴比倫塔木德》明確規定，工人飯後只能說簡短的禱文，因為他們花的每分每秒都會造成雇主的損失。然而，卡洛卻裁決，「現今」他們應該說完整的禱文。反之，以瑟利斯贊同他的年代普遍盛行的一個做法：猶太人和非猶太人混居時，要將光明節的燈點在家裡，而非照《米示拿》所規定的點在街上。因此，《擺好的餐桌》和《桌巾》完成之後，後世的拉比也覺得可以理所當然地說，情況已經變了。十七世紀時，波蘭的約珥・希爾基斯拉比（R. Joel Sirkes）便反對卡洛禁止兩名男性獨處以免做出同性戀行為的裁決，說「我們這裡從未聽過有任何人做出這種放蕩行為，因此沒有必要這樣隔離。」[07]

同一時間，一些新習俗也出現了，它們抓住社群的宗教想像，後來成為許多猶太人生活的核心，例如：哀悼者誦唸神聖禱文的習俗。神聖禱文是一種向上帝表達讚美的禱文，曾有很長一段時間被用來區隔會堂禮拜的各部分。卡洛在《擺好的餐桌》裡並未提到哀悼者應該誦讀這段禱文，因此這做法似乎是到了中世紀中期才變得普遍，且看樣子當時只出現在阿什肯納茲猶太人的社群。但，以瑟利斯卻詳細描述了哀悼者誦讀神聖禱文的程序。史料證明，波蘭的猶太人無論如何也要堅守這習俗：

人應該為父親誦讀神聖禱文。因此，人們養成一種習慣，為雙親誦讀最後的神聖禱文誦讀十二個月……縱使父親還健在，也要為母親誦讀神聖禱文……父親和母親過世的那天實行齋戒，是宗教義務……習俗規定，父親和母親的忌日來臨時，永遠都要為他們誦讀哀悼者的神聖禱文。知道如何帶領整個儀式的人，應該這麼做。但，如果有其他哀悼者，習俗規定他們如果還在七日哀悼期內，就讓他們優先，而他則沒有誦讀神聖禱文的權利……會堂現場如果沒有人在父親或母親的哀悼期內，神聖禱文可以由沒有雙親的人誦讀，代表以色列所有的亡者。在某些地方，習俗規定如果一個人沒有【留下】為父親或母親哀悼的人，他的近親可為他誦讀神聖禱文……在這整件事上，我們遵循已經為人們接受的習俗，只要這習俗在那座【特定的】城市固定下來。[08]

後來，哀悼者的神聖禱文也變成塞法迪猶太人文化中不可或缺的一部分，親戚的忌日（yahrzeit）也要紀念，以點燃蠟燭和在會堂的公共禮儀中擔任某個角色做為哀悼的方式。在阿什肯納茲和塞法迪猶太人的文化裡，為逝去的近親禱告、替他們行善，是相當普遍的習俗。阿什肯納茲猶太人在三大朝聖節慶和贖罪日誦讀禱文時，會以「願祂記得」（Yizkor）做為開頭；在塞法迪的猶太會堂，每一個被叫到妥拉面前的人則是會為親戚誦讀或聆聽一段悼念禱文。這個習俗不是毫無爭議。十世紀時，海果昂特別反對這習俗，理由是這些禱文沒有價值，因為上帝只重視每個人生前所做的事。然而，誦讀悼念禱文、「為了讓逝去的靈魂安息」而行善的做法仍然十分受到歡迎，尤其是在阿什肯納茲的文化裡——他們很希望紀念十字軍東征和十七世紀波蘭大屠殺期間殉道的烈士，因此記錄了亡者名單（yizker-buch），這樣即便死者沒有親戚在世，他們的名字也會納入公禱。這習俗對一般猶太人具有重大的情感意義，但令人驚訝的是，它似乎沒有任何神學上的存在理由，也沒有帶動關於亡者靈魂狀態的討論，雖然這些禱文是為這些亡者誦讀的：「願上帝記得去了祂的世界的……的靈魂，因為（沒有發誓）我將替他行善。做為行善的獎勵，請保佑他的靈魂和亞伯拉罕、以撒、雅各以及伊甸園其他公義的男男女女的靈魂綁在一起。」這類悼念習俗如此受歡迎，幾乎可以肯定是受到阿什肯納茲猶太人周遭的天主教文化所影響。[09]

因此，流通廣泛的法典可以傳播先前只侷限在某些地方的習俗，但同時也會導致差異。其中一項差異，就是塞法迪和阿什肯納茲猶太人在逾越節時有關禁忌食物類別的特殊規定：阿什肯納茲猶太人不吃的「kitniot」（各種豆莢和穀物，像是米、豌豆、扁豆、豆子和花生），塞法迪猶太人可以吃。阿什肯納茲猶太人為什麼禁吃這些東西，原因並不清楚。最有可能的原因是，他們擔心這些食物在貯藏時可能有被忌諱的穀物（hametz）污染到。這些不同的習俗可能造成重大的後果，因為即使是最虔誠的塞法迪猶太人，他們可以吃的食物，阿什肯納茲猶太人在整個逾越節期間卻禁止食用。[10]

因此，哈嚴姆・本・比撒列認為卡洛和以瑟利斯的法典會終結各地多樣性，又擔心學生要是只靠這些便利的參考書，就不會再研究《塔木德》，看樣子都是多慮了。事實上，十六、十七世紀時，東歐的猶太學校甚至出現飛躍性的發展，盧布令、克拉考、布拉格、利維夫、布列斯特—立陶夫斯克、平斯克、斯盧次克都是重要的學術研究中心，其他地方也有眾多小規模的猶太學校。在義大利（特別是威尼斯和利弗諾）、希臘（尤其是薩洛尼卡）、君士坦丁堡以及以色列地的兩大重鎮耶路撒冷（中世紀晚期開始就有少數猶太人口，一四九二年後塞法迪猶太人大量湧入）和采法特，塔木德研究都非常蓬勃。波蘭和立陶宛的猶太學校在一六四八～九年間的赫梅利尼茨基大屠殺後，曾經歷短暫的衰退，因此當時有許多東歐學者移居到德國的猶太社群教書，包括美茵河畔法蘭克福、漢堡和梅茲等地。也有一些學者來到匈牙利、愛森斯塔特和普萊斯堡（今天斯洛伐克的布拉提斯拉瓦）。十九世紀時，中歐和西歐的猶太社群便發展出自己的本地學術傳統，後面將會提到（第十七到十九章）。[11]

另一方面，研究《塔木德》的途徑確實改變了，人們關注的不再是從古代文獻中找出哈拉卡的做法，因為現在只要靠法典就能輕易知道答案。在阿什肯納茲地區的這些學院裡，精讀《塔木德》文本依然是學術研究的特色，並且也會輔以辣什和其他中世紀德法學者的評述。然而，有一種稱作「辛辣辯論」的教學法雖然仍尊重傳統文獻，但卻和人文主義強調的知識獨立概念有關。「辛辣辯論」（pilpul，源自「pilpel」這個動詞，意思是「調味」）指的是猶太學校領袖和學生之間進行的激烈口語辯論。這方法可以激發學生邏輯思考的能力，培養他們用詭辯的方式來區分《塔木德》的每一個枝微末節。辛辣辯論假定《塔木德》的每句話都一定有蘊含某些特殊意義，只是需要我們憑靠想像力、感知、直覺和苦功將意思引出來，即使這意味著必須在雞蛋裡挑骨頭，或是翻轉文本的字面意義。

如果不引用長一點的篇幅，很難從現有的史料中捕捉這種教學方式的韻味，因為辛辣辯論的特色就是要梳理從原文導出的每一條線索。舉一個例子就夠了。阿里耶・雷卜・本・亞設・岡茨堡（Aryeh Leib b. Asher Gunzberg，他在明斯克和瓦洛任擔任過拉比，後於一七六五年直到一七八五年過世為止，擔任立陶宛梅茲學院的領袖，其著作形塑了今日立陶宛研究《塔木德》的方法）分析兩個《塔木德》的段落後，證實了前人對《塔木德》的評述中，有一個觀點是正確的，另一個觀點是錯誤的：

《塔木德》說，逾越節前夕尋找發酵的食物並加以清除，其實只是拉比的規定；因為根據妥拉的誡命，屋主只要用說的或用想的，宣布發酵的食物已經摧毀、等同塵土，這樣就夠了。辣什說，屋主的宣言就已足夠，這一點是從聖經的一個說法衍生出來的。然而，補述家主張，聖經的那個說法並不能衍生出這一點，因為聖經使用的字眼意思是「清除」，不是「宣布已摧毀」。只要宣布食物已被摧毀就足夠了，原因是屋主這麼做等於是放棄自己的所有權，發酵的食物就被認定沒有主人，是沒有任何人需要負責的食物了，因為在逾越節時，只有自己的發酵食物不可以留著，陌生人的就沒關係。雖然，宣布發酵食物已被摧毀的慣用語句不足以表示一個人的財產已經沒有主人，但是正如接受補述家觀點的尼希姆・傑榮第拉比所說的，在逾越節前夕、甚至在逾越節的前一天中午，人們對於發酵食物的所有權本來就很薄弱；因為，從中午開始，這類食物就不得再吃；因此，一切的所有權都變得虛假，而因為所有權如此薄弱，所以只要在心中宣告放棄所有權，就足以將發酵食物視為沒有主人。阿里耶・雷卜拉比要證明尼希姆拉比所闡述的這補述家觀點是正確的，同時證明辣什的看法是錯誤的，便採用《塔木德》後面的一個段落。這段落說，從【逾越節】前夕的中午開始，直到節慶結束，只是宣布食物被毀並不能免除一個人家中出現發酵食物的責任；因為，他既然完全禁止食用之，他就不能聲稱自己有發酵食物的所有權，而是要透過這種宣言放棄所有權。

阿里耶・雷卜就這樣運用精湛的邏輯思路延續了許多步驟，引用了許多《塔木德》文本，直到他覺得可以用《塔木德》的辯論方法確定人稱拉恩（Ran）的尼希姆拉比（他在十四世紀中葉的西班牙教書）所代表的補述家觀點是正確的，而辣什是錯的。對擅長辛辣辯論的人而言，討論的主題和最後得到的結論沒那麼重要，最重要的是邏輯推理和巧思的展現。精采的論點本身就是辛辣辯論的目的，年輕學子從十三歲開始就會到處參訪各地的猶太學校，尋找發人深省的指導，為他們帶來聲望。[12]

辛辣辯論並不完全是新問世的研究方法。《塔木德》就已出現這個詞，用來形容極具穿透力的邏輯思考，可以釐清文本中看似困難的點。此外，法國和德國的補述家以及同時代的部分西班牙學者也曾運用這種方法，努力推敲辣什的塔木德評述中明顯的矛盾之處。但，近現代時期這方法在阿什肯納茲猶太人之中受歡迎的程度，卻達到空前的盛況，卡巴拉學者甚至將一些聰明人腦袋的直覺洞察力視為天啟的證據。辛辣辯論大師成了名人，人們爭取和他們聯姻，希望他們擔任社群領袖的職務，做為當地的榮耀，特別是為了社群透過納稅以及贊助清寒學生獎學金所支持的猶太學校。中世紀的阿什肯納茲學校有很多因為是擔任領袖的拉比的私人學院，因而得以存續，但是從十六世紀起，當地社群開始將維護猶太學校當作一種宗教義務。立陶宛猶太人在一六二二年召開第一次會議時甚至決議，每一個有拉比的社群都要支持一間擁有適當規模的學校。[13]

然而，辛辣辯論也曾遭受阿什肯納茲猶太人的強力批評，最著名的人物就是維爾紐斯的果昂以利亞・本・所羅門・札爾曼（Elijah b. Solomon Zalman）。札爾曼在生前就被很多人稱讚是最博學多聞的哈拉卡學者——不是只有在十八世紀的立陶宛，而是和中世紀以來所有的拉比智者比較。以利亞・本・所羅門因為思想獨立清晰，因此頗負盛名，而這和他不同於常人的訓練有關。他在一七二〇年出生於維爾紐斯，是個早慧的孩子，很快就掌握了一般的拉比課程內容，因此從十歲開始就能直接研究文本，不用就讀任何一間學校。他在十幾歲到二十出頭之間遊歷波蘭和德國的各個猶太社群，名聲也跟著傳播。因此，他在一七四八年回到維爾紐斯時，已被家鄉當成一件必須好好愛惜保護的珍寶。故，他能夠過著與世隔絕的生活，好好鑽研學問，靠維爾紐斯社群每個星期給他的費用過活。他只有一小群學生，所以他極大的影響力不是來自任何正式的職位，而是純粹來自身為學者的名聲。他龐大的著作在生前沒有任何一部印刷出來，但他在一七九七年過世後不久，他的學生出版了大量他的手稿。[14]

維爾紐斯果昂除了專心研究卡巴拉，也堅持在詮釋古代文獻時，理性思辨和科學方法是最重要的。他會採用語文學和文法學來釐清複雜的段落或修正有缺陷的文本，並致力為後世法典中曾經引述、但卻沒有《塔木德》基礎的哈拉卡裁決找出《塔木德》的參考依據。他的兒子出版他為《擺好的餐桌》撰寫的評述時，在導論中表示，學生應當完全避免辛辣辯論的詭辯法，因為那會導致「違法行徑增加、罪惡孳生、愉悅的言語消失、真理遠離主的會眾」。應該避免為了「堆積困難」而堆積困難。在維爾紐斯果昂看來，保存傳統拉比學問最好的方式，就是以理性、有條不紊的方法來研究文本，個人須具備洞悉古代文獻正確意涵的能力，必要時甚至要「修正」文本或重新建構之，以確保文本意義的合理性。

在下一個世紀，維爾紐斯果昂的生活型態成為許多東歐猶太人的典範。不是每個人都能享有神童的名譽，但大部分的人可以選擇過著隱居的生活，遠離公共事務，專心致志在深奧的學問上。維爾紐斯果昂的其中一個學生在十九世紀創立宏偉的瓦洛任學院，裡面的數百位學生便是在努力實踐這樣的理想。維爾紐斯有著中世紀的市政廳、城堡與華麗的巴洛克建築，還有波羅的海氣候帶來的炎夏、寒冬以及盛行冰釣活動的湖泊；十八世紀時，因為這位偉大的果昂，使這座城市被譽為「立陶宛的耶路撒冷」。一七九五年的人口普查顯示，維爾紐斯及其鄰近地區共有三千六百一十三位猶太人繳納人頭稅。猶太人是這座城市的主要人口，當地也成了猶太學術的重鎮。[15]

近現代時期沒有其他學院發展得跟塞法迪地區一樣有名。塞法迪學院的發展也非常不一樣，將聖經和米大示包含在課程中。其他不一樣的特點還有：針對猶太習俗（minhag）的多樣性所進行的人文研究（例如威尼斯的里昂・默德納），以及文藝復興時期將妥拉研究和科學研究兩相結合的義大利學者。一五五九年教宗將《塔木德》列為禁書之後，義大利的塔木德研究受到阻礙，系統化的哈拉卡法典研究開始普及。此外，義大利猶太學校的學生跟鄂圖曼土耳其人所統治的黎凡特地區的猶太社群一樣，也能接受卡巴拉的正規訓練（和阿什肯納茲的學生不同）。後面將會看到，卡巴拉在近現代時期獲得很大的發展。

盧利亞的追隨者

篝火節這天，朝聖群眾在上加利利的梅龍齊聚一堂，在據說是西緬・巴爾・尤海安葬的地點紀念他的忌日，以西元四世紀建造的一座宏偉會堂做為背景。這是個歡慶的節日，有篝火和舞蹈，還有很多小孩，因為傳統上，男孩子會在隔天接受第一次理髮，並將剪下的頭髮丟進火裡。最早在文獻中提及這個節日的，是義大利拉比摩西・巴索拉（Moses Basola）。他一五二二年到以色列地遊歷時，這個習俗已經發展許久。前面說過，西緬是傳說中《光明篇》的作者，而《光明篇》裡就有記載，西緬・巴爾・尤海過世時，有個聲音叫朝拜者要「起身聚集」在他的墳墓，歡慶他的忌日：

> 火焰一整天都沒有離開屋子，也沒有人可以靠近。他們不能靠近屋子，因為光和火圍繞在屋子周遭整整一天。我撲倒在地，發出呻吟。火焰消失後，我看見至聖的光離開了世界。他側躺著，裹在大衣裡，臉露出笑容。他的兒子以利亞撒拉比起身，握住他的手，親吻之，我則舔拭他腳下的塵土……希雅拉比站起來，說：「聖光在這之前一直照顧著我們。現在，我們什麼也不能做，只能維護他的尊榮。」以利亞撒拉比和阿爸拉比起身，把他放進轎子裡。有誰看過這麼混亂的一群人？整間屋子發出芳香。他們將他抬到棺架上，只有以利亞撒拉比和阿爸拉比坐在上面。鎮上有權勢的大人物前來懇求他們，梅龍的居民全都大

聲哭喊，因為他們擔心他不會被葬在這裡。棺架一出屋子就飛上天，火焰從前面冒出。他們聽見一個聲音說：「過來集合，參加西緬拉比的慶典。」

因此，上加利利是渴求神祕主義的地方，瀰漫卡巴拉神祕主義起源的智者氛圍。很久以後，距離梅龍數公里的小鎮采法特才在十六世紀中葉變成猶太教神祕主義新型態的搖籃。前面已經說過，采法特是猶太學問的重鎮。開羅貯藏室十一世紀前半葉的文件可以證實，剛開始來此地定居的猶太人並不多，是從一四九二年開始有來自西班牙的難民湧入之後，這地方的猶太人口才真正出現成長。鄂圖曼土耳其政府的文件顯示，一五四四～五年間，采法特有上千個猶太家庭，另外還有為數可觀的撒馬利亞人。[16]

以撒・盧利亞便是在一五七〇年三十六歲時來到采法特。兩年後的一五七二年七月十五日，他染上瘟疫去世，但已經為一種全新的卡巴拉型態立下了基礎。以撒・本・所羅門・盧利亞（Isaac b. Solomon Luria）一五三四年在耶路撒冷出生，他的父親從德國或波蘭移民來此，但在他童年時就過世了。他的母親是塞法迪猶太人，她將盧利亞帶到埃及，而盧利亞就在當地學習哈拉卡、撰寫相關的著作，並展開神祕主義的研究。在他英年早逝之後，馬上就出現大量有關他的傳說故事，因此很難準確重建出他神祕主義思想的建構歷程。開羅貯藏室有一份盧利亞手寫的文件，只顯示他從事的是和穀物有關的生意。盧利亞在埃及時是由舅舅照顧。這位舅舅是個富有的收稅人，擁有尼羅河上的魯達島（Jazirat al-Rawda），靠近開羅。因此，據說盧利亞在島上過了七年隱居的生活，寫了針對《光明篇》其中一小段的評述，是他唯一流傳下來的著作。在當時，從埃及旅行到以色列地並不困難，他有可能在途中順帶拜訪了加利利，到梅龍慶祝篝火節。根據他的學生哈嚴姆・比塔爾（Hayyim Vital）的記載，盧利亞把自己的小兒子和全家人一起帶過去，依照那著名的習俗將兒子的頭髮剪下，並歡慶了一整天。無論如何，盧利亞後來是在一五六九年或一五七〇年初搬到采法特，定居在該地。[17]

采法特之所以吸引盧利亞，似乎是因為他在這裡可以向摩希・本・亞科夫・柯爾多維洛（Moshe b. Yaakov Cordovero）學習討教。柯爾多維洛是西葡猶太人，擔任采法特葡裔猶太學校的領袖，對卡巴拉有非常深入的研究。在一五四八年，二十六歲的柯爾多維洛寫了一本重要著作，探討神聖、宇宙、上帝崇拜和其他卡巴拉的核心概念，兼容並蓄地採用了《光明篇》和亞伯拉罕・阿布拉菲亞的狂熱卡巴拉思想。到了一五七〇年，他已經是采法特的大人物，門下有一大群學生。柯爾多維洛的主要目標是要將前人的思想結合在一起，建立一套連貫的純理論系統。他引用哲學家的觀點，將上帝的概念純淨化，認為上帝沒有任何屬性。他也借用卡巴拉傳統的質點（sefirot）概念，認為質點既是上帝的發散，也是上帝本質的一部分。柯爾多維洛對於質點和上帝意志之間的關係感到困惑，最後得出一個觀點，主張上帝為了透過質點彰顯自我，就得隱藏自己：「隱藏是為了彰顯；彰顯是為了隱藏。」[18]

盧利亞在為《光明篇》撰寫的註解中，有時會將柯爾多維洛稱作他的老師。在前來采法特獲取柯爾多維洛龐大學問的一群優秀的卡巴拉學生中，盧利亞不過是其中的一位。但，柯爾多維洛在一五七〇年年底去世後，盧利亞卻建了一座至少有三十名學生的學院，並在死前的兩年間發展出一種理解卡巴拉的革新方式。盧利亞用口頭傳授，將大量觀念傳達給學生，教導他們如何與公義的靈魂交流、如何專注在神名上、如何達到卡瓦納（kavanah，神祕冥想時專心一致的境界）。盧利亞沒有撰寫任何著作，而且只教了兩年時間，所以他的思想體系並無連貫性。他對後世之所以產生深遠的影響，除了是因為他的宗教信條，也是因為他的個人品行具有一種卓越的神聖性。然而，可以肯定的是，他認為自己為卡巴拉思想做出了新發現（見下文），而且他很有可能相信自己是彌賽亞的先導人物，注定以自己的死來完成加速世界獲得救贖的任務。[19]

十六世紀末，盧利亞死後不到三十年，義大利的卡巴拉學者開始稱他為「阿里」（Ari），也就是希伯來文「神聖的以撒拉比」的縮寫。他之所以會被提升到這麼崇高的地位，是因為在他死後有大量宣揚其教誨的作品出現。由於盧利亞並沒有留下著作，他的學生因此不會受到任何約束。他們明確地說，他們向全世界宣揚的這些信條都是盧利亞本人保密不外傳的。在他死後，他們憑著聽盧利亞講課的記憶將這些信條寫了下來。這位虔誠大師的生平傳記比他的教誨還要早出書問世，而由於盧利亞講授自己的思想時是處在一種神祕啟發的狀態下，因此不意外地，這些教誨呈現出來的形式相當多元。[20]

盧利亞的學生很多都是相當有影響力的名人，致力於神祕主義的研究（所以當初才會被個人魅力十足的盧利亞所吸引），而這一點對於找出盧利亞的真實教誨當然更沒有助益。他最重要的學生就是哈嚴姆・比塔爾（Hayyim Vital）。比塔爾應該是采法特本地人，但他的父親似乎是來自義大利南部。他在二十出頭時，就是個靜不下來的人，曾經涉獵煉金術。他二十多歲時在盧利亞門下當了將近兩年的優秀學生，改變了接下來的人生。盧利亞死後的數年間，比塔爾將老師的教誨寫成《生命之樹》（Ets Hayyim）一書，但是他和他的兒子在接下來幾年將書中的內容做了許多修改，因此市面上有很多不同的版本在流通。盧利亞的其他學生也寫了自己的版本與之競爭。盧利亞的學生爭相奪取繼承他思想的權利，從以下這個史實就能證明：一五七五年，十二名盧利亞的學生訂下正式的協議，只用比塔爾的著作來研究盧利亞的理論，且不強迫比塔爾揭露他不想揭露的東西（他們自己也不會將這些祕密告訴別人）。比塔爾在一五七七年搬到耶路撒冷，最後又搬到大馬士革，晚年時寫了類似自傳的作品，記錄自己的夢境和行動，思索自己身為盧利亞思想保存者的角色：

在五三三一年亞達月朔月那天【即一五七一年二月六日】，他【盧利亞】告訴我，他在埃及時就開始獲得啟發了。他在那裡得知，他應該到釆法特去，因為我哈嚴姆住在那裡，他要教導我。他對我說，他來到釆法特（願它快快重建起來）【猶太人在一五八三年遭驅逐，使此地的猶太人口銳減】的唯一理由，就是因為我。不僅如此，甚至他現在化身成這個形體，都不是為了別的目的，而是為了助我達到完美。他回來不是為了自己，因為他沒有必要這麼做。他還告訴我，他沒有必要教導除了我以外的其他人，等我學成了，他就不再有任何理由待在這個世界上。他還告訴我，我的靈魂比許多上升天使都優越，我可以憑我的靈魂和我的作為升到最高的天界之上。

從日記可以清楚看出，比塔爾早在一五七〇年盧利亞來到釆法特之前，就確信自己是彌賽亞了。[21]那麼，盧利亞的卡巴拉思想有什麼特殊的地方，能激得起他那些原本就已經很熱忱的追隨者？他的思想主要的創新點，不在於專注思索永恆的神格所創造的宇宙的本質，而在於未來所能成就的完美。所謂的完美，不是像先前的卡巴拉思想所強調的個人達到的完美，而是整個以色列的完美。柯爾多維洛談到上帝將自己隱藏起來，盧利亞則主張上帝遁入自我是為了留下創造的空間。這個「收縮」（tsimtsum）的概念解釋了無限的上帝如何得以創造萬物，也解釋了收納上帝的器皿為何繼續存在於世界上。上帝的餘存不會消失，「就如香水瓶的香水倒光後，芳香仍殘留瓶中」。此外，盧利亞還發明了一則強大的神話，來解釋世上為何存在著邪惡。他假定，在宇宙都還沒被創造出來的時候，發生了一場災難，收納上帝之光、會在創始之初倒出光芒的器皿破掉了，導致亮光四濺，被邪惡的力量抓住，要靠以色列的努力才能再次被升起。導正世界的過程（tikkun olam）特別需要卡巴拉學者，透過虔誠以及有系統地冥思生命的所有層面，讓世界恢復秩序。個人的靈魂也需要修正，因為所有的靈魂最初都是存在於亞當的靈魂之中，亞當墮落之後，人性因而疏離上帝。十七世紀中葉的葡萄牙卡巴拉學者雅各・本・哈嚴姆・澤馬克（Jacob b. Hayyim Zemach）

主張，每個靈魂身上都背負著它的罪所帶來的個別放逐，而這些罪可能導致靈魂化身成較低等的生命：「個體有時可能會因短暫和另一個人的肉體結合而變得完美，有時可能會擁有更痛苦的轉世。」在十二世紀的卡巴拉作品中就已出現的靈魂轉生概念（gilgul）就比較正向，賦予生命一個目的，要在亞當的靈魂裡尋找復原。[22]

盧利亞的學生之所以信奉他的思想，似乎是因為他們相信彌賽亞即將來臨，因為盧利亞的信條賦予卡巴拉學者一個直接的角色，參與以色列的救贖。因此，這些信條刻意只讓少數人知曉並沒有關係；事實上，比塔爾和盧利亞的其他學生似乎完全不願意分享他的教誨給外人知道，所以即使他過世了數十年，許多收錄他的思想的著作仍沒有提到「收縮」（contraction）這核心的概念，或者頂多只有間接暗示。聲稱不願分享神祕的道理，有時反而是神祕主義者宣揚、傳播自己思想的手法。因此，盧利亞的卡巴拉信條在一六二〇年比塔爾死後，傳遞得更快了。在這之後的數十年間，許多呈現盧利亞思想的著作印刷問世了，在整個猶太世界廣泛流通。

卡巴拉學者的禮儀、懺悔手冊和特殊用語又比他們複雜的信條傳播得更快。《光明篇》在曼圖亞（一五五八～六〇）和克雷莫納（一五五九～六〇）印刷發行後，雖然引起爭議，卻也讓更多讀者接觸卡巴拉思想，讓人覺得人人都可以學習卡巴拉的信條——雖然，這些文本時常出現印刷錯誤，而且和采法特使用的《光明篇》版本不同。[23]

並非每個人都接受盧利亞的信條。雖然盧利亞的卡巴拉思想傳播得很成功，乃至於到了十七世紀初，甚至有人將盧利亞的卡巴拉描述成猶太教的標準神學觀，但當時仍有一些人喜歡較早期的卡巴拉型態。比方說，葉門最偉大的猶太詩人沙勒姆・沙巴茲（Shalem Shabbazi）在十七世紀所創作的那些神祕主義風格強烈的詩作，在葉門禮儀中被廣泛使用，其內容便是以盧利亞之前的卡巴拉思想為基礎。同樣地，人稱布拉格馬哈拉爾、喜歡獨立做研究的多產學者猶大・羅（Judah Loew）雖致力將猶太教的神祕主義教誨傳播給一般猶太人，但他在一六〇九年死前所出版的眾多作品卻都完全不見盧利亞的思想。羅雖然非常熟悉卡巴拉的概念，像是妥拉的超越本質，但他避免使用卡巴拉的專門術語，而是強調猶太人這個被選中的民族所扮演的獨特形上角色，並為一般的哲學術語創造新的意義（例如，他主張「以色列」構成「形式」，而其他國家則構成「物質」），將神祕主義思想宣傳給更廣大的非專業讀者。羅是布拉格、摩拉維亞和波茲南的首席拉比，同時也是數學家和公眾人物，天文學家第谷・布拉赫（Tycho Brahe）是他的朋友。諷刺的是，後世的猶太人和外邦人會記得他，大多是因為一個完全沒有依據的傳說。根據這則傳說，羅創造魔像來當作自己的僕人，但後來發現它無法控制，只得將它化為塵土。這則傳說和利用煉金術創造出人造人的非猶太故事非常相似，而且似乎是在十八世紀才轉移到羅身上。[24]

致力於卡巴拉冥思的人數一直都不多，而且他們幾乎毫無例外地都會將自己的神祕主義研究和實用的哈拉卡研究兩相結合。前面已經看到，拉比律法的卓越法典編纂家尤瑟夫・卡洛也是個卡巴拉學者。他從一五三六年開始在采法特學習，跟盧利亞的老師摩希・柯爾多維洛一起研究學問。因此，盧利亞自己也是著名的哈拉卡專家，雖然根據他的學生比塔爾的記載，先引起他注意的是卡巴拉學問：

> 長存在我記憶中的老師也對哈拉卡有深入的研究，我曾親眼看見，他和同伴一起鑽研哈拉卡，直到精疲力竭、大汗淋漓。我問他，他為何要給自己這麼大的麻煩。他回答，每一個哈拉卡都有困難點，是阻止一個人理解那個哈拉卡的殼【邪惡力量】，為了把殼打碎，精深的應用是必須的……長存在我記憶中的老師曾說，一個人的心智如果夠清楚、夠微妙、夠敏銳，可以思索哈拉卡一個小時的時間，或像大多數的例子那樣思索兩小時，那麼他耗費一或兩小時深入研究這學問，絕對是好的……但是，一個人如果知道自己

深入研究這學問的努力受到阻礙，因此要掌握哈拉卡的涵義，他就必須耗費很多時間和心力，他就沒有做出正確的行為。他就好比一個花費所有時間敲碎堅果、卻從沒吃到果仁的人一樣。這樣的人最好研究妥拉本身，也就是律法、米大示和奧祕。[25]

盧利亞和他的追隨者在維護傳統儀式方面，基本上屬於保守派人士，而他們傾向賦予宗教禮儀神祕主義的意涵，確實也有助於其他猶太人維繫傳統。盧利亞的卡巴拉思想帶來的影響並不是行為上的改變，而是讓普通的猶太人更深刻地體會到現有傳統的重要性。盧利亞對塞法迪禮儀特別偏好，留下許多相關的神祕冥思，使這種猶太教型態在阿什肯納茲的卡巴拉學者之間獲得良好的聲譽。盧利亞創作的禮儀詩歌也很有名，采法特卡巴拉學者的讚美詩，特別是安息日用餐時使用的那些，有很多都可見到卡巴拉主義的象徵語彙：

現身吧，親愛的，在我身上
覆蓋和平的會幕。
讓大地閃耀祢的光輝，
讓我們因祢歡欣喜悅。
快啊，親愛的，約定好的時間已經來到，
仁慈對待我們，如往昔一般。

采法特卡巴拉學者的某些做法只保留在當地，沒有往外散播，像是為了迎接安息日的到來，他們會在星期五晚上全身穿著白色衣物，形成精心安排的隊伍，走入周遭的鄉野，歡迎「安息日的新娘」。引進（或重新復興）這個習俗的人，是采法特卡巴拉社群的其中一位創始人所羅門・阿爾卡貝茨（Shlomo Alkabez），柯爾多維洛是他的學生。采法特的猶太社群規模雖然在該世紀末期因為經濟衰退的緣故而迅速縮小，但這地方的特殊地位仍持續存在。

卡巴拉學者將采法特列為以色列地的四大聖城之一，另外三座分別是：葬有聖經族長的希伯崙、《巴勒斯坦塔木德》的發源地提比里亞，以及曾矗立著聖殿的耶路撒冷。另一方面，采法特的遺產也是屬於全猶太人的。阿爾卡貝茨創作的安息日聖歌《來吧親愛的》（Lekha Dodi）很快地就被整個猶太世界採納。詩中充滿彌賽亞時代的和平與喜悅，反映了安息日的和平與喜悅：

走吧，來迎接安息日，
因為她是，福祉之源。
從一開始，就已任命：
最後做到，最先想到。
來吧親愛的，迎新娘；
我們一同，迎安息日。[26]

盧利亞的卡巴拉思想受到很大的歡迎，卻也帶來意料之外的結果。由於人們越來越相信靈魂的轉世，另一個概念也跟著出現，那就是人死後若因生前的罪而遲遲無實體存在，其魂魄可能會進入活著的人或靈裡面。人們相信，這種附鬼（dibbuk，意第緒語，最早出現在十七世紀的東歐）會利用寄主的嘴巴說話。

從定義上來看，附鬼的本質應該是邪惡的，因此人們便設計了一套驅鬼儀式，使用「統一」（yihud）的方法驅趕邪靈。所謂的「統一」，就是結合了各種神名，將上帝的陰陽屬性全部緊密結合在一起，如哈嚴姆・比塔爾所描述的這樣：

以下就是驅鬼的步驟，我曾親身試驗過。我會抓住那人的手臂，將我的手放在他的左手或右手的脈搏上，因為靈魂的衣服就位在這裡，也就是靈魂包住自己的地方。我將注意力集中在包在脈搏的那個靈魂，要藉統一的力量讓他從那裡離開。我一邊牢牢按著他手上的脈搏，一邊誦唸這段文字，順著唸、倒著唸，並專注在以下這些出現在文本上的神名……[27]

盧利亞的卡巴拉思想十分鼓舞人心，因為它告訴你，每個人在拯救墜落四濺的亮光的行動中，都扮演重要的角色。因此，近現代時期結束之時，他的思想已成為最有影響力的神祕主義類型，而且不只對卡巴拉專家是如此，對一般猶太人而言也是。盧利亞的卡巴拉吸引一般人的原因，就在於每一條誡命和每一段禱文的每一個字都隱含神祕主義的意義，而且宗教生活的核心目標是「修補世界」（tikkun olam）。上面的世界和下面的世界互有交流。加強禱告的目標是為了要在質點的世界創造和諧，以帶來救贖。儀式成了神通術。後文將會看到，盧利亞卡巴拉的神學以及為了支持薩瓦塔伊・塞維的主張而發展出來的神學之間，也有直接的關聯。

薩瓦塔伊・塞維

在一六六五年的四月，一位充滿魅力、學識淵博的卡巴拉學者來到了加薩（這時，治理加薩的是里德萬王朝最後一位代表鄂圖曼土耳其人統治加薩和耶路撒冷的慕沙・帕夏〔Musa Pasha〕）。他希望從一位名叫亞伯拉罕・拿單・本・以利沙・哈嚴姆・阿什肯納茲（Abraham Nathan b. Elisha Hayim Ashkenazi）的人那裡尋找「心靈的平靜」。拿單是一位傑出的聖人，二十歲就已建立起盧利亞卡巴拉專家的好名聲，並曾獲得天使和亡者靈魂的異象。來拜訪他的這位學者來自斯麥納，過去曾先後在耶路撒冷和開羅居住過，現已年近四十。他因行徑難以預測，有時又會做出誇張的反律法行為，所以相當出名。他會在公共場合用極其浮誇的方式藐視宗教規範，還稱自己是彌賽亞稱了十七年以上。他，名叫薩瓦塔伊・塞維（Sabbetai Zevi）。然而，拿單不僅沒有打消薩瓦塔伊的奇想，還告訴他，他自己在普珥節前後也有經歷一次較長的異象，看見薩瓦塔伊的身影刻在上帝的寶座，因此薩瓦塔伊無疑就是彌賽亞。拿單受到許多以色列地的猶太人所景仰，他的背書因此開啟了長達十八個月的混亂時期，打破了波蘭、俄羅斯、葉門和庫德斯坦等地的猶太社群的平靜，影響擴及接下來好幾個世代。[28]

薩瓦塔伊漸漸認識這位年輕人，知道他的預知能力後，才意識到拿單的異象具有何等重要性。五月十九日七七節，這件事在加薩拉比雅各・拿賈拉（Jacob Najara）的家中以相當戲劇化的方式公諸於世。十年後，第一位撰寫薩瓦塔伊・塞維傳記的阿雷索的柏魯克（Baruch of Arezzo）這麼記載：

> 七七節的時候，拿單老師邀請加薩的諸位拉比和他一起夜讀妥拉。午夜時分，拿單老師陷入深沉的出神狀態。他站起來，在房間裡來回走動，憑記憶將整篇的〈婚姻契約〉背誦出來。他命令其中一位拉比吟唱某首讚美詩，接著又對另一位拉比做同樣的事。同一時間，所有的拉比都開始聞到一股令人愉悅的氣味，非常地芳香，就像主賜福的田地散發的味道。他們到附近的房屋和巷弄尋找香味的源頭，卻一無所

獲。這些事情發生的同時，【拿單】在房間裡又蹦又跳。他脫下一件又一件的衣物，脫到只剩貼身的。接著，他用力一跳，撲倒在地。拉比見狀，想將他扶起，卻發現他成了一具毫無生氣的屍體。高尚的梅爾．洛菲拉比也在現場。他像醫生那樣感覺他的手腕，接著對我們宣布，他已經沒有脈搏。他們拿一塊布蓋在他的臉上，就和一般人（上帝保佑我們！）為死者所做的那樣。但是，沒過多久，他們聽到一個很小的聲音。他們把布從他臉上移開，發現他的嘴巴發出一個聲音，但他的嘴唇沒有動。【那個聲音】說：「注意我的兒子、我親愛的彌賽亞，薩瓦塔伊．塞維。」接著它又繼續說：「注意我的兒子、我親愛的先知拿單。」於是，拉比們這才明白，他們聞到的香味是進入拿單老師體內說出這些話的同一個靈性聖光散發出來的。[29]

薩瓦塔伊．塞維本人五月三十一日公開宣布自己是彌賽亞時，拿貫拉率眾迎接。薩瓦塔伊．塞維馬上擺出一副帝王之姿的模樣，騎在馬背上，指派追隨者統領以色列的十二支派。

這齣戲的主要演員是個奇特的人物。薩瓦塔伊的追隨者說，他時而處於低潮期，時而又會「發光」，做些令人吃驚的「奇怪事情」。薩瓦塔伊是斯麥納一位富有商人的兒子，年輕時就因為擁有豐富的《塔木德》知識而備受認可，十幾歲時便開始研究卡巴拉。二十出頭時，他開始過著禁慾隱居的生活，個性變得越來越古怪，並聲稱自己有飄浮能力。他的婚姻全都沒有圓房。一六四六～五〇年間，他開始相信自己命中注定要完成更崇高的使命；根據後世的薩瓦塔伊派傳統，他在一六四八年首度認定自己是彌賽亞。那一年他也開始相信《光明篇》所說的亡者復活的概念。到了一六五一年，他的行為已經太過乖張，斯麥納的拉比無法容忍，對他下達禁令。他被逐出斯麥納數年，先後來到薩洛尼卡和君士坦丁堡，途中不時宣揚自己的彌賽亞身分，還搞出不少名堂來，例如：和妥拉進行結婚典禮。最後，他在一六六二年來到耶路撒冷，十幾歲的拿單也在那裡第一次見到他。[30]

加薩的消息飛快地傳到巴勒斯坦其他猶太人的耳中。並不是每個人都相信。耶路撒冷拉比認識薩瓦塔伊．塞維許多年，當他帶著一大群人來到這座聖城時，絕大多數人都不贊同他。但，有些重要人物被說服了，因此其他人都十分謹慎，將薩瓦塔伊．塞維趕出自己的城市，但是不會去反對拿單傳播的那些日益狂熱的彌賽亞訊息。薩瓦塔伊．塞維的追隨者的熱忱很難對抗，而拿單呼籲所有的以色列人要懺悔才能實現即將到來的救贖，是刻意為了說服拉比支持這個運動。齋戒和其他的禁慾做法如果不被視為一種虔誠的表現，宗教熱忱者怎麼可能會接受？

對新的彌賽亞宣誓效忠後，就很難收回了，雖然拿單每次一獲得新的啟示，關於薩瓦塔伊．塞維的消息常常會跟著改變。一六六五年九月，拿單寫信給開羅猶太社群的領導人物，告訴他救贖的時候到了，誰若反抗，就會受到傷害。在隱藏起來的世界裡，神聖的亮光不會再受邪惡力量的控制。在不久的將來，薩瓦塔伊．塞維將取代鄂圖曼土耳其的蘇丹成王，引發一連串的事件，包括帶來巨大苦難的「救贖陣痛」。同一時間，所有人都應該懺悔，進行齋戒與禱告。[31]

一六六五年夏天，發生在聖地的戲劇性事件已經傳到英國。但，經過適當渲染的完整故事則是到了十月初才傳遍整個歐洲。那時，薩瓦塔伊．塞維已經回到出生地斯麥納。他在途經的一些地方製造騷動，許多男男女女都用相同的方式做出了類似的預言，如阿雷索的柏魯克記載的這般：

那些日子是這樣做出預言的：人會陷入出神狀態，撲倒在地，好像死了一樣，靈魂完全消失。過了大約半小時，他們會開始呼吸，在嘴巴不動的情況下說出讚美上帝的經文，提供慰藉。他們每一個人都會這麼說：「薩瓦塔伊．塞維是雅各的上帝的彌賽亞。」待回神後，卻完全不記得自己做過或說過什麼。

就連知名的拉比也跟老百姓一樣瘋狂興奮。[32]

拿單雖然繼續留在加薩，但仍持續宣傳即將到來的救贖的消息。一六六五年的年底，人在斯麥納的薩瓦塔伊．塞維在訊息和行為上出現了變化，這只能用他的自我信仰來解釋。禁慾行為和虔誠禱告持續數個月後，他開始以非常刻意又引人注目的方式公開違背哈拉卡。根據柏魯克的記載：

在這之後，【薩瓦塔伊】開始做一些看起來很奇怪的事。他會完全按照聖名書寫的方式唸出上帝的名諱。他吃動物油脂。他還做了其他違反上帝和妥拉的事，並強迫別人也做同樣的邪惡行徑……然後，在那個安息日，他說出很長的祈求禱告，接著前往葡萄牙會堂。在那裡做禮拜的人很多都不信他，因此將會堂的門閂住。他大發雷霆，派人拿一把斧頭來，縱使那天是安息日，仍將門劈開。

薩瓦塔伊．塞維催促人們打破律法，更要求支持者將不應唸出的上帝名諱大聲說出來，宣示彌賽亞的時代即將來臨，所有的事都會改變。但，他也趕走反對者，進而讓支持者的關係更緊密（尤其是被他叫來誦讀妥拉的女性）。他宣布，救贖會發生在猶太曆的五四二六年西彎月十五日，也就是一六六六年六月十八日。[33]

到了這個時候，反對薩瓦塔伊．塞維的表現方式在斯麥納變得相當危險，他甚至語出驚人地下令廢除提別月十日的齋戒；這是聖經吩咐要守的齋戒，用以紀念西元前五八六年第一聖殿被毀之前巴比倫人開始圍攻耶路撒冷的日子。當地的猶太人開始為薩瓦塔伊．塞維祈禱，把他當成以色列王，取代平常用來表達對蘇丹忠誠的禱文。人們越來越常稱他為「阿米拉」（amirah），意思是「我們的主和王，願他受人尊崇」。整個土耳其的猶太人都湧進斯麥納加入這場慶典。一六六五年十二月三十日，薩瓦塔伊和一大群隨從一起航向君士坦丁堡。[34]

自一四五三年鄂圖曼土耳其人攻下君士坦丁堡後的兩百多年來，這座城市已經變成一座雄偉的伊斯蘭城市，改名為伊斯坦堡，狹小曲折的巷弄兩旁可見到木造屋瓦，簇擁在宏偉的清真寺、宮殿與市集之間。金角灣口岸可見聖址埃由普，那是六七四～八年間阿拉伯人圍攻君士坦丁堡時，先知的掌旗者遭殺害後屍體被發現的地點；蘇里曼一世和其他蘇丹也建造眾多噴泉、橋樑、學校等建築，妝點了這座首都。然而，在大約五十萬的居民當中，穆斯林的數量並不是壓倒性的多數，而猶太人（其中有數千人是在一四九二年被逐出西班牙之後前來定居的）就跟東正教的基督徒一樣擁有自治權，受到自己的宗教權威所統領（犯罪事件則要交由鄂圖曼法庭處理）。薩瓦塔伊．塞維接近時，猶太人和帶有一絲疑慮的外邦人都非常興奮，但土耳其當局在一六六六年二月六日攔截他的船，把他關進大牢。當局決定不將他處死，很有可能是為了避免讓他變成殉道烈士，激怒整個鄂圖曼帝國的猶太人。他被轉到加利波利後，他的牢房靠賄賂轉變成一座備受保護的城堡。他會在獄中開庭，接見從猶太世界各地前來的使者：

> 我們的主居住在他的「堅固之塔」，獲得崇高的尊榮。上帝讓這座塔的管理員善待他，甚至到了變成【薩瓦塔伊的】僕人的程度（他曾說過：「我服侍二王」）。我們的民族和其他民族的男女老少都從世界各地前來看他，跟他說話、給他行禮、親吻他的手。他身為彌賽亞，名聲傳到每個地方。[35]

君士坦丁堡的拉比將反對者逐出社群，因為這些人竟「這樣看待一個以人類形體出現的天使……只因為他做出的某些行為表面上很奇怪，事實上卻非常不可思議」。在外地的許多地方，猶太人都開始齋戒、潔淨自我、鞭打自身。有些人變賣家產，準備前往聖地。在德國的小鎮和摩洛哥的社群，猶太人不耐地等候來自聖地的信，並聚在一起聽人把信件內容唸出來。從葉門到阿姆斯特丹，各地都有人寫詩讚美薩瓦塔伊・塞維和他的先知。佈道者鼓勵人們懺悔，拿單也下令在阿姆斯特丹、法蘭克福、布拉格、曼圖亞和君士坦丁堡發行特殊的禱文。[36]

當一六六六年的夏天越來越靠近，人們的期待也越來越大，薩瓦塔伊・塞維本人似乎尤其如此，因為他宣布，搭模斯月十七日和埃波月九日的齋戒（紀念聖殿被毀）都要由新的節日取代：搭模斯月十七日要變成慶祝薩瓦塔伊・塞維的靈魂復甦，而埃波月九日則是慶祝他的生日。君士坦丁堡的拉比在同意採取這麼激進的一步之前，先尋求上帝的旨意：

> 敕令來到君士坦丁堡時，這座城市的人雖然相信他，但對於是否該採取這麼重大的行動感到有些遲疑。因此，拉比在主他們的上帝面前不斷禱告祈願，懇求祂向他們展現什麼是他們必須採取的道路和必須做的事。接著，他們全都聚在一起。他們準備了兩張紙條，一張上面寫「節日」，一張寫「齋戒」，然後放進一個罐子裡。他們召來一個男孩，告訴他拿出一張紙條，並把手舉高。他照做了，結果出來的是「節日」。他們又把紙條放回罐子。男孩又再次抽出一張紙條——「節日」。他們第三次將紙條放進罐中，出來的還是「節日」。[37]

整個七月和八月，猶太人都在等隨時會到來的救贖。接著，九月十六日，薩瓦塔伊・塞維被傳喚到阿德里安堡的蘇丹面前。倘若拿單的預言沒有錯，這就是蘇丹將權力移交給彌賽亞王的時刻。如果阿雷索的柏魯克所記載的「土耳其人和未行割禮者」的預期是正確的，薩瓦塔伊・塞維應該會被處決，而阿德里安堡的猶太人也會跟著被屠殺：

> 阿德里安堡的穆斯林和基督徒聽說國王召喚我們的主，都以為他的頭會被砍下，所有的猶太人都會被殺，因為大家都知道國王已將這座城市的猶太人宣判死刑。他們派使者到君士坦丁堡做了同樣可怕的事。他們把劍磨利，等著【薩瓦塔伊】來，全部準備好將自己的意志施加在猶太人身上。

然而，實際發生的事卻很不一樣。蘇丹送給薩瓦塔伊・塞維一條纏頭巾和一個新名字。薩瓦塔伊・塞維變成阿茲・穆罕默德・阿凡提（Aziz Mehmed Effendi），也成了穆斯林。他對此毫不遮掩：八天後，他寫信給斯麥納的兄弟以利亞，告訴他「造物主把我變成穆斯林……按照祂的意志重新創造我。」[38]

各地的猶太人所做出的反應差異非常大。對於那些從未相信薩瓦塔伊的人，這就是他們的疑慮之所以正確的最佳證明。一六六六年十一月，利弗諾的約瑟・哈利未寫信給漢堡的朋友雅各・沙斯波塔斯（Jacob Sasportas），告訴他「以前有個猶太名字薩瓦塔伊・塞維的那個粗俗邪惡的瘋子」、「全猶太人」都說是「我們的救世主」的那個人發生了什麼事，吩咐沙斯波塔斯應告訴這位救世主的追隨者「他們的救主穆罕默德現在回去上學了，成了伊斯蘭教的學生」。至於那些相信薩瓦塔伊的人，則是相當震驚，感覺滿心的期望被拋棄了，但也有不少人保持沉默。土耳其境內的猶太領袖試圖讓社群回歸正常，有一部分原因或許是擔心土耳其當局因為他們鼓勵群眾暴動而懲罰他們。在義大利，先前支持薩瓦塔伊的紀錄都銷毀了。不過，那些之前因反對這股狂熱而遭受折磨的人，卻要好一陣子才會平息怒火，像是約瑟・哈利未。信了薩瓦塔伊的人也花了一段時間才從中復原。哈梅恩的葛露柯（Glückel of Hameln）在一六六六年的時候還是個青少年，後來在一六九〇年代第一任丈夫死後，她開始用意第緒語撰寫一部非常值得注意的回憶錄，希望為後代留下家族史。她在回憶錄裡寫到，住在希德斯海母的公公在一六六六年時收拾好行囊，打算前往以色列地迎接彌賽亞，後來花了三年時間才鼓起勇氣接受行囊已經用不上了的事實：

許多人把房子、土地和所有的財產都變賣了，因為他們期待被救贖的日子隨時都會到來。我的公公離開哈梅恩的家，拋棄自己的房子和土地和所有的好家具，搬到希德斯海母。他寄給住在漢堡的我們兩個巨大的桶子，裡面裝滿亞麻布以及豆子、肉乾、李子條之類的東西，總之就是可以保存很久的食物。因為，他老人家期盼自己隨時都要從漢堡航向聖地。這些桶子在我家躺了超過一年。過了很久之後，老人們擔心肉類和其他食物會腐敗；他們寫信給我們，要我們打開桶子，把食物取出，以免亞麻布毀了。整整三年，這些桶子準備就緒，而我的公公一直等著可以出發的信號。但，至高聖者卻另有打算。[39]

也有一些人繼續相信薩瓦塔伊・塞維是彌賽亞，雖然跟一六六五～六年間大規模運動相比，這些人只佔了一小部分。薩瓦塔伊自己顯然就是其中一個。一六七一年，在一六六五年的五旬節在自己位於加薩的家中親眼見證拿單重要預言的雅各・拿賈拉看見薩瓦塔伊仍過著猶太人的生活。雖然他在鄂圖曼法庭上是個穆斯林，卻仍在猶太會堂講道、遵守猶太習俗（雖然行徑特立獨行）。拿賈拉替一個十歲的男孩行割禮，其父曾經「在阿米拉住在【加利波利的】堅固之塔時，發誓除非彌賽亞王在場，否則他不會給兒子行割禮。於是，阿米拉命令這位拉比【拿賈拉】為這個男孩行割禮。」與此同時，薩瓦塔伊和穆斯林的神祕主義派別德爾維希有所往來。拿賈拉說，他甚至熱情地鼓勵支持者和他一起接納伊斯蘭教：

普珥節結束後，他去智者雅各・阿爾沃拉比的家，並召來拉比【拿賈拉】和另外六名男子。土耳其禁衛軍的兵營也在同一個空地；【薩瓦塔伊】和拉比一起在那裡禱告，用旋律和喜悅迎接安息日，唱出聲來……白天時，他和小男僕一起到葡萄牙會堂，誦讀了一些祈求禱文……之後，他在那裡誦讀穆斯林禱文，之後回到【阿爾沃的】家，誦讀【安息日的】晨禱……接著，他回到家，帶著他那裝飾了珠寶的《光明篇》。他在日落時抵達，心情十分愉快。夜晚來臨沒多久，安息日結束後，他宣布所有信他的人都要召來他面前，每一個信他的人都一定要戴上穆斯林的纏頭巾。約有十二男五女同意照他的希望做。[40]

加薩的拿單並不是這樣看的。他仍相信薩瓦塔伊是彌賽亞，但他自己完全不想接受伊斯蘭教，也警告別人「在阿米拉處於發光的狀態時要遠離他，因為他會想要讓身邊的每一個人都皈依伊斯蘭教」。拿單用神學的角度來解釋薩瓦塔伊的行為。在一六六六年的十一月初，他宣布謎團時候到了就會解開，並和加薩的一大群追隨者一起出發前往阿德里安堡會見薩瓦塔伊，途中漸漸發展出一套巧妙的卡巴拉論點，主張猶太人現在已經因為修正而找回靈魂的亮光，所以彌賽亞必須降到伊斯蘭教裡，升起散布在外邦人之中的聖光。薩瓦塔伊扛起叛徒的羞恥罪名，做為他光榮現身前的最後一個階段。拿單獲得薩瓦塔伊本人的支持，在義大利和巴爾幹半島四處遊歷，傳播這個信條。由於北非、義大利和巴爾幹半島的薩瓦塔伊派會頻繁通信，因此當薩瓦塔伊被猶太人和穆斯林譴責，在一六七三年一月被放逐到阿爾巴尼亞的烏爾齊尼時，已經有一個強大的宗派神學觀形成了。

經歷叛教風波後，彌賽亞死於一六七六年贖罪日的這件事就沒那麼難接受了。相信薩瓦塔伊的阿雷索的柏魯克顯然並不認為他真的死了：

後來，人們得知，我們的主去了以色列的教友那裡，也就是在薩姆拔提翁河遙遠的那一端的十個「主

> **的支派」，要娶住在他們之中的摩西老師的女兒。如果我們應得救贖，他在七日婚禮慶典之後就會馬上回來拯救我們。但，如果我們不該得救，他就會在那裡耽擱，直到我們被可怕的災禍淹沒。那時候，他才會替我們復仇，懲罰我們的敵人和憎恨我們的人。某個來自摩里亞的拉比在一個叫做馬爾瓦西亞的城鎮看見我們的主。就在那星期，【我們的主】告訴他，他將前往韃靼利亞，也就是往薩姆拔提翁河的正確路徑。**

薩瓦塔伊之死表面上似乎代表他失敗了，但人們提出各種解釋，說他會投胎轉世到另一個身體完成任務，或說他是去尋回消失的十個支派，或說他是去了靈性的世界，在那裡實現他在地球上完成的救贖。有些人（如摩希・大衛・瓦勒〔Moshe David Valle〕，見第四八二頁）則主張，薩瓦塔伊是約瑟之子彌賽亞，會由大衛之子彌賽亞接替，標誌時間的結束。[41]

拿單在一六六八年認同薩瓦塔伊的彌賽亞身分，反映薩瓦塔伊長久以來對自己持有的信念。這信念在一六六四年他進入第三段婚姻時獲得了證實。他的第三任妻子莎拉來自波蘭，是個問題很多的美女。薩瓦塔伊改信後，一六五五年在阿姆斯特丹就已經認識莎拉的雅各・沙斯波塔斯用責備的語氣形容她，說她是個「愚蠢的女孩，曾為了好玩說出將來要嫁給彌賽亞王的瘋狂言論。約瑟・哈利未拉比寫信告訴我，她到力康【利弗諾】之後，和每一個人上床。」在阿雷索的柏魯克看來，這段婚姻的重要性只在於它證實了薩瓦塔伊是彌賽亞，因為莎拉的開羅保護者拉斐爾・約瑟・切勒比（Raphael Joseph Chelebi）過去就曾「希望把她嫁給他的一個朋友，讓她獲得極大的財富」。兩人如期完婚了，但是根據柏魯克的記載，「他從未跟她發生關係，直到他將純潔的纏頭巾綁在頭上。」畢竟，這段婚姻原本就只是被當成救贖的前奏，不是要帶來安穩的家庭生活。[42]

薩瓦塔伊對整個猶太世界造成這麼大的影響，只能說是因為剛好有各種原因湊在一起。一六四八～九年間發生在波蘭的赫梅利尼茨基大屠殺摧毀了莎拉的整個家庭，迫使她展開流亡生活，而這可能就是波蘭猶太人對薩瓦塔伊的救贖承諾特別有熱忱的原因。然而，這還是不能解釋生活舒適安逸的阿姆斯特丹猶太人為何也展現出同樣的熱情。英國、荷蘭和德國的基督徒預期基督的第二次降臨會發生在一六六六年，有可能因此讓有關薩瓦塔伊的消息在那一年傳遍整個基督教歐洲。但，基督教的千禧年主義並不能解釋伊斯蘭世界的猶太人為何也如此興奮——當時的穆斯林文獻幾乎完全沒提到薩瓦塔伊。和平常野蠻鎮壓麻煩人物的政策相比，伊斯蘭當局對待薩瓦塔伊的方式十分溫和，可見鄂圖曼政府認為這整件事只要輕鬆以對就好了。加薩的拿單以盧利亞的卡巴拉思想為基礎，用神學的角度說明彌賽亞成為穆斯林，讓自己降落到深淵中，是為了帶來救贖。然而，十七世紀中葉很少有猶太人熟悉盧利亞複雜的神祕主義體系，因此不可能馬上就相信這種誇張的行徑是合理的（薩瓦塔伊改信的消息傳到拿單耳裡後，他也是花了很久的時間才想出這套神學觀）。葉門、土耳其和摩洛哥的猶太人也不可能是像一六七〇年在阿姆斯特丹出版《神學政治論》的史賓諾沙那樣，認為以上帝指令為基礎的宗教帶有諸多限制，所以就願意拋下珍貴的妥拉，去瘋狂地相信這種反律法論是新世界的前兆。我們必須適度包容當時群眾做出的歇斯底里反應、印刷術這個新媒介傳播思想的效果，以及懷疑者的道德勒索，例如約瑟・哈利末尖刻的控訴：「但，那些沒有腦袋的暴民明白我【約瑟・哈利末】完全拒絕他們對先知和彌賽亞的信仰之後，反應又不一樣了。他們極度憤慨，滔滔不絕地對我口出惡言。」[43]

發生在一六六五和一六六六年的這些騷動，在許多猶太社群餘波盪漾，持續了超過一世紀。某些拉比圈很久以前就已經猜想，「大衛之子彌賽亞」會跟隨在「約瑟之子彌賽亞」之後出現。薩瓦塔伊・塞維還沒去世之前，摩洛哥的美克內斯就有一個沒有受過教育、名叫約瑟・伊本・促爾（Joseph ibn Tsur）的年輕人獲得啟示，說他就是這號人物。有一位拉比在一六七五年二月五日寫信給另一位拉比，可看出他對他揭示的祕密感到十分高興：

先生，我一定要告訴您，這裡每天都有美克內斯來的最新消息，告訴我們有關這位年輕人以及他所說的詮釋和祕密啟示的事情。當我得知發生了什麼事後，真是無法克制自己。我說，我必須親自去那裡看看。於是，我帶了《光明篇》和另外幾本書，到那裡問他《光明篇》某些隱晦段落的內涵，打算待到逾越節。我發現這個年輕人非常謙遜、敬畏上帝，擁有各種良好的特質。我告訴他：「我來這裡向你學習《光明篇》難以理解的奧祕。」他回答我：「我對你的崇敬非常訝異！我連辣什都不認識，也不知道聖經的任何一句經文，只知道揭示給我的那些。」……我問他，他是否真的是約瑟之子彌賽亞。他回答：「他們是這麼告訴我的。」打從出生，他的手上就有一個百合形狀的記號，從他的小指頭的第一關節延伸到前臂。長話短說，我從那裡來的時候心情絕佳。我們清楚看見，他並沒有被鬼魂或惡魔附身——願主不讓這種事發生，因為他的舉止非常冷靜理智，所說的一切都符合上帝的一體性。除此之外，他不停地齋戒。我請他做出奇蹟。他答道：「有什麼比你現在看到的還要神奇？我以前連聖經都不認識，現在卻會談論十個質點和卡巴拉的奧祕。我不跟你說救贖要等一年或兩年。只要等兩個月，然後你就再也不需要問問題。」

這封信寫完不久後，約瑟・伊本・促爾就死了，但另一個宣稱自己是約瑟之子彌賽亞的亞伯拉罕・米加爾・卡多索（Abraham Miguel Cardoso）則堅持得比較久，給那些持續相信薩瓦塔伊的行為有宗教意涵的人留下較深刻的印象。[44]

卡多索是個猶太皈依者，先是在西班牙研究基督教神學，後來在二十出頭時逃到威尼斯，公開坦承自己效忠猶太教。一六五五年，他開始追隨薩瓦塔伊・塞維。薩瓦塔伊接受伊斯蘭教之後，他的信念也沒有動搖，雖然他強烈反對薩瓦塔伊的其他追隨者皈依伊斯蘭教。卡多索謹遵傳統的猶太習俗，排斥反律法論，但還是引起其他猶太人的反彈。原因是，他提出一個和他大學教育的新柏拉圖主義教誨有關的新信條，主張以色列人崇敬的對象上帝應和第一因區別開來，因為第一因跟被創造出來的事物無關。他把這個論點寫成一篇專著《亞伯拉罕的黎明》（Boker Avraham），並在一六七三年寄給薩瓦塔伊・塞維，但是沒有收到回音。他花了大半輩子捍衛自己的主張，貶低隱藏的第一因所扮演的角色以及薩瓦塔伊運動中任何可能帶有天主教意味的東西。三十年以來，他頻繁在義大利、北非和地中海東岸遊歷（拉比權威時常壓制他，不讓他成為他們的一份子），也和遠至摩洛哥和英國的學生有大量的魚雁往返，因此影響力擴張到許多地方，在一六七〇年後爭取忠實代表薩瓦塔伊・塞維祕密教誨的權利，駁斥加薩的拿單的卡巴拉體系和其他爭奪薩瓦塔伊遺風的人。

土耳其、義大利和波蘭很快就出現不同的薩瓦塔伊團體，彼此的信念都完全不一樣，各先知都聲稱自己在薩瓦塔伊死後獲得和他有關的異象。這些團體之間最大的差異，就是對伊斯蘭教的態度。薩瓦塔伊・塞維（至少有時候）似乎相信猶太教和伊斯蘭教是相容的。不過，若期待他在這方面的態度會比對其他事情的態度還要前後一致，是不明智的。前面已經提到，卡多索知道薩瓦塔伊曾命令信他的人也要加入伊斯蘭教，而且確實有些人這麼做了，但卡多索對此極不認同，還用輕蔑的語氣提起「某個頗有份量的人竟然在薩瓦塔伊・塞維的指示下戴上纏頭巾」。這個人在一六八二年五月十日來到伊斯坦堡找卡多索，問他自己是否應該拿掉纏頭巾，回歸猶太信仰。根據卡多索自己所言，他說他（卡多索）「沒有能力對這議題下裁決，他們應該去問當初要他們戴纏頭巾的那個人」。但，這當然是不可能的，因為薩瓦塔伊這時已經死了六年。然而，薩瓦塔伊最後一任妻子的兄弟雅各・斐洛索夫（Jacob Filosof，後改名雅各・奎里多〔Jacob Querido〕）隔年卻在薩洛尼卡率領大約三百個當地的猶太家庭皈依伊斯蘭教，因為他的這位姐妹在一六七六年宣稱他繼承了薩瓦塔伊的靈魂。這些皈依者形成了後來的東馬派（Dönmeh）這個特色鮮明的團體，至今仍然存在，成員都是祕密信奉猶太教的猶太人，表面上過著穆斯林的生活，私底下卻保留許多猶太教的做法，等著彌賽亞回來。在一九九九年，據說「這團體有一位長者……在黎明前不久來到博斯普魯斯海峽的岸邊，【用拉迪諾語（猶太西班牙語）】誦唸……『薩瓦塔伊、薩瓦塔伊，我們等著你。』」東馬派成員都會互相通婚，以維持自己獨特的身分認同，但他們在早期就已分裂成三個團體。土耳其共和國成立時，由於土耳其和希臘交換人口，東馬派許多成員因此在一九二四年時，從薩洛尼卡搬到伊斯坦堡。東馬派有個小支派是由一個名叫柏魯奇亞・洛索（Baruchiah Russo，又稱奧斯曼・巴巴〔Osman Baba〕）的人領導，他們在十八世紀初期時，宣揚薩瓦塔伊・塞維是神聖的，並主張彌賽亞妥拉蘊含的價值觀必須完全逆轉，所有被禁止的性行為都要被當成正面的指令看待。不過，只有少數人抱持這種觀點。45

那些拒絕接受伊斯蘭教的薩瓦塔伊派猶太人和東馬派一樣，對於薩瓦塔伊的生平表示應如何看待哈拉卡，有著不同意見。有些人採取極端的反律法主義，當中甚至有人明確將柏魯奇亞稱做「聖主」；也有些人實行極端的禁慾主義，如「猶大・哈希德拉比的神聖宗會」——這個團體是由數百個宗教熱忱者組成，領導人為猶大・哈希德和波蘭拉比哈嚴姆・馬拉可（Hayyim Malakh），後者曾在一七〇〇年前往耶路撒冷，等待預期會在一七〇六年到來的彌賽亞（馬拉可雖然並沒有明講，但他相信這個彌賽亞就是四十年後重生的薩瓦塔伊・塞維）。被逐出耶路撒冷的馬拉可似乎曾在薩洛尼卡遇見柏魯奇亞，並可能因此採納了反律法論的觀點。無論如何，他在一七一〇年遭君士坦丁堡的拉比譴責，於是回到波蘭，在波多里亞（位於現今的烏克蘭與摩爾多瓦）創立一個激進派系。在他死後，這派系又催生更加極端的法蘭克運動。46

雅各・法蘭克在一七二六年出生，原名為雅各・本・猶大・雷卜。他的中產階級父親來自波多里亞的科羅洛卡，但是在車諾維次受教育（但並非高等教育）。他住在布加勒斯特多年，是個布料商。他在《光明篇》方面的學問使得他在薩瓦塔伊人士之間享有一定的聲譽。一七五三年，他跟遵循柏魯奇亞教誨及反律法論的東馬派老師一起拜訪薩洛尼卡。一七五五年十二月，他回到波蘭，成為薩瓦塔伊派的領袖。他在土耳其人的疆域生活了二十五年左右，說的是拉迪諾語，後來被人懷疑他是一個「法蘭克」（Frank），也就是意第緒語的「塞法迪猶太人」。於是，他將法蘭克拿來做為自己的姓氏，因為宣揚「發散妥拉」的教誨，迅速地在整個波蘭贏得一大群追隨者。他所宣揚的發散妥拉是一種靈性的妥拉，允許個人依據自我道德準則違反律法。他自己後來回到土耳其，在一七五七年皈依伊斯蘭教（和他的東馬派老師一樣），讓加利西亞、烏克蘭和匈牙利的追隨者（他們自稱為「ma'aminim」，意思是「信徒」）獨自面對激烈的迫害。

起初，波蘭的拉比權威在獲得四地議會的認可之後，只有對這個宗派的成員頒布禁令，但後來又尋求基督教權威的幫助，要鎮壓他們所謂的新宗教。結果，這些信奉薩瓦塔伊的猶太人反而請教會保護他們免於遭受「塔木德學者」迫害，給當地主教機會，讓他利用他們做為武器來對付轄區內的拉比猶太人。一七五六年的八月二日，這些薩瓦塔伊派的猶太人要求主教讓他們跟拉比公開對質，承諾他們會主張自己的信仰在本質上和基督教其實是相容的。這場辯論從一七五七年的六月二十到二十八日於卡米利謝（Kamienice）舉行，薩瓦塔伊派獲得勝利，因此在一七五七年的十月和十一月，有大量的《塔木德》書籍在公共廣場上遭到燒毀。引發這些事件的主教在十一月九日過世時，拉比猶太人說這是天譴，對薩瓦塔伊派進行反攻，因此薩瓦塔伊派有很多人逃到了土耳其。

雅各・法蘭克在一七五八年的十二月或隔年年初回到波蘭時，「塔木德學者」和「信徒」之間互相對立的情勢便是這麼一回事。他在伊瓦涅以「真正的雅各」之姿出現在追隨者面前，要來完成薩瓦塔伊・塞維和柏魯奇亞的任務，要求他們像東馬派接受伊斯蘭教那樣在表面上皈依基督教，好偷偷地維持他們的真

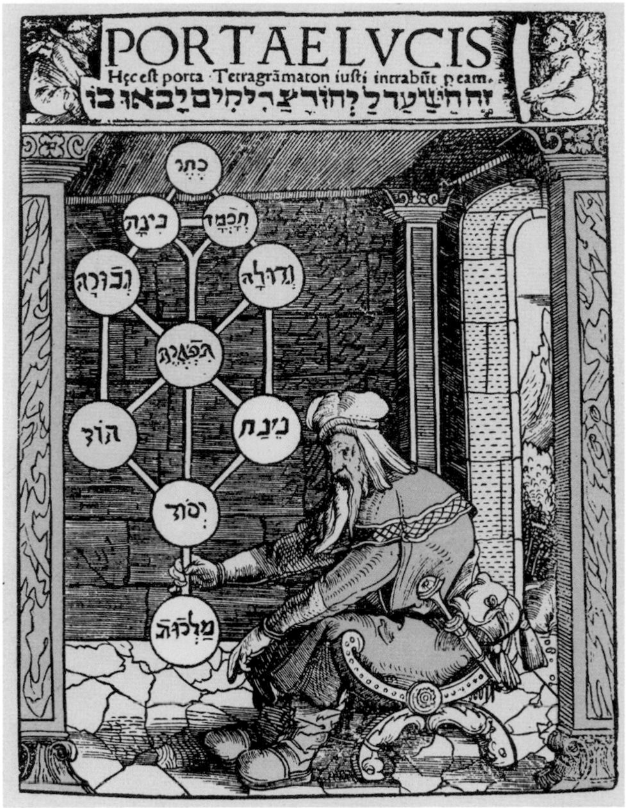

33.（上圖）尤瑟夫 · 本 · 亞伯拉罕 · 吉卡提拉的卡巴拉作品《光之大門》在 1516 年的拉丁文譯本封面上繪有質點系統圖。翻譯者保羅 · 里喬是一個皈依基督教的猶太人。

34. 一本提坤的卷首插圖。提坤是一種小本的禱告書，日夜都要為自封為彌賽亞的薩瓦塔伊 · 塞維誦讀禱文內容。這本書 1666 年在阿姆斯特丹出版，也就是薩瓦塔伊宣告救贖即將到來的那一年。圖中描繪他登基成王以及和 12 位長者同桌而坐的場景。

35.（左上）14 世紀巴塞隆納哈加達裡的袖珍圖，描繪了分開儀式所需的酒和蠟燭。把蠟燭交給一個孩子拿著是常見的習俗。

36.（右上）使用白鑞和銀製成的香料盒，用於分開儀式，年代為 18、19 世紀的德國和東歐。這類儀式用品和安息日蠟燭一樣是很珍貴的家產。

37. 馬可 · 茂古拉（Marco Marcuola，1740–93）在 1780 年畫的某次威尼斯割禮場景。男嬰被兩名身穿祈禱披巾的男子抱著。畫面左方的高椅是預留給先知以利亞的。在畫面右邊，女性沿著牆邊而坐，看不見嬰兒進行割禮手術。

38.（左上）啟蒙運動的偉大哲學家巴魯赫 · 史賓諾沙（1632–77），由 17 世紀一位不知名的荷蘭畫家所繪。

39.（右上）同一個時期的荷蘭猶太人畫像。他的服裝和史賓諾沙一樣理所當然地反映了當時的荷蘭風格，但他還披了一件很大條的祈禱披巾，手拿妥拉卷軸，卷軸最頂端有頂飾和一頂王冠。

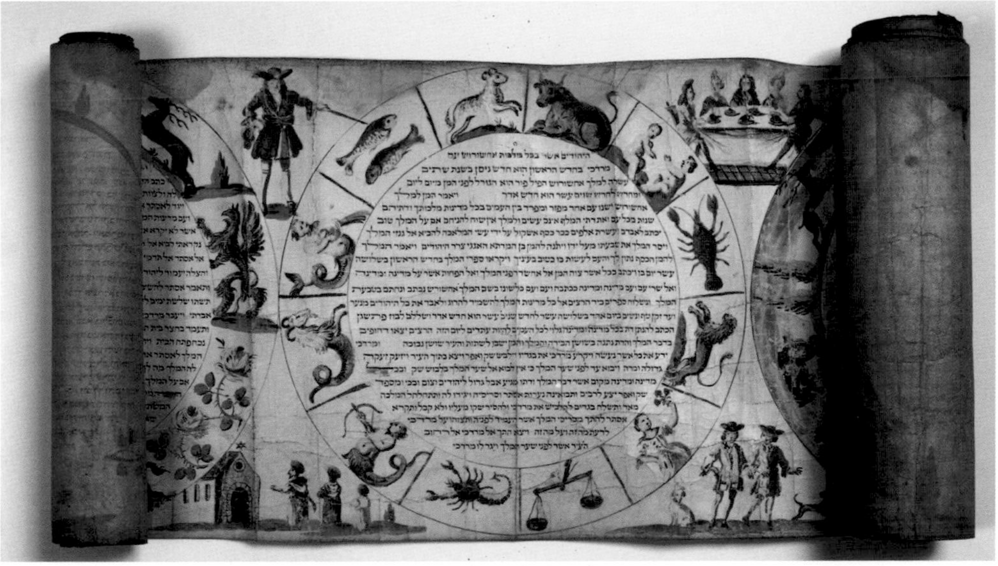

40. 普珥節所使用的《以斯帖記》卷軸（18 世紀的荷蘭）。普珥節卷軸常會有裝飾。注意看，黃道十二宮圖案的描繪方式和 4 世紀的提比里亞溫泉馬賽克很像（見圖 17）。

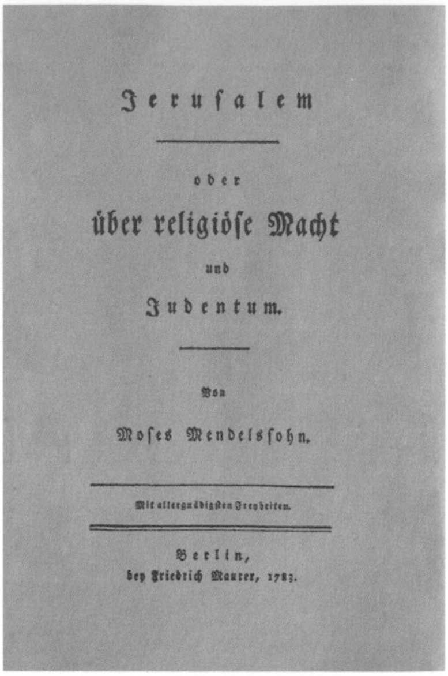

Jerusalem

oder

über religiöse Macht

und

Judentum.

Von

Moses Mendelssohn.

Mit allergnädigsten Freyheiten.

Berlin,
bey Friedrich Maurer, 1783.

41.（左上）安東 · 格拉夫在 1771 年所畫的哲學家摩西 · 孟德爾頌（1729-86）。乍看之下，孟德爾頌似乎是沒有鬍子的啟蒙運動家，但他的下巴和臉頰下方其實有留鬍子。

42.（右上）孟德爾頌最有影響力的著作《耶路撒冷》第 1 版（1783 年）的書名頁。

43. 路易 · 弗朗索瓦 · 辜薛（Louis François Couché，1782-1849）所畫的慶祝拿破崙「在 1806 年 5 月 30 日恢復猶太教」的版畫。在現實中，代表猶太社群的猶太顯要大會成立了。

44. 位於德國南部菲沙的木棚，年代約為 1837 年。棚頂覆有裝飾用植物和垂下的水果。當地畫家在牆上畫了菲沙村和一座理想化的耶路撒冷。

45.（下圖）烏克蘭藝術家以薩迦．貝爾．萊鎮克（1897–1935）的《猶太人小鎮的安息日》平版印刷（約 1914 年）。萊鎮克曾到俄羅斯鄉下旅行，研究猶太人的庶民生活與藝術。圖片被收錄在《猶太人小鎮，我被摧毀的家；以茲紀念》（1922 年出版）一書中；萊鎮克在書中以輓歌的方式描繪他在猶太人小鎮的猶太生活，因為這座小鎮在 1919 年的屠殺中被毀。

46. 一對仿效中式雙層樓閣造型的銀製頂飾，年代為 19 世紀晚期。一樓欄杆有櫻花圖樣，並有中式屋簷，另外每一層樓都有掛鈴鐺的鉤鉤。

47.（右上）來自葉門的彩繪妥拉木盒（19 世紀）。這種將卷軸直立擺放在盒內做為誦讀用途的妥拉木盒不只出現在葉門，也出現在伊拉克、伊朗、阿富汗、庫德斯坦、敘利亞和北非等地的猶太社群。

48. 飾有金穗帶的天鵝絨妥拉卷軸布，來自 20 世紀的北非。中間的摩爾式拱門圖案寫有向某位亡者致意的希伯來文。畫在角落的阿拉伯蔓藤花紋末端以及拱門上方的張開的右手，是免受邪惡之眼傷害的象徵圖案，常見於猶太人、基督徒和穆斯林。

49. 在布魯克林舉辦的撒塔瑪哈西迪大會，紀念 1944 年 12 月他們的拉比喬爾 · 泰特爾鮑姆逃離匈牙利的 71 週年。

50. （左圖）布魯克林的一位盧巴維奇學生在盧巴維奇拉比米拿現 · 孟德爾 · 施內爾遜的一張巨大肖像下看書，2004 年。

51. （上圖）1998 年，一群女孩幫朋友在曼哈頓舞廳的猶太教成年禮中點燃蠟燭。女孩的成年禮儀式持續在演變。

53. 把新的妥拉卷軸拿到倫敦西北部平納的一座會堂，1993 年。首席拉比喬納森 · 沙克斯（正中間）以聯合猶太會堂靈性領袖的身分率領遊行隊伍；聯合猶太會堂是英國正統猶太教最大的聯盟組織。

52. 波次坦的亞伯拉罕 · 蓋格爾學院在 2010 年為阿麗娜 · 特萊格（Alina Treiger）拉比舉行的任命典禮，標誌了大屠殺以來德國第一次任命女拉比。

54. 在 2013 年的耶路撒冷，人們在妥拉節時帶著妥拉跳起舞來，慶祝妥拉一年的誦讀週期完成了。

實信仰。一年後，法蘭克和他的許多追隨者在利維夫受洗。一七五九年十一月十八日，法蘭克和他的妻子在波蘭國王的贊助下於華沙大教堂舉行二次受洗，場面十分盛大。法蘭克主義者提出請求，希望可以繼續過著和其他基督徒不一樣的生活，可以穿猶太服飾、留鬢角、不吃豬肉、星期六日都能休息，並繼續使用《光明篇》和其他卡巴拉著作。但，教會拒絕了這些要求，說受洗不可以有條件。結果，基督徒對這些新的皈依者的意圖會感到可疑，確實是有根據的，受洗並沒有終結他們的疑慮。一七六〇年，法蘭克被控是異端，後來在琴斯托霍瓦的堡壘囚禁了十三年，直到波蘭遭到瓜分，俄羅斯於一七七二年八月攻下這座城市為止。監禁期間，猶太同胞將他視為「受難的彌賽亞」，他也會在堡壘內開庭審判。從一七七三年到他在一七九一年過世之間，法蘭克先後在布爾諾和歐芬巴赫過著基督徒的生活，被一個充滿異國情調的家庭圍繞，並不斷誇耀女兒伊娃身世（他的一些追隨者相信，她是羅曼諾夫王室的公主）。他提倡的猶太教與基督教混合宗教實在太複雜了，不可能維持下去。因此，波蘭的法蘭克主義者最終融入了基督教社會。47

在這種混亂不安的背景下，十八世紀前半葉的歐洲猶太社群處處瀰漫著懷疑薩瓦塔伊主義傾向的風氣，應該就沒什麼好奇怪的了。在一七一五年的倫敦，西葡猶太會堂的哈罕姆（首席拉比）大衛・涅托（David Nieto）發表了對薩瓦塔伊派人士的強烈指責，大力反對同時代的尼希米・海因（Nehemiah Hayon）。海因提出有關神祇容貌的盧利亞主義信條，雖然受到阿姆斯特丹的哈罕姆所認可，卻被那座城市的阿什肯納茲猶太人抨擊。更熱衷於揪出異端的，是支持拉比權威的卓越卡巴拉學者摩希・哈吉茲（Moshe Hagiz）。他和涅托一樣，在一七一三和一七一五年間抨擊尼希米・海因，但他也在一七二〇年代猛攻約拿單・艾貝許茨（Yonatan Eybeschütz）、在一七三〇年代大肆批評摩希・哈嚴姆・盧扎托（Moshe Hayyim Luzzatto）。48

在盧扎托這件事情上，哈吉茲的干預或許算是成功的。盧扎托是一位優秀的神祕主義者兼詩人，二十歲時曾經歷一次啟示，看見一位講道者現身在他面前，就和之前的尤瑟夫・卡洛一樣。盧扎托的一名學生摩希・大衛・瓦勒相信自己是大衛之子彌賽亞，並將薩瓦塔伊・塞維當作約瑟之子彌賽亞。盧扎托本人則被分配到摩西的化身這個角色，而他在一七三一年締結的婚姻則被視為上帝世界裡男性和女性元素的結合，形成了彌賽亞過程中的第一個元素。哈吉茲懷疑他們信奉的是薩瓦塔伊主義，並不是沒有道理。威尼斯拉比在一七三五年便強迫盧扎托遷移到阿姆斯特丹，下令焚燒他的著作。威尼斯法庭禁止盧扎托書寫卡巴拉作品，他卻在阿姆斯特丹完成了有史以來最具有影響力的猶太倫理著作《正直的道路》（Mesillat Yesharim）。書中敘述了個人為了達到神聖而必須不斷往上攀升的一條倫理之徑：

> 為了達到神聖、為了完美地崇敬上帝，清楚了解一個人在世界上有什麼責任，在生命中的每一天又有什麼目標值得一個人付出努力，是絕對必要的。智者教過我們，人被創造出來只是為了在主之中找到喜悅，沐浴在祂的存在散發出的光輝。但，即將來臨的世界才是真正能讓人得到這種快樂的地方，它就是為了那個目的而創造出來的。目前的世界只是通往那個目標的道路。智者說：「這個世界就像到達未來的世界之前會先經過的門廳。」因此，名字受讚美的上帝才給予我們誡命。因為這個世界是唯一可以遵守這些誡命的地方。人類被放在這裡，是為了利用他所能用的手段，贏得在未來的世界為他準備好的一席之地。

雖然有些人合理懷疑盧扎托具有薩瓦塔伊主義傾向，但在兩個世紀後，注重倫理教誨的慕沙運動（第十九章）將他的著作列為立陶宛學院的指定閱讀書目，足見盧扎托的倫理思想具有非常強大的力量。[49]

哈吉茲對艾貝許茨的攻擊是否也具有同等的合理性，就很難說了。約拿單・艾貝許茨是一個來自克拉考的塔木德天才。他是布拉格、梅茲和阿托納猶太學校的領袖，針對哈拉卡法典撰寫了一些評述，受到很大的讚揚，但他的卡巴拉做法卻遭人懷疑帶有薩瓦塔伊主義的色彩。他最大的反對者不是哈吉茲，而是當地的一個拉比雅各・埃姆登（Yaakov Emden）。埃姆登的父親是阿姆斯特丹的阿什肯納茲拉比，先前也曾極力反對尼希米・海因。一七五一年，埃姆登指控艾貝許茨是薩瓦塔伊・塞維的祕密追隨者，舉出艾貝許茨所寫的一些護身符上寫有薩瓦塔伊的名句。他的指控引起丹麥王室等世俗政權的注意，許多拉比不得不選其中一邊站。一七五三年，波蘭的四地議會將艾貝許茨免罪。他的哈拉卡著作至今仍有人使用，雖然現代史學家強烈懷疑埃姆登的指控可能是正確的。[50]

經過薩瓦塔伊・塞維的危機之後，猶太人的生活徹底改變了。但，熱情終究會消退，就像那些自稱彌賽亞的人總是來了又去。其中一個持久未變的影響是，盧利亞卡巴拉的用語在平常的禮儀中越來越普及。而這又將在近現代時期塑造出最為持久的運動——哈西迪猶太教。

哈西迪猶太教

十八世紀接近尾聲時，一位拋棄了猶太信仰、在柏林跟隨伊曼努爾・康德的腳步而成為理想主義哲學家的波蘭猶太人所羅門・邁蒙（Solomon Maimon）用懷疑的眼光敘述了下面這段經歷。這是他年輕時在一七七〇年代初期所參加的一次安息日，主持這個義者社群的是人稱「講道者」的緬濟熱奇的多夫・貝爾（Dov Ber of Mezeritch），而此次安息日正好就在這位大師過世前不久舉辦：

> 最後，我終於抵達M地。長途跋涉休息過後，我前往長者的家，心想我應該可以馬上見到他。然而，我被告知他那時候不能見我，但我被邀請在安息日前來，和其他來拜訪他的陌生人一同用餐；屆時，我就

能擁有親眼看見這位聖者、親耳從他口中聽見最崇高的教誨的喜悅；還有，雖然這是一場公開的聆聽會，但因為每個人會個別被提及，我自己也會，所以我可以把這當成一次特殊的訪問。我在安息日依約前來這場莊嚴的餐會，發現有一大群令人敬重的人從各地來到這裡。終於，那位偉大的長者以讓人驚嘆的樣貌現身，身穿白緞。就連他的鞋子和鼻煙盒也是白色的，因為卡巴拉學者認為這是恩典的顏色。他問候每個新來的人。我們在餐桌旁坐下，用餐期間，一陣肅穆的沉默降臨。餐後，長者突然唱起莊重又振奮精神的旋律，把手舉到眉頭上一段時間，接著開始叫：「H地的Z某、R地的M某」等等。每個新來的人就這樣被叫出自己的名字和居住地的名字，引起不小的震驚。每個被叫到的人都誦讀了一些經文。於是，長者開始講道，以誦讀出來的經文當作文本，因此雖然這些是從聖經不同段落擷取的不連貫經文，卻被他很有技巧地結合在一起，彷彿形成一個單一完整的段落。更不尋常的是，每一個新來的人都相信，長者在以他的經文為基礎的那段講道文中，找到了和他的靈性生活有關的事實。對此我們當然深感訝異。然而沒過多久，我就開始改變對這位長者和這群人的高度評價……這群人悲觀的心靈和過分的歡樂也讓我很不喜歡。[51]

邁蒙對多夫．貝爾雖然有偏見，但他確實是個啟發人心的老師。多夫．貝爾的學生將會帶著他獨特的神祕主義教誨的各種版本到東歐的許多地方，因此到了十九世紀初歐洲對抗拿破崙的時候，他的猶太教類型已經在烏克蘭、白俄羅斯和加利西亞根深蒂固。

多夫．貝爾的教誨在他過世時，也已經引發了不小的反彈——或至少，他的追隨者熱忱狂喜的改信行為是如此。一七七二年，由立陶宛的維爾紐斯果昂率領的拉比權威對這些人第一次下達禁令。然而，這些禁令雖然成功限制住立陶宛猶太人的熱忱，對東歐其他地區的影響卻小得驚人。所羅門．邁蒙親眼見到的這個強調個人宗教經驗的哈西迪猶太教為什麼能夠成功建立一個新的猶太教類型，為其他猶太人所接受，而薩瓦塔伊・塞維和雅各・法蘭克卻失敗了？

多夫・貝爾倡導的神學觀是建立在盧利亞的卡巴拉思想上，但是比較不強調卡巴拉精英圈典型的智識素養，而是強調個人透過禱告來浸淫在上帝的存在中，讓所有的存在感都消失，實現與上帝的合一。真正的「義者」（tsaddik）可以做到這種程度的投注和覺察（Da'at），並具備一種獨特的個人魅力，因此可以擔任信徒和上帝之間的中介，展現奇蹟，將上帝的豐足帶到物質世界。任何一個普通的猶太人都可以效忠某位在本質上投其所好的義者，藉此找到與上帝的連結。這套神學觀為所有的猶太人開闢了一條實現個人虔敬的新路，也創造出一個新的宗教領袖角色，類似於當時非正統基督教派（如杜霍波爾派）的領袖。[52]

到了一七六六年，多夫・貝爾已經建立所羅門・邁蒙見到他的那個義者社群，處於花甲之年，因為一輩子實行極端的禁慾主義並投注在卡巴拉研究中，身體已不再硬朗。他並沒有投入十年前為雅各・法蘭克帶來眾多追隨者的那陣騷動。他也沒有出版大量著作來宣揚自己的理念；他的教誨在身後才由學生柏地雪夫的利未・以撒（Levi Yitzhak of Berdichev）根據自己的筆記出版成書。利未・以撒是個傳聞不少的人物，有很多用意第緒語寫成的故事講的都是他展現的奇蹟以及他對所有猶太同胞的愛（據說，他甚至願意為同胞與上帝爭論，就像亞伯拉罕為所多瑪和蛾摩拉的居民跟上帝爭論一樣）。但，多夫・貝爾並不是這種有影響力的人物，他連學生也難得一見，更別說去接見其他猶太人了。[53]

多夫・貝爾背後有個魅力十足的人物，其真實生平和教誨籠罩在神話與聖徒傳記的迷霧中。此人名叫以色列・本・以利以謝，又稱巴爾・謝姆・托夫（Baal Shem Tov），縮寫為貝什（Besht）。根據傳說，以色列・本・以利以謝約在一七〇〇年出生於波多里亞的一個小鎮，雙親都很貧苦。他在相當年幼時，父母便雙亡，為了維生而在宗教學校擔任助理、在猶太學院擔任司事，後來又到喀爾巴阡山脈挖掘黏土。一七三〇年代中葉，他發現自己是個「巴爾・謝姆」，也就是「【上帝】名字的大師」，認識許多有關四字神名和其他神聖名諱的祕密，使他能夠行奇蹟、治疾病。[54]

以色列・本・以利以謝並非頭一個發現自己有這些神奇力量的人。早在十一世紀，海果昂就曾記錄：「他們安息日晚上在某地看見一個知名的巴爾・謝姆，同一時間又有人在另一個地方看見他，兩地相隔好幾天的距離。」從十六世紀開始，德國和波蘭一些重要的塔木德學者都擁有這個頭銜，但那些投身卡巴拉以及利用禱告治病、書寫護身符、使用咒語治療精神失常或驅魔等方式來獲得追隨者的學者，也越來越常獲得此頭銜。有些書記錄了這些巴爾・謝姆在巫術和醫術中常用的慣用語句，因此流通廣泛，像是在一七二七年出版的《上帝之作》（Mifalot Elohim）便與尤爾・巴爾・謝姆（Yoel Baal Shem）有關。同時代，年紀比以色列・本・以利以謝小的撒母耳・雅各・哈嚴姆・福克（Samuel Jacob Hayyim Falk）從加利西亞旅行到西發里亞（他在這裡差點被當成巫師燒死），接著又來到英國，一七四二年左右自立為卡巴拉學者，在倫敦橋上開業經營煉金術，在一般民眾之間獲得很大的名氣，人稱「福克醫生」。倫敦的猶太人雖在他剛開始來到這座城市時，對他十分不友善，但雙方最終達成和解，而他也為這個社群留下許多遺風。據說，他曾在大猶太會堂的門柱上寫了一些魔法文字，讓會堂免受火舌吞噬。[55]

因此，在這建立已久的傳統下，以色列・本・以利以謝自然被當作一個施行奇蹟的治癒者。但，他後來也成為一位領袖兼老師，一七四〇年代左右在梅德日比日（Medzibozh，位於現今的烏克蘭）創設一所學校，吸引許多人前來尋求靈性指引，或希望他能為他們祈福。關於他的教誨，我們只知道一個梗概。他本人沒有寫下任何教誨，但他的學生波隆涅的亞科夫・尤瑟夫・哈柯恩（Yaakov Yosef haCohen）在著作中有留下他的一些信件，並在一七八〇年第一本印刷出版的哈西迪著作中，經常稱巴爾・謝姆・托夫為「我的老師」：「我從我的老師那裡聽來，妥拉和禱告的重點就是要讓自己連接存在於妥拉和禱告字裡行間的內在無限靈性光芒，而這就是所謂的為研究而研究。」

亞科夫・尤瑟夫及後世傳統中所記錄下來的巴爾・謝姆・托夫名言告誡眾人不可實行過度的禁慾主義和齋戒，主張所有人都有能力透過喜悅服侍上帝。上帝存在於一切之中。禱告時若擁有專注的意念（卡瓦納），就可以讓靈魂緊緊黏附上帝，但人類的一切行為只要是在迪維庫（devekut，意為「附著」）的狀態下完成，都能與上帝產生連結。妥拉的研究也是同樣的道理。無論知識多麼淺薄，每個人只要研究妥拉的字母，就能開啟上帝的世界，就算他沒有直接理解妥拉。這些教誨以盧利亞卡巴拉的觀念和語言為基礎，但賦予它們新的意義。任何虔誠的個人只要準備好用正確的奉獻和喜悅來度過猶太教生活的每一天，就能夠擁有神祕主義的經驗。於是，一個新的群眾運動迅速從猶太社群邊緣竄起。波多里亞和其他哈西迪主義的重鎮距離拉比學問的各大中心都相當遙遠。許多哈西迪猶太人都是那些缺乏拉比教育，因而覺得自己在宗教方面的權利被剝奪的人。[56]

虔敬行為變得大眾化，顯然是這派別的其中一個吸引力，但巴爾・謝姆・托夫之所以如此出名，無疑和他那些施行奇蹟的故事有關。許多對他的讚美在他生前已經開始流傳，在他死後數十年間，也有用希伯來文和意第緒語出版了多種版本。有許多不同的故事存在：

曾經有段時間都沒有下雨。外邦人按照他們的習俗，拿著偶像繞著村子走，但是依然沒有下雨。貝什對地方上的收稅人說：「派人去把鄰近地區的猶太人找來，進行最少十人的禱告。」他接著宣布齋戒。貝什在約櫃前禱告，猶太人又將禱告延長。有一個外邦人問：「你們今天為什麼禱告這麼久？你們為什麼發出很大的叫喊？」收稅人告訴他實情，說他們在祈雨。外邦人尖酸地嘲弄他，說：「我們拿著偶像走來走去也沒有用，你們的禱告能帶來什麼幫助？」收稅人把外邦人說的話轉告給貝什，貝什對他說：「告訴那外邦人今天會下雨。」結果真的下了。

這則故事的傳說元素顯而易見，但以色列・本・以利以謝和倫敦的巴爾・謝姆福克醫生一樣，在非猶太人的圈子裡很出名。有一間靠近梅德日比日會堂的屋子在一七四二年的波蘭稅收登記簿上被寫做「集會房屋的巴爾・謝姆」，而一七五八年的登記簿則是寫「巴爾・謝姆」，後來在一七六〇年則寫成「巴爾・謝姆醫生，免稅」。以色列・本・以利以謝也跟福克醫生一樣，毫不掩飾自己的治病工作，簽名時自豪地簽下「圖斯特的以色列・巴爾・謝姆」。57

巴爾・謝姆・托夫的名聲因此傳播到他活躍的波多里亞和沃里尼亞之外，而那些有關他的故事也說，他會到各地旅行，和各式各樣的人以小團體或單獨一對一的方式見面。然而，他沒有在會堂講道，也沒有建立組織機構，因此他在一七六〇年過世時，很難想像他的影響力要如何延續。但，他的聲譽和魅力非同小可，因為據說緬濟熱奇的多夫・貝爾只和巴爾・謝姆・托夫見過兩次面，就決定投入自己的餘生宣揚這位老師的教誨，即便多夫・貝爾的人生中，長時間都在實踐巴爾・謝姆・托夫反對的極端禁慾主義。

他並不是馬上就繼承了巴爾・謝姆・托夫的光環，過程中也並非一路順遂。經過一段空窗期後，多夫・貝爾在一七六六年當選，但是卻遭到波隆涅的亞科夫・尤瑟夫反對，因為他認識老師的時間比較久，聲稱自己可以更準確地保存他的教誨。許多和巴爾・謝姆・托夫十分熟識的人都拒絕加入這個迅速變成群眾運動的浪潮，多夫・貝爾位於緬濟熱奇的總部派出許多使節，要吸引其他人接受他的教誨。這些使節當中有些人自己就是很有魅力的領袖，在十八世紀的最後幾十年發展出獨樹一幟的哈西迪思想和生活形式，每個人都得到義者應有的崇敬。多夫・貝爾在一七七二年過世之後，維帖布斯克的米拿現・孟德爾（Menahem Mendel of Vitebsk）成為白俄羅斯和立陶宛的哈西迪領袖，並在一七七七年帶領一大群人到以色列地，透過書信的方式維持住對家鄉同胞的權威。58

利亞蒂的許內爾·札爾曼（Shneur Zalman of Lyady）在俄羅斯的東北省分建立一個獨特的哈西迪類型。根據後來的哈西迪聖徒傳，他到緬濟熱奇加入多夫·貝爾以前，就已經是位優秀的塔木德學者，在一七七〇年二十五歲時便為《擺好的餐桌》寫了修訂本。他在自己的神祕主義神學中加入智識方面的努力，和巴爾·謝姆·托夫的神祕主義所採取的直覺途徑不一樣。他想出一套系統「哈拔德」（Habad），強調智慧（Hochma）、領悟（Binah）及覺察（Da'at）這三種在卡巴拉思想中分別代表「萌芽、發展和最終」三個階段的知識；「哈拔德」這個名稱是這三個希伯來字的縮寫。透過靈性練習、冥想和規律的學習，任何人都可以努力成為「平均的人」（beinoni）。這種平均的人沒辦法像天生就被選為義者的那些卓越之人一樣可以改變世界，但是他們可以、也應該努力朝向完美的境界，控制世上的邪惡，進而讓上帝的存有接近和諧、讓靈魂靠近喜悅。許內爾·札爾曼的教誨比較不注重卡巴拉學者的神智學或神學冥思，而比較像是針對哈西迪猶太人的行為指引方針。他的語錄就是這樣的導引手冊，完整連貫地闡述整個體系。這部作品最初在一七九六年出版，現在最為人所知的名稱是來自後世版本的書名頁《譚亞》（Tanya），意思是「這是在典外說教導的」（也就是由坦拿拉比教導之意）。59

義者是追隨者靈性的光源，扮演著非常卓越的角色，因此哈西迪社群有一個特色鮮明的結構。每個義者或大師（rebbe）都會主持自己的義者社群，個別的哈西迪猶太人會前來請他為自己祈福，讓靈性注入新活力。義者被當作哈西迪猶太人與天堂之間的連結，因此追隨者會為大師社群維持寬裕的財富。哈西迪猶太人會捐出適當的金額，做為「（靈魂的）救贖」。接近義者拉比、邊與其他哈西迪猶太人用餐邊聽他講解教誨（通常是在安息日午後），可以讓哈西迪猶太人盡可能地接近上帝。任何問題都可以請義者拉比幫忙解決。這個過程通常有正規化的程序，哈西迪猶太人要將問題寫在一張小紙條（kvitl），小心地摺好交給拉比，讓他私下閱讀。如同宮廷或其他類似的機構，拉比最貼身的助手從很早的時候就已成為接洽拉比的最重要的中介人。[60]

無可避免地，由於各地的哈西迪領袖握有絕對的權威，再加上哈西迪猶太教在十八世紀末期已經遍及整個東歐和匈牙利，不同的哈西迪社群之間自然關係緊張。自一八三〇年代起，緊張的局勢越來越嚴重，因為哈西迪猶太人剛開始的熱忱這時候已經消退，不同的團體也已陷入固定的模式中。十八世紀末期時，人們就已假定拉比的角色基本上要由前任拉比的家族成員繼承，因此更加鼓勵了這種孤立的狀態。從神學的角度來看，這是可以解釋得通的，因為前面便說過，利亞蒂的許內爾・札爾曼相信成為義者的能力是十分稀有且打從出生就已繼承的。整個十九世紀，有非常多的哈西迪朝代發展出自己獨特的男性服飾（特別是頭飾）與髮型，因此至少從外表可以輕易辨識出不同的朝代，雖然他們在神學方面沒什麼差別。許多朝代都是建立在小村莊裡，追隨者因此以村莊的名字自稱。

就連在同一個朝代內部，後裔之間個人的不合有時也會導致分歧。敵對關係有可能非常嚴重，例如巴爾・謝姆・托夫的家族就是如此。在一七七〇年代晚期，巴爾・謝姆・托夫的孫子柏魯克在梅德日比日設立一個令人讚嘆的義者社群，自詡是這位偉大的義者的守墓者。他的追隨者日益增多，贏得俄羅斯當局的嘉許。他的說詞被兩個人公開反駁，一個是利亞蒂的許內爾・札爾曼（他因為曾當過多夫・貝爾的學生，因此具有權威），另一個是柏魯克自己的姪子——優秀的布拉次拉夫的納賀蒙（Nahman of Bratslav）。[61]

納賀蒙在伯伯的義者社群長大，當然可能認為自己將來會繼承拉比的角色，領導一個快速茁壯的宗教運動。然而，他一開始似乎非常矛盾，無法接受柏魯克的義者社群代表了真正的哈西迪猶太教，也不確定自己有成為完美的義者領導他人的特質。他在一七九八到一七九九年間去了一趟以色列地，自信心出現大轉變，因此有時不僅認為自己是一個義者，還是他那一代人之中最重要的義者，端靠他一人就能解決世界上所有的問題。

納賀蒙對自己的能力有很高的評價，進而也要求追隨者要對自己更忠誠，形成比一般的拉比和哈西迪猶太人之間還要緊密的連結。他們若將靈魂依附在他身上，就能在追尋完美的過程中克服所有的一切。他要求的生活方式標準很高，需要極度的禁慾和內省。他要求布拉次拉夫的追隨者認真看待宗教疑慮，如果是其他類型的哈西迪猶太教，一定會被當作邪惡意念的產物而遭壓制。納賀蒙不太能接受伯伯是基於世襲、而非基於繼承者的宗教思想，才將權威轉交給繼承者，因此當他自己三十八歲就英年早逝時，他的兒子並沒有繼承他的身分（不過，當時他兒子也只有四歲）。納賀蒙教導人要透過一種稱為「自我隔絕」（hitbodedut）的特殊冥想方式來追尋靈性的完美。這意思是，哈西迪猶太人每天要用自己的語言不假思索地說出個人的禱告，在上帝面前「打破自己的心」，以便與上帝建立私人關係，並獲得更大程度的自我覺察。納賀蒙在一八一〇年過世，但在兩百年後的今天，布拉次拉夫的哈西迪猶太人仍將他當成他們的拉比。群眾會到納賀蒙位於烏克蘭烏曼的墓地朝聖，特別是在猶太新年的時候。他們會像唸咒語一樣唱出他的名字，以協助冥思：「納、納賀、納賀瑪、納賀蒙，烏曼」。

雖然有這些朝代存在，十八世紀晚期仍有像巴爾・謝姆・托夫這樣充滿魅力的領袖出現，那就是人稱「盧布令先知」的雅各・以撒・霍羅威茨（Jacob Isaac Horowitz）。他曾追隨過緬濟熱奇的多夫・貝爾以及列札伊斯克的埃利梅萊赫（Elimelech of Lizhansk），後發展出一種新的哈西迪猶太教類型，傳播到整個波蘭與加利西亞。這位先知是個出名的施行奇蹟者，相信應該要為他的哈西迪追隨者帶來物質上的舒適。他主張，義者的角色就是要照顧他的「孩子」，這樣「人們才能自由自在地崇敬上帝」。盧布令先知自己並未創立朝代，他的學生有一些人也不同意他的教誨中有關社會層面的部分。他的學生普日蘇哈的亞科夫・以撒（Yaakov Yitzhak of Przysucha，人稱「聖者猶太人」）曾經在他的義者社群擔任靈性嚮導的角色，但是因為反對先知注重物質福利和巫術，於是創了一個與之抗衡的哈西迪學校，強調精英要透過研究《塔木德》

和真誠崇拜上帝來追尋個人的靈性完美，而不重視一般猶太人的需求。先知對他的行為十分不滿，關於追求靈性時應該把焦點放在哪裡的爭議，就這樣讓波蘭的哈西迪猶太教分裂了許多年，甚至延續到十九世紀中葉。[62]

普日蘇哈的亞科夫・以撒提倡的精英主義跟主流的哈西迪猶太教背道而馳。對東歐大部分的普通猶太人來說，哈西迪猶太教的吸引力就在於，沒受過教育的村民也能擁有經由虔誠實現靈性的機會，不用再覺得自己受到重知識的猶太學院所排斥。遠離其他人、在旁邊的小房間（stieblach）禱告，或是在義者社群和一群抱著宗教熱忱的年輕人共同處在熱烈的氛圍當中，都會讓信徒覺得自己很特殊。無論是在禱告的房間或在義者社群上，音樂和舞蹈從哈西迪猶太教創始之初就扮演很重要的角色，讓文字過多的禮儀變得活潑起來。特色鮮明的服飾（例如將上半身和下半身區隔開來的腰帶），以及堅持將屠宰食用動物的屠刀磨得比一般猶太人還利的做法，都象徵了哈西迪猶太人對神聖生活的付出。

從一七七〇年代初期開始，磨利屠刀這件事變成為了粉碎哈西迪運動所使用的罪名。波蘭眾議院決定建立一個不靠四地議會徵收猶太人頭稅的新制度，導致四地議會在一七六四年走上盡頭。少了猶太人的共同權威後，情況變得更惡化。四地議會曾經調解過艾貝許茨和埃姆登之間的爭執，但是現在，波蘭和立陶宛的猶太人再也無法依靠一個受到政府認可的猶太中央機構來調停宗教方面的不合。哈西迪猶太教的反對者主要是由偉大的維爾紐斯果昂領頭，他們指控這個新運動貶低研究妥拉和追求知識的重要性，摧毀了傳統，淨是強調異象、奇蹟和狂熱禱告，且對義者拉比的尊敬已經到了危險的地步，彷彿認為他們不是普通的人類。上述這些特點其實很難說是否真的跟哈拉卡有所牴觸。因此，諸如磨利屠刀的做法，抑或是哈西迪猶太人跟盧利亞一樣傾向使用塞法迪猶太人的禱告形式等一些比較次要的議題，就被當成罪名。[63]

真正的議題其實是政治。拉比透過監管會堂和猶太人團體生活的其他層面，已經控制俄羅斯、波蘭、立陶宛以及烏克蘭各個村鎮的猶太人控制了好幾代，但哈西迪運動卻刻意迴避他們確立已久的權威。緬濟熱奇的講道者多夫・貝爾開始利用自己的權威組織哈西迪運動後才引來這樣的敵意。施展奇蹟的巴爾・謝姆・托夫並沒有對當時的拉比造成威脅，頂多只是被嘲弄罷了。但在一七七二年，卻有兩項禁令是針對哈西迪猶太人的，一七八一年的時候又有一項禁令，禁止猶太人「和他們做生意、和他們通婚或協助他們的葬禮」。在一七七二年，反對者（mitnagdim）出版一本小冊子，控訴哈西迪猶太人每天都像在度假、飲酒過量，還十分大膽狂妄，對於口傳妥拉仍舊一無所知，卻敢「進入卡巴拉的玫瑰花園」。我們很難知道，拉比的態度有多少是因為他們真的擔心哈西迪的思想會往泛神論的方向靠，導致神聖與瀆神之間沒有分野，還是他們的擔憂屬於世俗層面，純粹只是不希望這些邊緣地帶的猶太人脫離拉比的掌控。64

無論如何，他們的攻擊沒有成功。一七九六年，哈西迪猶太教的反對者頒布禁令禁止利亞蒂的許內爾・札爾曼的著作，但這些哈西迪猶太人在猶太社會中已經具有夠大的影響力，因此也頒布了自己的禁令做為反擊，並向俄羅斯政府官員尋求支持。前面已經說過，他們早就從世俗政權那裡得到一定程度的認可。這可能是因為，當局將哈西迪猶太教視為對抗啟蒙運動自由思想的一道保護牆。然而，哈西迪猶太人這次的訴求失敗了，平斯克的拉比正式控訴許內爾・札爾曼創立了新教派，還說他送錢到屬於鄂圖曼土耳其領土的以色列地，犯了叛國罪，使他在一七九八年被關進大牢。許內爾・札爾曼在同年的基斯流月十九日被釋放。至今，哈拔德的哈西迪猶太人仍將這天訂為「獲救的節日」，每年都會慶祝。

人在柏林的所羅門・邁蒙在一七九〇年代表示，哈西迪革命已經興起後又結束了：

> 所以，從這個派系的目標和手法來看，這是一種祕密組織，幾乎支配了整個國家；因此，倘若它的一些成員沒有暴露許多弱點，進而把武器送進它的敵人手中的話，就會發生有史以來最大的革命……人們開

始找到他們的弱點、打亂他們的聚會、四處迫害他們。這主要是由備受猶太人尊崇的拉比維爾紐斯果昂帶來的成果，所以現在任何地方幾乎都找不到這個組織的蹤跡了。

他的說法是言之過早了，因為哈西迪猶太教仍非常活躍。哈西迪猶太人和反對者之間的爭執雖然激烈，但是雙方的衝突顯然沒有像一七六〇年代反對雅各・法蘭克時那麼嚴重。哈西迪猶太人並不信奉反律法論，而許多反對者也會研究卡巴拉，雖然維爾紐斯果昂（據他的學生所說，他每天晚上都會看見天上來的異象，而且他也針對《光明篇》寫了備受讚譽的評述）不喜歡把自己的神祕主義思想揭示給他人，而是以研究和思辨做為他的卡巴拉和哈拉卡教誨以及聖經評述的基礎。[65]

在一七七四年，也就是哈西迪猶太人的前兩項禁令頒布之後，許內爾・札爾曼和同事維帖布斯克的米拿現・孟德爾一起去了維爾紐斯，希望和果昂達成共識，但卻徒勞無功，因為果昂拒絕見他們。俄羅斯將軍庫圖佐夫對於猶太教內部這場對世俗政府來說無關緊要的爭議感到不耐煩，不同的陣營都要政府出面干預，讓他不勝其擾，於是他在一八〇五年下令調查哈西迪猶太教究竟是不是一個教派，需要政府鎮壓。庫圖佐夫最後判定哈西迪猶太教並不是一個教派，因此要雙方停止對彼此的敵意，允許對方各自建立自己的會堂、選擇自己的拉比。拿破崙的征戰活動在一八一二年威脅到這個自由開放的決定，打算讓俄羅斯的哈西迪猶太人臣服於中央化的拉比權威（就像拿破崙在一八〇六年建立巴黎猶太公會一樣，後面將會談到），因此哈西迪猶太人奮力支持俄羅斯抵抗拿破崙。為打敗拿破崙，俄羅斯政府向民眾募資，而在猶太捐獻者的名單中，最前面的就是緬濟熱奇的講道者多夫・貝爾的另一個學生——柏地雪夫的利未・以撒・本・梅爾；他在波蘭中部創立了一個哈西迪運動，因為在唱禱告時使用平民老百姓的意第緒語，所以獲得廣大的追隨者。對哈西迪猶太人和反對者而言，拿破崙帶來的威脅不只是政治上的：他所代表的啟蒙思潮對所有的東歐猶太人都將是一項挑戰。[66]

哈西迪猶太教從一個由一小群熱忱的妥拉與卡巴拉學者所帶動的宗教復興運動，發展成整個東歐地區的群眾運動，這樣驚人的成就肯定和人們不再信任代表傳統領袖結構的社群拉比有很大的關係。一部分的原因是，這些領袖後來跟波蘭貴族的利益畫上了等號，因為他們的權威越來越依靠這些貴族，特別是一七六四年波蘭的四地議會被廢除之後。但，對於來自猶太社會邊緣的年輕拉比學生而言，能夠選擇自己的義者拉比，把自己的一生奉獻給自己選擇的宗教世界，以虔誠的本能、而非聰明才智為基礎，也讓人感到一種明顯的自由。

可是，薩瓦塔伊．塞維和雅各．法蘭克的追隨者也能享用同樣的自由，但卻被猶太同胞趕到猶太教邊緣，比哈西迪猶太教受到的待遇還要嚴重多了。哈西迪主義和法蘭克主義的差別不只在於哈西迪猶太人對哈拉卡的態度相對保守，也是因為他們的彌賽亞觀點比較謹慎，因而挽救了他們。巴爾．謝姆．托夫認為，王國的出現是漸進的，要等彌賽亞降臨的先決條件都達成後才會慢慢到來。他不宣揚末世期待會立即實現。從巴爾．謝姆．托夫的時候開始，哈西迪猶太教就被反對者譴責帶有薩瓦塔伊的色彩，但這樣的罪名無法持久。據說，法蘭克主義者在一七五九年皈依基督教時，巴爾．謝姆．托夫十分哀傷，因為「舍金納慟哭，說只要四肢還依附在身體上，就有治癒的希望，但當四肢被切斷，就不能復原了，而每一個猶太人都是舍金納的四肢。」只要義者拉比持續領導他的虔敬者，哈西迪猶太人對自己的拉比展現忠誠的這件事本身，就是一個宗教目標了。只有在一個團體的義者死後沒有繼承人、追隨者盼望他能回來的時候，才會出現末世論的特點，就像布拉次拉夫的納賀蒙在一八一一年過世時一樣。納賀蒙是哈西迪猶太教第一個被當成彌賽亞的人物，但是後面將會看到，他並不是最後一個。[67]

Part V

The Challenge of the Modern World
現代世界帶來的挑戰

（1750迄今）

16

從啓蒙運動到以色列國

對許多現代人來說，說到信教的猶太人，他們腦中的典型形象依然是：一個穿著黑色長外衣、戴著寬邊帽的蓄鬍男子，也就是十八、十九世紀波蘭、立陶宛和匈牙利的中產階級所穿的那套體面的服裝。這樣的形象也不能說是完全錯誤，因為之後在第十九章會看到，有一部分猶太人確實致力於保存那個時代的做法和宗教願景，做為遵守摩西律法的方式。不過，包括這些人在內的所有猶太人在一七五〇年之後的兩百五十年間，都經歷了重大的變遷，許多人跟著調整自己的猶太教，以因應這些變化過後的局勢，但是調整的方式不盡相同。

二十一世紀的猶太人口主要是集中在以色列國和北美洲（美國和加拿大），但在中南美洲（墨西哥、阿根廷和巴西）、澳洲、南非、東歐（尤其是俄羅斯與烏克蘭）和西歐（特別是英國和法國，但是德國也越來越多），也有人數較少但規模仍不小的社群。中歐的大部分地區（除了猶太人口眾多的匈牙利）以及中東和北非的阿拉伯國家只有人數不多的猶太社群，至於仍存在於伊朗、敘利亞、突尼西亞和摩洛哥的零星猶太社群，則都非常孤立。猶太人在這段時期經歷了猶太史上最重大的人口變遷，原因跟當時的社會和政治都有關係。

十九世紀，全世界的猶太人口總數大幅增加，正好也是歐洲人口爆炸發生的時期。在一八〇〇年，東歐的猶太人口最多，俄羅斯約有七十五萬名猶太人，奧地利和普魯士統治的波蘭地區則有四十五萬；北非和鄂圖曼土耳其帝國的塞法迪猶太人重鎮也有一些可觀的人口；北美洲只住了三千名左右的猶太人，主要是由倫敦和荷蘭的塞法迪猶太人組成，從事貿易或農業，他們從十七世紀晚期就已定居在南卡羅來納州的查理頓。到了一八八〇年，猶太人的總數已成長到七百五十萬以上，其中有四百萬人左右是由俄羅斯統治。相較之下，西歐地區和美國的猶太人口成長的幅度則小得多，只有紐約例外，約有八萬名的猶太人定居在此：德國和波蘭的猶太人湧入這座繁榮的城市，使一八六〇到一八八〇年間的猶太人口增加了一倍。接下來的三十年，東方人口大量遷移，造成一片混亂。在一八八一到一九一四年間，東歐約有三分之一的猶太人口遷移到中歐、西歐和美國，部分原因是害怕遭到迫害，部分原因是為了改善經濟狀況。到了一九一四年，英國的猶太移民已超過原本定居在此的猶太人口，比例為五比一，美國則有一百三十萬名猶太人定居，其中有一百萬人住在紐約。少部分人搬到了阿根廷、巴西、加拿大和巴勒斯坦，有很多是受到西歐富有猶太人所贊助的慈善機構幫忙，他們希望協助貧困的同胞定居在農業地區。

在一九一四～一八年的大戰期間，約有十四萬名猶太人從軍喪生（大部分是來自俄羅斯陣營），許多平民也被迫逃離東歐的戰爭以及戰後發生在匈牙利、波蘭和烏克蘭的迫害。然而，猶太人口在這段期間雖然損失重大，但是到了一九三〇年，全世界的猶太人口總數仍成長到超過一千五百萬。其中，半數人口仍出現在東歐和中歐，光是波蘭就有三百萬名，但猶太人口最集中的地區這時變成了美國，約有四百萬人定居，大部分是住在東岸。巴勒斯坦後成為國際聯盟的託管地，由英國治理，在戰後出現了移入潮，使猶太人口成長到十六萬左右。

納粹在一九三〇年代竄升之後，急遽改變了這個遷移模式。在一九三三到一九三九年間離開歐洲的五十萬名猶太人之中，有三十萬名德國猶太人是為了逃離反猶太法越來越牢的控制。五十萬名猶太人有將近半數前往巴勒斯坦，給託管地政府帶來很大的壓力；在那時候，移民美國有嚴格的配額，因為一九二九年股市崩盤所造成的經濟危機讓當時的美國出現排外心理。但，這些移民遭遇的磨難和歐洲接下來發生的事比起來，只能說是小巫見大巫。在一九四一到一九四五年間，歐洲約有六百萬名猶太人遭納粹與他們的同夥有系統地殘酷殺害，消滅了波蘭（約三百萬人死亡）、俄羅斯（一百萬）、羅馬尼亞（將近五十萬）、匈牙利（二十萬）和希臘（七萬）絕大多數的猶太人口，以及法國、義大利、德國與荷蘭很大一部分的猶太人。

在一九四五年過後的頭幾年，大屠殺中倖存下來的歐洲猶太人生活十分混亂，許多人住在難民營，無法回到自己的家，因為即使納粹德國戰敗了，對猶太人的敵意仍持續著。一九四七年，歐洲仍有將近二十五萬名的猶太人被歸類為流離失所者。許多人想定居巴勒斯坦，但卻被英國託管地當局阻止，因為他們顧慮到當地阿拉伯人口的權利。然而，一九四七年十一月二十九日召開的聯合國大會通過一個委員會的提議，認為應該終止託管政府，將巴勒斯坦分成兩國，一個猶太國家、一個阿拉伯國家。因此，以色列國在一九四八年五月十四日宣布獨立，歡迎所有的猶太人自由移民。

以色列國的創建遭到鄰近阿拉伯國家的強烈反對，中東地區的衝突持續聚焦在這個議題上，直到今天。一九四八年之後，伊朗、葉門、埃及和摩洛哥的猶太難民湧入以色列，加入逃離歐洲大戰的難民以及美國、南非和英國的猶太人；後者通常比較年輕，來自較為安逸的地區，懷抱著遠大的理想。以色列建國以來，猶太人口便不斷產生變化。在一九七〇年代，蘇聯猶太人（他們通常對猶太傳統幾乎是一無所知）移民到以色列，希望逃離歧視，並遠離共產主義，尋找更好的生活；近年來，不少本土以色列人則移民到美國或其他地方，希望能找到更平靜安穩的生活。01

許多以色列猶太人（包括直言不諱的精英分子）都大膽表明自己沒有信仰。對他們來說，猶太傳統有時候其實就只是在以色列社會的一種地位象徵，讓他們可以跟以色列的阿拉伯人（這些人現在通常比較喜歡被定義成「巴勒斯坦以色列人」）區分開來。因此，有人或許會質疑，這些無信仰的以色列人對猶太傳統所抱持的態度在多大的程度上能被算是猶太歷史的一部分。不過，我們將在後面看到，近年來開始有人試著定義「世俗猶太教」的本質。外地猶太人的世俗化帶來了不一樣的人口統計問題，跟外邦人通婚、被當地文化同化，都喚起了「猶太人究竟是誰」這個重大的問題。在許多地方，對異族婚姻的後代而言，要不要把自己定義為猶太人已經變成一種個人選擇，美國特別如此。許多猶太人雖然沒有隸屬於任何會堂或其他宗教團體，卻依然對自己的傳統有強烈的文化連結，雖然他們也可能會在世俗組織中找到與傳統互動的新方式。有些人可能會在某個狀況下（或許是遇到反猶太主義時）選擇說自己是猶太人，但是別的狀況則不這麼做，特別是迎合主流文化對他們比較有利的時候。因此，今天全世界的猶太人口預估總數從一千兩百萬到一千八百萬不等，端視計算人口時使用的定義為何。其中，以色列約有五百七十萬的猶太人，美國則有五百二十七萬五千人；猶太人口次多的國家為法國，人數是四十八萬三千，和上述這兩個猶太人口眾多的國家比起來少了很多。而在另一方面，亞塞拜然、白俄羅斯、伊朗和土耳其的猶太社群雖然很小，有些卻保留了特色鮮明的猶太教類型。突尼西亞的一千八百一十八名猶太人、中國的一千五百名猶太人以及印度的一萬五千名猶太人也是如此。[02]

猶太人過去兩百年來的人口變遷，是以他們所處的社會遭遇的轉變為背景。定居在德國、荷蘭、法國和英國的部分猶太人在十八世紀得以參與到啟蒙時代，啟蒙時代的人相信，單憑人類理智的力量就能革新社會、增進對世界及世界存在目的的認識。沒錯，巴魯赫・史賓諾沙對領受宗教提出質疑（見第十四章），可以看做是開展啟蒙運動的哲學家之一，最終引發了一七八〇年代晚期的法國大革命與美國權利法案。伴隨啟蒙運動而來的世俗主義也影響了猶太人，人們開始懷疑宗教在社會上扮演的角色，導致歐洲某些國家政教分離，美國更是從建國之初就切斷教會與政府之間的連結（至少理論上是）。十九和二十世紀在歐洲興起的國家主義也對猶太人產生了影響。在更近期的年代，歐洲、以色列與美國的猶太人持續學習適應更新的文化思潮，例如性別議題、越來越受到重視的動物福祉和生態環境，以及將多元文化主義當成商品推廣的現象。

基督徒的回應方式以及基督教內部的變遷也影響了猶太人對這些現代社會文化變遷做出的回應。自啟蒙運動以來，在許多基督教社會裡，宗教信仰一直都被政府當成一種私人的選擇，教會對國家政策發揮的影響非常有限，無論是受到法律限制（例如十八世紀晚期之後的法國和美國）或實際情況就是如此（在當時的許多歐洲國家，都是世俗的聲音在主導公共事務，就連在義大利或愛爾蘭這些傳統上天主教影響非常強大的國家也是一樣）。宗教的私人化讓互相競爭的多元基督教派得以存在，除了聲稱自己才是真正的信仰形式（有時主張從根本上回歸原始），偶爾也會認同合一運動的可取之處（特別是近幾十年）。十九世紀中葉，達爾文提出了演化論，有些人認為他否定了聖經的真實性。從那時開始，公眾就一直在爭論科學發展對宗教信仰具有何種意涵，不斷談論本質上並無不同的內容。自從和達爾文同時代的尤利烏斯・威爾豪森（Julius Wellhausen）做出了開創性的研究後，聖經評論家的想法也被當成是在文學和歷史方面對聖經提出了疑慮。除了這些議題，近年來的社會變遷又帶來了新的爭論點，像是女性和同性戀者在基督教社群擔任領導職位的問題。在許多歐洲社會，穆斯林的人口越來越多，使人們重新思考信仰與寬容的問題。無可避免地，這對基督徒和猶太人都產生了影響。在二〇一〇年，歐洲穆斯林（土耳其除外）的總人口估計有四千四百萬人，佔了歐洲總人口的百分之六。

從某些方面來看，許多外地猶太人在多元文化的西方社會實踐自己的宗教，遇到的狀況跟基督徒差不多。他們自行選擇加入（或退出）某個特定的會堂，就和基督徒自行選擇要加入哪一個教會是一樣的。理由也同樣複雜：家族傳統、促進社會團結、地點方便、宗教領袖的性格，當然還有宗教信念，都會影響他們的決定。這種加入或離開宗教團體的選擇自由，或許是過去兩百年來猶太人宗教生活中最大的轉變，畢竟直到非常近期，猶太人在他們生活的社會裡大部分都是位居邊緣，有時還會成為反猶太主義的受害者。

十八世紀晚期，猶太學院文化正值顛峰、哈西迪猶太教開始紮根的時候，俄羅斯沙皇在一七七二年將勢力伸到波蘭，大大影響了東歐猶太人的地位。猶太人大體上被排除在俄羅斯本土之外，對領土內發生的運動嚴格控管的沙皇也限制了猶太人居住的地區。從十八世紀晚期到接下來的一百二十五年間，這個後來被稱作「木樁居住區域」（Pale of Settlement）的地區所涵蓋的範圍不斷變動，在不同的時期曾經包含現今立陶宛、白俄羅斯、波蘭、摩爾多瓦和烏克蘭的大部分地區以及俄羅斯西部的部分地區。在一八五〇年代晚期，最富有的那些商人開始得到在俄羅斯其他地方居住的權利，大學畢業生、醫療從業人員和一些工匠也是。然而，這些例外在一八八二年終止了，因為俄羅斯南部一八八一年發生的屠殺事件讓當局注意到村莊裡的猶太人和俄羅斯商人之間的緊張情勢。於是，五月法為了保護俄羅斯村民的利益，就連猶太人要在木樁之內的城鎮建立新居住地，也會受到限制。

猶太人小鎮（shtetl，意第緒語，用來指涉居民多為猶太人的市集城鎮，過去在東歐很常見）的宗教生活受到越來越大的威脅。好幾代的猶太人都在這些小鎮繁榮興盛；這些小城鎮原本是由波蘭貴族所擁有，猶太人在此定居，以替周遭村民提供服務（例如磨坊、旅店和釀造廠）或行使特殊權利（例如為政府收稅）。猶太人扮演貴族和農民之間的中間人，就跟他們從中世紀晚期就開始扮演的角色一樣。在這些地方，虔敬、教育、學問、社群公義和慈善等傳統理想全都交融在一起，每個家庭不停努力工作，以確保有足夠的收入購買安息日的雞和魚以及逾越節的無酵餅。學習、集會和禱告全都集中在會堂進行，有學問、有財富、有地位的人坐在靠近約櫃的位置，後面是普遍受到人們認可的一家之主，沒受教育的和窮人一起排在後頭，乞丐則依賴社群的慈善捐獻，靠在西牆邊。根據偉大的意第緒作家沙勒姆・亞拉克姆（Shalom Aleichem）所寫的理想化故事，一家之主在家庭的溫暖光輝中享受著猶太人的生活方式（Yiddishkeyt，一個充滿猶太生活意象的意第緒單字），以安息日的祥和與節慶的莊重為核心：

他沐浴完回到家，精神煥發、充滿活力，幾乎像是脫胎換骨，接著開始為過節著裝。他穿上他最好的大衣，繫上新綁帶，偷瞄了穿上新衣裳和新絲巾的拔示巴一眼，發現她仍是個美麗的女子，慷慨、虔誠的好女人……接著，他和弗洛柯一起到會堂去。三句問候語從四面八方朝他射來：「哎呀呀！菲薛爾先生！您好嗎？老師還好嗎？」「老師仍在教書。」「世界上發生什麼事啦？」「應該發生什麼事？世界還是跟以前一樣。」「巴塔有什麼新鮮事？」「巴塔還是巴塔。」每隔六個月總是同樣的這些話，一模一樣，一字不差。領唱者尼塞爾走上讀經臺，開始晚間禮拜……他們已經回到家，逾越節晚宴正等著。杯裡的酒、苦菜、蛋、果泥醬【由水果和堅果製成的一種醬，象徵埃及奴隸使用的泥漿】和其他儀式性食物。他的「王座」已經準備好了——兩張凳子，上面鋪了一個大枕頭。現在，菲薛爾隨時都會變成國王，隨時都會一身白袍坐在他的王座上，而他的王后拔示巴則會坐在他身旁，戴著她的新絲巾。戴新帽的王子以法蓮和綁辮子的公主蕾澤爾會面向他們坐著。03

在現實中，東歐猶太人的生活比刻板印象還要多變，也沒那麼安穩，十九世紀晚期的大規模移民潮便反映了人們其實普遍渴望住在不那麼傳統的環境中。

木樁居住區域在一九一七年的共產革命下遭到廢除（許多猶太人參與了這場革命，但也有很多人受到恐怖的磨難，光是烏克蘭就有二十萬人死亡），猶太人集體遷移到俄羅斯的大城市，特別是莫斯科。共產政府對猶太人的態度十分矛盾。到了一九二七年，猶太人已經是共產黨成員之中第三大的國族組成，雖然政府對於猶太人是否屬於一個國家或者應該乾脆被蘇聯社會同化，態度十分搖擺不定。一九二〇年代中葉開始，政府試圖將猶太人遷居到比洛比占當農民；比洛比占位於蘇聯東部，靠近與滿洲國的交界，是一片遼闊但卻不適合人居的區域。然而，這項建立蘇聯猶太共和國的計畫從未實現，猶太人從來不曾超過當地人口的四分之一。對所有的猶太人而言，宗教習俗只能當成猶太人的國族文化來表現，並以意第緒語做為官方語言。這兩件事都被政府阻擋，特別是在一九四八到一九五三年的「黑暗時期」（Black Years），因為史達林反對猶太人的國家主義和「世界主義」。到了一九七〇年，蘇聯境內絕大多數的猶太人都是以俄語為母語，他們對猶太教的認識很少，只有年長者會上那些政府允許繼續開放禮拜的會堂。一九七〇和一九八〇年代獲准離開蘇聯前往以色列的人在抵達目的地後，大部分都得從頭學習自己的宗教。許多人對宗教根本沒有興趣。

蘇聯西部有許多猶太社群在一九四一到一九四五年德國侵佔期間遭到殲滅，當然又讓一九四〇年代晚期受到史達林統治的猶太人留下更大的創傷。乍聽之下，這場針對猶太人的終極暴行竟然不是來自俄羅斯的高壓統治，而是來自歐洲曾一度被認為思想比較開放的地區，實在令人訝異。

西歐的猶太人自古典時期結束之後，就一直是被勉強容忍的少數族群，但是宣揚平等與博愛的法國大革命讓他們終於有機會能脫離這樣的地位。但在法國，伴隨個人解放的，是政府對宗教生活的高壓控制。在拿破崙的指示下，由世俗領袖和拉比組成的猶太顯要大會在一八〇六年七月二十六日召開，目的是要將猶太人從「國中之國」轉變為「摩西信仰的法國國民」。大會做出了十分愛國的反應，但是大會的決議需要依靠宗教權威來實現，因此拿破崙下令召開由七十一名猶太人（大部分是拉比）所組成的猶太公會，要將猶太教裡永不變動的律法和可安全剃除的律法加以區分。這麼做的目的是要將對國家的服務（包括兵

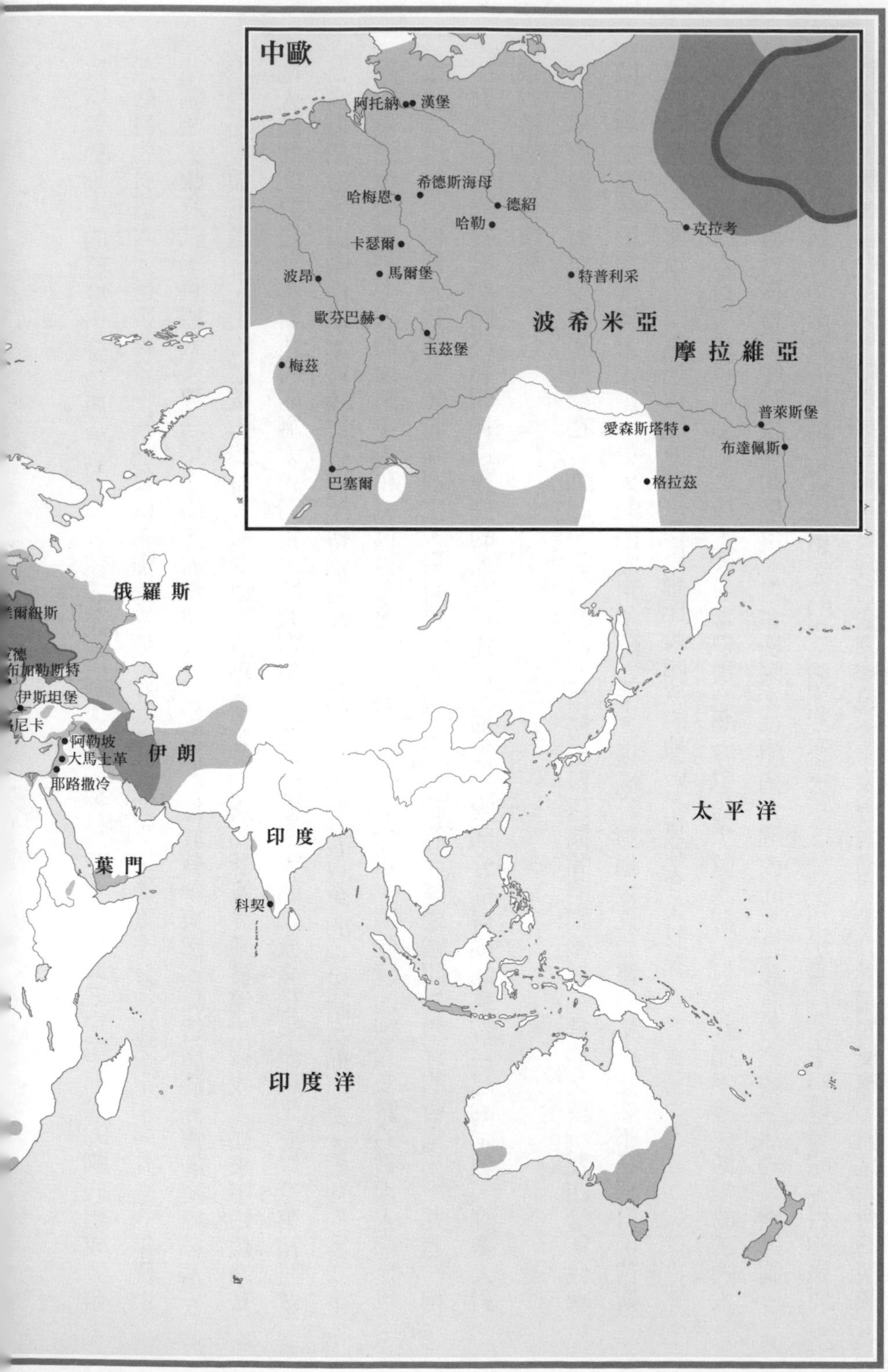
中歐
阿托納
漢堡
希德斯海母
哈梅恩
德紹
哈勒
克拉考
卡瑟爾
波昂
馬爾堡
特普利采
歐芬巴赫
玉茲堡
波希米亞
摩拉維亞
梅茲
普萊斯堡
愛森斯塔特
布達佩斯
巴塞爾
格拉茲
俄羅斯
爾紐斯
德
布加勒斯特
伊斯坦堡
尼卡
阿勒坡
大馬士革
耶路撒冷
伊朗
印度
葉門
科契
太平洋
印度洋

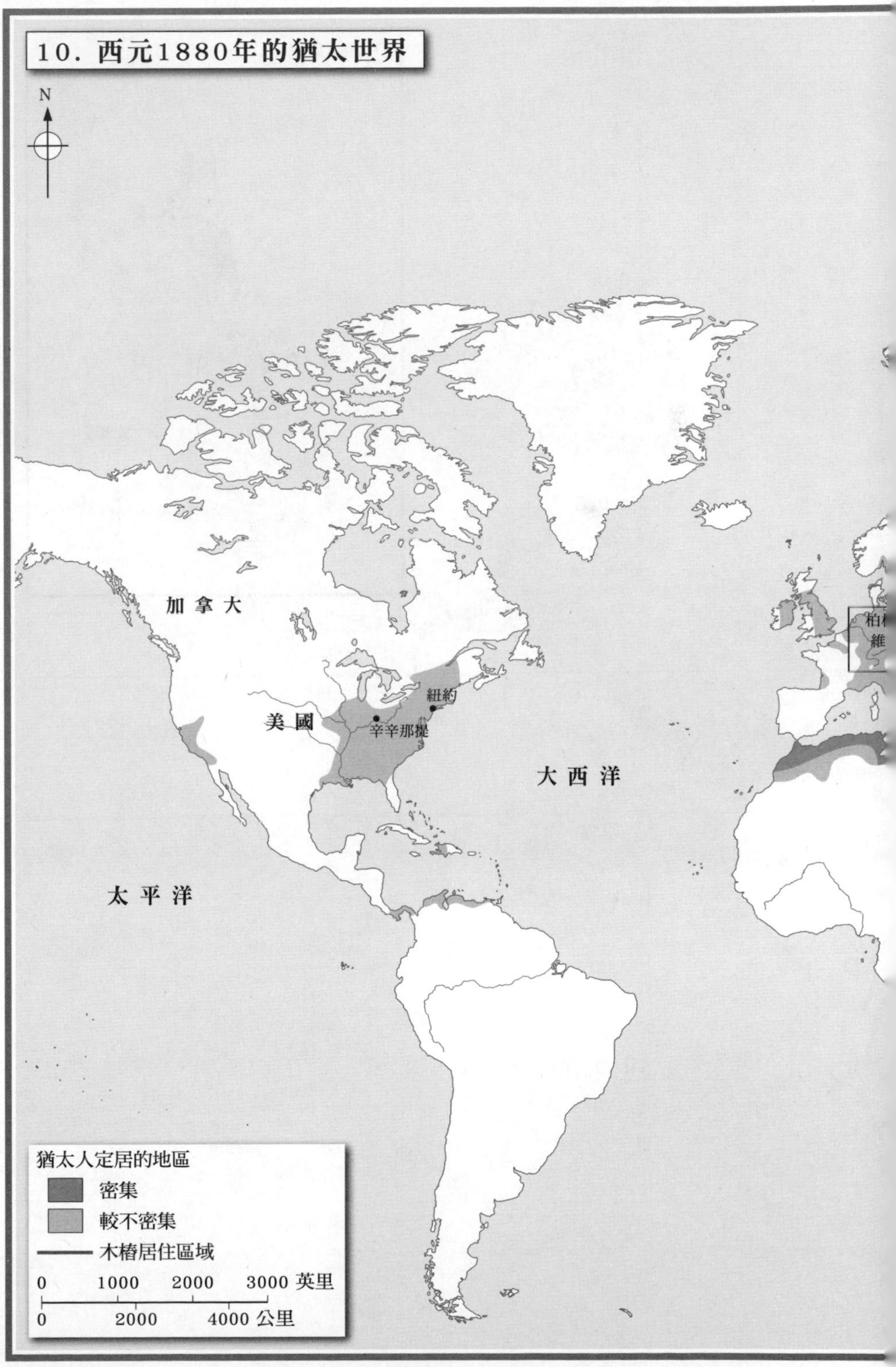
10. 西元1880年的猶太世界
N
加拿大
美國
紐約
辛辛那提
大西洋
太平洋
猶太人定居的地區
密集
較不密集
木樁居住區域
0 1000 2000 3000 英里
0 2000 4000 公里

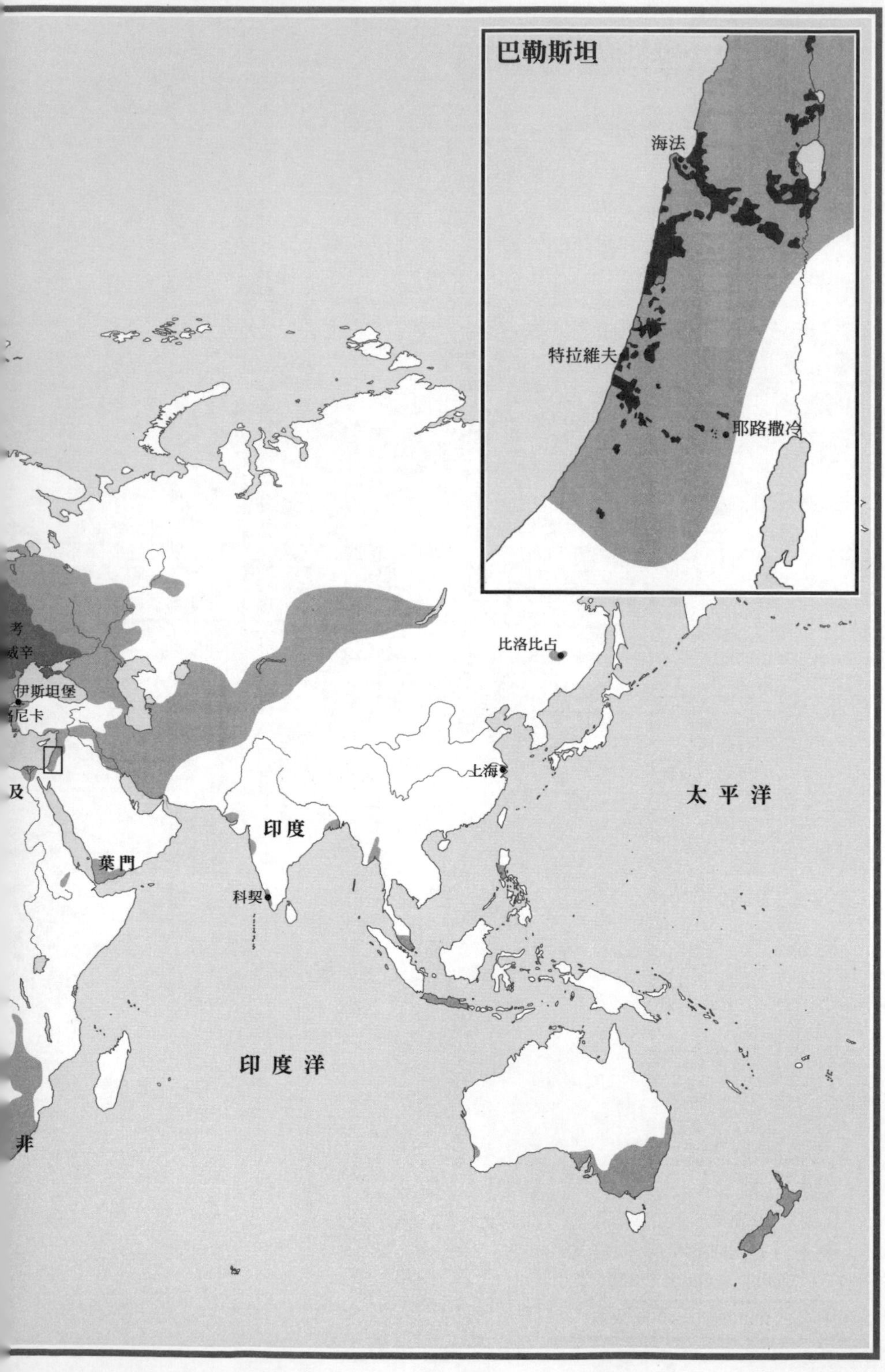
巴勒斯坦
海法
特拉維夫
耶路撒冷
比洛比占
伊斯坦堡
上海
太平洋
印度
葉門
科契
印度洋

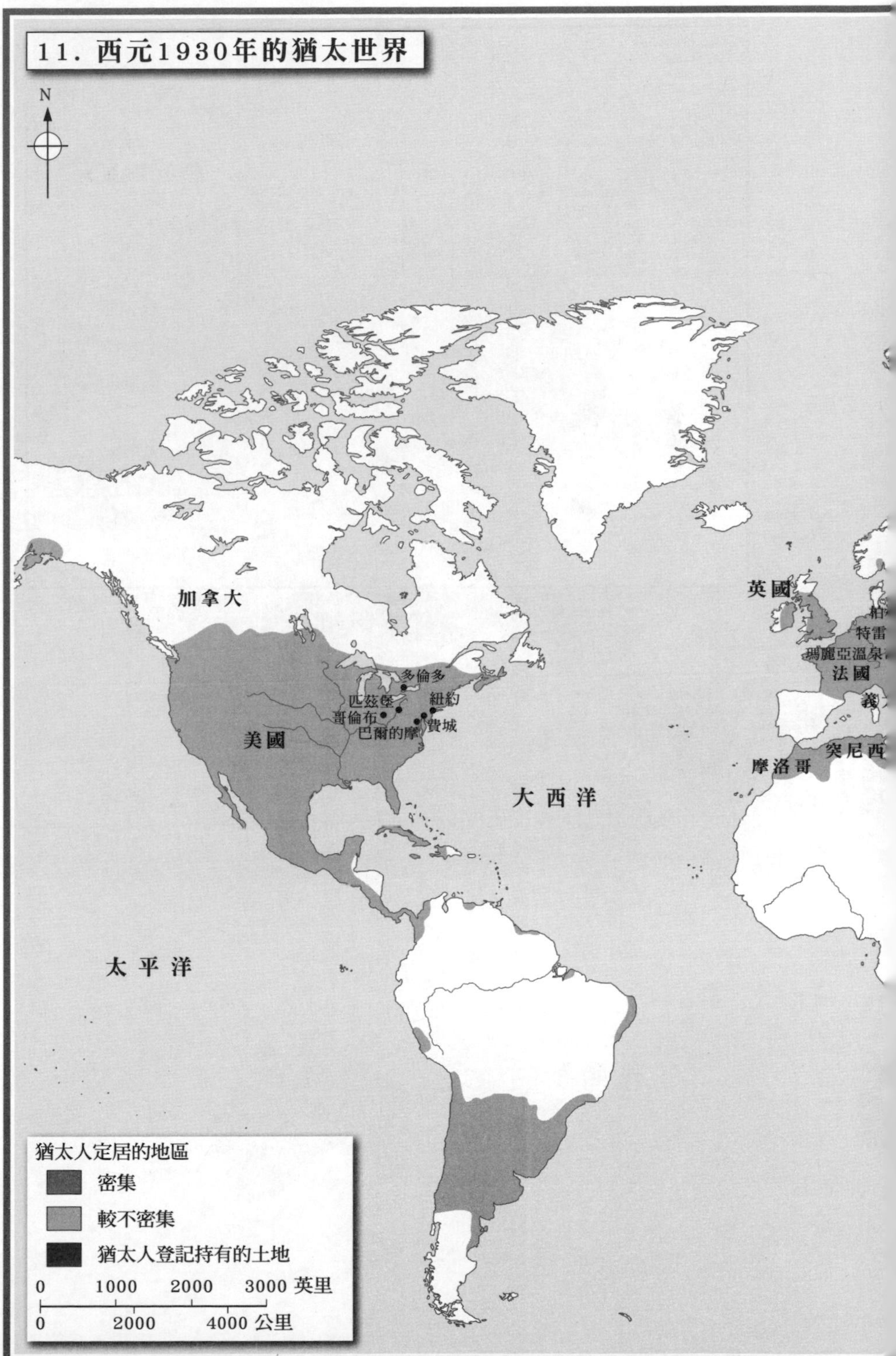

11. 西元1930年的猶太世界

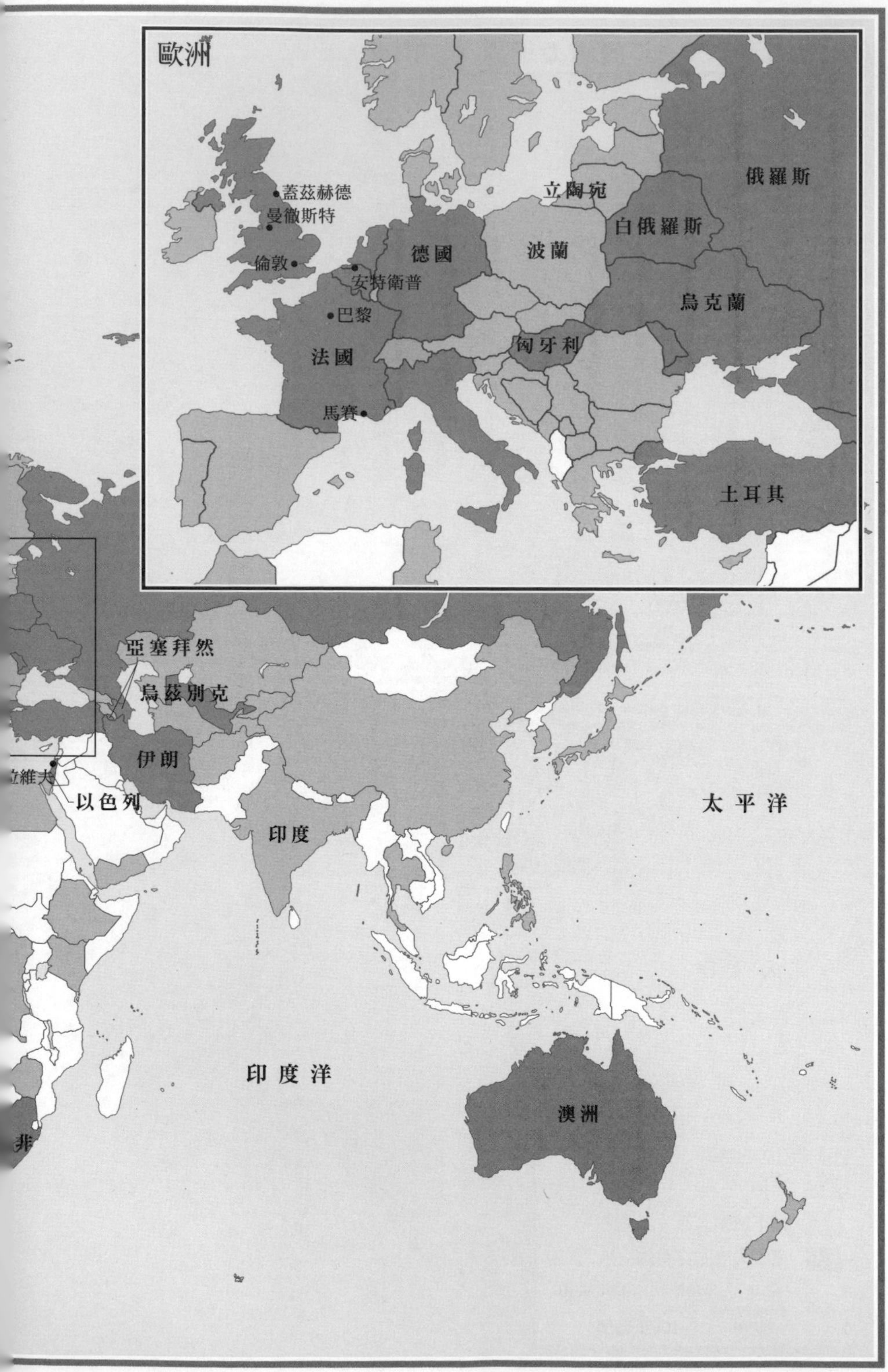
歐洲
蓋茲赫德
曼徹斯特
倫敦
安特衛普
巴黎
法國
馬賽
德國
波蘭
立陶宛
白俄羅斯
俄羅斯
烏克蘭
匈牙利
土耳其
亞塞拜然
烏茲別克
伊朗
拉維夫
以色列
印度
太平洋
印度洋
澳洲
非

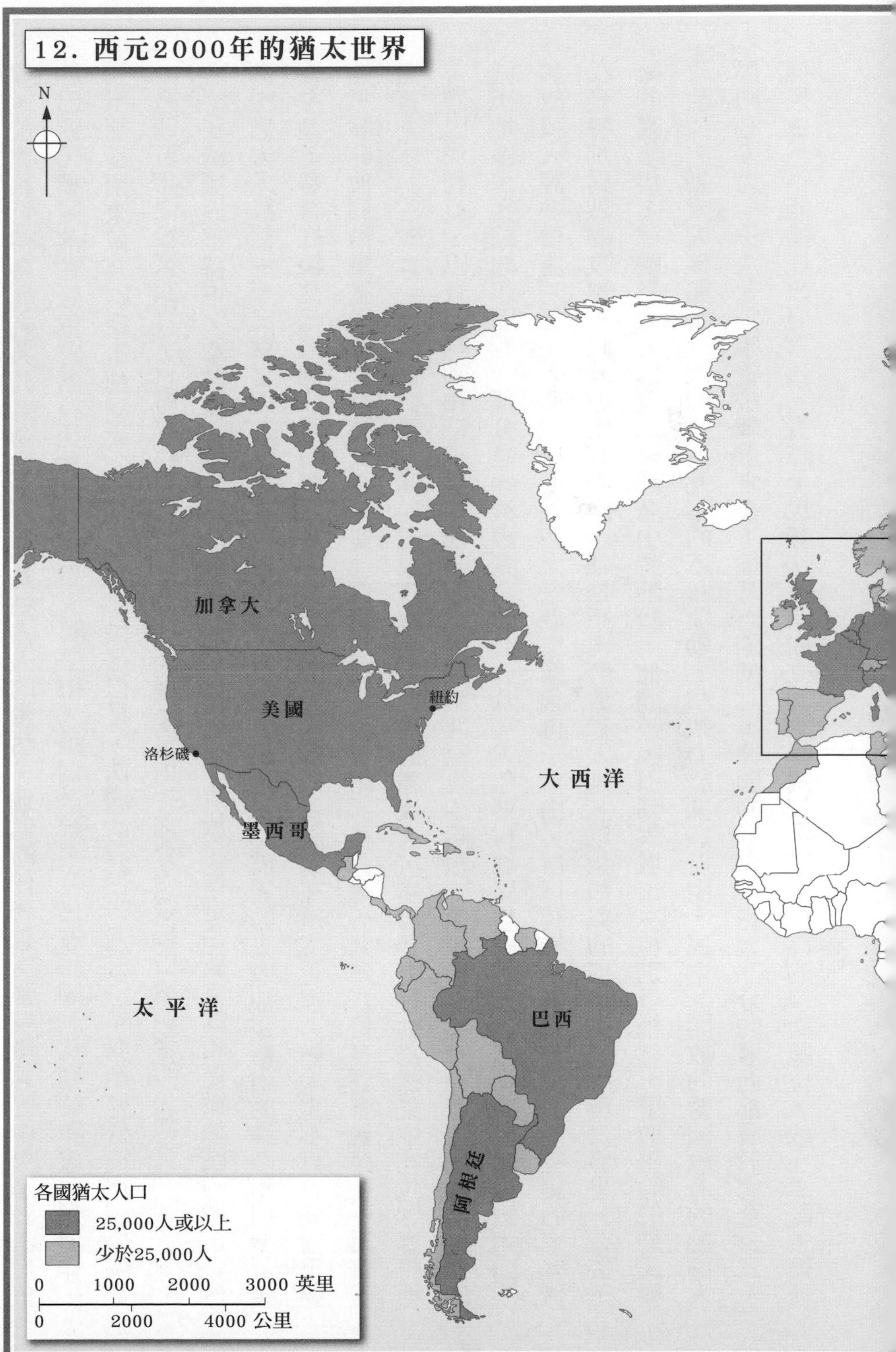
12. 西元2000年的猶太世界
N
加拿大
美國
紐約
洛杉磯
墨西哥
大西洋
太平洋
巴西
阿根廷
各國猶太人口
25,000人或以上
少於25,000人
0 1000 2000 3000 英里
0 2000 4000 公里

役）納入猶太教的宗教義務，並要求猶太人結婚或離婚時除了宗教儀式，也要完成公民手續。一八〇七年二月四日，猶太公會開會執行這項任務，會後的決議被用來做為一八〇八年在法國全境設立宗教法庭的框架，拉比和世俗參與者共同為國家利益調整猶太人的生活。他們的任務包括強制徵兵，中央宗教法庭位於巴黎，權威落在三位首席拉比和兩位世俗人員手中。這個系統至今仍在法國、比利時和盧森堡運作，並不總是用來做為國家干預猶太宗教事務的手段。但是，法國政府從一八三〇年開始經營拉比神學院，一八四五年之後又設立了首席拉比職位，解放似乎的確像是用一部分的宗教自治換來的。[04]

在法國的堅持下，拿破崙征服的德國猶太社群也獲得了解放，像是法蘭克福和漢撒地區的城市。然而，猶太人雖然（或者就是因為）在維也納會議上爭取公民權，拿破崙的失敗卻在德國的許多州引發反猶太主義，基督條頓文化這個浪漫的概念更是火上加油，因為人們認為在這文化裡，猶太人不具有任何重要性，除非他們拋棄猶太教（有時候，即使他們這麼做也沒有用）。一八一九年八月，許多暴民在「黑普！黑普！」（Hep! Hep!）這個口號下團結起來攻擊烏爾茲堡的猶太人。這場暴力行動雖然集中在包含鄉村地帶的巴伐利亞、巴登、哈勒和符騰堡等地，卻也擴散到北至哥本哈根、東至但澤與克拉考、南至格拉茲的城市地區。暴動的起因有一部分是經濟因素，因為一八一六年鄉村地區經歷了飢荒，使農民欠了猶太商人和放債人許多債務。但，人們也很憤恨猶太金融家剛獲得了自由，所以羅斯柴爾德位於法蘭克福的宅邸遭受到特別猛烈的攻擊。政府做出的回應，就是不再解放猶太人，以免類似的憤恨和失序再次發生。在接下來的幾十年，德國猶太人出現越來越多中產階級，他們被吸引到大城市（特別是柏林）爭取平等的公民與政治權。猶太人參與了一八四八～九年的革命運動，和致力於創造自由、民主、開放的德國政府的德國人民同心協力。一八七〇年普法戰爭之後，德意志國創立，德國的猶太人在大部分的層面都屬於完全公民，但是依然不能擔任政府官員，實際上也無法在新成立的大學院校中取得最高的學術職位，或在軍隊中擔任長官。[05]

關於後面這項限制，十九世紀末期的法國社會明顯比德國還要開放，願意讓猶太人擔任最高的官職。因此，一八九五年一月，被當地社會同化、在法國參謀本部擔任軍官的富有猶太人阿弗列・德雷弗斯（Alfred Dreyfus）因叛國罪被判終身監禁時，所有的歐洲猶太人為之震驚。一份偽造的文件上顯示，德雷弗斯將一份機密的軍事報告交給了巴黎德國大使館的駐外武官，導致他被定罪。在法國後續引起的騷動中，支持屈里弗斯的自由主義者爭取讓他免罪，一部分也算是在攻擊天主教會對右翼政權的掌控，並抨擊仍對一八七〇年普法戰爭失利耿耿於懷的軍事體制。從這起事件可以明顯看出，即便是同化最深的猶太人，在最自由開放的國家中，仍有可能變成狠毒的反猶太主義下手的目標，成為社會緊張局勢下的一顆棋子。[06]

德雷弗斯的反對者稱自己為「法國祖國同盟」（Ligue de la Patrie Française），許多歐洲國家的國家主義運動也是像這樣將猶太人摒除在該國的歷史敘事之外，因此同樣不讓猶太人參與他們的未來。所以，羅馬尼亞的猶太人雖在一八四八年參與了反俄的國家主義叛變（叛變未成功），但在接下來的幾十年，他們還是很少獲得公民身分。一八七八年，強國召開柏林會議，成功讓羅馬尼亞獨立，但雖然如此，猶太人仍不能從事專門的行業（包括法律和醫藥的職業）、不能在軍隊中擔任軍官，（一八九三年後）也不能上公立學校。許多爭取解放的猶太人都被迫流亡。[07]

來自布加勒斯特的摩西・加斯特（Moses Gaster）就是其中一位流亡者。他曾就讀布雷斯勞大學和布雷斯勞猶太神學院，一八八一年二十五歲時被任命為拉比，同時也在布加勒斯特大學獲得教職，教授羅馬尼亞語言與文學。他為猶太人所受的待遇提出抗議，因此被逐出大學教職和自己的母國，後搬到英國，在一八八六年由牛津大學聘用，教授斯拉夫文學。一年後，他被選為英國西葡猶太人的哈罕姆，擔任這個職位五十三年之久，直到過世。他選擇逃難到英國並不是巧合。英國正值帝國主義的高峰，而猶太人也因為萊昂內爾・德・羅斯柴爾德（Lionel de Rothschild）的關係，得到了完全的政治解放。羅斯柴爾德從一八四七年開始被倫敦市接連選為議員，但因為不能按照基督徒的方式宣誓就職，所以無法進入議院。終於，他在一八五八年進入下議院，被允許以猶太教的方式宣誓。一八八五年，也就是加斯特離開羅馬尼亞的那年，萊昂內爾的兒子內森成為公開承認自己猶太人身分的人當中，第一個被授予爵位的人。倫敦大猶太會堂的拉比從十八世紀中葉開始就被非正式地當作英國阿什肯納茲猶太人的首席拉比，但在一八四五年終於正式被國家指派為大英帝國聯合希伯來會眾的首席拉比；直到今天，由世俗猶太領袖所指派的拉比在英國社會中仍享有很高的聲譽。如果認為十九世紀的英國沒有反猶太主義存在，那就錯了。然而，班傑明・迪斯雷利（Benjamin Disraeli）成為英國首相之後，雖然公開表明他對自己猶太背景的驕傲，但他因身世背景所受到的敵視卻少得驚人。莎士比亞以降，就能察覺英國的文學作品常賦予猶太人不好的形象，而在社會方面，也有排擠猶太人加入高爾夫俱樂部或是說帶有反猶太色彩的笑話等情況，可是這些都不能跟這時期歐陸猶太人所遭受的歧視對待相提並論。[08]

二十世紀的德國猶太人將遭遇這種歧視最具毀滅性的表達方式。一九一八年戰爭結束後，這國家陷入艱苦狀態，一九三〇年代初又發生政治動亂，這些都讓民眾相信納粹的說法，認為一切要怪罪猶太人。希特勒在一九三三年掌權後，德國猶太人以驚人的速度被逐出公職、奪走公民權，民眾對此也都沒有表示抗議。這種反猶太主義的形式跟先前的所有反猶太主義都不一樣，不僅是因為這次的行為非常狠毒，將消滅疾病的譬喻用過度忠實的方式呈現出來，也在於它是以種族而非宗教來定義猶太人。因此，任何具有猶太血統的人（祖父母當中至少有三個人是猶太人）都被當成猶太人對待，不論他的宗教信仰為何。反猶太種族主義的理論源自十九世紀晚期流行於歐美地區的有關種族和優生學的科學理論。猶太人被視為低等的閃族人，而由於許多歐洲國家解放了猶太公民，使得種族混合的情況增加，因此對雅利安人造成威脅。隨著國家主義的興起，整個歐洲、甚至美國的政治人物都開始採納反猶太的口號與政策，要展現自己的愛國情操。然而，只有在德國，這些言論才以實際殲滅猶太人的形式出現。

那些在一九三九到一九四五年間發生過大屠殺的歐洲國家，有很多都是幾十年後才承認猶太人口完全消失在自己的國家對整個社會代表什麼意涵。近年來，人們普遍體認到大屠殺的嚴重性，特別是在德國。各地出現了許多猶太文化博物館，加強相關的教育，並付出巨大的努力來研究反猶太主義的現象。

近年來，思想開放的德國人跟其他許多歐洲人一樣，對猶太人的態度變得十分複雜，因為以色列在中東衝突中所扮演的角色時常給人負面觀感，彷彿是美國的殖民代理人似的。一九四八年，阿拉伯國家的猶太人大部分都逃到以色列，以逃離越來越嚴重的迫害。在那之後，少數仍留在阿拉伯地區的猶太人所受到的敵視也有增加的傾向，因為巴勒斯坦的例子在伊斯蘭教世界普遍被當成違反「伊斯蘭居所」（Dar al-Islam，世界上理應受到伊斯蘭律法統治的地區）的典型案例。從穆斯林的觀點來看，猶太人在應當受到穆斯林統治的地方宣示主權，讓伊斯蘭社會的猶太人喪失迪米（受到保護的少數族群）的身分，不能再繼續合法定居伊斯蘭世界。諸如埃及穆斯林兄弟會等組織團體所發表的言論將可蘭經和伊斯蘭教萌芽時期的反猶太文獻重新挖出來，創造了一個獨特、強大的新式伊斯蘭反猶太主義，把以色列猶太人和美國描繪成世界級的陰謀，甚至還為了這個目的引述了珍貴的文學假造作品《錫安長老會紀要》（The Protocols of the Elders of Zion）。此書從十九世紀晚期到一九三〇年代在希望將共產主義怪到猶太人身上的歐洲人之間流通，許多人都相信書中的內容。[09]

於是，過去兩百年來，猶太教在猶太社群內不斷發展演變的同時，這些社群的世俗生活也演變出完全不同的樣貌。早在十九世紀初，許多歐洲國家的猶太人就有可能拋棄自己的猶太身分，融入整個社會。在德國，涵化很深的社群確實常有這種狀況，許多猶太人認同德國文化，認為皈依基督教是一種很吸引人的社會晉升方式（因此，當納粹將皈依基督教的人和保留猶太信仰的人一併當成目標，自然引起了震驚）。以哲學家摩西・孟德爾頌（見第十七章）為首的其他德國猶太人則排斥同化，而是將啟蒙思想的價值融入猶太文化，堅持世俗教育和《塔木德》研究搭配並行是很重要的。這些馬斯基爾（maskilim，意為「受啟蒙的人」）在十九世紀的中歐和東歐宣揚世俗猶太文化，呈現的形式極為不同，有些人推動希伯來文詩詞的浪漫主義，有些人提倡藝術和工藝的體力勞動以及回歸自然。但他們都有一個共通點，那就是堅持猶太人應該擁抱世俗世界的價值觀，而非排斥之。[10]

這些一八二〇年代的馬斯基爾其中的一項興趣就是歷史研究，和一八一九年創立猶太文化與科學協會（Verein für Kultur und Wissenschaft der Juden）的德國猶太學者所關注的焦點一樣。協會成員都在德國的大學受過學術研究的批判訓練，希望將同樣的技巧應用在古典猶太文獻的研究上，少掉傳統拉比研究方法的隱晦或是基督教學者的敵意。他們投身猶太教的科學，意圖以現代人所能理解的形式來呈現猶太歷史，就跟同時期的基督教學者以科學方法研究基督教傳統一樣。這個運動的成果非常豐碩。以撒・馬庫斯・尤斯特（Isaak Markus Jost）和海因里希・格拉茨（Heinrich Graetz）都寫了許多猶太人的歷史，而里奧波德・佐恩斯（Leopold Zunz）則為猶太人的講經和禮儀史撰寫洞見透徹的研究著作。這個運動也不只侷限在德國：到了十九世紀末，英國和匈牙利也出現了猶太學術機構，類似於一八八〇年在法國成立、要將批判學術研究帶入猶太傳統的猶太研究協會（Société des Etudes Juives）。[11]

面對世界的變遷，除了上述的文化回應之外，也有性質比較偏政治的回應。十九世紀有許多猶太人信奉各種不同的社會主義，無論是在整個歐洲社會的社會主義，或是規模達到全世界的社會主義（如馬克思），又或者像聯盟（the Bund）那樣，政綱帶有鮮明的猶太色彩。聯盟在一八九七年的俄羅斯創立，全名是立陶宛、波蘭和俄羅斯猶太工人總聯盟（General Jewish Workers' Union in Lithuania, Poland and Russia），信奉的是猶太社會主義，並結合說意第緒語的世俗東歐猶太人國家主義。聯盟黨人極為反對當時的錫安主義者在東歐猶太人之間煽動的那個跟他們非常不一樣的猶太國家主義。[12]

在十九世紀晚期之前，大規模返回以色列地的倡議是以宗教教義為基礎，例如來自波茲南的特茲維・赫希・卡利謝爾（Tzvi Hirsch Kalischer）。卡利謝爾期盼彌賽亞的到來，說服英國的富有慈善家摩西・蒙蒂菲奧里爵士（Sir Moses Montefiore）以及法國的以色列普世同盟（Alliance Israélite Universelle）提供實質的協助，於一八七〇年在雅法附近設立一所農業學校。一八八〇年代，比亞維斯托克的拉比撒母耳・摩希利維（Shmuel Mohilever）說服巴黎的愛德蒙・德・羅斯柴爾德男爵（Baron Edmond de Rothschild）支持農業聚落，主張上帝寧願祂的子民住在自己的土地上不奉行妥拉，也不願他們在外地完美地遵守妥拉。對於一八九七年在巴塞爾舉行第一屆錫安主義者大會的匈牙利記者西奧多・赫茨爾（Theodor Herzl）而言，這樣的宗教背景並非不重要。只是，他為猶太人民在以色列地建國的計畫本質上是世俗的，雖然他同樣也向有錢的猶太金融家（莫里斯・德・赫希男爵〔Baron Maurice de Hirsch〕和羅斯柴爾德家族）求助，也的確獲得了摩希利維的支持（但他健康狀況太差，因此無法出席大會，並在隔年去世）。一九〇三年，這個新錫安運動極為實際世俗的目標變得非常明顯，因為赫茨爾企圖說服同樣在巴塞爾舉行的第六屆錫安主義者大會，認為他們應該考慮英國政府的提議，讓猶太人定居在西非的某個區域就好。基希涅夫傳來屠殺事件後，東歐猶太難民大批湧入西邊，使這項提議變得更急迫。有些人對於在巴勒斯坦以外的地方建立猶太人的國土感到非常驚懼，發出強烈的抗議，可能是造成赫茨爾在一九〇四年七月年僅四十四歲時就過世的原因之一。[13]

赫茨爾的世俗國家主義對猶太人傳統的彌賽亞期盼以及深植在禮儀中那份對於返回錫安的渴望，都帶來很大的挑戰。對那些每天祈禱上帝「從地球的四個角落……聚集我們流亡的同胞」的猶太人而言，計畫建立一個猶太政治國家對以色列的宗教救贖有什麼重要性，他們看不出來。因此，在二十世紀前半葉，虔誠的猶太人對錫安主義有非常兩極的反應。到了二十一世紀初，宗教疑慮雖然沒有完全消失，但是政治意味濃厚的錫安主義在二十世紀前半葉越來越受世俗猶太人的歡迎，而世俗猶太國家最終也確實在一九四八年創立起來，使得大部分的猶太人開始體認到錫安主義的成就，雖然他們不見得真的有移民到以色列地。的確，對二十世紀後半葉的許多猶太人來說，以色列國在中東這個阿拉伯人居多的地區處境艱難，支持這個國家、紀念那些死於一九三九～四五年大屠殺的同胞，都是構成團結一心的因素。自一九九〇年代起，後錫安主義興起，猶太人開始願意重新檢視以色列國的建國敘事，主張非猶太人的權利和經驗在國家意識中也扮演了彎核心的角色。

大屠殺（希伯來文為「Shoah」，原意是「災難」）的嚴重性使全世界的猶太人在禮儀方面做出了反應，將死去的同胞當成殉道者看待，認為他們是為了「聖化神名」（kiddush haShem）而被殺害，就跟一一九〇年那些寧可自殺也不願受洗的約克猶太人或是西班牙和葡萄牙宗教裁判所的受害者一樣。這樣看待那六百萬名死者有什麼合理的依據，並不是很明顯，因為他們之中雖然有些人做出相當值得嘉許的行為，在華沙猶太區、被迫行軍的途中或集中營等極端的狀況下依然持續遵循禱告、潔淨、正確埋葬等宗教義務，但死者有很多都是世俗猶太人，會被納粹挑中只是因為種族出身的緣故，不是因為宗教信仰。無論如何，阿什肯納茲猶太人現在都會在紀念耶路撒冷第一和第二聖殿被毀的埃波月齋戒及「願祂記得」的禱文（第四五二頁）中，提到這六百萬名的殉道烈士：

> 住在天上、充滿慈悲的上帝啊，請讓那些為了聖化神名而在德國壓迫者（願他們的名字和回憶被抹滅）的手中遭到殺害、謀殺、屠殺、燒死、溺死、勒死的神聖純潔的人……的靈魂……可以在上帝臨在的

保護下安息。[14]

從中世紀開始，猶太社群都會為該國政府誦讀忠誠禱文（除了極少數的例外：許多德國猶太社群就不會為納粹政府禱告），但大部分的外地社群現在也會為以色列國的福祉進行額外的禱告。長久以來，會堂禮拜都會為了適應現代世界而改變禮儀做法（傳統主義者則是為了抵抗現代世界而改變）。例如，十九世紀初的德國就有許多猶太會堂仿效當時的基督教禮拜，希望呈現對於美學和得體的感受力。因此，禮儀才會越來越強調音樂（有些社群還引進了唱詩和管風琴），並刪除許多複雜的詩歌以及過去一千年來（主要是受到盧利亞神祕主義的影響）在一般禱文中不斷增加的內容。這麼做的目的，是為了要更專注在個別崇敬者的經驗。一輩子受到主流文化影響而懂得欣賞美麗事物的猶太人，也會想在會堂尋找美感。

會堂音樂許多個世紀以來一直都會保存從外邦人那裡挪用的樂曲（宗教和世俗的皆有），所以使用貝多芬或威爾第的旋律來為禱告提供情感上的提升，並不是新鮮事。有意識地去做這些事，才是新鮮的地方。十九世紀時，會堂禮儀變成提出神學論點的公共場所，聲稱猶太教必須進行改革，才能反映現代世界變化的需求。出現了將基督教風格的講道融入一般的會堂禮拜以及在禱告和講道中使用方言的壓力，而保守主義者則時常對此加以反抗。較富有的社群會在歐美城市的市中心建造大教堂風格的猶太會堂，像是佛羅倫斯和布達佩斯以及在一八五九和一八六六年間興建完成的位於柏林奧拉寧堡大街的新猶太會堂。這類建築宣告了猶太人在這些地方已經安身立命，雖然有一點值得注意，那就是猶太人常常會選擇東方等「異國」的建築風格，以與教堂有所區別。[15]

科學與科技的進展為遵守哈拉卡的生活帶來許多新挑戰。遺體火葬、在安息日用電、准許器官移植、人工受孕等等，都讓不同的猶太教團體產生分歧。關於在遵守宗教規範的各個環節中能否使用機器，也有很多爭議。比方說，拉比就曾爭論繸子（tsitsit，縫在祈禱披巾角落的儀式性流蘇）的製造方式，最後大力反對使用縫紉機把繸子縫在披巾上：由於聖經吩咐「你要在外衣的四個邊上縫繸子」，大部分的拉比都認為，這些繸子必須要用手縫，縫製的人在過程中專心地把這個特定的宗教義務完成，只有這樣這些繸子才算實現誡命。然而，關於逾越節無酵餅（matzot），在一八五九年布洛地的所羅門・克魯格（Solomon Kluger）與蘭伯格（即今天烏克蘭的利維夫）的約瑟・掃羅・拿單頌（Joseph Saul Nathansohn）之間發生激烈辯論過後，使用機器製作這些無酵餅已經變得相當普及，雖然有些人還是覺得手工製作的（shemurah）比較好。[16]

在西歐、中歐和美國，引導猶太人回應這些挑戰的拉比們，有很多人的職位不同於現代時期以前那些前輩的職位。從十九世紀中葉開始，大部分外地社群本質上是屬於志願機構，拉比受雇於這些機構，簽有固定任期的契約。這些拉比常常是因為擁有教區技巧才被選任，而非因為他們的拉比學問，因此他們的權威通常不僅取決於專業資格，也取決於個人特質。在十九和二十世紀的西歐，拉比普遍會跟基督教的神職人員一樣穿著神職服裝，避開傳統的猶太服飾（包括鬢角），除了強調猶太學校的知識，也重視大學的專業科目。對這些已經涵化的社群來說，他們雇用的靈性領袖應該要有被稱作「博士」的資格，而不只是「拉比」。[17]

拉比在以色列國扮演的角色更複雜。現代生活衍生出來的問題（例如墮胎和驗屍的規定）無疑需要政府的決策，自一九四八年以來，在這個使用比例代表制的民主政府中，黨派之間的權力平衡時常賦予以宗教為黨綱出來選舉的政黨強而有力的發聲管道。在政府曾經做出的宗教決策之中，最重要的就是如何定義猶太人的身分，讓希望定居以色列的人可以透過以色列回歸法成為以色列公民。例如，政府當局決定，衣索比亞的猶太人（法拉沙人）應被歸類為猶太人，雖然有一些拉比權威反對這麼做。此外，來自蘇聯的移民因為缺乏相關紀錄而不能證實自己的猶太出身，但只要他們宣稱自己是猶太人，就仍應該被視為猶太人。一九五〇年回歸法所做的一條修正案將可以取得公民身分（但不適用婚葬等宗教事務）的猶太人定義做了更清楚的解釋，把猶太人的親屬也納入範圍內，因為這些人在大屠殺期間也因為被當成猶太人而受罪：「在這條法律下，猶太人的權利……也歸屬於猶太人的孩子和孫子、猶太人的配偶、猶太人的孩子的配偶，以及猶太人的孫子的配偶。」然而，這種開放的態度也有限制。修正案聲明，所謂的猶太人是指「不隸屬於其他宗教」的人，因為一九六二年曾發生一個知名的事件，一位人稱但以理教友（Brother Daniel）的波蘭猶太人在被天主教徒藏匿起來後，受洗為基督徒，但仍覺得自己是猶太人，希望可以定居海法。西爾貝格法官在世俗法庭上做出一項意義重大的裁決，聲明「變成基督徒的猶太人不得再被當成猶太人」，和納粹的猶太人定義相左。這項裁決雖然比哈拉卡還嚴格，卻受到正統派拉比的同意。[18]

猶太教在外地發展了將近兩千年，在政治上不曾擁有或幾乎沒有任何權力，因此在面對猶太人建國後衍生出來的一些道德和倫理議題時，並沒有從宗教觀點來應付這些問題的能力。自從君士坦丁堡在四世紀皈依基督教之後，基督徒就已漸漸適應政府面臨的難題，花了許多個世紀發展出一套適當的神學體系，供有時需要整頓秩序或對付敵人的政府使用。拉比因為習慣了將政府視為外部力量，時而採取懷柔手段，時而加以阻饒，因此完全沒有發展出這些觀念。基督教擁有關於什麼才算得上正義戰爭的信條，但拉比猶太教並不存在相同的東西。近古時期和中世紀的拉比討論《申命記》的裁決時，關注的是歷史重建或彌賽亞思想方面的議題。關於自衛權的比例或插手幫助遇到危難的他人需具備何種條件等較為具體的議題，只有在刑法的脈絡下才會探討。一一六〇年代，邁蒙尼德在《密西那妥拉》一個標題訂為〈國王的律法及他們的戰爭〉的長篇章節中系統化地呈現拉比對戰爭提出的相關理論，但他仍然沒有提到諸如主動發動軍事行動是否可以被接受等類似的議題。十九世紀的歐洲讓部分猶太人獲得解放，進而得到從軍機會，使拉比對於自願服役的道德性產生分歧的看法。同樣地，以色列社會的拉比雖然時常針對領土擴張的道德性或與巴勒斯坦的關係等議題發表激烈的辯論，但提出的論點不是以色列地在猶太教裡扮演的特殊角色，就是拿普世的人類行為準則為基礎。[19]

以色列一直都是個世俗政體，但從建國之初，第一任總理大衛・本・古里安（David Ben Gurion）和拉比領袖之間就有達成一個「現狀」的協議。根據雙方達成的協議，安息日和猶太節日被訂為國定假日；所有的公家機關只能供應潔食；公立學校不是屬於世俗國立學校，就是屬於宗教國立學校；和猶太人個人身分有關的議題（如結婚和離婚），都要由政府認可的拉比法庭進行司法裁決。政府沿用一9二〇年代英國在託管時期仿效大英帝國首席拉比制的做法，承認兩位首席拉比的權威，一位阿什肯納茲拉比、一位塞法迪拉比（不過，塞法迪首席拉比的權威其實在十九世紀鄂圖曼土耳其時期就已存在，被稱作「錫安第一人」〔Rishon leZion〕）。首席拉比是由拉比和民意代表舉行的大型選舉大會所選出，任期十年。他們通常都會支持國家的基本宗旨，有些人更對國家的宗教政策具有決定性的影響，像是一九七二到一九八三年間擔任首席拉比的所羅門・戈倫（Shlomo Goren）。

戈倫打過一九四八年的獨立戰爭，並在一九六七年以色列從約旦手中奪下耶路撒冷舊城後沒多久，在聖殿西牆戲劇性地吹響公羊角。他利用自己的權威，讓遺體未被尋獲的士兵的遺孀可以再婚。他也允許必要時進行死後驗屍、解決了和皈依者的關係問題、讓猶太人能在聖殿山的某些區域禱告（但其他區域不行）。戈倫先前擔任過特拉維夫的阿什肯納茲首席拉比，因為政府也會為每個城鎮指派首席拉比，通常會在每個自治市提供或贊助用來做為會堂的建築物。在擔任這兩個職位以前，戈倫曾當過軍隊的總教士，推動了一個讓阿什肯納茲和塞法迪士兵廣泛使用的創新折衷禮儀。[20]

由於男女都有服兵役的義務，因此打從建國之初，大部分的以色列猶太人就擁有一股團結向心的力量，而這股力量也因為他們經常需要參與戰役，所以更加強化。從一九六三年開始，政府便在數算俄梅珥的哀悼期（根據拉比曆法）內加了一天，用以紀念殞落的以色列士兵。紀念日從前一晚的全國鳴笛開始，隔天早上十一點會再鳴笛一次，並點燃紀念蠟燭。公開儀式中會誦讀「願祂記得」禱文，所有的娛樂場所也會依法暫停營業。隔天緊接著就是以珥月五日的獨立紀念日：首席拉比決定，為了讓人民好好慶祝，俄梅珥哀悼期的限制應該暫時解除，但是以色列議會頒布一條法令，規定以珥月五日如果剛好落在星期五或星期六，則應將獨立紀念日挪到星期四，以免歡慶褻瀆了安息日。拉比圈對於應該設計什麼樣的禮儀才適當，進行了激烈的辯論，並出版了禮儀所使用的特殊禱告書，類似於其他重大節日所使用的禱告書。另一個辯論的主題是，獨立紀念日應該在多大的程度上將建國這件事當成一個奇蹟來慶祝，就像光明節和普珥節所慶祝的奇蹟。在所羅門・戈倫的領導下，同樣落在俄梅珥哀悼期間的耶路撒冷日（以珥月二十八日）被訂為非強制的國定假日，用來紀念一九六七年以色列奪下舊城。在這天，聖殿西牆會舉行公開集會，晨禱時會誦讀讚美詩，伴隨相對應的祈福祝禱，標誌為猶太朝聖者奪回聖殿場址這個具有明顯宗教意義的事件。一九五一年四月，以色列議會決議，尼散月二十八日應該訂為「大屠殺與猶太區抗暴紀念日」，用以紀念大屠殺和發生在一九四三年四月到五月間華沙猶太區對抗德國人的英雄起義事件（雖然起義未成功）。政府早年十分猶豫究竟應該悼念被屠殺的歐洲猶太人，還是要紀念英勇抵抗的猶太人所做出的成就，因此才會決定這一天不能只是單純哀悼。但自一九七〇年代晚期開始，特殊儀式漸漸發展出來，像是點蠟燭和採用新禮儀，以標誌這個後來普遍被稱作「大屠殺與英雄精神紀念日」的日子。[21]

在所有的節日中，最能引起世俗以色列人熱忱的，就是普遍會用篝火和煙火慶祝的篝火節、強調英雄精神的光明節，以及以嘉年華遊行（adlayada）慶祝的普珥節。普珥節會舉行嘉年華慶典，是因為《塔木德》囑咐，人們在普珥節應當狂歡慶賀，直到他分不清以斯帖記故事中的英雄與壞人（見第十章）。小孩會戴面具，群眾也會湧入街道。然而，拉比雖然囑咐要喝酒，酒醉的情況其實並不常見。以色列建國之後的頭幾年，在獨立紀念日舉辦的聖經小測驗是全國的世俗民眾非常著迷的活動，因為對他們來說，回憶這個初等教育的核心部分不僅令人懷舊，也能喚起國家意識。總理大衛・本・古里安十分鼓勵聖經時期遺址的挖掘工作和聖經研究，認為這是建立國家認同感的重要元素，可以讓人們與這片土地和自己的猶太起源產生連結，但又少了猶太教兩千五百年來的層層發展。小測驗現在還有，但世俗以色列人的熱情已向前邁進。獨特的以色列國家認同出現了，二十世紀以前的猶太歷史已不再重要。世俗猶太教努力要讓世俗的以色列年輕人認識外地的猶太宗教傳統，因為這些傳統對他們來說很陌生，且他們若認為這必然會帶來極端的宗教生活型態和觀點，甚至會覺得這些傳統非常討厭、具威脅性。

要在文化多元的西方外地社會建立世俗猶太人的猶太身分認同比較困難，因此本章開頭才會提到人口數量的不確定性。由於無論是哪一個教派，會堂都是依靠私人捐獻、而非國家津貼來維護會堂建築、給付拉比的薪水，因此許多社群會接受任何人申請入會，雖然通常還是會要求申請者具備猶太血統或皈依猶太教（不同的社群有不同的定義），而不管他們的信仰或禮儀為何。二〇〇九年，倫敦的猶太自由學校（Jewish Free School，JFS）發生了學生申請入學的爭議，意外地使這個議題成為英國大眾的焦點。這所學校非常受歡迎，申請人數極多，但只招收符合首席拉比辦事處猶太人資格的小孩。英國法律允許使用宗教做為選擇學生的依據。進入猶太自由學校必須符合以下的任何一個條件：學生的母親要有猶太血統；孩子出生前已皈依猶太教（傳統的拉比定義）；孩子已經皈依猶太教或者已被接受進入皈依的程序。有個孩子被拒絕入學，原因是他的母親皈依猶太教不具效力，因為正統猶太教並沒有支持她的皈依。孩子的父親訴諸世俗法庭，結果判定以母系血統做為猶太身分的判斷標準構成了種族歧視，因此是違法的。結果，英國最高法院使得猶太人必須透過宗教實踐來建立猶太身分，才能將猶太教做為入學資格的標準。[22]

對某些外地猶太人而言，加入會堂主要的功能是社交方面，而非宗教方面。有時候，能獲得在猶太墓園裡的埋葬權也是一個附加的動機(雖然猶太社群只要知道死者是猶太人，而且通常只要沒有被火化，不管怎樣都會安葬來自任何背景的猶太人，因為這是宗教義務之一)。很多猶太人為了實踐對會堂社群的宗教義務，一年會參加兩次禱告，分別是在猶太新年和贖罪日，就像世俗化的基督徒只會在聖誕節和復活節上教堂一樣。對這些猶太人而言，是否繼續效忠猶太教的試金石就是贖罪日禮拜，因為這是禮儀年之中最莊嚴肅穆的日子。家庭宗教生活的試金石則是逾越節前夕的晚宴和星期五晚間的安息日晚餐這兩個家庭聚餐的場合。在許多猶太家庭中雖然找不到猶太教的任何層面，但卻能在安息日前夕看見一對點燃的蠟燭，懷舊的氛圍充斥著這些儀式。

從至今仍存在著的猶太飲食演變史，也有可能追溯猶太人的歷史。在阿什肯納茲地區，星期五晚上會吃辮子麵包、烤雞(取代烤鵝或牛胸肉)、紅蘿蔔希米斯(tzimmes，一種甜味燉蔬菜料理)、馬鈴薯沙拉和馬鈴薯庫格爾(kugel)；星期六中午吃的是丘蘭特(cholent，一種煮上一晚的燉肉料理)；星期六下午和晚上吃的則是炸魚冷盤、醃鯡魚、小黃瓜切片、燻鮭魚和乳酪蛋糕。葉門猶太人會將一種略帶甜味的餡餅(jahnun)放進烤箱慢烤一個晚上，星期六中午配白煮蛋和一種辣醬一起食用。伊拉克、波斯、利比亞、埃及和敘利亞的猶太人全部都有自己獨特的飲食傳統。在光明節，為了慶祝油的奇蹟，阿什肯納茲猶太人會吃油炸薯餅(latkes)，塞法迪猶太人會吃油炸麵糰沾糖漿或甜甜圈，義大利猶太人會吃炸雞塊沾麵糊，摩洛哥人則吃庫斯庫斯配炸雞。在普珥節，塞法迪猶太人會吃哈曼耳朵造型的餡餅，沾糖漿食用，而阿什肯納茲猶太人則會吃哈曼耳朵餅(hamantaschen)，也就是一種用李子醬或罌粟籽做餡料的三角餡餅。五旬節會吃乳酪布利尼(blintzes)、乳酪蛋糕和牛奶布丁來慶祝。至於逾越節，由於這個節日非常注重不可以使用酵母來調理食物，以紀念以色列人當初逃出埃及時，為了迅速離開而沒有時間讓麵糰發酵的情況，因此人們會用杏仁粉、馬鈴薯澱粉、薄餅粉製作各式各樣的蛋糕、鬆餅、餃子和油炸餡餅，或像在阿拉伯地區，使用米磨成的粉來製作奇波（kibbeh），將飲食限制轉變成各種創新巧思的美食饗宴。[23]

在許多家庭裡，這些食物的食譜被前幾代人銘記在心，構成了與過往宗教的主要連結；少了這個連結，那些過去不會再引起共鳴。然而，後面將會看到，對《屋頂上的提琴手》（Fiddler on the Roof）描繪的世界所產生的那份半帶想像的懷舊情感（現在已經消失）並不是猶太教現代發展的全貌。

17
改革

摩西・孟德爾頌是第一個成為歐洲啟蒙運動重要人物，同時又繼續效忠傳統猶太教的猶太人，他在一七六三年的柏林皇家研究院靠著他的《論形上證明》（Treatise on Metaphysical Evidence）贏得論文比賽，打敗比他年長的伊曼努爾・康德，讓他落居第二，因而一舉成名。孟德爾頌被稱作「德國的蘇格拉底」，試著透過理性證實他眼中的自然神學的根本事實——靈魂的不朽以及上帝的存在與天命。他來自德紹，是妥拉抄寫員的兒子，接受過《塔木德》和中世紀猶太哲學的教育，能在三十四歲達到這樣的成就相當了不起。此外，他也自學了德文、希臘文、拉丁文、法文和英文，以及約翰・洛克、克里斯蒂安・沃爾夫和萊布尼茲的著作。[01]

從孟德爾頌的著作帶出的反應可以清楚知道，在前幾年，他的讀者主要不是猶太人，而且他的思想被認為適用於所有的宗教。但，名氣總會帶來敵意。一七六九年，剛出版查理・邦納（Charles Bonnet）《哲學的重生》（La Palingénésie philosophique）德文譯本的瑞士神學家約翰・卡斯帕・拉維特（Johann Caspar Lavater）挑戰孟德爾頌，要他在駁斥邦納或接受基督教之間，作二選一的抉擇。孟德爾頌並不是個好辯的人，但受到挑戰後，他覺得有必要做出回應，堅守他對祖先宗教的忠誠，主張猶太教相信所有人都有可能獲得救贖，而不像基督教只讓信徒得救。他在一七八二～三年出版的代表作《耶路撒冷，或論宗教力量與猶太教》（Jerusalem, or, On Religious Power and Judaism）中，以更有說服力的方式表達了猶太教允許良知自由的這種寬容形象：

至少，要為後代的幸福鋪好通往文化高峰的路，通往那份理性依舊只能徒然嘆息的普世寬容！不要給任何信條獎勵或懲罰，不要引誘或賄賂任何人去信任何一種宗教看法！只要不搗亂公共福祉，正直對待世俗的法律、對待你和其他國民同胞，就應該讓每個人都能說他心裡所想的，用自己的方式或祖先的方式向上帝祈求，在他認為可以找到救贖的地方尋找永恆的救贖。

和一個世紀以前的史賓諾沙一樣，孟德爾頌也提倡政教分離。基督教社會中那些沒有公民權的猶太人的個人利益，恰恰對上了啟蒙運動的個人良知價值觀。孟德爾頌和史賓諾沙一樣，相信真正的宗教會蘊含所有人都能得到的理性與道德真理。但和史賓諾沙不同的是，孟德爾頌主張猶太教的特點是來自神啟法，目的是要在宗教概念被偶像崇拜攻擊時，維護宗教概念的純潔。他希望猶太同胞體認到，這個議題在現在就跟在過去一樣關鍵：

即使是今天，也沒有比這更有智慧的建言可以告訴雅各之家。讓自己適應你移居的那片土地的道德和法規，但也要謹遵祖先的宗教。盡你所能承受這兩份擔子！沒有錯，在一方面，基於你所持續信守的宗教，公民生活的擔子對你來說會比較沉重，而在另一方面，身處的環境與時代在某些層面會讓奉行宗教律法變得比實際上更令人厭倦。但是，你要堅持，不從天意指派給你的職守上退縮，忍受立法者在很久以前就預言會發生在你身上的一切。02

孟德爾頌對德國猶太人造成的直接影響，不是來自他的宗教哲學的某些特定論點，而是來自他的榜樣，因為他即使身為一個出名的德國人，仍對猶太教忠心耿耿。他將妥拉翻成德文（用希伯來字母寫成），在希伯來文的評述中把中世紀猶太傳統針對字面意義所做的解經和美學評論（因此，他現代化聖經研究的方式不像史賓諾沙的批評那麼具變革性）結合在一起，受到很大的歡迎。孟德爾頌持續出版希伯來文的著作（例如一七六八年出版的《傳道書》評述）和德文的哲學作品，願意運用自己的影響力來造福德國和瑞士的猶太人，而且自己也嚴格遵守傳統猶太教的行為規範。因此，在他死後的一百年間在德國興起的各個猶太教分支都宣稱他們是受到了他的啟發。[03]

令人感到諷刺的是，一七六三年在柏林的論文競賽中輸給孟德爾頌的基督教哲學家伊曼努爾・康德所提議的思想對猶太教未來的影響比孟德爾頌的思想發揮的影響還要大。史賓諾沙和孟德爾頌用理性理解形上學，但是康德卻提出哲學創新思維，完全否定認識形上學的可能性。在康德看來，論證知識只有在感官感知的世界才有可能存在，因此上帝的存在只能透過理性假設，做為實現「幸福和道德以剛剛好的比例分布」的必要條件。康德認為，真正的宗教是合乎倫理的宗教，而基督教理想化、靈性化、以愛為根本的教誨最接近這個理想。[04]

康德後來成為孟德爾頌的摯友，但他跟史賓諾沙一樣，認為猶太教沒有成功達到真正宗教需要的高度，因為猶太教只要求信徒外表上遵循律法，而不求內在的道德信念。他的哲學之所以吸引尋求解放的猶太人，就是因為他投入的是一種不受儀式和團體束縛所限制的深層道德宗教，來取代他們習慣的猶太教。因此，曾經是哈西迪猶太人的所羅門・邁蒙（第十五章曾引述過他對哈西迪猶太教感到幻滅的言論）才會支持康德。

邁蒙的《先驗哲學》（Transcendental Philosophy）是對康德《純粹理性批判》（Critique of Pure Reason）

的說明與觀察，「就在這個系統在我腦中展開」的時候寫成。值得一提的是，邁蒙在生命即將接近尾聲時，竟對自己有如此大的信心，將《先驗哲學》的手稿寄給康德看。邁蒙一生貧苦，到過歐洲各地，先是在波蘭的蘇科韋柏格被人當成拉比神童，後在阿道夫・卡爾克魯什伯爵位於西利西亞的夫來斯塔特附近的宅邸成為座上賓，接著在摩西・孟德爾頌的圈子內待了幾年，最後因為生活放蕩，被迫離開柏林。邁蒙走投無路，在漢堡時試圖說服一個路德教派的牧師讓他皈依基督教，但是失敗了，因為邁蒙坦承他並不相信基督教的信條。不過，據說康德對這位追隨者的思想曾表示賞識，說沒有人像他一樣這麼了解他的哲學。然而，邁蒙一八〇〇年過世時，被定義為異端猶太人，因此葬在猶太墓園之外。05

投身啟蒙運動哲學這令人興奮的新世界、但對當時猶太同胞的宗教生活卻沒起到什麼影響的猶太思想家，不只邁蒙一人。加利西亞的馬斯基爾納賀蒙・克洛赫馬爾（Nahman Krochmal）在十九世紀初期以康德、謝林、黑格爾、維柯和赫爾德的思想為基礎，發展了一套獨特的理想主義哲學，主張猶太教的那位唯一的上帝是絕對的靈，所有的一切（包括其他國家的神祇）皆因其而存在，而每一個國家（包括猶太人）則會有一個自己的本土靈，歷經由生到滅的有機循環。這些概念在克洛赫馬爾生前沒有什麼人知道，但他在一八四〇年過世後，猶太學研究運動的成員協助散播他的思想，里奧波德・佐恩斯並在一八五一年將他的許多著作集結出版。醫生兼詩人的所羅門・施泰因海姆（Salomon Steinheim）也是個獨立的思想家，他的年紀比克洛赫馬爾還小，在德國出生，並用德文寫作（雖然後來搬到義大利）。施泰因海姆大肆批評基督教及孟德爾頌提倡用理性來接觸宗教的方式，主張啟示的真相是獨立於自然理性之外的，必須透過哲學證實。他提倡，宗教經驗應該和人類生活的其他層面一樣使用經驗測試，但這個概念既不合傳統主義者的意（他們認為他的哲學太過理性），也不符合改革派的精神；他在一八六六年過世時，改革派正橫掃德國猶太人，在猶太教內部創造一個新的教派，影響力延續至今。06

薩繆爾・侯德海姆（Samuel Holdheim）從一八四七年開始擔任柏林改革派的拉比，直到一八六〇年去世為止。他在一八五三年的一場講道中表達了改革運動的中心理念，希望猶太人利用自己分散在各國的優勢，超越傳統猶太教的國家主義特點，不要把這個宗教只當成以色列與上帝之間的關係，而是要將靈性的光輝帶給全人類：

猶太教的宿命就是將其思想的光芒、觀點的火焰、感受的熱情注入地球上所有的靈魂與心靈。這麼一來，這些各自依循其土壤和歷史特色的民族與國家接受我們的教誨之後，就能點燃他們自己的火光，而這些火光就能自行發光，溫暖他們的靈魂。猶太教應該成為各國的苗圃，充滿祝福與希望，而不是一棵完全長成的大樹，有樹根、有樹幹，頂上有枝條、有花果——一棵只會被移植到異地的樹……這就是我們的任務：讓猶太教留在猶太人之中，同時將猶太教散播到各國；保護猶太人的團結與生活與信仰，卻又不能減損全人類的團結；灌溉對猶太教的愛，卻又不能減損人類的愛。我們祈禱上帝賜予我們更多力量，找到真理的道路，不要偏離愛的途徑！

在侯德海姆的領導下，柏林的猶太社群將安息日從星期六挪到星期日，並允許猶太人和外邦人通婚，將猶太教恆久不變的倫理教誨以及他們認為不再適用於現代的那些暫時性的儀式律法加以區分。在將近五十年來不斷尋求猶太崇敬現代化的這些運動中，他的表現方式最為激進。[07]

這個運動的源頭，就是那些受到摩西・孟德爾頌的普世化神學所啟蒙的上層階級猶太人。一八〇八年，一個富有的金融家以色列・雅各森（Israel Jacobson），他曾向拿破崙提議在巴黎設立一個猶太最高議會，可能是一八〇七年巴黎猶太公會創建的推力）在卡瑟爾建了一座會堂，除了用德文講道，主祭（雅各森本人）還穿著清教徒神職人員的服裝。拿破崙失勢後，雅各森搬到柏林，繼續在私人住宅中舉辦類似的會堂禮拜。後來，這座城市的正統派拉比在一八二三年說服政府禁止所有的私人會堂。然而，到了這個時候，漢堡已經仿效雅各森的典範，這個運動開始步上軌道。08

漢堡的新以色列聖殿協會是由六十六位世俗猶太人所創立。他們在一八一八年十月十八日為這棟建築落成，宗旨和動機非常清楚：

> 公共禮拜已經被許多人忽視好一段時間了，原因是人們越來越不熟悉在此之前講道唯一可以使用的那個語言，同時間也有各種缺點衍生而出——因此，在下方簽了名的這些人相信，有必要將公共禮拜恢復到應有的尊嚴和重要性，於是便團結起來學習數個以色列會堂的榜樣，特別是柏林會堂。他們也計畫要為自己和其他具有相同理念的人在這座城市設計一個莊嚴有秩序的儀式，在安息日、聖日和其他肅穆的活動中實踐，並在他們自己特別為了這個目的而建的聖殿裡奉行。

雅各森在一八一〇年時，就已經在卡瑟爾引進新的堅振禮儀式，對象是滿十六歲的猶太人。新儀式的禮儀不固定，給人感覺比十三歲舉行的成年禮還要適合這個時代，因為孩子年紀更大一點，真的比較能夠承擔成年的責任。男孩女孩都可以參加這個儀式。一八四四年，年邁的阿拉德（當時位於匈牙利）拉比亞倫・裘林（Aaron Chorin）在病榻上衷心地表達出對於這種靈性改革的需求：

> 宗教的永久元素必須要用打動人心的方式表達出來，並符合生活的需求。倘若宗教和生活看似互相衝

突，那不是因為多加了外族的東西而玷汙了聖所，就是因為邪惡的意志過度放肆，希望將放縱的貪慾和錯誤的傾向變成人生的引導權威。如果我們準備好去掉這些不必要的多加的東西、這些常常強加在我們高貴信仰上的模糊黑暗時期的遺害，下定決心犧牲我們的生命來維持必要的東西，那麼我們就能在上帝的幫助下成功抵禦縱情或愚昧發動的惡意、輕率、放肆的攻擊；這樣一來，衝突就會消失，而我們也能為上帝成就某些永恆。[09]

雖然許多人感覺到有需要改變，但每個人對於應施加哪些限制的看法不一。早期的改革派禮拜將會堂禮儀縮短、講道和某些禱文使用方言，並在禮儀的主要唱詩元素中引進管風琴伴奏，但個別會堂做出的改變很容易招致當地正統派拉比的挑戰。亞伯拉罕・蓋革（Abraham Geiger）是猶太學研究運動的重要學者之一，他研究的是古代和中世紀的猶太歷史與文學，旨在證明猶太教其實一直處在演變的狀態（前面已經證實，他的說法至少從廣義來說是沒有錯的）。一八四四年六月，在他的率領下，來自德國各地、支持宗教變革的二十五位拉比經過說服，在布藍茲維碰面。一八四五年和一八四六年又分別在法蘭克福和布雷斯勞舉辦了兩場會議，但有關某些宗教做法的議題並沒有達成共識，像是男性在禱告時要不要遮住頭部、經匣的配戴以及潔食律法等。會上花了很多時間討論希伯來文在禮儀中的重要性（許多人希望保留），全體一致同意傳統禱文中有關恢復聖殿祭祀的部分應該要刪去，一八四五年七月二十日的法蘭克福會議也做出一項重大決議，決定「彌賽亞概念在禱文中仍應維持重要的地位，但是所有祈求回到祖先故土、恢復猶太國家的部分則應刪除」，因為「在當代加入禱告書的所有內容中，現代對於彌賽亞的概念可被清楚闡明，包括坦承我們新獲得的公民身分其實部分實現了我們對彌賽亞的盼望。」[10]

這些宗教改革運動和猶太學研究的歷史關懷之間有密切的關聯（見第十六章）。兩種運動的核心其實都是想要強調猶太教和猶太史的理性層面，這樣猶太人就能把自己當成和其他歐洲人一樣。漢堡會堂有許多人成長的家庭都不太奉行猶太教。猶太人尋找理性猶太教的時機，恰好和當代基督教的清教徒採納以聖經批評為基礎的充滿意義的開放神學一樣，都發生在德國特有的宗教復興氛圍中。

史學家與神學家都盡全力降低卡巴拉的神祕主義傳統，認為這些配不上啟蒙國家崇高的宗教理想，因而加以詆毀或無視之。但在獨立於德國改革運動之外的國家，歷史學問和哲學思辨有時會讓猶太人採取不太一樣的宗教立場。例如，義大利的撒母耳・大衛・盧扎托（人稱沙達爾〔Shadal〕）雖然在學術性的聖經評述中汲取學術批評的精神，善加運用了他對閃族語系的認識，但他卻支持一種浪漫的「感受的猶太教」，大力反對哲學的理性主義和神祕主義的冥思。年紀比他小的力康（利弗諾）拉比以利亞胡・貝拿摩茲格（Eliyahu Benamozegh）宣稱，卡巴拉應該被賦予和聖經及《塔木德》一樣的地位，並主張猶太教既然蘊含了散布在其他民族的宗教與神話當中的普世真理，猶太人就必須領頭鼓勵普羅大眾信仰一神教。有些人說貝拿摩茲格是義大利猶太人的柏拉圖，他因為試圖證明猶太教與當代義大利哲學家之間的密切關聯以及猶太倫理相較於基督教的優越性，受到非猶太讀者很高的推崇。然而，他用希伯來文寫成的一部重要作品（在一八六二和一八六五年間出版的摩西五經評述）囊括了比較語言學和考古學的證據，卻在某些地區的拉比圈引起強烈的敵意，乃至於他的著作在阿勒坡和大馬士革遭到了公開焚燒。[11]

德國的改革運動就從這些平凡的開端起頭，在整個十九世紀逐漸改變了中歐和西歐的阿什肯納茲猶太教。許多德國會堂都把禮儀改得更開放，雖然一八四五年創立的柏林改革會堂（Berlin Reformgemeinde）是唯一一個完全用方言做禮拜、男性露出頭頂且在星期日守安息日的德國會堂。一八七二年開放的猶太研究高等機構（Hochschule für des Wissenschaft des Judentums）在柏林訓練拉比，宣揚改革理念。一八五四年在亞伯拉罕・蓋革的指令下成立的布雷斯勞猶太神學院因為是由較不激進的扎哈里斯・法蘭克爾（Zacharias

Frankel）領導，所以不足以達成這個目的。法蘭克爾雖然支持改革，但他退出了一八四五年的改革大會，不滿大會提議要用德文取代希伯來文、在禱文中不再提及獻祭和回到錫安的部分。對他來說，這些都是猶太教的核心。

到了一八七〇年代，大部分信教的德國猶太人所隸屬的社群多多少少都有採納改革派神學和禮儀的某些層面，改革運動也已散播到其他地方。同時期，匈牙利和外西凡尼亞有許多猶太人已在當地同化，因而認同馬札爾人的國家主義，追隨非正統的亞倫・裘林（見上文）。亞倫・裘林自一七八〇年代晚期開始走上激進獨立的路線，追隨卡洛的腳步，譴責當地一種古老的民俗贖罪做法（kapparot）。這個民間習俗就是，在贖罪日前夕將一隻活雞在頭上甩三圈，象徵個人的罪過已轉移到這隻不幸的禽鳥身上，但裘林認為這是迷信，有違啟蒙運動的精神。裘林不僅支持在一八一八年引進柏林和漢堡的創新做法，也支持在安息日旅行和寫作，甚至還贊成猶太人與外邦人通婚。這些有著創新派（Neologist）這個非正式稱呼的猶太人試圖避免像德國猶太教那樣出現分裂的狀況，認為自己是匈牙利猶太人的唯一代表，不顧正統派的抗議。政治人物約瑟夫・厄特佛斯男爵（Baron József Eötvös）強力支持這項猶太人應該要有一個統一社群的原則，他從一八四〇年代就開始爭取猶太人解放，後在一八六七年匈牙利組成獨立政府的同一年成功通過一份解放法案。然而，匈牙利猶太人國民大會（厄特佛斯曾在一八六八到一八六九年間協助他們籌辦選舉）卻出現許多糾紛，就連限度和範圍的確立也無法達成共識。創新派將猶太社群定義為「提供宗教需求的團體」，而正統派則將他們視為「奉行摩西—拉比信仰、遵守《擺好的餐桌》法典的追隨者」。匈牙利議會在一八七一年向壓力屈服，在奧匈帝國皇帝的指令下准許正統派建立一個獨立的社群。因此，創新派做出很大的努力要修復關係的裂痕，試著不要激烈地改革禮儀。在政府指示下成立並受到政府補助的布達佩斯拉比神學院讓學生接受本質上屬於正統派的訓練，但和布雷斯勞一樣，也允許對古代文獻進行批判研究。

有一些傳統主義者認為自己既不屬於創新派，也不屬於正統派，因此給自己下了個貼切但怪異的定義：「原先的狀態」（Status Quo Ante）。這個團體獨立自主地延續到一九二八年，人數不多，也沒有獲得政府承認；一九二六年，斯洛伐克的原先狀態社群和創新派合併在一起，顯示出他們這個時候認為自己主要是反對正統派的。[12]

匈牙利創新派一直希望掌控匈牙利猶太人的宗教生活，但是他們也花了很多力氣防止改革運動分裂猶太教，因此在一八五二年時，他們壓制了自一八四八年以來就試圖建立改革會堂的佩斯猶太社群裡的年輕人，也在一八八四年阻止另外成立一個匈牙利的改革社群。英國的猶太人對社群的分離倒是毫不在意，因此在一八四二年才有西倫敦猶太會堂的創建。西倫敦猶太會堂是因為非常實際的理由而成立的：富有的猶太人搬離倫敦市東區，也就是首席拉比的大猶太會堂所在的地區，希望能在離家近一點的地方建立新的禮拜場所（雖然首席拉比不希望他們這麼做）。倫敦的會堂起初不怎麼在意歐陸的爭議。他們在落成儀式的講道中宣布，「聖經的神聖經卷一直都是正確無誤的指引，未來也是一樣」，「關於公共禮拜的議題，我們不希望排斥任何帶有摩西印記的事物。」這個社群在一八四〇年代和那些仍然獲得首席拉比宗教支持的猶太人依然保持親密的家族連結，並且不會將聖經和《塔木德》做出極端的區隔，說前者是受到上帝啟發，而後者只是人類的產物。這些都是英國猶太社群不擔心分裂的原因。

因此，英國的改革猶太教在整個十九世紀變得越來越保守。在一八八九年創立《猶太評論季刊》的那些人曾公開哀嘆英國猶太人對神學興趣缺缺，而且對猶太傳統的認識也不足。讓局面變得更糟的是，倫敦從一九〇八年開始停止出版這份季刊，刊物改成在美國這個更友善的環境發行。贊助《猶太評論季刊》並擔任共同編輯的富有猶太人克勞德・蒙蒂菲奧里是個著名的例外。他曾經在貝利奧爾學院當過班傑明・喬威特（Benjamin Jowett）的學生，也在柏林的猶太研究高等機構學習過，後在一九〇二年和莉莉・蒙塔古

（Lily Montagu）一起創立激進的猶太宗教聯盟；莉莉・蒙塔古來自顯赫的銀行世家，長期參與英國公共事務，既是開明的政治人物，也是正統派的聯合猶太會堂的領袖。聯盟接著在一九一一年建立了自由猶太會堂。蒙蒂菲奧里的神學觀把焦點放在猶太人的上帝概念及倫理學，強調猶太教與基督教之間的相似點，大力反對猶太人的國家主義，認為這會折損猶太人的普世主義論點。關於後面這個議題，其他階級背景和他差不多的英國猶太人跟他有非常契合的觀點，包括莉莉・蒙塔古的兄長第二任斯韋夫靈男爵（the second Baron Swaythling）以及她的弟弟愛德溫・蒙塔古。前者和他的父親一樣，雖然仍嚴格奉行傳統，但也強調自己的觀點：「猶太教對我來說只是一個宗教」；後者則在現實中發揮了更大的重要性，以政治人物的身分在英國內閣之中反對並修改了一九一七年的貝爾福宣言。[13]

改革猶太教真正茁壯起來，是在美國這個猶太人的新世界。在這裡，激烈的神學辯論總是迅速地被放入一個機構的組成中。一八二五年，以色列改革協會在南卡羅來納州的查理頓成立，和德國的宗教團體各自獨立發展。但，一八四二年在巴爾的摩創立西奈山會堂以及一八四六年在紐約創立以馬內利會堂的中歐移民卻從歐陸帶來了激進派和溫和派之間的爭議，兩派分別以大衛・安宏（David Einhorn）和以撒・梅耶・懷斯（Isaac Mayer Wise）為首。安宏過去曾在德國和布達佩斯的會堂擔任領導者，後從一八五五年四十幾歲時開始在美國接下各種職位，希望制定一套與柏林改革會堂類似的神學觀和禮拜形式，不在乎這些創新是否會給美國猶太人帶來分裂。他支持星期日禮拜、管風琴音樂和不遮頭，認為猶太教的儀式元素會阻礙人們用理性認識啟示的真正意義，並相信《塔木德》已經不再具有權威。他的神學體系很完整，從他一八五六年出版的禱告書（Olat Tamid）就能看得出來，因為書中刪去了有關復興祭祀、重返錫安和亡者復活的部分。他也很強調德文的使用：最後一篇講道文便是在呼籲北美的改革會堂應該保留德文。以撒・梅耶・懷斯也是從歐洲移民過來的，但是移民時年紀比較小（他在一八四六年二十七歲時來到奧巴尼）。他比較在乎猶太人的統一，動機也比較具有美國的特點，提倡以一神論為基礎的普世信仰，認為猶太教的觀念（他將聖經和《塔木德》都納入）會扮演主導的角色，並會擁護各種類型的猶太人。他的猶太教是屬於理性主義的猶太教，每週五晚間的學術演講非常重要，禱告的主要語言則是英文。[14]

懷斯以辛辛那提為根據地，一八七三年時已將二十八座城市裡的三十四個改革社群納入美國希伯來會堂聯盟。在聯盟的支持之下，希伯來協和學院一八七五年在辛辛那提猶太會堂的地下室成立，專門訓練美國的改革派拉比，由懷斯擔任院長。但，將會堂聯合起來之後，人們要求應該更清楚地確立改革的原則，而懷斯雖然負責主持一八八五年在匹茲堡召開的美國改革拉比會議，但會後產出的匹茲堡綱領大部分的內容卻比他自己所希望的還要激進許多。綱領的八個段落充斥著安宏的精神（安宏本人已經在一八七九年過世）：

我們認為，現代在自然和歷史領域中透過科學研究得到的發現並不違反猶太教的信條……今天，我們認為只有道德律法具約束力，只保留能提升、聖化我們生活的儀式，但是排斥無法適應現代文明觀點與習俗的一切……我們認為，規範飲食、祭司潔淨和服裝的這些摩西與拉比律法都是源自古老的年代，受到對我們現在的心智和靈性狀態來說全然陌生的觀念所影響……我們認為自己已不再是一個國家，而是一個宗教團體，因此我們不期待回到巴勒斯坦，不期待在亞倫的子孫管理下進行獻祭儀式，不期待恢復任何與猶太國有關的律法……我們重申猶太教的信條，那就是人類的靈魂是不朽的……我們排斥肉體復活以及欣嫩谷和伊甸園是永恆懲罰或獎勵之居所的這些說法，認為這些概念不是源自猶太教……我們認為，參與現代的重大任務是我們的職責，我們的責任是要以公平正義為基礎，解決由現今社會組織的矛盾與邪惡所造成的問題。[15]

懷斯在一八八九年成立的美國拉比中央大會採納了匹茲堡綱領。從這些宣揚普世主義的主張來看，美國拉比中央大會在一八九七年的第一屆錫安主義者大會之後會譴責錫安主義，或許並不叫人意外。然而，這個運動這時候也開始受到大批從東歐來到美國的猶太人所影響。對這些移民而言，意第緒語自然是他們表達猶太身分認同使用的語言，幾十年前流行的德國自由風氣無關緊要。有一陣子，改革運動有點偏離正軌，雖然領袖不願喪失這個運動的理想，如美國拉比中央大會的會長在一九〇八年所說的：

我聽人家說，自從大會組織起來的那一天起，美國猶太世界的樣貌已大幅改變；由於過去二十年來大批移民來到，我們的宗教現況已經和先前完全不同。許多人氣餒不已。反動主義的浪潮席捲而來，讓他們站不住腳。十九世紀領袖們的樂觀態度在許多地方都變成悲觀的嚎哭。絕望的人們哭喊著這個大會代表的進步觀不可能對付得了那些反動主義、隔離區主義、浪漫主義、新國家主義和新正統派壓倒性的優勢。雖然有這麼多不祥的徵兆，我仍堅決相信我們沒有必要絕望、氣餒、喪志……在美國化的過程中，許多其實非常優秀的人的視野現在雖被不正的視角所扭曲，但這些視角將會和其他放肆的觀念走上同樣的道路，因為文明前進的方向一直都會歷經短暫的偏離。將意第緒語當成猶太人國族語言的這種一時的風氣、關於猶太人有沒有自己的藝術的這種無謂的討論、期待猶太國家出現政治復興的這種空虛的夢想……全部都會過去，成為這段過渡期的奇異混合曲當中有趣的小插曲。屆時留下來的，將成為全世界的猶太宗教民族以及猶太宗教力量的偉大根本理想。[16]

十九世紀、二十世紀初期拉比會議在做出這些宣言的同時，改革猶太教也產出了大量複雜的神學著作，將德國最偉大的一些哲學家的思想應用在猶太教裡，其中以康德最為重要。赫爾曼・柯恩（Hermann Cohen）是決心展現康德的倫理理想主義其實能夠和改革運動發展出來的猶太教本質相容的第一人。柯恩的父親是一個領唱者，他起初打算成為拉比，但在布雷斯勞和柏林念大學時受到哲學的吸引，後在一八六五年二十三歲時得到哈勒大學的博士學位。十年之後，他成為馬爾堡大學的全職教授，並花了四十年左右發展出康德唯心主義的另一套獨特思想體系，強調人類高尚的重要性，主張人類自由跟自然科學的因果論不會互相衝突，因為倫理和科學屬於兩個不同的系統，共同存在著。柯恩在馬爾堡的這些年發展出來的哲學體系並不需要提及猶太教。他假定，宗教對倫理來說是必須的，但他提出的有關上帝的概念非常抽象：上帝的存在是為了讓人類實現倫理的理想，因此上帝確保世界持續不斷，就如大洪水過後祂答應諾亞的那般。柯恩在馬爾堡這麼多年，卻只有兩次直接討論到猶太教，一次是為了駁斥反猶太的史學家海因里希・馮・特賴奇克（Heinrich von Treitschke）對猶太教的侮辱（他將猶太教定義為「異族的國家主義宗教」），一次是和某位反猶太的學校教師有關的訴訟。

直到生命最後六年的光陰，柯恩才開始涉獵猶太哲學，而這將對二十世紀的猶太思想家產生深遠的影響。一九一二年，柯恩七十歲時終於從馬爾堡退休，搬到柏林的改革高等機構，致力發展一套對猶太教的全新理解。促使他這麼做的，是一九一四年到維爾紐斯和華沙所進行的一趟旅程。在這趟旅程中，他親眼目睹一種猶太生活型態，跟他在德國知道的非常不一樣。柯恩將他對宗教所扮演的角色的相關概念融入他的倫理哲學，認為倫理雖然在全人類當中獨立運作，但從後期的希伯來先知以降，宗教引進了罪、懺悔和救贖的範疇，使人們可以應付個人的痛苦與罪責。他最後一部著作《從猶太教文獻論述理性的宗教》（Die Religion der Vernunft aus den Quellen des Judentums）是在一九一九年他過世後出版的，同時也是他最有影響力的作品。他在書中選擇聖經、米大示和猶太禮儀的部分文本來進行釋義，詳細論述一種全新的宗教觀，完全改變他原本在馬爾堡的觀點（上帝是人類理智用邏輯推論出的假設），認為上帝是純粹的存在（「我是自有永有的」），主張這個還在成形中的不完整世界是透過聖靈（Ruah haKodesh）與上帝產生連結。聖靈不像斐羅提出的邏各斯概念那樣是一個獨立的存在，而只是上帝與人類之間的「關聯」（和人與人之間的關聯共同存在）的一個屬性。柯恩相信，人和上帝一起合作進行創造，當彌賽亞時代來臨，全人類將效法猶太人的模範，團結統一成一個和諧的社群，創造出來的萬物就會達到完美。為了讓猶太教成為這樣的模範，猶太人某種程度上必須遵守猶太傳統與律法，但律法必須是基於個人的責任感自行選擇去遵守（如康德所堅持的那樣）。同時，柯恩也表示猶太教不是唯一的模範：柯恩主張，其他宗教或多或少也會因關注其他人類（同胞情誼的價值）和上帝（悔過的需求）而培養出高尚人格，所以也有分到部分的理性。[17]

柯恩最後的幾部作品是在改革高等機構的支持下寫成的，而他身為康德哲學家的名譽也使得他的神學思想在二十世紀相當受到改革猶太教的重視。然而，十九世紀的德國改革運動比較不走康德路線，而是追隨謝林和黑格爾的唯心主義哲學。謝林和黑格爾相信現實的靈性本質，主張靈性會在歷史開展的過程中漸進地實現，且所有的歷史都有宗教面向。改革領袖所羅門・弗姆史特謝爾（Solomon Formstecher）在《靈性的宗教》（Die Religion des Geistes，一八四一）中重述了謝林的世界靈魂以大自然為表現形式的概念，將這個所謂的世界靈魂和上帝畫上等號，但是他也認為，靈性是世界靈魂的另一個表現形式，主要的特點是自我意識和自由。書名「靈性的宗教」指的是猶太人的宗教，而這個宗教已經開始朝更偉大的普世主義發展，猶太人的解放將使整個發展過程趨近完結。因此，猶太人必須做好準備，去掉猶太教的獨有元素和儀式律法，才能迎接靈性宗教的絕對真理。[18]

弗姆史特謝爾的著作出版一年之後，另一位改革派拉比撒母耳・赫希（Samuel Hirsch）發表了《猶太人的宗教哲學》（Die Religionsphilosophie der Juden，一八四二）一書，比較了猶太教和基督教，接受黑格爾的靈性宗教概念和發展的可能性，但對於黑格爾的其他哲學觀點進行了深度的批評。他反對黑格爾將現代德國基督教視為完美絕對靈性演化過程的終點，而把其他宗教只當成一路上會經過的途站點，認為這些宗教現在應該要全數遭到遺忘。赫希在整本書裡不斷強調自由的概念，認為任何人只要找到倫理自由的真理，就一定會想要散播給他人，但猶太教不是透過傳教達到這點，而是要讓猶太人成為自身信仰的見證人。赫希的公眾職務和對社會正義的付出使他的思想發揮很大的影響力。他在一八四三到一八六六年擔任盧森堡的首席拉比，其後搬到費城，主持了一八六九年的第一屆美國拉比大會，並在一八八五年產出匹茲堡綱領的討論中（見上文）扮演重要的角色。[19]

因此，康德哲學家會支配二十世紀的改革猶太教，並不是必然的結果。康德哲學的支派地位有很大一部分和赫爾曼・柯恩的名聲有關，而二十世紀前半葉德國改革猶太教的重量級人物里歐・拜克（Leo Baeck）接受了柯恩對於猶太教的關鍵詮釋——「倫理一神教」，也是主要原因之一。拜克在布雷斯勞和柏林念大學時，便將拉比和歷史研究與哲學研究結合在一起，後來在一八九七年擔任奧波列的拉比。他的鉅著《猶太教本質》（Wesen des Judentums）在一九〇五年出版，為的是要反對阿道夫・馮・哈納克（Adolf von Harnack）的《基督教本質》（Wesen des Christentums）。他先是在一九〇一年發表了一篇文章攻擊哈納克，主張像猶太教這樣的「古典宗教」是透過「具體靈性」來做出道德行為，用遵守誡命的方式獲得自由，不像基督教這種「浪漫宗教」的抽象靈性，是藉由恩典得到自由。他在一九三三年納粹下令讓德國猶太人失去法律身分的那一年開始擔任全德國猶太人的領袖，道德情操無人可比，拒絕所有可以逃跑的機會，後來在一九四三年被送到特雷津集中營。一九四五年之後，他搬到倫敦，接著斷斷續續住在辛辛那提，直到一九五六年過世，期間大力強調猶太人須實現人與人之間的倫理義務，才能完成其宗教任務。[20]

在一九二五年，里歐・拜克將拉比老師的頭銜授予一個性情和背景非常不同的哲學家：性格熱切的神學家法蘭茲・羅森茨維（Franz Rosenzweig），他在三十幾歲時就已癱瘓，使他必須被關在家裡直到一九二九年去世。這個舉動比較是出自友誼與同情，而不是因為拜克認可羅森茨維在《救贖之星》（Der Stern der Erlösung，一九二一年出版）展現的獨特存在主義思想。羅森茨維來自卡瑟爾的中產階級家庭，一家人受到高度同化，跟猶太教沒有什麼連結，他的親朋好友很多甚至都皈依了基督教。一九一三年七月七日晚上，羅森茨維在一個清教徒神學家的親戚歐根・羅森斯托克－胡西（Eugen Rosenstock-Huessy）的影響下，也決定要皈依，但條件是他要以「猶太人的身分」成為基督徒。那年秋天，為了測試自己的決心，他到柏林的一座正統猶太會堂參加贖罪日禮拜。根據後來的說法，是贖罪日的禮儀將他帶回祖先信仰的，但這可能只是神話。可以確定的是，他是在那天過後不久「回歸」了猶太教，深信他所要做的，就是為自己和其他跟他一樣同化的猶太人找回猶太教。他在一次世界大戰到各地軍營駐守時寄了許多明信片回家，組成了《救贖之星》的核心內容，裡面囊括了他在戰時與羅森斯托克的大量信件往來中討論出來的想法，點出啟示做為歷史與存在現實的重要性。戰爭期間，他還找時間前往柏林學習猶太文獻，因為他覺得自己對這方面很不了解。他在柏林和赫爾曼・柯恩建立起良好的私人情誼，也認識了馬丁・布伯（Martin Buber），之後在一九二〇年代將會跟他密切合作。[21]

《救贖之星》反映了不少這樣的背景。猶太人（即羅森茨維的「會堂」）被描寫成後歷史的禱告團體，在宗教曆法和禮儀的循環中期待靈性獲得救贖，而末世承諾會以火的姿態體現，補充基督教裡上帝的救贖光芒。羅森茨維和柯恩一樣認為基督教也有需要扮演的角色，是適合基督徒的局部真理，就好比猶太教是適合猶太人的局部真理般，兩者最後都會在末日時由絕對的真理取代。猶太教的啟示有一個關鍵概念，那就是上帝會藉由愛持續地進入與人類的關係，而這又會引起人類愛的回應，在人與人的關係之中表現出來。上帝會叫每個人的「姓和名」，確認個人的有限存在，祝福那人可以遇見永恆。

羅森茨維從軍時體驗到他認為是東歐猶太人「真實性」的東西，明確意識到自己對希伯來文獻實在是缺乏認識。因此，戰後他在法蘭克福創立了自由猶太學習之家（Freies Jüdisches Lehrhaus），讓沒有受過足夠猶太教育的歸化社群在一個互相包容、接受彼此追尋猶太認同的環境下認識猶太經典。結果，學習之家確實滿足了一個非常真切的需求，而且幫助的對象不只有同化最深的德國猶太人。馬丁・布伯也到法蘭克福加入羅森茨維，兩人在柏林的時候就已經是朋友，現在則一起合作將聖經翻譯成明顯希伯來化的德文，希望讓讀者大吃一驚，跟譯本互動。羅森茨維過世時，這項翻譯計畫尚未完成，直到一九五〇年代才由布伯完成。

馬丁・布伯和羅森茨維不一樣，他在蘭伯格時從祖父所羅門・布伯那裡接受過傳統的猶太教育；他的祖父經濟來源獨立，將活躍的商場人生與研究米大示和中世紀拉比文獻的學術生涯兩相結合。馬丁自己在十幾歲的時候不再遵守宗教習俗，二十出頭有段時期沉浸在錫安主義的政治活動中，後來從二十六歲開始研究哈西迪猶太教；他對哈西迪猶太教的研究將會使他在猶太社群揚名，成為他一生學術研究的核心組成。他起初關注的是美學方面，在一九〇六年開始用德文改編納賀蒙拉比的故事，後於一九〇八年出版《巴爾・謝姆・托夫故事集》（Die Legende des Baalschem）。然而，他也漸漸在哈西迪猶太教的研究中了解到，個人虔敬的概念是猶太教的本質。他對哈西迪猶太教的興趣以及他在一次世界大戰期間透過柏林的猶太國家委員會代表東歐猶太人所做的事蹟，都和他最有影響力的著作《我和你》（Ich und Du）有直接的關聯；這本書在一九二三年出版，剛好是他開始跟羅森茨維一起參與法蘭克福學習之家的時候。這個對話哲學是受到他年輕時閱讀十九世紀基督教哲學家路德維希・費爾巴哈（Ludwig Feuerbach）的作品所影響，假定人對這個世界抱持著兩種態度，由兩種關係決定：「我／你」的關係和「我／它」的關係。現代的人類關係常常落入「我／它」的關係，過於現實功利。在這種關係中，某個主體會支配利用某個客體。因此，必須重新努力恢復「我／你」的關係，也就是兩個人要進行存在性的邂逅與對話，雙方都完整地在場。人類與永恆的「你」（上帝）之間的關係最能完美表達這個邂逅。因此，日常生活只要有真正的對話，上帝就有可能在場，雖然不能證實這個永恆的你是否存在，因為只有那些對上帝有靈敏度的人才感受得到（如哈西迪猶太教的著作）。[22]

布伯的存在主義哲學和赫爾曼・柯恩堅持「關聯」的重要性有點相似，但卻私人許多。我／你的邂逅一定要不斷更新，需要崇敬者的自發，而上帝也會反過來做出自發的回應。因此，布伯認為正規的禱告和儀式沒有什麼意義，導致他和羅森茨維意見變得非常不合，因為羅森茨維在生命最後幾年疾病纏身時，越來越注重要實踐戒律。從這裡可以看出兩位思想家的自由精神，即使有這樣根本上的差異，仍然可以在學習之家一起密切合作。一九三三年，羅森茨維死後四年，布伯因納粹掌權而被辭去法蘭克福大學的宗教教授職位後，開始領導學習之家。後來，當局的迫害將他逼到巴勒斯坦，他便在希伯來大學任教。

從柯恩到布伯的這幾位哲學家雖然都留下了相當創新、很有力量的著作，但若以為這些作品是二十世紀或現今多數改革派猶太人宗教生活的基礎，那就太天真了。羅森茨維的《救贖之星》蘊含了非常複雜的思想，一般猶太人很少會嘗試理解。馬丁・布伯的神學觀比較容易掌握，但諷刺的是，他雖然聲稱在上帝給予以色列的誡命（目的是讓上帝在團體生活中的王權成為現實）中比在其他宗教裡容易找到對話邂逅，他的著作實際上對基督教神學家的影響卻比對猶太人的影響還大。對大部分的猶太人而言，這些思想家主要的貢獻在於，他們透過自身經歷證實，即使同化最深的猶太人是在成年後才開始學習研究，也有可能為這個宗教發展出複雜的思想。

改革猶太教在二十世紀的發展就比較不屬於學術影響的產物，而是受到同化程度越來越高的猶太人（特別是在美國）面臨的文化與社會變遷所影響，逐漸強調個人的自主與靈性。匹茲堡綱領的第六段聲明猶太教是一個進步的宗教，改革和自由猶太教也被概括性地稱做進步猶太教世界聯盟（在一九二六年創立於倫敦），因此若說過去一個世紀以來出現劇烈的變遷，或許就不叫人意外了。最劇烈的變化之一，就是人們對錫安主義的態度出現完全的逆轉。在某方面，這好像只是對整個美國猶太社群態度的轉變所做出的回應。被指控同時對另一個故土忠心，並沒有打破美國猶太人相信自己在這個移民國家可以跟其他美國人一樣當個美國人的信心。自由派拉比史蒂芬・S・懷斯一九〇七年在紐約創立自由猶太會堂，允許講道壇的言論自由。此外，他還將美國社會正義和種族平等的呼聲跟自己鮮明的錫安主義立場（他在一九二二年成立的專門訓練改革派拉比的獨立神學院：猶太宗教學院，宣揚這個立場）結合在一起。

到了一九三七年，美國改革猶太教的理念和習俗已經變得跟一八八五年的匹茲堡綱領很不一樣了，因此在俄亥俄州哥倫布舉辦的會議又採取了一套新的指導原則。會議接受的其中一項改變，就是「所有猶太人都有義務協助維護猶太故土，不僅要讓它成為受壓迫者的避風港，還要成為猶太人文化與靈性生活的重鎮」，將恢復巴勒斯坦和創建上帝王國這兩件事連結在一起。哥倫布會議的拉比和匹茲堡的前人非常不同，主張猶太教是一種「生活方式」，強調習俗、儀式、宗教藝術與音樂以及在禮拜中使用希伯來文的重要性：

猶太教若要永恆存在，就要靠宗教知識，並將我們豐富的文化與靈性遺產教導給每一個新世代……猶太教做為一種生活方式，除了其道德和靈性誡命之外，還要保留安息日、節日和聖日；保存發展具有啟發價值的習俗、象徵和儀式；發明獨特的宗教藝術與音樂形式；在禮拜和指導中不僅使用方言，也要使用希伯來文。[23]

新發表的原則有一些馬上就遭受到壓力，像是第八條呼籲卸除武裝的原則，因為歐洲要對抗納粹主義，所以便迅速被推翻。二十世紀後來又出現了更多改變，變化持續至今。然而，擁護錫安主義的狀況並沒有變：一九四七年，聯合國討論是否創建猶太人的國家時，改革派拉比阿爸・希列・席爾瓦（Abba Hillel Silver）就是錫安主義的發言人之一，而進步猶太教世界聯盟的總部也在一九七三年遷到耶路撒冷，任務是要在以色列的許多地點設立學校、會堂和聚落。[24]

同一時間，大屠殺讓預設人類會一直進步的改革派猶太人面臨了嚴峻的神學問題。在歐洲大戰期間，一九四四年時擔任耶路撒冷希伯來大學校監的改革派拉比猶大・芒格內斯（Judah Magnes）引述了哈西迪老師柏地雪夫的利未・以撒對上帝說的一句格言：「我不問自己為何受苦，只問是否為了祢受苦。」戰後，馬丁・布伯拿聖經裡上帝躲避罪人的概念來暗示上帝暫時躲了起來：「在那日，人必說：『這些禍患臨到我，豈不是因為我的上帝不在我中間嗎？』在那日，因人偏向別神所行的一切惡事，我必定轉臉不顧。」然而，哲學家埃米爾・法肯海姆（Emil Fackenheim）在學術生涯中花了很多時間發展一套複雜的大屠殺神學，認為猶太人的生存決心（他稱之為「第六百一十四條戒律」）必定是源自天界；他先是在德國受訓為改革派拉比，後來從強迫勞改營逃往加拿大，從一九三九年開始在多倫多大學教授哲學，接著又到耶路撒冷的希伯來大學教書。法肯海姆和一些其他的神學家都認為，以色列國是大屠殺的神學答案。[25]

德國猶太人遭到屠殺之後，二十世紀後半葉在美國和以色列之外的猶太神學重鎮就屬法國。來自立陶宛的伊曼紐爾・列維納斯（Emmanuel Levinas）在一九二三年十幾歲時移民法國，從一九五〇年代開始，便認為自己是法語同化猶太人學術圈的一份子。列維納斯是大屠殺的倖存者，他的家人大多遭到殺害。然而，他主要的哲學作品是受到一九二〇年代晚期德國的胡塞爾和海德格的現象學所影響。列維納斯強力主張，要和世界建立適當的關係，就必須接受、尊重其他民族的他性中固有的倫理說詞。他為法國猶太知識分子的某次年度大會寫了《塔木德講話》（lectures talmudiques），希望能說服他們認真看待猶太文獻，因此將古代的拉比文獻當作闡述自己哲學思想的平台，而不單純探索這些文獻。比方說，針對《塔木德》一個奇怪的段落：「瘟疫【襲擊一個】城鎮時，不要走在路的中央，因為死亡天使知道自己有權【襲擊】，就會大膽地走在路中央。城鎮平安時，不要走在路的兩側，因為死亡天使沒有權利【襲擊】，走路的時候就會躲起來【在路的兩側】」，他是這樣詮釋的：

帶來滅絕的暴力：和平與戰爭、戰爭與大屠殺之間沒有極大的不同……和平與奧斯威辛沒有極大的不同……邪惡勝過人類的責任心，沒有留下任何完好如初的角落，讓理性恢復鎮定。但這個命題或許正是要呼喚人類無限的責任感……

列維納斯在法國普遍被認為是個重要的哲學家，有些法國猶太人也因為他鼓勵在智識上「回歸猶太教」而讚美他。然而，是不是真的有許多猶太人用他的著作來理解自己的猶太教，或者只是純粹用來理解他複雜的思想，就不能確定了。[26]

在美國改革派猶太人的生活中，比起二十世紀前半葉德國神學家的抽象神學觀，那些有關大屠殺和以色列國的討論更重要。而且，改革派最關注的主要議題也不是來自神學，而是來自整個美國社會發生的變遷。因此，女性在會堂儀式和管理中完全平權的原則最終使得一名女性：莎莉・J・普里桑德（Sally J. Priesand），在一九七二年被任命為拉比，而近幾十年也有同性戀猶太人獲得任命。事實上，德國之前已任命過一位女拉比：蕾吉娜・強納斯（Regina Jonas）。她曾就讀柏林的高等機構，後於一九三五年十二月被自由派拉比聯盟任命；里歐・拜克在一九四二年二月時曾對此表示贊同。然而她擔任拉比不久就被帶到特雷津，後來在一九四四年年底不幸死於奧斯威辛，因此對改革派和自由派猶太教的發展沒有什麼影響。[27]

美國的改革猶太教在一九八三年決定承認猶太父親和非猶太母親的孩子為猶太人（如果孩子希望成為猶太人的話），而不必經過任何皈依流程，將接受範圍擴大到改革派猶太人的非猶太伴侶身上。二〇〇〇年的全國猶太人口調查顯示，隸屬於任何宗教社群的美國猶太人，有將近四成將自己的猶太教類型定義為改革派。英國的改革運動也採納了依母系或依父系皆可成為猶太人的原則，但是加拿大和以色列則沒有跟進。改革猶太教在土生土長的以色列人之中沒什麼進展，因為以色列人傾向把他們的社會簡單分成極端宗教和純粹世俗這兩種人，國家的教育和政治體系也強化了這種分法，因此其他形式的猶太教沒有什麼發展空間。現在住在以色列的改革派猶太人大部分都是來自外地的移民。改革猶太教在前蘇聯的猶太人之間比較受歡迎，主要是因為很多人都是從父親那邊追溯自己的猶太身分，而非依從母系。蘇聯時期的猶太人不能接受猶太宗教教育，所以很多俄羅斯猶太人都得從頭學習猶太教的一切。進步猶太教世界聯盟提供了用方言寫成的禱告書和其他教材，對他們的學習過程很有幫助。[28]

前面看到，一開始，十九世紀的改革派猶太人認為自己是猶太教內部的一個運動，漸漸地才在某些地方開始將自己定義為這個宗教裡一支特色鮮明的教派。改革派猶太人從來沒有說過，傳統主義者是不具有效力的猶太教類型，雖然他們曾表示，保存多餘的習俗是不開明的，會成為真正宗教的阻礙。傳統主義者的態度一直都比較惡劣，認為改革派背叛了猶太教的精髓。從前面說過有關匈牙利在一八六〇年代發生的狀況就可看出，他們甚至連為何要妥協折衷也時常無法理解。兩邊陣營都有同樣的困惑，因為在改革派看來，融入現代社會是非常顯而易見的需求。

18 反改革

在一八八三年，夢想將美國所有的會堂全部統一由他領導的改革派拉比以撒・梅耶・懷斯為希伯來協和學院畢業的第一批拉比主持任命典禮。他在辛辛那提舉辦一場筵席，邀請所有猶太社群前來。這場餐會是個災難。先上的是白醬田雞、蛤蜊、蝦子、螃蟹和龍蝦，主菜是牛肉，最後一道菜則是乳酪。懷斯聲稱外燴因為不懂潔食規範，所以弄錯了菜單，但至少有避開豬肉。然而，不少參加者憤而離席，接下來數個月，在美國的猶太媒體上都能看見這場騷動。

雖然正統派對改革派的反應很少如此暴力，但我們前面也有提到，敘利亞在二十年前左右焚燒過以利亞胡・貝拿摩茲格的聖經評述（第十七章）。在一八四八年九月的蘭伯格，一個名叫亞伯拉罕・貝爾・皮爾頗（Abraham Ber Pilpel）的正統派猶太人溜進鎮上一位改革派拉比亞伯拉罕・科恩（Abraham Kohn）的廚房，在一家人的湯裡用砷下毒，將他殺害——這是古典時期以來猶太人因宗教動機謀殺另一位猶太人的第一件已知案例。然而，大部分的對立（無論多麼發自內心）都是用口頭或書面的形式呈現。有些正統派領袖所採取的手段更和平：一九三四年五月二十七日，大英帝國的首席拉比、同時也是英國主流正統派猶太教的發言人約瑟・H・赫茲（Joseph H. Hertz）在參加倫敦一座新改革會堂的祝聖儀式時，直言不諱地說：「我是這世界上最不可能低估猶太人之間的宗教差異有多重要的人。如果我今早還是決定和你們一起來到這個地方，那是因為我堅信，比猶太人的宗教差異更悲慘的，是猶太人對宗教的漠不關心。」

面對猖獗的世俗主義，這種要所有宗教團體團結起來的呼聲仍有一定的影響力，特別是在歐洲。然而，正統派和改革派之間的分歧近幾十年來因為猶太身分的議題而變得越來越嚴重，正統派拒絕接受改革派結婚、離婚和皈依的效力。由於有些改革社群接受了依父系的原則，許多改革派猶太人除非經過正統派的皈依過程，否則根據正統哈拉卡的傳統是不能被當作猶太人的。因此，希望依照回歸法定居在以色列的非正統皈依者在身分地位方面引起了激烈的爭議。[01]

現代正統派

傳統主義者對改革派的宗旨所做出的回應從一開始就十分敏捷直接。一八一九年，二十二位歐洲拉比領袖在漢堡拉比法庭的支持下出版了一本答文《這些是約上的文字》（Eleh Divrei haBrit），明確譴責漢堡聖殿的改革；一八四四年，不下一百一十六位拉比完成了旨在責難布藍茲維會議改革派拉比的《完美信仰的以色列》（Shelomei Emunei Yisrael），宣稱「他們或任何人都沒有權力廢除任何一條宗教律法」。在這樣毫不妥協的對立態度之下，哈雷迪猶太教（haredim）出現了，第十九章將會談到他們從十八世紀一直到二十一世紀是如何決心要保留傳統的風俗習慣。除了哈雷迪猶太教，另一種傳統猶太教也出現了，他們在十九世紀時漸漸把自己定義為「正統派」——不過，正如正統派的其中一個先驅參孫・拉斐爾・赫希（Samson Raphael Hirsch，不要跟同時期但年紀較小的改革派拉比兼哲學家撒母耳・赫希搞混〔見第十七章〕）在一八五四年所說的：「在猶太教的討論中引進『正統』一詞的並不是『正統』猶太人。是現代的『進步』猶太人第一次用這個名字來稱呼『老舊』、『落後』的猶太人，帶有貶低的意味。『老舊』的猶太人一開始很排斥這個名稱。而他們會排斥也是有道理的。『正統』猶太教不知道猶太教的任何變化形式。『正統』猶太教認為猶太教是唯一且不可分割的。」[02]

參孫・拉斐爾・赫希在漢堡出生受教育，經歷過一八一八年成立漢堡改革聖殿的激烈爭議，而他信奉的正統猶太教（有些史學家稱之為「新正統派」），跟哈雷迪猶太教有所區隔）可以算是在他年輕時那個吵鬧不休的氛圍下的直接產物。一八二一年，赫希正值成年禮年齡，漢堡社群也剛好將二十幾歲的以撒・伯內斯（Isaac Bernays）選為首席拉比，要在不引進改革派劇烈變革的情況下將猶太教現代化，以對抗他們眼中的改革派危機。值得注意的是，對伯內斯而言，漢堡社群對改革派的接受度已經大到讓他覺得有必要稱自己為「哈罕姆」（haham，塞法迪猶太人對「智者」的稱呼），而不是「拉比」，以點出他和改革派拉比的差別。伯內斯結合了烏爾茲堡的猶太學院教育和大學的教育，在漢堡使用德文講道（一種創新做法），提倡人們不僅要成為好公民，也要奉行宗教習俗。[03]

最終，「與世俗文化和諧共處的妥拉」成為赫希的猶太社群使用的口號以及現代正統派猶太教的理念；直到今天，現代正統派仍以他的教誨為基礎。赫希和伯內斯一樣，二十出頭時上大學研究古典語言、歷史和哲學。他和年紀稍小一點的猶太學生亞伯拉罕・蓋革變成朋友；前面已經提過，蓋革後來成為德國改革派的靈性領袖。這兩人在波昂共同組織了一個研究猶太講經學的學生社團。有一點應該點出來，那就是在一八二〇年代晚期，這些懷有熱忱的年輕人擁有許多天差地遠的宗教選擇——蓋革強烈批評赫希在一八三六年用完美的德文發表他對猶太教原則的論點之後，這份友誼才淡了下來。赫希的論點發表在《十九封信論猶太教》（Neunzehn Briefe über Judentum），書中以兩位年輕人（困惑不解但十分有才智的便雅憫與協助消除困惑的拿弗他利）的書信往來為形式，捍衛處於世界文化之中的傳統猶太教，並挪用「改革」這個名稱來呼籲人們要保存傳統的精華：

因此，就把改革當成我們的座右銘；讓我們用盡所有的力量和我們性格當中美好崇高的特質，努力達到這個完美理想的高度：改革。然而，唯一的目標就是，要由我們這個時候的猶太人來實現猶太教，實現與時代的狀況和諧一致的永恆觀念；前進到妥拉的高度，而不能將妥拉降到時代的水平，將高聳的山頂砍到我們生活的低落程度。我們猶太人必須透過剛受到靈性領會、以最大精神實現的猶太教來進行改革；然而，單純尋求更多人生的舒適，摧毀永恆上帝為所有的時代設立的永恆法典，就不是改革，也永遠不可能是。猶太教希望把我們提升到它的高度，我們怎敢企圖將它拉到我們的水準？

赫希認為，需要改革的是猶太人，不是猶太教，但他所謂的改革又和改革派以為的不一樣。猶太人必須上升到和自身宗教的永恆理念同樣的高度，即使這些理念有時無法帶來舒適。現今的紛紛擾擾和一個「認同、理解自己的猶太教」的興起有關。[4] 所以，赫希和昔日友人蓋革一樣明白現代生活帶來的壓力，但卻選擇完全不同的處理方式。為了適應世俗文化，可以在會堂禮儀中加入唱詩班，並以德文講道，但禱告時一定只能使用希伯來文，禱告書內容的修改也不應輕率為之。最重要的是，聖經和拉比的律法必須當成上帝的話，永遠不可改變：

倘若我們膽敢讓猶太教隨著時代更新，猶太教會成什麼樣子？倘若允許猶太人隨時更新猶太教，他就再也不需要猶太教了；在任何地方都沒有必要再談到猶太教了。那麼，我們就應該把猶太教連同其他幻覺和迷信生出的產物一起丟棄，再也不聽猶太教和猶太人宗教的任何事情！……我們就別欺騙自己了。問題其實很簡單。「上帝吩咐摩西說」這句猶太聖經所有律法開始實施的宣言到底是不是真的？我們是否真心誠意相信全能神聖的上帝對摩西這麼說？當我們與教友同在，把手按在妥拉經卷上說，上帝給了我們這份教誨、他的教誨、真理的教誨，並因此在我們中間種下永恆的生命，我們說的是不是實話？倘若這不只是嘴上說說，不只是贅字謊言，那我們一定要遵守這個妥拉，在任何時候的任何情況下實現它，不刪減也不糾錯。上帝的話必須是我們永恆的規範，優於人類的一切判斷；我們必須隨時隨地讓自己和自己所有的行為都符合這規範。不要抱怨這規範不適合這時代，唯一應該抱怨的，就是這時代不適合這規範。

赫希在改革與傳統之間走一條難行的中間路，因此他的影響力除了依靠他個人的獨特思想，也要仰賴他個人的靈性和他身為作家及講道者的能言善道。他從一八四六年開始在摩拉維亞的正統派社群服務，但是該社群不認同他的一些做法，例如禮拜時穿長袍、拒絕詭辯法（擁有他這種神學思維的人不會受到詭辯法吸引）、堅持研讀聖經等。因此，他在一八五一年搬到法蘭克福，直到一八八八年過世。05

在一八三〇年代和一八四〇年代初期，赫希一直很努力不要跟可能就要成為德國猶太人主流的改革運動切斷關係，但在一八四四年，他致信布藍茲維的改革大會，宣布他們如果決定廢除飲食和婚姻律法，那他和他的追隨者就只好退出：「我們統一團結的約將再也無法持續，弟兄將流著淚與弟兄分離。」在十九世紀後半葉的德國，退出宗教團體沒有這麼簡單，因為政府規定一個宗教的所有成員都必須隸屬於那個宗教的共同組織，因此一個人如果待在由某一類型的猶太教所支配的組織內覺得不舒服，是不能離開的，除非他宣告自己「沒有宗教」。赫希從一八七〇年代初開始對普魯士當局施壓，追隨匈牙利猶太人在一八六八～九年間的典範，要求正統派猶太人能有「本著良知離開當地社群組織」的權利，顯示改革派在德國猶太人之間的主導地位。同樣意義重大的是，普魯士議會在一八七六年七月通過「分離法」，允許德國所有的正統派猶太人可以加入赫希在法蘭克福的會堂，柏林和其他地方的小型正統派會堂也可以，形成一個獨立的正統派分離社群。不過，大部分的正統派猶太人選擇留在傳統的猶太共同組織裡，顯示人們希望猶太人能團結。這些人憑著組織裡改革派領袖的好心腸，可以不受干擾地實現自己的宗教需求。[06]

赫希雖然擁有豐富的世俗學問，文字造詣也很強大，但他總是將自己的博學發揮在如何過好猶太生活這件事情上。對赫希而言，古典德國哲學家的「人文」只是遵守妥拉的猶太人前往猶太教真理（Israeltum）的路上會通過的一個地方而已。赫希翻譯摩西五經和《詩篇》時刻意使用一種不自然的德文，以忠實反映出希伯來原文。猶太學研究的學者進行的歷史研究若不能幫助理解誡命並實踐之，就會被他認為沒有價值。「研究懺悔禱告的人有多少……還會早起進行懺悔禱告？」因此，不意外地，史學家海因里希・格拉茨雖然在一八四六年的《靈知派與猶太教》（Gnosticismus und Judentum）一書的謝辭中表達了對赫希的敬意：「對這位給人無限啟發的歷史猶太教捍衛者、難以忘懷的老師及摯愛的朋友，我要表達愛與感恩」，但他到了一八五〇年代初就與他漸行漸遠了。對赫希來說，唯一重要的只有妥拉；上帝賜予荒野中的猶太人這份妥拉，要顯示猶太人是一個國家，即使他們沒有自己的土地也一樣。流放對以色列而言可以是一個正向的手段，教導各國「上帝是福祉的泉源」。在十九世紀時堅稱猶太人身為一個國家的重要性，可和部分改革派人士宣稱猶太人已經不再是一個國家的普世主義論點放在一起比較（第五三七頁）。[07]

赫希會反對歷史研究，有一部分原因或許是因為他懷疑一八五四年在布雷斯勞創立的猶太神學院會破壞妥拉，因為學院訓練出來的拉比會主張哈拉卡是拉比的成果，而不是從西奈山上直接收到的天啟。神學院一成立，赫希就向創始者兼首任院長扎哈里斯・法蘭克爾提出挑戰，要他公開表明指引學院教學的宗教原則。法蘭克爾沒有做到，赫希便發表文章毫不留情地攻擊，尤其是在法蘭克爾一八五九年出版的《米示拿的道路》（Darkhei haMishnah）似乎證實了他的懷疑之後。

赫希之所以如此猛烈攻擊法蘭克爾，或許是因為他們的觀點十分相似，所以他必須把自己的正統派跟這個之後將成為德國史學運動、並在二十世紀成為美國保守派猶太教意識形態先驅的思想區分開來。在布拉格出生的法蘭克爾跟赫希和蓋革一樣，除了《塔木德》，也學過世俗學科（一八二五到一八三〇年在布達佩斯時）。他是最先用德文講道的其中一位波希米亞拉比，在一八三〇年代擔任特普利采的拉比時，率先展開現代化的工作。因此，他在一八四〇年代被捲入改革者的爭辯，但從一開始就採取獨立路線，主張禱告書只有在持續反映傳統儀式的精神時，才應該更改，包括德國猶太人雖然對祖國忠心，卻仍在彌賽亞期盼中表達出來的「對猶太人的獨立抱持的虔誠希望」。他在一八四五年參加了法蘭克福的改革會議，但是因為不滿當中的一些提議而退出，例如要漸漸不使用希伯來文禱告的提議。但，他沒有成功說服其他拉比加入他的反抗會議。後來，法蘭克爾和赫希一樣，在一八五〇年代試圖領著他自己的「實證史學」改革時，也和改革運動很親近，雖然他仍一邊告訴赫希等人他沒有脫離傳統猶太教。他在一八六一年終於回應了赫希有關拉比傳統和西奈山天啟之間的關係的問題，在他的期刊《猶太教歷史與科學月刊》（Monatsschrift für Geschichte und Wissenschaft des Judenthums）發表一篇短文，重申拉比傳統非常重要且古老，但堅稱部分哈拉卡是否來自摩西還有待確認。08

赫希的正統派在德國持續發展到一九三〇年代的分離社群，而逃離納粹的難民也分別在紐約和約翰尼斯堡設立了耶書崙會堂（Adass Jeshurun）和以色列會堂（Adass Jisroel），保留了他結合嚴格正統派及對世俗文化態度開放的特殊立場。赫希的女婿所羅門・布羅伊爾（Salomon Breuer）在一八八八年接任法蘭克福拉比。在他的領導下，分離社群一九一二年五月在上西利西亞的卡托維治帶頭建立了以色列聯盟（Agudat Israel，又直接簡稱為「聯盟」），希望成為正統派的世界性組織。處境艱困的德國正統派希望聯盟能尋求東歐猶太學院那些偉大拉比的支持，一起對付改革派和錫安主義（他們認為錫安主義屬於世俗的國家主義，對真正的宗教不利）。這個做法並沒有得到所有東歐哈雷迪猶太人的支持，因為他們許多人面對現代社會的威脅都是選擇忽視。波蘭和立陶宛的東歐人以及加入這個組織的匈牙利正統派看德國猶太人願意接受這麼多歐洲整體的文化和做法，都側目相待。然而，東歐仍有不少拉比領袖在一九一二年加入，並參與後續三場大會（一九二三年和一九二九年的維也納會議以及一九三七年的瑪麗亞溫泉市會議），使聯盟成了猶太社會的主要遊說團體。[09]

德國的新正統派以非常獨特的方式發展，看見聯盟成員反對的地方比看見他們出現共識的點還要容易，但只有一個原則例外：和猶太人有關的決定應該由像他們一樣的拉比權威來做主。妥拉智者議會（Moetset Gedolei haTorah）是聯盟的核心機構，以智者的《塔木德》學問為選任基礎。但，針對一開始就出現在綱領上的政治議題（起初特指波蘭事務，因為以色列聯盟在一九一九年成為波蘭的一個政黨），用民主方式選出的大會和大會指派的議會都發揮了重大的影響力。因為有普遍受到景仰的拉比智者參與，聯盟很成功。但，這也使緊繃的關係持續存在，因為許多東歐拉比不管怎樣都看不出德國拉比擁護的西方文化有何價值。改革運動對波蘭和立陶宛的拉比沒有造成什麼困擾，因為改革對他們的社群幾乎沒有產生影響，所以他們尋求同盟主要是為了對抗世俗的錫安主義者。布列斯特—立陶夫斯克（意第緒語稱作布利斯克〔Brisk〕）的拉比、同時也普遍被認為是當時《塔木德》權威的哈嚴姆・索羅弗奇克（Hayim Soloveitchik）提議後，人們同意應該允許不同的團體維持自己的生活方式，宗教事務因此達成統一。其實，在聯盟的支持下，不少改變都是有可能的，特別是在女性地位方面。在正統派的世界有一位優秀的莎拉・史奈爾（Sarah Schenirer），她來自一個不關心世俗教育的哈西迪猶太家庭，並以自學的方式受教育。一九一七年，她在家鄉克拉考開設一間學校，教導女孩子宗教，這樣她們就不必上天主教的學校。到了一九三九年，她的雅各之家學校已經在東歐各地開了兩百間左右的分校，受到以色列聯盟的贊助；自從一九四五年，美國和以色列也開了許多雅各之家學校。[10]

就如改革運動在一九三〇和一九四〇年代因為反錫安主義而面臨壓力，聯盟也是一樣。所羅門・布羅伊爾的兒子以撒・布羅伊爾從一開始就是聯盟的主要發言人之一，但他在一九一七年的貝爾福宣言之後就沒那麼反錫安主義了。一九三六年，他從納粹德國移民到巴勒斯坦，創立了一個分裂派系：以色列聯盟工黨（Poalei Agudat Yisrael），為一個獨立的猶太國家服務，「將所有的以色列人統一在妥拉的統治下，治理以色列地的以色列人的政治、經濟與靈性生活的各個層面」。相較之下，哈嚴姆・索羅弗奇克最小的兒子以撒繼承父親成為布利斯克的拉比之後，繼續父親的傳統，研讀《塔木德》，並反對世俗學問和錫安主義。他雖然在一九三九年被迫逃離歐洲，因此在人生的最後二十年成為耶路撒冷的居民，也始終堅定地為以色列的哈雷迪社群發聲，拒絕接受任何公職，但是每當他認為有威脅存在時，就會出面捍衛猶太教。[11]

以撒的哥哥摩希和他的姪子約瑟・B・索羅弗奇克（Joseph B. Soloveitchik）將以色列聯盟的精神帶到美國，成為美國正統派的領導人物。摩希雖然不像父親那樣受過世俗教育，但是從一九二九年開始成為紐約葉史瓦大學以撒・埃爾哈南拉比神學院的院長之後，他開放世俗研究，將父親首創的《塔木德》研究的分析方法帶到一個樂於接納的正統派社群裡。布利斯克法指的就是這種用抽象的概念分析來研究《塔木德》的方法，讓人覺得不需要世俗教育也能從事嚴密的學術創新。因此，天賦異稟的約瑟在祖父教授的《塔木德》教育之外另加了大學學歷（顯然是受到母親的影響），在一九三二年以研究赫爾曼・柯恩的哲學為論文題目在柏林取得博士學位，令人感到有些驚訝。這證實了，在二十世紀前半葉對改革猶太教影響這麼大的柯恩（見第十七章），也能吸引到現代正統派的棟樑。

約瑟・B・索羅弗奇克的哲學素養加上優秀的《塔木德》學問和表達天分，使他從一九五〇年代到一九九三年過世前，成為美國現代正統派無人可比的權威人物。因此，他那些有關猶太教的哲學著作對猶太社群發揮的影響力，比二十世紀大部分猶太思想家的作品都還要大。他和以撒・布羅伊爾一樣（也因此和家族的其他成員不同），提倡正統派猶太人要完全參與世俗文化、融入整個社會，最終支持錫安主義，即使以色列國的本質是世俗的。現代正統派猶太人很多人叫他拉維（Rav），而他也是在葉史瓦大學（埃爾哈南神學院隸屬於這個大學）主持正統派拉比任命典禮的權威人物，努力讓拉比不僅能得到歐洲猶太學院式的《塔木德》訓練，也能對美國中產階級生活的需求產生敏感度。索羅弗奇克的《哈拉卡人》（Halakhic Man）旨在展現「哈拉卡之人」會結合科學人在這個世上追求知識的認知衝動以及經由行動感受上帝存在的宗教渴求。他主張，研究、實踐哈拉卡能解決理性與啟示之間表面的矛盾，而禱告、懺悔、哀悼和儀式慶祝等戒律的內在經驗會構成戒律本身，產生大量的辯證張力。這個說法對於那些希望遵守誡命、又想完全融入當代西方文明的正統派猶太人來說，非常有吸引力。在索羅弗奇克眼中，遵行哈拉卡的生活是充滿自由和學識創新的，全心奉獻在生產、妥拉研究與懺悔等活動上。他同時也宣稱，承認人類現實狀況的人無可避免地會臣服於上帝不可測知的意志。對那些渴望向自己和他人證實奉行戒律的生活是符合西方價值觀的現代正統派猶太人而言，他的論點帶來不少寬慰。在更晚近的時期，其他現代正統派神學家也扮演了類似的角色，例如前英國首席拉比喬納森・沙克斯（Jonathan Sacks）。[12]

索羅弗奇克的主要任務就是要指導現代正統派猶太人如何在消費主義的西方社會中生活，卻又不會破壞哈拉卡的規範。摩希・范士丹（Moshe Feinstein）補充了索羅弗奇克的權威；范士丹在一九三六年逃離自己在白俄羅斯的拉比職位，到紐約下東區接下一間猶太學院的領袖位子。范士丹在這個職位上待了五十年，到他過世為止，期間發表了許多答覆，回答有關面對科學、科技、政治以及充滿消費商品的外邦世界時要怎麼做出正確宗教行為的問題。比方說以下這個裁決，談的就是關於聖誕假期的正確行為：

當他們在慶祝他們的異族崇拜時，把這當度假是應該要責難的——他們給以色列的國家帶來困擾和苦難將近兩千年之久，至今仍伸長著手……在我們的國家，因為受讚美的上帝賜予大量福分，人們有強大的慾望和胃口享受這個世界的種種，獲得這些他們稱作「好時光」的愉悅經歷，而這也是大大敗壞一個人的原因。這會讓人習慣貪求不必要的東西，毀了他的性格，使他變成一頭惡獸。剛開始，他希望拿被允許的東西【來滿足】貪欲……當這不可能【達成】時，他連被禁止的東西也不會克制。[13]

索羅弗奇克和范士丹為現代世界的外地猶太人擬定了正統派的理想生活模式，但試圖運作這個模式的社群拉比知道，會眾之中有很多人根本不理會他們的指示。自從十九世紀初改革派興起，猶太人漸漸意識到他們不見得要遵守社群拉比、自己還有其他宗教選擇時，大部分的正統派領袖就算再怎麼不情願，也只好同意雙重標準的存在。早在赫希那時，漢堡的會眾成員在安息日做生意的情況就已經很常見了。在二十世紀，正統派猶太人常常堅持男女參與會堂禱告時要坐在一起，即使他們的拉比反對這種做法。對這些拉比而言，分隔男女會眾的屏障的位置、高度和本質有時會變成象徵性的議題，他們必須妥協：在一九五〇年代，從葉史瓦大學畢業的拉比被鼓勵向男女混坐的會眾講道，但上任後的五年內應該要做到男女分開。這並不總是能成功。某些正統派會堂安息日時會關閉停車場，但會眾會乾脆把車停在鄰近的街道上。拉比講道時會刻意不提這件事，理由是社群裡有罪人存在，仍然可以鼓勵他們採取更虔信的生活方式（就算只是做出榜樣讓他們效法），總比把他們逼到另一個教派要好。這個政策至少在近期之前都有對英國猶太人產生顯著的成效。聯合猶太會堂因一八七〇年國會通過的一項法案而成立，在英國首席拉比的權威下，囊括了倫敦許多正統派會堂和鄉間地區的某些會堂。他們宣稱，半數的英國猶太人都是其會員，且許多人遵守哈拉卡都遵守得很鬆。這不見得是表示他們對猶太教一無所知，雖然拉比仿效邁蒙尼德對待卡拉派的態度，為自己寬容這種鬆懈行為提出類似的理由，說這些猶太人就像「被抓住的嬰兒」，因此無法走在正確的路徑上並不是他們的責任；這只是表示，當代外地的正統派猶太人越來越將他們的宗教視為由一套文字規範衍生而出的生活方式，而非代代相傳的生活方式。[14]

以色列的現代正統派猶太人就不太一樣了，因為住在一個以猶太人為主的社會裡讓人（至少對部分人來說）在神學探究時有很大的獨立性。例如，在希伯來大學擔任化學與神經生理學教授的科學家以撒亞胡・雷伯威茨（Yeshayahu Leibowitz）便發展了一個獨特的猶太教概念，認為猶太教是以神為中心的宗教，要求信徒為服侍上帝而服侍上帝，而不是為求任何獎勵或形上目的而服侍上帝。雷伯威茨主張科學發現是絕對的，但宗教則是個人的選擇。他定義哈拉卡是具有約束力的，是獻身上帝的終極表達方式，並否認任何猶太哲學、神學或神祕主義的可能性。他堅決不加入任何團體，並在一九四八年後，宣揚以色列的宗教和世俗政府應該完全分離。一九六七年的戰爭過後，他大力反對併吞領土，以免阿拉伯人口增加後，損害以色列國民以猶太人為主的特性。他鼓勵女性完全參與妥拉的學習（可能是受到妹妹妮哈瑪卓越的名聲所鼓舞；妮哈瑪是一名學者，也是個老師，她將聖經按照每個安息日誦讀的段落來評述，著作傳到了全世界的學生手中）。[15]

以撒亞胡・雷伯威茨將人禍詮釋成人性弱點的產物，不認為具有任何神學上的重要性，因此他覺得不需要去思索大屠殺是否含有任何深層的神學意義。現代正統派的思想有很多都採取類似的立場。美國的以利以謝・柏科維茲（Eliezer Berkovits）主張，上帝有出現在奧斯威辛，但是看不見，而上帝的偉大與力量正是從祂拒絕插手的這一點展現出來。柏科維茲在一九七三年出版的《大屠殺後的信仰》（Faith after the Holocaust）中表示，大屠殺雖然帶來前所未聞的恐怖，但並沒有為信仰帶來任何新問題，因為猶太人從約伯的時候就已承認，上帝有可能退到幕後，給人類自由意志，讓人類做出暴虐的行為。正統派的神學家甚至有辦法從恐怖的現實中找到正面的救贖訊息。在大屠殺期間，以撒・尼森鮑姆拉比（Isaac

Nissenbaum）在華沙猶太區宣揚，人必須盡可能保存生命、不要透過死來實現烈士精神，才能聖化自己的生命；一九三三年出生、在美國安全的環境下長大成人的美國正統派拉比艾爾文・格林伯格（Irving（Yitz）Greenberg）則認為，大屠殺表示上帝和以色列之間的一段關係結束了，新的階段隨之展開，暗示人們有義務履行誡命。他在一九七七年這麼說：「下一個世界的道德需求……因為遭遇大屠殺而浮現。」還說：「如果奧斯威辛象徵我們失去了上帝和希望……那麼耶路撒冷就是象徵上帝的承諾是可靠的，祂的子民會繼續活下去。」因此，猶太人對死去的人們有一份特殊的責任，要努力終結支持種族滅絕的價值觀。[16]

保守猶太教

扎哈里斯・法蘭克爾的「實證史學」猶太教在十九世紀中葉和赫希的新正統派同時開始興起，但他的故事對美國猶太人來說比對赫希還要重要。在德國，從法蘭克爾位於布雷斯勞的猶太神學院畢業的拉比在接受過以正統訓練為主、輔以古代文獻批判研究（以符合大學的精神）的教育之後，不是到較為鬆懈的正統派社群服務，就是到改革派。但在美國，法蘭克爾強調將以色列的歷史和傳統當成律法與傳統的來源，二十世紀初在所羅門・舍赫特（Solomon Schechter）的啟發下成為保守猶太教的基礎。

前面曾經提過摩西・加斯特這個人，他在唸完布雷斯勞神學院後，搬到英國牛津教書，後來成為正統派塞法迪社群的哈罕姆（第五一三頁）。在他前往英國的三年前，也就是一八八三年，同樣身為羅馬尼亞人的所羅門・舍赫特被同樣剛在柏林成立的改革派猶太研究高等機構就讀的同學克勞德・蒙蒂菲奧里說服，和他一起到倫敦去，指導蒙蒂菲奧里拉比學問。蒙蒂菲奧里需要動用雄厚的財力把老師帶到英國，顯示當時那裡非常缺乏學習拉比學問的管道。然而，舍赫特身為一名哈拔德哈西迪的兒子，很快就證明自己是個非常多產的批判學者。一八九〇年，他接下劍橋一個教授《塔木德》的職位。他在那裡出了名，因為他貢獻許多開羅貯藏室的手稿給劍橋，為中世紀猶太教帶來重要的史料證據。

在這樣的學術背景下，舍赫特在一九〇二年（即他的前雇主兼學生克勞德・蒙蒂菲奧里創立激進的改革派猶太宗教聯盟的同一年）被吸引到美國猶太神學院的領袖職位。這個神學院是在十五年前由義大利拉比撒巴托・莫萊斯（Sabato Morais）所創立，莫萊斯曾有一段時間在加斯特成為哈罕姆的倫敦西葡猶太會堂工作過，他認為這座神學院的任務就是要訓練出傳統猶太教的拉比，以對抗激進改革派的誘惑。前面提到後來成為大英帝國首席拉比的約瑟・H・赫茲（第五五〇頁），就是這座神學院第一個班級的八個學生之一。舍赫特個人強烈的虔誠心和嚴謹的學術精神，再加上他對以色列人民的歷史和未來所扮演的角色擁有清楚的展望，都使他能夠順利走在正統派和改革派的中間路線上。因此，他這麼定義猶太教歷史學派的神學觀：「對猶太人而言，單純由上帝揭示的聖經不是第一重要的。第一重要的，是在歷史上不斷重演的聖經，也就是傳統詮釋的聖經。」這種傳統主義神學認為，只要能反映整體以色列當下的做法（無論這該如何判定），哈拉卡是可以更改的。這和第二聖殿時期法利賽人對祖傳的態度極為接近。也難怪，在舍赫特之後當神學院領袖當得最久的路易・芬克爾斯坦（Louis Finkelstein，他從一九一九年被任命為神學院的領袖，直到一九九一年過世）對法利賽人進行的大量研究講的不只是這個第二聖殿的團體，還揭露了二十世紀美國猶太人最關注的東西。[17]

舍赫特在二十世紀初受到許多發展相對蓬勃的美國猶太人幫忙，將優秀的歐洲學者教職員帶到紐約，並在一九一三年創立美國聯合猶太會堂（現在改了一個野心比較小的名稱：保守猶太教聯合猶太會堂），協調美國和加拿大保守派的事務。從原先的名稱可以看出，這個團體和一八七三年的美國希伯來會堂聯盟抱持了相同的希望，期盼他們的猶太教類型能成為這個美洲新國家的標準類型。在二十世紀大部分的時期，這個希望似乎不會太過分。由於保守派的意識形態是屬於由猶太人自己形塑出來的浮動傳統，既沒有當代正統派規範手冊的繁複，也沒有改革派遇到原則議題時硬擠出一致意見的痛苦，所以有很大的空間可以展現出宗教方面的自我表現，符合美國個人主義的理念。從一九四六年開始在猶太神學院任教的亞伯拉罕・約書亞・赫舍爾（Abraham Joshua Heschel）在一九五五年出版的《上帝尋找人》（God in Search of Man）這部極具影響力的著作中表示，猶太人應該試著重新發掘熱情與信念，不要透過理性論點，而要透過理性協助釐清的存有性決定，讓自己能夠體驗到敬畏，打開心胸接受妥拉充滿意象的文字，並在守戒律的試驗過程中喚起存在的奧祕。赫舍爾的靈性與道德方法特別引起一九六〇年代的神學院學生的共鳴。[18]

二十世紀中葉的美國保守猶太教一致同意希伯來文和以色列地是應該受到保留的兩項國家傳統，因此更鞏固了此派的自信心。早在一九〇五年，舍赫特就說錫安主義是「對抗同化的巨牆」。他協助創立美國聯合猶太會堂的那一年，也就是一九一三年，他參加了在維也納舉辦的第十一屆錫安主義者大會。但是針對其他許多重大的神學議題，二十世紀的保守派猶太人幾乎沒有意見相同的時候。例如，關於大屠殺帶有什麼神學意涵，就有非常不一樣的觀點。在一九三九年三十幾歲時逃離柏林的赫舍爾堅稱，唯一能做出的適當反應就是沉默，而一九五二年被猶太神學院任命為保守派拉比的哲學家理查・魯本斯坦（Richard Rubenstein）則在一九六六年出版的《奧斯威辛之後》（After Auschwitz）中主張，「上帝真的在奧斯威辛死了」，但他認為猶太人的宗教團體依然很重要，讓人類感覺自己不是孤單的。[19]

在一九八八年，保守運動哲學委員會發布一份原則聲明《真理與信仰》（Emet ve-Emunah），就連關於啟示的概念和哈拉卡的遵守這些核心議題都沒有明確的定論：

關於啟示的本質及其對猶太人的意義，保守派社群向來有各自不同的理解方式。我們相信，猶太教的

古典文獻為這些關於啟示的看法提供了大量的先例……我們有些人認為，啟示是上帝和人類之間的私人邂逅……有些人認為，啟示就是透過自然與歷史持續發現關於上帝和這個世界的真理。這些真理雖然總是會受到文化制約，但仍被視為上帝創造萬物的終極目的。贊成這個看法的人傾向將啟示視為一個持續的過程，而不是特定事件……對許多保守派猶太人而言，哈拉卡是最重要且不可或缺的，因為這個猶太團體認為這是上帝的意志。此外，這是我們持續與上帝邂逅的具體表現。關於猶太律法的這項神聖元素，保守派社群有各自不同的理解方式，但無論是以什麼方式理解，對許多人來說這都是遵守哈拉卡的首要原因，是支持其他一切的根本理由……我們保守派社群致力於傳承拉比的傳統，保存、提升哈拉卡，透過拉比的裁決做出適當的更動……改變雖然是哈拉卡傳統且必要的一部分，但我們和祖先一樣，不會為了改變而改變……然而，仿效從古至今的拉比先人，我們認為改變的理由有很多種。偶爾，為了維持律法的健全，就必須依據信奉猶太教的猶太人當時的做法來調整它……律法上的改變有些是為了要改善猶太人或整個社會的物質狀況。有些改變的目標是要鞏固猶太人之間或者猶太人與整個社會之間的關係。有些時候，為了防止或消滅不公，改變是必要的；有些時候，改變能夠提高生活的道德標準或加深虔敬，正向提升猶太人的生活品質。[20]

保守運動會接受多元主義，證明了他們致力於將猶太傳統與現代世界的生活結合在一起。因此，在一九五〇年代，保守派猶太人對安息日開車到會堂的行為做出了正面的詮釋，和正統派認為必須關閉會堂停車場的做法大相逕庭。委員會的聲明如下：

不使用汽車有助於維護安息日的休息精神。此外，這種限制也有助於家族成員在安息日團聚在一起。

然而，如果某個家庭住在走不到會堂的地方，為了參加會堂禮拜而使用汽車就不能被解釋成是違反了安息日的規定。反之，這應該被當作是對信仰的一種忠誠。 [21]

這樣的寬容並沒有避免二十世紀的保守運動出現分裂。重建派和傳統猶太教聯盟都是源自猶太神學院那些天賦異稟、學問淵博又堅持己見的教職員所進行的激烈爭論。末底改・卡普蘭（Mordechai Kaplan）的父親是正統派拉比，而他本人則在美國受教育。舍赫特來到神學院不久，他也受到任命，在那裡教書教了超過五十年。他的重建派哲學思想是從保守猶太教的其中一個層面分出來的。一九三四年，卡普蘭透過《猶太教：一種文明》（Judaism as a Civilization）一書發表決定性的聲明，主張猶太人的宗教文明向來都是隨著各種歷史背景而演變的，因此猶太教的本質就是變化。所以，面對現代世界最適當的做法是欣然接受，而非勉強容忍。猶太教應該重建，猶太習俗要重新詮釋，這樣才能適應現代。哲學與社會學的論點以及希伯來散文家亞設・金斯堡（Asher Ginzberg，筆名「阿哈德・哈姆」〔Ahad Ha'am〕）支持的世俗文化錫安主義都加強了這個思想，因此重建主義者實際上在做法和禮儀上有很多地方都跟改革派十分接近，並且讓郊外的美國猶太人普遍認為會堂最首要的功能應該是社區中心，禱告和教育則是次要的活動。因此，卡普蘭在一九四五年編纂的《安息日禱告書》刪掉了亡者復活和個人彌賽亞的部分，甚至也沒提及猶太人是被選中的子民。另一方面，重建主義者也保留了保守派的一些重點，強調禱告必須使用希伯來文，而被認為傳達前代人洞見的儀式也必須繼續實行（但是，基於倫理方面的原因，如果這些儀式發源的特定歷史背景已經不再適用，就可以改變）。卡普蘭在一九二二年創立的猶太教進步協會在一九五五年催生了猶太教重建派聯盟，而這個聯盟之後又在一九六八年於賓州資助了重建派拉比學院的成立。[22]

針對女性地位的改變，重建運動做出的回應比其他猶太教形式還迅速、還激進，也就不令人意外了。

自從拉比時期早期為女性闢出家庭的宗教地位後，女性的宗教地位幾乎就不曾改變過，直到二十世紀才被普遍當成一件重大議題看待，需要進行某些改革。在十九世紀的英國，某些正統派會堂已經會為女性進行祝聖儀式。然而，對於希望在整個社會解放女性、讓女性接受大學教育並進入職場的猶太人而言，許多女性依然不學無術，在很多領域受到排斥，而這個現象越來越讓人感覺過時、無法接受。一九二二年，卡普蘭在他自己的女兒成年時（十二歲又一天），成為第一個將女性成年禮引進會堂的人。一九四〇年代，所有的重建派會堂都讓女性在儀式中擁有完全的平等權利。一九六八年，女性第一次被任命為重建派拉比，同性戀、雙性戀和跨性別的猶太人也漸漸受到認可與包容，成為這個運動適應現代北美社會不可或缺的一部分。[23]

猶太神學院有一些教職員用懷疑和惡意的眼光看待卡普蘭的重建主義，其中包括偉大的《塔木德》學者掃羅・李柏曼（Saul Lieberman）。李柏曼上過白俄羅斯的猶太學院，後來在耶路撒冷的希伯來大學念書及教書，加起來超過十年，最後在一九四〇年來到美國這間神學院。這些老師雖然在學識上開放對待猶太教每一個層面的歷史淵源，但大部分人的性情比較偏向傳統的會堂禮儀。一九八〇年代初，針對神學院任命女性的議題，神學院內部自己展開一場激辯，導致另一位偉大的《塔木德》學者大衛・魏斯・哈利維尼（David Weiss Halivni）自組一個組織：傳統保守猶太教聯盟。這個組織在一九九〇年完全脫離保守運動，並因此去掉名稱當中的「保守」兩字。傳統猶太教聯盟也有成立自己的拉比學校，但是至今尚未對北美的保守派產生巨大的影響，因為保守派基本上比較傾向鬆懈一點的態度，和他們的拉比不同。的確，各式各樣的保守猶太教陷入了某種危機，會眾拋棄了其代表的中心思想，不是希望在正統派或獨立的復興運動中找到更深沉的靈性，就是加入多元主義的改革猶太教，或是採納完全世俗的猶太認同，或是乾脆什麼團體也不加入。[24]

保守運動雖然從一開始就對錫安主義很有熱忱，但有點諷刺的是，保守猶太教在以色列地從未普及，其中一個原因是，他們的領袖沒有參與建立所謂的「現狀」（"Status Quo"，即自一九四八年開始管理世俗政府和拉比權威之間的關係的協議）。大部分的以色列保守猶太人就跟大部分的以色列改革猶太人一樣，是來自最近從美國過來的移民家庭，雖然世俗的本土以色列人在結婚或葬禮等人生儀式上，漸漸會開始採用保守派或改革派的做法。猶太神學院自一九九〇年代起開始接觸沒有加入任何團體的前蘇聯猶太人，但似乎沒什麼成效。外地的其他地方對保守派比較有熱情，拉丁美洲拉比神學院這間蓬勃發展的保守派拉比神學院一九六二年在阿根廷的布宜諾斯艾利斯創立，就是效法紐約的猶太神學院。

英國的路易・雅各（Louis Jacobs）和一般英國拉比不同，完全只在英國受訓練（曼徹斯特和蓋茲赫德的猶太學院以及倫敦大學），後在一九四〇及一九五〇年代擔任曼徹斯特和倫敦正統派會堂的拉比。一九六一年，首席拉比以色列・布羅迪（Israel Brodie）以雅各的著作帶有非正統觀點為由，否決了他被任命為猶太學院院長的資格，雅各因此辭去猶太學院的教職；猶太學院（Jews' College）是英國唯一一座專門訓練拉比進行公共禮拜的正統派神學院。此時，雅各最重要的著作是《我們有理由相信》（We Have Reason to Believe）。他在書中接受聖經批評的一些方法，主張聖經一部分是人類的創作。這些概念在保守運動中不會引來側目。直到他在二〇〇六年過世之前，雅各都以豐富的學識堅守他的觀點的正統性。然而，他表面上似乎違反了參孫・拉斐爾・赫希點出的正統派基石，也就是妥拉來自天上的觀點。首席拉比和他過去在聯合猶太會堂的同僚拉比都不原諒他。一九六四年，他的支持者建立一個新的正統派會堂——新倫敦猶太會堂（聯合猶太會堂沒有給予支持，但首席拉比也無法控制），讓雅各擔任拉比。雅各是個受人敬重的學者和作家，他的書很多人讀，就連與他斷絕往來的人也是。他也受到聯合猶太會堂許多未司職的正統派猶太人的歡迎。他其實可以繼續將他的思想以「符合英國本土風俗的啟蒙現代正統派」來宣揚，但他在一九八〇年代時選擇讓自己的會堂加入美國的保守運動。不過，這並沒有造成大批英國猶太人正式加入保守猶太教，一部分的原因是許多加入正統派聯合猶太會堂的猶太人所奉行、相信的猶太教類型，其實本來就算是保守派，只是不以這個名稱自居。[25]

前面所說的都是歐洲和美洲的故事。十九世紀和二十世紀初發生在中西歐和美國的改革與反改革爭議對中東和北非歷史悠久的猶太社群沒什麼影響。那些地方就跟東歐的許多地方一樣，面對現代社會的挑戰，主要的回應方式就是堅守傳統，而這就是下一章所要談的。

19
抗拒

在哈雷迪猶太人（haredim）的眼中，過去兩個世紀以來所有這些試圖讓猶太教適應現代社會的做法全都大錯特錯。這些哈雷迪猶太人「敬畏上帝」，「焦急地」想奉行妥拉誡命，就像以賽亞要聽眾因上帝的言語而「戰兢」那般，或像以斯拉時代那些虔敬的老師因上帝的指示而戰兢，因為上帝要他們拋下外邦配偶、斷絕與子嗣的關係。哈雷迪這個詞在十九世紀和二十世紀初進入現代希伯來文，原本是用來翻譯參孫・拉斐爾・赫希的新正統派猶太人的「正統」，但是在過去半個世紀以來，已經有了更明確的涵義，指涉的是完完全全排拒當代世俗社會的極端正統派。[01]

就在耶路撒冷舊城牆以西，有一個稱作「百倍之地」（Meah Shearim）的社區，進到這裡，就彷彿回到沙勒姆・亞拉克姆筆下的東歐猶太人小鎮，到處都聽得到有人說意第緒語，也看得見意第緒文。男人即使在地中海的炎炎夏日，也會穿著黑色長外衣和卡夫坦（caftan），帶著各式各樣的寬邊毛帽；女人和女孩則穿著樸素的長袖衣物和黑襪。男人和男孩會留鬢角（有時會塞在耳後），鬍鬚非常茂密。已婚女性在丈夫以外的人面前，都會使用頭巾或假髮來遮掩頭髮，在公共場所還會戴帽子。有些假髮非常華麗：在東歐買到的金色假髮價格特別不斐。印度次大陸的假髮市場大到競爭對手為了破壞之，故意聲稱印度假髮先前可能曾被當作印度教神祇的供品，因此對那些嚴守宗教規範的人來說可能不適合。生活的一切都是圍繞著宗教儀式，女性在家、男性則在會堂或學習場所實踐之。社區存在一種深厚的目的感，對訪客或觀光客十分戒慎，擔心他們會干擾到這塊位於現代商業城市之中的淨土。安息日時特別如此，時間一到，通報聲響起，整個社群就會停止工作，專心禱告、研讀妥拉和休息。02

一群來自舊城的虔誠猶太人為了尋找更舒適的居住環境，在一八七五年成立了百倍之地，但在二十世紀後半葉，以色列的其他地方（例如靠近特拉維夫的貝內貝拉克）和外地（像是倫敦的史丹佛山、紐約布魯克林的部分地區以及多倫多、安特衛普等城市的部分地區）也紛紛仿效之，建立了這種極端正統派社區。在這些地方，極端正統派將自己與外界隔離開來，是為了要阻止電視、報紙、廣告等大眾文化入侵。他們在自己的學校教育孩子，而在這些學校裡，了解奉行妥拉的本質比什麼都還要重要，只有最基本的技能會被認為是額外的必備能力，如讀寫能力。網路的使用是個棘手的問題：在某些極端正統派社群裡，網路十分普及，但在二〇一二年於紐約皇后區的棒球場舉辦的一場群眾集會上，網路的使用遭大力譴責。

這些社區和高度複雜且（他們會說是）墮落的西方社會並存，家庭為了保持團結，會安排社區內部的通婚，並提供工作機會和經濟支援，這樣就毋須讓外界侵犯到他們的日常生活。哈雷迪家庭總是會生很多小孩，為的是要奉行聖經裡的指示「繁殖增多」，而有些哈雷迪猶太人也相信，讓哈雷迪人口增加，是對大屠殺的適當反應，因為這場災難毀了東歐許多偉大的妥拉學習重鎮。大家庭（通常有十個以上的小孩）能夠過活，靠的主要是西化國家（包括以色列）先進的醫療照護和社會服務。這些孩子留在社群裡的比例很高，除了是因為社區的生活方式很吸引人、宣揚的意識形態十分強大之外，也是因為哈雷迪猶太人若想走出自己的生活圈、進入不熟悉的現代世界，無疑會面臨到很大的障礙。哈雷迪女性受到的教育極為有限，被形容是「無知者的教育」。她們因為強調莊重保守，所以在哈雷迪猶太人的公共生活中幾乎像是隱形人般，乃至於公共場合的照片如果出現女性，就會遭人側目，而女性在婚禮上跳舞時也不能讓男性看見。雖然如此，她們仍時常表示對自己的角色感到很滿意，因為男性在學習或工作時，她們在家庭事務上就有絕對的掌控權。然而，經濟壓力正迫使越來越多人到外界尋找資薪的工作，這個情況在以色列和美國特別嚴重。[03]

哈雷迪猶太人自己將這種遵守妥拉的方式說成是維護傳統，但事實上，這和當代猶太教的其他類型一樣，都是對十八世紀晚期的啟蒙運動所做出的一種反應。摩西・索弗爾（Moses Sofer，人稱哈坦姆・索弗爾〔Hatam Sofer〕）來自法蘭克福，一八〇六年在他三十幾歲時被指派為普萊斯堡（匈牙利最重要的猶太社群）的拉比。他在這個職位上坐了三十三年之久，對為了回應現代社會而出現的極端正統派的發展有著歷久不衰的影響。索弗爾在普萊斯坦遇到不少對受到啟蒙的猶太生活十分熱忱的猶太人，憑著自己的能力和精力強烈反對之。他擁護《塔木德》裡的一句話：「根據妥拉，新的就要被禁止」，將這句話拿來做新的用途，毫不妥協地主張，任何創新事物都有可能被嚴格禁止，就因為那是一種創新。從先前的猶太教歷史就能明顯看出，禁止任何新事物的這一點本身很諷刺地就是一種創新。但是，呼籲人們捍衛傳統有種吸引人的簡單感，常常和基本教義派有關。哈坦姆・索弗爾為了散播他的方法，付出極大的努力鼓勵教育機構研究妥拉，包括他自己的普萊斯堡猶太學院在內。他的猶太學院是自巴比倫果昂的時代以來，學生最多的學院。[04]

摩西・索弗爾認為，十八世紀中葉德國與波蘭的猶太宗教精英所過的生活，是摩西妥拉最完美的表現形式（因此現代的哈雷迪猶太人才會穿著那些服飾）。哈坦姆・索弗爾反對和啟蒙運動有關的一切，在遺囑（後來將在一八三九年他過世去出版）中敦促家人：「絕對不要碰摩西・孟德爾頌的書，這樣你們就永遠不會犯錯。」普萊斯堡學院在他的子孫的領導下，影響力將持續到二次世界大戰，後來在一九五〇年由曾孫阿基瓦・索弗爾在耶路撒冷重建，繼續在以哈雷迪猶太人為主的社區掃羅丘（Givat Shaul）蓬勃發展。一八七九年，他那個在克拉考領導維護信仰組織（Mahzikey haDas）的二兒子西緬被選進奧地利議會，捍衛傳統猶太教、對抗革新者。哈坦姆・索弗爾留給家人的遺言清楚寫出他希望維護的生活方式：「不要改變你的名字、語言或穿著，模仿外邦人的做法。女性應該閱讀意第緒語的書，用我們傳統的字體印刷，內容講述智者的故事，其他什麼也不讀……別說時代變了，因為『我們有個古老的父親』（讚美祂），祂從來沒變過，也永遠不會變。」[05]

主張卡洛的《擺好的餐桌》擁有絕對的權威，更能有效實施這清楚明白的律法。在哈坦姆・索弗爾的下一代人之中，有一位匈牙利拉比所羅門・甘茲弗賴德（Shlomo Ganzfried）出版了《擺好的餐桌》的節本，用簡單的希伯來文為沒受過教育的虔誠猶太人簡要說明每個人應當遵守的律法。這本書受到很大的歡迎，從一八六四年首次出版到一八八六年甘茲弗賴德過世之前，共出了十四版。身為團體領袖的甘茲弗賴德也有捲入匈牙利對抗創新派猶太教繼續擴張的政治糾紛，但他最大的影響是來自這本書。哈拉卡著作被大量印刷與傳播，使得後來也有許多哈雷迪領袖就像這樣發揮了很大的影響力，許多人因此變成是以自己最有影響力的著作名稱為人所知，自己的本名反而較少人知道。例如，在十九世紀的立陶宛和整個極端正統派世界中擁有極大權威的以色列・梅爾・哈柯恩（Yisrael Meir haCohen，他從來沒有擔任任何拉比職位）便是以他三十五歲在維爾紐斯匿名出版的第一本書《渴望生命者》（Hafets Hayyim，一部律法與倫理專著，談論毀謗的禁止）為眾所皆知的名稱。他的權威從《釐清教誨》（Mishnah Berurah）這本著作流通極為廣泛的這一點就能看出；此書用很長的篇幅評述了卡洛《擺好的餐桌》的第一部分，希望做為日常生活的詳盡指引，給那些不僅帶有甘茲弗賴德目標讀者的虔誠、又有能力深入枝微末節及接受多樣性的人參考。

他的妻子在拉敦這個小鎮經營一家小雜貨店，而他則負責記帳，之後（生意變差時）他又當了多年的老師。就這樣，在這過程中，渴望生命者寫了許多有關實際遵守律法和道德議題方面的書籍。後來，他也常常旅行，靠著他因虔誠心獲取的個人名聲為一次世界大戰後面臨經濟危機的歐洲各猶太學院募集維護費用，包括早在一八六九年就因為有很多學生被吸引來跟他學習，因此出現在拉敦的猶太學院。渴望生命者在以色列聯盟（第五五六頁）擔任過領導角色，他非常長壽，在一九三三年才過世，因此他的影響力在時間上和年紀比他小得多的亞伯拉罕・以撒亞胡・卡雷利采（Avraham Yeshayahu Karelitz）有點重疊。這位《塔木德》學者比較為人所知的名稱是哈宗・以許（Hazon Ish，意為「人的異象」），也就是他給匿名出版的《擺好的餐桌》評述所取的書名。他和渴望生命者一樣，都靠妻子的商店來給予經濟上的支持。他五十幾歲時，從維爾紐斯移民到以色列地的貝內貝拉克，成為哈雷迪猶太社群的靈性領袖，先是經歷巴勒斯坦託管時期，後在一九四〇和一九五〇年代初經歷大屠殺為全世界帶來的劇烈影響。06

哈宗・以許擁有很大的權威，主要是因為他明確拒絕思索遵守妥拉的意義，或使遵守妥拉打了折扣。他讓追隨者脫離其他自認是正統派的猶太人，態度就和哈坦姆・索弗爾反對改革派和世俗意識形態時一樣強硬：「就像簡單與真理是同義詞般，極端和偉大也是同義詞。極端就是一件東西達到完美的狀態。偏好中庸與平凡、鄙視極端的人，和虛偽的人或不理性的人是一樣的……純真的信仰是尖銳的回應，可以澄清事實，解決帶有疑慮的事情。」針對日常生活相關的議題進行裁決的需求（對一九三三年移民以色列地的哈宗・以許來說，遵守只適用於以色列地的裁決也包括在內，例如安息年的律法），使得這些拉比領袖和追隨者之間有特別親密的連結。在過去這五十年來，這些哈雷迪猶太人眼中的「一代偉人」在事實上對越來越多的學院學生而言，已經成為靈性和政治方面的指引，特別是在以色列。07

在這場對抗世俗主義和鬆懈散漫的戰爭中，學院學生就像眾多的步兵，支持這些安靜虔誠的作家。前面已經看過，專心研究妥拉在數世紀以來一直都是拉比猶太教的理念（至少對男性而言），但十九世紀不一樣的是，這個理念實際履行在東歐大量出現的猶太學院裡。這些學院是大規模的機構，裡面有一大群年輕學子將人生的大半歲月奉獻在研究宗教律法（特別是《巴比倫塔木德》及其相關評述）這件事情上，純粹為了學習而學習。第一座像這樣的現代猶太學院是由維爾紐斯果昂的一位學生一八〇三年在瓦洛任創立的，目的是要以鑽研古典文獻的真實意涵來取代辛辣辯論的詭辯法，消除哈西迪猶太教的影響。到了十九世紀後半葉，這間學院已經有四百名學生。這些學生有一些人在立陶宛的其他地方也創立了新的猶太學院，建立自己獨特的學習傳統與課程。在一八九七年，位於考夫諾（現今的考納斯）郊外的施洛博卡學院約有兩百名學生。一八七五年在特爾斯創立的猶太學院便設計了一種新式的四個班級的結構，以學業表現為分班基礎，這樣好學生就能前進到更高的程度。這種教育改革的目標純粹是為了要促進學習成效，因為這些學院沒有一間將學習視為通過考試或得到某種能力證書的途徑，雖然現實中確實有很多從學院畢業的人後來成為社群拉比。重點就只是要保存、研究傳統。一九四〇年代，密爾猶太學院的學生從西伯利亞逃到了日本，遠離納粹的魔掌。他們面對立陶宛猶太人的屠殺，為了表達抗議，在上海重印了猶太古典文獻，不要讓學習因此中斷。

對於十九世紀東歐猶太學院的創立者來說，啟蒙運動的威脅比在德國或匈牙利遠得多。更急迫的挑戰，是爭取其他猶太社群的支持，要他們擁護一種看似是為精英知識份子保留真正宗教經驗（與哈西迪猶太教吸引一般大眾完全相反）的生活方式。其中一個最有效的回應方式，就是以色列・薩蘭特（Yisrael Salanter）在維爾紐斯發動的立陶宛猶太學院內部的慕沙運動（Musar，倫理）。薩蘭特結合了專注研究傳統的學院領袖和講道者這兩個身分，在學生、也在一般猶太人之間灌輸符合倫理的行為規範。他運用在講道上的教育技巧有很多都被其他的立陶宛學院所採納，在整個猶太世界也是。[08]

薩蘭特在一八四八年於考夫諾成立自己的慕沙式學院時，哈西迪猶太教對學院研究的威脅其實已經減少許多，因為在維爾紐斯果昂的領導下，十八世紀晚期的反對者已經削弱了哈西迪猶太教（見第十五章）。一八七九年，維護信仰組織在克拉考成立，要對抗加利西亞的現代主義侵襲，貝爾茲的哈西迪猶太人也提供群眾支持，一起對付共同的敵人。哈西迪猶太人之所以反對啟蒙運動，主要是因為支持現代化的猶太人（馬斯基爾）對他們充滿惡意，而不是因為啟蒙運動違背哈西迪猶太教的本質。馬斯基爾責怪哈西迪猶太教讓波蘭猶太人變得迷信，阻止他們進入西式教育，改善社會地位。哈拔德運動創始者（因為撰寫大量猶太律法手冊，被人稱作「公義的後裔」〔Tsemach Tsedek〕）的孫子米拿現・孟德爾・施內爾遜（Menahem Mendel Schneerson）等哈西迪領袖在十九世紀中葉做出回應，以誡命的神祕意涵為基礎，合理化他們一絲不苟遵守誡命的信條。[09]

於是，哈西迪猶太教就從十八世紀一個反對拉比體制的革命派系運動，搖身一變有了新角色，在十九世紀哈雷迪猶太教為支持保守拉比價值觀而發動的戰爭中，扮演先鋒部隊。哈西迪社群開始建立自己的學院來研究妥拉和《塔木德》，要讓年輕學子遠離外界的有害影響，就好比先前立陶宛的反對者試著保護自己、對抗哈西迪猶太教一樣。有些哈西迪領袖撰寫的猶太律法著作比他們的神祕主義教誨還要出名，像是波蘭中部最大的哈西迪團體古爾（Gur）的社群領袖以撒・梅爾・羅騰堡・阿爾特（Yitzhak Meir Rothenburg Alter）。到了一八八一年，大批移民遷到西方之後，烏克蘭、加利西亞和波蘭中部的大部分哈雷迪猶太人以及白俄羅斯、立陶宛和匈牙利的許多哈雷迪猶太人都依循著哈西迪猶太教的生活方式，並使用哈西迪的禮拜儀式。不同的哈西迪團體仍奮力維護自己的身分認同和傳統，對自己的拉比（這些拉比繼續發展對於妥拉的神祕詮釋）也依舊保持忠誠，但是對整個猶太世界而言，他們是對抗世俗變遷的統一陣線。然而，在哈西迪猶太人之間或哈雷迪猶太人之間，仍有兩個關鍵議題極少出現共識：對錫安主義的態度以及對彌賽亞即將來臨的期盼。[10]

在現代的哈雷迪世界，最清楚表達對錫安主義的反對立場的，是來自匈牙利沙土馬雷（現今位於羅馬尼亞）的撒塔瑪哈西迪團體的拉比喬爾・泰特爾鮑姆（Joel Teitelbaum）。在撒塔瑪哈西迪猶太人的眼中，錫安主義者的所作所為是「撒但的行為」，因為在彌賽亞來臨前，不應該試著建立猶太人的國家。因此，目前的以色列國就是延緩彌賽亞時代來臨的罪魁禍首，而大屠殺就是上帝針對試著「強迫末日到來」的錫安主義者所給予的懲罰。之後將擔任撒塔瑪拉比擔任五十年以上的泰特爾鮑姆在一九四四年逃離歐洲，把匈牙利的哈西迪猶太教一起帶到美國，於一九四七年在布魯克林的威廉斯堡安頓自己的社群。這個社群現在成了在紐約這個多元文化大熔爐之中說著意第緒語、完全沒有受到同化的獨特族群。[11]

撒塔瑪猶太人極度反對錫安主義者建立的這個國家，有時甚至拒絕接受口語希伯來文的使用。但，十九世紀晚期的哈雷迪猶太人會懷疑錫安主義沒什麼奇怪的，因為他們擔心以領土和政府為基礎的世俗國家主義會取代妥拉的信奉。但，二十世紀初期發生了人口遷移，從東歐移民到巴勒斯坦的猶太人之中也有哈雷迪猶太人，再加上錫安主義發展出宗教表達方式，因此他們對錫安主義的回應變得較為複雜，爭論也更加激烈。我們在第十八章已經看過，一九一二年在卡托維治成立的以色列聯盟目的是要把所有決心保存傳統猶太教、對抗現代主義侵襲的人團結起來，「秉持著妥拉和誡命的精神，解決以色列人民在生活中遭遇到的各種日常議題」。然而，在這個新組織內部共存，只是更看得出參與者之間的差異，特別是因為巴勒斯坦的猶太社群成長得越來越快。

哈雷迪的宗教錫安主義正發展出一套能與二十世紀巴勒斯坦猶太人的日常事務相容的神學時，站在最前端的是思想卓越獨立的亞伯拉罕・庫克（Abraham Kook）。庫克在一九〇四年三十九歲時從拉脫維亞移民到巴勒斯坦，擔任雅法的拉比，後於一九二一年被選為巴勒斯坦的第一位阿什肯納茲首席拉比。他曾受過傳統的塔木德教育，並自學聖經、哲學和神祕主義的研究，在東歐也有擔任社群拉比的經驗。然而，他所發展的神學觀十分具有原創性，在宗教和世俗的圈子都引起爭議。庫克認為返回以色列地是上帝救贖的開端，敦促宗教領袖要把自己的任務當成是在帶動猶太人定居地的物質復興，同時也是靈性復興。庫克是一位神祕主義的思想家，他將真實世界視為一體，上帝在這之中化身，因此猶太人回到他們的土地是普世救贖的過程中的一個連結。在上帝的計畫裡，以色列地的每一個猶太人（包括那些最世俗的）都扮演某個角色。庫克甚至主張，世俗理想主義者對宗教的攻擊應該要受到珍視，因為這些攻擊很矛盾地帶有宗教的價值。他借用盧利亞卡巴拉思想中的「器皿破裂」概念，主張「偉大的理想主義者所尋求的秩序非常崇高、非常純粹，是在現實世界找不到的，因此他們摧毀那些依照世界常理形塑成的東西……受到混亂所啟發的靈魂比那些隸屬於歷史悠久的秩序的靈魂更偉大。」[12]

這種寬容的態度導致庫克和其他哈雷迪猶太人意見不合，古爾（古拉卡爾瓦里亞的意第緒語名稱）的拉比說他「對錫安的愛不知限度，【所以】他才把不純的說成純的，並大大歡迎之。」庫克對傳統哲學和卡巴拉的概念所賦予的意涵也時常極為創新。他的思想似乎是刻意要創新的，因此也可以被擺在前一章討論，和約瑟・B・索羅弗奇克（第五五八頁）一起做為反改革的實例。然而，他的中心思想（也就是猶太人定居在以色列地可以加快上帝插手歷史、帶來彌賽亞時代的速度）其實在前一個世紀就已經由東歐和中歐的宗教錫安主義者提出，雖然當中只有少數幾人像比亞維斯托克的撒母耳・摩希利維（見第十六章）那樣，實際朝這個目標做出行動。特茲維・赫希・卡利謝爾在波蘭西部靠近普魯士的一個大型猶太社群擔任五十年的社群拉比，並以這個地方為根據地，主張在以色列地重建一座聖殿，恢復獻祭儀式。十九世紀中葉在靠近貝爾格勒的一個小型塞法迪猶太社群擔任拉比的耶胡達・阿卡萊（Yehudah Alkalai）則提出了實際的計畫，要刺激定居以色列地者的生產經濟，特別是要復興聖經裡的什一奉獻概念，這樣每一位猶太人就能繳納十分之一的收入來協助這片土地的重建。阿卡萊原本是受到卡巴拉冥思的驅使，相信一八四〇年彌賽亞會到來，但是這並沒有發生，於是他開始認為猶太人必須採取行動。一八四〇年之前，都有可能繼續相信救贖會透過上帝的恩典實現；但現在，救贖必須仰賴以色列的「teshuva」。「teshuva」一詞有「返回」或「懺悔」的意思，而阿卡萊認為這指的是返回以色列地。他自己在生命的最後四年便是住在以色列地，直到一八七八年過世。[13]

因此，在哈雷迪猶太人實踐的錫安主義中，本來就有對彌賽亞的盼望。最容易引起爭議的，是這個問題：要和無信仰的猶太人合作到什麼程度，跟他們一起建立一個未來將能實現更高宗教目的的世俗國家？二十世紀的宗教錫安主義者大多數不住在哈雷迪猶太人的世界。米茲拉希宗教運動便將錫安主義做為其意識形態的核心重點，從一開始就和世俗猶太人一起合作。這個運動是在一九〇二年於維爾紐斯形成，在一九〇九年時，就已經在巴勒斯坦建立起結合了宗教教育和世俗研究的學校，後來又在一九二二年成立了一個性質屬於政黨兼勞工組織的米茲拉希勞工黨，宣揚妥拉和勞動。一九七四年，青年運動「貝內阿基瓦」的成員創立了救贖錫安主義正統派最極端的形式——忠信社群（Gush Emunim）。這個團體主要是由年輕的中產階級宗教錫安主義者所組成，他們認為錫安主義運動在一九七三年的贖罪日戰爭之後就失去的方向。關於猶太人返回以色列地對彌賽亞期盼具有何種意義，他們的解讀是，在一九六七年的六日戰爭後由以色列軍隊佔領的領土只要是在「猶地亞和撒馬利亞」的範圍內，就禁止放棄；這個範圍就是聖經裡約書亞為實現上帝的承諾，率領以色列的子民定居的土地。[14]

亞伯拉罕・庫克的兒子茲維・耶胡達・庫克是忠信社群的靈性領袖（直到他在一九八二年以九十一歲的高齡過世）。此外，他也繼任父親，成為父親在耶路撒冷創立的一所極具影響力的猶太學院「庫克拉比中心」的領袖。亞伯拉罕在一九三五年去世後，茲維・耶胡達認為自己是亞伯拉罕遺風的保管者，花了將近五十年的時間出版、散播父親的著作。但，他自己對這些作品的詮釋方式十分獨特。他有兩個信念，一個是猶太人有一個上帝交代的義務，要定居在聖經裡所有的以色列地範圍內，一個是世俗以色列國的一切在本質上都是神聖的，包括其軍隊在內，因為這個國家在彌賽亞過程中扮演重要的角色。然而，這兩個信念在一九七〇年代中葉產生了矛盾，因為以色列國防軍時常把忠信社群的成員逐出西岸地區的非法定居地。忠信社群在一九八〇年解散，不再是個獨立存在的團體。這主要是因為，自從米拿現・比金在一九七七年被選為總理後，定居佔領領土已經變成以色列政府的政策——雖然是基於政治因素，而非宗教因素，因為截至目前為止，沒有任何一個以色列總理公開表明自己是以宗教信仰做為決策的依據。

茲維・耶胡達在立陶宛長大，雖然參與了以色列的政爭，但其實一輩子都有和東歐哈雷迪猶太人的學院世界保持聯繫。他和來自布魯克林的梅爾・卡漢拉比（Meir Kahane，原名馬丁・大衛・卡漢）獨特的美國宗教錫安主義有著非常不一樣的背景。卡漢把公眾生涯的前期奉獻在反對外地的反猶太主義上，一九六八年在紐約成立了猶太保衛同盟，並在蘇聯的猶太人表示希望移民以色列時，組織群眾示威抗議蘇聯迫害猶太人。後來，他在一九七一年從美國移民到以色列。卡漢創立的凱煦政黨跟庫克及其追隨者不同的地方是，庫克宣揚要與猶地亞和撒馬利亞的非猶太居民和平共存（無論他有多麼樂觀），但凱煦主張全面驅逐以色列和佔領領土的阿拉伯人。

卡漢是在布魯克林的哈雷迪密爾猶太學院接受《塔木德》的訓練，但這個新思想主要是來自冷戰期間美國右翼圈的政治氛圍，而不是以色列哈雷迪猶太人的支持。此外，他的一些追隨者雖然嚴格遵守哈拉卡，但他的教誨和庫克的一樣，可被視為針對二十世紀晚期其他猶太教類型的開放風氣所做出的特殊回應方式。他的宗教觀點是以錫安主義者的政治理念為主宰，與其說是宗教錫安主義，不如描述成錫安主義教。他在一九八七年創立一間學院，教導他所謂的「真正的猶太觀念」，受到美國猶太人的資助。他在被認為對猶太人懷有惡意的巴勒斯坦人圍繞的地區建立猶太聚落，彷彿就是美國當年的西部荒野。在以色列境內，支持凱煦的主要不是哈雷迪猶太人，而是工人階級的塞法迪猶太人。哈雷迪猶太人（包括那些準備好為政府服務的哈雷迪錫安主義者）對卡漢招搖地表達自己對宗教價值的奉獻基本上都感到不以為意，像是他被選為以色列議員時，拒絕進行標準形式的宣誓，堅持加入《詩篇》的經文，以表示妥拉的重要性大過世俗律法。議會的其他成員拒絕參加他的議會演說。一九八五年，以色列的基本憲制性法律通過一項修改，禁止種族歧視者參選，因此卡漢無法參與下一次在一九八八年舉行的大選。一九九〇年十一月，他在布魯克林對哈雷迪猶太人發表一場演說之後，在曼哈頓的一間飯店遭到一名埃及裔美國人射殺身亡。大批群眾出席耶路撒冷的葬禮，顯示了他所引起的政治熱議有多麼激烈。[15]

卡漢的觀眾除了都信奉妥拉的這一點之外，沒有什麼共通點。其中，有一個位居哈雷迪猶太教邊緣的小團體「聖城守護者」（Neturei Karta，來自耶路撒冷）拒絕世俗以色列國的存在，更別說承認這個國家的權威了。聖城守護者在一九三八年脫離哈雷迪猶太人的同盟組織以色列聯盟，引用《巴勒斯坦塔木德》裡的一句妙語，主張真正保護社群的不是軍隊，而是「文士與學者」。聖城守護者甚至派代表前去會見伊朗總統，對他堅決反對以色列國的立場表達支持。其他哈雷迪猶太人則採取較輕微的分離做法，像是約瑟・哈嚴姆・索南菲爾德的追隨者。索南菲爾德在一八七三年二十幾歲時定居於耶路撒冷舊城，直到將近六十年後過世前，都沒有離開舊城超過三十天以上。索南菲爾德是耶路撒冷匈牙利哈雷迪猶太人的領袖，強力反對正統派猶太人和其他人來往，敦促哈雷迪猶太人退出世俗錫安主義者設立的機構，並在一九二〇年代反對在以色列地成立首席拉比制（雖然他自己和亞伯拉罕・庫克很親近）。不過，他和聖城守護者不同的地方是，他將現代希伯來文當作主要語言，支持猶太人在以色列地定居，並認同要與當地的阿拉伯人建立良好關係。索南菲爾德似乎和宗教錫安主義者有相同的看法，認為猶太人返回以色列地是彌賽亞時代來臨前必須發生的事。以色列首席拉比批准的以色列國禱文中有提到這個國家是「救贖萌芽的開端」，而像這樣的末世期望也有被外地的現代正統派會堂禮儀普遍採納。[16]

這種漸進式救贖的概念偶爾在某些特定的拉比在哈西迪社群中掀起彌賽亞狂熱時會遭遇到阻礙，而這通常會讓其他哈雷迪猶太人（及其他哈西迪猶太人）十分喪氣。前面就已看過，即刻發生的末世期盼不是哈西迪猶太教固有的思想，但把義者當成靈性超人來看待，認為上帝的恩典會流過義者，且上帝會透過他的禱告將一切事物的控制權交付給他，這些概念已經將哈西迪猶太人的拉比提升到遠遠超過尋常人類的地步了。義者的靈魂是如此純潔，乃至於他的禱告甚至可以撤銷上帝終結某個生命的決定。每一個時代都會出現一個特殊的聖人，是「一代義者」，天生具有成為彌賽亞的潛力，只要世界的條件對了，他就會是彌賽亞。因此，對某位特別具有魅力的拉比的哈西迪追隨者而言，彌賽亞時代似乎非常逼近。

我們在第十五章提到，布拉次拉夫的納賀蒙在一八一〇年死後兩百年，布拉次拉夫的哈西迪猶太人（現在住在耶路撒冷）會在猶太新年時集體到他位於烏克蘭烏曼的墳墓朝聖，而這在共產時代時，曾被當局幾乎完全鎮壓住。據說，在他死之前，他曾在兩位目擊證人面前發誓：「如果有人來到我的墳墓、捐出一枚錢幣做慈善用，並唸出這十首讚美詩，我就會將他從欣嫩谷【地獄】深處拉出來。」哈拔德哈西迪猶太人（他們常被稱作「盧巴維奇」，因為位於現今俄羅斯斯摩倫斯克州的盧巴維奇村莊在一九四〇年以前曾有一百年以上的時間是他們的總部所在地）對他們第七位（也是最後一位）拉比的彌賽亞地位，就沒有說得這麼謹慎了。在一九九四年過世的米拿現・孟德爾・施內爾遜曾擔任這個運動的領袖長達四十四年之久，是二十世紀的猶太教最具有影響力的領袖之一，不只是因為他在哈西迪追隨者心中扮演非常重要的角色（他們非常尊敬他，而他每週的聚會總是有一大群人參加），也是因為他主張所有的猶太人（即使是最世俗的那些人）都有責任在身。盧巴維奇猶太人精明地運用現代的大眾傳播手法，再加上追隨者受到即將來臨的末世期盼所驅使，十分樂意定居在猶太人口稀少的地區，到任何地方撒下奉行宗教的種子，因此盧巴維奇在公眾之間喚起的意識比其他哈西迪團體都要來得大。盧巴維奇拉比派遣的特使除了會到以色列的盧巴維奇定居重鎮和美國（特別是紐約州的王冠高地，因為拉比住在這裡），也會到法國、英國、阿根廷、俄羅斯和前蘇聯的其他地區、澳洲以及其他許多國家，致力於宣導妥拉的奉行。這些特使有許多人都是年輕夫婦，丈夫在二十出頭時就被任命為拉比（有時候，我們對一些哈雷迪拉比的生平所知甚少），他們的目標是要對抗猶太人的世俗主義，就連最不遵守妥拉的也要接觸，就連最偏遠的地方也要深入。沒有任何猶太人會被認為遙不可及。拉比會在行動的「戒律庫」裡，向猶太男性展示如何穿戴經匣或在光明節點燃蠟燭，而拉比的妻子則會在「哈拔德之屋」裡很有技巧地向年輕女子解釋安息日點蠟燭的方式，說明每個月進行儀式性浸禮的重要性，以確保繁衍後代的行為是在潔淨狀態下發生。[17]

從很多方面來看，這種仿效福音派基督徒的傳教方式就和好戰的梅爾．卡漢一樣，具有鮮明的美國特色。即使人們在以色列的哈拔德村為他建了一棟和他位於紐約東公園大道七七〇號（770 Eastern Parkway）的住家一模一樣的房子，盧巴維奇拉比卻連拜訪以色列地也不願意。哈拔德盧巴維奇很關注以色列猶太人的生活，但也同樣關心在美國多元文化背景下的猶太人身分認同。這個團體的目標不是要像其他哈雷迪猶太人那樣，將猶太人與現代世界隔離開來，而是要重塑那個世界，讓全世界一起嚴格遵行妥拉。從一九七〇年代起，盧巴維奇就在大學校園中特別地高調，傳統的猶太學問可能會被包裝成課程、研討會或學術會議，避免讓人覺得哈雷迪的生活方式就等於脫離現代。雖然，盧巴維奇拉比自己仍維持明顯的哈西迪服裝，穿著卡夫坦和腰帶。

盧巴維奇傳教的主要動機和彌賽亞有關，就如盧巴維奇拉比本人在前任拉比於一九五〇年過世時清楚表達的那般。在盧巴維奇拉比漫長人生的最後幾年，他越來越迫切地鼓勵追隨者，告訴他們「現在就能等到彌賽亞」。在這樣殷殷期盼的氛圍下，許多追隨者相信拉比本人就是彌賽亞。第一次波斯灣戰爭爆發，提供了更多的證據（至少從美國的視角來看），因為人們預期末日來臨之前會出現世界性的災變。一九九三年，拉比中風，身體大大衰弱，他的追隨者找出一些中世紀的文獻，裡面寫到彌賽亞必須要受苦，使他的舌頭黏住嘴巴，就像《以西結書》3:26所寫的：「我必使你的舌頭貼住上膛，以致你啞口。」拉比在一九九四年過世時，盧巴維奇運動出現意識形態的分裂，有一些人依然相信盧巴維奇拉比就是彌賽亞，因此否認他死了，或者聲稱他會再回來，有一些人則接受這件事，認為這個世界顯然還沒準備好讓彌賽亞現身，因此在彌賽亞出現前，必須更努力傳播妥拉。[18]

盧巴維奇在哈西迪猶太人之中的獨特之處，在於他們十分正面熱忱地向其他猶太人傳播妥拉，並對外邦人的靈性進展也同樣感興趣（繼承自盧巴維奇拉比的思想）。大部分的哈雷迪猶太人覺得維持原本的隔離主義生活型態比較容易，住在與外界隔絕的地區，彼此互助，經營自己的機構，如會堂、學校、猶太學院、儀式性浴池和提供潔食商品的店家。不過，美國立陶宛式猶太學院教育的復興和某些拉比接觸非哈雷迪猶太人的活動大有關聯。亞倫・科特勒（Aharon Kotler）便是這樣一個拉比，他在一九四二年於紐澤西創立了龐大的雷克伍德猶太學院。在很多哈雷迪社區裡，儀式界線（eruv，原意為「混合」）是生活中非常重要的一個層面。這是一種律法設備，用來創造出一個概念性的界線。安息日時，可以在界線內自由攜帶物品，就像在私領域一樣，因此對很多孩子的母親而言特別重要。否則，媽媽們從星期五到星期六晚上之間的整整二十五個小時就無法離開家了。這些外地的哈雷迪社群大部分是位於大城市的郊區，少數會聚集在地處偏遠的猶太學院四周。蓋茲赫德學院是歐洲目前最大的學院，在一九二九年的時候成立，是新格魯多克（當時位於俄羅斯帝國境內，現在位於白俄羅斯）的新多克學院的特使所創立的眾多分校之一。這間學院致力於傳播渴望生命者的慕沙傳統所教導的《塔木德》知識，學生多達數百人，雖然蓋茲赫德其餘的猶太人口並不多（就連鄰近的新堡也一樣）。[19]

在蓋茲赫德猶太學院熱烈的氛圍下所看見的英國猶太生活，當然和英國其他地方的現代正統派猶太人所認知的英國猶太生活不一樣。學院不鼓勵學生將他們的學問與大學教育結合在一起，且任何與非正統猶太教的接觸如果看起來像是在承認非正統猶太教的合法性，一律會被逐出團體。前任英國首席拉比喬納森・沙克斯在一九九七年出席改革派拉比（同時也是大屠殺的倖存者）雨果・格林（Hugo Gryn）的告別式時，英國的哈雷迪猶太人就清楚對他表明了這點。盧巴維奇也有一個類似的特點，就是拒絕給予改革派和保守派猶太教的代表任何正式的認可。但，在其他方面，這些傳教特使滿腔熱血地吸引每一個猶太人，希望他們更努力遵守誡命，這樣的態度在各個派別（或甚至是沒有派別）以及猶太做法奉行程度不一的猶太人之間受到不小的歡迎，因此誠如前面看到的，盧巴維奇哈西迪猶太人在猶太世界的許多地方都成為了社群拉比。

這個哈雷迪團體對於缺乏虔誠者所展現的寬容十分令人訝異，但是某些現代正統派猶太人會願意接受盧巴維奇拉比成為他們非哈西迪社群的宗教領袖，也是非常令人吃驚，畢竟他們不像盧巴維奇那樣相信盧巴維奇拉比的彌賽亞身分，也不認為末日即將來臨。盧巴維奇運動有一支派系認為拉比在一九九四年過世後，彌賽亞會在死後歸來，以完成他的任務。這樣的主張非常接近遭拉比反對將近兩千年的基督徒說法。正統派對這些有關盧巴維奇拉比的說法毫不理會，被某些現代正統派猶太人認為是非常丟臉的。有些哈雷迪猶太人（如巴爾的摩以色列之燈猶太學院的院長亞倫・費爾德曼〔Aharon Feldman〕）會公開敦促正統派猶太人不要在哈拔德會堂禱告，因為那就等於承認自己相信盧巴維奇拉比是彌賽亞，但最值得注意的是，許多人忽視了這些訴求，持有各種信念的外地猶太人都願意一起禱告，對可能使他們分裂的議題睜一隻眼、閉一隻眼。[20]

在當代的以色列社會裡，有些哈雷迪猶太人就沒有這種相互寬容的特點了。在這些地方，使用暴力確保他人順從妥拉是很常見的做法。車輛若在安息日進到耶路撒冷或貝內貝拉克的哈雷迪猶太人社區，就有被丟石頭的可能，而那些挖掘古墓、打擾亡者安寧的考古學家也一樣。女性如果穿著短褲或露出手臂進到哈雷迪社區，就可能遭到辱罵或更糟的對待。女性如果披著祈禱披巾，到耶路撒冷聖殿西牆展現自己進行禱告的權益，也會有同樣的遭遇。近年來，有些哈雷迪男性試著在公車上施行男女分坐，實現他們眼中的得體做法。在飛機上，和異性乘客長時間近距離相處是很難避免的事情，因此可能引起宗教顧忌和人身自由之間的激烈爭議。二〇一一年十二月，耶路撒冷西邊貝特謝梅什城鎮的反錫安哈雷迪男性試圖關閉一間宗教錫安主義者的女校，對六到十二歲的學生大吼大叫，罵她們是娼妓。女孩們嚇壞了，家長只好帶著狗陪女兒一起上學，警方也必須出面干涉，把兩方人馬隔離開來。大多數的哈雷迪猶太人鮮少明確寬恕這種惡行，但是這種行為也沒有遭到譴責。

當代以色列的信教猶太人之間的不寬容現象有時候也會反向而行，也就是哈雷迪猶太教會遭到其他猶太人反對。本·古里安在一九四八年建國之初賦予哈雷迪猶太人特殊待遇，像是全職的學院學生可以得到政府補助。當時的哈雷迪猶太人人數不多，但是後來社群急遽成長，有些人便開始認為他們是政府的負擔。哈雷迪猶太人的生活方式會在其他以色列人之間引起不滿，有一部分的原因是，最連錫安主義思想最強烈的哈雷迪猶太人也拒絕從軍入伍；反過來，兵役為其他不同背景的以色列猶太人提供特別強大的團結經驗，因為這個國家自建國之初就持續存在緊張局勢。哈雷迪猶太人不願意從軍，不是因為他們不想要為了保衛國家而殺人，而是因為擔心軍隊裡男女混雜的狀況、道德敗壞的危險、世俗主義的接觸以及遵守妥拉的困難，還有在某些人眼中，他們必須保衛的這個國家從神學角度來看可能並不合法。在經濟壓力和政府的鼓勵下，有些哈雷迪猶太人選擇加入軍醫單位或是為沒有在學院就讀的哈雷迪年輕人設置的特殊單位。但，所有的哈雷迪猶太人都被明確教導，不可以認為學院教育比軍隊服務還要沒價值，因為這能有效讓上帝偏愛以色列。

更加深世俗以色列人不滿的是，哈雷迪猶太人經常必須依靠政府的社會福利系統來養活大家庭，因為一家之主把人生中大部分、甚至是全部的可生產時間都拿來用在學院的學習上，無法養家餬口。政府為猶太學院提供慷慨的補助金（這是多年來宗教黨派的領袖進行政治協商的結果），允許越來越多哈雷迪猶太人到了三十歲仍繼續當全職的學生。在東歐的學院文化中，只有精英分子有辦法這麼做（現代的以色列猶太學院本來就聲明要保持東歐學院的傳統）。就算有政府的幫助、就算哈雷迪猶太人對自己的生活水準要求不高，終身的學院教育仍然需要花費大筆金錢。因此，雖然很少有哈雷迪猶太人會打破上世俗大學的禁忌，但是有些人開始會參加職業課程，學習可賺錢的技能。這些單一性別的課程是由大專院校開設的，並有專門給哈雷迪學生的政府補助。哈雷迪女性賺錢養家的時間比丈夫還要多。

外地猶太人對哈雷迪猶太人反感的原因就沒那麼明確了。非正統猶太人有時會反對正統派設立儀式界線，可能是因為這個宗教做法會引起非猶太人的擔憂，冒犯到將猶太教的履行視為私人事務的本能反應。哈雷迪猶太人在現代世界刻意特立獨行，對那些希望將自己的猶太教融入整個社會的猶太人而言，感覺是一種威脅。「黑帽子」出現在自己的社區，可能會讓其他猶太人感受到道德上的壓力，覺得自己應該採納這種奇異的宗教生活方式，也可能導致非猶太人對所有猶太人的存在感到一視同仁的反感。

20 復興

在過去兩個世紀以來試著無視或降低西方世界變遷的哈雷迪猶太人以及適應了這些變遷的大多數猶太人，在過去五十年來關係變得越來越緊張，因為整個社會的變化速度更加快了，哈雷迪猶太人的力量也越來越大，能將自己的意志施加在其他猶太人身上。自從一九六〇年代，北美在社會與文化方面都出現激烈的變革，特別是和女性角色和性向有關的議題，而當代猶太復興運動所關注的焦點有很多都反映了這些變化。這些猶太教的新潮流大部分都是源自美國，但也有一些源自以色列社會。

在一九九〇年代中葉，神學家亞瑟・格林在改革派拉比的神學院希伯來協和學院進行了一場公開演講。在演講中，他提到了一則刊登在紐約《猶太週刊》（Jewish Week）上的廣告。刊登者是一名年輕女子，她形容自己是「離過婚的猶太女子，三十四歲，注重靈性，但不信教，尋找想法相同的猶太男子」：

這位年輕女子應該能引起我們的興趣。可以的話，且讓我把她當作我們這個時代的標誌。我想，她應該非常清楚自己所謂的「注重靈性，但不信教」是什麼意思。你可以在克里帕魯瑜珈靜修所遇見她和其他許多猶太人。他們週末時到這個地方做瑜珈、按摩、聽一場關於靈性教誨的演講、吃健康的素食、和志同道合的人交談。你不會在會堂碰見她，因為她仍覺

> 得自己跟會堂很疏離。但是，她會在贖罪日齋戒和冥想，因為這天對她而言具有某些「特殊意義」。她既閱讀蘇非主義的故事，也看哈西迪的書。她過去會聽所羅門・卡勒巴赫（Shlomo Carlebach）的演唱會，現在偶爾仍會哼起他的歌曲。和家人一起過逾越節仍然是件討厭又吵鬧的事情，她恐怕會說：「一點也不靈性。」但，她的家人有一年搭乘郵輪出遊，她得以參加到一場女性的逾越節晚宴。對她來說，這場晚宴有點太吵雜刺耳了，但是如果還有方便就近的類似活動，她很願意再試試看。她多年前曾讀過《我和你》的一部分，還蠻喜歡的，但她的靈性啟發書籍大多數是由東方作家所寫，或是選擇東方途徑的美國作家。其實，她很少閱讀。身為影像世代，她寧願觀看她有的那支達賴喇嘛的演講錄影帶，也不要讀他的書……

自從一九六〇年代起，猶太人（大部分是年輕人）的尋覓靈性之旅已經引領許多人進入東方宗教，特別是佛教。但，也有一些人在「猶太復興」中找到猶太教內部的靈性新形式。猶太復興是一個非正式的運動思潮，在大體上屬於世俗的生活型態中捕捉哈西迪猶太教的靈性成分，從馬丁・布伯和亞伯拉罕・約書亞・赫舍爾的著作中建立神學基礎，但又受到所羅門・卡勒巴赫感染力強又旋律優美的哈西迪音樂所啟發，對帶有東歐猶太人小鎮風情的克萊茲默音樂重拾興趣。[01]

猶太復興聯盟「ALEPH」是亞瑟・格林的老師札爾曼・舒赫特－沙羅米（Zalman Schachter-Shalomi）在一九六二年成立的。沙羅米曾是個哈拔德哈西迪猶太人（所羅門・卡勒巴赫也是），他成立這個組織的目標是要將靈性散播給所有猶太人，而不是要跟其他在現代時期興起的教派一樣，創立一個新的教派。這個運動鼓勵人們尋找哈西迪猶太教裡所謂的「迪維庫」（devekut）概念，也就是與上帝交流，使用任何靈性手段都可以，除了卡巴拉以及米大示和哈西迪傳統中的其他猶太文獻，也可運用瑜珈以及佛教和蘇非主義的禱告與冥想形式，並且使用舞蹈、音樂、說故事和視覺藝術等途徑。猶太復興源自北美思潮，非常重視生態與和平的行動主義及社會正義，因此也吸引了某些世俗以色列人，因為他們想要實現靈性，卻又不想臣服在他們眼中怪異的宗教世界裡。這個運動在南美洲和歐洲也有獲得一些猶太追隨者，但人數較少。[02]

近幾十年來，北美的年輕猶太人渴望獲得靈性經驗和表達，當然也是反映了整個社會（特別是加州地區）的文化潮流，尤其是為了回應老一輩的物質主義。猶太復興注重個人實現與啟發（和哈西迪猶太教一樣），在一位具有魅力的領袖帶領下，允許追隨者自行決定要追求傳統的猶太社群概念和妥拉學問追求到什麼程度。不過，在一九六〇年代，部分追求靈性復興的美國猶太人開始會在哈吾拉（havurah）聚會。哈吾拉是一種宗教同伴聚會，大致仿效第二聖殿時期法利賽人和愛色尼人的（想像中的）聚會形式。哈吾拉被視為禮拜和學習的中心（有別於拘泥的會堂禮拜），很快就在大學城受到歡迎，成為學生的一種反文化型態。他們實驗各種禮拜形式，並堅持不實行階級制度。但是到了一九八〇年代，美國有許多會堂也成立了自己的哈吾拉，和較有組織的禮拜共同運作。[03]

打從一開始，性別平等就是每個哈吾拉團體實行開放自由的重要層面之一。十九世紀的歐洲改革猶太教雖然在理論上強調個人信仰與倫理，主張女性擁有跟男性同等的權利、同樣的宗教義務，但是實際上，許多改革派猶太人都是中產階級，跟基督徒一樣抱持著女主內的觀念，和猶太女性身為家庭守護者的這個傳統角色十分相稱。一九六〇年代，現在所謂的「第二波」女性主義鼓勵許多女性在改革運動中尋求獲得任命的機會，象徵這個運動真的致力於實現平等主義。前面已經看到（第十七章），在一九七二年，美國任命了第一位女性的改革派拉比莎莉・普里桑德。緊接著在一九七五年，英國的傑基・塔比克（Jackie Tabick）也受到任命。我們也在前面看到（第十八章），重建主義者很快就會跟上腳步，而這個議題正是導致傳統保守猶太教脫離保守運動的原因。目前，在學院中接受訓練、希望將來被任命為非正統派拉比的學生當中，約有半數是女性。04

女性獲得任命這件事所帶來的，不只是讓更多人有機會得到宗教權威而已。這件事還帶動了聖經和《塔木德》等聖典的女性主義批判研究，並且也有新的宗教儀式和禮儀發明出來，標誌女性生命中的大事，例如流產的療癒禱文：「我的祈求是什麼？愚蠢的人、剛成為母親的人，離我遠一點。主啊，把我從這苦澀的生產之中解救出來。使我的心對我的丈夫／愛人／朋友敞開，讓我們互相安慰。使我的子宮敞開，讓它還能孕育活生生的果實。」北美、以色列和英國是最努力將女性議題放進猶太社群宗旨的地區，但參與其中的人不見得都希望達到同樣的結果，這從《莉莉絲》（Lilith）這本雜誌裡活躍的辯論就能看得出來。《莉莉絲》從一九七六年開始出刊，驕傲地將自己廣告為「獨立、猶太、就是女性主義」，討論的議題什麼都有，像是女性主義的葬禮以及猶太人應不應該擁有聖誕樹等等。05

對某些人而言，女性可以獲得猶太教裡開放給男性的所有宗教經驗，這才是最重要的。蘇珊・格羅斯曼（Susan Grossman）便描述自己第一次配戴經匣時的感受：

> 我以前曾經有恐經匣症。那是很令人尷尬的病，我很難對朋友或陌生人解釋。他們看我舒舒服服地包著天空藍的祈禱披巾，常會問：「那妳也戴經匣嗎？」我會回答：「沒有。」然後總是聳聳肩，低下頭……一切都感覺很怪異、綁手綁腳，直到我開始把經匣的綁帶綁在手指上。當我在綁食指和無名指時，我唸出禱告書上這段《何西阿書》的經文：「我必聘你永遠歸我為妻，以公義、公平、慈愛、憐憫聘你歸我；又以信實聘你歸我，你就必認識主。」

現代正統派猶太社群現在已有許多猶太學識豐厚的女性，從一九七〇年代初開始，她們漸漸設立自己的獨立禱告團體，常常會在月朔時聚會，因為根據《以利以謝拉比章節》（Pirkei de Rabbi Eliezer）所記載的傳說，上帝將月朔這天定為女性的特殊日子，以獎勵摩西在西奈山上時，她們拒絕和丈夫一起製作金牛犢的事蹟。現在，現代正統派的猶太女孩在進入世俗大學之前，通常會花一段時間到神學院學習猶太文獻。在正統猶太教的圈子裡，任命有學問的女性為拉比、讓女性擁有統領男性的宗教權威，這樣的概念仍具有爭議性，但曾在紐約的河谷希伯來協會這個正統派社群擔任助理拉比一段時間的莎拉・赫維茲（Sara Hurwitz）卻獲得了私人任命，被賦予瑪哈拉（MaHaRat）這個頭銜，意為「哈拉卡、靈性及妥拉相關議題的領袖」。這個頭銜在二〇一〇年改成「拉巴」（Rabba，拉比的陰性變化），雖然正統派世界有些人十分反對。阿維・魏斯（Avi Weiss，任命莎拉・赫維茲的拉比）提倡的「開放正統派」以及將開放正統派運動稱作「新保守派」的傳統正統派猶太人之間的爭執，主要就是和任命女性拉比議題有關。06

在部分猶太女性主義者眼中，若要解放猶太女性，猶太教最基礎的概念都得全面重新評估，甚至是重新創造。茱蒂絲・普拉斯科（Judith Plaskow）主張扭轉猶太教裡有關上帝本質的概念，加入（或者恢復）上帝的女性層面。她要求將女性的歷史納入猶太民族的現存記憶中，強烈認為有必要完整反映出女性的經驗，包括傳統猶太教幾乎完全忽視的女性情慾：

> 就和最基本的女性主義思想主張情慾是由社會建構的一樣，猶太女性主義要理解情慾，首先要堅持房裡的事務永遠不可能脫離更廣大的文化背景，因為房間也是這文化背景的一部分……因此，猶太女性主義在處理情慾的議題，必須將情慾的互相性當作整個人生的任務，而不只是星期五晚上的任務，要將情慾平等放進更廣大的社會展望，建立以互相和尊重差異為基礎的社會。07

猶太教內部自一九六〇年代以來開始為女性角色爭取認可。與此同時，同性戀（以及雙性戀和跨性別族群）也在這個傳統上選擇忽視或甚至譴責其存在的宗教體系中爭取認同。在現代正統猶太教裡，諾曼・拉姆（Norman Lamm）曾在一九七四年寫到自己對同性戀的厭惡：「男同性戀的行為在聖經裡被視為『可憎惡的事』（《利未記》18:22），因為他們「給人的第一印象就是噁心」。摩希・范士丹也在一九七六年表達自己的氣憤，說：「所有的人（就連邪惡的人）都鄙視同性戀，就連同性戀的伴侶也覺得彼此可憎。」然而，過去五十年來，這種言論已趨緩，因為在美國、歐洲的許多地方和以色列的部分地區，大眾都越來越接受同性戀。前一代聲稱這種性傾向在猶太人之間不存在，但是這種說法現在已經不常見了。在一九九九年，史蒂文・格林伯格（Steven Greenberg）成為第一個公開坦承自己是同性戀的正統派拉比。他在二〇〇四年出版一本書，講述自己有很長一段時間奮力想要調和兩種對立的身分認同。他也試圖重新詮釋聖經有關同性戀的段落，希望同性之愛有可能被猶太傳統所接受。英國的哈拔德拉比柴姆・拉帕珀特（Chaim Rapoport）在二〇〇五年間接回應格林伯格，避開先前的世代對同性戀的譴責，主張正統派社群必須歡迎、理解、支持同性戀，但同時也繼續堅稱同性戀的性行為本身是不能被許可的。葉史瓦大學也舉辦有關理解和接受正統派同性戀的論壇，但是沒有提及哈拉卡寬恕同性戀的性行為。[08]

改革派、重建派以及其他進步猶太教世界聯盟的組成團體（例如英國的開放猶太教）接受同性戀為社群成員的速度自然是快得多，態度也更真誠。一九六七年，英國將男同性戀的私下性行為部分除罪化，而美國也在紐約石牆暴動後展開激進的同性戀解放運動。隨著這些事態的發展，同性戀猶太人世界聯盟也在一九七二年創立，世界各地的都會區都成立了同性戀會堂——其中有不少會在後來加入改革或重建運動。保守派一如往常，小心翼翼地權衡不同陣營的論點。下面這個段落節錄自埃利奧特・多爾夫（Elliot Dorff）寫給一九九六年拉比大會的「拉比信」，內容是有關負責為這個運動詮釋猶太律法和倫理的律法委員會在一九九一和一九九二年所做的商討：

猶太律法與標準委員會通過四則有關同性戀性行為議題的答文。其中三則認為，這不是可憎惡的事、不會破壞以家庭為核心的猶太教、不會導致妥拉的某條律法在未獲許可的狀況下被廢除。還有一則認為，同性戀性行為不應被當成可憎惡的事，並建議由一個委員會來研究整個有關人類性行為的議題。猶太律法與標準委員會決議，同性戀不可以進行承諾儀式，有性能力的同性戀也不可以進入這個運動的拉比和唱詩學校。第四則答文將最後這兩條規定納入進一步研究的範圍，未來可能會修改。每位會堂拉比可以自行決定同性戀是否能成為該會堂的老師或年輕人的領袖，以及同性戀是否能得到會堂領袖的職位。

這封信出現的十年後，也就是二〇〇六年，保守運動決定將大部分的拉比訓練開放給公開承認同性戀傾向的申請者。對於像雷貝嘉・阿爾伯特（Rebecca Alpert）這樣的女同性戀拉比來說，傳統真的出現了轉變。女同性戀非常清楚自己的新角色就像「逾越節晚宴盤子上的餅」，但是從紐約貝特辛哈妥拉會堂（一九七三年在格林威治村創立，現在是全美最大的同性戀會堂）的會眾所面臨的個人與宗教兩難，可以看出要將這些會眾組織起來是多麼複雜的一件事，但這也顯示了會堂的做法經過演變，已經可以同時反映出猶太教與同性戀的價值觀，即便成員包含了非常多樣的猶太教類型（當然也有同性戀）。[09]

將自己形容成「酷兒猶太人」的這些人自覺地要求革新的權利，好讓猶太教在現代西方世界能有一席之地。但，他們的激進程度比不上一九六〇年代以來試圖創造一個沒有上帝的猶太教的北美猶太人。人文猶太人的世界觀是奠基在自主的人類，而不是上帝，他們和其他人文主義者一樣，以理性做為倫理的基礎，但是他們依然會聚在一起學習猶太語言和猶太文化、慶祝猶太節日和生命大事，有時也會由一位指導者或拉比帶領。國際世俗人文猶太教協會從一九八六年開始提供訓練教育，原本被任命為改革派拉比、但從一九六三年第一座人文猶太會堂在密西根創立後開始信奉無上帝猶太教的謝爾文・懷（Sherwin Wine），則構思了一系列的指引手冊，規劃適合的禮儀儀式：

人文猶太人有兩個重要的身分。他們是猶太人、是猶太民族的一份子、一個古老親族團體的成員，因為一個社會命運與其他猶太人連結在一起。他們也和其他的人文主義者有所連結，無論這些人文主義者隸屬於哪一個親族，也不管他們的族裔出身。對某些人文猶太人而言，他們的猶太身分是最強烈的情感連結；對其他人文猶太人而言，他們對人文主義的智識與道德奉獻，比猶太身分的連結還要強大。兩種人都很重視自己的猶太身分，只是程度不同。人文猶太教可以容納這兩種身分。人文猶太人和其他猶太人共享相同的猶太習俗。節日、以色列、反猶太主義、研究猶太史，這些都是他們共同活動的項目。

懷堅稱人文猶太教是正面的信仰：

有一件事非常重要：永遠不要讓他人用他們自己的信條來公開定義你這個人。人文主義者不只「不相信」聖經創世的故事；他們也「相信」演化。他們不只「不相信」禱告的效力；他們也「相信」人類的努力和責任所發揮的力量。他們不只「不相信」超自然；他們也「相信」一切經驗的自然起源……信徒總是「先」告訴人們自己相信什麼，而不是他們不相信什麼。

懷在法明頓山有一個小會堂，起初是屬於改革派的思想，但是他在發展適當的語言來反映他們的信念時，卻發現「上帝」這個字其實可以從禮儀中拿掉。因此，他透過邏輯實證主義做出了一個結論，認為既然不可能證明上帝存在或不存在，那這個概念就沒有意義。這個立場不只引起其他猶太人的強烈敵意，就連美國其他民眾也無法接受，因此他確實相當有勇氣。只有極少數猶太人認同人文猶太教運動。[10]

人文猶太人這個概念在很大的程度上仰賴的是猶太身分的雙重定義：血緣和宗教信仰。在外地，缺乏團體支持的世俗猶太身分對有些人而言是難以維持的。主張不可知論的猶太人通常會覺得留在宗教社群比較舒服，把社群當作社交生活的重心，因為只要不強迫他人放棄信仰，沒有信仰的人通常不會受到挑戰，就和英國教會的許多教區一樣。二十世紀中葉，卓越的哈佛猶太哲學歷史學家哈利・A・沃夫森（Harry A. Wolfson）責備那些「愛說話的有神論者」為了社會和政治原因將自己沒有信仰的事實加以掩飾。和沃夫森同時代的社會錫安主義者本・哈本（Ben Halpern）指責美國猶太人退回會堂的堡壘，把猶太身分當成好像只是私人的宗教信仰一樣，好讓他們的猶太認同更容易被美國社會所接受。

反之，在以色列，由於猶太身分會被印在身分證上，因此世俗猶太人的心力都是放在對抗宗教脅迫的問題上。世俗人文猶太教的首要目標是鼓勵以色列社會的多元主義，並促進世俗和正統之間的對話。在這個運動中，有一個在特拉維夫教授美學和修辭學亞科夫・馬爾金（Yaakov Malkin），他在許多機構宣揚將猶太教當作世俗文化來研究。有些機構特別在做這件事情，如特拉維夫的阿爾瑪學院。一九八八年，馬爾金制定了世俗猶太人的信條，他形容為「自由」：

世俗猶太人相信什麼？相信自由的猶太人，也就是不受哈拉卡宗教所統領的猶太人；不受戒律的單一宗教解讀所束縛的猶太人；不受猶太慶典、傳統和文化的宗教詮釋所限制的猶太人；不受聖經及後聖經文獻毫無彈性的觀點所制約的猶太人。這些猶太人相信：選擇如何實現自我猶太認同的自由……自由猶太人相信上帝是他們核心著作及其他猶太文獻經典著作的英雄主角……自由猶太人相信聖經是一部文學和史學的文集……自由猶太人相信人文主義和民主主義是猶太教不可或缺的……自由猶太人相信多元主義是猶太身分和文化從古至今的根本……自由猶太人相信要對其他文化抱持開放態度……自由猶太人相信節慶是表達家庭與團體獨特價值的方式……自由猶太人相信猶太人做為一個國家的獨特性……自由猶太人相信猶太教是世界文化的一部分……自由猶太人相信猶太教育是讓所有年齡的猶太男女社會化的先鋒。[11]

Part Ⅵ

Epilogue
後記

21
等待彌賽亞？

直到二十世紀後半葉以前，歐美猶太人對西方社會的啟蒙運動或其他晚近的發展所做出的反應，都沒有引起北非或中東塞法迪猶太人的關注。這些地區的猶太人大多沒有注意到十九世紀前半葉在道德上折磨人心的德國猶太人所帶動的那些相互矛盾的運動。對這些猶太人而言，宗教就是傳統的那樣，一點問題也沒有。大部分的時候，歐洲猶太人也不會去打擾他們的平靜生活。例如，以色列普世同盟在一八六〇年創立，總部位於巴黎，目標是「文化與道德的提升」，希望改善這些地區猶太人的社會和法律地位。實質上，這不是要他們信奉任何類型的猶太教，而是要灌輸他們法國的文化。因此，在一九五〇年代，許多說法語的北非猶太人選擇到法國避難，而不是以色列，主要是基於文化上的因素，而非宗教。

這些傳統的猶太人習慣寬容各種宗教做法，從容面對現代化的壓力。若真要說，他們反而認為對自己的猶太認同威脅比較大的是，在歐洲社會有可能被阿什肯納茲猶太人同化。因此，他們開始展現對地區性習俗的自豪。比方說，北非裔的猶太人會在逾越節的隔一天慶祝米莫納節（Mimouna），家庭和社區會興高采烈地去野餐。米莫納節的起源和意涵沒有人知道，但這個節日之所以廣受歡迎，就只是因為它很有當地特色（而且也樂趣十足）。因此，近年來，就連同化很深的巴黎摩洛哥猶太人也開始慶祝起米莫納節。[01]

米莫納節在以色列也是盛大的節日，因為有超過一百萬名以色列人是摩洛哥裔。但，除了摩洛哥猶太人之外，以色列國從一九四八年起也接納了葉門猶太人和大批來自前蘇聯的猶太人，以及許多有著特色鮮明習俗的小團體，包括說亞蘭語的庫德斯坦猶太村民、來自孟買鄰近區域的以色列之子及印度南部馬拉巴爾海岸的科契猶太人，另外還有來自衣索比亞、伊拉克、波斯、利比亞等地的猶太人。

值得一提的是，二十世紀初人口約七萬、但在一九五〇年代前全數遷移以色列的葉門猶太人，幾乎沒有受到十九和二十世紀歐洲及北美的現代化潮流所影響，就好比十九世紀發生在葉門的那些彌賽亞運動（例如一八六二～四年間的猶大・本・沙勒姆；當地的宰德派穆斯林也有追隨他）也對外面的猶太世界沒有任何影響。二十世紀初，被多數葉門猶太人視為重要權威的伊耶・本・所羅門・卡法（Yihye b. Solomon Kafah）嘗試在教育中引進改革，一九一〇年在沙那設立一所學校，提倡《塔木德》研究以及一百年前在歐洲興起的哈斯卡拉啟蒙運動，結果卻招致強烈反彈，特別是當他質疑《光明篇》的作者是否真的是西緬・巴爾・尤海時。當地猶太人大多數都是貧苦的小販和工匠，位於葉門社會的金字塔最底層，沒有什麼權利；遲至一九二〇年代，政府依然規定猶太孩童若未成年就失去雙親，就必須皈依伊斯蘭教。在一九一九到一九四八年間，約有三分之一的葉門猶太人移民到以色列，接著在一九四九年六月到一九五〇年九月，又有四萬八千人以空運的方式被送到以色列。因此，對大部分的葉門猶太人而言，他們對現代世界做出的反應是和移民到以色列這個新社會的反應交織在一起的。[02]

這些東方猶太人在移民以色列之後，有很多傳統習俗都被保留了下來，雖然年輕世代開始說希伯來語，因此他們獨特的語言已漸漸消失。此外，許多以色列的東方猶太人（mizrahi米茲拉希猶太人）都維持宗教的生活方式，即使他們不認為自己是信教的。在把自己定義成「維護傳統者」（shomrei masoret）、而非世俗或信教的以色列人之中，絕大部分都是具有東方血統的猶太人。有四分之一到三分之一的以色列人把自己歸到這個類別，可見這在以色列社會中是非常重要的思潮。但在哈雷迪社群中，充滿自信的阿什肯納茲學院文化似乎也成了北非和伊拉克裔的主流。許多以色列的塞法迪哈雷迪猶太人選擇就讀阿什肯納茲的猶太學院。奧瓦迪亞・尤瑟夫（Ovadia Yosef）曾經擔任以色列的塞法迪首席拉比，在一九八〇年代成立沙斯黨這個強大的以色列政黨，對抗非阿什肯納茲猶太人遭受的歧視待遇，力圖在塞法迪猶太人之間加強他們對自我認同的驕傲。但是就連像他這樣的人，也和年邁的立陶宛拉比以利亞撒・沙赫（Elazar Shach，二十世紀晚期統領以色列非哈西迪的阿什肯納茲哈雷迪猶太人）在政治上往來密切。另一方面，阿什肯納茲猶太人也會認同某些塞法迪卡巴拉學者的名聲，像是摩洛哥的拉比以色列・阿布哈扎伊拉（Israel Abuhatzeira，人稱「巴巴・撒里」〔Baba Sali〕）。巴巴・撒里因為能透過禱告的力量行奇蹟，所以非常出名。他在一九八四年逝世後，位於內提沃特（鄰近加薩的小鎮）的墳墓成了朝聖地點。[03]

在以色列之外的地方，信奉主流教派的壓力較小，任何類型的猶太身分認同基本上是個人對自己的定義。定義自己為猶太人的理由有很多種，整個猶太世界的接受度也不一。至今，大部分的猶太人會認為自己是猶太人，主要還是因為雙親至少有一人是猶太人。然而，正統派並不承認依父系的猶太人，像是在德國和以色列建立龐大社群的許多前蘇聯移民。

衣索比亞的貝塔以色列人（見第九章）所繼承的猶太習俗對以色列國當局來說已足以證明他們的猶太身分，因此政府將他們當成猶太人，鼓勵他們在一九九〇年代移民以色列。然而，正統派拉比仍不信任他們。非洲南部、拉丁美洲、印度和日本有許多團體採納猶太化的習俗，聲稱自己是猶太人，但這基本上只是被當成異國文化看待，與整個猶太社群無關。從一九七〇年代開始，遺傳學的進展讓這類聲稱大幅增加，辛巴威和南非的倫巴人便是一例。他們非常歡迎DNA測試，告訴他們自己的男性祖先有一部分是來自中東。倫巴人點出，他們守安息日、割包皮和飲食禁忌的做法都是他們繼承了猶太習俗的證據。有時，他們會被認為是以色列失落的支派，就和印度東北部的瑪拿西之子一樣。

美國的開明猶太人總是急著彰顯自己的反種族歧視立場，因此通常會遠遠地對這些聲明表示歡迎。對於非裔美國人的基督教團體（如希伯來以色列黑人）聲稱自己是唯一真正的以色列人（和一般猶太人的種族聲明相左），他們就沒有這麼支持了。基督徒會自封為真正的以色列人，當然是要追溯到猶太教和基督教分道揚鑣的那段早期歷史（見第七章）。二十世紀時，美國大城市出現許多各式各樣的非裔以色列團體，致力於遵守猶太習俗，並有著獨特的信條和名稱，像是「誡命守護者」。其中一個這樣的團體「耶路撒冷非裔希伯來以色列人」有大量成員定居在以色列，在以色列當局拒絕給予他們猶太人自動可以獲得的以色列公民身分後，他們還是被授予永久居留權，在很大的程度上融入了以色列社會。

引起以色列猶太人和大部分外地猶太人疑心的，反而是那些皈依基督教的猶太裔基督徒的說法。他們聲稱，接受耶穌為彌賽亞的猶太人並沒有拋棄猶太教，而是在實現它。在一九六〇年代，有大量向猶太人宣揚彌賽亞猶太教的團體出現，其中最著名的就是在一九七三年創立的「屬耶穌的猶太人」（Jews for Jesus），他們非常積極地對整個猶太社群進行傳教。二十一世紀初，彌賽亞猶太會堂在美國和以色列等地如雨後春筍般湧現。彌賽亞猶太人會在星期六守安息日，並慶祝各大猶太節日。許多人會遵守猶太飲食律法，即使不是因為自己相信這些律法的重要性，也是為了觸及其他猶太人。他們是以耶穌的希伯來名字「Yeshua」來稱呼他。[04]

彌賽亞猶太人對猶太社群採取傳教的方式，是很特殊的；當代唯一具有相同傳教熱忱的團體，只有盧巴維奇哈西迪猶太教（見第十九章）。多數時候，觀點不同的猶太社群都是獨立運作，判定猶太身分的標準雖然互相衝突，但那是可以被忽略的。最常發生問題的，是在結婚的時候。如果其中一位配偶的身分出現疑慮，根據正統派的猶太律法，婚姻是有可能結不成的。這阻礙通常與任一方的信仰或習俗無關，雖然原則上，所有的阻礙都可以透過冗長的皈依程序來解決，只要身分出現疑慮的一方在正統拉比法庭的支持下完成皈依即可。

在正統派的世界裡，私生子（mamzer通常被翻成「私生子」，但這個翻法並不準確）的身分是更難解決的問題，因為《申命記》禁止經由非法婚姻或亂倫生下的後代嫁娶另一名猶太人；得到這種身分的可能性變得越來越大，因為越來越多猶太人在政府核准離婚後再婚，卻沒有完成正規的猶太教離婚手續，也就是丈夫必須給予妻子一份離婚證明（get）。以下兩個原因使這問題變得更嚴重：第一，大屠殺期間有許多人失蹤，因此並沒有死亡證明；第二，丈夫如果不願意配合，光靠社會壓力很難迫使他給妻子離婚證明。因此，妻子仍是「被綁住的女人」，在正統派社群中不能再婚。這些女性被留在一個模糊的中間地帶，人們普遍認為是不公平的，但是在正統派的哈拉卡體系內，卻也很難找到解決辦法。[05]

雖然我們已經知道，猶太教在歷史上的每個時期都存在萬花筒般多樣的表現形式，且偶爾會針對實際做法的問題或（更少出現的）教義方面的議題起糾紛，但是綜觀這一整段歷史，會發現寬容是一直出現的現象，雖然時常伴著不情願。在第二聖殿時期，隸屬於不同哲學派別的猶太人會一起參加聖殿儀式，也會一起擔任祭司，即使彼此對於儀式的實踐和一些基本的神學議題（例如死後的生命）常會有極大的不合。拉比文獻處處可見願意彼此爭論意見的拉比故事。拉比很早就確立了接受各地習俗的原則，而人們也普遍同意，若整個社群移居他地，每個會堂都有權利保留自己的身分認同。有時，世俗政府插手干涉，要猶太社群信奉單一做法，但在當代歐洲和（尤其是）北美的多元文化社會中，猶太人自己有時也很歡迎多樣性。熱情宣揚多元主義的紐約正統派神學家大衛・哈特曼（David Hartman）便把猶太教內部的各種聲音比喻成「有許多房室的心臟」；他在一九七〇年代到二〇一三年過世之前，也是耶路撒冷現代正統派極具影響力的人物。[06]

二十世紀發生了令人難以預料的兩件事：大屠殺和以色列建國，因此在預測二十一世紀可能會發生什麼事時，必須要小心謹慎。這個宗教會消失還是會繼續成長，都有可信的依據存在。在現在這個網路時代，有兩個互相競爭的趨勢伴隨各地宗教領袖（除了極端正統派之外）權威衰退的現象而來。一方面，現在只要從儲存在拉比答文資料庫裡的哈拉卡資料，就能立即從拉比導師那裡得到幾乎是任何主題的權威觀點。另一方面，志同道合的猶太人已開始透過網際網路的開放民主空間，在論壇上協力形塑新的猶太教類型。外地的傳統正統猶太教只以繼承先人的習慣為基礎，沒受到個人虔誠或確定的神學觀所阻礙，因此未來有可能會在某些國家因為世俗的誘惑而消失，因為有些國家就像美國，猶太人覺得自己能融入整個文化中，而不會遭受歧視。在接下來這幾個世代，以色列最強大的國家認同感可能會非常世俗，對任何猶太教傳統都不感興趣。但，這些人口組成的變化將會被哈雷迪猶太教所平衡，因為哈雷迪家庭憑著驚人的繁殖力，決心要透過繁衍後代、增加以色列會眾的方式來實現上帝的意志，再加上成員留在哈雷迪社群的比例很高，因為他們完全不曉得其他的生活方式。

更難預測的是，哈雷迪猶太教的生活方式是否會吸引不信教的世俗猶太人，特別是年輕人，加入人數越來越多的「悔過者」（baalei teshuvah）行列。同樣是為了追求個人的靈性，從一九七〇年代開始，美國出現復興猶太運動，讓許多因為自己的成長背景缺乏足夠信仰而失望的猶太人「回歸」到正統的宗教奉行。這個現象顯然是受到像盧巴維奇這樣充滿彌賽亞熱忱的團體所影響，而「妥拉之火」（Aish haTorah）也是類似的團體之一，會利用網站和各種社群媒體以及校園教士來吸引外地的猶太學生，在易受影響的年紀鼓勵他們欣賞自己的正統宗教傳統。妥拉之火的總部位於耶路撒冷舊城的聖殿西牆附近，是座宏偉的猶太學院建築。他們所要傳達的訊息並不複雜——他們的發現研討會解讀聖經法典的方式，會讓人聯想到當代美國基督教的基本教義派。妥拉之火結合新時代運動對於自我實現的追求，以及創始人諾亞・魏堡拉比

（Noah Weinberg，美國人，二〇〇九年去世）所傳授的立陶宛學院傳統，因此或許可以被歸類成復興運動的一支。然而，這些「悔過者」並不是這樣看待自己的：反之，他們希望自己不管加入哪一個正統派會堂，都可以被接納為完全的會員。他們通常不像重生的基督徒那般，常常是因啟示、奇蹟或異夢才決定回歸傳統；他們沒有這麼浪漫的開頭，就只是改變生活型態，接受傳統做法，將自己和過去的生活區別開來。通常，這指的是更嚴格地遵守安息日和飲食律法。和親朋好友產生的衝突，可以用來確認這項個人轉變的重要性。研究《塔木德》這件事本身就被當作一種宗教行為，所以他們從一開始就會把這納入奉行的一部分，雖然如果沒有好好學過希伯來語和亞蘭語，並從小開始學習聖經，要學生潛心研究這麼困難的文本顯然是很難的。現在已經有創立新的猶太學院來迎合需要獲得這些技能的學生。07

這些猶太人「回歸」的宗教和聖經裡的那個由摩西傳下來的宗教，兩者幾乎沒有相似之處，雖然猶太教據稱是源自聖經。一夫多妻制已經消失了，奴隸制也是。《利未記》裡有關屋子牆面發霉的處理方式以及關於占卜的規定，早就已經無人遵守，原本設計來要讓以色列實現社會正義的西年規範也是一樣。妥拉有關人際關係的規定為了反映這些新的社會情勢，因此出現了變化，而摩西規定崇敬上帝要用香、奠酒、素祭和動物祭品等方式，現在也已經變了。這些全都不是「悔過者」關注的焦點。對他們而言，真正的猶太教不在三千年前的西奈沙漠中，也不在一千年後的耶路撒冷聖城裡，而是出現在十八和十九世紀的東歐猶太學院和猶太人小鎮裡。他們就跟大部分信教的猶太人一樣，認為必須等待彌賽亞時代來臨，才能恢復妥拉規定的那些崇敬方式，甚至就算到了那時，也要看上帝的意願才能決定是否重新引進那些做法。

但，有一些信奉宗教錫安主義的哈雷迪猶太人沒有耐性等待，已經開始計畫在原址上（也就是圓頂清真寺現在矗立的位置）立刻展開聖殿的重建。耶路撒冷的聖殿協會正在準備聖殿禮拜需要的儀式用品，嚴密依循拉比傳統對聖經文獻裡這些物品的描述所做的詮釋。大祭司胸甲和這套特殊祭司服的其餘部分（包括冠冕）已經完成，他們也付出很多努力在設計聖殿重建的平面圖。這些平面圖在哈雷迪社群引起很大的爭議，因為大部分的拉比連踏上聖殿位址也堅決反對，擔心會造成褻瀆。無論如何，恢復獻祭儀式的計畫目前已經暫緩，因為聖殿協會找不到全紅的母牛。《民數記》規定，進入聖所之前必須潔淨自身，而潔淨過程必須使用紅母牛的灰燼才可以（在一九九七年和二〇〇二年有找到適合的母牛，但後來判定牠們的顏色不夠單純）。[08]

這對猶太人來說是段史無前例的時期，復興的猶太國家受到宗教與政治力量從四面八方拉扯，而大屠殺記憶猶新的恐懼也讓人一直感覺有災難會發生。各種對末日的期盼蓬勃發展，雖然各自的表達方式都非常不同。在二〇〇四年，七十一位拉比在提比里亞碰面，試圖重組猶太法庭。定居在侵佔領土的宗教錫安主義者越是受到壓力，他們越是容易在過去上帝所做的承諾外，同時將希望訴諸在未來的彌賽亞身上。這真的會成為猶太教的未來嗎？近幾十年猶太人之間因宗教糾紛而出現的暴力行為（特別是在以色列國）會持續升溫，還是會像過去兩千年以來時常發生的那樣，退至不情願的接納？

史家約瑟夫斯認為自己能預知未來，因為他本身是一位先知，而且能夠正確解讀《但以理書》。然而，他卻不願對希臘羅馬讀者解釋但以理關於四個帝國的異象具有什麼意涵，說道：「我不認為提到這件事是恰當的，因為人們期望我寫過去發生的事，而不是將來會發生的事……。」像這樣子對下一個世紀會發生什麼事保持緘默，顯然是明智的做法。[09]

注釋

縮寫

主要參考來源：S. Hornblower, A. Spawforth and E. Eidinow, eds., The Oxford Classical Dictionary, 4th edn (Oxford, 2012)；未出現在OCD的古代文獻：D. N. Freedman, ed., The Anchor Bible Dictionary (New York, 1992), lii–lxxviii；《米示拿》和《陀瑟他》的文章：H. Danby, The Mishnah (Oxford, 1933), 806；其他拉比文獻：A. Berlin, ed., The Oxford Dictionary of the Jewish Religion, 2nd edn (New York, 2011), xvii–xviii；死海古卷：F. Garcia Martinez and E. J. C. Tigchelaar, eds., The Dead Sea Scrolls Study Edition, 2 vols. (Leiden, 1997)。

其他縮寫：

AJAJ American Jewish Archives Journal

AJH American Jewish History

AJS Association for Jewish Studies

b. 《巴比倫塔木德》

CP Classical Philology

BAR Biblical Archaeology Review

Heb. 希伯來文

HJS Hungarian-Jewish Studies

HM History & Memory

HTR Harvard Theological Review

HUCA Hebrew Union College Annual

JAS Judeo-Arabic Studies

JBL Journal of Biblical Literature

JJS Journal of Jewish Studies

JJTP Journal of Jewish Thought and Philosophy

JQR Jewish Quarterly Review

JRS Journal of Roman Studies

JSJ Journal for the Study of Judaism

JSQ Jewish Studies Quarterly

JSS Jewish Social Studies

JThS Journal of Theological Studies

KHZ˙ Kwartalnik Historii Zydów

LBIYB Leo Baeck Inst.tute Year Book

m. 《米示拿》

MJ Modern Judaism

OH Orah Hayyim

R. 拉比

RQ Renaissance Quarterly

SCJ Studies in Contemporary Jewry

Singer–Sacks S. Singer and J. Sacks, The Authorised Daily Prayer Book of the United Hebrew Congregations of the Commonwealth, 4th edn (London, 2006)

SJ Studia Judaica

t. 《陀瑟他》

Tur. Arba' ah HaTurim

y. Yerushalmi （《巴勒斯坦塔木德》）

Yad ha Yad haHazakah

YD Yore De' ah

ZPE Zeitschrift für Papyrologie und Epigraphik

導論：猶太教歷史研究的蹊徑

01 《出埃及記》19:1, 3-6, 16-19. 2. Jos. Ap. 2.164-5（神權制）; 2.169-71. 3. Jos. AJ 1.16; Ap. 2.154; Hecataeus, ap. Diod. Sic. 40.3.3; Ap.llonius Molon, ap. Jos. C. Ap. 02 145; Quint. Inst. 03 7.21; Jos. Ap. 2.185, 188. 04 Jos. Ap. 2.178, 179-81 (trans. Barclay). 05 M. Goodman, Mission and Conversion: Proselytising in the Religious History of the Roman Empire (Oxford, 1994). 06 猶太教的早期歷史：I. Epstein, Judaism: A Historical Presentation (Harmondsworth, 1959); S. W. Baron, A Social and Religious History of the Jews, 2nd edn (New York, 1952–)（這部多冊作品從未完成）. 07 M. L. Satlow, Creating Judaism: History, Tradition, and Practice (New York, 2006). 08 關於非尼哈，請見《民數記》25: 6-13; 關於猶太教從古至今的寬容現象，請見：M. Goodman et al., Toleration within Judaism (Oxford and Portland, Oreg., 2013).

第1章：沙漠、部族與帝國

01 關於約瑟夫斯的《猶太古史》請見：L. H. Feldman in Flavius Josephus: Translation and Commentary, vol. 3: Judaean Antiquities, Books 1-4 (Leiden, 1999). 02 關於約瑟夫斯的生平，請見：T. Rajak, Josephus: The Historian and his Society, 2nd edn (London, 2002). 03 Jos. AJ 1.18（關於摩西的段落）；亞伯拉罕：Jos. AJ 1.140-53, 155-8, 256, 345. 04 Jos. AJ 2.194-200. 05 Jos. AJ 2.201-2（以色列民族）, 195（支派）, 210（暗蘭）; 4.326（摩西之

死）；關於「以色列」這個名字：AJ 3.133. 06 Jos. AJ 5.125（巨人），132（縱慾），348（撒母耳）；6.40（國王的任命）. 07 關於猶太人的各種名稱：Jos. AJ 6.26, 29;關於亞甲：AJ 6.137; 關於大衛：AJ 6.160. 08 這些輓歌指的應該是《撒母耳記下》1:19-27；和大衛有關的故事，請見：Jos. AJ 7.6-7, 20, 53, 60, 65（大衛之城），68（五百一十五年）。兩個半支派指的是以法蓮和瑪拿西（見上文），因此以色列共有十二個支派（如聖經所記載的）. 09 Jos. AJ 7.391-4. 10 關於所羅門：Jos. AJ 8.42（智慧），55（推羅典藏），211（八十年）；關於羅波安：Jos. AJ 8.221-9, 251-3. 11 關於示撒：Jos. AJ 8.254; 關於撒馬利亞圍城：AJ 9.277-82; 關於撒馬利亞人：AJ 9.288-91. 12 Jos. AJ 10.108-44, 184. 13 關於但以理的預言：Jos. AJ 10.232, 243-4; 關於埃克巴坦那的堡壘：AJ 10.264-5. 14 Jos. AJ 11.3-5（居魯士），19（古他人），26-7（岡比西斯），58（所羅巴伯與大流士）. 15 關於耶路撒冷最後一位國王受到善待：Jos. AJ 10.299; 關於新的政府形式：Jos. AJ 11.111; 關於以斯帖的故事：Jos. AJ 11.184-296. 16 關於亞歷山大：Jos. AJ 11.330-33; 關於撒馬利亞人：Jos. AJ 11.340, 344, 346. 17 關於托勒密：Jos. AJ 12.4, 7-9; 關於塞琉古王朝的征戰：Jos. AJ 12.129-31. 18 Jos. AJ 12.145-6. 19 關於傾向希臘化者：Jos. AJ 12.240; 關於安條克的動機：Jos. AJ 12.248-9; 關於異教祭壇與迫害：Jos. AJ 12.253-5. 20 關於龐培的征戰：Jos. AJ 14.63-4; 關於失去自由：Jos. AJ 14.77. 21 關於大祭司職位的轉變：Jos. AJ 14.75; 關於希律的登基：Jos. AJ 14.384, 388. 22 以斯帖故事的編年：Jos. AJ 11.184; 金牛犢的故事：《出埃及記》32:1-35. 23 Jos. Ap. 1.60. 24 關於索利密：Jos. Ap. 1.173-4. 25 關於聖經歷史的杜撰，請見：P. R. Davies, In Search of Ancient Israel (London, 1992); 關於古典時期杜撰的國族歷史，請見：E. J. Bickerman, 'Origines Gentium', CP 47 (1952), 65-81. 26 關於聖經考古學的限制，請見：T. W. Davis, Shifting Sands: The Rise and Fall of Biblical Archaeology (Oxford, 2004); H. G. M. Williamson, ed., Understanding the History of Ancient Israel (Oxford, 2007). 27 關於米吉多，請見：G. I. Davies, Megiddo (Cambridge, 1986); 關於聖殿山南方的考古挖掘，請見：E. Mazar, 'Did I Find King David' s Palace?', BAR 32 (2006), 16-27, 70; 關於早期的希伯來刻文，請見：G. I. Davies, Ancient Hebrew Inscriptions, 2 vols. (Cambridge, 1991-2004); 關於西元前701年的戰役，請見：A. Kuhrt, 'Sennacherib' s Siege of Jerusalem', in A. K. Bowman, H. M. Cotton, M. Goodman and S. Price, eds., Representations of Empire: Rome and the Mediterranean World (Oxford, 2002), 13-33. 28 關於後世對這段歷史的操弄，請見：M. Z. Brettler, The Creation of History in Ancient Israel (London, 1995), 20-47; 關於錢幣，請見：Y. Meshorer, A Treasury of Jewish Coins from the Persian Period to Bar Kokhba (Jerusalem, 2001); 關於象島文件，請見：B. Porten et al., The Elephantine Papyri in English: Three Millennia of Cross-Cultural Continuity and Change (Leiden, 1996). 29 關於這段歷史的簡明敘述，請見：A. Kuhrt, The Ancient Near East c. 3000-330 bc, 2 vols. (London, 1995) and G. Shipley, The Greek World after Alexander, 323-30 bc (London, 2000). 30 關於美索不達米亞的創世神話，請見：W. G. Lambert, Babylonian Creation Myths (Winona Lake, Ind., 2013); 關於希律重建的耶路撒冷部分羅馬化的現象，請見：E. Netzer, The Architecture of Herod, the Great Builder (Tübingen, 2006). 31 關於西元70年以前外地猶太人口的成長，請見：E. Gruen, Diaspora: Jews amidst Greeks and Romans (Cambridge, Mass., 2004); 關於亞西流和亞利流，請見：Jos. AJ 18.314-70; 關於為了外地社群的政治權利而干涉政府，請見：M. Pucci ben Zeev, Jewish Rights in the Roman World: The Greek and Roman Documents Quoted by Josephus Flavius (Tübingen, 1998). 32 關於猶太人的各種名稱和這些名稱的意義，請見：M. Goodman, 'Romans, Jews and Christians on the

Names of the Jews', in D. C. Harlow et al., eds., The 'Other' in Second Temple Judaism (Grand Rapids, Mich., 2011), 391-401.

第2章：聖經的形成

[01] 聖經介紹，請見：J. Barton, What is the Bible? (London, 1991). [02] 關於聖經各書卷的書寫史，請見：J. A. Soggin, Introduction to the Old Testament: From its Origins to the Closing of the Alexandrian Canon (London, 1989). [03] 關於聖經研究的編纂批評，請見：J. Barton, Reading the Old Testament: Method in Biblical Study (London, 1996), 45-60; 《以賽亞書》的全面性解讀，請見：E. W. Conrad, Reading Isaiah (Minneapolis, 1991); 關於昆蘭的《以賽亞書》卷軸，請見：E. Ulrich and P. Flint, Qumran Cave 1. II: The Isaiah Scrolls, 2 vols. (Oxford, 2010). [04] 關於美索不達米亞的官僚制度，請見：H. Crawford, Sumer and the Sumerians (Cambridge, 2004); 關於洪水故事，請見：A. Dundes, ed., The Flood Myth (Berkeley, 1988); 關於漢摩拉比，請見：D. Charpin, Hammurabi of Babylon (London, 2012). [05] 關於埃及的敵意，請見：《耶利米書》46:25; 關於猶太教被當作對立宗教，請見：J. Assmann, Moses the Egyptian (Cambridge, 1997), 23-54; 關於巴比倫與波斯對聖經時期晚期的天使概念所產生的影響，請見：D. S. Russell, The Method and Message of Jewish Ap.calyptic (Philadephia, 1964), 257-62; 關於《傳道書》，請見：《傳道書》1:2; M. Hengel, Judaism and Hellenism, 2 vols. (London, 1974), 1. 115-28（希臘影響）; R. N. Whybray, Ecclesiastes (Sheffield, 1989), 15-30（定年標準）. [06] Jos. Ap. 1.39-40; 關於新約裡的「律法與先知」，請見：J. Barton, '"The Law and the Prophets": Who are the Prophets?', Oudtestamentische Studien 23 (1984), 15; 關於昆蘭的摩西五經，請見：E. Tov, Hebrew Bible, Greek Bible, and Qumran: Collected Essays (Tübingen, 2008), 131; 關於摩西，請見：《民數記》12:7-8；《申命記》34:10；《民數記》20:12；《出埃及記》20:1; 34:1；《利未記》4:1. [07] Jos. Ap. 1:37-40. [08] 關於正典的概念，請見：J. Barton, Oracles of God (New York, 2007), 1-95. [09] Jos. BJ 2.229-31（卷軸）, 289-92（凱撒利亞）; Jos. Vit. 418（禮物）; m. Yad 3:2; M. Goodman, 'Sacred Scripture and "Defiling the Hands"', in idem, Judaism in the Roman World (Leiden, 2007), 69-78; 《撒母耳記下》6:7（烏撒）；抄寫規則：m. Meg. 1:8; m. Men. 3:7; 關於字母裝飾（tagin）規則，請見：b. Men. 29b; 關於昆蘭卷軸的神名，請見：J. P. Siegel, 'The Employment of Paleo-Hebrew Characters for the Divine Names at Qumran in Light of Tannaitic Sources', HUCA 42 (1971), 159-72. [10] 關於保存在耶路撒冷文本原型，請見：A. van der Kooij, 'Preservation and Promulgation: The Dead Sea Scrolls and the Textual History of the Hebrew Bible', in N. Dávid et al., eds., The Hebrew Bible in Light of the Dead Sea Scrolls (Göttingen, 2012), 29-40; 關於昆蘭的聖經文本，請見：E. Tov, 'The Biblical Texts from the Judaean Desert', in E. D. Herbert and E. Tov, eds., The Bible as Book (London, 2002), 139-66; 關於文士以斯拉，請見《以斯拉記》7:6, 11, 12; 關於昆蘭文士，請見：Tov, Hebrew Bible, Greek Bible, and Qumran, 112-20; 和文士有關的現有證據的討論，請見：C. Schams, Jewish Scribes in the Second-Temple Period (Sheffield, 1998); 關於文士的日常功用，請見：H. M. Cotton and A. Yardeni, eds., Aramaic, Hebrew and Greek Documentary Texts from Nahal Hever and Other Sites (Oxford, 1997); 關於「玷污雙手」，請見：m. Yad 3:5; 關於宗教雕塑，請見：Cic. Verr. II.4.2. [11] 關於《但以理書》最後一部

分的定年，請見：L. L. Grabbe, Judaism from Cyrus to Hadrian (London, 1994), 226; 關於七十士譯本的譯者，請見：J. M. Dines, The Septuagint (London, 2004), 13-24; 亞里斯提書信的詳盡討論，請見：S. Honigman, The Septuagint and Homeric Scholarship in Alexandria: A Study in the Narrative of the Letter of Aristeas (London, 2003); 關於法羅斯島的慶典，請見：Philo, Vita Mos. II.41; 關於翻譯過程，請見：Let. Aris. 302; Philo, Vita Mos. II. 36-7. [12] 關於七十士譯本被做為基督教文件，請見：M. Hengel, The Septuagint as Christian Scripture: Its Prehistory and the Problem of its Canon (London, 2002); 關於昆蘭的小先知書希臘文譯本，請見：E. Tov, R. A. Kraft and P. J. Parsons, The Greek Minor Prophets Scroll from Nahal Hever: 8 Hev XII gr (Oxford, 1990); K. H. Jobes and M. Silva, Invitation to the Septuagint (Grand Rapids, Mich., 2000), 171-3; 關於《巴比倫塔木德》裡的七十士譯本，請見：b. Meg. 9a; 關於他爾根的用途，請見：J. Bowker, The Targums and Rabbinic Literature: An Introduction to Jewish Interpretations of Scripture (Cambridge, 1969), 23-8; 關於七十士譯本的修訂，請見：A. Salvesen and T. M. Law, eds., Greek Scripture and the Rabbis (Leuven, 2012). [13] 關於以諾，請見：《創世記》5:18-24; 關於「以諾猶太教」，請見：G. Boccaccini, ed., The Origins of Enochic Judaism (Turin, 2002). [14] 聖殿年鑑：《列王紀上》6-8; 宮廷歷史：《撒母耳記下》9-20；《列王紀上》1-2; 通俗故事：《撒母耳記下》1-3; 底波拉之歌（《士師記》5）；《阿摩司書》5:2; 《傳道書》1:2. [15] 《便西拉智訓》序言; 關於坦拿文獻裡的便西拉，請見：S. Z. Leiman, The Canonization of Hebrew Scripture: The Talmudic and Midrashic Evidence (Louisville, Ky, 1976), 92-102; 關於《雅歌》與《傳道書》，請見：m. Yad 3:5; 關於《路得記》與《以斯帖記》，請見：b. Meg. 7a. [16] M. Goodman, 'Introduction to the Ap.crypha', in idem, ed., The Ap.crypha (The Oxford Bible Commentary) (Oxford, 2012), 1-13.

第3章：禮拜儀式

[01] 《利未記》1:3, 8-9. [02] 關於會幕的完整敘述，請見：《出埃及記》25:1到27:21；關於展示會幕的原因，請見：《出埃及記》25:2, 8. [03] 關於埃及、美索不達米亞和迦南的神廟，請見：'Temples and Sanctuaries', in D. N. Freedman (ed.), Anchor Bible Dictionary, 6 vols. (New York, 1992), 6: 369-80. [04] 關於希臘古風時期的神廟，請見：R. A. Tomlinson, Greek Sanctuaries (London, 1976); 關於所羅門聖殿，請見：《列王紀上》6:21-2, 11-13. [05] 《哈該書》1:2, 9-10; 《以西結書》47:1-10. [06] 《彌迦書》6:8; 《瑪拉基書》1:8; 《何西阿書》9:1; 《耶利米書》7:18, 21-3; 關於聖殿裡的先知，請見：A. Johnson, The Cultic Prophet in Ancient Israel (Cardiff, 1962); J. Barton, 'The Prophets and the Cult', in J. Day (ed.), Temple and Worship in Biblical Israel (London, 2005), 111-22; 《詩篇》50:9, 12-13; 50:5; 50:14 (見Barton, 'The Prophets and the Cult', 116-17). [07] 《列王紀上》6-8. [08] 關於鐵器時代的以色列祭壇，請見：W. G. Dever, Did God Have a Wife? Archaeology and Folk Religion in Ancient Israel (Grand Rapids, Mich., 2005), 135-75. [09] 示撒的劫掠（《列王紀上》14:25-6）；亞撒（《列王紀上》15:18-19）；希西家（《列王紀下》18:14-16）；巴比倫人摧毀耶路撒冷（《耶利米書》52:12；《列王紀下》25:13, 16-17; 關於約櫃的故事，請見：J. Day, 'Whatever Happened to the Ark of the Covenant?', in idem, Temple and Worship, 250-70; 關於所羅巴伯的聖殿：《以斯拉記》1:11；《撒迦利亞書》8:3; Let. Aris.

100-117; cf. C. T. R. Hayward, The Jewish Temple: A Non-Biblical Sourcebook (London, 1996). [10] 《馬加比一書》1:41-61（迫害）; 4:38, 42-53（重新獻祭）. [11] 關於希律的動機，請見：Jos. AJ 15.380; 關於黃金，請見：Jos. BJ 5.222; 關於修復，請見：Jos. AJ 20.219; BJ 5.190. [12] Jos. AJ 15.391-425; BJ 5.184-237; Mishnah Kodashim, m. Midd.; 《民數記》28.11. [13] 關於空間的敘述：Hecataeus in Jos. Ap. 1.198; Philo, Spec Leg I. 74-5, 156; 金鍊子：Jos. AJ 19.294; 金門：m. Yom. 3:10; 掛毯：Jos. BJ 5.212-13; 金藤蔓：Jos. BJ 5.210; Tac. Hist. 5.5; see Goodman, Judaism in the Roman World (Leiden, 2007), 49; 強光：Ps. Philo, L.A.B 26; Hayward, Temple, 15-16. [14] 關於安靜：Let. Aris. 92-5; 關於聖殿裡的聖歌，請見：S. Mowinkel, The Psalms in Israel' s Worship, 2 vols. (Grand Rapids, Mich., 2004); 關於哈拿，請見：《撒母耳記上》1:9-18; 關於公共獻祭：《利未記》23:12-13, 17, 19. [15] 《出埃及記》23:17; 《申命記》16:16; 關於私人獻祭，請見：E. P. Sanders, Judaism: Practice and Belief, 63 bce–66 ce (London and Philadelphia, 1992), 112-16, 125-41; 關於逾越節，請見：J. B. Segal, The Hebrew Passover from the Earliest Times to ad 70 (London, 1963); Sanders, Judaism, 132-8; 關於五旬節：m. Bikk. 3: 2-8. [16] 《申命記》16:13, 14-15; m. Sukk. 1:1; m. Taan. 1:3. [17] Goodman, 'The Pilgrimage Economy of Jerusalem in the Second Temple Period' , in idem, Judaism in the Roman World, 59-67; 《使徒行傳》2:5, 9-11; Philo, Spec Leg I. 67-8, 69-70. [18] m. Sukk. 5:4; 5:1. [19] 關於第二次什一奉獻，請見：《申命記》14:22-7; 《馬太福音》21:12-13; S. Safrai, 'The Temple' , in S. Safrai et al., eds., The Jewish People in the First Century: Historical Geography, Political History, Social, Cultural and Religious Life and Inst.tutions, 2 vols. (Assen, 1974-6), 2. 902-3. [20] 關於國際性朝聖，請見：Goodman, 'Pilgrimage' , in idem, Judaism in the Roman World, 63-4; 關於西元65年的朝聖人數，請見：Jos. BJ 6.420-27; 關於初熟之果的遊行，請見：m. Bikk. 3: 2-8（見上文，注釋15）; 反對汲水儀式：m. Sukk. 4:9; 大衛王跳舞：《撒母耳記下》6:14-16; 象島莎草紙：B. Porten, Archives from Elephantine: The Life of an Ancient Jewish Military Colony (Berkeley, 1968), 128-33. [21] 《出埃及記》28:1; 《利未記》21:18-20; 關於純正的血統：Jos. Ap. 1.35; 關於祭司禁止取離過婚的女子，請見：B. A. Levine, Leviticus (Philadelphia, 1989), 143-4; 關於檔案：Jos. Ap. 1:30-36. [22] 祭品做為「上帝的糧食」：《利未記》21:6, 8, 17, 21, 22; 祭品：《利未記》1:2, 14-17; 1:9; 3:1-5; 7:11-15, 29-34. [23] 關於利未支派：《申命記》10:8; 關於第二聖殿時期的利未人：L. L. Grabbe, A History of Jews and Judaism in the Second Temple Period. I. Yehud: A History of the Persian Province of Judah (London, 2004), 227-30; 關於尼提寧，請見：《尼希米記》3:26; 關於利未人的穿著：Jos. AJ 20.216-18. [24] 關於威嚇窮困的祭司：Jos. AJ 20.181; 關於尼希米時代的利未人：《尼希米記》10:37; 關於祭司：Jos. Ap. 2.187, 186; 關於「tsara' at」的判定：《利未記》13-14; m. Neg.; 祭司的賜福：《民數記》6:22-7. [25] 關於贖罪日的儀式：《利未記》16; m. Yom.; 關於大祭司的世俗角色：J. VanderKam, From Joshua to Caiaphas: High Priests after the Exile (Minneapolis, 2004); 關於撒督後裔：《撒母耳記下》8:15-18; 《列王紀上》1:38-9, 4:1-4; 關於馬加比家族和後來的大祭司：Jos. AJ 15.320-22; M. Goodman, The Ruling Class of Judaea (Cambridge, 1987), 41; 理想的聖殿：《以西結書》44:15-31. [26] 聖殿庭院的基督徒：《使徒行傳》2:46-7; 關於斐羅的朝聖，請見：Philo, Prob 2.64; A. Kerkeslager, 'Jewish Pilgrimage and Jewish Identity in Hellenistic and Early Roman Egypt' , in D. Frankfurter (ed.), Pilgrimage and Holy Space in Late Antique Egypt (Leiden, 1998), 107; 關於什一奉獻，請見：Sanders, Judaism, 146-56; m. Shek. 2.4; 《出埃及記》30:15; 4Q159，請見：J. M. Allegro, Qumran Cave 4, I

(4Q158– 4Q186) (Oxford, 1968); Cic. Flac. 28. 27 Jos. Ap. 2.193; 《列王紀上》12:26-30; 關於但的考古挖掘，請見：Dever, Did God Have a Wife?, 139-51; 關於牛角祭壇，請見：Dever, Did God Have a Wife ?, 100, 119-21. 28 《馬加比二書》10:6-7; 關於《馬加比二書》與聖殿，請見：R. Doran, Temple Propaganda: The Purpose and Character of 2 Maccabees (Washington, DC, 1981); 關於光明節的由來，請見：《馬加比二書》1:9; 關於利安托波力斯神廟：Jos. AJ 13.63, 65, 66-7（異教聖壇）; 13.72（較小、較粗劣）; 參見：BJ 1.33; 7.427; 關於古老預言，請見：《以賽亞書》19:19, 參見：Jos. AJ 13.64; BJ 7.432; 同一座聖壇：Jos. AJ 13.65-7; 與耶路撒冷競爭：Jos. BJ 7.431; 關於運作期間：Jos. BJ 7.436說是三百四十三年，但這似乎有誤；關於神廟的關閉：Jos. BJ 7.433-6; 關於祭品：m. Men. 13:10; 關於委婉暗示：G. Bohak, Joseph and Aseneth and the Jewish Temple in Heliopolis (Atlanta, 1996). 29 J. Macdonald, Theology of the Samaritans (London, 1964), 15-21; 《列王紀下》17:24-8. 30 《以斯拉記》4:4-5, 24; 關於提洛島的銘文，請見：R. Pummer, The Samaritans in Flavius Josephus (Tübingen, 2009), 6, 16-17; M. Kartveit, The Origin of the Samaritans (Leiden, 2009), 216-25; 約瑟夫斯的評論：Jos. BJ 1.63; 關於仿造耶路撒冷聖殿的神廟，參見：Jos. AJ 11.310-11; Jos. AJ 9.291; 12.257, 259-60; 《米示拿》有關撒馬利亞人的部分：m. Ber. 7:1. 31 Jos. Ap. 2.175, 178, 181. 32 L. I. Levine, The Ancient Synagogue: The First Thousand Years, 2nd edn (New Haven, 2005), 398-404; Philo, Leg. 156; 《使徒行傳》15:21. 33 J.-B. Frey, ed., Corpus Inscriptionum Judaicarum, 2 vols. (Rome and New York, 1936–1975), vol. 2, no. 1404; Jos. Ap. 2. 187-8; 《尼希米記》8:2-3, 8. 34 關於固定的誦讀順序：m. Meg. 3:4; b. Meg. 29b. 35 《使徒行傳》13:15; 《路加福音》4:16-21; m. Meg. 4:10; m. Meg. 1:1-2. 36 m. Meg. 4:4; 關於亞蘭語的翻譯，請見：M. Maher, trans., The Aramaic Bible, vol.1B. Targum Pseudo-Jonathan: Genesis (Edinburgh, 1992), 79-80. 37 1QpHab. 5:1-8. 38 Jos. AJ 2.230-31; Ex. Rab. 1:26, trans. S. M. Lehrman (London, 1939); 關於古老的拉比解經母題，請見：G. Vermes, Scripture and Tradition in Judaism, 2nd edn (Leiden, 1973), 1-10. 39 關於《禧年書》，請見：J. C. VanderKam, The Book of Jubilees (Sheffield, 2001); 關於古實女子：《民數記》12:1; 關於摩西當將領：Jos. AJ 2.243-53; Artapanus, ap. Eusebius, Praep. evang. 9.27; 詮釋學規則：Mechilta de Rabbi Ishmael, Nezikin 9 (trans. Alexander). 40 「proseuche」一詞：CIJ II 1440-44, 1449; 約瑟夫斯在提比里亞：Jos. Vit. 276-9, 280, 290-303. 41 希臘文譯本對《以斯帖記》的增補 (NRSV Esther 14:3, 19); 4Q509, frag. 3, lines 7-8, in M. Baillet, Qumrân Grotte 4, III (4Q482– 4Q520) (Oxford, 1982); 參見：D. K. Falk, Daily, Sabbath and Festival Prayers in the Dead Sea Scrolls (Leiden, 1998); 感恩詩歌：1QH, col. 8, lines 16-17; 男女混合唱詩班：Philo, Vita Cont 88. 42 關於E. Fleischer和S. Reif針對拉比禮儀是否是從西元70年開始所進行的辯論，請見：Tarbiz 59 (1990), 397-441; 60 (1991), 677-88 (Heb.); 關於祝禱：m. Ber. 1:4; 關於示瑪，請見：《申命記》6:4-9; 11:13-21; 《民數記》15:37-41 (參見：m. Ber. 2:2); 關於納西莎草紙，請見：M. Greenberg, 'Nash Papyrus', in M. Berenbaum and F. Skolnik, eds., Encyclopaedia Judaica, 2nd edn, 22 vols. (Detroit, 2007), 14: 783-4; 聖殿的十誡：m. Tam. 5:1; 禁止誦讀十誡：b. Ber. 12a; 十八禱文：m. Ber. 4:3; 關於第十九篇祝禱（現在被放在第十二篇的位置），請見下文，第十章。 43 m. Ber. 5:3; 誦讀示瑪的姿勢：m. Ber. 1:3; 《申命記》6:7; m. Ber. 4:5; m. Ber. 5:1; 禱告時躺下：m. Yom. 6:2; 禱告時採取的姿勢的相關討論，請見：U. Ehrlich, The Non-Verbal Language of Prayer: A New Ap.roach to Jewish Liturgy (Tübingen, 2004). 44 關於會堂的銘文，請見：W. Horbury and D. Noy, Jewish Inscriptions of Graeco-Roman Egypt (Cambridge, 1992), nos. 22, 24, 25, 27, 117;

G. Lüderitz and J. M. Reynolds, Corpus jüdischer Zeugnisse aus der Cyrenaika (Wiesbaden, 1983), no. 72; 關於逾越節大餐：Philo, Spec Leg II.145, 148; 關於逾越節晚宴：《出埃及記》12:29-39; B. Bokser, The Origins of the Seder: The Passover Rite and Early Rabbinic Judaism (Berkeley, 1984), 53-4; 關於光明節，請見：《馬加比二書》1:9（見上文，注釋28）; m. B.K. 6:6（蠟燭）; m. Meg. 3:6（誦讀經文）. 45 關於傳統的閱讀和抄本有所牴觸，請見：E. Tov, Textual Criticism of the Hebrew Bible, 3rd edn (Minneapolis, 2012), 54-9; 《使徒行傳》18:1-17; D. Noy, Jewish Inscriptions of Western Europe, 2 vols. (Cambridge, 1993–5), vol. 2, nos. 117, 209, 540, 544, 558, 584; E. Schürer, rev. G. Vermes et al., History of the Jewish People in the Age of Jesus Christ, 3 vols. (Edinburgh, 1973-87), 2:434-46; 3:100-101; Jos. Vit. 277-98（提比里亞）; 《馬可福音》1:21-9; 3:1-7; Jos. BJ 2.285-90（凱撒利亞）. 46 Philo, Leg. 134; Jos. BJ 7.45; Philo, Quod Omn 81（愛色尼人）; Jos. BJ 2.291（凱撒利亞）. 47 不同的觀點，請見：D. D. Binder, Into the Temple Courts: The Place of the Synagogues in the Second Temple Period (Atlanta, 1999), 226, 336-41, and P. Flesher, 'Palestinian Synagogues before 70 c.e.: A Review of the Evidence', in D. Urman and P. V. M. Flesher (eds.), Ancient Synagogues: Historical Analysis and Archaeological Discovery (Leiden, 1995), 27-39.

第4章：摩西的妥拉：聖經裡的猶太教

01 Plutarch, Quaest. conv. 4.6.2; 關於猶太教稱呼上帝的慣用語，請見：《出埃及記》3:15-16. 02 《創世記》1:1; 關於聖經裡的上帝概念，請見：M. Mills, Images of God in the Old Testament (London, 1998); 摸不到、看不見：《出埃及記》33:19-22; 意象：《詩篇》29:10; 《創世記》1:26-8; 5:1-3; 9:6; 《申命記》33:2; 《詩篇》84:10-11. 03 YHVH：《列王紀下》8:27-9; m. Yom. 6.2（唯有至聖所）：E. Tov, Scribal Practices and *Ap*.roaches Reflected in the Texts Found in the Judean Desert (Leiden, 2004), 218; 由來：《出埃及記》3:13-14; B. Porten, Archives from Elephantine: The Life of an Ancient Jewish Military Colony (Berkeley, 1968), 105-6; 《創世記》14:22. 04 《出埃及記》15:11; 《士師記》2:11-12（追隨別神）; 《以賽亞書》45:6; 《申命記》33:2; 《約書亞記》5:14-15; 撒但：《撒迦利亞書》3:1-2; 《約伯記》2:6-7; 智慧：《箴言》8:22, 29-31. 05 關於與自然元素的關係：《以西結書》8:16（關於耶路撒冷聖殿裡的太陽崇拜）; 《約伯記》9:7; 《約書亞記》10:12-13; 《列王紀下》20:11; 《以賽亞書》40:22（「像蚱蜢一樣」）; 《出埃及記》34:6-7（特質的宣告）. 06 《詩篇》136（慈愛）; 戰士：《詩篇》74:14; 《以賽亞書》42:13; 畏懼主：《箴言》2:1-6; 9.10; 14:26-7; 15:33; 19:23. 07 《出埃及記》19:7-8; 32:1, 23; 35; 《申命記》30:16-19; 關於詛咒：《申命記》28:20,《申命記》28:16-65有列出完整的恐怖詛咒; 《申命記》30:11-14. 08 狂喜行為：《撒母耳記上》10:10; 非得要說出口：《阿摩司書》3:8; 《耶利米書》20:7-9; 異象：《以西結書》1:1; 《阿摩司書》8:1-3; 《撒迦利亞書》1:7-13; 末日：《約珥書》2:28（《希伯來書》3:1）; 烏陵與土明：《撒母耳記上》23:10-11; Jos. *AJ* 3.218; m. Sot. 9:12. 09 放逐的天譴：《利未記》26: 3-45; 法老的心剛硬：《出埃及記》4:21; 7:1-5; 14:1-4; 對諾亞的承諾：《創世記》9:8-16; 以色列是萬邦之光：《以賽亞書》42:6-7; 世界將盡：《以賽亞書》2:2-4; 《撒迦利亞書》8:20-23; 尼尼微：《約拿書》3; 《路得記》4:13-17; 1:16; 以斯拉關於外邦妻子的言論：《以斯拉記》10:2-14. 10 《出埃及記》20:12-17（十誡）; 慈善：《申命記》15:11; 《以賽亞書》58:7; 《利未記》19:9-10;

《申命記》24:19;《路得記》2;《申命記》24:17, 19-20, 22（記住埃及的奴役）. 11 《出埃及記》21:23-5;《申命記》25:11-12;《申命記》22:28-9;《利未記》20:10;《申命記》21:18-21;《出埃及記》21:16; 22:1-4（《希伯來書》21:37–22:3）；關於聖經的刑法，請見：R. Westbrook and B. Wells, Everyday Law in Biblical Israel: An Introduction (Louisville, Ky, 2009);《利未記》25:35-7（關於貸款無利息）；《申命記》23:19-20（外國人的貸款）；《利未記》25:9-10（禧年）. 12 娶兄弟的遺孀：《申命記》25:5-6, 8-9（拒絕的儀式）；離婚：《申命記》24:1; 關於「苦水」：《民數記》5:14-31（刪減版）；《創世記》1:28（繁衍）；奴隸：《出埃及記》21:20, 26-7;《申命記》23:15-16; 安息日的奴隸：《出埃及記》20:10; 23:12;《申命記》5:14; 逾越節的奴隸：《出埃及記》12:44. 13 Jos. *Ap.* 2.185 (Barclay); 以利亞與亞哈王（《列王紀上》18:18）；神聖：《利未記》19:2; 第一子：《出埃及記》13:11-13;《申命記》15:19-23（動物）；《民數記》18:15-18（以色列人）. 14 飲食律法：《利未記》11:1-23; 17:10-14; 19:26（避血）；排放：《利未記》12-15; 關於聖經裡的潔淨概念，請見：J. Klawans, Impurity and Sin in Ancient Judaism (New York, 2000), 20-42; 月經：《利未記》15:19-30; 18:19. 15 《民數記》15:37-41（流穗）；禁止混合羊毛和亞麻：《利未記》19:19;《申命記》22:11; 髮型和刺青的禁忌：《利未記》19:27-8. 16 《創世記》17:9-12, 14;《利未記》19:23-5（樹）. 17 《利未記》18:22-3;《創世記》1:27-8; 38:9-10（俄南）. 18 門框：《申命記》6:6, 9; R. de Vaux and J. T. Milik, Qumrân Grotte 4, II (Oxford, 1977), 80-85; Y. B. Cohn, Tangled Up in Text: Tefillin and the Ancient World (Providence, RI, 2008), 55-79, 93-8; 安息日：《出埃及記》16:23; 31:12-17; 20:8-10. 19 《利未記》20:22, 23; 25:3-4（土地休息）；《創世記》12:7（應許給亞伯拉罕之地）; 與亞伯拉罕的約：《創世記》15:1, 5, 7, 18. 20 聖地：《撒迦利亞書》2:12;《申命記》11:12;《創世記》12:5（迦南地）；土地界線：《創世記》15:18;《撒母耳記下》24:2;《民數記》34:3-12. 21 關於語言：《創世記》1:5, 8, 10（希伯來文）；《但以理書》2:4-7:28（亞蘭語）；關於希伯來語在第二聖殿猶太教的地位，請見：S. Schwartz, 'Language, Power and Identity in Ancient Palestine', Past and Present 148 (1995), 3-47. 22 節日：《利未記》23:40;《申命記》12:12; 16:11; 贖罪日;《利未記》23:26-8;《以西結書》33:11（贖罪）；《出埃及記》34:7（祖先的罪過）；《但以理書》12:2（死後的懲罰）；《利未記》16:21（懺悔）. 23 贖罪儀式：《申命記》21:1-8（未破案的謀殺）；個人的悔改：《詩篇》130:3-4;《詩篇》51:17. 24 《以賽亞書》2:3-4;《創世記》9:10;《約珥書》1:2-12; 2:31-2. 25 《詩篇》6:6（陰間）；《耶利米書》1:4.

第5章：古希臘羅馬世界的猶太人

01 《馬加比二書》4:9. 比較關於馬加比叛變起因的不同說法：in V. A. Tcherikover, Hellenistic Civilization and the Jews (Philadelphia, 1959); E. Bickerman, The God of the Maccabees: Studies on the Meaning and Origin of the Maccabean Revolt (Leiden, 1979); D. Gera, Judaea and Mediterranean Politics, 219-161 bce (Leiden, 1998). 02 《馬加比二書》4:24. 03 《馬加比一書》1:20-23. 04 《馬加比二書》5:15;《但以理書》11:29-31. 05 《馬加比一書》1:41-3; Jos. AJ 12.257-64（撒馬利亞人）. 06 《馬加比二書》6:7, 10. 07 《馬加比一書》2:44. 08 《馬加比一書》4:52, 56, 59. 09 關於這些政治議題，請見相關討論：J. Sievers, The Hasmoneans and their Supporters:

From Mattathias to the Death of John Hyrcanus I (Atlanta, 1990). [10] 暗示：Jos. AJ 12.414, 434; 明確的聲明：Jos. AJ 20.237. [11] 《馬加比一書》10:18-21（信）；《馬加比一書》14:28（聚集一起）；宣布：《馬加比一書》14:35, 41; 銅版：《馬加比一書》14:48-9. [12] Jos. AJ 13.257-8（以土買人）. [13] 關於約翰・海爾坎烏斯的錢幣，請見：Y. Meshorer, A Treasury of Jewish Coins (Jerusalem, 2001); Aristobulus: Jos. AJ 13.301; 以土利亞人：Jos. AJ 13.319 (citing Strabo); 指派亞歷山大・雅納斯：Jos. AJ 13.320. [14] 關於亞歷珊卓・雅納斯，請見：T. Ilan, Jewish Women in Greco-Roman Palestine (Peabody, Mass., 1995); eadem, Silencing the Queen: The Literary Histories of Shelamzion and Other Jewish Women (Tübingen, 2006); 關於和法利賽人的關係以及挑選海爾坎烏斯，請見：Jos. AJ 13.408. [15] 「喜愛希臘文化者」：Jos. AJ 13.318; 優西比烏記載的史詩作家斐洛：Praep. evang. 9.20, 24, 37; Ezekiel the Tragedian in H. Jacobson, The Exagoge of Ezekiel (Cambridge, 1983). [16] 關於歐波來姆斯，請見：B. Z. Wacholder, Eupolemus: A Study of Judaeo-Greek Literature (Cincinnati, 1974); 《馬加比一書》8:17-32; 關於尤斯圖斯：Jos. Vit. 40. [17] 關於希臘文的猶太文獻，請見：M. Goodman, 'Jewish Literature Composed in Greek', in E. Schürer, rev. G. Vermes et al., The History of the Jewish People in the Age of Jesus Christ, 3 vols. (Edinburgh, 1973-87), 3: 470-704; 關於昆蘭找到的有關智慧的概念和希臘的智者概念之間的關聯，請見：H. Najman et al., Tracing Sapiential Traditions in Ancient Judaism (Leiden, 2016). [18] Jos. AJ 14.66. [19] Jos. AJ 14.34-6, 41, 65-7. [20] 關於接下來發生的事件的詳細敘述，請見：Schürer, History, vol. 1. [21] Jos. AJ 14.403. 關於約翰・海爾坎烏斯時期以土買人皈依猶太教，請見上面的注釋12。 [22] 關於「希律的日子」，請見：Persius, Sat. 5.180; 關於希律的統治，請見：P. Richardson, Herod: King of the Jews and Friend of the Romans (Columbus, SC, 1996). [23] 這段時期的猶太歷史更完整的敘述，可參見：M. Goodman, Rome and Jerusalem: The Clash of Ancient Civilizations (London, 2007). [24] 關於亞基帕一世，請見：D. R. Schwartz, Agrippa I: The Last King of Judaea (Tübingen, 1990); 關於亞基帕二世，請見：M. Goodman, 'The Shaping of Memory: Josephus on Agrippa II in Jerusalem', in G. J. Brooke and R. Smithuis, eds., Jewish Education from Antiquity to the Middle Ages (Leiden, 2017), 85–94. [25] M. Goodman, 'Coinage and Identity: The Jewish Evidence', in C. Howgego, V. Heuchert and A. Burnett, eds., Coinage and Identity in the Roman Provinces (Oxford, 2005), 163-6. [26] Jos. BJ 4.155-7 (trans. Hammond). [27] 關於約瑟夫斯對總督的評論，請見：Jos. BJ 2.266-79; 關於叛變的起因，請見：M. Goodman, The Ruling Class of Judaea (Cambridge, 1987). [28] 關於第四支派系，請見：Jos. AJ. 18.11, 23（以及下面第六章）；關於救世主的神諭，請見：Jos. BJ 6.312（以及下面第八章）；關於吉歐拉之子西門，請見：Jos. BJ 7.29. [29] 關於克斯提烏斯・加盧斯的敗戰，請見：Jos. BJ 2.499; 叛變的完整敘述，請見：J. Price, Jerusalem under Siege: The Collapse of the Jewish State, 66-70 c.e. (Leiden, 1992); S. Mason, A History of the Jewish War: ad 66-74 (Cambridge, 2016). [30] 關於提圖斯不願摧毀聖殿，請見：Jos. BJ 6.236-43, 256. [31] 關於大祭司應該要諮詢猶太公會，請見：Jos. AJ 20.197-203; 關於保羅的審判，請見：《使徒行傳》23:1-9. [32] 關於克勞狄烏斯的法令，請見：Jos. AJ 19.288; 關於斐羅的大使團，請見：Philo, Gaium. [33] 關於節慶人群眾多的問題，請見：Jos. BJ 6.422; 關於希元66年，請見：Jos. BJ 2.449-50. [34] 關於西元62年的「和平繁榮」，請見：Jos. BJ 6.300.

第6章：「猶太教有三類」

[01] Jos. BJ 2.119; Jos. AJ 18.9, 23（第四支派系）; Jos. AJ 18.11（遠古時候）; 和希臘哲學做比較：Jos. Vit. 12（斯多噶學派）; Jos. AJ 15.371（畢達哥拉斯學派）; A. I. Baumgarten, The Flourishing of Jewish Sects in the Maccabean Era: An Interpretation (London, 1997). [02] 異教徒對猶太人的看法，請見：M. Stern, Greek and Latin Authors on Jews and Judaism, 3 vols. (Jerusalem, 1974-86); 關於共同的猶太教對大部分的猶太人就已足夠，請見：E. P. Sanders, Judaism: Practice and Belief, 63 bce–66 ce (London and Philadelphia, 1992). [03] 關於約瑟夫斯的靈性之旅，請見：Jos. Vit. 10; 關於法利賽人和皈依猶太教者，請見：《馬太福音》23:15; 關於猶太人傳教，請見：M. Goodman, Mission and Conversion (Oxford, 1994); 關於猶太人口與巴爾・希伯來，請見：B. McGing, 'Population and Proselytism: How Many Jews Were There in the Ancient World?', in J. R. Bartlett, ed., Jews in the Hellenistic and Roman Cities (London, 2002), 88-106; 關於阿迪亞本王族的皈依故事，請見：Jos. AJ 20. 17-96; 關於解救飢荒：Jos. AJ 20.49, 51, 101; 《米示拿》的敘述：m. Yom. 3:10. [04] 關於《世界秩序》，請見：Ch. Milikowsky, 'Seder Olam', in S. Safrai et al., eds., The Literature of the Sages, 2 parts (Assen, 1987-2006), 2: 231-7; 關於《齋戒卷軸》，請見：V. Noam, 'Megillat Taanit: The Scroll of Fasting', ibid., 339-62; m. Ab. 1: 2-12. [05] 《馬太福音》23:13, 16, 17, 33（有禍）; 23:2, 27（墳墓）; E. B. Pusey, Our Pharisaism: A Sermon (London, 1868). [06] Jos. Vit. 9-12（約瑟夫斯）; 保羅：《腓立比書》3:5, 8; 《使徒行傳》22:3; 5:34; 26:4-5; 23:6. [07] A. I. Baumgarten, 'The Name of the Pharisees', JBL 102 (1983), 411-28; 關於「perushim」一詞的意思，請見：D. Flusser, Judaism of the Second Temple Period, 2 vols. (Grand Rapids, Mich., 2007), 1: 97-8; J. Bowker, Jesus and the Pharisees (Cambridge, 1973). [08] 《加拉太書》1:13（保羅早年的猶太教人生）; 《腓立比書》3:6（「無可指責」）; Jos. Vit. 12（斯多噶學派）; 關於尼古拉斯，請見：D. R. Schwartz, 'Josephus and Nicolaus on the Pharisees', JSJ 14 (1983), 157-71. [09] Jos. BJ 2.163; AJ 18.14; BJ 2.162（「準確」）; Vit. 191（迦瑪列之子西門）; 《使徒行傳》22:3（保羅）. [10] 《馬太福音》23:25（潔淨）; Jos. BJ 2.123, 129（愛色尼人與潔淨）; 《馬太福音》22:23（什一奉獻）; 《馬可福音》2:23-4, 27（安息日）; Jos. BJ 2.147（愛色尼人的安息日）; m. Yad 4: 6-7. [11] 誓言：《馬太福音》23:16-22; Jos. AJ 17.41-2; 影響力：Jos. AJ 18.15; AJ 13.298（和撒督該人相比）; 17.42（六千）; 17.41（希律宮廷中的女性）; 18.12（避免奢侈）; 《馬太福音》23:6-7（自我推崇）. [12] Jos. AJ 13.297; 《馬可福音》7:5（另參見：《馬太福音》15:2）; 希波呂托斯：Haer. 9.28.3; 參見：A. I. Baumgarten, 'The Pharisaic Paradosis', HTR 80 (1987), 63-77; Jos. AJ 13.297（沒有寫下的傳統）; Philo, Spec Leg IV. 149-50. [13] M. Goodman, 'A Note on Josephus, the Pharisees and Ancestral Tradition', in idem, Judaism in the Roman World (Leiden, 2007), 117-21. [14] Jos. BJ 2.166; AJ 18.12, 15（影響力）; 《馬太福音》23:5; 與撒督該人的爭議：Jos. AJ 13.298; m. Yad 4:7. [15] 《馬太福音》23:3（反對的是行為，不是教誨）; 《馬可福音》7: 9-13（關於五祭）. [16] 迦瑪列：《使徒行傳》22:3; 5:33, 35-40; m. Gitt. 4:2（離婚）; m. R.Sh. 2:5（安息日走路）; m. Sot. 9:15; 迦瑪列之子西門：Jos. Vit. 191; m. Ker. 1:7. [17] m. Yad 4:6（約卡南・本・撒該）; 亞歷山大・雅納斯：E. Schürer, rev. G. Vermes et al., The History of the Jewish People in the Age of Jesus Christ, 3 vols. (Edinburgh, 1973–86), 1: 222-4; b. Ber. 48a. [18] J. M. Lieu, 'Epiphanius on the Scribes and Pharisees', JThS 39 (1988), 509-24. [19] 約瑟夫斯對撒督該人的評論：Jos. BJ 2.166; AJ 18.17; 20.199; 13.298; 關於撒督該人的標準形象，請見：

Schürer, History, 2: 404–14; 修正主義者的觀點，請見：M. Goodman, 'The Place of the Sadducees in First-Century Judaism', in idem, Judaism in the Roman World, 123-35. [20] 關於「撒督該」這個名稱，請見：Goodman, 'The Place of the Sadducees', 125-6; 早期拉比提及波伊丟人：Jos. AJ 13.171. [21] 亞那：Jos. BJ 2.197; AJ 20. 197- 203. [22] Jos. Vit. 10（約瑟夫斯當撒督該人）; Jos. AJ 13.291-6（約翰・海爾坎烏斯）; 亞那：Jos. BJ 2.562-3（西元66年）; Jos. BJ 4.319-21（死後頌詞）. [23] 死後的生命與天使：《使徒行傳》23:8; Jos. BJ 2.165; 《使徒行傳》23:8可能只有在講復活的天使，參見：D. Daube, 'On Acts 23: Sadducees and Angels', JBL 109 (1990), 493-7; 不間斷的水柱：m. Yad 4:7; 紅母牛：m. Par. 3:7. [24] Jos. AJ 13.292（唯有寫下來的規範）; 俄梅珥：《利未記》23:15-16; m. Men. 10:3（關於波伊丟人）. [25] J. Barr, Fundamentalism, 2nd edn (London, 1981). [26] Jos. BJ 2.165. [27] Jos. AJ 13.173（撒督該人）; Jos. AJ 10.277-8（伊比鳩魯學派）. [28] Jos. AJ 13.298（無追隨者）; Jos. AJ 18.17（沒有任何成就）. [29] Jos. AJ 18.17; AJ 13.298; 拉班迦瑪列：m. Erub. 6:7; 西門・本・迦瑪列和亞那：Jos. Vit. 193. [30] 撒督該人愛爭論：Jos. AJ 18.16; BJ 2.166; 政治團體：BJ 1.288-98; 波伊丟：AJ 15.320-22; 關於撒督該人與祭司，請見：J. Le Moyne, Les Sadducéens (Paris, 1972); 《使徒行傳》4:1; 5:17. [31] M. Goodman, 'Sadducees and Essenes after 70', in idem, Judaism in the Roman World, 153-62. [32] Philo, Quod Omn 88, 81; Jos. AJ 15.371-9（畢達哥拉斯派）; Pliny HN 5.73.2; Synesius, Dio 3.2. [33] Philo, Quod Omn 82; Jos. BJ 1.78; AJ 13.311; Hegesippus, ap. Eusebius, Hist. eccl. 4.22.7; Philo, Quod Omn 75（關於hosiotes）; Philo, Quod Omn 91（解釋hosioi）; 閃語字源：G. Vermes, 'The Etymology of "Essenes"', RQ 2 (1960), 427-43. [34] Philo, Hypo 12; Quod Omn 79; Jos. AJ 18.21. [35] Philo, Quod Omn 75; Jos. AJ 18.20. [36] Jos. AJ 15.371（《猶太戰史》的描述）; Jos. BJ 2.119-22, 124-7 (trans. Mason). [37] Jos. BJ 2.128-33; 137-9; 141; 145-6;143-4 (trans. Mason). [38] Jos. BJ 2.128; 136; 147; 123（避免碰油）; 159（如廁習慣）. [39] 愛色尼人猶大：Jos. BJ 1.78; AJ 13.311-15; 瑪納穆斯：Jos. AJ 15.373-9. [40] Jos. BJ 2.160; Philo, Hypo 14-17; Pliny, HN 5.73. [41] Philo, Quod Omn 82; 靈魂的不朽：Jos. BJ 2.154-5, 156-8; 命運：Jos. AJ 13.172; 18.18. [42] 四千人：Philo, Quod Omn 75; Jos. AJ 18.20; 死海團體：Pliny, HN 5.70; Dio, ap. Synesius, Dio 3.2; 遍布：Philo, Hypo 1; Philo, Quod Omn 76; Jos. BJ 2.124, 125（旅行）; 5.145（愛色尼人之門）. [43] 關於愛色尼人與聖殿，可比較希臘文和拉丁文版本的Jos. AJ 18.19, 並在這裡找到相關討論：J. M. Baumgarten, 'The Essenes and the Temple', in idem, Studies in Qumran Law (Leiden, 1977), 57-74; A. I. Baumgarten, 'Josephus on Essene Sacrifice', JJS 45 (1994), 169-83; 斐羅對於愛色尼人與獻祭的評論：Philo, Quod Omn 75, 相關討論：J. E. Taylor, The Essenes, the Scrolls and the Dead Sea (Oxford, 2015), 30. [44] Philo, Vita Cont 2. 22-4, 27-8, 29. [45] Philo, Vita Cont 35（「靠空氣為生」）; 37（飲食）; 65（七七節）; 66（伸長雙臂）; 75（齋宴）; 78（譬喻）; 83-5, 88-9（詩歌）. [46] Jos. BJ 2.161（愛色尼女性）; 斐羅對全體女性的觀感：Philo, Hypo 14; 特拉普提派的的女性：Vita Cont 32-3; 68; 參見：J. E. Taylor, Jewish Women Philosophers of First-Century Alexandria: Philo's 'Therapeutae' Reconsidered (Oxford, 2006). [47] Philo, Vita Cont 21; 愛色尼人約翰：Jos. BJ 2.567; 3.11, 19; 愛色尼人與殉道精神：Jos. BJ 2.151-3. [48] Pliny, HN 5.73; Philo, Hypo 3; Jos. BJ 2.120, 160; 關於西元70年後的愛色尼人，請見第九章。 [49] 愛色尼人的起源：Jos. AJ 13.171; Pliny, HN 5.73; 第四支派系的起源：Jos. BJ 2.118; Jos. AJ 18.9. [50] Jos. AJ 18.23; 神權制：Jos. Ap. 2.165; 關於反對君主、不反對士師，請見：《撒母耳記上》8:7. [51] 第四支派系的描述：Jos. BJ 2.118; AJ 18.4-10, 23-5; 加利利的猶大：Jos. BJ 2.118; AJ

18.23; 迦姆拉的猶大：Jos. AJ 18.4, 10; 和其他派系一點也不像：Jos. BJ 2.118; 像法利賽人：Jos. AJ 18.23; 猶大身為領袖：Jos. AJ 18.23. [52] Jos. AJ 18.25（引發災難）. [53] Jos. BJ 7.253-4（馬薩達）, 418（埃及的匕首黨）; 2.254-5（被定義為恐怖份子）; 關於猶大的後裔，請見：M. Hengel, The Zealots: Investigation into the Jewish Freedom Movement in the Period from Herod I until 70 ad (Edinburgh, 1989). [54] Jos. BJ 4.161（奮銳黨的名稱）; 197-201（戰事）; 關於叛軍分裂，請見：Tac. Hist. 5.12. 3-4. [55] Jos. BJ 4.560-63. [56] 以利亞撒・本・西門：Jos. BJ 2.564, 565; Jos. BJ 4.153-7（指派新的大祭司）. [57] 《路加福音》6:15; 非尼哈：《民數記》25:1-15; 《便西拉智訓》48:1-2; 《馬加比一書》2:26; 熱情奮進值得稱許：《約翰福音》2:17; 《加拉太書》1:13-14; m. Sanh. 9:6. [58] 米拿現：Jos. BJ 2.433, 434, 442, 444, 445; 以利亞撒・本・以睚魯：Jos. BJ 2.447; 區別奮銳黨和匕首黨：Jos. BJ 7.262-73. [59] Jos. AJ 18.8-9, 25; 《使徒行傳》5:37. [60] Jos. BJ 5.99-104; b. Yom. 9b（「沒緣由的憎恨」）; M. Hadas-Lebel, Jerusalem against Rome (Paris, 2006)（痛恨羅馬）. [61] 關於這些論點，請見：M. Goodman, 'A Note on the Qumran Sectarians, the Essenes and Josephus', in idem, Judaism in the Roman World, 137-43. [62] 安息日獻祭歌：4Q403, frag. 1, col. 1, lines 30-34. [63] 關於死海古卷的介紹，請見：J. VanderKam and P. Flint, The Meaning of the Dead Sea Scrolls (London, 2005); 關於昆蘭，請見：J. Magness, The Archaeology of Qumran and the Dead Sea Scrolls (Grand Rapids, Mich., 2002). [64] 引用的段落：1QS, col. 1, lines 1-20; col. 9, line 21. [65] 關於這個團體給自己取的名稱，請見：Schürer, History, 2:575, n. 4; 引用的段落：1QS, col. 8, lines 5-10. [66] 1QS, col. 6, lines 7-10, 24-7. [67] CD-A, col. 6 line 19（新約）; col. 16, line 10（女人）; col. 9, line 11（財產）; col. 11, line 11（男僕和女僕）; col. 12, line 1（性行為）; col. 12, lines 6-11（外邦人）; col. 13, line 15（交易）. [68] 4Q270, frag. 7, col. 1, lines 13-14; 合成文本：4Q265. [69] 共餐時的祭司：1QS, col. 6, lines 2-5; 教導：CD, col. 13, lines 2-3; 管理人：CD, col. 13, lines 7-9 (參見：1QS, col. 6, line 12); 加入團體：1QS, col. 1, lines 16-24; 七七節：《禧年書》6:17-22. [70] 關於《戰爭卷》，請見：J. Duhaime, The War Texts: 1QM and Related Manuscripts (London, 2004); 《聖殿卷》：11Q19, col. 51, lines 15-16; 詩歌：IQH (Hodayot). [71] 關於昆蘭對《哈巴谷書》的評語：關於《哈巴谷書》1:5, 1QpHab, col. 2, lines 1-10; 1QpHab, col. 5, lines 9-12, 關於《哈巴谷書》1:3; CD BII, col. 19, line 33–col. 20, line 8. [72] CD BII, col. 20, lines 8-19. [73] 4Q416, frag. 2, col. 3, lines 12-13; 1QS, col. 11, lines 8-9; 關於兩位彌賽亞，請見：J. J. Collins, The Scepter and the Star: The Messiahs of the Dead Sea Scrolls and Other Ancient Literature (Grand Rapids, Mich., 2010). [74] 關於4QMMT，請見：J. Kampen and M. J. Bernstein, eds., Reading 4QMMT: New Perspectives on Qumran Law and History (Atlanta, 1996); 關於曆法，請見：Schürer, History, 2:582; S. Stern, 'Qumran Calendar', in idem, ed., Sects and Sectarianism in Jewish History (Leiden, 2011), 39-62; 惡祭司：1QpHab, col. 11, lines 14-18, 關於《哈巴谷書》2:15（斷絕關係）; col. 12, lines 2-10, 關於《哈巴谷書》2:17（未來的折磨）. [75] 整個社群做為贖罪的祭品：1QS, col. 8, line 6; 關於《聖殿卷》，請見：J. Maier, Die Tempelrolle vom Toten Meer und das 'Neue Jerusalem' (Munich, 1997); 關於MMT，請見：e.g. 4Q395, lines 3-9; 另參見：M. Goodman, 'The Qumran Sectarians and the Temple in Jerusalem', in C. Hempel, ed., The Dead Sea Scrolls: Texts and Contexts (Leiden, 2010), 263-73. [76] 批評獻祭：《阿摩司書》5:21-4; 《以賽亞書》1:11-15; CD-A, col. 11, lines 18-21; 反對聖殿稅：4Q159, frag. 1, line 7. [77] 1QS, col. 5, lines 1-2; 4QMMTC (4Q397, frags. 14-21, line 7); P. S. Alexander and G. Vermes, Qumran Cave 4. XIX. Serekh ha-Yahad and Two Related

Texts (Oxford, 1998)（撒督之子）；從這些特定人物挖出更多史實，請見：H. Eshel, The Dead Sea Scrolls and the Hasmonean State (Grand Rapids, Mich., 2008). [78] 贖罪日的惡祭司：1QpHab, col. 11, lines 4-8; 敵人滅亡：1QpHab, col. 10, lines 2-5; col. 13, lines 1-3. [79] 1QSa, col. 2, lines 20-21; col. 1, lines 1-3; 這條規定和1號洞穴的團體守則寫在同一份卷軸上。[80] 1QS, col. 5, lines 1-6.

第7章：變化的限度

[01] Philo, Migr 89, 91-2. [02] 關於「智者的門生」這個名稱，請見：E. Schürer, rev. G. Vermes et al., The History of the Jewish People in the Age of Jesus Christ, 3 vols. (Edinburgh, 1973–86), 2:333, n. 44; m. Ab. 1: 1-4, 6, 10, 12, 16. [03] m. Ab. 1:7（尼泰的格言）；關於這個時期發展出來的拉比傳說以及不可能書寫拉比傳記的原因，請見：J. Neusner, Development of a Legend: Stories on the Traditions Concerning Yohanan ben Zakkai (Leiden, 1970); m. Hag. 2:2. [04] m. Ber. 8: 1-4, 7; m. Eduy. 4:8 [05] m. Eduy. 1:12（希列學院改變想法）；m. Eduy. 1:1; H. W. Guggenheimer, ed., The Jerusalem Talmud: First Order. Zeraim; Tractate Berakhot (Berlin and New York, 2000), 116. [06] J. Neusner, Rabbinic Traditions about the Pharisees before 70, 3 vols. (Leiden, 1971); B. T. Viviano, Study as Worship: Aboth and the New Testament (Leiden, 1978); Schürer, History, 2:333; t. Dem. 2:13（記憶力）. [07] 關於智者的名字，請見：m. Ab. 5:22（本・巴巴）, 23（本・喜喜）；關於這個時期的猶太名字，請見：T. Ilan, Lexicon of Jewish Names in Late Antiquity, Part 1 (Tübingen, 2002). [08] 《馬太福音》23:7（耶穌被稱作「拉比」）. [09] 關於砍石室，請見：m. Sanh. 11:2; Sifre to Deuteronomy 152 (Finkelstein). [10] 關於拿細耳人：《民數記》6:1-21; S. Chepey, Nazirites in Late Second Temple Judaism (Leiden, 2005). [11] 《使徒行傳》18:18-21, 參見：21: 23-4; Jos. BJ 2.313（貝勒尼基）；m. Naz. 3:6. [12] t. Dem. 2:2. [13] m. Ter. 4:3（舉祭數量）；《申命記》12:17; m. Maas. 1:1（需要做為什一奉獻的農作物）, 2（成熟）；t. Dem. 2:2（在什一奉獻方面很可靠）. [14] t. Dem. 2:14（正式宣言）；違背義務的哈維林人：t. Dem. 2:9; 3:4. [15] t. Dem. 2:12（檢驗時期）；t. Dem. 2:15（外祖父）；3:9 (trans. Neusner, adapted). [16] t. Dem. 2:13. [17] t. Dem. 2:17（哈維林人的妻女）；3:9（「蛇」）；t. A. Zar. 3:10（迦瑪列）. [18] m. Kidd. 1:9; b. B.B 75a（哈維林人學者）. [19] Philo, Spec Leg I.134. [20] 關於斐羅的生平與家族，請見：S. Sandmel, Philo of Alexandria: An Introduction (New York, 1979); 關於朝聖：Philo, Provid II. 64; 關於使節：E. M. Smallwood, Philonis Alexandrini Legatio ad Gaium, 2nd edn (Leiden, 1970). [21] Eusebius, Hist. eccl. 2.4.2 (trans. Runia); 請見：D. T. Runia, Philo in Early Christian Literature: A Survey (Assen, 1993), 212-34. [22] Philo, Op 8（關於摩西身為哲學家）；Philo, Spec Leg IV. 105-9. [23] Philo, Vita Mos 74, 76; Philo, Dec 20. [24] Philo, Mut 15; D. T. Runia, Philo of Alexandria and the Timaeus of Plato (Leiden, 1986); A. Kamesar, ed., The Cambridge Companion to Philo (Cambridge, 2009). [25] 《所羅門智訓》16:12; Philo, Heres 230-31 (trans. Colson); Op 24（邏各斯是上帝的心智）；Somn II 188, with 183（邏各斯介於人與上帝之間）. [26] Philo, Migr 1-3. [27] Philo, Quaes Gen I-IV 2.57; M. Niehoff, Jewish Exegesis and Homeric Scholarship in Alexandria (Cambridge, 2011); Philo, Leg All II. 19-22（亞當）；Vita Mos 2.40. [28] S. Belkin, Philo and the Oral Law (Cambridge, Mass., 1940)（關於斐羅和拉比傳統）；M. Niehoff, Philo on Jewish Identity and Culture (Tübingen, 2001)（關於律法）；關於阿里斯托布魯斯：C. R. Holladay, Fragments from Hellenistic Jewish Authors,

4 vols. (Chico, Calif., 1987-96), 3: 153-5, 136-7, 185; Schürer, History, 3:582. [29] Philo, De Abrahamo 99 (Colson); 關於其他隱喻詮釋者，請見：Philo, De Posteritate Caini 41-2; Migr 89（極端的隱喻詮釋者）. [30] Jos. AJ 19.259-60（約瑟夫斯論斐羅）; Philo, Vita Mos 1. 1-2; 約瑟夫斯使用斐羅的著作：Jos. AJ 18.18-21（愛色尼人）; Jos. AJ 18.234–19.274（卡利古拉時期的羅馬）. [31] Pork: Philo, Leg. 361-2; Spec Leg IV. 100-101（美味的豬肉）; M. Goodman, 'Philo as a Philosopher in Rome', in B. Decharneux and S. Inowlocki, eds., Philon d' Alexandrie: Un Penseur a l' intersection des cultures gréco-romaine, orientale, juive et chrétienne (Turnhout, 2011), 37-45. [32] 關於杜拉－歐羅普斯會堂：J. Gutmann, ed., The Dura-Europos Synagogue: A Re-evaluation (1932– 1992) (Atlanta, 1992); 拉比評述裡的斐羅：Ber. Rab. 1:1; Philo, Op 16; J. Weinberg, trans., Azariah de' Rossi: The Light of the Eyes (New Haven, 2001); 見下面第十四章. [33] Jos. AJ 18.63-4. [34] 羅馬文獻：Tac. Ann. 15.44; Pliny, Ep. 10.96; 拉比文獻：P. Schäfer, M. Meerson and Y. Deutsch, eds., Toledot Yeshu ('The Life Story of Jesus') Revisited (Tübingen, 2011). [35] 關於這個段落的真實性的相關爭論，請見：A. Whealey, Josephus on Jesus: The Testimonium Flavianum Controversy from Late Antiquity to Modern Times (New York and Oxford, 2003). [36] E. P. Sanders, Jesus and Judaism (London, 1988). [37]《使徒行傳》5:34-9（迦瑪列）; 耶穌對聖殿獻祭的看法：《馬太福音》5:23-4. [38]《使徒行傳》10:9-15. [39]《馬可福音》11:15-17（「潔淨聖殿」）;《馬可福音》13:1-2（預言）. [40]《馬太福音》5:21-2;《馬可福音》10:5-9（耶穌對離婚的看法）. [41]《馬可福音》14:55-64（被控褻瀆）; 15:26（「猶太人的王」）; G. Vermes, Jesus: Nativity, Passion, Resurrection (London, 2010). [42]《哥林多前書》1:1;《哥林多後書》1:3;「上帝之子」：《羅馬書》1:4. [43]《約翰福音》11:1-44（拉撒路）; G. Vermes, Resurrection: History and Myth (London, 2008). [44] 關於早期基督徒的信念，請見：P. Fredriksen, From Jesus to Christ: The Origins of the New Testament Images of Christ, 2nd edn (New Haven, 2000). [45]《馬可福音》16:5, 7（穿白袍的年輕人）;《使徒行傳》2:29-36（彼得在七七節發表的演說）;《使徒行傳》2:5（國際性朝聖）. [46] 司提反：《使徒行傳》7:57-8, 2-56; 8:1（迫害）; 21:27-30（基督徒在聖殿傳教）; Jos. AJ 20.200（耶穌的兄弟雅各）; Jos. BJ 6.300-309（亞拿尼亞之子耶穌）; 見下面第八章. [47]《腓立比書》3:4-6;《羅馬書》11:1;《哥林多前書》11:21-2, 24; E. P. Sanders, Paul, the Law and the Jewish People (Philadelphia, 1983), 192（懲罰就表示屬於猶太人的一份子）; 關於提庇留・朱利葉斯・亞歷山大：Jos. AJ 20.100. [48]《使徒行傳》22:24-9; 關於把《使徒行傳》當成史料的爭議性，請見：M. Hengel, Acts and the History of Earliest Christianity (Philadelphia, 1979). [49]《使徒行傳》22:3（「在迦瑪列門下」）;《加拉太書》1:14（「在猶太教中……激進」）; J. Norton（關於聖經書卷記載的保羅）; 基督教的迫害者：《哥林多前書》15:9;《加拉太書》1:13;《使徒行傳》9:1-2（大祭司的權威）;《哥林多前書》9:1（「我主耶穌」的異象）. [50]《使徒行傳》9:3-9, 參見：22:15-16; 26:4-15;《哥林多後書》12:2-4. [51]《加拉太書》1:16（在外邦人中傳揚耶穌）; 關於保羅傳教，請見：E. P. Sanders, Paul (Oxford, 1991);《哥林多前書》9:20（「對猶太人……就作猶太人」）;《加拉太書》2:21-2. [52]《使徒行傳》15:9-21（耶路撒冷的會晤）; 21:23-6（保羅說自己是法利賽人）;《羅馬書》9:3-5; 11:25, 28-9（「以色列全家都要得救」）;《加拉太書》2:15-16（救贖需要信仰）;《加拉太書》2:11-14; 律法對猶太人是好的：《羅馬書》7:12; 3:30-31. [53]《腓立比書》2:5-11; 關於崇敬基督和中介者角色，請見：L. Hurtado, One God, One Lord: Early Christian Devotion and Ancient Jewish Monotheism, 3rd edn (London, 2015); W. Horbury, Jewish

Messianism and the Cult of Christ (London, 1998);《哥林多前書》15:3（耶穌的死是一種犧牲）；《加拉太書》4:4-5（「獲得兒子的名分」）；《羅馬書》6:3（「受洗歸入基督」）；《羅馬書》12:5（「在基督裡是一個身體」）；關於「披戴」基督，請見：《加拉太書》3:26-7;《哥林多前書》8:5-6（「一位上帝……一位主」）. 54 以弗所的銀匠：《使徒行傳》19:23-41; 請見：M. Goodman, 'The Persecution of Paul by Diaspora Jews', in idem, Judaism in the Roman World (Leiden, 2009), 145-52. 55《以賽亞書》60:8-12（關於末日）；《加拉太書》2:7（「給未受割禮的人的福音」）；《哥林多後書》3:13-14. 56 關於猶太基督徒的史料，請見：A. F. J. Klijn and G. J. Reinink, Patristic Evidence for Jewish-Christian Sects (Leiden, 1973); 關於解讀這份史料的問題，請見：M. S. Taylor, Anti-Judaism and Early Christian Identity: A Critique of the Scholarly Consensus (Leiden, 1995). 57 關於「屬耶穌的猶太人」的歷史，請見：D. H. Stern, Messianic Judaism: A Modern Movement with an Ancient Past (Jerusalem, 2007). 58 關於分道揚鑣，請見：M. Goodman, 'Modeling the "Parting of the Ways"', in idem, Judaism in the Roman World, 175-85.

第8章：關注的焦點和預期的未來

01《詩篇》51:9;《以賽亞書》4:4; 不間斷的水流：MMT, 11. 55-8; m. Yad 4:7. 關於這個時期描寫潔淨與污穢所使用的語言，請見：J. Klawans, Impurity and Sin in Ancient Judaism (New York, 2000). 02《利未記》11:44-5;《禧年書》22:17; 30:10; 外邦人的油：Jos. Vit. 74-6; M. Goodman, 'Kosher Olive Oil in Antiquity', in idem, Judaism in the Roman World (Leiden, 2007), 187-203; 關於奶與肉：《出埃及記》23:19; 34:24;《申命記》14:21; m. Hull. 8:1; Philo, Virt 144; D. Kraemer, Jewish Eating and Identity through the Ages (New York, 2007), 35-7, 50（關於拉比禁忌）; IQS 5.13; Jos. BJ 2.149（愛色尼人）；《馬太福音》23:26（法利賽人）. 03 關於沐浴儀式，請見：R. Reich, 'The Hot Bath-house Balneum, the Miqweh and the Jewish Community in the Second Temple Period', JJS 39 (1998), 102-7; Jos. BJ 2.129（愛色尼人）; M. Simon, Jewish Sects at the Time of Jesus, trans. J. H. Farley (Philadelphia, 1967)（每日沐浴者）; Jos. AJ 18.117（施洗約翰）. 04 Jos. AJ 16.168（安息日不用出席法庭的特權）; Philo, Migr 89-93（極端的隱喻詮釋者）; Jos. BJ 2.147（愛色尼人）；安息日走動：m. Shab. 23:4; m. Erub. 4:3; 用線圍起來的空間與撒督該人：m. Erub. 6:2; 馬加比各書卷提到安息日的部分：《馬加比一書》1:43; 2:35-8, 40-41. 05 Jos. AJ 14.63; 亞西流：Jos. AJ 18.322, 233. 06《禧年書》裡的安息日：《禧年書》2:17-32; 50:6-13; 關於《禧年書》裡的曆法，請見：L. Ravid, 'The Book of Jubilees and its Calendar – A Reexamination', Dead Sea Discoveries 10 (2003), 371-94; S. Stern, Calendar and Community: A History of the Jewish Calendar, 2nd Century bce–10th Century ce (Oxford, 2001);《以諾一書》72: 2-3; 4Q 208-11; J. Ben Dov, Qumran Calendar (Leiden, 2008); 用月亮推算時間：《便西拉智訓》43:7; m. R.Sh. 2:8. 07 假誓：《出埃及記》20:7; 無法遵守誓言的祭品：《利未記》5:4-13;《民數記》30:3-5（妻女的誓言）；《便西拉智訓》23:9-11; 避免發誓：Philo, Spec Leg II. 1-38; Dec 82-95; Jos. BJ 2.135, 139-42（愛色尼人的入會誓言）；耶穌對發誓的看法：《馬太福音》5:33-7; 23:16-21（抨擊法利賽人）. 08 Jos. Vit. 11; 施洗約翰：《馬可福音》1:6;《路加福音》7:33;《馬太福音》11:18-19. 09 Tac. Hist. 5.4.3; Jos. Ap. 2.282; m. Taan. 2:6. 10 m. Taan. 3:8（霍尼）；關於猶滴：

《猶滴傳》8:6, 8; 13:6-20; 關於以斯帖與蘇珊娜，請見：A. Brenner, ed., A Feminist Companion to Esther, Judith and Susanna (Sheffield, 1995). [11] 《以西結書》13:18-20; 《出埃及記》22:18; 哈寧拿・本・杜沙：b. Ber. 34b, 參見：m. Ber. 5:5; m. Sot. 9:15; Ps. Philo, L.A.B 34（厄胡得）; Jos. AJ 8. 45-9（所羅門）; 《使徒行傳》19:11-20. [12] 聖經裡的魔鬼：《申命記》32:17; 《撒母耳記上》16:23; 18:10; 《以諾一書》10:15; 15:19; 1QM 1: 13-14; 《禧年書》1:20; 15:33（莫斯提馬）; 《禧年書》10:1-5. [13] Jos. BJ 6:310; 2.163（撒督該人）; m. Ab. 3:16. [14] 4Q405, frag. 20, col. 2 to frags. 21-2, lines 7-9. [15] 1QM, col. 17, lines 6-8（末世之戰的天使）; 天使階級：《禧年書》2:17-18; 《馬加比三書》6:16-21（大象）; 《所羅門智訓》7:24-6; 8:1-4（擬人化的智慧）. [16] 《亞伯拉罕啟示錄》10:4; 《但以理書》10:1-2, 4-9; 10:3（準備異象）; 《啟示錄》1:10-16. [17] Jos. Ap. 1.41; t. Sot. 13:2; Jos. BJ 6.301（亞拿尼亞之子耶穌）; Jos. BJ 3.352（約瑟夫斯身為先知）: BJ 6.285（偽先知）; 《路加福音》4:24. [18] 《亞伯拉罕遺訓》A. 11-13; J. J. Collins, Ap.calypticism in the Dead Sea Scrolls (London and New York, 1997); 斐羅對末日的看法：Philo, Praem 164-5, 169; Ps. Sol 17.4, 26. [19] 丟大：Jos. AJ 20.97-8; 《使徒行傳》5:36-9; 埃及人：Jos. AJ 20.170. [20] Jos. BJ 6.312（「意義不明的神論」）; 6.313（維斯帕先）; 3. 400-402（關於約瑟夫斯的預言）; Jos. AJ 18.64（關於基督徒）. [21] 1QM, col. 16, line 11–col. 17, line 9. [22] 以利亞：《瑪拉基書》3:23-4 (Heb.); 4:5-6 (Engl.); 先知：1QS, col. 9, lines 9-11; 《申命記》18:15; 以利亞與先知：《約翰福音》1:20-21. [23] Ps. Sol 17: 41-2（凡間國王）; 超自然的彌賽亞：《以諾一書》48:3; 49:2-4; 1QS 9:10（死海古卷裡的彌賽亞）; Jos. BJ 7.29（吉歐拉之子西門）; 《哥林多前書》1:1. [24] 《以諾一書》22:2, 11; 《馬加比二書》7:23; 《禧年書》23:31; 《但以理書》12:3; 《所羅門智訓》9:15; 15:8. [25] P. van der Horst, Ancient Jewish Epitaphs (Kampen, 1991); 關於死後生命的爭論：Jos. BJ 2.154, 156, 163, 166; 《馬太福音》22:28; 《使徒行傳》23:6. [26] J. E. Wright, The Early History of Heaven (New York, 1999); 《路加福音》23:43; 伊甸園：《亞伯拉罕遺訓》20:14. [27] Jos. Ap. 2.218, 219, 232-3; 1.43. [28] 《馬加比二書》7:1-5. [29] W. H. C. Frend, Martyrdom and Persecution in the Early Church: A Study of a Conflict from the Maccabees to Donatus (Oxford, 1965); 綑綁以撒：Jos. AJ 1.227-31, 232; 請見：G. Vermes, 'Redemption and Genesis xxii – The Binding of Isaac and the Sacrifice of Jesus', in idem, Scripture and Tradition: Haggadic Studies, 2nd edn (Leiden, 1973), 193-227. [30] Jos. BJ 2.195-7.

第9章：從羅馬帝國的多神信仰到伊斯蘭教以及中世紀的基督教

[01] M. Goodman, Rome and Jerusalem: The Clash of Ancient Civilizations (London, 2007), 445-63; M. Goodman, 'The Roman State and Jewish Diaspora Communities in the Antonine Age', in Y. Furstenberg, ed., Jewish and Christian Communal Identities in the Roman World (Leiden, 2016), 75-83. [02] 關於《但以理書》2:31-45（關於但以理的預言）：Jos. AJ 10.203-10; 關於猶太人希望羅馬得到報應，請見：M. Hadas- Lebel, Jerusalem against Rome (Leuven, 2006). [03] 關於這個時期的歷史，請見：S. Schwartz, Imperialism and Jewish Society: 200 b.c.e. to 640 c.e. (Princeton, 2001). [04] 關於拜占庭猶太人，請見：R. Bonfil et al., eds., Jews in Byzantium: Dialectics of Minority and Majority Cultures (Leiden, 2012). [05] 關於可薩人，請見：D. M. Dunlop, The History of the Jewish Khazars (Princeton, 1954); 關於圖德拉的便雅憫，請見：N. M. Adler, The Itinerary of Benjamin of Tudela: Critical Text, Translation and

Commentary (London, 1907). 06 J. Neusner, A History of the Jews of Babylonia, vol. 2 (Leiden, 1966), p. 18（科提爾的碑文）. 07 關於伊斯蘭教頭幾世紀的伊拉克猶太人歷史，請見：N. Stillman, The Jews of Arab Lands: A History and Source Book (Philadelphia, 1979). 08 關於沃爾泰拉的麥修蘭，請見：A. Yaari, Masa' Meshulam mi Volterah beErets Yisrael (Jerusalem, 1948). 09 關於梅諾卡島的猶太人大批改信，請見：S. Bradbury, ed., Severus of Minorca: Letter on the Conversion of the Jews (Oxford, 1996). 10 關於中世紀西班牙的猶太人歷史，請見：Y. Baer, A History of the Jews in Christian Spain, 2nd edn, 2 vols. (Philadelphia, 1992). 11 C. Th. 16.8.3（科隆的猶太人）; 關於十字軍東征時期的猶太人，請見：R. Chazan, In the Year 1096: The First Crusade and the Jews (Philadelphia, 1996). 12 關於血祭誹謗，請見：Y. Yuval, Two Nations in your Womb: Perceptions of Jews and Christians in the Middle Ages (Berkeley, 2006), 135-203; E. M. Rose, The Murder of William of Norwich (New York, 2015); 關於中世紀英國的猶太人，請見：P. Skinner, ed., The Jews in Medieval Britain: Historical, Literary, and Archaeological Perspectives (Woodbridge, 2003). 13 關於葉門：L. Y. Tobi, The Jews of Yemen: Studies in their History and Culture (Leiden, 1999); 關於印度，請見：N. Katz, Who are the Jews of India? (Berkeley, 2000); 關於中國，請見：J. D. Paper, The Theology of the Chinese Jews, 1000-1850 (Waterloo, Ont., 2012); 關於衣索比亞，請見：S. Kaplan, The Beta Israel (Falasha) in Ethiopia: From Earliest Times to the Twentieth Century (New York and London, 1992). 14 關於開羅貯藏室的文獻，請見：S. C. Reif, A Jewish Archive from Old Cairo (Richmond, Surrey, 2000).

第10章：少了聖殿的猶太教

01 《以斯拉四書》11:44-6; 關於《以斯拉四書》，請見：M. E. Stone, Fourth Ezra (Minneapolis, 1990). 02 關於提庇留・朱利葉斯・亞歷山大，請見：V. A. Burr, Tiberius Julius Alexander (Bonn, 1955); 關於對西元70年發生的事件所做出的反應，請見：D. R. Schwarz and Z. Weiss, eds., Was 70 ce a Watershed in Jewish History? (Leiden, 2012). 03 M. Goodman, 'Sadducees and Essenes after 70 ce', in idem, Judaism in a Roman World (Leiden, 2007), 153-62; 關於約瑟夫斯對聖殿被毀的看法，請見：M. Goodman, Rome and Jerusalem: The Clash of Ancient Civilizations (London, 2007), 440-49. 04 Jos. Ap. 2.193-6 (trans. Barclay). 05 關於聖殿山，請見：Y. Z. Eliav, God' s Mountain: The Temple Mount in Time, Place, and Memory (Baltimore, 2005). 06 Menander of Laodicea, Epideictica (in Spengel, Rhet. Graec., vol. 3, p. 366). 07 關於星星之子的錢幣，請見：L. Mildenberg, The Coins of the Bar Kokhba War (Aarau, 1984); 關於古典時期晚期巴勒斯坦出土的馬賽克上提到了祭司和聖殿，請見：S. Fine, 'Between Liturgy and Social History: Priestly Power in Late Antique Palestinian Synagogues?', in idem, Art, History and the Historiography of Judaism in Roman Antiquity (Leiden, 2013), 181-93; 邁蒙尼德對獻祭的看法：Guide for the Perplexed 3.32. 08 關於祈禱聖殿重建的每日禱告，請見：Singer–Sacks, 86, 88. 09 m. R.Sh. 4:1, 3-4. 10 關於「小聖所」：b. Meg. 29a（參見：《以西結書》11:16）; 關於中世紀的禮儀藝術，請見：C. Roth, 'Art', in idem, ed., Encyclopaedia Judaica, 16 vols. (Jerusalem, 1971), 3: 522-3. 11 Singer–Sacks, 438（安息日增補禮拜的禱文對安息日獻祭所做的描述）; b. Ber. 28b-29a（關於標準化的傳統）; 《以賽亞書》6:3（聖潔禱文）. 12 關於讚美詩，請見：J. Yahalom, Poetry and Society in Jewish Galilee of Late Antiquity (Tel Aviv, 1999) (Heb.); 關於

古典時期晚期與中世紀的會堂音樂，請見：A. Z. Idelsohn, Jewish Music: Its Historical Development (New York, 1992); 關於猶太教各種禮拜形式的姿勢和舞蹈，請見上面第三章。 [13] 關於馬所拉學者的工作，請見：I. Yeivin, Introduction to the Tiberian Masorah, trans. E. J. Revell (Missoula, Mont., 1980); 關於他爾根，請見：D. R. G. Beattie and M. J. McNamara, eds., The Aramaic Bible: Targums in the Historic Context (Dublin, 1992); 關於章節詮釋，請見：W. Braude and I. Kapstein, trans., Pesikta de Rab Kahana (London, 1975), Piska 25.1 (adapted). [14] 關於中世紀會堂裡的女性，請見：A. Grossman, Pious and Rebellious: Jewish Women in Medieval Europe (Waltham, Mass., 2004), 180-88. [15] 關於中世紀的浸禮池，請見：Mikwe: Geschichte und Architektur jüdischer Ritualbäder in Deutschland (Frankfurt am Main, 1992); S. D. Gruber, 'Archaeological Remains of Ashkenazic Jewry in Europe: A New Source of Pride and History', in L. V. Rutgers, ed., What Athens Has to Do with Jerusalem (Leuven, 2002), 267-301. [16] m. Shek. 1:1（社群義務）; b. Sanh. 47a（希望葬在義人旁邊）; 關於貝特什阿林墓地，請見：Z. Weiss, 'Social Aspects of Burial in Beth She' arim: Archaeological Finds and Talmudic Sources', in L. I. Levine, ed., The Galilee in Late Antiquity (New York, 1992), 357–71; T. Ilan, 'Kever Israel: Since When Do Jews Bury their Dead Separately and What Did They Do Beforehand?', in H. Eshel et al., eds., Halakhah in Light of Epigraphy (Göttingen, 2010), 241-54; M. Maier, The Jewish Cemetery of Worms (Worms, 1992). [17] m. Shab. 2: 6-7. [18] Singer–Sacks, 302（安息日祝禱）, 610（分開儀式）. [19] Ch. Raphael, A Feast of History: The Drama of Passover through the Ages (London, 1972), 27 [230]; 關於節日要守兩天、而非一天，請見：S. Zeitlin, Studies in the Early History of Judaism (New York, 1973), 223-33. [20] m. R.Sh. 1:2. 關於節慶禮儀習俗的發展，請見：A. P. Bloch, The Biblical and Historical Background of the Jewish Holy Days (New York, 1978). [21] 關於晚禱宣告的複雜歷史以及拉比的反對，請見：I. Elbogen, Jewish Liturgy: A Comprehensive History (Philadelphia, 1993), 128, 311; 關於住棚節，請見：J. L. Rubenstein, The History of Sukkot in the Second Temple and Rabbinic Periods (Atlanta, 1995); 關於光明節的燈油奇蹟，請見：b. Shab. 21b; 關於光明節和普珥節，請見：T. Gaster, Purim and Hanukkah: In Custom and Tradition (New York, 1950); 關於居家儀式用品，請見：A. Kanof, Jewish Ceremonial Art and Religious Observance (New York, 1969). [22] m. A. Zar. 1:1, 3; J. Gutmann, ed., The Dura-Europos Synagogue: A Re-evaluation (1932– 1992) (Atlanta, 1992); A Hachlili, Ancient Jewish Art and Archaeology in the Land of Israel (Leiden, 1988); J. Elsner, 'Reflections on Late Antique Jewish Art and Early Christian Art', JRS 93 (2003), 114-28. [23] 請見：M. Goodman, 'Palestinian Rabbis and the Conversion of Constantine to Christianity', in P. Schafer and C. Hezser, eds., The Talmud Yerushalmi and Greco-Roman Culture, vol. 2 (Tübingen, 2000), 1-9; 關於以賽亞的經文段落：Justin, Dialogue with Trypho, 66-7; 《以賽亞書》7:14; 《馬太福音》1:22-3; 關於爭相聲明自己才是「真正的以色列」：Justin, Dialogue with Trypho, 123; Song of Songs Rabbah 7:3; M. Hirshman, A Rivalry of Genius: Jewish and Christian Biblical Interpretation in Late Antiquity (New York, 1996), 15-16. [24] 關於辯論會，請見：H. Maccoby, Judaism on Trial: Jewish–Christian Disputations in the Middle Ages (London, 1993); 關於納賀蒙尼德的回應，請見：119-20. [25] 關於以基督教模型為基礎的猶太社會，請見：S. Schwartz, Imperialism and Jewish Society: 200 bce to 640 ce (Princeton, 2004); 關於一夫多妻制，請見：Z. Falk, Matrimonial Law in the Middle Ages (London, 1966), 1-34; 關於阿基瓦殉教：b. Ber. 61b. [26] R. Chazan, God, Humanity, and History: The Hebrew First Crusade Narratives (Berkeley and London, 2000). [27] 關於薩阿迪亞與辯論會，請見：R.

Brody, The Geonim of Babylonia and the Shaping of Medieval Jewish Culture (New Haven, 1998), 97-8, 235-48; 關於邁蒙尼德：Teshuvot Rambam (1958), no. 149; 關於伊斯蘭經院哲學對中世紀猶太教的影響，請見：S. Stroumsa, Maimonides in his World: Portrait of a Mediterranean Thinker (Princeton, 2009). [28] M. Hyamson, trans., Duties of the Heart by R. Bachya ben Joseph ibn Paquda, 2 vols. (New York, 1970), vol. 2, p. 295（巴希亞）; M. Adler, ed. and trans., The Itineraries of Benjamin of Tudela (London, 1907), 44-5（朝聖故事）.

第11章：東方拉比（70–1000 CE）

[01] b. Men. 29b. [02] 關於古典時期晚期的拉比文獻，請見：F. Millar, E. Ben Eliyahu and Y. Cohn, Handbook of Jewish Literature from Late Antiquity, 135–700 ce (Oxford, 2012); 《神體測量》是引自：M. S. Cohen, The Shi' ur Qomah: Texts and Recensions (Tübingen, 1985), 135-7. [03] 關於答文以及暗蘭拉比的禱告書，請見：R. Brody, The Geonim of Babylonia and the Shaping of Medieval Jewish Culture (New Haven, 1998), 185-201; 關於謝里拉，請見：R. Brody, 'The Epistle of Sherira Gaon', in M. Goodman and P. Alexander, eds., Rabbinic Texts and the History of Late-Roman Palestine (Oxford, 2010), 253-64. [04] D. Goodblatt, Rabbinic Inst.uction in Sasanian Babylonia (Leiden, 1975), 161（新娘）; 關於果昂這個頭銜，請見：Brody, The Geonim of Babylonia, 49. [05] 關於《巴比倫塔木德》的最後編輯，請見：L. Jacobs, The Talmudic Argument (Cambridge, 1984); R. Kalmin, 'The Formation and Character of the Babylonian Talmud', in S. T. Katz, ed., The Cambridge History of Judaism, vol. 4: The Late Roman-Rabbinic Period (Cambridge, 2006), 840-76; D. Weiss Halivni, The Formation of the Babylonian Talmud (Oxford, 2013). [06] 關於巴比倫拉比的愛國情操，請見：I. M. Gafni, Land, Center and Diaspora: Jewish Constructs in Late Antiquity (Sheffield, 1997), 96-117; 關於以色列地的定義，請見：Sifre to Deuteronomy 51; P. S. Alexander, 'Geography and the Bible', Anchor Bible Dictionary (New York, 1992), 2: 986-7. [07] 關於約卡南・本・撒該：m. R.Sh. 4:1; J. Neusner, Development of a Legend: Studies in the Traditions Concerning Yohanan ben Zakkai (Leiden, 1970); C. Hezser, The Social Structures of the Rabbinic Movement in Roman Palestine (Tübingen, 1997)（師生圈）; 程序：m. Sanh. 4: 3-4（類似猶太法庭）; t. Sanh. 7:2（投票）. [08] A. Oppenheimer, 'Jewish Lydda in the Roman Era', HUCA 59 (1988), 115-36; Ch. Raphael, A Feast of History (London, 1972), 28 [229]. [09] N. R. M. de Lange, Origen and the Jews (Cambridge, 1976). [10] 關於族長，請見：M. Goodman, State and Society in Roman Galilee, 2nd edn (London, 2000), 111-18; A. Ap.lebaum, The Dynasty of the Jewish Patriarchs (Tübingen, 2013). [11] b. Sanh. 14a（猶大・本・巴巴）; b. Sanh. 5b（任命）; y. Sanh. 1:3, 19a（指派法官）; D. Goodblatt, Rabbinic Inst.uction in Sasanian Babylonia (Leiden, 1975); b. Sanh. 5a（拉維）. [12] 關於凱魯萬，請見：M. Ben- Sasson, 'The Emergence of the Qayrawan Jewish Community and its Importance as a Maghrebi Community', JAS (1997), 1-13; 關於摩西・本・哈諾卡，請見：G. D. Cohen, 'The Story of the Four Captives', Proceedings of the American Academy for Jewish Research 29 (1960–61), 55-75; G. D. Cohen, ed., A Critical Edition with a Translation and Notes of the Book of Tradition (Sefer haQabbalah) (London, 1967), 63-5. [13] 關於開羅貯藏室找到的信件，請見：S. Schechter, 'Geniza Specimens: A Letter of Chushiel', JQR 11 (1899), 643-50. [14] 關於卡洛力穆斯家族，請見：W. Transier, 'Speyer: The Jewish Community

in the Middle Ages', in Christoph Cluse, ed., The Jews of Europe in the Middle Ages (Tenth to Fifteenth Centuries) (Speyer, 2002), 435-45; 關於中世紀初期義大利的拉比猶太教，請見：R. Bonfil, History and Folklore in a Medieval Jewish Chronicle (Leiden, 2009), 45-127. [15] 關於法庭禁令，請見：I. Levitats in C. Roth, ed., Encyclopaedia Judaica, 16 vols. (Jerusalem, 1971), 8. 355-6; 關於猶太教的一夫多妻制，請見：A. Grossman, Pious and Rebellious: Jewish Women in Medieval Europe (Waltham, Mass., 2004), 68-101. [16] Sifra, Baraita de Rabbi Ishmael, Perek I. 1-8, in J. Neusner, trans., Sifra: An Analytical Translation, vol. 7 (Atlanta, 1988), 61-3; Mekilta d' R. Ishmael, Nezikin 14. 26-31 (in J. Lauterbach, ed., Mekilta de Rabbi Ishmael, 3 vols. (Philadelphia, 1935), 3.110); b. B.K. 83b; b. Makk. 23b–24a. [17] b. Pes. 10b (trans. Epstein)（關於老鼠）. [18] Pesik. Rab. Kah 4:7 (in W. Braude and I. Kapstein, trans., Pesikta de Rab Kahana (London, 1975), 82-3); b. B.B 21a（關於教育）. [19] b. B.M. 59b（角豆樹）; 學院爭論：m. Yeb. 1:4; b. Erub. 3b; 以利亞：y. Yeb. 12:1 (12c); b. Yeb. 102a. [20] m. Ab. 2:10; 5:16; 5:15（四種智者）; 5:13（四種施捨）; 關於拉比的悔過概念，請見：E. E. Urbach, The Sages: Their Concepts and Beliefs (Jerusalem, 1975), 462-71. [21] Singer–Sacks, 462; 關於篝火節：b. Yeb. 62b. [22] 關於《所羅巴伯之書》，請見：D. Biale, 'Counter-History and Jewish Polemics against Christianity: The "Sefer Toldot Yeshu" and the "Sefer Zerubavel"', JSS 6.1 (1999), 130-45; 請見：J. C. Reeves, Trajectories in Near Eastern Ap.calyptic: A Postrabbinic Jewish Ap.calypse Reader (Atlanta, 2005). [23] m. Hag. 2:1; y. Hag. 2:1 (77a– c), trans. Neusner, adapted; Philip Alexander, The Mystical Texts (London, 2006) 主張第二聖殿時期開始就有持續連貫的神祕傳統了; P. Schäfer, The Origins of Jewish Mysticism (Princeton, 2009)主張不連貫. [24] b. Shab. 33b（西緬・巴爾・尤海）; Sefer Yetsirah 7 (in A. P. Hayman, Sefer Yesira: Edition, Translation and Text-Critical Commentary (Tübingen, 2004), 76); b. Shab. 156a（占星學）; b. Ber. 55a, 56b（解夢）. [25] 關於西弗利斯會堂的馬賽克，請見：Z. Weiss and E. Netzer, Promise and Redemption: A Synagogue Mosaic from Sepphoris (Jerusalem, 1996); 關於提比里亞溫泉，請見：M. Dothan, Hammat Tiberias: Early Synagogues and the Hellenistic and Roman Remains (Jerusalem, 1983); 關於魔碗，請見：S. Shaked, J. N. Ford and S. Bayhro, Aramaic Bowl Spells: Jewish Babylonian Aramaic Bowls (Leiden, 2013); 關於薩珊時期巴比倫對拉比的影響，請見：C. Bakhos and M. R. Shayegan, eds., The Talmud in its Iranian Context (Tübingen, 2010). [26] m. Pes. 4:1; 參見：m. Sukk. 3:11; 關於皮爾科伊・本・巴柏伊，請見：R. Brody, The Geonim of Babylonia and the Shaping of Medieval Jewish Culture (New Haven and London, 1998), 113-17. [27] 關於自我中心，請見：S. Stern, Jewish Identity in Rabbinic Judaism in Late Antiquity (Leiden, 1994); b. Pes. 49a–49b. [28] C. Th. 16.8.13; S. Schwartz, 'The Patriarchs and the Diaspora', JJS 50 (1999), 208-22; D. Noy, Jewish Inscriptions of Western Europe, 2 vols. (Cambridge, 1993–5), 1:39, no. 22 (Abba Maris); S. J. D. Cohen, 'Epigraphical Rabbis', JQR 72 (1981), 1-17; H. Lapin, 'Epigraphical Rabbis: A Reconsideration', JQR 101 (2011), 311-46. [29] M. Goodman, 'The Function of Minim in Early Rabbinic Judaism', in idem, Judaism in the Roman World (Leiden, 2007), 163-73; t. Hull. 2: 22-3 (Neusner)（以利亞撒・本・達瑪）; b. Ber. 28b（西緬・哈帕庫利）; Justin Martyr, Dialogue with Trypho 16.4; 關於這條禱文，請見：R. Kimelman, 'Birkat ha-Minim and the Lack of Evidence for Anti-Christian Jewish Prayer in Late Antiquity', in E. P. Sanders, A. I. Baumgarten and A. Mendelson, eds., Jewish and Christian Self-Definition, vol. 2 (London, 1981), 226-44. [30] m. Sanh. 10:1; t. Sanh. 12: 9-10. [31] 撒馬利亞人：m. Ber. 7:1; m. Shebi. 8:10; b. Hull. 6a; 關於古典時期晚期的撒馬利亞人，請見：H. Sivan, Palestine in

Late Antiquity (Oxford, 2008). [32] 關於西維・巴爾赫，請見：M. Zucker, 'Hiwi HaBalkhi' , Proceedings of the American Academy for Jewish Research 40 (1972), 1-7.

第12章：拉比圈以外的猶太教

[01] R. L. Wilken, John Chrysostom and the Jews (Berkeley, 1983); N. de Lange, Greek Jewish Texts from the Cairo Genizah (Tübingen, 1996). [02] 羅馬猶太人使用希臘文：D. Noy, Jewish Inscriptions of Western Europe, 2 vols. (Cambridge, 1993–5), vol. 2; L. V. Rutgers, Jews of Late Ancient Rome (Leiden, 2000); 會堂神職人員：E. Schürer, rev. G. Vermes et al., The History of the Jewish People in the Age of Jesus Christ, 3 vols. (Edinburgh, 1973–86), 3:98ff; disarchon : CIJ I (2nd edn) 397, 2989, 391; D. Barthélémy, Les Devanciers d' Aquila (Paris, 1963)（昆蘭的希臘文聖經文本）; Jerome, Ep. 57.11. [03] Justinian, Novella 146. [04] Irenaeus 3.21.1, in Eusebius, Hist. eccl. 5.8.10; y. Meg. 1:11, 71c; N. de Lange, Greek Jewish Texts from the Cairo Genizah (Tübingen, 1996); J. Krivoruchko, 'The Constantinople Pentateuch within the Context of Septuagint Studies' , Congress of the International Organization for Septuagint and Cognate Studies (Paris, 2008), 255-76; N. de Lange, Japhhet in the Tents of Shem: Greek Bible Translations in Byzantine Judaism (Tübingen, 2015). [05] G. M. A. Hanfmann, Sardis from Prehistoric to Roman Times (Cambridge, 1983); M. Goodman, 'Jews and Judaism in the Mediterranean Diaspora in the Late-Roman Period: The Limitations of the Evidence' , in idem, Judaism in the Roman World (Leiden, 2007), 233-59; t. Sukk. 4:6; L. I. Levine, The Ancient Synagogue: The First Thousand Years, 2nd edn (New Haven, 2005), 91-6. [06] Levine, Ancient Synagogue, 299-302. [07] C. Kraeling, Excavations at Dura-Europos: The Synagogue (New Haven, 1979); Levine, Ancient Synagogue, 257. [08] 關於杜拉－歐羅普斯壁畫的米大示主題，請見：S. Fine, Art and Judaism in the Greco-Roman World (Cambridge, 2005), 173. [09] D. Noy and H. Bloedhorn, eds., Inscriptiones Judaicae Orientis, vol. 3 (Tübingen, 2003), p. 94 (syr. 55) (Thaumasis); Levine, Ancient Synagogue, 260 (inscriptions); L. Roth- Gerson, Jews of Syria as Reflected in the Greek Inscriptions (Jerusalem, 2001), 54, 57 (Iliasos) (Heb.); Levine, Ancient Synagogue, 288. [10] 墓穴碑文：Levine, Ancient Synagogue, 284, n. 74; Philo, Leg. 155（奧古斯都時代的托拉斯特猶太人）; 墓穴習俗：Noy, Jewish Inscriptions of Western Europe, vol. 1（羅馬）; M. Williams, 'The Organisation of Jewish Burials in Ancient Rome in the Light of Evidence from Palestine and the Diaspora' , ZPE 101 (1994), 165-82; Rutgers, Jews of Late Ancient Rome, 92-9（鍍金玻璃器具）; Noy, Jewish Inscriptions of Western Europe, vol. 1, no. 13（明蒂烏斯・福斯塔斯）; G. Hermansen, Ostia: Aspects of Roman City Life (Edmonton, 1982), 55-89; P. Richardson, 'An Architectural Case for Synagogues as Associations' , in B. Olsson and M. Zetterholm, eds., The Ancient Synagogue from its Origins until 200 c.e. (Stockholm, 2003), 90-117. [11] 關於圖案意象及其意涵：Levine, Ancient Synagogue, 232-5, 232（仿效奧菲斯的大衛）; 阿芙洛蒂西亞斯銘文：J. Reynolds and R. Tannenbaum, Jews and God-Fearers at Ap.rodisias (Cambridge, 1987), 重新定年：A. Chaniotis, 'The Jews of Ap.rodisias: New Evidence and Old Problems' , Scripta Classica Israelica 21 (2002), 209-42; 關於皈依者的態度，請見：M. Goodman, Mission and Conversion (Oxford, 1994). [12] J. Kloppenborg and S. G. Wilson, eds., Voluntary Associations in the Graeco-Roman World (London, 1996); Cod. Iust. 1.9.4（「宗教場所」）; Cod. Theod. 16.8.2

（君士坦丁），參見：A. Linder, Jews in Roman Imperial Legislation (Detroit, 1987), 134; Procopius, Anecdota 28. 16-18 (trans. Dewing). [13] J. Dunbabin, Mosaics of Roman North Africa (Oxford, 1978), 194-5（納羅）; R. Hachlili, Ancient Jewish Art and Archeology in the Diaspora (Leiden, 1998), 408（茱利安娜）; Noy, Jewish Inscriptions of Western Europe, vol. 2, no. 181（艾爾切）; Rutgers, Jews in Late Ancient Rome, 211-52（《摩西與羅馬律法之對照》）. [14] 關於史多比的銘文，請見：Levine, Ancient Synagogue, 270-71; 也請參閱上面第十一章注釋28引用的文獻。[15] Cod. Theod. 2.1.10（族長的司法權力）; 16.8.11（「顯赫的族長」）; 16.8.17（稅金）; 16.8.22（迦瑪列地位下降）; 16.8.29（沒收稅金以及族長的終結）. [16] Noy, Jewish Inscriptions of Western Europe, 1: 76-82; M. Williams, 'The Jews of Early Byzantine Venosa', JJS 50 (1999), 38-52. [17] 關於尤西彭，請見：S. Dönitz, 'Historiography among Byzantine Jews: The Case of "Sefer Yosippon"', in R. Bonfil et al., eds., Jews in Byzantium: Dialectics of Minority and Majority Cultures (Leiden, 2012), 951-68; 關於亞希瑪斯，請見：N. de Lange, Japhet in the Tents of Shem: Greek Bible Translations in Byzantine Judaism (Tübingen, 2016), 83; 希伯來字母寫成的希臘文：N. de Lange, Greek Jewish Texts from the Cairo Genizah (Tübingen, 1996); 牛津博德利圖書館Ms. 1144; 關於希臘猶太習俗，請見：D. Goldschmidt, Mehkarei Tefillah uPiyyut (Jerusalem, 1980), 122-52. [18] N. de Lange, 'A Jewish Greek Version of the Book of Jonah', Bulletin of Judaeo-Greek Studies 16 (1995), 29-31; G. Corrazol, 'Gli ebrei a Candia nei secoli XIV–XVI' (PhD dissertation, EPHE, Paris, and University of Bologna, 2015), 20（關於博德利手稿Opp. Add. Oct. 19以及坎迪亞社群領袖以利亞・卡普沙利和卡茲內倫柏根的通信）. [19] See M. Polliack, ed., Karaite Judaism: A Guide to its History and Literary Sources (Leiden, 2004). [20] Citation of Pseudo-Saadiah in L. Nemoy, Karaite Anthology (New Haven, 1952), 4; 柯奇薩尼：參考文獻同上, 3. [21] Y. Erder, 'The Doctrine of Abu Isa al-Isfahani and its Sources', Jerusalem Studies in Arabic and Islam 20 (1996), 162-99; 引用柯奇薩尼：D. Cohn-Sherbok, The Jewish Messiah (Edinburgh, 1997), 95; N. Schur, History of the Karaites (Frankfurt am Main, 1992). [22] 亞南・本・大衛：Nemoy, Karaite Anthology, 16-17, 17-18. [23] Y. Erder, 'The Karaites and the Second Temple Sects', in Polliack, ed., Karaite Judaism, 119-43; Nemoy, Karaite Anthology, 11-20; xvii（與什葉派的相似點）. [24] 拿哈彎迪：Nemoy, Karaite Anthology, 29. [25] 關於庫米希，請見：S. Poznanski, 'Daniel ben Moses al-Kumisi', in I. Singer, ed., The Jewish Encyclopedia, 12 vols. (New York, 1901–6), 4: 432-4; 關於卡拉派傳統的發展，請見：Schur, History of the Karaites ; 柯奇薩尼：1.19.6 (in B. Chiesa and W. Lockwood, Ya'qub al-Qirqisani on Jewish Sects and Christianity (Frankfurt am Main, 1984), 156). [26] 關於烏克巴派，請見：N. Schur, The Karaite Encyclopaedia (Frankfurt am Main, 1995), 287; 關於馬黎克・拉姆利和庫米希，請見：D. Frank, 'May Karaites Eat Chicken? Indeterminacy in Sectarian Halakhic Exegesis', in N. B. Dohrmann and D. Stern, eds., Jewish Biblical Interpretation and Cultural Exchange: Comparative Exegesis in Context (Philadelphia, 2008), 124-38. [27] 關於卡拉派與光明節，請見：Schur, The Karaite Encyclopaedia, 126; 關於卡拉派在安息日與飲食律法方面的規定，請見：Schur, History of the Karaites, 52-3; 巴思亞契：Nemoy, Karaite Anthology, 250, 252. [28] 關於卡拉派在十世紀的傳教活動，請見：Schur, History of the Karaites, 44-5. [29] I. Davidson, Saadia's Polemic against Hiwi al-Balkhi (New York, 1915), 43, 53. [30] J. Kraemer, Maimonides: The Life and Works of One of Civilization's Greatest Minds (New York, 2008), 274-5; 關於卡拉派與拉比派的關係：Bodl. MsHeb. a.3.42, II.33, 35-7, in J. Olszowy- Schlanger, Karaite Marriage: Documents

from the Cairo Geniza (Leiden, 1998), 476-7, text no. 56; Cambridge Genizah Taylor-Schechter T-S 20.45 recto（信）；M. Rustow, Heresy and the Politics of the Community: The Jews of the Fatimid Caliphate (Ithaca, NY, 2008), 239-65（關於卡拉派和拉比派的密切關係）；關於示瑪利亞・本・以利亞，請見：A. Arend, ed., Elef HaMagen (Jerusalem, 2000). 31 關於卡拉派與伊斯蘭教，請見：F. Astren, ‘Islamic Contexts of Medieval Karaism’, in Polliack, ed., Karaite Judaism, 145-78. 32 關於菲爾柯維奇，請見：T. Harvianen, ‘Abraham Firkovich’, in Polliack, ed., Karaite Judaism, 875-92. 33 關於十九世紀俄羅斯的卡拉派，請見：P. Miller, ‘The Karaites of Czarist Russia, 1780-1918’, in Polliack, ed., Karaite Judaism, 819-26; 關於大屠殺期間的卡拉派，請見：Schur, History of the Karaites, 123-5; 關於現今以色列的卡拉派，請見：E. T. Semi, ‘From Egypt to Israel: The Birth of a Karaite Edah in Israel’, in Polliack, ed., Karaite Judaism, 431-50; 關於現今卡拉派聚落的人口組成，請見：Schur, History of the Karaites, 148-50; al-Kumisi in Nemoy, Karaite Anthology, 36.

第13章：西方拉比（1000–1500 CE）

01 S. Schwarzfuchs, A Concise History of the Rabbinate (Oxford, 1993), 38-9. 02 關於「義大利貯藏室」：M. Perani, Talmudic and Midrashic Fragments from the Italian Genizah (Florence, 2004); S. Emanuel, ‘The “European Genizah” and its Contribution to Jewish Studies’, Henoch 19.3 (1997), 313-40. 03 關於哈那內爾・本・胡希爾和尼希姆・本・亞科夫，請見：T. Fishman, Becoming the People of the Talmud (Philadelphia, 2011), 68-71; 關於辣什和他的影響，請見：A. Grossman, Rashi (Oxford, 2012). 04 R. Brody, The Geonim of Babylonia and the Shaping of Medieval Jewish Culture (New Haven, 1998), 198; Sefer ha-Qabbalah 62-3 in G. D. Cohen, ed., A Critical Edition of the Book of Tradition (Sefer ha-Qabbalah) (London, 1967), 66（關於《傳統之書》）；關於梅爾・本・柏魯克，請見：I. A. Agus, Rabbi Meir of Rothenburg (Philadelphia, 1947). 05 關於埃爾法西，請見：G. Blidstein, ‘Alfasi, Yitsaq ben Yaaqov’, in M. Eliade, ed., Encyclopedia of Religion, 16 vols. (New York, 1987), vol. 1, pp. 203-4; 關於赫菲特，請見：B. Halper (ed.), A Volume of the Book of Precepts, by Hefes b. Yasliah (Philadelphia, 1915, 1972). 06 關於以利亞撒・本・耶胡達，請見：A. Reiner, ‘From Rabbenu Tam to R. Isaac of Vienna: The Hegemony of the French Talmudic School in the Twelfth Century’, in C. Cluse, ed., The Jews of Europe in the Middle Ages (Tenth to Fifteenth Centuries) (Turnhout, 2004), 273-82; 關於補述家，請見：H. Soloveitchik, ‘The Printed Page of the Talmud: The Commentaries and their Authors’, in S. L. Mintz and G. M. Goldstein, eds., Printing the Talmud: From Bomberg to Schottenstein (New York, 2006), 37-42; 關於羅什和亞科夫・本・亞設，請見：I. M. Ta-Shma, Creativity and Tradition (Cambridge, Mass., 2006), 111-26. 07 Jacob of Marvege, Responsa, ed., R. Margoliot (Jerusalem, 1956/7), 52 (in L. Jacobs, The Jewish Mystics (London, 1990), 76-7); 關於後世接受了他的部分裁決，請見：L. Jacobs, A Tree of Life: Diversity, Flexibility, and Creativity in Jewish Law, 2nd edn (London and Portland, Oreg., 2000), 62. 08 關於分散的地理位置，請見：N. de Lange, Atlas of the Jewish World (Oxford and New York, 1984), 99. 09 關於辣什的聖經評述，請見：Grossman, Rashi；引用辣什對《創世記》3:8的評論; 關於中世紀的聖經詮釋，請見：J. D. McAuliffe, B. D. Walfish and J. W. Goering, eds., With Reverence for the Word: Medieval Scriptural Exegesis in Judaism,

Christianity and Islam (Oxford, 2003); M. Fishbane and J. Weinberg, eds., Midrash Unbound: Transformations and Innovations (Oxford, 2013). [10] 辣什對《出埃及記》20:22的評述. [11] 關於辣什和當時非猶太文化之間的關係，請見：C. Pearl, Rashi (London, 1988); 關於辣什身為《塔木德》評述家，請見：Grossman, Rashi, 133-48. [12] 關於補述家提出想法時常用的固定說法，請見：H. Soloveitchik, 'The Printed Page of the Talmud: The Commentaries and their Authors', 39; 關於補述家對新抄本解讀的運用，請見：T. Fishman, Becoming the People of the Talmud (Philadelphia, 2011), 146-7; E. E. Urbach, Ba'alei haTosafot, 4th edn (Jerusalem, 1980), 528-9; 關於坦姆拉比，請見：Soloveitchik, 'The Printed Page of the Talmud: The Commentaries and their Authors', 39-40. [13] 關於坦姆拉比的經匣規定，請見：Y. Cohn, 'Were Tefillin Phylacteries?', JJS 59 (2008), 39-61; R. Ilai in b. Kidd. 40a; 參見：Jacobs, Tree of Life, 41. [14] 關於洗手：b. Ber. 53b; b. Hul. 105a, with Tosafists ad loc. (see Jacobs, Tree of Life, 112); 關於跳舞鼓掌：m. Betz. 5:2; Tosafists to b. Betz. 30a (請見：Jacobs, Tree of Life, 113); 關於混合織料：《申命記》22:11; 引用羅什：Jacobs, Tree of Life, 141（關於天還亮著時的晚間示瑪）; 111-12（以色連恩）; 關於晚間禮拜：Rambam, Yad, Tefillah 1:8, in M. Hyamson, ed., Mishneh Torah: The Book of Adoration by Maimonides (Jerusalem, 1974), 99a. [15] Jacobs, Tree of Life, 139（蛇）; 關於亞伯拉罕・本・拿單，請見：Isaac Rephael, Sefer HaManhig leRabbi Avraham ben Natan HaYerchi (Jerusalem, 1978); 關於這個時期各地禮儀的發展與變化，請見：I. Elbogen, Jewish Liturgy: A Comprehensive History (Philadelphia, 1993); H. J. Zimmels, Ashkenazim and Sephardim (Farnborough, 1958); 關於除罪儀式：A. C. Feuer and N. Scherman, Tashlich (New York, 1980); S. Steiman, Custom and Survival (New York, 1963). [16] 關於各地的「普珥節」，請見：E. Horowitz, Reckless Rites: Purim and the Legacy of Jewish Violence (Princeton, 2006), ch. 10, 第293-301頁有講到納磅; 聖人墓：J. W. Meri, The Cult of Saints among Muslims and Jews in Medieval Syria (Oxford, 2002), 221（關於沙爾）; 關於遮頭：b. Kidd. 51a; Isaac b. Jacob ha-Kohen Alfasi (the Rif), Kidd. 217b; R. Yitzak b. Moshe, Or Zaru'a, Hilkhot Shabbat (Zhitomir, 1862), II 43. [17] T. Alexander-Frizer, The Pious Sinner (Tübingen, 1991), 24（《虔敬之書》的故事）; 關於阿什肯納茲虔敬派，請見：I. Marcus, Piety and Society: The Jewish Pietists of Medieval Germany (Leiden, 1981); Bahya in M. Hyamson, trans., Duties of the Heart by R. Bachya ben Joseph ibn Paquda, 2 vols. (New York, 1970), vol. 2, p. 303, 引用《以賽亞書》45:18. [18] E. N. Adler, Jewish Travellers (London, 1930)（關於但支派的伊利達）; Rosh, Responsa 17:8（關於哥多華）. [19] 坦姆拉比認為有需要改成無異議通過：M. Elon, The Principles of Jewish Law (Jerusalem, 1975), 163-5; L. Finkelstein, Jewish Self-Government in the Middle Ages (New York, 1974), 49-55; 關於坦姆拉比和米書蘭的爭執，請見：T. Fishman, Becoming the People of the Talmud (Philadelphia, 2011), 144-7; I. Twersky, Rabad of Posquieres (Cambridge, Mass., 1962), 131（拉巴德對邁蒙尼德的看法）. [20] H. A. Wolfson, The Philosophy of the Kalam (Cambridge, 1976); Saadiah Gaon, The Book of Beliefs and Opinions, Introduction, Section 6. 1-3 (trans. Alexander); 關於薩阿迪亞，請見：R. Brody, Sa'adyah Gaon (Oxford, 2013). [21] S. Stroumsa, Dawud ibn Marwan Al-Muqammis' s Twenty Chapters (Leiden, 1989), 158, 160; 關於巴希亞，請見：C. Sirat, A History of Jewish Philosophy in the Middle Ages (Cambridge, 1990), 81-3. [22] 關於伊本・蓋比魯勒的哲學著作，請見：Sirat, History of Jewish Philosophy, 68-81; 哲學目標：S. Wise, The Improvement of the Moral Qualities (New York, 1901), 50; 詩詞：R. Loewe, Ibn Gabirol (London, 1989), 119. [23] 關於西班牙的希伯來文宗教詩歌黃金時期，請見：P. Cole,

The Dream of the Poem (Princeton, 2007); 關於《可薩》，請見：N. D. Korobkin, The Kuzari: In Defense of the Despised Faith, 2nd edn (New York, 2009). [24] Judah Halevi, Kuzari 5:14 (trans. Alexander). [25] M. R. Menocal, The Ornament of the World (Boston, 2002)（共存時期）; S. Stroumsa, Maimonides in his World: Portrait of a Mediterranean Thinker (Princeton, 2009), 6（學術方面的寬容）. [26] H. A. Davidson, Moses Maimonides: The Man and his Works (New York, 2005); M. Halbertal, Maimonides: Life and Thought (Princeton, 2013). [27] Stroumsa, Maimonides, 8-9; 關於邁蒙尼德弟弟的死：S. D. Goitein, Letters of Medieval Jewish Traders (Princeton, 1973), 207. [28] Maimonides, Guide 2.13.1, in Moses Maimonides, The Guide of the Perplexed, trans. S. Pines (Chicago, 1963), 281; 關於邁蒙尼德身為哲學家，請見：D. H. Frank and O. Leaman, eds., The Cambridge Companion to Medieval Jewish Philosophy (Cambridge, 2003). [29] Maimonides, Letter on Astrology, p. 235, cited by M. M. Kellner, Maimonides on the 'Decline of the Generations' and the Nature of Rabbinic Authority (Albany, NY, 1996), 56（哈拉卡需要的理性）; m. Sanh. 10: 1-4; Maimonides, Commentary on the Mishnah, Sanhedrin 10 (Helek) 1-21 (trans. Alexander). [30] 關於邁蒙尼德和伊斯蘭教，請見：Stroumsa, Maimonides, 9-10; Singer–Sacks, 308（《放大吧不死的上帝》）. [31] L. D. Stitskin, trans. and ed., Letters of Maimonides (New York, 1977). [32] 《以西結書》17:3（「大鷹」）; J. Finkl, 'Maimonides' Treatise on Resurrection', 1941; 與基督教世界的相似點：D. J. Silver, Maimonidean Criticism and Controversy, 1180-1240 (Leiden, 1965). [33] Y. Brill, ed., Kitab alrasa' il: meturgam be-Ivrit (Paris, 1871), p. 14 (trans. Ben-Sasson)（阿布拉菲亞）. [34] 關於納賀蒙尼德寫給北法拉比的信，請見：C. B. Chavel, Ramban (Nachmanides: Writings and Discourses) (New York, 1978). [35] 關於巴黎辯論會，請見：H. Maccoby, Judaism on Trial (London, 1982), 153. [36] 關於1305年的禁令，請見：H. Dimitrovsky, ed., Teshuvot haRashba, 2 vols. (Jerusalem, 1990), vol. 2, Perek 99, lines 13-16, 23-4 (trans. L. and D. Cohn- Sherbok); 關於尤瑟夫・卡斯皮的信，請見：F. Kohler, ed., Letters of Jewry (London, 1978), pp. 268-9. [37] G. Freudenthal, ed., Studies on Gersonides (Leiden, 1992). [38] H. A. Wolfson, Crescas' Critique of Aristotle (Cambridge, 1929); J. T. Robinson, 'Hasdai Crescas and Anti-Aristotelianism', The Cambridge Companion to Medieval Jewish Philosophy (Cambridge, 2003), 391-413; M. Waxman, The Philosophy of Don Hisdas Crescas (New York, 1920). [39] 關於托托沙辯論會，請見：H. Maccoby, Judaism on Trial (London, 1982), 82-94; 關於原則列表，請見：L. Jacobs, Principles of the Jewish Faith (London, 1964), 20-23. [40] 關於阿拉瑪，請見：H. J. Pollak, ed., Isaac Arama, Akedat Yitzhak (New York, 1849), f. 19b (trans. Pearl); C. Pearl, The Medieval Jewish Mind: The Religious Philosophy of Isaac Arama (London, 1971). [41] 關於中世紀的會堂建築，請見：C. H. Krinsky, Synagogues of Europe: Architecture, History, Meaning (New York, 1985); R. Krautheimer, Mittelalterliche Synagogen (Berlin, 1927). [42] Zohar, BeHa' alotkha 3.152a (trans. Alexander); G. Scholem, Major Trends in Jewish Mysticism (New York, 1946); Y. Liebes, Studies in the Zohar (Albany, NY, 1993). [43] T. Fishman, 'Rhineland Pietist Ap.roaches to Prayer and the Textualization of Rabbinic Culture in Medieval Northern Europe', JSQ 11 (2004), 331. [44] 關於以利亞撒・本・耶胡達，請見：J. Dan, Kabbalah: A Very Short Introduction (Oxford, 2006), 20; 關於拉比禁慾主義的根源，請見：E. Diamond, Holy Men and Hunger Artists: Fasting and Asceticism in Rabbinic Culture (New York, 2004). [45] 關於阿爾比十字軍和純潔派，請見：M. G. Pegg, A Most Holy War: The Albigensian Crusade and the Battle for Christendom (Oxford, 2008); 關於《光明之書》，請見：D. Abrams, The Book Bahir (Los Angeles,

1994). 46 關於《光明之書》的靈魂輪迴概念，請見：Sefer haBahir, Part I, 195, in L. L. Bronner, Journey to Heaven: Exploring Jewish Views of the Afterlife (Jerusalem, 2011), 136. 47 關於吉隆納的阿茲里爾，請見：M. Idel, Kabbalah (Oxford, 1988). 48 關於亞伯拉罕・阿布拉菲亞，請見：M. Idel, The Mystical Experience in Abraham Abulafia (Albany, NY, 1988). 49 關於阿布拉菲亞的思想和當代其他卡巴拉思潮的關係，請見：M. Idel, Messianic Mysticism (New Haven, 1998), 58-125. 50 P. B. Fenton, The Treatise of the Pool by Obadyah (London, 1981), 102, 93; S. Rosenblatt, The High Ways to Perfection of Abraham Maimonides, vol. 2 (New York, 1938), p. 321（關於蘇非主義的做法）. 51 Zohar, hekh. 1.83b (trans. Alexander); D. C. Matt, The Zohar (Stanford, 2003-9). 52 關於吉卡提拉，請見：J. Gikatilla, Gates of Light: Sha’ are Orah (San Francisco, 1994); 關於摩希・德・利昂，請見：I. Tishby, The Wisdom of the Zohar, 3 vols. (Oxford, 1989), 1: 13-17. 53 關於阿德雷特，請見：J. Perles, R. Salomo b. Abraham b. Adereth (Breslau, 1863). 54 關於亞伯拉罕・巴爾・希雅，請見：I. I. Efros, ‘Studies in Pre-Tibbonian Philosophical Terminology: I. Abraham Bar Hiyya, the Prince’, JQR 17.2 (1926), 129-64.

第14章：歐洲文藝復興和新世界

01 關於大衛・呂本尼和所羅門・莫爾科的生平，請見：M. Benmelech, ‘History, Politics, and Messianism: David Ha-Reuveni' s Origin and Mission’, AJS Review 35.1 (2011), 35-60; 這段《塔木德》的內容是出自：b. Sanh. 98a. 02 綜述這段時期的歷史：D. Ruderman, Early Modern Jewry: A New Cultural History (Princeton, 2010). 03 關於西班牙和葡萄牙猶太人遭驅逐之後產生的人口影響，請見：J. S. Gerber, The Jews of Spain: A History of the Sephardic Experience (New York, 1994); 關於十七世紀荷蘭的塞法迪猶太人，請見：M. Bodian, Hebrews of the Portuguese Nation: Conversos and Community in Early Modern Amsterdam (Bloomington, Ind., 2009); D. Swetchinski, Reluctant Cosmopolitans: The Portuguese Jews of Seventeenth-Century Amsterdam (London, 2004); 關於瑪拿西・本・以色列，請見：Y. Kaplan, H. Méchoulan and R. Popkin, eds., Menasseh ben Israel and his World (Leiden, 1989); D. S. Katz, Philo-Semitism and the Readmission of the Jews to England, 1603-1655 (Oxford, 1992); 關於定居美國的猶太人，請見：E. Faber, A Time for Planting: The First Migration, 1654-1820 (Baltimore, 1995); J. Sarna, American Judaism (New Haven, 2004), 1-30; H. R. Diner, The Jews of the United States, 1654-2000 (New Haven, 2004); J. Israel, ‘The Jews of Dutch America’, in P. Bernardini and N. Fiering, eds., The Jews and the Expansion of Europe to the West, 1450-1800 (New York, 2001), 335–49. 04 關於赫梅利尼茨基大屠殺，請見：J. Raba, Between Remembrance and Denial: The Fate of the Jews in the Wars of the Polish Commonwealth during the Mid-Seventeenth Century as Shown in Contemporary Writings and Historical Research (Boulder, Colo., 1995); 關於阿什肯納茲猶太人在十七世紀湧入荷蘭，請見：M. Shulvass, From East to West: The Westward Migration of Jews from Eastern Europe during the Seventeenth and Eighteenth Centuries (Detroit, 1971); Y. Kaplan, ‘Amsterdam and Ashkenazic Migration in the Seventeenth Century’, Studia Rosenthaliana 23 (1989), 22-44; S. Stern, Court Jew (Philadelphia, 1950); M. Breuer, ‘The Court Jews’, in M. A. Meyer, ed., German-Jewish History in Modern Times (New York, 1996), 104-26. 05 關於十六世紀的威尼斯猶太人，請見：R. C. Davis and B. Ravid, eds., The Jews of Early Modern Venice (Baltimore, 2001). 06 J. Reuchlin, On the

Art of the Kabbalah, trans. M. and S. Goodman (London, 1982); 關於追求學問的基督徒，請見：F. E. Manuel, The Broken Staff: Judaism through Christian Eyes (Cambridge, Mass., 1992); A. Coudert and J. S. Shoulson, eds., Hebraica Veritas?: Christian Hebraists and the Study of Judaism in Early Modern Europe (Philadelphia, 2004); J. Weinberg, trans., The Light of the Eyes: Azariah de' Rossi (New Haven, 2001), 31. [07] 關於閱讀德・羅希作品的年齡限制，請見：Weinberg, The Light of the Eyes, xx-xxii. [08] Judah Moscato, Sefer Nefutsot Yehudah (Venice, 1871), 21b (trans. S. Feldman); 關於莫斯卡托，請見：G. Veltri and G. Miletto, Rabbi Judah Moscato and the Jewish Intellectual World of Mantua in the 16th–17th Centuries (Leiden, 2012). [09] 關於里昂・默德納，請見：M. Cohen, trans. and ed., The Autobiography of a Seventeenth-Century Venetian Rabbi: Leon Modena' s Life of Judah (Princeton, 1988); T. Fishman, Shaking the Pillars of Exile: 'Voice of a Fool', an Early Modern Jewish Critique of Rabbinic Culture (Stanford, 1997); Y. Dweck, The Scandal of Kabbalah: Leon Modena, Jewish Mysticism, Early Modern Venice (Princeton, 2011); 關於撒隆蒙尼・德・羅希，請見：D. Harrán, Salamone Rossi, Jewish Musician in Late Renaissance Mantua (Oxford, 1999); Leone Modena in Salomone de' Rossi, Hashirim asher leShlomo (1622-3); 關於貝維斯馬克斯會堂的建築，請見：S. Kadish, '"Sha' ar ha-Shamayim": London' s Bevis Marks Synagogue and the Sephardi Architectural Heritage', in A. Cohen- Mushlin and H. H. Thies, eds., Jewish Architecture in Europe (Petersberg, 2010), 229-42. [10] 關於書籍之戰，請見：M. Brod, Johannes Reuchlin and sein Kampf (Stuttgart, 1908); D. Price, Johannes Reuchlin and the Campaign to Destroy Jewish Books (Oxford, 2010); 關於路德和猶太人，請見：T. Kaufmann in D. Bell and S. G. Burnett, eds., Jews, Judaism, and the Reformation in Sixteenth-Century Germany (Leiden, 2006), 69-104. [11] 關於喀爾文和猶太人，請見：A. Detmers in Bell and Burnett, eds., Jews, Judaism, and the Reformation in Sixteenth-Century Germany, 197–217; M. Satlow, Creating Judaism: History, Tradition, Practice (New York, 2006), 256（必須相信死後會有生命）; 關於史賓諾沙時代的阿姆斯特丹喀爾文教派，請見：S. Nadler, 'The Excommunication of Spinoza: Trouble and Toleration in the "Dutch Jerusalem"', Shofar 19.4 (2001), 40-52. [12] 關於十七世紀的基督教千禧年主義，請見：vols. 2–4 in R. Popkin et al., eds., Millenarianism and Messianism in Early Modern European Culture, 4 vols. (Dordrecht, 2001); 關於古拉索島的猶太人，請見：C. R. Kaiser, 'Islets of Toleration among the Jews of Curacao', in M. Goodman et al., Toleration within Judaism (Oxford and Portland, Oreg., 2013), 130-60; 關於猶太皈依者，請見：Ruderman, Early Modern Jewry, 100-103; Y. Kaplan, 'Bom Judesmo: The Western Sephardic Diaspora', in D. Biale, ed., Cultures of the Jews: A New History (New York, 2002), 639-69. [13] Uriel Acosta in L. Schwartz (ed.), Memoirs of my People (New York, 1963), 86-7. [14] D. B. Schwartz, The First Modern Jew: Spinoza and the History of an Image (Princeton, 2012); B. Spinoza, Tractatus Theologico-Politicus, trans. S. Shirley (Leiden, 2001), 110; S. Nadler, Spinoza: A Life (Cambridge, 2001); R. Goldstein, Betraying Spinoza (New York, 2006). [15] 關於十六和十七世紀鄂圖曼帝國的猶太人，請見：A. Levy, ed., The Jews of the Ottoman Empire (Princeton, 1994). [16] Ruderman, Early Modern Jewry, 57-9. [17] 關於拉比的任命，請見：S. Schwarzfuchs, A Concise History of the Rabbinate (Oxford, 1993), ch. 3; Maimonides, Yad, Hilkhot Sanhedrin 4:11; J. Katz, 'The Dispute between Jacob Berab and Levi ben Habib over Renewing Ordination', in J. Dan, ed., Binah: Studies in Jewish History, Thought and Culture, 3 vols. (Westport, Conn., and London, 1989–94), vol. 1, 119-41. [18] M. Saperstein, Jewish Preaching, 1200-1800: An Anthology (New Haven,

1989), 412-13. [19] 關於印刷給猶太女性看的書籍，請見：E. Fram, My Dear Daughter: Rabbi Benjamin Slonik and the Education of Jewish Women in Sixteenth-Century Poland (Cincinnati, 2007); 關於禱告書，請見：C. Weissler, Voices of the Matriarchs: Listening to the Prayers of Early Modern Jewish Women (Boston, 1998); 關於《說陌生語言之民》，請見：M. Molho, Le Meam-Loez: Encyclopédie populaire du sephardisme levantin (Salonica, 1945).

第15章：新的事實與新的神祕主義

[01] Shulhan Arukh, YD, 335: 1-4, 9 [02] Maggid Meysharim, p. 57b; J. Karo, Sefer Maggid Meysharim (Jerusalem, 1990), 23 (p. 403), translated in R. J. Z. Werblowsky, Joseph Karo: Lawyer and Mystic (Philadelphia, 1977), 260. [03] 關於《擺好的餐桌》的寫作與迴響，請見：I. Twersky, 'The Shulhan Arukh: Enduring Code of Jewish Law', Judaism 16 (Philadelphia, 1967), 141-58. [04] Shulhan Arukh, Hoshen Mishpat 26.4; 關於以瑟利斯，請見：A. Siev, HaRama: Rabbi Moshe Isserles (Jerusalem, 1956) (Heb.). [05] 關於哈嚴姆・本・比撒列以及他對卡洛和以瑟利斯的抨擊，請見：E. Reiner, 'The Rise of an Urban Community: Some Insights on the Transition from the Medieval Ashkenazi to the 16th Century Jewish Community in Poland', KHZ 207 (2003), 363-72. [06] Shulhan Arukh, OH 3:2 (trans. Jacobs)（關於如廁）; 關於瑪哈拉姆，請見：S. M. Chones, Sefer Toledot haPosekim (New York, 1945–6), 366-71; 關於以瑟利斯對各地習俗的認可，請見：L. Jacobs, A Tree of Life: Diversity, Flexibility, and Creativity in Jewish Law, 2nd edn (London and Portland, Oreg., 2000), 211-15. [07] 對工人的情況改變後所做的反應：b. Ber. 16a; Shulhan Arukh, OH 191:2; cf. Jacobs, Tree of Life, 150; 關於光明節的燈：m. B.K 6:6; Shulhan Arukh, OH 671:7; 關於同性戀：Bah to Tur. EH 24; 參見：Jacobs, Tree of Life, 136-7. [08] Isserles, YD 376:4 (trans. Denburg) in Laws of Mourning, 242-6. [09] 關於親戚的忌日，請見：M. Lamm, The Jewish Way in Death and Mourning (New York, 1988); 關於願祂記得禱文，請見：A. Z. Idelsohn, Jewish Liturgy and its Development (New York, 1967), 230f., 293. [10] 關於kitniot，請見：I. M. Ta-Shma, Minhag Ashkenaz haKadmon: Heker veIyun (Jerusalem, 1992), 271–82. [11] 關於十六和十七世紀猶太學院的傳播，請見：E. Fram, Ideals Face Reality: Jewish Law and Life in Poland, 1550-1655 (Cincinnati, 1997), 5-6. [12] 這個例子是節錄自這篇關於辛辣辯論的文章，內容有適時修改：Alexander Kisch in I. Singer, ed., The Jewish Encyclopaedia, 12 vols. (New York, 1901–6), 10:42. [13] b. B.B 14b（「辛辣辯論」一詞）. [14] 關於維爾紐斯果昂，請見：E. Stern, The Genius: Elijah of Vilna and the Making of Modern Judaism (New Haven, 2014). [15] I. Cohen, History of Jews in Vilna (Philadelphia, 1943). [16] A. David, In Zion and Jerusalem: The Itinerary of Rabbi Moses Basola (1521-1523) (Jerusalem, 1999); Zohar, Devarim 296b in I. Tishby, The Wisdom of the Zohar, 3 vols. (Oxford, 1989), 1: 164-5; 關於定居在采法特的猶太人，請見：A. David, 'Demographic Changes in the Safed Jewish Community in the Sixteenth Century', in R. Dan, ed., Occident and Orient: A Tribute to the Memory of A. Scheiber (Leiden, 1988); A. Cohen and B. Lewis, Population and Revenue in the Towns of Palestine in the Sixteenth Century (Princeton, 1978). [17] L. Fine, Physician of the Soul, Healer of the Cosmos: Isaac Luria and his Kabbalistic Fellowship (Stanford, 2003). [18] 關於摩希・柯爾多維洛，請見：B. Sack, The Kabbalah of Rabbi Moshe Cordovero (Jerusalem, 1995) (Heb.). [19] 關於盧利亞，請見：Fine, Physician of the Soul. [20] 關於盧利亞教誨的傳播，請見：R.

Meroz, 'Faithful Transmission versus Innovation: Luria and his Disciples', in P. Schäfer and J. Dan, eds., Gershom Scholem' s Major Trends in Jewish Mysticism Fifty Years After (Tübingen, 1993), 257-74. [21] Fine, Physician of the Soul, 340-50（關於比塔爾和盧利亞其他學生之間的正式協議）; H. Vital, Sefer haHezyonot, ed. A. Eshkoli (Jerusalem, 1954), 154, trans. Fine (in Fine, Physician of the Soul, 337). [22] Fine, Physician of the Soul, 128-31（收縮）; 187-258（導正世界）; Jacob ben Hayyim Zemah, Nagid uMetsaveh (trans. L. and D. Cohn- Sherbok, A Short Reader in Judaism (Oxford, 1996), 110). [23] 關於十六世紀在義大利印刷《光明篇》，請見：I. Zinberg, Italian Jewry in the Renaissance Era (New York, 1974), 121. [24] 關於沙勒姆·沙巴茲，請見：A. Afag' in, Aba Sholem Shabbazi Ne' im Zemirot Yisrael (Rosh HaAyin, 1994); 關於馬哈拉爾，請見：B. L. Sherwin, Mystical Theology and Social Dissent: The Life and Works of Judah Loew of Prague (London, 1982). [25] Vital, Sha' ar haMitsvot, Va' ethanan, 79, 引自：Jacobs, Tree of Life, 69-70. [26] Singer– Sacks, 257（「靈魂親愛的」）; 關於采法特卡巴拉學者迎接安息日的方式，請見：Fine, Physician of the Soul, 248-50; Singer–Sacks, 267（「來吧親愛的」）.[27] H. Vital, Sha' ar Ruah haKodesh (Tel Aviv, 1963), 88–9, 引自：G. Nigal, Magic, Mysticism and Hasidism (London, 1994), 118; 關於邪靈附身，請見：J. H. Chajes, Between Worlds: Dybbuks, Exorcists, and Early Modern Judaism (Philadelphia, 2003). [28] G. Scholem, Sabbatai Sevi: The Mystical Messiah, 1626–76 (London, 1973), 206（與拿單見面）. [29] Baruch of Arezzo, Memorial 5, 引自：D. J. Halperin, Sabbatai Zevi: Testimonies to a Fallen Messiah (Oxford and Portland, Oreg., 2007), 35-6. [30] Scholem, Sabbatai Sevi仍然是了解薩瓦塔伊生平與影響力的主要著作. [31] Ibid., 207-13. [32] Barukh of Arezzo, Memorial 8, 引自：Halperin, Sabbatai Zevi, p. 41; 關於先知傳播薩瓦塔伊的教誨，請見：M. Goldish, The Sabbatean Prophet (Cambridge, Mass., 2004). [33] Barukh of Arezzo, Memorial 7, 引自：Halperin, Sabbatai Zevi, 38-9. [34] Scholem, Sabbatai Sevi, 417-33. [35] Barukh of Arezzo, Memorial 11, 引自：Halperin, Sabbatai Zevi, 47. [36] Barukh of Arezzo, Memorial 12, 引自：Halperin, Sabbatai Zevi, 49（君士坦丁堡）; Scholem, Sabbatai Sevi, 461-602. [37] Barukh of Arezzo, Memorial 15, 引自：Halperin, Sabbatai Zevi, 57. [38] Barukh of Arezzo, Memorial 16, 引自：Halperin, Sabbatai Zevi, 61; 薩瓦塔伊寫的信，引自：Halperin, Sabbatai Zevi, 10. [39] Joseph Halevi, 引自：Halperin, Sabbatai Zevi, 107, 112; M. Loewenthal, trans., The Memoirs of Glückel of Hameln (New York, 1977), 46-7. [40] Jacob Najara, Chronicle, 引自：Halperin, Sabbatai Zevi, 135, 130-31. [41] 加薩的拿單所說的話，引自：Halperin, Sabbatai Zevi, 11; 關於透過罪來獲得救贖，請見：Scholem, Sabbatai Sevi, 802-15; G. Scholem, Major Trends in Jewish Mysticism (New York, 1971), 78-141; Barukh of Arezzo, Memorial 26, 引自：Halperin, Sabbatai Zevi, 88. [42] 雅各·沙斯波塔斯所說的話，引自：Halperin, Sabbatai Zevi, 6; Barukh of Arezzo, Memorial 3, 引自：Halperin, Sabbatai Zevi, 33. [43] 關於拿單的反應，請見：Halperin, Sabbatai Zevi, 17; M. Idel, '"One from a Town, Two from a Clan" – The Diffusion of Lurianic Kabbala and Sabbateanism: A Re-examination', Jewish History 7.2 (1993), 79-104; 認為反律法論是追隨薩瓦塔伊的動機，請見：Halperin, Sabbatai Zevi, 17-19; Joseph Halevi, Letters, 引自：Halperin, Sabbatai Zevi, 108; 關於大眾傳播媒體的力量，請見：M. Goldish, The Sabbatean Prophets (Cambridge, Mass., and London, 2004). [44] Barukh of Arezzo, Memorial 28, 引自：Halperin, Sabbatai Zevi, 93-4. [45] 關於1682年的卡多索，請見：Halperin, Sabbatai Zevi, 186; 關於現代世界的東馬派，請見：M. D. Baer, The Dönme: Jewish Converts, Muslim Revolutionaries, and Secular Turks (Stanford, 2010). [46] 關於「猶大·哈希

德拉比」的禁慾主義追隨者，請見：Meir Benayahu, 'The Holy Society of Judah Hasid and its Immigration to the Land of Israel', Sefunot 3-4 (1959-60), 133-4 (Heb.). 47 P. Maciejko, The Mixed Multitude: Jacob Frank and the Frankist Movement, 1755-1816 (Philadelphia, 2011). 48 關於摩希・哈吉茲的批評，請見：E. Carlebach, The Pursuit of Heresy: Rabbi Moses Hagiz and the Sabbatian Controversies (New York, 1990). 49 Moses Hayyim Luzzatto, Mesillat Yesharim, ed. M. Kaplan (Jerusalem, 1948), 11-12. 50 關於艾貝許茨與埃姆登，請見：J. J. Schacter, 'Rabbi Jacob Emden, Life and Major Works' (PhD dissertation, Harvard University, 1988), 370-498. 51 Solomon Maimon: An Autobiography, trans. J. Clark Murray (Urbana, Ill., 2001), 167-9. 52 關於義者的角色，請見：A. Rapoport-Albert, 'God and the Zaddik as the Two Focal Points of Hasidic Worship', in G. D. Hundert, ed., Essential Papers on Hasidism (New York, 1991), 299-330; I. Etkes, 'The Zaddik: The Interrelationship between Religious Doctrine and Social Organization', in A. Rapoport- Albert, ed., Hasidism Reappraised (London, 1996), 159-67. 53 S. Dressner, Levi Yitzhak (New York, 1974). 54 M. Rosman, Founder of Hasidism: A Quest for the Historical Ba' al Shem Tov (Berkeley, 1996); I. Etkes, The Besht: Magician, Mystic, and Leader (Waltham, Mass., 2005). 55 關於十六到十八世紀的巴爾・謝姆，請見：Etkes, The Besht, 7-45; 關於尤爾・巴爾・謝姆的《上帝之作》，請見：ibid., 33-42; 關於福克，請見：C. Roth, Essays and Portraits in Anglo-Jewish History (Philadelphia, 1962), 139-64. M. K. Schuchard, 'Dr. Samuel Jacob Falk: A Sabbatian Adventurer in the Masonic Underground', in M. Goldish and R. Popkin, eds., Jewish Messianism in the Early Modern World (Dordrecht, 2001), 203-26. 56 Toledot Ya' akov Yosef, 'Vayetse', 89, 引自：R. Elior, The Mystical Origins of Hasidism (Oxford, 2006), 58; Toledot Yaakov Yosef, 25. 57 關於不同的史料研究方式如何處理哈西迪猶太教創立的社會成因，請見：S. Ettinger, 'The Hasidic Movement– Reality and Ideals', in G. D. Hundert, ed., Essential Papers on Hasidism (New York, 1991), 226-43; M. J. Rosman, 'Social Conflicts in Mie̜dzybóz in the Generation of the Besht', in Rapoport-Albert, ed., Hasidism Reappraised, 51-62; G. Dynner, Men of Silk: The Hasidic Conquest of Polish Jewish Society (Oxford, 2006); Shiv[h]ei haBesht 21, in D. Ben-Amos and J. R. Mintz, In Praise of Baal Shem Tov (New York, 1984), 35 6; M. Rosman, Founder of Hasidism: A Quest for the Historical Ba' al Shem Tov (Berkeley, 1996), 165. 58 Rapoport-Albert (ed.), Hasidism Reappraised, 80-94, 268-87. 59 關於利亞蒂的許內爾・札爾曼，請見：R. Elior, The Paradoxical Ascent to God: The Kabbalistic Theosophy of Habad Hasidism, trans. J. M. Green (Albany, NY, 1993). 60 關於義者社群的運作方式，請見：I. Etkes, 'The Early Hasidic Court', in E. Lederhendler and J. Wertheimer, eds., Text and Context: Essays in Modern Jewish History and Historiography in Honor of Ismar Schorsch (New York, 2005), 157-86. 61 關於布拉次拉夫的納賀蒙，請見：A. Green, Tormented Master: A Life of Rabbi Nachman of Bratslav (Philadelphia, 1979). 62 關於盧布令先知的形象和印象，請見：D. Assaf, 'One Event, Two Interpretations: The Fall of the Seer of Lublin in the Hasidic Memory and Maskilic Satire', Polin 15 (2002), 187–202. 63 關於1772年以降反對哈西迪猶太教的禁令，請見：M. L. Wilensky, ' Hasidic–Mitnaggedic Polemics in the Jewish Communities of Eastern Europe: The Hostile Phase', in G. D. Hundert, ed., Essential Papers on Hasidism (New York, 1991), 244-71. 64 關於哈西迪猶太教的反對者，請見：E. J. Schochet, The Hasidic Movement and the Gaon of Vilna (Lanham, Md, 1993); A. Nadler, The Faith of the Mithnagdim: Rabbinic Responses to Hasidic Rapture (Baltimore, 1997), 29-49; 關於哈西迪猶太教傾向泛神論的指控，請見：

Nadler, The Faith of the Mithnagdim, 11-28. [65] Solomon Maimon: An Autobiography, 174-5. [66] 關於俄羅斯當局試圖終結敵意，請見：J. D. Klier, Russia Gathers her Jews (DeKalb, Ill., 1986), 142; 關於柏地雪夫的利未・以撒・本・梅爾，請見：Y. Petrovsky- Shtern, 'The Drama of Berdichev: Levi Yitshak and his Town', Polin 17 (2004), 83–95. [67] Shivhei haBesht 21, in Ben-Amos and Mintz, In Praise of Baal Shem Tov ; 關於哈西迪猶太教和彌賽亞主義之間的關聯，請見：G. Scholem, The Messianic Idea in Judaism: And Other Essays on Jewish Spirituality (London, 1971), 176-202.

第16章：從啓蒙運動到以色列國

[01] 關於現代猶太人口的變遷，請見：'Ap.endix: The Demography of Modern Jewish History', in P. Mendes-Flohr and J. Reinharz, eds., The Jew in the Modern World: A Documentary History, 2nd edn (New York and Oxford, 1995), 701–21. [02] 關於確立現今猶太人口總數的困難，請見：S. DellaPergola, 'World Jewish Population 2010', Current Jewish Population Reports (Cincinnati, 2010), Number 2, pp. 8-11. [03] Shalom Aleichem, The Old Country, trans. F. and J. Butwin (London, 1973), pp. 76-7. [04] S. Schwarzfuchs, Napoleon, the Jews and the Sanhedrin (London, 1979). [05] 關於十九世紀的德國猶太人，請見：M. Meyer, The Origins of the Modern Jew (Detroit, 1979); D. Sorkin, The Transformation of German Jewry 1780-1840 (New York, 1987). [06] R. Harris, The Man on Devil' s Island: Alfred Dreyfus and the Affair that Divided France (London, 2010). [07] 關於十九世紀的羅馬尼亞猶太人，請見：C. Iancu and L. Rotman, The History of the Jews of Romania, vol. 2 (Bucharest, 2005). [08] 關於英國的首席拉比制，請見：M. Freud-Kandel, Orthodox Judaism in Britain since 1913: An Ideology Forsaken (London, 2006); 關於英國的反猶太主義：A. Julius, Trials of the Diaspora: A History of Anti-Semitism in England (Oxford, 2012). [09] 關於伊斯蘭的反猶太主義，請見：R. Wistrich, A Lethal Obsession: Anti-Semitism from Antiquity to the Global Jihad (New York, 2010); 關於《錫安長老會紀要》，請見：B. Segel, A Lie and a Libel: A History of the Protocols of the Elders of Zion (Lincoln, Nebr., 1995). [10] 關於猶太啟蒙運動的歷史，請見：S. Feiner, Haskalah and History: The Emergence of a Modern Jewish Historical Consciousness (Oxford, 2002). [11] 關於猶太文化與科學協會的歷史，請見：I. Schorsch, 'Breakthrough into the Past: The Verein für Cultur und Wissenschaft der Juden', LBIYB 33 (1988), 3-28. [12] 關於崩得，請見：N. Levin, While Messiah Tarried: Jewish Socialist Movements, 1871-1917 (New York, 1977); 關於赫茨爾之前的「錫安主義」思想，請見：A. Hertzberg, ed., The Zionist Idea (New York, 1997), 101-98. [13] 關於錫安主義的歷史，請見：W. Laqueur, A History of Zionism (London, 2003); 關於後錫安主義，請見：D. Penslar, Israel in History: The Jewish State in Comparative Perspective (London, 2007). [14] S. Huberband, Kiddush Hashem (Hoboken, NJ, 1987); 願祂記得禱文：A. Gold et al., eds., The Complete Art Scroll Machzor: Pesach (New York, 1990), 993. [15] I. Elbogen, Jewish Liturgy: A Comprehensive History (Philadelphia, 1993); 關於十九和二十世紀的會堂建築，請見：C. Krinsky, Synagogues of Europe: Architecture, History, Meaning (New York, 1985) and D. Stolzman and H. Stolzman, eds., Synagogue Architecture in America: Faith, Spirit and Identity (Philadelphia, 2004). [16] L. Jacobs, A Tree of Life: Diversity, Flexibility, and Creativity in Jewish Law, 2nd edn (Oxford and Portland, Oreg., 1984), 157-9. [17] 關於正統派拉比追求博士學位

以在社群中獲得名聲地位的例子，請見：D. H. Ellenson, Rabbi Esriel Hildesheimer and the Creation of Modern Jewish Orthodoxy (Tuscaloosa, Alas., and London, 1990), 14-15（關於1843年的希爾德斯海姆）. [18] 關於現代以色列的猶太認同，請見：N. Rothenberg and E. Schweid, eds., Jewish Identity in Modern Israel (Jerusalem, 2004); The Law of Return, amended 1970, sections 4A and 4B; 關於但以理教友，請見：N. Tec, In the Lion' s Den: The Life of Oswald Rufeisen (New York, 2008). [19] 關於猶太教與現代戰爭，請見：L. Jacobs, What Does Judaism Say about . . . ? (Jerusalem, 1973), 228-30（關於缺乏「正義戰爭」的理論）; A. Ravitzky, 'Prohibited Wars in the Jewish Tradition' ; and M. Walzer, 'War and Peace in the Jewish Tradition' , in T. Nardin, ed., The Ethics of War and Peace (Princeton, 1998). [20] 關於戈倫，請見：S. Freedman, Rabbi Shlomo Goren: Torah Sage and General (New York, 2006). [21] 關於大屠殺紀念日，請見：J. Young, 'When a Day Remembers: A Performative History of Yom Ha-Shoah' , HM 2.2 (1990), 54-75. [22] 關於猶太自由學校的事件，請見：R on the application of E) v Governing Body of JFS and others (2009), UKSC 15; J. Weiler, 'Discrimination and Identity in London: The Jewish Free School Case' , Jewish Review of Books (Spring, 2010). [23] C. Rosen, The Book of Jewish Food (London, 1997).

第17章：改革

[01] A. Arkush, Mendelssohn (Albany, NY, 2004); D. Sorkin, 'The Case for Comparison: Moses Mendelssohn and the Religious Enlightenment' , MJ 14.2 (1994), 121-38. [02] M. Mendelssohn, Jerusalem, or, On Religious Power and Judaism, trans. A. Arkush (Hanover, 1983), 139, 133. [03] 關於孟德爾頌和他的影響力，請見：S. Feiner, Moses Mendelssohn: Sage of Modernity (New Haven, 2010). [04] 關於康德與猶太教，請見：N. Rotenstreich, Jews and German Philosophy: The Polemics of Emancipation (New York, 1984). [05] Solomon Maimon: An Autobiography, trans. J. Clark Murray (Urbana, Ill., 2001), 280; A. Socher, The Radical Enlightenment of Solomon Maimon: Judaism, Heresy and Philosophy (Stanford, 2006). [06] J. M. Harris, Nachman Krochmal: Guiding the Perplexed of the Modern Age (New York, 1991); 關於所羅門・施泰因海姆，請見：J. Guttman, Philosophies of Judaism (Philadelphia, 1964), 344-9. [07] W. G. Plaut, The Rise of Reform Judaism (New York, 1963), 138-9; 關於侯德海姆，請見：C. Wiese, ed., Redefining Judaism in an Age of Emancipation: Comparative Perspectives on Samuel Holdheim (Leiden, 2007). [08] 關於以色列・雅各森，請見：J. R. Marcus, Israel Jacobson: The Founder of the Reform Movement in Judaism (Cincinnati, 1972). [09] Plaut, The Rise of Reform Judaism, 31; 關於堅振禮儀式，請見：D. Resnik, 'Confirmation Education from the Old World to the New: A 150 Year Follow-Up' , MJ 31.2 (2011), 213-28; 裘林所說的話，引自：D. Philipson, The Reform Movement in Judaism, ed. S. B. Freehov (rev. edn, New York, 1967), 442, n. 1.2. [10] 關於蓋革，請見：M. Wiener, Abraham Geiger and Liberal Judaism: The Challenge of the Nineteenth Century (Philadelphia, 1962); 關於法蘭克福會議的決定，請見：Philipson, The Reform Movement, 143-224, and M. Meyer, Response to Modernity: A History of the Reform Movement in Judaism (Detroit, 1995), 133ff. [11] 關於盧扎托（沙達爾），請見：N. H. Rosenbloom, Luzzatto' s Ethico-Psychological Interpretation of Judaism (New York, 1965); Y. Harel, 'The Edict to Destroy Em la-Miqra' , Aleppo 1865' , HUCA 64 (1993), 36 (Heb.) [12] 關於匈牙利和外西凡尼亞的改革，請見：M. Carmilly-

Weinberger, 'The Jewish Reform Movement in Transylvania and Banat: Rabbi Aaron Chorin', SJ 5 (1996), 13-60; 關於1867年的匈牙利解放法案，請見：R. Patai, The Jews of Hungary: History, Culture, Psychology (Detroit, 1996), 230-40; 關於創新派，請見：N. Katzburg, 'The Jewish Congress of Hungary, 1868-1869', HJS 2 (1969), 1-33; M. Carmilly- Weinberger, ed., The Rabbinical Seminary of Budapest, 1877-1977 (New York, 1986); 關於「原先的狀態」團體，請見：H. Lupovitch, 'Between Orthodox Judaism and Neology: The Origins of the Status Quo Movement', JSS 9.2 (2003), 123-53. [13] A. Kershen and J. Romain, Tradition and Change: A History of Reform Judaism in Britain 1840–1995 (New York, 1995). [14] 關於美國猶太人的宗教世界，請見：the superb survey in J. D. Sarna, American Judaism: A History (New Haven and London, 2004); 關於安宏，請見：G. Greenberg, 'Mendelssohn in America: David Einhorn' s Radical Reform Judaism', LBIYB 27 (1982), 281-94; on Wise, see S. Temkin, Isaac Mayer Wise (London, 1992). [15] Pittsburgh Platform, paragraphs 2, 3, 4, 5, 7, 8; 請見：W. Jacob, The Changing World of Reform Judaism (Pittsburgh, 1985). [16] 關於美國拉比中央大會，請見：Meyer, Response, passim; D. Philipson, 'Message of the President', Proceedings of the Nineteenth Annual Congregation of the Central Conference of American Rabbis, Yearbook of the Central Conference of American Rabbis, 18 (Baltimore, 1908), 145-6. [17] H. Cohen, Der Begriff der Religion in System der Philosophie (Giessen, 1915); J. Melber, Hermann Cohen' s Philosophy of Judaism (New York, 1968); J. Lyden, 'Hermann Cohen' s Relationship to Christian Thought', JJTP 3.2 (1994), 279-301. [18] 關於弗姆史特謝爾，請見：Guttmann, Philosophies of Judaism, 308-13. [19] 關於撒母耳・赫希，請見：N. Rotensteich, Jewish Philosophy in Modern Times (New York, 1968), 120-36. [20] A. Friedlander, Leo Baeck (London, 1973); L. Baker, Days of Sorrow and Pain: Leo Baeck and the Berlin Jews (New York, 1978). [21] 關於羅森茨維，請見：N. Glatzer, Franz Rosenzweig: His Life and Thought (Indianapolis, 1998) and P. Mendes- Flohr, ed., The Philosophy of Franz Rosenzweig (London, 1988). [22] P. Vermes, Buber (London, 1988). [23] 關於德國同化猶太人的成年教育所發揮的影響，請見：N. H. Roemer, Jewish Scholarship and Culture in Nineteenth-Century Germany: Between History and Faith (Madison, Wis., 2005); 關於美國改革派，請見：M. I. Urofsky, The Voice that Spoke for Justice: The Life and Times of Stephen S. Wise (Albany, NY, 1982); D. Polish, Renew our Days: The Zionist Issue in Reform Judaism (Jerusalem, 1976); Columbus Platform, paragraphs 16, 18. [24] 關於阿爸・希列・席爾瓦，請見：M. Raider, Abba Hillel Silver and American Zionism (London, 1997). [25] 猶大・芒格內斯所說的話，引自：'Holocaust Theology', in A. Berlin and M. Grossman, eds., The Oxford Dictionary of the Jewish Religion, 2nd edn (New York and Oxford, 2011); 關於大屠殺神學，請見：S. Katz, ed., The Impact of the Holocaust on Jewish Theology (New York, 2007); M. Buber, The Eclipse of God (London, 1952); 關於埃米爾・法肯海姆，請見：S. Portnoff et al., Emil L. Fackenheim: Philosopher, Theologian, Jew (Leiden, 2008). [26] E. Levinas, Talmudic Readings, 440; 關於列維納斯，請見：E. Levinas, The Levinas Reader, ed. S. Hand (Oxford, 1989); A. Herzog, 'Benny Levy versus Emmanuel Levinas on "Being Jewish"', MJ 26 (2006), 15–30. [27] 關於蕾吉娜・強納斯，請見：K. von Kellenbach, '"God Does Not Oppress Any Human Being": The Life and Thought of Rabbi Regina Jonas', LBIYB 39 (1994), 213-25; E. Klapheck, Fräulein Rabbiner Jonas: The Story of the First Woman Rabbi (San Francisco, 2004). [28] National Jewish Population Survey 2000-2001 (2003); 關於進步猶太教世界聯盟，請見：Meyer, Response, 335-53; 關於改革猶太教當代的發展，請見：W. G. Plaut, The Growth of Reform

Judaism: American and European Sources: 50th Anniversary Edition, with Select Documents, 1975-2008 (Philadelphia and Lincoln, Nebr., 2015).

第18章：反改革

01 關於這場餐會，請見：L. Sussman, 'The Myth of the Trefa Banquet: American Culinary Culture and the Radicalization of Food Policy in American Reform Judaism', AJAJ 57 (2005), 29-52; M. Stanislawski, A Murder in Lemberg: Politics, Religion and Violence in Modern Jewish History (Princeton, 2007); 約瑟・H・赫茲所說的話，引自：A. Kershen and J. Romain, eds., Tradition and Change (London, 1995), 159; 關於改革派與正統派的皈依議題，請見：E. Tabory, '"The Legitimacy of Reform Judaism: The Impact of Israel on the United States', in D. Kaplan, ed., Contemporary Debates in American Reform Judaism: Conflicting Visions (London, 2001), 221-34. 02 關於《這些是約上的文字》，請見：P. Mendes- Flohr and J. Reinharz, eds., The Jew in the Modern World: A Documentary History, 2nd edn (New York and Oxford, 1995), 167-9; S. R. Hirsch, 'Religion Allied to Progress', 引自：ibid., 197-202. 03 關於伯內斯，請見：S. Poppel, 'The Politics of Religious Leadership: The Rabbinate in 19th-Century Hamburg', LBIYB 28 (1983), 439-70. 04 Seventeenth Letter in S. R. Hirsch, The Nineteen Letters of Ben Uziel, trans. B. Drachman (New York, 1899), 170-71. 05 S. R. Hirsch, Judaism Eternal: Selected Essays from the Writings, trans. I. Grunfeld, 2 vols. (London, 1956), 2: 215-16. 06 關於十九世紀的分離社群，請見：R. Liberles, Religious Conflict in Social Context: The Resurgence of Orthodox Judaism in Frankfurt am Main, 1838-1877 (New York, 1985), 210-26. 07 H. Graetz, Gnosticismus und Judentum (Krotoschin, 1846); 關於格拉茨與赫希的關係，請見：I. Grunfeld in Hirsch, Judaism Eternal, 1:xxxvii, xliv. 08 關於扎哈里斯・法蘭克爾，請見：I. Schorsch, 'Zacharias Frankel and the European Origins of Conservative Judaism', Judaism 30.3 (1981), 344-54. 09 關於所羅門・布羅伊爾，請見：J. Breuer, 'Rav Dr. Salomon Breuer: His Life and Times', in The Living Hirschian Legacy (New York, 1989), 25-44. 10 關於二十世紀初期的以色列聯盟，請見：G. Bacon, The Politics of Tradition: Agudath Yisrael in Poland, 1916-1939 (Jerusalem, 1996); 關於哈嚴姆・索羅弗奇克，請見：N. Solomon, The Analytic Movement: Hayyim Soloveitchik and his Circle (Atlanta, 1993); 關於雅各之家學校，請見：J. Grunfeld- Rosenbaum, Sara Schenirer (New York, 1968). 11 關於以撒・布羅伊爾，請見：M. Morgenstern, From Frankfurt to Jerusalem: Isaac Breuer and the History of the Secession Dispute in Modern Jewish Orthodoxy (Leiden, 2002); 關於以撒・索羅弗奇克，請見：S. Meller, The Brisker Rav: The Life and Times of Maran Hagaon Harav Yitzchok Ze' ev Halevi Soloveichik (Jerusalem, 2007). 12 關於約瑟・B・索羅弗奇克，請見：R. Ziegler, Majesty and Humility: The Thought of Rabbi Joseph B. Soloveitchik (New York, 2012). 13 摩希・范士丹所說的話，引自：I. Robinson, '"Because of our Many Sins": The Contemporary Jewish World as Reflected in the Responsa of Moshe Feinstein', Judaism 35 (1986), 42. 14 A. Ferziger, Exclusion and Hierarchy: Orthodoxy, Non-Observance and the Emergence of Modern Jewish Identity (Philadelphia, 2005); C. Kaiser, 'Sitting on Fences: The Toleration of Compromise and Mixed Seating in Orthodox Synagogues in the USA', in M. Goodman et al., Toleration within Judaism (Oxford and Portland, Oreg., 2013), ch. 10; H. Soloveitchik, 'Rupture and

Reconstruction in the Transformation of Contemporary Orthodoxy', Tradition 28.4 (1994), 69-130; 關於現代正統派如何發展成一個有組織的運動，請見：Z. Eleff, Modern Orthodox Judaism: A Documentary History (Philadelphia and Lincoln, Nebr., 2016). 15 Y. Leibovitz, Judaism, Human Values and the Jewish State (Cambridge, Mass., 1992), with introduction by E. Goldman. 16 關於以利以謝・柏科維茲，請見：C. Raffel, 'Eliezer Berkovits', in S. Katz, ed., Interpreters of Judaism in the Late Twentieth Century (Washington, DC, 1993), 1-15; 關於華沙猶太區的宣揚的訊息，請見：G. Bacon, 'Birthpangs of the Messiah: The Reflections of Two Polish Rabbis on their Era', SCJ 7 (1991), 86-99; I. Greenberg, 'Cloud of Smoke, Pillar of Fire: Judaism, Christianity, and Modernity after the Holocaust', in E. Fleischner, ed., Auschwitz: Beginning of a New Era? Reflections on the Holocaust (New York, 1977), 30, 33. 17 關於撒巴托・莫萊斯，請見：A. Kiron, 'Dust and Ashes: The Funeral and Forgetting of Sabato Morais', AJH 84.3 (1996), 155-88; S. Schechter, Studies in Judaism (London, 1896), xvii–xviii; L. Finkelstein, The Pharisees, 2 vols. (Philadelphia, 1936–66). 18 請見：N. Bentwich, Solomon Schechter: A Biography (Cambridge, 1938); E. K. Kaplan, Holiness in Words: Heschel' s Poetics of Piety (Albany, NY, 1996). 19 J. Hellig, 'Richard Rubenstein', in Katz, ed., Interpreters of Judaism in the Late Twentieth Century, 249-64. 20 R. Gordis, ed., Emet ve-Emunah: Statement of Principles of Conservative Judaism (New York, 1988), 19-22. 21 M. Waxman, Tradition and Change (New York, 1958), 361. 22 關於重建主義猶太教的歷史，請見：J. Gurock and J. Schacter, A Modern Heretic and a Traditional Community: Mordecai M. Kaplan, Orthodoxy, and American Judaism (New York, 1996); 關於會堂做為社區中心，請見：D. Kaufman, Shul with a Pool: The 'Synagogue-Center' in American Jewish History (Hanover, 1999). 23 R. T. Alpert and J. J. Staub, Exploring Judaism: A Reconstructionist Ap.roach (New York, 2000). 24 關於保守猶太教現今的狀態，請見：E. Cosgrove, 'Conservative Judaism' s "Consistent Inconsistencies"', Conservative Judaism 59.3 (2007), 3-26. 25 L. Jacobs, We Have Reason to Believe (London, 1957; 3rd edn, 1965); 關於「妥拉來自天上」這個猶太教概念的歷史，請見：N. Solomon, Torah from Heaven: The Reconstruction of Faith (Oxford, 2012).

第19章：抗拒

01 《以賽亞書》66:5;《以斯拉記》10:3; S. C. Heilman, Defenders of the Faith: Life among the Ultra-Orthodox (New York, 1992). 02 關於印度假髮醜聞，請見：D. Wakin, 'Rabbis' Rules and Indian Wigs Stir Crisis in Orthodox Brooklyn', New York Times, 14 May 2004. 03 關於哈雷迪社會的女性角色，請見：T. El-Or, Educated and Ignorant (Boulder, Colo., 1994); N. Stadler, Yeshiva Fundamentalism: Piety, Gender and Resistance in the Ultra-Orthodox World (New York, 2009), 117-34. 04 關於哈坦姆・索弗爾，請見：P. Mendes- Flohr and J. Reinharz, The Jew in the Modern World: A Documentary History, 2nd edn (New York and Oxford, 1995), 172; Y. D. Shulman, The Chasam Sofer: The Story of Rabbi Moshe Sofer (Lakewood, NJ, 1992). 05 Shulman, The Chasam Sofer, 25. 06 關於甘茲弗賴德，請見：J. Katz, 'The Changing Position and Outlook of Halachists in Early Modernity', in L. Landman, ed., Scholars and Scholarship (New York, 1990), 93-106; 關於渴望生命者，請見：M. M. Yashar, Saint and Sage: Hafetz Hayim (New York, 1937); 關於《釐清教誨》，請見：S. Fishbane, The Method and Meaning of the Mishnah Berurah (Hoboken,

NJ, 1991); 關於卡雷利采，請見：S. Finkelman, The Chazon Ish: The Life and Ideals of Rabbi Yeshayah Karelitz (New York, 1989). [07] Finkelman, The Chazon Ish, 218. [08] I. Etkes, Rabbi Israel Salanter and the Musar Movement: Seeking the Torah of Truth (Jerusalem, 1993). [09] L. S. Dawidowicz, ed., The Golden Tradition: Jewish Life and Thought in Eastern Europe (New York, 1989), 192-200. [10] 關於古爾哈西迪，請見：A. Y. Bromberg, Rebbes of Ger: Sfar Emes and Imrei Emes (Brooklyn, NY, 1987). [11] J. R. Mintz, Hasidic People: A Place in the New World (Cambridge, Mass., 1992). [12] A. I. Kook, The Light of Penitence . . . (London, 1978), 256; 請見：Y. Mirsky, Rav Kook: Mystic in a Time of Revolution (New Haven, 2014). [13] J. Agus, High Priest of Rebirth: The Life, Times and Thought of Abraham Isaac Kuk (New York, 1972); M. Weiss, Rabbi Zvi Hirsch Kalischer, Founder of Modern and Religious Zionism (New York, 1969); 關於阿卡萊，請見：J. Katz, 'The Forerunners of Zionism and the Jewish National Movement', in idem, Jewish Emancipation and Self-Emancipation (Philadelphia, 1986), 89-115. [14] 關於忠信社群，請見：M. Keige, Settling in the Hearts: Jewish Fundamentalism in the Occupied Territories (Detroit, 2009). [15] 關於梅爾・卡漢，請見：R. Friedman, The False Prophet: Meir Kahane– from FBI Informant to Knesset Member (London, 1990). [16] 關於聖城守護者，請見：I. Domb, The Transformation: The Case of the Neturei Karta (London, 1989). [17] A. Kaplan, Rabbi Nahman' s Wisdom (New York, 1973), p. 275, no. 141（有提到些微不同的版本）; 參見：A. Green, Tormented Master: A Life of Rabbi Nachman of Bratslav (Philadelphia, 1979); 關於當代的盧巴維奇運動，請見：S. Fishkoff, The Rebbe' s Army: Inside the World of Chabad-Lubavitch (New York, 2005). [18] S. Hellman and M. Friedman, The Rebbe: The Life and Afterlife of Menachem Mendel Schneerson (Princeton, 2010). [19] A. S. Ferziger, 'From Lubavitch to Lakewood: The Chabadization of American Orthodoxy', MJ 33 (2013), 101-24; M. Dansky, Gateshead: Its Community, its Personalities, its Inst.tutions (Jerusalem, 1992). [20] D. Berger, The Rebbe, the Messiah, and the Scandal of Orthodox Indifference (London, 2001).

第20章：復興

[01] A. Green, 'Judaism for the Post-Modern Era', The Samuel H. Goldenson Lecture, Hebrew Union College, 12 December 1994; 關於猶太裔佛教徒，請見：J. Linzer, Torah and Dharma: Jewish Seekers in Eastern Religions (Oxford, 1996). [02] Z. Schachter-Shalomi, Jewish with Feeling (Woodstock, Vt, 2005). [03] R.-E. Prell, Prayer & Community: The Havurah in American Judaism (Detroit, 1989). [04] P. S. Nadell, Women Who Would be Rabbis: A History of Women' s Ordination, 1889-1985 (Boston, 1998). [05] 禱文內容引自：M. Feld, A Spiritual Life: A Jewish Feminist Journey (Albany, NY, 1999), 58. [06] S. C. Grossman, in E. M. Umansky and D. Ashton, eds., Four Centuries of Jewish Women' s Spirituality: A Source Book (Boston, 1992), 279-80（關於經匣）; S. Berrin, ed., Celebrating the New Moon: A Rosh Chodesh Anthology (Northvale, NJ, 1996); C. Kaiser in M. Goodman et al., Toleration within Judaism (Oxford and Portland, Oreg., 2013), ch. 11; A. Weiss, 'Open Orthodoxy! A Modern Orthodox Rabbi' s Creed', Judaism 46 (1997), 409-26. [07] J. Plaskow, Standing Again at Sinai: Judaism from a Feminist Perspective (New York, 1991), 198. [08] N. Lamm, 'Judaism and the Modern Attitude to Homosexuality', in Encyclopaedia Judaica Year Book (Jerusalem, 1974); M. Feinstein, Iggerot Moshe, Orach Hayyim, vol. 4, no. 115 (New York, 1976); S. Greenberg, Wrestling with God

and Men (Madison, Wis., 2005); C. Rapoport, Judaism and Homosexuality (London, 2005). 09 E. Dorff, 'This is my Beloved, This is my Friend' : A Rabbinic Letter on Intimate Relations (New York, 1996), 38-40; R. Alpert, Like Bread on the Seder Plate: Jewish Lesbians and the Transformation of Tradition (New York, 1997); M. Shokeid, A Gay Synagogue in New York (New York, 1995). 10 D. Schneer and C. Aviv, eds., Queer Jews (London, 2002); 關於人文猶太教，請見：S. Wine, Judaism beyond God (Hoboken, NJ, 1995), 217, 228; D. Cohn- Sherbok et al., eds., A Life of Courage: Sherwin Wine and Humanistic Judaism (Farmington Hills, Mich., 2003). 11 H. A. Wolfson, 'Sermotta' , in idem, Religious Philosophies: A Group of Essays (Cambridge, Mass., 1961), 270-71; B. Halpern, The American Dream: A Zionist Analysis (New York, 1956), 144; Y. Malkin, What Do Secular Jews Believe? (Tel Aviv, 1998), 11-16.

第21章：等待彌賽亞？

01 關於以色列普世同盟，請見：M. Laskier, The Alliance Israélite Universelle and the Jewish Communities of Morocco, 1862–1962 (Albany, NY, 1983), and A. Rodrigue, French Jews, Turkish Jews: The Alliance Israélite Universelle and the Politics of Jewish Schooling in Turkey, 1860-1925 (Bloomington, Ind., 1990). 02 關於十九世紀葉門的彌賽亞運動，請見：B. Z. Eraqi Klorman, The Jews of Yemen in the Nineteenth Century: A Portrait of a Messianic Community (Leiden, 1993); 關於二十世紀的葉門猶太人，請見：H. Lewis, After the Eagles Landed: The Yemenites of Israel (Boulder, Colo., 1989); T. Parfitt, The Road to Redemption: The Jews of the Yemen, 1900-1950 (Leiden, 1996). 03 C. S. Liebman and Y. Yadgar, 'Beyond the Religious–Secular Dichotomy: Masortim in Israel' , in Z. Gitelman, ed., Religion or Ethnicity? Jewish Identities in Evolution (New Brunswick, 2009), 171-92. 04 T. Parfitt and E. Semi, The Beta Israel in Ethiopia and Israel: Studies on the Ethiopian Jews (Richmond, Surrey, 1998); T. Parfitt and E. Trevisan Semi, Judaising Movements (London, 2002); J. E. Landing, Black Judaism: Story of an American Movement (Durham, NC, 2002); D. H. Stern, Messianic Judaism: A Modern Movement with an Ancient Past (Jerusalem, 2007)（請見上面第七章）. 05 《申命記》23:3; S. Riskin, A Jewish Woman' s Right to Divorce (New York, 2006). 06 D. Hartman, A Heart of Many Rooms (Woodstock, Vt, 2001). 07 M. H. Danzger, Returning to Tradition (New Haven, 1989); L. Davidman, Tradition in a Rootless World (Berkeley, 1991). 08 關於聖殿協會，請見：J. Goldberg, 'Jerusalem Endgames' , New York Times Magazine, 3 October 1998. 09 N. Shragai, ' Present-day Sanhedrin' , Haaretz, 28 February 2007; Jos. AJ 10.210.

延伸閱讀

經典著作S. W. Baron, *A Social and Religious History of the Jews, 2nd edn*（New York, 1952–）含有非常豐富的資訊，易讀性到今天依然很高，但作者在1989年過世了，因此沒有全部寫完（完成的部分共十八冊，外加兩冊索引）。目前共完成四冊的W. D. Davies et al., eds., The Cambridge History of Judaism（Cambridge, 1984–）涵蓋了從波斯時期到羅馬－拉比時期晚期的一千年歷史。

關於猶太人通史的相關著作，N. de Lange, Atlas of the Jewish World（Oxford and New York, 1984）以及M. Gilbert, The Routledge Atlas of Jewish History, 6th edn（London, 2003）是最好懂的兩本輕薄小書。S. Grayzel, A History of the Jews: From the Babylonian Exile to the Present, 2nd edn（New York, 1968）現在已經非常過時了，但H. H. Ben-Sasson, ed., A History of the Jewish People（London, 1976）有很多內容依然非常寶貴。P. Johnson, History of the Jews（London, 1987）是個充滿熱忱、引人入勝的作品。《猶太人：世界史的缺口，失落的三千年文明史——追尋之旅（西元前1000-1492）》（The Story of the Jews，黃福武和黃夢初譯。聯經，2018）提供了相對充實的敘事內容，但仍無法取代D. Biale, ed., Cultures of the Jews: A New History（New York, 2002）這部多位作者寫成的優秀敘事作品，強調不同地區和不同時期的各種猶太經驗。

想要了解聖經時期的猶太教發展史，請見A. Rainer, A History of Israelite Religion in the Old Testament Period, 2 vols.（Louisville, Ky, 1994）。關於第二聖殿時期晚期和聖殿被毀的後續歷史，S. J. D. Cohen, From the Maccabees to the Mishnah, 3rd edn（Louisville, Ky, 2014）提供了很清楚的指引。S. Schwartz, Imperialism and Jewish Society, 200 B.C.E. to 640 C.E.（Princeton, 2001）主要是希望呈現一種獨特又刺激思考（因此帶有一絲爭議）的論述觀點，談論羅馬世界的基督教對猶太教發展的影響，但在論述過程中同時也有助於讀者認識伊斯蘭教興起之前，羅馬世界猶太人宗教生活的多樣性。關於塔木德時期拉比智者的思想世界，E. E. Urbach, The Sages, their Concepts and Beliefs, 2 vols.（Jerusalem, 1975）仍然極具參考價值，雖然作者描述坦拿時期到阿摩拉時期的觀點與信念時使用的方法已經過時。若想了解形塑出上述這些概念的巴比倫拉比圈，近期最好懂的英文文本就是S. T. Katz, ed., The Cambridge History of Judaism, vol. 4: The Late Roman-Rabbinic Period（Cambridge, 2006）的相關章節。

學術著作R. Brody, The Geonim of Babylonia and the Shaping of Medieval Jewish Culture（New Haven and London, 1998）清楚描述了西元一千紀最後幾世紀的拉比猶太教。內容豐富的論文集M. Polliack, ed., Karaite Judaism: A Guide to its History and Literary Sources（Leiden, 2004）是介紹這種類型的猶太教介紹得最好的。有關中世紀的希臘猶太教，請見A. Sharf, Byzantine Jewry from Justinian to the Fourth Crusade（London, 1971）。

大部分有關中世紀猶太教的書籍都只聚焦在特定的拉比或宗教運動上，但S. Stroumsa, Maimonides in his World: Portrait of a Mediterranean Thinker（Princeton, 2009）涵蓋的範圍較廣。D. H. Frank and O. Leaman, eds., The Cambridge Companion to Medieval Jewish Philosophy（Cambridge, 2003）收錄的論文把焦點放在九到十六世紀，探討中世紀的猶太人在伊斯蘭教和基督教的影響下如何用哲學思想來理解猶太教。經典研究著作L. Jacobs, A Tree of Life: Diversity, Flexibility, and Creativity in Jewish Law, 2nd edn（London and Portland, Oreg., 2000）充滿博學知識和洞見，涵蓋的範圍不只有中世紀。啟發人心的D. R. Blumenthal, Understanding Jewish Mysticism: A Source Reader, 2 vols.（New York, 1978–82）談論的是中世紀以及這時期之後的複雜文獻，鼓

勵讀者同理神祕主義思潮，卻又不會過度簡化說明。關於近代猶太教，寫得最好的作品是D. Ruderman, Early Modern Jewry: A New Cultural History（Princeton, 2010）。D. Abulafia, The Great Sea: A Human History of the Mediterranean（London, 2011）用詳細生動的方式描寫了中世紀和近代整個地中海地區的猶太社群。想要清楚了解形塑出現代猶太教的各種議題，請見論文集N. de Lange and M. Freud- Kandel, eds., Modern Judaism: An Oxford Guide（Oxford, 2005）。

不少輕薄短小的著作都有介紹當代的猶太教，並提供某些歷史背景。其中，寫得最好的作品包括：N. de Lange, Judaism, 2nd edn（Oxford, 2003）；idem, An Introduction to Judaism, 2nd edn（Cambridge, 2010）；O. Leaman, Judaism: An Introduction（London, 2011）；N. Solomon, Judaism: A Very Short Introduction, 2nd edn（Oxford, 2014）。參考書方面，C. Roth, ed., Encyclopaedia Judaica, 16 vols.（Jerusalem, 1971）是一本非常卓越的著作，就連共有二十二冊的第二版M. Berenbaum and F. Skolnik（Detroit, 2007）也無法完全取而代之，且第二版也十分不易取得。I. Singer, ed., The Jewish Encyclopedia, 12 vols.（New York, 1901–6）已經出版一百年了，因此沒有涵蓋二十世紀的部分，但整部百科全書都可以在網路上免費使用，而且許多關於二十世紀之前猶太教的條目仍然十分有用。

其他寶貴的參考書目包括：L. Jacobs, The Jewish Religion: A Companion（Oxford, 1995）、N. de Lange, The Penguin Dictionary of Judaism（London, 2008）以及A. Berlin and M. Grossman, eds., The Oxford Dictionary of the Jewish Religion, 2nd edn（New York and Oxford, 2011）。

猶太教四千年

從聖經起源、耶穌時代聖殿崇拜到現代分布全球的猶太信仰

A History of Judaism

作者　馬汀．古德曼（Martin Goodman）
翻譯　羅亞琪
審定　曾宗盛
責任編輯　謝惠怡
封面設計　倪旻鋒
內文設計　郭家振
行銷企劃　蔡函潔

發行人　何飛鵬
事業群總經理　李淑霞
副社長　林佳育
副主編　葉承享

出版　城邦文化事業股份有限公司
麥浩斯出版
E-mai　cs@myhomelife.com.tw
地址　104台北市中山區民生東路二段141號6樓
電話　02-2500-7578

發行　英屬蓋曼群島商家庭傳媒股份有限公司城邦分公司
地址　104台北市中山區民生東路二段141號6樓
讀者服務專線　0800-020-299（09:30～12:00；13:30～17:00）
讀者服務傳真　02-2517-0999
讀者服務信箱　Email: csc@cite.com.tw
劃撥帳號　1983-3516
劃撥戶名　英屬蓋曼群島商家庭傳媒股份有限公司城邦分公司

國家圖書館出版品預行編目（CIP）資料

猶太教四千年：從聖經起源、耶穌時代聖殿崇拜到現代分布全球的猶太信仰／馬汀．古德曼（Martin Goodman）作；羅亞琪翻譯．-- 初版．-- 臺北市：麥浩斯出版：家庭傳媒城邦分公司發行，2019.06
672面；17×23公分
譯自：A history of Judaism
ISBN 978-986-408-505-7（精裝）

1. 猶太教 2. 歷史

268　　108009147

香港發行　城邦（香港）出版集團有限公司
地址　香港灣仔駱克道193號東超商業中心1樓
電話　852-2508-6231
傳真　852-2578-9337

馬新發行　城邦（馬新）出版集團Cite（M）Sdn. Bhd.
地址　41, Jalan Radin Anum, Bandar Baru Sri Petaling, 57000 Kuala Lumpur, Malaysia.
電話　603-90578822
傳真　603-90576622

總經銷　聯合發行股份有限公司
電話　02-29178022
傳真　02-29156275

製版印刷　鴻霖印刷傳媒
定價　新台幣799元／港幣266元
ISBN　978-986-408-505-7

2021年6月初版三刷．Printed In Taiwan

Original English language edition first published by Penguin Books Ltd, London